L'ART
DE VÉRIFIER LES DATES
DES FAITS HISTORIQUES,
DES CHARTES, DES CHRONIQUES,
ET AUTRES ANCIENS MONUMENTS,

DEPUIS LA NAISSANCE DE NOTRE-SEIGNEUR.

Cet ouvrage se trouve aussi :
Chez ARTHUS-BERTRAND, libraire, rue Hautefeuille,
à Paris.

L'ART
DE VÉRIFIER LES DATES
DES FAITS HISTORIQUES,
DES CHARTES, DES CHRONIQUES,
ET AUTRES ANCIENS MONUMENTS,
DEPUIS LA NAISSANCE DE NOTRE-SEIGNEUR,

Par le moyen d'une Table Chronologique, où l'on trouve les Olympiades, les Années de J. C., de l'Ère Julienne ou de Jules César, des Ères d'Alexandrie et de Constantinople, de l'Ère des Séleucides, de l'Ère Césaréenne d'Antioche, de l'Ère d'Espagne, de l'Ère des Martyrs, de l'Hégire; les Indictions, le Cycle Pascal, les Cycles Solaire et Lunaire, le Terme Pascal, les Pâques, les Épactes, et la Chronologie des Éclipses;

Avec deux Calendriers Perpétuels, le Glossaire des Dates, le Catalogue des Saints; le Calendrier des Juifs; la Chronologie historique du Nouveau Testament; celle des Conciles, des Papes, des quatre Patriarches d'Orient, des Empereurs Romains, Grecs; des Rois des Huns, des Vandales, des Goths, des Lombards, des Bulgares, de Jérusalem, de Chypre; des Princes d'Antioche; des Comtes de Tripoli; des Rois des Parthes, des Perses, d'Arménie; des Califes, des Sultans d'Iconium, d'Alep, de Damas; des Empereurs Ottomans; des Schahs de Perse; des Grands-Maîtres de Malte, du Temple; de tous les Souverains de l'Europe; des Empereurs de la Chine; des grands Feudataires de France, d'Allemagne, d'Italie; des Républiques de Venise, de Gênes, des Provinces-Unies, etc., etc., etc.

PAR UN RELIGIEUX DE LA CONGRÉGATION DE SAINT-MAUR;

Réimprimé avec des corrections et annotations, et continué jusqu'à nos jours,

Par M. DE SAINT-ALLAIS, chevalier de plusieurs Ordres, auteur de l'Histoire généalogique des Maisons souveraines de l'Europe.

TOME ONZIÈME.

A PARIS,
RUE DE LA VRILLIÈRE, N°. 10, PRÈS LA BANQUE.

C.-F. PATRIS, IMPRIMEUR, RUE DE LA COLOMBE, N°. 4.

1818.

L'ART DE VÉRIFIER LES DATES.

CHRONOLOGIE HISTORIQUE

DES

SEIGNEURS DE BRESSE.

La Bresse, appelée en latin *Brexia* ou *Brixia*, dans les auteurs du neuvième siècle et des suivants, tire son nom, suivant M. de Valois, d'une grande forêt qui s'étendait depuis le Rhône jusqu'à Châlon, et qu'on nommait *Brixius Saltus*. Ce pays, avant l'existence de cette forêt, était habité, sous les empereurs romains, par les Ségusiens ou Sébusiens, originaires du Forez, que les Eduens avaient subjugués. C'est pour cette raison que César les appelle *Clientes Æduorum*. L'étendue actuelle de la Bresse est de seize lieues, ou environ, en tous sens, et ses limites sont, au nord, le duché de Bourgogne et la Franche-Comté ; au sud, le Rhône, qui la sépare du Dauphiné ; à l'est, le Bugey ; à l'ouest, le Lyonnais, et la Saône qui la sépare du Lyonnais.

On divise la Bresse en haute, ou pays de Revermont, et en basse, qui est située à l'ouest de la haute. Au commencement du cinquième siècle, elle tomba sous la domination des Bourguignons, dont le royaume ayant été conquis par les enfants de Clovis, elle devint une province de France. Mais dans la suite elle rentra dans le second royaume de Bourgogne qui se forma vers la fin du neuvième siècle. Les rois de cette dernière monarchie étant parvenus à l'empire, plusieurs seigneurs de Bresse, sous l'empereur Henri III, profitèrent de leur éloignement pour s'emparer de cette province, qu'ils partagèrent entre eux. Les principaux furent les sires de Baugé, les sires de Coligni, ceux de Thoire, les seigneurs de Villars.

Les sires de Baugé ou de Bagé sont les seuls dont nous donnerons la suite, parce qu'ils étaient proprement les véritables seigneurs de la Bresse, et qu'ils y exerçaient les droits de souveraineté. Leur état tirait son nom de la capitale, et renfermait, outre cette ville, celle de Bourg, de Châtillon, de Saint-Trivier, de Pont-de-Vesle, de Cuiseri, de Mirbel, et tout le pays qu'on appelle aujourd'hui la basse Bresse et Dombes, depuis Cuiseri jusqu'aux portes de Lyon, et depuis Baugé jusqu'à Lyon.

Guichenon, suivi de presque tous les modernes, et guidé par Fustailler et Bugnon, ses contemporains, donne pour premier seigneur de Baugé un Wigues, ou Hugues, qu'il fait en même tems comte et marquis. Mais nous faisons voir, à l'article des comtes de Bourgogne, que ce Hugues n'est autre que Hugues le Noir, fils puîné de Richard le Justicier, duc de Bourgogne, qui lui donna, dans le partage de ses états, la Bresse, le Mâconnais, le Beaujolais, le Charolais, avec une partie du comté de Bourgogne.

Les successeurs qu'on donne à ce Hugues, prétendu sire de Bresse, nous paraissent également supposés jusqu'au suivant.

RODOLFE.

RODOLFE, ou RAOUL, dont on ignore l'origine (1), était seigneur de Baugé au commencement du onzième siècle. Un ancien document, rapporté par Sévert (*in Episc. Matisc.*, p. 89), nous apprend que Goslen, ou Gauzelin, évêque de Mâcon, dont le gouvernement commença en 1020, et finit au plutôt en 1049, donna en fief à Raoul, sire de Baugé, l'abbaye de Saint-Laurent de Mâcon, avec des maisons dans l'enceinte de la ville, et quelques meix dans la paroisse de Chigé, ce que Guichenon rapporte à l'an 1023. Ce même historien donne un extrait du nécrologe de Nantua, qui porte : *Fiat commemoratio pro Rodulpho Balgiaci et Brixiæ Domino;* d'où l'on peut inférer que Rodolfe était un des bienfaiteurs de ce monastère. C'est à quoi se réduit tout ce qu'on sait touchant ce personnage.

RENAUD.

RENAUD, que les modernes font sans preuve fils de Rodolfe, n'est connu que par un traité fait, l'an 1100, entre Saint-Hugues,

---

(1) Un moderne prétend que Rodolfe était le 6ᵉ successeur de *Wigues*, ou *Hugues de Baugé*, auquel Louis le Débonnaire donna en 830 la seigneurie de Baugé pour récompense de ses services. Mais tout cela est avancé sans preuve.

abbé de Cluni, et Didier, abbé d'Ambournai, dans lequel Joscerand, qui en est le médiateur, se dit fils de Renaud, seigneur de Baugé. (Guichenon, *hist. de Bresse*, p. 46.) Renaud eut de sa femme, nommée Béatrix, suivant la conjecture de M. Juenin, deux fils, Joscerand, dont on vient de parler, et Ulric, qui fit, vers l'an 1070, une donation à l'abbaye de Tournus, pour la fondation du prieuré de Baugé. (Juenin, *hist. de Tournus*, pr., p. 332.) Paradin met la mort de Renaud en 1072.

JOSCERAND, ou GAUSCERAND.

Joscerand, ou Gauscerand, fils aîné de Renaud, et son successeur dans la seigneurie de Baugé, eut quelques différents avec Landri, évêque de Mâcon, et son chapitre, touchant certaines redevances qu'il exigeait tous les mois des habitants de Mons en Bresse, village dépendant de l'église de Mâcon. L'affaire fut portée, par le prélat, au pape Grégoire VII, qui chargea son légat, Hugues de Die, de se rendre sur les lieux, pour connaître du droit des parties. Joscerand, condamné par le légat, après une enquête juridique, se soumit, et renonça aux coutumes qu'il avait établies au village de Mons, donnant pour cautions de sa parole son fils aîné, et d'autres seigneurs. Ceci doit être arrivé entre l'an 1074 et l'an 1085, qui sont les deux termes du pontificat de Grégoire VII. Guichenon met la mort de Joscerand en 1110; en quoi il se trompe, comme la suite le fera voir. Sévert est mieux fondé à lui donner quatre fils : Ulric, ou Odalric, qui suit; Etienne, moine de Cluni, que sa doctrine et ses vertus élevèrent, en 1112, sur le siége épiscopal d'Autun; Joscerand, nommé comme vivant en diverses chartes, dont la dernière est de l'an 1150; et Hugues, chanoine de Mâcon.

ULRIC Ier.

1108 au plus tôt. Ulric, ou Odalric, fils aîné de Joscerand, auquel il succéda, refusa d'abord de souscrire au jugement que le chapitre de Mâcon avait fait rendre contre son père, et continua d'exiger les coutumes qu'il avait levées au village de Mons. Mais, revenu à lui-même, il se désista de cette exaction injuste entre les mains de Hugues de Die, par le conseil des plus distingués de ses vassaux. L'acte de ce déguerpissement est daté du règne de Philippe Ier, mort, comme on le sait, en 1108. (*Hist. de Bresse*, préf., p. 8.) On voit par-là qu'Ulric avait succédé à son père, du vivant de ce prince; et que la Bresse reconnaissait alors pour souverain le roi de France. Ulric eut un autre démêlé avec l'évêque et les chanoines de Mâcon, au sujet de l'église de Fleyria en Bresse, que le doyen de Mâcon avait cédée à son chapitre, sans l'aveu d'Ulric, qui en avait la justice, avec d'autres droits, en qualité de suzerain. Ulric et ses enfants s'opposèrent à cette aliénation illégale, et contraignirent l'évêque et le chapitre d'en venir à un accommodement. Il fut tel, qu'au moyen de trois cents sous, monnaie de Mâcon, que donna le chapitre à Ulric et à ses enfants, ils lui abandonnèrent, par acte du mois d'avril 1118, tous les droits qu'ils avaient à Fleyria. (*Hist. de Bresse*, p. 47.) L'an 1120, Ulric se croisa pour la Terre-Sainte; mais avant de partir, il fit don à perpétuité aux religieux de Saint-Pierre de Mâcon (monastère depuis sécularisé) des dîmes qu'ils tenaient de lui par engagement, aux paroisses de Saint-Pierre de Marsonas, de Saint-Didier d'Oucia, et en trois autres villages, moyennant cinquante sous, monnaie de Lyon, qu'ils lui payèrent, et à la charge de prier Dieu pour l'heureux succès de son voyage. (Sévert, *in Episc. Matiscon.*, p. 133.) A son retour, il alla se faire ermite dans la forêt de Brou, près de Bourg, où il finit ses jours dans les exercices de la pénitence et la pratique de la règle de Saint-Benoît. (Guich., *hist. de Bresse*, p. 47.) De sa femme N., fille, suivant Guichenon, d'Amédée Ier, comte de Maurienne, il eut Ulric, mort l'an 1118, au plus tôt; Renaud, qui suit; Blandin, qui vivait encore en 1152, comme le prouve une charte de Renaud, son frère, qu'il signa cette année. (*Cartul. de Mâcon.*) Humbert, qui, d'archidiacre, fait évêque d'Autun en 1140, puis archevêque de Lyon en 1148, abdiqua (l'on ne sait en quelle année, mais l'an 1151 au plus tôt) pour se faire Chartreux, et mourut prieur de Seillon en Bresse, le 12 octobre, suivant le nécrologe de l'église d'Autun; et Etienne, chanoine, puis évêque de Mâcon en 1167, mort en décembre 1182.

RENAUD II.

1120 au plus tôt. RENAUD, successeur d'Ulric, son père, fut en querelle avec Pons Ier, évêque de Mâcon, touchant certains droits qu'ils s'attribuaient réciproquement vis-à-vis l'un de l'autre. Renaud prétendait avoir celui de garde et de taille au village de Mons et dans toutes les terres de l'église de Mâcon, situées dans ce diocèse. L'évêque, de son côté, demandait à Renaud l'hommage pour certains *casements*, que Renaud soutenait ne point relever de lui. Enfin, l'an 1149, on fit un traité par lequel Renaud affranchit de toutes charges envers lui toutes les terres de l'église de Mâcon situées à la rive gauche de la Saône, à l'exception du village d'Agrois ou d'Agris, sur lequel il se réservait le droit de garde, et cela, moyennant mille sous mâconnais, que l'évêque lui paya, avec un marc d'argent pour sa femme, et un autre marc pour ses enfants. Renaud s'obligea de plus à rendre à l'évêque l'hommage qu'il exigeait, et à donner tous les ans un plein bouclier de cire à l'église de Mâcon, le jour de Saint-Vincent. (Sévert, *in Episc. Matisc.*, p. 140.) Renaud se rendit garant, l'an 1152, d'un autre traité fait entre le même prélat et Gui, surnommé l'*Enchaîné*. (*Hist. de Bresse*, p. 49.) Nous ne nous arrêterons pas ici à réfuter Paradin, qui nous donne Renaud II de Baugé pour un comte de Mâcon. Sa méprise est trop visible pour avoir besoin d'être relevée. Renaud, suivant Bugnon, finit ses jours en 1153, laissant de son mariage un fils, qui suit.

RENAUD III.

1153. RENAUD III ne jouit pas paisiblement de la seigneurie de Baugé, dont il hérita par la mort de Renaud II, son père. Girard, comte de Mâcon, et son frère, Etienne, s'étant ligués contre lui avec Humbert, sire de Beaujeu, et l'archevêque de Lyon, ramassèrent plusieurs bandes de Brabançons, et, les ayant amenées en Bresse, ils la dévastèrent par le fer et par le feu. L'événement de cette guerre fut si malheureux pour Renaud, que son fils Ulric y fut fait prisonnier. Renaud, dans sa détresse, eut recours au roi Louis le Jeune, dont il implora le secours par une lettre dont nous avons déjà donné ailleurs la substance en précis; mais il est à propos de la mettre ici en entier sous les yeux de nos lecteurs. « Sire, disait-il, attaché
» comme je le suis à Votre Majesté, par les liens du sang et
» d'une ancienne familiarité, je crois devoir lui faire part de
» mes peines, et de la déplorable extrémité à laquelle je me
» trouve réduit, en vous suppliant de vouloir bien venir à
» mon secours. Girard, comte de Mâcon, oubliant les services
» importants et multipliés que je lui ai rendus, oubliant l'affi-
» nité qui est entre nous par le mariage de sa fille avec mon
» fils, oubliant enfin le serment de fidélité qu'il m'a fait, est
» venu, avec Etienne, son frère, et Humbert de Beaujeu, à la
» tête d'une armée considérable, fondre sur ma terre, où il a
» tout mis à feu et à sang; et ce qui met le comble à ma dé-
» solation, il a pris et emmené prisonnier mon fils Ulric. L'excès
» de la haine que me portent ces confédérés, appuyés par l'ar-
» chevêque de Lyon, va jusqu'à me menacer et se vanter de
» me dépouiller entièrement. C'est donc à vous, qui êtes mon

» seigneur, et qui m'honorez de votre bienveillance, que j'ai
» recours. Hâtez-vous, je vous en conjure, de me tirer de la
» situation cruelle où je me trouve, et, surtout, donnez ordre
» au plus tôt que mon fils me soit rendu. Si, par votre moyen,
» sire, je puis le recouvrer, et que vous fassiez comparaître
» en justice le comte de Mâcon et le seigneur de Beaujeu, pour
» me faire raison des torts qu'ils m'ont faits, je m'engage à vous
» rembourser pleinement et à votre discrétion les dépenses que
» ces soins auront pu vous occasionner, et même à vous aller
» trouver pour cela, si vous le jugez à propos, à Vezelai, à
» Autun, ou en tel lieu qu'il vous plaira de m'indiquer; ou,
» enfin, je vous satisferai entre les mains des députés que vous
» croirez plus convenable de m'envoyer. Que si vous jugez né-
» cessaire que je me rende auprès de vous, ordonnez, s'il vous
» plaît, qu'il y ait trêve pendant mon absence entre moi et mes
» ennemis. » (Duchêne, *Script. rer. Franc.*, T. IV, *Epist.* 381,
p. 704.) On voit, par cette lettre, 1° que Renaud était parent
de Louis le Jeune : parenté qui consistait en ce qu'Adélaïde
de Savoie, mère de ce prince, et fille de Humbert II, comte
de Savoie, était nièce de N. de Savoie, aïeule de Renaud, et
fille du comte Amédée Ier ; 2° que Girard, comte de Mâcon,
était vassal du seigneur de Baugé, pour les fiefs qu'il possédait
en Bresse. Le roi, touché des plaintes de Renaud, écrivit au
sire de Beaujeu, pour lui enjoindre de remettre son fils en liberté. Mais une seconde lettre de Renaud à ce monarque, nous
apprend que cet ordre fut sans effet. (*Ibid.*) Dans celle-ci,
pour déterminer Louis à venir sur les lieux, il lui offre la suzeraineté de ses châteaux, qui ne relèvent, dit-il, de personne :
Omnia castella mea quæ à nemine teneo, à vobis accipiam;
ce qui prouve que Renaud était souverain dans ses terres. On
ne voit point cependant en quel tems ni de quelle manière finit
la guerre dont il s'agit. Une charte, rapportée par du Bouchet
dans l'histoire de la maison de Coligni, nous apprend seulement
qu'en 1161, Renaud et Guerric, son parent, firent, au château de
Chantelles, un traité d'alliance et de confédération avec Archambaud VII, sire de Bourbon, et son fils, envers et contre
tous, excepté le roi de France, le duc de Bourgogne et le
comte de Savoie : traité par lequel le fils d'Archambaud promit
aux sires de Baugé et de Coligni, ses cousins, de garder pendant un an et jour le château d'Arcí, près de Roanne, d'où
l'on infère qu'ils étaient encore en guerre avec le sire de Beaujeu, comme tenant le parti du comte de Mâcon. Renaud mourut dans le mois de mars, au plus tard, de l'an 1180, et fut
inhumé à la Musse, entre Baugé et Mâcon. A ses funérailles
assistèrent ses trois fils, Ulric, qui suit; Gui, et Renaud, sei-

gneur de Saint-Trivier, avec ses parents; Etienne, évêque de Mâcon, et Humbert, prieur de la chartreuse de Seillon, le même qui avait été archevêque de Lyon.

ULRIC II.

1180. ULRIC, fils aîné de Renaud III, et son successeur, donna une nouvelle preuve de sa pitié filiale au retour des obsèques de son père, par le don qu'il fit à l'église de Saint-Vincent de Mâcon d'une rente de dix sous pour le repos de son âme. (Guichenon, *hist. de Bresse*, p. 51.) Dans le même tems, ou peu de jours après (le 22 mars 1180), il ratifia les donations que son père avait faites à la chartreuse de Seillon, et y en ajouta de nouvelles. (*Ibid. prob.* p. 9.) Ulric fit d'autres fondations pieuses dans d'autres églises. C'est le seul endroit par où il est connu. Sa mort arriva au plus tard l'an 1220. Il avait épousé, 1°. ALIX, dame de Mirebel, fille de Guillaume I, comte de Châlons, et veuve de Joscerand de Pot, seigneur de Brancion; 2°. l'an 1188, ALEXANDRINE DE VIENNE, fille de Girard, comte de Mâcon, décédée l'an 1242. Du premier lit il eut Gui, mort à la croisade d'Orient vers l'an 1219; du second Renaud, qui suit; Hugues, seigneur de Saint-Trivier et de Cuiseri, qui en 1250 fit hommage du château de Cuiseri au duc de Bourgogne; et Béatrix, femme d'Amédée de Genève, seigneur de Gex.

RENAUD IV.

1220. RENAUD, fils d'Ulric II, et son successeur, fut un des plus insignes bienfaiteurs de la chartreuse de Montmerle, dont il fit bâtir les cellules, entr'autres libéralités qu'il lui fit. L'an 1239, il alla signaler sa valeur à la Terre-Sainte, d'où il était de retour l'an 1247 au plus tard. Il eut avec l'abbaye de Tournus quelques différents qui éclatèrent par une guerre ouverte. Elle dura quatre ou cinq ans, au bout desquels Renaud, convaincu de ses torts, s'obligea, par un traité, de payer à l'abbaye 500 marcs pour les dommages qu'il lui avait causés. (Juenin.) L'an 1249, il fit son testament, et partit une seconde fois pour la Terre-Sainte, où il mourut la même année. De SIBYLLE, son épouse, fille de Guichard IV, sire de Beaujeu, et femme en secondes noces de Pierre le Gros, seigneur de Brancion (morte en 1265), il eut Gui, qui suit; Renaud, seigneur de Saint-Trivier, mort sans alliance; Alexandre, héritier de Renaud, son frère, qui testa, l'an 1266, en faveur de Philippe de Savoie, archevêque de Lyon; Béatrix, et Jeanne, mortes, à ce qu'il paraît, dans le célibat.

GUI.

1249. GUI, fils aîné de Renaud IV, n'avait pas encore atteint l'âge de majorité lorsqu'il lui succéda. Philippe de Savoie, archevêque de Lyon, son parent, lui donna pour curateur le chevalier Bérard de Lyonnières, qui autorisa, l'an 1251, la charte d'affranchissement qu'il accorda aux habitants de Baugé, de Bourg et de Pont-de-Vaux. L'an 1255, se voyant infirme, il fit, le 8 avril, son testament, par lequel il institua son héritier l'enfant qui naîtrait de sa femme alors enceinte. C'était DAUPHINE, fille et héritière de René de Lavieu, seigneur de Saint-Bonnet et de Mirebel, et veuve de Gui Dalmas, seigneur de Cousans et vicomte de Châlons, tige de l'illustre maison de Damas. Elle accoucha d'une fille nommée Sybille, qui recueillit la succession de son père, mort en 1268 selon son épitaphe mutilée qui est à Baugé. (Juenin.) Sibylle porta cette succession dans la maison de Savoie par son mariage avec Amédée, prince de Piémont, qui devint comte de Savoie, cinquième de son nom, en 1285. C'est ainsi que la basse Bresse fut réunie au comté de Savoie. Amédée y joignit encore, l'an 1289, par échange des terres de Cuiseri, Sagi et Savigni en Revermont, fait avec Robert II, duc de Bourgogne, la portion de la haute Bresse possédée par la maison de Coligni. Le comte Amédée VI acquit en 1354 de Jean, roi de France, la part des seigneurs de Montluel, et Amédée VIII en 1402 celle de la maison de Villars. Par là toute la Bresse fut incorporée aux états de Savoie. La ville de Baugé fut démembrée de la Bresse par le duc Emmanuel-Philibert, qui l'érigea en marquisat, et la donna en propriété, avec la seigneurie de Recoles, à Renée de Savoie-Tende, veuve de Jacques, seigneur d'Urfé, en échange du comté de Tende et de la souveraineté de Maro, par accord du 16 novembre 1575. Joseph-Marie de Lascaris, marquis d'Urfé, arrière-petit-fils de Renée de Savoie, étant mort sans enfants le 13 octobre 1724, le marquisat de Baugé et les autres biens de la maison d'Urfé ont passé, avec le surnom de Lascaris, à Louis-Christophe de la Rochefoucaud, marquis de Langheac, du chef de son aïeule, Marie-Françoise d'Urfé-Lascaris, sœur de Joseph-Marie.

Le Bugei, le Val-Romei et le Gex, furent compris avec la Bresse, dans le traité d'échange fait, de cette province, en 1601, entre le roi de France et le duc de Savoie, pour le marquisat de Saluces. Depuis ce tems ils font partie, avec la Bresse, du gouvernement général militaire de Bourgogne. Le Bugei, en latin, *Burgesia*, long de seize lieues sur sept de largeur, a pour capitale Bellei ou Bellai, en latin, *Belicum*, *Bellicium*. Le Rhône le sépare, au sud, du Dauphiné, et à l'est, de la Savoie. Les *Segusiani* et les Allobroges furent ses premiers habitants connus.

Le Val-Romei, composé de dix-huit paroisses, est regardé comme une portion du Bugei. L'un et l'autre sont, ainsi que la Bresse, du diocèse de Lyon.

Le Gex, en latin, *Gesia* ou *Gesium*, composé de vingt-cinq paroisses, toutes du diocèse de Genève, après avoir été possédé long-tems par les cadets des comtes de Genevois, fut saisi, l'an 1353, par le comte de Savoie, qui l'unit à son domaine, et le garda jusqu'au traité de l'an 1601. (Voyez *les ducs de Savoie*.)

CHRONOLOGIE HISTORIQUE

DES

COMTES DE MACON.

Le Maconnais (*Pagus Matisconensis*, ou *Matiscensis*), habité, du tems de César, par une partie des Eduens, compris dans la première Lyonnaise, sous Honorius, envahi par les Bourguignons, à leur arrivée dans les Gaules, enlevé à ceux-ci par les Francs, lors de la destruction du premier royaume de Bourgogne, s'étend sur dix-huit lieues en longueur et quatorze en largeur. Il a pour bornes, au septentrion, le Châlonnais; au midi, le Beaujolais; à l'orient, la Saône, qui le sépare de la Bresse; à l'occident, le Charolais et le Brionnais. Mâcon, sa capitale, avait, sous les Romains, un célèbre atelier de flèches, ce qui le fit appeler *Matisconensis Sagittaria*. Ce pays eut, sous nos premiers rois de la deuxième race, des comtes amovibles, dont le premier fut Warin, ou Guérin, le même, quoique D. Vaissète le nie (*Hist. de Lang.*, T. I, p. 721.), que Warin, comte d'Auvergne. Avec le comté de Mâcon,

Warin eut aussi ceux d'Autun et de Châlons : le tout par la libéralité de l'empereur Louis le Débonnaire. La douzième année du règne de ce prince (826 de J.-C.), il acquit d'Hildebalde, évêque de Mâcon, par échange de quelques-unes des terres qu'il possédait en Nivernais, en Auvergne et dans le Mâconnais, la terre de Cluni avec d'autres fonds. L'acte de cet échange, passé à Aix-la-Chapelle, se trouve imprimé parmi les preuves de l'*illustre Orbandale* (p. 75.), et dans l'histoire de la maison de Vergi. (l. 1, pp. 7 et 8.) On y voit que la femme de Warin se nommait ALBANE. Ils eurent un fils, nommé Thierri, qui remplaça son père dans le comté de Châlons, avec une fille, nommée Hermengarde, qui épousa Bernard, surnommé *Plantevelue*, comte d'Auvergne, comme nous le prouvons à l'article des comtes de cette province. Warin fut un des plus zélés défenseurs de l'empereur Louis le Débonnaire, contre ses enfants révoltés. L'an 833, Bernard, duc de Septimanie, s'étant retiré en Bourgogne, après avoir été dépouillé de ses dignités, Warin travailla, de concert avec lui, à gagner au parti de ce monarque les peuples de ce royaume. Dans ce dessein, ils en parcoururent les provinces, formèrent une ligue en sa faveur, et la firent jurer à un grand nombre de personnes. Etant arrivés l'année suivante, au commencement du carême, sur les bords de la Marne, la rigueur du froid les obligea de s'arrêter à Boneuil. De là ils députèrent, le 26 février, à Lothaire, un comte et un abbé, pour lui demander la liberté de l'empereur, son père, qu'il retenait en captivité. Lothaire les amusa par une défaite, et se retira à Vienne, où il assembla des troupes avec lesquelles il vint assiéger Warin dans la ville de Châlons. La place fut emportée en trois jours, ou en cinq, selon d'autres, et livrée à toute la fureur du soldat. Warin, pour sauver sa vie, eut la lâcheté d'embrasser le parti du vainqueur, de lui prêter serment de fidélité, et de marcher à sa suite. Louis, ayant à la fin triomphé des rebelles, punit la félonie de Warin, en le dépouillant de ses honneurs. Mais, après la mort de ce monarque, étant allé trouver le roi Charles le Chauve à Orléans, il fit sa paix avec lui, et entra si avant dans ses bonnes grâces à cette entrevue, que Charles, non seulement lui rendit le Mâconnais, mais le nomma duc de Toulouse ou d'Aquitaine, à la place de Bernard, qu'il destitua. Cette nomination fut, à ce qu'il paraît, un dédommagement du comté d'Auvergne, dont ce prince ne jugea pas à propos de priver Gérard, à qui l'Empereur, son père, l'avait donné. Warin se montra digne de ces faveurs, par les services qu'il rendit à Charles le Chauve. Ce fut lui qui, par sa valeur et son habileté, se rendit victorieux, l'an 841, à la bataille de Fontenai. Il balança long-tems, en

Aquitaine, le parti du jeune Pepin, qui disputait ce royaume à Charles, et en assura enfin la possession tranquille à ce dernier. D. Vaissète prétend qu'il vécut jusqu'en 856; mais on n'aperçoit plus de traces de son existence après l'an 850.

WARIN II.

WARIN II fut le successeur de Warin Ier dans le Mâconnais, par la grâce du roi Charles, fils de l'empereur Lothaire. On ignore combien de tems il en jouit.

WILBERT.

WILBERT fut pourvu du comté de Mâcon, après Warin II. Dans l'acte de la donation faite de la terre de Rognon, l'an 870, à l'abbaye de Tournus, il se dit fils de Lambert et de Rotrude. (Chifflet, *hist. de Tournus*, pr., p. 212.) Il paraît qu'il avait supplanté Warin II, et que celui-ci, soit après sa mort, soit après sa déposition, fut rétabli, ou du moins qu'un troisième Warin lui succéda. Car on voit que, l'an 879, Boson, usurpateur du royaume de Provence, dans l'étendue duquel le Mâconnais se trouvait compris, déposa Warin, qui refusait de lui rendre hommage, et mit à Mâcon, en sa place, BERNARD, marquis de Gothie. Ce dernier, après avoir été chassé d'Autun l'année précédente, s'était venu joindre à Boson, et avait favorisé son usurpation. Bernard, la même année, fut assiégé dans Mâcon par les rois Louis et Carloman, qui, l'ayant pris, le firent mourir, à ce qu'on croit : du moins il n'est plus parlé de lui depuis ce tems-là. (*Voyez* Bernard II, *marquis de Gothie.*)

BERNARD PLANTEVELUE.

BERNARD, dit PLANTEVELUE, comte d'Auvergne, fut pourvu du comté de Mâcon, après la mort ou la destitution du précédent Bernard, par les rois Louis et Carloman, qu'il avait servis dans leurs guerres contre Boson. Il jouit de ce bénéfice l'espace d'environ six ans, et mourut l'an 886. (*Voyez les comtes d'Auvergne.*)

LETALDE, ou LEUTALDE.

886. LETALDE, ou LEUTALDE, fut le successeur de Bernard au comté de Mâcon, qu'il gouvernait encore l'an 905. C'est ce que prouve la charte d'une vente faite, en sa présence, à Mâcon, de certains fonds situés au village de Petrei, par Azon et sa

femme Ildearde, à un nommé Etienne, et à sa femme Gibersgane, dont il donna ensuite l'investiture aux acquéreurs, le 2 novembre, un samedi de la septième année de l'empereur Louis (l'Aveugle), fils de Boson, ce qui revient à l'an 905. (*Archiv. de Cluni.*)

RACULFE.

RACULFE, vicomte de Mâcon sous Letalde, comme on le voit par le livre enchaîné de saint Vincent de Mâcon, lui succéda dans ce comté. Il était fils, suivant Baluze, de Bernard Plantevelue. Ce fut un grand pillard des biens ecclésiastiques. L'an 915, un concile de Châlons lui enjoignit, sous peine d'excommunication, de restituer ceux qu'il avait enlevés à l'église de Mâcon. On ignore s'il obéit à cet ordre. Du reste, il était brave, et seconda le duc de Bourgogne, Richard Ier, dans ses expéditions contre les Normands. Il vivait encore en 920, et ne laissa en mourant qu'une fille nommée Etolane, ou Tolosane, noms qui se rapportent à la même personne, que des modernes ont confondue sans fondement avec Ave, sœur de Guillaume le Pieux, comte d'Auvergne et duc d'Aquitaine. (Voy. *les comtes de Châlons.*)

COMTES HÉRÉDITAIRES.

ALBÉRIC I.

920 au plus tard. ALBÉRIC I, second fils de Mayeul, vicomte de Narbonne, et de Rainoldis, ayant épousé en premières noces, TOLOSANE, ou ETOLANE, fille et héritière de Raculfe, prit le titre de comte de Mâcon après la mort de son beau-père, et céda sa part du comté de Narbonne à Valcherius, ou Gaucher, son frère, pour venir résider à Mâcon. C'est par lui que commence, dans le livre enchaîné de la cathédrale de Mâcon, la liste des comtes héréditaires de cette ville. L'an 930 ou 931 (huitième du règne de Raoul), il obtint, pour sa vie, de Bernon, évêque de Mâcon, l'église de S. Amour et de S. Viateur, avec ses dépendances, le village de Sauvement au pays de Scodingue, et d'autres biens, moyennant un cens annuel. (*Gall. chr. no.* T. IV, *instrum.* col. 275.) Devenu veuf, Albéric se remaria avec BERTHE, dont on ne connaît pas la naissance. L'an 941, cin-

quième du règne de Conrad le pacifique, roi de la Bourgogne transjurane, Albéric reçut en fief de Meynier, abbé d'Agaune, le château de Brâcon, avec d'autres terres situées partie au canton de Varasque, partie dans le comté de Scodingue, à la charge d'un modique cens. L'aliénation n'était que pour la vie d'Albéric et celle de ses fils, Létalde et Humbert; mais elle devint perpétuelle au moyen des reprises de fief que ses successeurs en firent vis-à-vis des abbés d'Agaune. (*Bibl. sebus. cent.* 1, c. 23.) Albéric alla depuis résider à Salins avec Humbert, son second fils, et sa fille, Attala, laissant le Mâconnais à son fils aîné, qui suit. (Voy. *les sires de Salins.*) Il est à remarquer que dans le tems qu'Albéric gouvernait le Mâconnais, Guillaume le jeune, comte et marquis d'Auvergne, prenait aussi le titre de comte de Mâcon, parce que le Mâconnais faisait partie des provinces qui composaient son marquisat. (Vaissète, T. I.)

LETALDE I.

942 au plus tard. LETALDE (*Leotaldus*) partageait l'autorité comtale avec Albéric son père, au moins huit ans avant de lui succéder. Ce qui le prouve, c'est une charte par laquelle Letalde, comte de Mâcon, qui se dit fils d'Albéric et de Tolosane, et sa femme, ERMENGARDE, fille de Manassès de Vergi et d'une autre Ermengarde, donnent à Saint Odon, abbé de Cluni, ce qu'ils possédaient au village qu'ils nomment *Dardanicum*, situé sur la rivière de Seille. L'acte est daté du mercredi 2 des calendes d'avril (31 mars), la douzième année du règne de Rodolfe, ce que Guichenon (*Bibl. Sebus.* p. 168) rapporte à l'an 899, douzième de Rodolfe premier, roi de la Bourgogne transjurane. Mais alors l'abbaye de Cluni n'existait pas encore. C'est donc plutôt du règne de Rodolfe, ou Raoul, roi de France, dont la douzième année tombe en 935, que cette date doit s'entendre. Il est vrai que le 31 mars, ou la veille des calendes d'avril, tombait un mardi et non pas un mercredi en 935. Mais il faut supposer que le notaire s'est trompé d'un jour sur le quantième du mois, erreur dont les exemples sont fréquents. Le 31 mars d'ailleurs ne tombait pas non plus un mercredi en 899, mais un samedi. L'an 950, ou environ, Letalde s'associa à son évêque, Maimbold, et au marquis Hugues (c'est Hugues le Noir, duc de Bourgogne), pour mettre en état de vivre régulièrement les chanoines de Mâcon, réduits à une grande pauvreté par un incendie qui avait consumé leur église et leur cloître avec une grande partie de la ville. Ces sortes de désastres étaient fréquents alors, parce que les bâtiments étaient presque tous en bois. Letalde donna pour sa quote-part l'église

et l'abbaye de Saint Clément qu'il tenait en bénéfice. (*Gall. Chr. no.* T. IV, *prob.* col. 277.) Mais il retint certains fonds de cette abbaye, qui étaient à sa bienséance, et refusa de s'en dessaisir. Enfin, l'an 955, vaincu par les remontrances de Maimbold, il consentit à les restituer, comme on le voit par une notice dressée quelques années après, où il est qualifié *comes imperatorius*, à raison du comté qu'il possédait alors en Bourgogne. (*Ibid.* col. 279.) A la suite de la souscription qui est au bas de cet acte, on lit : *S. Alberici fratris ejus*. Nous pensons qu'au lieu de *fratris* il faut lire *filii*.

Letalde, l'an 956, le 4 janvier, par acte passé publiquement à Mâcon, fit, comme exécuteur des volontés de Humbert, son neveu, donation d'un meix situé au village de Saillei à l'abbaye de Cluni. (*Arch. de Cluni.*) Il devint la même année comte en Bourgogne après la mort de Giselbert. C'est par anticipation que Frodoard lui donne ce titre sur l'an 951, où il dit que le roi Louis d'Outre-mer, dans le voyage qu'il voulut faire cette année en Aquitaine, étant tombé malade sur les frontières d'Auvergne, Letalde, comte de Bourgogne, vint le trouver, se reconnut son vassal, et lui rendit la santé par un remède qu'il lui fit prendre. Ce trait fait voir que Letalde se mêlait de médecine. Il mourut au plus tard l'an 971. Il est appelé dans une bulle du pape Benoît VIII *divæ memoriæ Comes*. Letalde avait épousé en secondes noces, l'an 948 au plus tard, RICHILDE, dite aussi COLLATIE qui vivait encore en 955, comme on le voit par des actes qu'elle souscrivit. (Mab. *Ann.* T. III, pp. 468, 492, 493, 507.) Letalde avait pour vicomtes à Mâcon, en 943, Mayeul, et en 948 Gautier. (Mab. *ibid.* p. 513.)

ALBÉRIC II.

ALBÉRIC II était associé à Letalde premier, son père, dès l'an 952, au comté de Mâcon. En effet on le voit concourir avec lui cette année pour la restitution de l'abbaye de Saint-Clément à l'évêché de Mâcon. (*Arch. de Cluni.*) L'an 958, assisté du vicomte Hugues, il tint un plaid, *mallum*, au sujet de deux ouvrées de vignes situées au territoire de Vinzelle, que l'abbaye de Cluni revendiquait sur un nommé Vulfeis et sa femme, Constance, qui furent condamnés à déguerpir. (*Ibid.*) L'an 960, un lundi, 13 des calendes de septembre, ou 20 août, il tint un autre plaid avec Vautier, son vicomte, et d'autres conseillers, dans lequel il obligea un nommé Varulf à se départir en faveur de la même abbaye de toutes les prétentions qu'il pouvait avoir sur l'église de Saint-Germain d'Igei, et sur plusieurs fonds situés tant audit lieu qu'à Bissi. (*Ibid.*) La même année, ou l'an 962 au plus tard, à la prière de l'évêque Maimbold et de son clergé, il rendit à l'abbaye de Saint-Clément certains droits et fonds qu'il avait usurpés. La dixième année du roi Lothaire, 964 de Jésus-Christ, il tint encore à Mâcon, avec Vautier son vicomte, un plaid où il jugea différents procès. (*Arch. de Cluni.*) Albéric fit, l'an 971, le 14 janvier, une donation à l'abbaye de Tournus, du consentement de sa femme, ERMENTRUDE (fille de Renaud, comte de Rouci), et de ses deux fils, Letalde et Albéric. (Juenin, *hist. de Tournus.*) Il succéda cette même année au plus tard à son père dans le comté de Bourgogne, qu'il transmit, suivant Paradin, S. Julien et M. Chevalier, à son fils aîné, avec le comté de Mâcon. Sa mort se rapporte à l'an 975. Outre les deux fils mentionnés ci-dessus, il en eut un troisième nommé Guillaume, et Béatrix, mariée à Geofroi premier, dit Forole, comte de Gâtinais, aïeul paternel de Geofroi le Barbu et de Foulques le Rechin, comtes d'Anjou. Ermentrude, veuve d'Albéric, épousa en secondes noces Otte-Guillaume, qui viendra ci-après. (Ménage, *hist. de Sablé*, page 117 et 118.)

LETALDE II.

975. LETALDE II, fils d'Albéric et son successeur, lui était associé dès l'an 971, ou du moins jouissait de quelque autorité sous ses ordres dans le Mâconnais, comme le prouve un acte de cette année par lequel il confirma les donations faites à l'église de Mâcon par son aïeul, Letalde, et sa femme Collatie, puis celles de son père Albéric et de sa mère Ermentrude. Cette pièce est rapportée par Sévert, p. 75. Letalde II ne survécut à son père que quatre ans, étant mort l'an 979. De BERTE, sa femme, il laissa un fils, qui suit.

ALBERIC III.

979. ALBÉRIC III, fils de Letalde II, lui succéda dans un âge tendre au comté de Mâcon sous la tutelle de Berte, sa mère. Guillaume, dit Barbe-sale, *Bucca uncta*, son oncle, disputa, les armes à la main, cette tutelle à Berte. L'évêque Milon, pour terminer le différent, maria Guillaume avec Berte, après avoir obtenu dispense du pape. Albéric mourut sans alliance vers l'an 995. (*Chro. Adem. Caban.*)

OTTE-GUILLAUME ET GUI.

995 au plus tard. OTTE-GUILLAUME, ou OTTON, comte de Bourgogne, mit sous sa main le Mâconnais, comme époux d'Ermentrude, veuve d'Albéric II, après la mort d'Albéric III, et

s'associa GUI, son fils. Nous avons sous les yeux le contrat de mariage d'un seigneur du Mâconnais, nommé Uldric, et d'Ermengarde, sa fiancée, souscrit par le comte Otton, Ermentrude sa femme, et Gui leur fils, lequel acte a pour date la huitième année du roi Hugues (Capet), ce qui se rapporte à l'an de Jésus-Christ 994 ou 995. (*Arch. de Cluni.*) Guillaume Barbe-sale, qui vivait encore, et ne mourut même que long-tems après, ne fut pas néanmoins pour cela dépouillé du titre de comte de Mâcon, ni de toute l'autorité attachée à ce titre, comme on le verra par la suite. Ainsi l'on peut dire qu'il y avait alors trois comtes de Mâcon ; Otte-Guillaume, qui avait la grand'main ; Gui, son fils, et Guillaume Barbe-sale, qui conservait l'autorité comtale, du moins dans une partie du Mâconnais. Nous n'avons trouvé qu'un seul acte de l'exercice qu'Otte-Guillaume et son fils ont fait conjointement de la leur dans le comté de Mâcon, encore est-il sans date. C'est une espèce de jugement rendu sur les plaintes des religieux de Cluni contre le clerc Mayeul, surnommé Pulverel, prévôt de Lourdon, qui faisait dans cette obédience des exactions injustes. Il y est dit que, moitié par persuasion, moitié par autorité, le comte Otte-Guillaume obligea Mayeul à déguerpir. Les souscripteurs de la charte sont Otte-Guillaume, le comte Gui son fils, *filius ejus Guido comes*, l'évêque (de Mâcon) Ledbald II, le prevôt Mayeul, plusieurs chevaliers, et Odon, docteur en loi, *Oddo legis doctor*. Cette dernière signature est remarquable par la qualité que le souscripteur y prend. (*Arch. de Cluni.*) On ne peut autrement fixer l'époque de ce jugement qu'en le plaçant entre l'année 997, à laquelle commença l'épiscopat de Ledbald, qui fut de ving-deux ans, et l'année 1007 où Gui avait cessé de vivre. Nous avons un diplôme du roi Robert en faveur de l'abbaye de Saint-Bénigne de Dijon, que Gui souscrivit en 1005 avec son père. C'est le dernier trait connu de sa vie. Otte-Guillaume, lui survécut au moins 20 ans, n'étant mort qu'en 1027. Mais il paraît que long-tems avant de perdre son fils il ne résidait plus dans le Mâconnais. (Voy. *les comtes de Bourgogne*.) Gui en mourant laissa un fils qui suit. (Duchêne, *hist. de la M. de Vergi*, pr. p. 55.) (Voy. *les comtes de Bourgogne*.)

OTTON.

OTTON, fils de Gui, lui succéda l'an 1007 au plus tard. Nous le voyons cette année avec les qualités de comte de Mâcon et de fils du comte Gui parmi les souscripteurs d'une donation que le chevalier Hildebert fit à l'abbaye de Saint-Bénigne de Dijon, en venant y mourir sous l'habit religieux. (Duchêne, *hist. de la*

M. de Vergi, pr. p. 55.) Otton, l'an 1816, fut encore témoin d'un privilége que le roi Robert accorda au monastère. (*Spicil.*, T. I, p. 460.) Ce comte fit lui-même aux églises diverses donations dont les dates, dans les actes qui en furent dressés, sont marquées d'une manière si vague, qu'il n'est pas possible de les fixer. On voit, par exemple, une charte de lui en faveur de l'abbaye de Cluni, datée du règne du roi Robert et de son fils Hugues, associé, l'an 1017, au trône, et mort le 17 septembre 1025. C'est une donation qu'il fait à ce monastère d'une terre située près de la Saône, *pro peccatorum*, dit-il, *meorum abolitione, animæ etiam meæ et patris Guidonis, nec-non avi mei Othonis cognomento Villelmi, et filii mei Gaufridi.... sicut jam ante comes Leotaldus (primus) atavus meus per testamentum præcepto Lodovici (Transmarini) Regis (tradidit.)* Le nom de la femme d'Otton, qui n'est point ici marqué, se trouve parmi les signatures. Elle se nommait ELISABETH. (Chifflet, *Béatrix de Châlons*, p. 150.) Quelques généalogistes prétendent qu'elle était de la maison de Vergi, et sœur de Humbert, évêque de Paris. Nous avons sous les yeux une charte, datée du règne de Robert, le 5 des calendes de juillet, par laquelle Otton et Elisabeth donnent à l'abbaye de Cluni la terre de Fissei, ou Fixei, dans le comté d'Oscherais, au pays de Langres, *villam Fissiacum in comitatu Oschirensi in pago Lingonensi*. (*Arch. de Cluni.*) Ce comté d'Oscherais est le même que celui de Dijon, nommé *Oscherais* à cause de la rivière d'Ouche, *Oscarus*, qui le traverse. Il paraît qu'Elisabeth survécut à Otton. C'est ce que nous inférons d'une charte du 13 des calendes de mars de l'an 1022, par laquelle cette comtesse, sans faire mention de son mari, donne à Cluni, du consentement de ses deux fils, Geofroi et Robert, l'église de Saint-Germain, située au village de Pernant, dans le comté de Beaune. (*Ibid.*) Il y a preuve d'ailleurs qu'elle n'était que la seconde femme d'Otton. On a l'acte en effet d'une donation faite par ce comte à l'église de Mâcon sans autre date que le règne de Robert, dans lequel on voit la souscription d'ADDA, sa femme avec la sienne : *S. Ottonis comitis et uxoris suæ Addæ qui fieri et firmari rogaverunt, Rainaldi filii sui.* (*Cartul. de Mâcon.*) Guillaume Barbe-sale vivait peut-être encore alors. Ce qui est certain, c'est qu'en 1013 il fit construire un château près de Cluni sans en avoir le droit; entreprise, dit Adémar de Chabannais, dont il fut puni miraculeusement par une maladie qui l'empêchait de marcher; à quoi cet historien ajoute que le comte Hugues (c'est Hugues, évêque d'Auxerre et comte de Châlons), par zèle soit pour ses intérêts propres, soit pour ceux de l'abbaye de Cluni, après lui avoir fait à ce sujet d'inutiles remontrances, vint avec des troupes, prit ce fort et le rasa. Du tems du comte Otton il arriva dans toute l'Europe une famine si cruelle, qu'on arrêtait les voyageurs non pour les voler, mais pour les manger. Le comte Otton, dit Raoul Glaber, étant informé qu'un aubergiste du voisinage de Mâcon nourrissait ses hôtes de chair humaine qu'il déguisait, et les tuait ensuite pour servir d'aliment à d'autres, fit faire la recherche chez lui par ses gens, qui trouvèrent dans un lieu caché quarante-quatre têtes d'hommes. « J'ai vu le lieu, dit-il, où fut brûlé ce » misérable, qu'on avait pris et attaché à un poteau. Le comte Otton mourut au plutôt en 1049. La preuve que sa mort ne devança pas cette année, se tire d'une charte dont il est à propos de mettre le sommaire sous les yeux de nos lecteurs. Etienne, fils d'Artaud, tenait d'Otton en *bénéfice* des fonds situés à Chevagni dans le Mâconnais, *in villa Caveniaco*, qui devaient, après sa mort revenir au comte. Cependant Etienne, au mépris de cette loi, fit, en mourant, donation de ces fonds au monastère de Cluni. Otton et Geoffroi, son fils, s'opposèrent à ce legs injuste et le firent casser. Mais ensuite ils abandonnèrent ces mêmes fonds à Cluni, gouverné alors par Saint-Hugues, dont le régime commença l'an 1049. (*Arch. de Cluni.*) On voit par là que les bénéfices distingués des précaires et des fiefs étaient encore en usage au XIe siècle. Otton eut de ses mariages au moins deux fils, Rainald, mort vraisemblablement avant lui, et Geoffroi, qui suit.

GEOFFROI.

1049 au plutôt. Geoffroi, fils d'Otton, fut son successeur dans le comté de Mâcon. Saint-Julien de Baleure (*Antiq. de Mâcon*) rapporte de ce comte une anecdote qui marque en lui plus de zèle que de lumières. C'était, dit cet historien, l'usage dans l'église de Mâcon de baptiser un enfant le samedi-saint à la bénédiction des fonts. Une année, personne n'ayant présenté d'enfant à cette cérémonie, le comte Geoffroi, qui était présent, sort de l'église avec quelques-uns de ses nobles, court au pont des Hébreux, et se saisit d'un enfant juif qu'il amène à l'église, où sur-le-champ il reçut le baptême. La comtesse Béatrix, femme de Geoffroi, fut la marraine, et donna le nom de son époux à l'enfant, lequel, ayant persisté dans la religion chrétienne, se fit moine de Cluni, et donna ses biens aux apôtres Saint-Pierre et Saint-Paul, desquels il se glorifiait, dit l'historien, de descendre. (Sévert, *in Episc. Matiscon.*, p. 91.) Le comte Geoffroi mourut au plus tard en 1065, laissant de sa femme, morte vers 1072, un fils, qui suit.

GUI II.

1065 au plus tard. Gui, fils de Geoffroi, possédait en 1065 le comté de Mâcon.

L'an 1075 ou 1076, le comte Gui tint à Mâcon, avec l'évêque Landri, un plaid où il condamna Hugues de Suisi, qui depuis long-tems revendiquait injustement certains fonds qu'un gentilhomme, son parent, nommé Fromond, avait légués à l'église de Mâcon. (*Gall. Chr. no.* t. 4, col. 283.) Gui, l'an 1076, au mois de mars, fut présent à une assemblée tenue à Beze par Hugues, duc de Bourgogne, pour aviser aux moyens de réprimer les usurpations que Foulques de Mailli, seigneur de Beaumont, et Geoffroi, son fils, faisaient sur cette abbaye. (*Spicil.* t. 1, p. 602.) Gui, l'année suivante, accompagna le même prince à Avalon, et fut un des témoins de la donation qu'il fit de la chapelle du château à l'abbaye de Cluni. (*Ibid.* p. 455.) Il renonça au monde, l'an 1078, et alla se confiner avec ses fils, et trente gentilshommes, ses vassaux, dans l'abbaye de Cluni. Leurs femmes imitèrent leur exemple, et se retirèrent à l'abbaye de Marcigny. Hugues I, duc de Bourgogne, abdiqua dans le même tems, et se retira pareillement à Cluni. Tel fut le fruit du bon exemple de Simon, comte de Valois, qui, l'année précédente, en avait fait autant à Saint-Claude. Gui devint prieur de Souvigni, et mourut en 1109. Il devait être alors très-âgé, puisque nous avons un acte qu'il signa au mois d'août 1031, avec son père et son aïeul. (Chifflet, *hist. de Tournus*, p. 298.) Sa femme se nommait MAINALDE, ou MARIE. En lui finirent, par la retraite de ses enfants, les comtes de Mâcon descendants de Gui, fils aîné d'Otte-Guillaume. M. l'abbé Courtepée (*hist. du duché de Bourg.* p 213) confond Gui II avec son bisaïeul, Gui I, fils d'Otte-Guillaume.

GUILLAUME 1, dit LE GRAND et TÊTE-HARDIE.

1078. GUILLAUME I, dit LE GRAND et TÊTE-HARDIE, comte de Bourgogne, et cousin au quatrième degré du comte Gui par Otte-Guillaume dont il descendait comme lui, fut son successeur au comté de Mâcon en vertu de la donation que Gui lui en avait faite en se retirant à Cluni. L'an 1083 ou environ, il assista avec Renaud, son fils, aux funérailles de Humbert, comte de Fouvent, qui furent célébrées par l'évêque de Langres, Robert de Bourgogne, à l'abbaye de Beze, où les comtes de Fouvent avaient leur sépulture. (*Spicil.* t. 1, p. 648.) Guillaume, l'an

RENAUD.

1085. RENAUD, fils de Guillaume le Grand, devint son successeur, au plus tard l'an 1085, au comté de Mâcon, deux ans avant qu'il lui succédât par mort au comté de Bourgogne. Nous avons en effet une charte de 1085, où Guillaume le Grand et Renaud signent, le premier avec la seule qualité de comte de Bourgogne, le second avec celle de comte de Mâcon. (Juenin, *hist. de Tournus*). Renaud mourut en 1097. Il avait épousé REINE, fille d'un comte nommé CONON, dont il eut un fils. (*Voyez* Renaud II, *comte de Bourgogne*).

ETIENNE, DIT LE HARDI.

ÉTIENNE, dit LE HARDI, comte de Varasque au comté de Bourgogne, jouissait du comté de Mâcon conjointement avec Renaud, son frère. Il partit, l'an 1101, pour la Terre-Sainte, où il périt l'année suivante, ayant été tué à la bataille de Rama, gagnée le 27 mai de l'année suivante par les Sarrasins, ou, selon d'autres, ayant été pris à cette journée et conduit à Ascalon, où il fut percé de flèches, avec plusieurs autres captifs, dans sa prison. (*Spicil.* t. X, p. 523; *Guill. Tyr. ad an.* 1102.) M. Chevalier (*hist. de Poligni*) se trompe en disant qu'Etienne revint de ce voyage, et que, l'ayant répété l'an 1108, il fut tué, l'an 1113, dans une bataille contre les infidèles. Etienne laissa de BÉATRIX, fille de Gérard d'Alsace, duc de Lorraine, deux fils, Renaud et Guillaume. Nous avons sous les yeux une charte d'Etienne sans date, par laquelle, du consentement de sa femme, qu'il ne nomme pas, mais qu'il dit être fille du duc de Lorraine, il donne au monastère de Saint-Marcel de Châlons, un cens de cent sous, qui lui était annuellement dû le jour de la Purification, à raison de sa seigneurie de Traves (*de Trava*) au comté de Bourgogne, à condition que cette somme de cent sous sera employée à fournir tous les ans, à sa décharge, audit monastère, un cheval blanc chargé de poissons : *Tali scilicet conditione ut de ista pecunia census videlicet equus albus oneratus piscibus, qui de præfato Castro Martyri* (S. Marcello) *debebatur, solvatur et singulis annis reddatur.* (*Archiv. de Cluni.*)

GUILLAUME II, DIT L'ALLEMAND, RENAUD II, ET GUILLAUME III.

GUILLAUME II, fils de Renaud, succéda au comté de Mâcon avec ses deux cousins, GUILLAUME et RENAUD. L'an 1106, Guillaume ayant voulu lever des droits, qu'on nommait alors coutumes, sur un des faubourgs de Mâcon, dit le faubourg d'Auxerre, les moines de Cluni s'y opposèrent, prétendant que ce faubourg relevait uniquement d'eux. On tint là-dessus un plaid à Mâcon, et les chevaliers du comte ayant affirmé avec serment que ses prédécesseurs n'avaient jamais joui du droit qu'il voulait s'attribuer, il en donna son désistement à l'abbé Saint-Hugues par une charte où il est surnommé l'Allemand, *comes Villelmus quem vocabant Allemannum.* (*Arch. de Cluni.*) Le comte Guillaume mourut, on ne sait en quelle année, mais sûrement après l'an 1107, laissant d'AGNÈS, fille de Berthold II, duc de Zéringhen, un fils, qui suit. (*Voyez* Guillaume l'Allemand, *comte de Bourgogne.*)

GUILLAUME III, DIT L'ENFANT.

GUILLAUME III, dit l'ENFANT à raison de son âge, fils de Guillaume l'Allemand, lui succéda au comté de Mâcon de même qu'à celui de Bourgogne. Il avait de la valeur. Etant allé dans la haute Bourgogne, dont il possédait une partie, pour réduire des rebelles, ceux-ci, près de succomber et désespérant de leur pardon, le firent assassiner avec d'autres seigneurs de sa suite par des habitants de Sion, comme il faisait sa prière dans une église, le 1 mars, un mardi de la deuxième semaine de carême, l'an 1127, suivant Albéric. Ce chroniqueur ajoute que les meurtriers, après avoir quelque tems erré çà et là, furent pris et punis par divers supplices. Renaud II, pendant le règne de Guillaume l'Enfant, jouissait concurremment avec lui du comté de Mâcon. Nous en avons la preuve dans la charte d'un accommodement qu'il fit pour la justice du comté de Mâcon avec l'évêque Bérard, ou Bernard, mort en 1125. (*Voyez* Renaud II, *comte de Bourgogne.*)

GUILLAUME IV.

GUILLAUME IV, deuxième fils du comte Etienne le Hardi, s'empara de tout le comté de Mâcon, ainsi que de celui de Vienne et de la terre de Scodingue après la mort de Guillaume l'Enfant, son cousin, malgré l'opposition de Renaud, comte de Bourgogne, son frère. A la fin, les deux frères s'accordèrent au moyen de l'hommage que Guillaume consentit de rendre à Renaud. C'est ce que l'on infère d'une charte du premier en faveur de l'abbaye de Château-Châlons, où, prenant la qualité de comte de Mâcon et de Vienne, il reconnaît tenir son *Consulat* de Renaud, son frère. *Laudavit Rainaldus Burgundiæ comes, frater meus, à quo ego consulatum meum teneo.* (Dunod, *hist.*

de Fr. Comté, t. I, pr. p. 100.) Maître de ces domaines, il voulut encore y ajouter ceux de ses voisins. Il commença par le comté de Forez, dans lequel il entra à main armée, sans égard pour les remontrances de Saint-Bernard, qui avait tenté de le détourner de ce dessein. Mais le comte de Forez, étant venu à sa rencontre, le fit prisonnier dans un combat sanglant, et l'obligea de renoncer à ses prétentions. (*Voyez* Guillaume III, *comte de Forez.*) Guillaume ne fut pas plus heureux dans les entreprises qu'il voulut faire sur les droits temporels de l'église de Vienne. L'archevêque Humbert, en ayant porté ses plaintes à l'empereur Conrad, obtint de lui un diplôme daté du 6 janvier 1146, par lequel il déclarait que Vienne ne pouvait avoir d'autre seigneur que lui, et n'en pouvait même avoir au-dessous de lui. Conrad excluait nommément Guillaume, comte de Mâcon, exhortant les suffragants de l'archevêque à lui fournir du secours pour recouvrer sa juridiction temporelle et spirituelle. (Dubois, *Ant. ecc. Vienn.* p. 81.) Les comtes de Mâcon n'ont pas néanmoins discontinué de prendre le titre de comtes de Vienne et d'en exercer les fonctions, malgré ce diplôme et d'autres semblables que les archevêques de Vienne obtinrent des empereurs Frédéric I en 1153, 1157, 1176; Henri VI en 1196, et Frédéric II en 1214 et 1238. (*Ibid.* p. 92.) Le malheur des tems avait obligé l'évêque de Mâcon et ses chanoines de fortifier les maisons qu'ils avaient soit à la ville, soit à la campagne, pour les mettre à l'abri des brigandages qui s'exerçaient alors presque impunément sur les biens ecclésiastiques. Guillaume prétendit qu'en cela ils avaient empiété sur ses droits, et voulut les obliger à détruire ces fortifications. On convint, après quelques contestations, de s'en rapporter au jugement du comte Renaud et de Humbert, sire de Beaujeu. Ces deux arbitres donnèrent gain de cause à l'évêque et au chapitre, et Guillaume se soumit à leur décision. (*Gall. Chr. no.*, t. 4, col. 1070.) Guillaume consentit, l'an 1147, à l'union que le pape Eugène III fit de l'abbaye de Baume à celle de Cluni. La charte est datée du 17 juin, *Ludovico Juniore rege Francorum eunte super Saracenos, cum multa manu procerum et comitum.* (*Béatrix de Châlons*, p. 24.) Louis le Jeune s'était mis en marche le 11 juin de cette année pour la Croisade, et Guillaume se joignit à lui lors de son passage à Mâcon. Odon de Deuil fait une mention honorable de ce comte en parlant d'une rencontre où les Turcs arrêtèrent pendant deux jours notre armée sur les bords du Méandre qu'elle se disposait à passer, ne cessant de la harceler par de petites escarmouches qu'ils terminaient en fuyant pour revenir aussitôt à la charge. « A la fin, dit-il, les illustres comtes Henri, fils de » Thibaut, Thierri d'Alsace, Guillaume de Mâcon, tombent

» sur eux, comme un tourbillon impétueux, à travers une grêle
» de flèches, enfoncent leurs escadrons, et, soutenus par le
» roi, qui venait après eux le sabre à la main, ils abattent à
» droite et à gauche tout ce qui se rencontre autour d'eux, et
» obligent ceux que la vitesse de leurs chevaux put soustraire au
» carnage, à s'aller cacher dans le creux des montagnes ». (p.
60.) Guillaume, l'an 1153, de retour du Levant, se trouva
dans une grande assemblée de seigneurs, tenue à Mâcon. Depuis
ce tems, on n'aperçoit plus de trace de son existence. Il est dit
mort dans une charte de Château-Châlons de l'an 1156 : *Guillelmo comite Burgundionum et Matisconensi viam universæ carnis ingressso.* (Chifflet, *Let. sur Béatrix*, p. 129.) En mourant, il laissa de PONCE, ou ADÉLAÏDE DE TRAVES, son épouse, veuve de Thibaut, seigneur de Rougemont, deux fils, Etienne, tige de la maison de Châlons, et Girard, qui suit. Ces deux fils, dans l'ordre que nous marquons, donnèrent leur consentement à la donation ou vente que leur père fit à l'abbaye de Cluni d'une murie de sel, à prendre à Lons-le-Saunier, moyennant la somme de douze mille sous. L'acte de cette vente est sans date, mais antérieur au 25 août 1147, date de la bulle qu'Eugène III donna, étant à Auxerre, pour le confirmer. (*Arch. de Cluni.*) Guillaume prenait les titres de comte de Mâcon, de Vienne et de Bourgogne.

GIRARD.

GIRARD, ou GÉRARD, second fils de Guillaume IV et son successeur au comté de Mâcon, fit, l'an 1158, une donation à l'évêque de Mâcon et à son chapitre. S'il fut alors libéral envers cette église, il sut bien se dédommager dans la suite. Les usurpations qu'il fit sur elle à main armée dans la compagnie d'autres seigneurs, obligèrent l'évêque d'implorer la protection du roi Louis le Jeune. Ce prince, l'an 1156, envoya dans le Mâconnais un corps de troupes sous les ordres d'Eudon, qui, chassé du duché de Bretagne par Conan IV, son neveu, s'était réfugié à la cour de France. Eudon, dans un combat livré à Girard, mit ses gens en déroute et le fit prisonnier. (Morice, *Mém. de Bretagne*, T. I, col. 621.) Remis en liberté, Girard n'en devint pas plus circonspect et plus modéré dans sa conduite. S'étant ligué avec le comte Etienne, son frère, l'archevêque de Lyon et Humbert, sire de Beaujeu, il attaqua Renaud III, sire de Baugé, et lui fit une guerre cruelle, dans laquelle il employa ses compagnies de bandits qu'on nommait Brabançons. (*Voy. les sires de Beaujolais et ceux de Baugé.*) Les églises, les monastères, les marchands, les voyageurs devinrent aussi les victimes de sa rapacité. Le sire de Beaujeu, son allié, ne fut pas lui-même à l'abri de ses violences. Ils se brouillèrent ensemble; et une lettre de celui-ci au roi Louis le Jeune nous apprend que le comte de Mâcon, avec les Lyonnais, était entré sur ses terres pour les conquérir et les soumettre à l'empire ; sur quoi il supplie le roi de le secourir dans un si pressant besoin. (Duchêne, T. IV, p. 707 et 708.) Quoique cette lettre ne soit point datée, une circonstance qu'elle énonce sert à faire connaître le tems où elle fut écrite. Humbert en effet y parle de la guerre que Louis faisait alors en Auvergne; ce qui se rapporte à l'an 1163. (*Voy. les comtes d'Auvergne.*) Guigues III, comte de Forez, fit de semblables plaintes par rapport à lui-même au monarque contre Girard et l'archevêque de Lyon. (Voy. *les comtes de Forez.*) Louis, trop occupé pour se rendre sur les lieux, envoya des ordres à Girard de faire cesser les plaintes qu'on formait contre lui. Girard en conséquence accorda une trêve à l'église de Mâcon, sa plus forte partie, en attendant que le sujet de leurs débats fût décidé à l'amiable. C'est ce qu'il demanda lui-même au roi par une lettre où il dit qu'il avait plus de griefs à opposer à l'église de Mâcon qu'elle n'en pouvait alléguer contre lui. (Duchêne, *Script. Fr.*, T. IV, p. 710.) Girard demeura paisible l'espace d'environ deux ans. Mais il recommença, l'an 1165, ses déprédations, et plusieurs seigneurs bourguignons imitant son exemple, le roi, sur les plaintes de Pons de Rochebaron, évêque de Mâcon, se mit en marche avec une armée pour les réprimer. Girard, effrayé, vint le trouver à Châlons pour se justifier. Ses parties s'y étant aussi rendues, il fut convaincu et obligé de reconnaître dans un parlement que le monarque tint à ce sujet, qu'il n'avait aucun droit, pendant la vacance du siége de Mâcon, sur les meubles de l'évêque défunt, maisons et terres de l'évêché, qu'en général toutes les dépendances de l'église de Mâcon étaient franches et exemptes de toutes charges à son égard. Il n'excepta que la terre de Viri, dans laquelle il prétendit avoir ses coutumes qu'il s'offrit de prouver dans un délai qu'on lui accorda. Nous avons le jugement solennel que Louis rendit sur ces aveux et réserves : il fait partie des preuves de l'histoire des sires de Salins, par M. l'abbé Guillaume, et porte la date de la 29e année de ce prince et de la 1166[e] de Jésus-Christ. La crainte enchaîna pendant quelques années la rapacité de Girard. Mais, l'an 1172, ne pouvant plus se contenir, il reprit ses anciens errements, et fit revivre, les armes à la main, toutes ses prétentions contre l'église de Mâcon. Cité au parlement que le roi vint tenir à Vézelai la même année, il y comparut, et renouvela les mêmes engagements qu'il avait violés. Pour réduire à ses justes bornes l'autorité qu'il avait dans Mâcon, le roi le condamna à démolir les maisons fortes qu'il y avait fait élever, à l'exception d'une seule tour. Girard fut de plus obligé à reprendre en fief du roi les châteaux de Vinzelles, de Monbelet, de Sales, et de lui prêter serment de fidélité ; ce qu'il fit, est-il dit dans l'acte qui en fut dressé, *sauf la fidélité qu'il devait à son frère aîné, le comte Etienne.* (Duchêne, *hist. de Bourg.* l. 3, c. 2.) On voit par là que Girard tenait d'Etienne en fief le comté de Mâcon. Ses prédécesseurs le tenaient au même titre des comtes de Bourgogne, qui le reportaient eux-mêmes au duc de Bourgogne, premiers suzerains du Mâconnais. (*Voy.* Otton I ou II, *comte de Bourgogne.*) Ces nouvelles soumissions de Girard ne furent pas plus sincères que les précédentes. Pour se faire un appui dans une nouvelle levée de bouclier, il prit des liaisons avec l'Angleterre. On le voit en effet, le 12 février 1173, à la cour que le roi Henri II tenait à Montferrand en Auvergne. De là il le suivit jusqu'à Limoges où il fut présent au traité de paix que Raymond V, comte de Toulouse, conclut avec ce monarque. (Vaissète, *hist. de Lang.*, T. III, p. 31.) De retour chez lui, Girard ne tarda guère à lever le masque. L'an 1174, il s'associa au comte de Châlons et au sire de Beaujeu pour dévaster les terres de l'abbbaye de Cluni. D'autres voisins, et surtout l'évêque de Mâcon, souffrirent aussi de leurs violences qu'ils redoublèrent sur la fin du règne de Louis le Jeune, en profitant de l'état d'inaction où les infirmités de ce prince l'avaient réduit.

La partie méridionale de la Bourgogne était dans la désolation lorsque le roi Philippe-Auguste monta sur le trône. Ce jeune prince étant venu, l'an 1180, à Pierreperthuis, près Vezelai, y manda le comte de Mâcon avec les seigneurs voisins, tant ceux qu'il vexait que ceux qui coopéraient avec lui à la vexation; et, de concert avec ses barons, il prononça un arrêt auquel il les obligea de se conformer. Par une des dispositions de ce jugement, il fut dit que le comte de Mâcon, ainsi qu'il avait déjà été réglé par Louis le Jeune, n'aurait rien à prendre soit dans les meubles, soit dans les immeubles de l'évêque diocésain après sa mort ; qu'il n'aurait dans Mâcon d'autre forteresse que sa tour ; et qu'à l'égard de la maison forte qu'il y avait élevée contre la défense qui lui en avait été faite, il serait tenu de la remettre au roi toutes les fois qu'il en serait requis. (Martenne, *Amplis. coll.*, T. I, p. 944.) Girard, la même année, transigea, par acte passé à Mâcon, avec l'abbaye de Cluni, touchant les droits de garde qu'il prétendait avoir sur les habitants de Domange, Igei, Cherignes, etc. Ce furent des arbitres choisis de part et d'autre qui réglèrent les articles de cette transaction, dont l'abbaye eut plus lieu de s'applaudir que le comte. Celui-ci toutefois ne fit pas difficulté d'en jurer l'observation avec ses fils, Guillaume et Gaucher, et des chevaliers qui l'avaient accompagné. (Voy. *les sires de Salins, pr.* p. 69.) Nous ne savons sous quelle date placer le trait suivant concernant encore le comte Girard. L'abbaye de Tournus avait à Louans un port qui lui rapportait un profit considérable en sel, qu'on distribuait chaque année aux pauvres dans la première semaine de Carême. Girard, sans aucun droit, en établit un autre à très-peu de distance. Les moines eurent beau lui représenter l'injustice de cette entreprise; il ne tint compte de leurs remontrances. Long-tems après il vint à Tournus avec une grande suite, et entra dans l'église de Saint-Philibert. Après s'y être promené comme en triomphe, il arriva par hasard qu'il s'arrêta seul devant l'autel de Saint-Philibert pour se mettre en oraison. Pendant qu'il y était, un moine, tenant une crosse en main, descend de derrière l'autel, et s'arrêtant devant le comte, lui dit: *Comment as-tu été si hardi que d'entrer dans mon monastère et dans mon église, toi qui ne crains pas de m'enlever mes droits?* Après ces paroles, il prend le comte par les cheveux, le renverse par terre et le bat très-rudement. Ce châtiment ayant obligé le comte à se rendre à la justice, il promit avec serment d'abandonner son nouveau port. Il tint parole, et non content de cela, il envoya à l'église de Tournus un riche tapis de soie tissu d'or, et lui fit d'autres présens. (*Acta SS. Bened. par.* 3, *sæc.* 4, p. 563.) On pensera ce que l'on voudra de cette aventure; nous ne la garantissons pas, et nous ne la rapportons qu'afin de faire preuve de notre impartialité. La mort du comte Girard arriva le 15 septembre de l'an 1184, suivant M. l'abbé Guillaume, qui s'appuie du cartulaire de l'église de Saint-Etienne de Besançon pour la date du jour, et de ses conjectures pour celle de l'année. Ce qui est certain, c'est qu'on ne peut fixer plus tard, comme on le verra par la suite, l'époque de cet événement.

Girard avait épousé, l'an 1160, Guigone, dite aussi Maurete, fille unique et héritière de Gaucher III, sire de Salins, dont il laissa Guillaume, qui suit; Gaucher, sire de Salins; Girard, seigneur de Vadans; Etienne, archevêque de Besançon; Renaud, vivant encore l'an 1228, suivant une charte de Cluni; Béatrix, femme de Humbert III, comte de Savoie; Alexandrine, épouse d'Ulric II, sire de Baugé; et Ide, mariée, 1° à Humbert II, sire de Coligni, 2° à Simon II, duc de Lorraine. La mère de ces enfants paraît encore vivante dans des actes passés en 1200. (*Voy.* Girard, *sire de Salins.*)

GUILLAUME V.

1184 ou environ. Guillaume V, fils aîné de Girard, était

comte de Vienne et de Mâcon en 1185, suivant une bulle d'Urbain III de cette année, qui lui donne ces deux titres. Il possédait aussi plusieurs terres au comté de Bourgogne. L'an 1192, dans l'octave de l'Epiphanie, il fit don à l'abbaye de Cluni d'une rente de trois sous et demi par semaine, à prendre à Lons-le-Saunier (*apud Ledonem-Salis*) pendant le tems que les chaudières de sel bouilliraient, en telle sorte, dit-il dans l'acte, qu'à la fin de chaque année l'abbaye ait perçu cent quatre sous, et cela à perpétuité. (*Arch. de Cluni.*) La même année, Guillaume fut présent au jugement que l'empereur Henri IV rendit entre Eudes de Bourgogne, agissant au nom du duc Hugues, son père; et Otton, comte de Bourgogne, touchant l'hommage du Mâconnais, qu'Eudes demandait à Otton. L'empereur décida en faveur du premier contre le second qui était son frère, en sorte que par ce jugement le comte de Bourgogne, suzerain immédiat du Mâconnais, devait en porter l'hommage au duc de Bourgogne comme d'un arrière-fief de son duché. Le comte Guillaume signa comme témoin, et avec la seule qualité de comte de Vienne, le diplôme que l'empereur fit expédier à ce sujet. (*Voy.* Otton I, ou II, *comte de Bourgogne.*) Peu de tems après Guillaume reçut à Mâcon ce même Eudes, pour lors duc de Bourgogne, qui s'y rendit avec un cortége nombreux (on ignore pour quel sujet). L'an 1216, au mois de janvier, il confirma la transaction que son père avait faite, avec le monastère de Cluni, en reconnaissant qu'elle avait été jusqu'alors mal exécutée, et pour réparation de cette inexécution, il céda, par forme d'indemnité, plusieurs objets, dont le principal est l'exemption du droit de péage sur ses terres. (*Arch. de Cluni.*) L'abbaye de Tournus obtint de Guillaume, l'an 1222, un semblable privilége. (Juenin.) Ce comte mourut en 1224, après avoir eu de Scholastique, son épouse, fille de Henri Ier, comte de Champagne, trois fils et une fille. Les fils sont Girard II, mort avant son père, avec lequel il avait exercé l'autorité comtale pendant quelques années; Guillaume, Doyen de Saint-Etienne de Besançon; et Henri, seigneur de Montmorel, mort à Genève en 1233. La fille, Béatrix, épousa Guillaume d'Antigni, seigneur de Pagni, dont le fils, Hugues, prit le titre de comte de Vienne. La mère de ces enfants mourut en 1219, et fut enterrée à l'abbaye du Miroir, près de Tournus, où son époux choisit aussi sa sépulture. Nous avons d'elle une lettre à Blanche, comtesse de Champagne, et à son fils, Thibaut, par laquelle elle leur notifie qu'elle a fait choix de sa sépulture à l'abbaye du Miroir, et lui lègue, du consentement de Guillaume, son époux, et de ses fils, Girard et Henri, la somme annuelle de vingt livres, à prendre sur celle de cent cinquante livres, qui lui appartient sur les foires de Champagne. Cette lettre datée du 16 décembre 1218, se trouve dans Martenne. (*Anecd.*, T. I, col. 870.)

ALIX et JEAN DE BRAINE.

1224. Alix, petite-fille de Guillaume V, par Girard II, son père, et fille de Guionne de Forez, succéda, par droit de représentation, à son aïeul dans les comtés de Mâcon et de Vienne, avec Jean de Braine, son époux, troisième fils de Robert II, comte de Dreux et de Braine. L'an 1228 (V. S.), au mois de février, Alix, du consentement de son époux, aliéna pour mille marcs d'argent son château de Cône à Humbert, seigneur de Beaujolais. Ils vendirent encore de concert, l'année suivante, le château de Riotier et l'hommage de Villars à l'église de Lyon. Le comte Jean s'entremit, l'an 1234, pour faire la paix de Pierre Mauclerc, son frère, duc de Bretagne, avec le roi Saint-Louis, et se rendit caution du serment qu'il fit au roi de le servir désormais avec zèle *envers et contre toute créature qui peut vivre ou mourir.* (Morice, *hist. de Bretag.* T. I, p. 167.) L'an 1239 (N. S.), au mois de février, se voyant sans enfants et sans espérance d'en avoir, Alix et Jean cédèrent, par contrat de vente, le comté de Mâcon au roi Saint-Louis, qui se trouvait sur les lieux, pour la somme de dix mille livres, et mille livres de pension viagère pour la comtesse. Le comte, son époux, partit ensuite pour la Terre-Sainte. C'était le second voyage qu'il y faisait. Il avait fait le premier en 1218, et avait eu part, l'année suivante, à la prise de Damiète. Il ne revint pas du second, et mourut, suivant Albéric, en 1239 ou 1240. Alix, après la mort de son époux, céda le comté de Vienne à Béatrix, dame de Pagni, sa tante, après quoi elle se retira dans l'abbaye de Maubuisson, près de Pontoise, et devint abbesse du Lis, près de Melun, en 1252. C'est ainsi que le Mâconnais, qui était depuis si long-tems dans la maison des comtes de Bourgogne, en sortit pour toujours. Le roi saint Louis le réunit à la couronne. Quant au comté de Vienne, Hugues de Vienne, seigneur de Pagni, fils de Béatrix, le vendit, l'an 1250, à Jean, archevêque de Vienne. « Sur
» quoi il est à noter, dit Duchêne, qu'il y avait alors trois
» comtés divers à Vienne; l'un possédé par l'église dès le tems
» de Rodolfe, dernier du nom, roi de Bourgogne, qui lui en fit
» don, l'autre tenu par les dauphins de Viennois, et le troisième
» par les comtes de Mâcon, dont Hugues, seigneur de Paigni, fit
» encore finalement transport à l'archevêque, n'en laissant pour
» marque à sa postérité que le surnom. Car ceux-là s'abusent
» qui croient que la maison de Vienne ait été ainsi nommée à

» cause d'une seigneurie particulière, située en la haute Bour-
» gogne ». (*Hist. de Bourgogne*, T. II, pp. 416 et 417.)

L'an 1339, par lettres du mois de mai, le Dauphin Charles, régent du royaume pendant la prison du roi Jean, son père, donna le comté de Mâcon, en augmentation d'apanage, à Jean, son frère, comte de Poitiers (depuis duc de Berri) pour lui et ses descendants mâles, sous différentes réserves ; savoir, le ressort au parlement, l'hommage, la traite des laines par terre et par eau, le droit de battre monnaie blanche et noire. Au mois de septembre suivant, par d'autres lettres datées de Saint-Denis en France, Charles érigea le Mâconnais en pairie, avec tous les droits et prérogatives des anciens pairs. (*Bibl. Sebus.*, p. 157.) Mais, au mois de décembre de la même année, Charles donna encore de nouvelles lettres, par lesquelles il exceptait du don qu'il avait fait du Mâconnais à son frère, les droits dépendants du bailliage de Saint-Gengoul. Les vassaux relevant de ce bailliage, énoncés dans ces lettres, sont le comte de Mâcon lui-même, l'archevêque, le chapitre et les habitants de Lyon, l'évêque, le doyen et le chapitre de Mâcon, l'évêque, le doyen et le chapitre de Châlons, l'abbaye de Tournus, l'abbaye de Cluni, le duc de Bourgogne, le comte de Forez, et le sire de Beaujeu. (*Rec. de Fontanieu*, vol. 83.) Le comté de Mâcon revint à la couronne après la mort du prince Jean, décédé à Paris, sans enfants, le 15 juin 1416. L'an 1435, par le traité d'Arras, conclu le 21 septembre, ce comté fut cédé avec celui d'Auxerre et les seigneuries de Bar-sur-Seine, de Montdidier, de Roye et de Péronne, à Philippe le Bon, duc de Bourgogne, pour les tenir en pairie. Après la mort de Charles le Téméraire, dernier duc de Bourgogne, Louis XI réunit de nouveau le comté de Mâcon à la couronne. L'an 1526, le roi François I le céda, par le traité de Madrid, à l'empereur Charles-Quint. Mais, par le traité de Cambrai conclu en 1529, il fut dit que le comté de Mâcon resterait à la France ; ce qui fut confirmé en 1544 par le traité de Crépi. Quoique le Mâconnais soit compris dans le gouvernement général de Bourgogne, il tient cependant ses états à part ; mais à charge d'en porter les délibérations aux états de la province pour les faire confirmer. Il a aussi un lieutenant-général détaché, avec un gouverneur particulier de la ville de Mâcon.

CHRONOLOGIE HISTORIQUE

DES

DUCS DE BOURGOGNE.

Depuis le partage que les fils de Louis le Débonnaire firent entre eux l'an 843, la partie de l'ancien royaume de Bourgogne située en-deçà du Rhône et de la Saône, appelée duché de Bourgogne, n'a jamais été réunie aux autres parties du royaume dont elle avait été séparée : elle a toujours été sous la puissance des rois de France, qui l'ont cédée en propriété, sous le titre de duché relevant de leur couronne, aux princes de leur maison, d'abord purement et simplement, sans autre charge que celle de la foi et hommage, puis à titre d'apanage seulement, et à la charge de retour et de réunion à la couronne, au défaut de postérité en ligne directe.

Il faut encore distinguer, avec l'auteur de la nouvelle Histoire de Bourgogne, deux sortes de ducs de Bourgogne : les uns possesseurs du duché par bénéfice, concession, et révocables à volonté ; les autres souverains et propriétaires du duché. On doit retrancher, suivant D. Plancher, de la liste des ducs de Bourgogne, cinq ducs prétendus, que Duchêne a placés dans son catalogue. Le premier est Hugues, fils naturel de Charlemagne, abbé de Saint-Bertin et de Saint-Quentin, secrétaire de Louis le Débonnaire : le second est Hugues, comte d'Orléans, fils du prince Conrad, frère de Judith, seconde femme de Louis le Débonnaire : cet Hugues est différent d'un autre qui a porté le même nom que lui, a eu les mêmes qualités, et a été réellement duc de Bourgogne : le troisième duc supposé est Eudes, comte d'Orléans, duc de Guienne, et enfin roi de France après la mort de Charles le Gros : le quatrième, Robert, dit l'Abbé, frère d'Eudes, et roi de France après lui : le cinquième est Raoul, fils de Richard, duc de Bourgogne. Si ces trois derniers, selon lui, ont exercé leur autorité sur la Bourgogne, c'est à titre de souverains et de rois de France, mais non de ducs. Il faut néanmoins convenir que Raoul a été appelé duc de Bourgogne du vivant de son père, et en a fait depuis les fonctions, jusqu'à ce qu'il ait été élevé sur le trône de France. Il faut convenir encore que d'anciens monuments donnent à Hugues, fils de Charlemagne, le titre de duc de Bourgogne.

Le duché de Bourgogne proprement dit comprend; 1° le Dijonnais, composé des bailliages de Dijon, de Beaune, de Nuits, d'Auxonne, et de Saint-Jean de Laune; 2°. l'Autunais, où sont les bailliages d'Autun, de Montcenis, de Sémur en Brionnais, et de Bourbon-Lanci; 3° le Châlonnais avec la Bresse Châlonnaise; 4° l'Auxois, où sont renfermés les bailliages de Sémur, d'Avalon, d'Arnay-le-Duc et de Saulieu; 5° le pays de la Montagne, dont la principale ville est Châtillon-sur-Seine.

RICHARD,

DUC BÉNÉFICIAIRE DE BOURGOGNE.

RICHARD, dit le JUSTICIER, fils et successeur de Théodoric, comte d'Autun, petit-fils, par son père, de Childebrand II, et frère de Boson, roi de Provence, et de Richilde, femme de Charles le Chauve, était duc de Bourgogne en 877, par la faveur du monarque, son beau-frère. Après la mort du roi Louis le Bègue, il s'attacha au parti des rois Louis et Carloman, fils de ce prince et petits-fils de son bienfaiteur, contre Boson, son frère, qui s'était fait roi de Provence, et travailla de concert avec eux pour le détrôner. Il est vraisemblable qu'il commandait sous leurs ordres, lorsqu'en 880, ils enlevèrent à Boson la ville de Mâcon, défendue par Bernard, marquis de Gothie, qu'ils firent prisonnier. (*Ann. Fuld.*) Ce qui est plus certain, c'est qu'en 882 il emporta la ville de Vienne, après un siége de deux ans, vigoureusement soutenu par Elmengarde, sa belle-sœur, femme de Boson, qu'il emmena prisonnière avec ses enfants à Autun. (*Ibid.*) L'an 887, après la retraite de l'empereur Charles le Gros, Richard fut du nombre des seigneurs qui concoururent à élever le duc Eudes sur le trône de France. Mais il ne persévéra point constamment dans ce parti. Étant entré, l'an 893, dans la confédération formée par Foulques, archevêque de Reims, le duc d'Aquitaine et le comte de Poitiers, en faveur de Charles le Simple, compétiteur d'Eudes, il se mit en marche avec eux contre ce dernier, résident pour lors en Aquitaine. Ils étaient près d'en venir aux mains, lorsqu'Eudes leur envoya dire : « Souvenez-vous du serment que vous m'avez prêté ».

À ce peu de mots les armes leur tombent des mains; ils abandonnent la partie et s'en retournent. (*Ann. Vedast.*) Wautier, archevêque de Sens, n'eut pas le même avantage sur Richard: s'étant brouillé avec lui, ce duc vint l'investir dans sa ville métropolitaine, et l'ayant fait prisonnier après s'être rendu maître de la place, il ne le relâcha qu'au bout de neuf mois, le 8 des calendes de mars 897. (*Gall. Chr.*, T. XII, *coll.* 28 et 29.) Depuis cette conquête, dit Clarius, Richard demeura possesseur de la ville de Sens, qu'il transmit à Raoul, son fils, qui devint roi de France.

Le roi Eudes étant mort le premier janvier 898, Richard s'attacha invariablement au roi Charles le Simple. Les Normands continuaient de désoler la France: Richard, la même année, leur ayant livré bataille près d'Argenteuil, dans le Tonnerois, remporta sur eux une grande victoire, qui ne fit pas néanmoins cesser leurs ravages. (Bouquet, T. IX, p. 85.) Ces barbares revenaient chargés des dépouilles de la Bourgogne, qu'ils avaient parcourue jusqu'à Beze. La chronique de cette abbaye dit qu'ils y étaient en si grand nombre, qu'ils avaient presque desséché la belle fontaine de ce lieu, en y abreuvant leurs chevaux et bêtes de charge pendant quatre jours; ce qui est sans doute une exagération (1). L'an 911, Richard s'étant joint au comte Robert et à Ebles, comte de Poitiers, oblige Rollon, leur chef, à lever le siége de Chartres, après leur avoir tué, le 20 juillet, six mille huit cents hommes. Richard mourut l'an 921 (Frodoard), et fut enterré le premier septembre dans l'abbaye de Sainte-Colombe de Sens, dont il avait été abbé, ainsi que de Saint-Germain d'Auxerre. On donna de son vivant à Richard le titre de *Justicier*, à cause de la sévérité qu'il exerçait envers les coupables. Dans sa dernière maladie, les évêques l'exhortant à demander pardon à Dieu de tant de sang qu'il avait répandu: « Si j'ai, dit-il, à me repentir, c'est de n'en avoir
» pas versé davantage, parce qu'en faisant mourir un brigand
» j'ai sauvé la vie à cent honnêtes gens; la mort d'un seul a
» suffi pour retenir ses complices et les empêcher de faire plus
» de mal. » *Pœnitet me non plus fecisse; quia dum unum nequam peremi, centum salvavi, et unius latrunculi pro interitu, ejus complices à malis perpetrandis suas abstinuerunt manus.* (Le Beuf, *Hist. d'Aux.*, T. II, p. 43.) Richard avait

---

(1) Cette fontaine, à une portée de fusil de sa source, fait marcher un moulin banal; et, à cent toises au-delà, une grosse forge en fer, un moulin à blé et une papéterie, le tout sur la même ligne.

épousé, l'an 888, Adélaïde, sœur de Rodolphe I, roi de la Bourgogne transjurane, dont il laissa trois fils; Raoul, qui suit; Hugues le Noir, qui viendra ci-après; et Boson, qui eut pour sa part le Bassigni. Celui-ci était un homme violent. Il fit trancher la tête à sa femme accusée d'adultère, et tua de sa main, l'an 923, le comte Ricuin, malade dans son lit. Il eut de fréquents démêlés avec Henri I, roi de Germanie, pour des terres dont ce prince lui demandait l'hommage; avec Herbert, comté de Vermandois; avec Giselbert, duc de Lorraine, et avec Gislebert, duc de Bourgogne, son beau-frère, auquel il enleva le château de Dijon, que le roi Raoul l'obligea de lui rendre. Enfin, il fut tué, l'an 935, en faisant le siége de Saint-Quentin, et inhumé à Saint-Remi de Reims. (Frodoard.) Le duc Richard eut de plus une fille nommée Ermengarde, mariée à Gislebert, qui dans la suite eut le duché de Bourgogne. Du Bouchet lui donne une seconde fille, nommée Adélaïde, mariée, dit-il, à Rainier II, comte de Hainaut. La duchesse Adélaïde survécut à son époux. Suivant l'abus qui régnait alors de donner des abbayes à des laïques, même à des femmes, elle avait reçu du roi, son frère, l'abbaye de Romain-Moutiers, au diocèse de Lausanne, avec la faculté de la transmettre à celui de ses enfants qu'elle choisirait. Elle s'y retira dans sa viduité, et, l'an 929, elle la donna à l'ordre de Cluni pour y établir la régularité.

RAOUL.

921. Raoul, fils aîné de Richard, lui succéda au duché de Bourgogne. Etant entré presque aussitôt dans la conspiration des seigneurs français contre le roi Charles le Simple, il concourut avec eux à le déposer, et à lui substituer Robert, fils de Robert le Fort. Ce nouveau roi fut tué, comme l'on sait, l'an 922, à la bataille de Soissons. Mais Charles, au lieu de profiter de sa victoire, laissa le trône vacant en se sauvant, par une terreur panique, chez le comte de Vermandois, qui le retint prisonnier. Les seigneurs alors confirmèrent sa déposition; et l'an 923, ils élurent pour roi de France le duc Raoul, après lui avoir fait promettre de les maintenir dans les usurpations qu'ils avaient faites.

GISELBERT,
DUC ET COMTE DE BOURGOGNE.

923. Giselbert ou Gislebert, fils de Manassès de Vergi, dit le Vieux, comte de Dijon, de Beaune et de Châlons, et gendre du duc Richard le Justicier, parvint au duché de Bour-

gogne par la cession que lui en fit le roi Raoul, son beau-frère. Ingrat envers son bienfaiteur, il se joignit aux mécontents et prit les armes pour le détrôner; mais Raoul, étant venu en Bourgogne, s'empara de Dijon et de quelques autres places, poursuivit Giselbert, qui avait pris la fuite, et le contraignit de lui demander grâce. Depuis ce temps Giselbert jouit en paix de son gouvernement pendant toute la suite du règne de Raoul. Mais, après la mort de ce prince arrivée l'an 936, Hugues le Noir, beau-frère de Giselbert, et Hugues le Grand, travaillèrent, chacun de son côté, à se rendre maîtres du duché de Bourgogne. La confusion fut horrible alors dans cette province. Tandis que ces trois concurrents se la disputaient par les plus violents moyens, les Hongrois, nation scythe, achevèrent, l'an 937, de la désoler en revenant du Berri, où ils avaient pénétré. (Frodoard.) Les lieux qui se rencontrèrent sur leur route conservèrent long-temps les traces de leur passage. Ils brûlèrent Châlon et Tournus, comme beaucoup d'autres villes. Le monastère de Beze, qu'ils saccagèrent, demeura désert pendant cinquante ans. (*Chron. Buzuense.*) Giselbert et les deux Hugues, s'étant enfin accommodés l'année suivante, partagèrent entre eux, par un traité conclu à Langres, le duché en trois portions égales, et prirent chacun le titre de duc de Bourgogne. Ainsi l'on vit trois ducs en même tems dans cette province. Giselbert continua de l'être, suivant D. Mabillon, jusqu'en 956, qu'il céda sa portion, dit-il, à son gendre Otton; mais nous verrons plus bas qu'il cessa d'en jouir en 943. Il est vraisemblable qu'alors il se retira dans le comté de Bourgogne, où, dès l'an 928, il exerçait une autorité considérable, comme on le voit par une lettre que le pape Jean X lui écrivit cette année, pour l'engager à faire exécuter le testament de Bernon, abbé de Gigny. D. Mabillon l'appelle *princeps et dux Burgundiæ jurensis*, parce qu'il était duc alors de la basse Bourgogne en même tems que comte de la haute. La portion qu'il avait dans celle-ci s'accrut encore, l'an 952, par la mort de Hugues le Noir, son beau-frère, dont il recueillit la succession dans cette province. Giselbert termina ses jours l'an 956, la troisième fête de Pâques (le 8 avril), suivant l'opinion commune; mais une ancienne chronique manuscrite de Sainte Colombe de Sens, conservée au Vatican parmi les manuscrits de la reine de Suède, n° 581, dit que ce fut le mercredi de la semaine suivante de la même année; à quoi elle ajoute cette particularité, que sa mort arriva subitement tandis qu'il passait joyeusement le tems pascal avec Hugues le Grand : *Cum quo (Hugone) dies solemnes Paschæ lætos ducens Giselbertus princeps Burgundionum, primâ scilicet dominicâ post Pascha, feriâ quartâ, subitâ morte præventus diem clausit extremum, regni sui monarchiam manibus prædicti committens Hugonis.* Giselbert laissa d'Ermengarde, son épouse, fille, comme on l'a dit, de Richard le Justicier, trois filles ; Leutgarde, femme d'Otton, fils de Hugues le Grand ; Werra, femme de Robert de Vermandois ; et Adélaïde, mariée à Lambert, comte de Châlons.

HUGUES LE NOIR,

DUC ET COMTE DE BOURGOGNE.

938. Hugues, dit le Noir à cause de son teint, fils puîné du duc Richard le Justicier, était vraisemblablement mineur à la mort de son père ; puisque Raoul, son frère aîné, qui avait hérité de ce duché, le donna par préférence, en montant sur le trône, à Giselbert, son beau-frère : on prétend néanmoins qu'il eut dès-lors, ou peu de tems après, une portion dans le comté de Bourgogne. Quoi qu'il en soit, s'étant ligué, l'an 936, avec Hugues le Grand contre Giselbert, il obtint, deux ans après, par le traité de Langres, une part dans le duché de Bourgogne avec le marquisat de la Bresse, du Mâconnais et du Beaujolais. Il paraît, par une charte de cette année, qu'il était regardé comme souverain de ces trois dernières contrées ; il est cependant vrai qu'il y eut assez peu d'autorité. La même année il s'empara de la ville de Langres pour étendre son domaine en Bourgogne ; mais le roi Louis d'Outre-mer, étant venu l'y assiéger, l'obligea de la rendre. L'an 943, il se démit de sa portion du duché de Bourgogne en faveur de Hugues le Grand, qui lui donna sans doute un dédommagement. Il fit preuve de générosité, l'an 950, en contribuant avec Letalde, comte particulier de Mâcon, au rétablissement de la cathédrale de cette ville, que les flammes avaient consumée, et à la dotation du chapitre, qui était tombée dans une grande pauvreté. L'évêque Mainbold, dans la charte où il a consigné ces libéralités, qualifie Hugues *insigne marquis*. Quelques modernes pensent qu'il ne s'agit point dans cet acte de Hugues le Noir, mais d'un autre Hugues, qu'ils font seigneur de Baugé, capitale de la Bresse, mais sans produire aucun monument qui prouve cette distinction. (Voy. *les seigneurs de Bresse*.) Hugues le Noir, suivant M. Dunod, mourut le 17 décembre 952. (Voyez *les comtes de Bourgogne*.)

HUGUES LE GRAND.

938. Hugues le Grand, dit aussi le Blanc et l'Abbé, comte de Paris et duc de France, fils du roi Robert, prit, l'an 938,

le titre de duc de Bourgogne, à cause du partage qu'il fit avec Hugues le Noir et Giselbert, qui lui cédèrent la partie septentrionale de la Bourgogne, c'est-à-dire le diocèse de Langres ou sa plus grande partie. Le roi Louis d'Outre-mer, en le confirmant, l'an 943, dans la dignité de duc de France, lui donna le duché tout entier de Bourgogne : *Omnem Burgundiam ejus ditioni subjecit*, dit Frodoard. Lothaire, fils et successeur de Louis, le fit encore gouverneur d'Aquitaine. L'an 955, il amène Lothaire devant Poitiers, capitale de ce gouvernement, qu'il assiége sans succès contre Guillaume Tête-d'Etoupe avec une armée de Français et de Bourguignons. Hugues mourut, l'an 956, à Dourdan le 15 juin, ou, suivant la chronique manuscrite de Sens, le 18 mai de la même année. Hugues fut marié trois fois. Ses deux premières femmes JUDITH, fille de Rothilde, maîtresse du roi Charles le Simple (et non pas Rothilde même, comme on l'a dit mal-à-propos ci-dessus, p. 247, col. 2), et ETHILE ou EDILE, fille d'Edouard, dit l'Ancien, roi d'Angleterre, ne lui donnèrent point d'enfants. Il laissa d'HEDWIGE, sa troisième femme, sœur d'Otton I, roi de Germanie, Hugues, dit Capet, depuis roi de France, et chef de la troisième race de nos rois ; Otton et Henri ; avec une fille nommée Emme, mariée à Richard I, duc de Normandie. (Voy. Hugues le Grand, *duc de France*, et corrigez, sur ce qui vient d'être dit, l'ordre de ses mariages.)

OTTON.

956. OTTON, second fils de Hugues le grand, et gendre de Giselbert, dont il avait épousé la fille aînée, LEUTGARDE, fut le successeur de son père dans le duché de Bourgogne. Mais Robert, comte de Troyes, qui avait épousé Werra, seconde fille de Giselbert, prétendit avoir sa part dans cette succession. Otton, muni de la protection du roi Lothaire, n'eut aucun égard à la demande de son rival, et rendit inutiles pendant trois ans les tentatives qu'il fit pour la faire valoir. Mais, l'an 959, Robert ayant trouvé moyen de pénétrer secrètement en Bourgogne, surprit le château de Dijon, d'où il chassa la garnison que Lothaire y avait mise. Le roi n'étant pas en forces pour venger cet affront, implora le secours de Brunon, son beau frère, archiduc de Lorraine. Brunon vint en Bourgogne avec une armée, et, s'étant joint à Lothaire, ils firent ensemble le siége de Dijon, dont ils se rendirent maîtres. De là ils allèrent faire celui de Troyes. Mais Robert ayant fait ses soumissions au roi, l'engagea à se retirer après lui avoir donné des ôtages. Il ne tarda pas néanmoins à exciter de nouveaux troubles en Bourgogne. L'an 961, Otton s'étant rendu avec plusieurs seigneurs bourguignons à

Laon, où le roi tenait sa cour, lui porta ses plaintes contre les dernières entreprises du comte de Troyes. Lothaire assembla un parlement à Soissons, où l'on résolut une seconde expédition en Bourgogne. Elle s'effectua et rétablit la tranquillité dans le duché. Depuis ce tems Otton vécut sans inquiétude jusqu'à sa mort arrivée au château de Pouilli le 3 février 963. C'est l'époque marquée dans l'obituaire de la cathédrale d'Auxerre, dont l'autorité nous paraît préférable en ce point à celle de Frodoard, qui met cet événement en 965. Ce fut en effet à Auxerre qu'Otton fut inhumé dans l'église de S. Germain. Ce prince ne laissa point d'enfants.

HENRI LE GRAND, PREMIER DUC PROPRIÉTAIRE.

965. HENRI LE GRAND, nommé EUDES par Frodoard, fils de Hugues le grand, devint le successeur d'Otton, son frère, avec l'agrément du roi Lothaire. Hugues Capet ayant été placé, l'an 987, sur le trône de France par élection après la mort de Louis V, Henri obtint du nouveau roi, son frère, la propriété du duché de Bourgogne, qu'il ne possédait auparavant qu'à titre de bénéfice, et devint ainsi le premier duc propriétaire de cette province. On ajoute que Hugues Capet lui donna lui-même le titre de grand duc. Les auteurs contemporains le nomment Henri le grand. Ils ne nous apprennent néanmoins de ce prince aucune de ces actions éclatantes, ni de ces exploits militaires par lesquels on acquiert ordinairement ce titre. Ils se contentent de nous le représenter comme un prince occupé à corriger les abus, à maintenir le bon ordre, à soulager les malheureux, à faire le bonheur de ses sujets. C'est par cette voie, beaucoup plus glorieuse que des batailles gagnées et des places emportées, qu'il mérita le surnom qu'on lui donne. La chronique de S. Bénigne fait son éloge en disant qu'il était réglé dans ses mœurs, qu'il excellait en douceur, qu'il honorait l'église et ses ministres. Henri mourut, suivant Odoran, historien du tems, l'an 1002, en son château de Pouilli sur Saône. Le P. Mabillon préfère cet écrivain aux autres, dont les uns placent la mort de Henri en 997, les autres en 1001, et quelques-uns en 1005. Il avait épousé, en 965, GERBERGE, dite aussi GERSENDE, veuve d'Adalbert, roi de Lombardie (vivante encore en 989), dont il n'eut point d'enfants. Mais il eut un fils naturel, nommé Eudes, qui fut vicomte de Beaune, et un fils adoptif, Otton, ou Otte-Guillaume, né du premier mariage de Gerberge avec Adalbert. Otte-Guillaume, après la mort de Henri, se porta pour son héritier en vertu de cette adoption, et prétendit à ce titre au duché de Bourgogne, dont les seigneurs du pays l'aidèrent à s'emparer.

Le roi Robert, neveu paternel du duc Henri, ne vit pas cette entreprise d'un œil indifférent. Il se mit en devoir de reprendre le duché de Bourgogne, soit comme un héritage qui devait lui revenir comme plus proche parent du feu duc, soit comme un fief réversible, faute d'héritiers en ligne directe, à la couronne de France dont il avait été démembré. Richard, duc de Normandie, vint à son secours, et lui amena trente mille hommes. Robert, avec ce renfort, passe en Bourgogne l'an 1003, et s'en retourne après avoir assiégé inutilement Auxerre, défendue par Landri, comte de Nevers. Le monarque fit plusieurs voyages en cette province avant que de s'en rendre maître. Quelques auteurs sont tombés dans de grandes méprises pour ne les avoir pas distingués. L'an 1005, Robert se trouva en personne au siége d'Avalon, comme on le voit par un diplôme qu'il fit expédier devant cette ville le 25 août. Il la prit au bout de trois mois, et Sens ensuite par composition. De là il vint se présenter devant Dijon, qu'il trouva défendu par Otte-Guillaume, qui en était comte, par Humbert de Mailli et Gui le riche, deux des plus braves chevaliers de la province. Ne pouvant se rendre maître de la place, il en dévasta les environs, et passa ensuite dans le comté de Bourgogne, où il commit de grands dégâts sans y faire de conquêtes. Enfin après douze ans de guerre, et diverses conférences tenues pour la paix, les deux concurrents firent un accord au moyen duquel Robert eut le duché de Bourgogne, et Otte-Guillaume le comté de Dijon pour sa vie. Le premier acte d'autorité que le roi Robert paraisse avoir exercé dans la Bourgogne depuis qu'il en était paisible possesseur, est un diplôme donné le 25 janvier 1015 en faveur de l'abbaye de S. Bénigne. (Voy. les comtes de Bourgogne.)

HENRI II.

1015. HENRI II, fils aîné du roi Robert, fut nommé duc de Bourgogne par son père à Dijon, dans le séjour que la famille royale y fit après que le roi fut entré en possession de ce duché. Il signa peu de tems après une charte où il prit la qualité de duc de Bourgogne. Il est le deuxième duc propriétaire de cette province et le premier de la maison royale de France. L'an 1027, Henri fut sacré roi de France à Reims le jour de la Pentecôte, en présence du roi, son père ; mais il ne laissa pas, dit-on, de conserver son duché de Bourgogne jusqu'à la mort du roi Robert, arrivée le 20 juillet 1031 : ce ne fut même, ajoute-t-on, que l'an 1032, après la mort de la reine CONSTANCE, sa mère, qu'il établit Robert, son frère, duc de Bourgogne. Néanmoins pendant dix-sept ans que Henri a été duc de cette province, il n'en a fait aucune fonction qui nous soit connue. Il n'est pas même qualifié duc dans les diplômes après l'an 1027, c'est-à-dire depuis son couronnement. Tous les actes qui ont suivi cette époque, ou qui l'ont précédée, émanent de l'autorité du roi Robert, qui paraît ne s'être dessaisi ni de la souveraineté, ni même de plusieurs domaines du duché de Bourgogne.

ROBERT, DIT LE VIEUX.

1032. ROBERT I, fils du roi Robert et chef de tous les ducs de Bourgogne de la première race, fut établi duc par le roi Henri, son frère, l'an 1032. D. Mabillon (*Ann.* , T. IV, p. 257), cite néanmoins une charte de l'abbaye de Flavigni, datée de l'an 1018, où il se qualifie, en la signant, *duc de Bourgogne*. Mais vraisemblablement il n'apposa sa signature à cet acte qu'après que son frère l'eut investi du duché. Quoi qu'il en soit, il est certain que ce fut Henri qui fit l'état de Robert lorsqu'il eut assuré le sien contre les entreprises de ce prince et de Constance, leur mère. Ce ne fut point en apanage, mais en propriété pure et simple, que Henri lui donna ce duché ; car avant le roi Philippe Auguste, les fils de France possédèrent comme propriétaires, et non comme apanagistes, les portions d'héritage qui leur furent données par nos rois. Robert était d'un caractère violent et capable de se porter, dans les accès de colère, aux dernières extrémités. En voici un exemple. Il avait épousé HÉLIE, fille de Dalmace, seigneur de Sémur en Auxois, et non de Sémur en Brionnais, comme le marquent des modernes. Ayant un jour pris querelle avec son beau-père dans un repas, il se jeta sur lui, le perça de plusieurs coups de couteau, et l'étendit mort par terre. (Hildebert, *vita S. Hugonis.*) Les remords suivirent le crime. Pour les apaiser il fonda le prieuré (aujourd'hui chapitre collégial) de Sémur, et fit sculpter sur la porte septentrionale de l'église l'histoire de son parricide, afin d'en perpétuer la mémoire ainsi que de son repentir. Ce monument subsiste encore de nos jours. Robert fut d'ailleurs un prince inappliqué, laissant à ses ministres le gouvernement de son duché, ce qui occasiona bien des injustices, des rapines et des concussions, dont il répara quelques-unes à la vérité lorsqu'elles vinrent à sa connaissance. Mais combien lui en échappa-t-il ! Ce fut pour apaiser les troubles de sa conscience qu'il fit (on ne sait en quelle année) un voyage à Rome, où le pape, après avoir ouï de sa bouche le détail de ses crimes, comme il le déclare lui-même dans une charte non-datée, lui donna de salutaires conseils. (Pérard, p. 72.) Il y a bien de l'apparence que la construction de l'église de Sémur fit partie de la pénitence que le pontife lui imposa. Ce prince mourut à Fleurei-sur-Ouche, l'an 1075, d'un accident honteux (dit une ancienne charte), et dans un âge fort avancé, raison pour laquelle il fut surnommé *le Vieux*. L'église de Sémur fut le lieu de sa sépulture. Il eut de sa femme, Hugues, Henri, Robert et Simon, avec deux filles, Hildegarde et Constance. Des quatre fils, l'aîné fut tué, l'an 1057, en faisant la guerre à Guillaume I, comte de Nevers, et ne laissa point d'enfants (Voy. *les comtes de Nevers*); et le second mourut aussi avant son père, laissant de Sibylle, son épouse, fille de Renaud, comte de Bourgogne, quatre fils; Hugues et Eudes, qui viendront ci-après; Robert, évêque de Langres; et Henri, dont le fils nommé comme lui devint comte de Portugal par son mariage contracté, l'an 1095, avec Thérèse, fille naturelle d'Alfonse VI, roi de Castille et de Léon, et fut la tige des rois de Portugal (1). Sibylle donna de plus à son mari deux filles, Béatrix, femme de Roger, sire de Joinville; et Hildegarde, ou Aldéarde, dont le sort n'est point connu. Hildegarde, première fille du duc Robert, devint femme de Gui-Geofroi, duc d'Aquitaine. Constance, sa seconde fille, épousa, 1° Hugues II, comte de Châlons; 2° Alfonse VI, roi de Castille et de Léon. Or le duc Robert, dit Orderic Vital, après avoir perdu le prince Henri, son fils, ne tint compte des enfants de celui-ci pour sa succession, et leur préféra

---

(1) C'est d'après un fragment de l'Anonyme de Fleuri, publié d'abord par Pithou, réimprimé par Duchêne, et placé ensuite à la tête du douzième volume de notre collection des Historiens de France, que nous donnons Henri, petit-fils du duc Robert, pour la souche des rois de Portugal. L'Auteur, qui vivait au commencement du douzième siècle, atteste qu'Alfonse, roi de Castille, ayant épousé Constance, fille de Robert, duc de Bourgogne, en eut une fille (Uraque), qu'il donna en mariage à Raymond, comte en Bourgogne; et qu'ayant eu d'une concubine une autre fille (Thérèse), il la maria avec Henri, petit-fils de ce même Robert; à quoi il ajoute qu'Alfonse employa ses deux gendres contre les Sarasins d'Espagne: *Hic filiam Roberti ducis Burgundionum duxit in uxorem, nomine Constantiam, de qua suscepit filiam quam in matrimonium dedit Raimondo Comiti qui Comitatum trans Ararim tenebat. Alteram filiam, sed non ex conjugali thoro, natam Ainrico uni filiorum filio ejusdem ducis Roberti dedit; hosque ambos in ipsis finibus Hispaniæ contra Agarenorum collocavit impetum.* On oppose à cette autorité dans le Mercure de France (avril 1758, premier vol., p. 113), celle de Roderic de Tolède, écrivain du treizième siècle, qui fait venir Henri, gendre d'Alfonse, de *Bisuntinis partibus*. Mais outre le double avantage qu'a l'Anonyme de Fleuri sur Roderic, d'être le contemporain de Henri et de la même nation, Roderic lui-même donne moyen de corriger sa propre erreur, en disant que Henri n'était pas frère, mais cousin de Raymond. Effectivement ces deux princes étaient fils, l'un de Henri de Bourgogne-Duché et de Sibylle de Bourgogne-Comté, et l'autre était fils de Guillaume le Grand, comte de Bourgogne. Ainsi ils étaient fils du frère et de la sœur, puisque Sibylle était fille de Renaud, comte de Bourgogne, de même que Guillaume le Grand, son frère.

leurs oncles, ses deux autres fils, qu'il commanda aux grands de son duché de regarder comme ses héritiers présomptifs. Le jeune Hugues, ajoute cet écrivain, souffrit ce passe-droit en silence, se contentant de dire tout bas à ses confidents: *Le seigneur, qui m'a enlevé mon père, ne permettra pas que je sois encore privé de l'héritage qui doit me revenir.* Il ne fut pas trompé dans son espérance, comme la suite le fera voir. (Voy. Renaud I, et Guillaume I, *comtes de Nevers.*)

HUGUES I.

1075. Hugues, aussitôt après la mort de son aïeul, le duc Robert, ayant assemblé à Dijon les grands officiers et les barons du duché, leur exposa ses droits avec tant de noblesse et de fermeté, qu'ils le reconnurent unanimement pour leur maître, et l'intronisèrent dans le palais ducal qu'il s'étoit fait préparer d'avance par les domestiques du feu duc. C'est ainsi qu'Orderic Vital raconte (p. 897) l'avénement de Hugues au duché de Bourgogne. Mais un acte, dressé l'an 1075 dans l'abbaye de S. Bénigne de Dijon, semble insinuer que les choses ne se passèrent pas si tranquillement. Hugues y déclare lui-même que ce ne fut qu'après s'être rendu maître de tous les châteaux et de toutes les villes du duché, qu'il se rendit à Dijon : *Susceptis omnibus castellis et urbibus nos ad castrum tandem Divionense pervenimus.* (*Hist. de Bourg.*, T. I, pr. p. 30.) Il y a bien de l'apparence que ce fut par une espèce de conquête que Hugues se mit en possession de la Bourgogne; mais cette conquête dans laquelle il fut accompagné par le comte de Nevers, son beau-père, fut bien rapide, puisqu'elle fut terminée en moins d'une campagne. Ses deux oncles consternés de cette révolution, et se trouvant hors d'état de s'y opposer, prennent le parti de s'expatrier. (Robert, l'aîné des deux, fut appelé dans la suite en Sicile par Adélaïde, mère du jeune comte Roger II, et sa tutrice, qui, lui ayant fait épouser sa nièce, l'associa au gouvernement.) Hugues, possesseur du duché de Bourgogne, prouva par sa conduite l'injustice de son aïeul, qui l'en avoit voulu frustrer. Son gouvernement fut aussi équitable qu'il était légitime. Il se concilia l'estime et l'attachement des gens de bien, et se rendit terrible, comme la foudre, aux méchants qui ne connaissaient point de loi. (*Order. Vit. ibid.*) Hugues, l'an 1076, au mois de mai, tint, à l'abbaye de Beze, une grande assemblée de ses barons, à laquelle assistèrent aussi Guillaume, comte de Bourgogne, et Gui, comte de Mâcon. « Frappé des
» malheurs arrivés sous son prédécesseur par l'abus de l'autorité,
» il voulut les prévenir, dit le comte de Boulainvilliers, en dis-

» pensant, par une loi solennelle, six d'entre les hauts barons
» de l'obéissance qui lui était due, en cas qu'il lui arrivât de
» faire violence à la liberté des assemblées, ou qu'il manquât
» aux usages communs. Il se soumit même à leur correction par
» la voie des armes, et les autorisa à convoquer la noblesse et à
» faire marcher les communes pour maintenir l'ordre public ».
Voilà des choses magnifiques. Cependant nous n'avons d'autre
monument de cette assemblée qu'une charte de Hugues, par
laquelle il déclare le village de Noiron, appartenant aux Religieux
de Beze, exempt du droit de garde, que Foulques, comte de
Beaumont sur Vingenne, et Geoffroi, son fils, y avaient usurpé.
(Duchêne, *Hist. des ducs de Bourg.*, T. 1, p. 21.) Il est d'ailleurs fort surprenant de voir les communes déjà établies en 1076,
comme le récit de Boulainvilliers le fait entendre. La même
année, suivant une ancienne chronique (Duchêne, *Script.*, *Fr.*,
T. IV, p. 88), Hugues, accompagné de plusieurs seigneurs
français, conduit une armée en Aragon au secours du roi Sanche
contre les Sarrasins, sur lesquels il l'aide à reprendre une ville
considérable que la chronique ne nomme point, et que des modernes prétendent être Balbastro. Mais ils confondent cette expédition avec celle que Guillaume VIII, duc d'Aquitaine, avait
faite treize ans auparavant. (Voy. *les comtes de Poitiers.*) A
dire le vrai, le voyage de Hugues en Espagne nous paraît inconciliable avec les autres événements de son règne. Nous venons de
le voir en effet au mois de mai 1076, présider à une assemblée
tenue dans l'abbaye de Beze; et l'an 1077, il était à Avalon, dont
il donna l'église à l'abbaye de Cluni. (*Spicil.* T. VI, p. 454.

L'an 1078, il perdit, sans en avoir eu d'enfants, SIBYLLE,
sa femme, fille de Guillaume premier, comte de Nevers, qu'il
avait épousée avant que de parvenir au duché. Cet événement le
frappa au point qu'il abandonna tout pour se retirer à Cluni,
dont saint Hugues, son grand oncle et son parrain, était alors
abbé. Il y embrassa la vie monastique; ce qui attira des reproches
à l'abbé de la part du pape Grégoire VII. *Vous avez enlevé,*
lui mande ce pontife, *ou du moins vous avez reçu dans votre
solitude de Cluni le duc de Bourgogne, et vous avez par là ôté à
cent mille chrétiens leur unique protecteur. Que si vous n'étiez
pas touché de nos exhortations, et ne vouliez pas déférer à
nos ordres qui vous le défendaient, au moins eussiez-vous dû
être sensible et céder aux gémissements des pauvres, aux larmes
des veuves, aux cris des orphelins, et craindre que la ruine
des églises, la douleur et les murmures des prêtres et des autres
moines, n'attirassent sur vous les effets de la colère de Dieu.*
Malgré ces plaintes du pape et le murmure universel des Bourguignons, le duc persévéra dans sa vocation. Il mourut, l'an

1093, honoré du sacerdoce, après avoir pratiqué pendant environ quinze ans tous les exercices du cloître, et donné de grands exemples de vertu, surtout d'humilité et de patience dans la privation de la vue dont Dieu l'affligea, *pour le rendre plus digne*, dit l'auteur de la vie de saint Hugues, abbé de Cluni, *de la lumière éternelle qu'il lui préparait.*

EUDES I, DIT BOREL.

1078. EUDES I, surnommé BOREL, succéda à Hugues, son frère, dans le duché de Bourgogne. Hugues, seigneur de Puiset en Beauce, faisait alors, à l'instigation de Guillaume le Conquérant, la guerre au roi Philippe premier, dont il désolait les terres voisines de la sienne. Le monarque ayant appelé à son secours le duc de Bourgogne, le comte de Nevers, Robert, son fils, comte de Tonnerre et évêque d'Auxerre, avec Lancelin, sire de Beaugenci, vint avec eux faire le siège du Puiset. Mais les assiégés, dans une sortie qu'ils firent de nuit, mirent en fuite l'armée royale et firent prisonniers le comte de Nevers, l'évêque, son fils, et le sire de Beaugenci. (Bouquet, T. XI, p. 487.) L'an 1087, Eudes partit avec Robert, son oncle, *et presque toute la noblesse française*, pour aller au secours d'Alfonse VI, roi de Castille et de Léon, contre les Sarrasins d'Afrique, qui avaient fait une descente subite en Espagne. L'armée chrétienne s'étant rassemblée près de Tudèle sur l'Ebre, dans la Navarre, assiégea cette place dont les infidèles s'étaient rendus maîtres, la reprit, et les chassa ensuite du château de l'Etoile, après quoi ils furent obligés de regagner en diligence leurs vaisseaux. Ceci arriva au plus tard dans le mois de juillet de la même année. Les Français n'ayant plus rien à faire en Espagne, reprirent la route de leur pays, à l'exception du duc de Bourgogne, qui se rendit à la cour de Léon, où il fut très-bien accueilli de la reine Constance, sa tante, et du roi Alfonse, son époux. Il y confirma, le 5 août, une donation que cette princesse avait faite à l'abbaye de Tournus. L'abbé Juenin, parmi les preuves de son histoire de Tournus (p. 134), a publié la charte de cette confirmation, d'où nous avons tiré la plus grande partie de ce que nous venons de raconter. Le reste se trouve dans la Chronique de Maillezais; mais elle met à la tête de cette expédition un Guillaume Normand, que l'auteur dit avoir vu : *Inter quos unus Guillelmus nomine, major cæterorum interfuit, quem vidimus, et erat Normanus.* Ce Guillaume Normand n'était pas assurément Guillaume le Conquérant, duc de Normandie et roi d'Angleterre. On sait en effet que ce prince, dont la mort arriva le 9 septembre 1087, eut quelques mois avant cet instant et trop d'occupation chez lui et trop d'infirmités pour aller faire la guerre dans un pays étranger. Ferréras (T. III, p. 26) met encore parmi les chefs de la même expédition le prince Henri, petit-fils de Robert le Vieux, duc de Bourgogne, qu'il nomme mal à propos Henri de Besançon sur la foi de Roderic de Tolède, et Raymond, fils de Guillaume le Grand, comte de Bourgogne. Le duc Eudes était fort avide d'argent, et, suivant la détestable coutume de la plupart des seigneurs de son tems, il ne se faisait nul scrupule de détrousser les personnes riches qui passaient sur ses terres. L'an 1097, au mois de décembre, ses gens lui étant venus dire que Saint-Anselme, archevêque de Cantorberi, traversait la Bourgogne pour aller à Rome, et qu'il devait y avoir là une capture considérable à faire ; aussitôt il monte à cheval avec une bonne escorte, court après le prélat, et, ayant atteint son cortége, demande à grands cris et avec un regard terrible qui d'entre eux est l'archevêque. Celui-ci s'étant présenté avec un air plein d'une majestueuse douceur, le duc demeure interdit à son aspect, et ne sait que lui dire. Le prélat voyant son embarras, « Seigneur, lui dit-il, permettez-moi de vous embras- » ser. » — « Je vous offre, répondit le duc, non-seulement le » baiser, mais encore mes services. » Et, s'étant embrassés, ils s'entretinrent familièrement ensemble : après quoi le duc, prenant congé de l'archevêque, lui donna un de ses officiers pour le conduire jusques sur la frontière de ses états. Voilà ce que raconte un témoin oculaire. (Eadmer, *Hist. nov.*, l. II.) Eudes, en retournant chez lui, ajoute-t-il ; maudit ceux qui lui avaient conseillé de faire insulte à un si saint homme ; et depuis ce tems il mena une vie plus régulière et plus chrétienne. Il partit la même année pour la croisade, et mourut en Palestine l'an 1102. Son corps fut rapporté en Bourgogne, et enterré dans le monastère de Citeaux, nouvellement établi (l'an 1098), et dont il est regardé comme le fondateur avec Renaud, vicomte de Beaune. Eudes laissa de sa femme, MAHAUT, fille de Guillaume le grand, comte de Bourgogne, deux fils et deux filles : Hugues l'aîné des fils, lui succéda ; et Henri, le second, devint moine de Citeaux. Florine, l'aînée des filles, fut transportée en Macédoine, où elle épousa le seigneur de Philippes. Etant devenue veuve, elle se rencontra, l'an 1097, dans la compagnie des Danois, comme ils traversaient, au nombre de 1500, l'Asie, sous la conduite de Suénon, fils du roi Eric le Bon, pour aller joindre les croisés au siége d'Antioche. Un parti de Turcs, envoyé par Soliman, sultan de Roum, ayant attaqué ce corps, Florine, montée sur une mule, donna l'exemple d'une vigoureuse défense à ses compagnons, et fut enveloppée avec eux dans le massacre que les turcs en firent. Tel est le récit d'Albert d'Aix. (L. 5, c. 54.) Mais ce récit souffre des difficultés que tout lecteur instruit doit sentir, et qu'il serait trop long de discuter. La seconde fille du duc Eudes se nommait Hélène, ou Alix, dite aussi Eleute. Elle fut mariée, suivant dom Vaissète, 1° l'an 1095 à Bertrand, comte de Tripoli; 2° à Guillaume III, dit Talvas, comte d'Alençon.

HUGUES II, DIT LE PACIFIQUE.

1102. HUGUES II, surnommé BOREL et LE PACIFIQUE, élevé par Jarenton, abbé de Saint-Bénigne de Dijon, fut reconnu duc de Bourgogne après la mort de son père, qui, avant son départ pour la Terre-Sainte, l'avait nommé pour gouverner en son absence. En prenant possession du duché dans l'église de Saint-Bénigne, il affranchit les vassaux de cette abbaye de plusieurs droits très-onéreux dont ses prédécesseurs les avaient chargés. Les autres églises de Bourgogne n'étaient guère moins grévées. Elles en portèrent leurs plaintes au pape Pascal II, l'an 1106, lorsqu'il vint à Dijon. Le duc, sur les remontrances du pontife, donna une charte par laquelle il promit de s'en tenir aux coutumes établies ou autorisées par le duc Hugues premier, son oncle. (*Hist. de Bourgogne*, T. I, p. 282, et *pr.* p. 55.) L'an 1109 il accompagna le roi Louis le Gros dans son expédition sur les frontières de Normandie. Ce fut là que, pendant le carême, l'évêque de Barcelonne vint trouver le monarque pour implorer son secours contre une nuée d'infidèles qui étaient venus d'Afrique en Espagne, et avaient déjà pénétré dans la Catalogne. Louis, pour être en état de leur aller donner la chasse, fit des trèves avec le roi d'Angleterre et d'autres seigneurs de ses vassaux, avec lesquels il était en guerre. Cependant il ne paraît pas que depuis il ait passé les Pyrénées. Hugues acquiesça, l'an 1113, à un jugement rendu contre lui par son conseil, en faveur de l'église d'Autun. L'an 1124, il fut du nombre des grands vassaux de la couronne qui aidèrent le roi Louis le Gros à chasser les Impériaux qui étaient entrés en Champagne. Il écrivit, l'an 1131 ou environ, à la sollicitation et par la main de Saint-Bernard, une lettre à Guillaume X, duc d'Aquitaine, pour l'exhorter à quitter le parti de l'antipape Anaclet et embrasser celui d'Innocent II. (Duchêne, *Script. Fr.* T. IV, p. 448.) L'an 1138, il fut témoin d'un incendie funeste qui consuma le château de Dijon et l'église de Saint-Bénigne. (*Chron. Bezuense.*) La dévotion des pélerinages était alors fort commune. Hugues, l'an 1140 ou environ, fit celui de Saint-Jacques en Galice, accompagné de l'abbé de Saint-Bénigne. L'an 1142, ce prince termina sa carrière, après un règne de quarante ans, sans avoir été troublé par aucune guerre; ce qui lui a fait donner le surnom de PACIFIQUE.

MATHILDE, son épouse, fille de Boson premier, vicomte de Turenne, lui donna plusieurs enfants, savoir, six fils : Eudes, qui lui succéda ; Hugues, surnommé le Roux ; Robert, élu évêque d'Autun l'an 1140, et mort quelques mois après ; Henri, qui fut aussi évêque d'Autun ; Raymond, époux d'Agnès de Thiern, dame de Montpensier ; Gautier, archidiacre, puis évêque de Langres, enfin religieux à la Chartreuse de Lugni, qu'il avait fondée en 1163. Il eut aussi quatre filles ; Sibylle, femme de Roger II, roi de Sicile ; Mathilde, mariée l'an 1157, à Guillaume VII, seigneur de Montpellier ; Aigeline, femme de Hugues, comte de Vaudemont ; et Aremburge, religieuse dans le monastère de Larrey, près de Dijon.

EUDES II.

1142. EUDES II succéda au duc Hugues II, son père. Une de ses premières obligations fut d'obliger Thibaut IV, comte de Champagne et de Blois, son beau-père, à lui rendre hommage pour le comté de Troyes, la terre de Saint-Florentin et l'abbaye de Saint-Germain d'Auxerre. Cette cérémonie se fit, l'an 1143, au lieu dit le *Ru d'Augustine*, sur les confins de la Bourgogne et de la Champagne, entre l'abbaye de Poutières et Châtillon-sur-Seine. Un moderne dit qu'Eudes *alla ensuite, l'an 1144, avec quinze mille hommes au secours d'Alfonse de Portugal, son cousin ; qu'il battit les Sarrasins, et emporta sur eux Lisbonne, après un siège opiniâtre de trois mois.* Il y a là deux méprises : 1° la prise de Lisbonne est du 21 octobre 1147 ; 2° ce fut une flotte de croisés flamands et anglais qui emporta cette place, comme Arnoul, prédicateur flamand, témoin oculaire de l'expédition, le raconte dans la relation qu'il en fit et qu'il adressa à Milon, évêque de Terrouenne. D'ailleurs il n'est fait dans cet écrit nulle mention ni du duc de Bourgogne, ni de ses gens. (Martenne, *Ampliss. Coll.*, T. I, p. 800.) L'an 1150, Geoffroi, évêque de Langres, porte ses plaintes au conseil du roi Louis VII, contre le duc de Bourgogne, pour le refus qu'il faisait de lui rendre hommage d'un fief qu'il possédait dans la mouvance de son église, et pour divers autres griefs qu'il serait trop long de déduire. Le prélat et le duc, cités au parlement de Moret, l'an 1153, y plaidèrent chacun leur cause en présence du monarque, dont le jugement, favorable au premier dans la plupart des articles, fut confirmé, l'an 1158, par le pape Adrien IV. Eudes II mourut au mois de septembre de l'an 1162, après avoir régné environ vingt ans. Il laissa de MARIE, sa femme, fille de Thibaut le Grand, comte de Blois et de Champagne, qu'il avait épousée l'an 1142 au plus tard, un fils nommé Hugues, qui lui succéda, et deux filles, Mahaut, qui épousa Robert IV, comte d'Auvergne; et Alix, qui fut mariée à Archambaud VIII, sire de Bourbon.

HUGUES III.

1162. HUGUES III succéda à Eudes II, son père, avant que d'être majeur, sous la tutelle de Marie, sa mère. Il accompagna, l'an 1166, le roi Louis le Jeune, dans la guerre qu'il fit à Guillaume II, comte de Châlons, pour raison des vexations qu'il exerçait envers l'abbaye de Cluni. La ville de Châlons et les autres terres du comte furent saisies et données en garde, moitié au duc de Bourgogne et moitié au comte de Nevers. (Voy. *les comtes de Châlons.*) Hugues, l'an 1168, fit fortifier la ville de Châtillon-sur-Seine, du consentement de Gautier, son oncle, évêque de Langres, après avoir traité avec lui de leurs droits respectifs sur cette ville. Entraîné par le goût du tems, il prit la croix en 1171, et alla s'embarquer pour la Terre-Sainte. Une violente tempête ayant accueilli son vaisseau sur la route, il fit vœu, s'il échappait au danger, de bâtir un temple en l'honneur de la mère de Dieu. De retour l'année suivante, il n'eut rien de plus pressé que de remplir cet engagement; et telle est l'origine de la Sainte-Chapelle de Dijon et du chapitre établi pour la desservir.

Hugues était fort jaloux de ses droits. Gui, comte de Nevers, lui refusant l'hommage qu'il exigeait à titre de suzerain, il vida ce différent, le 30 avril 1174, dans une bataille où il fit le comte prisonnier. (Voy. *les comtes de Nevers.*) Cette manière de se faire justice par soi-même était autorisée par les lois féodales, Mais rien ne peut justifier le trait suivant, rapporté, sous l'an 1177, par Raoul *de Diceto*. (*Imag. histor.*) Le roi d'Angleterre, Henri II, avait envoyé, l'an 1176, Jeanne, sa fille, avec un grand cortége et de riches présents en Sicile, pour y épouser le roi Guillaume II. A leur retour, les ambassadeurs qui avaient accompagné la princesse, traversant la Bourgogne furent dévalisés par le duc, sans égard, dit l'historien, pour cette maxime inviolable du droit des gens : *Sanctum populis per sæcula nomen legati.*

L'an 1179, Hugues ayant, par échange, retiré des mains de Gui de Saux le comté de Langres, le donna à l'évêque diocésain Gautier, son oncle, à la charge d'indemniser Henri, comte de Bar-le-Duc, auquel il l'avait d'abord inféodé. Le comté de Langres resta uni à l'évêché, et fut dans la suite érigé en duché, parce qu'il ne relevait plus que du roi.

Hugues, sollicité, l'an 1185, par le jeune roi d'Angleterre Henri au Court-Mantel, qui faisait la guerre à Richard, son frère, duc d'Aquitaine, et au roi Henri II, son père, lui amène des troupes en Limosin. Mais, ayant, à son arrivée, trouvé ce prince expirant au château de Martel en Querci, il reprend aussitôt la route de Bourgogne. (*Gauf. Vos. Chron.*, pp. 356 et 357.) On a déjà vu combien ce duc était attentif à faire valoir ses droits et ses prétentions. Il en donna une nouvelle preuve en 1185. Hugues, seigneur de Vergi, et non pas Gui, son père, lui refusait l'hommage, prétendant ne relever que de Dieu et de son épée. Le duc, irrité de sa fierté, va l'assiéger dans son château, qui passait pour imprenable. Résolu d'emporter cette place, il fait élever, vis-à-vis, quatre forts pour la bloquer et la battre en brèche. Le sire de Vergi, près de succomber par la famine, après une résistance de trois mois, a recours au roi de France, et s'engage à relever de lui son château, s'il vient à bout de le délivrer. Philippe-Auguste, animé par cet appât, marche avec une armée nombreuse au secours de Vergi, dont le duc abandonne le siége à son approche. L'année d'après le monarque revient en Bourgogne, sur les plaintes que les ecclésiastiques lui portèrent contre les vexations de Hugues, prend, sans effort, Beaune et Flavigni, vient ensuite assiéger Châtillon-sur-Seine, défendu par Eudes, fils aîné du duc, et emmène prisonnier le jeune prince, après avoir emporté, saccagé et livré aux flammes la place que Hugues regardait comme la principale de ses états. Don Plancher donne ici le démenti aux auteurs contemporains sur le motif vrai ou apparent de ces hostilités, soutenant que le duc Hugues n'avait jamais donné sujet aux gens d'Eglise de se plaindre de sa conduite à leur égard. Mais il faut en croire Hugues lui-même, qui, dans une charte donnée la deuxième semaine après Pâques de l'an 1186, reconnaît avoir fait de grands torts à l'abbaye de Saint-Bénigne, en réparation de quoi il lui donne cinq cents sous de rente à prendre sur le péage de Dijon. (Duchêne, *hist. de Bourg.*, T. I, *pr.*, p. 55.)

L'an 1187, Hugues, par lettres données sur les lieux, accorde aux habitants de Dijon le droit de commune, sous diverses conditions qui forment le droit municipal de cette ville. Le duc veut que la commune de Dijon juge et se gouverne sur le modèle de celle de Soissons, dont les lois judiciaires sont rapportées à la suite de ces lettres; ce qu'il fit confirmer la même année par le roi Philippe-Auguste. (Pérard, p. 155.) Les rois de France et d'Angleterre (Philippe-Auguste et Henri II) ne cessaient de se faire la guerre sans aucun avantage décisif de l'un sur l'autre. Mais comme la France était le théâtre de leurs hostilités réciproques, elles touchaient vivement les seigneurs français qui aimaient sincèrement leur patrie. L'an 1189, le duc de Bourgogne, le comte de Flandre et l'archevêque de Reims, se concertent, de leur propre mouvement, pour rétablir la paix entre les deux monarques. Ils partent ensemble sur la fin de juin, pour aller trouver le roi d'Angleterre à Saumur, tandis que Philippe-Auguste marche avec son armée à Tours. Celui-ci ayant emporté, par escalade, le 3 juillet, la partie de Tours nommée le château de Saint-Martin, détermina, par ce succès, plus efficacement que les négociateurs par leurs discours, Henri II à entendre à un accommodement solide. (*Bened. Petroburg.*) Hugues s'embarque l'année suivante, avec Philippe-Auguste, pour la Terre-Sainte, et se trouve au siége et à la prise d'Acre le 13 juillet 1191. Le roi, pensant à retourner en France, laissa en partant dix mille fantassins et cinq cents hommes d'armes, soudoyés pour trois ans, sous la conduite du duc de Bourgogne, lui ordonnant d'obéir en toute occasion au roi d'Angleterre (Richard Ier) comme à lui-même. Le duc, l'année suivante, à la bataille d'Ascalon, commanda l'aile gauche de l'armée chrétienne, dont la droite avait pour chef le fameux Jacques d'Avênes. Ce dernier fut tué dans l'action. Hugues, de son côté, poursuivant l'ennemi avec plus de résolution que de prudence, bien loin hors du corps de bataille, donna dans une embuscade où il serait resté avec les siens, si le monarque anglais ne fût venu à son secours. Mais ce qui lui attira de justes reproches, ce fut d'avoir fait manquer l'occasion qui se présenta quelque tems après de recouvrer Jérusalem, en retirant ses troupes au moment de l'exécution du projet. Une secrète jalousie qu'il avait contre le roi d'Angleterre fut le motif de cette conduite; ce qui a fait dire à Joinville que *Hugues fut moult bon chevalier de sa main et chevaleureux, mais qu'il ne fut oncques tenu à saige, ne à Dieu ne au monde.* La mort l'enleva, au commencement de l'an 1193, à Tyr, où il s'était retiré pour y passer l'hiver. Son corps fut rapporté en France, et enterré sous le portail de l'église de Cîteaux. Ce duc laissa deux fils, Eudes et Alexandre, d'ALIX, son épouse, fille de Mathieu Ier, duc de Lorraine, qu'il répudia après vingt ans de mariage, pour épouser, l'an 1183, BÉATRIX d'ALBON, dauphine de Viennois, et fille du dauphin Guigues V, dont il eut un fils nommé André, et une fille appelée Mahaut. Eudes succéda à son père, et André hérita, de Béatrix, sa mère, les comtés de Vienne et d'Albon; Mahaut épousa, l'an 1214, Jean de Châlons, fils d'Etienne II, comte d'Auxonne. De l'une de ses deux femmes (Guichenon dit la première), Hugues eut une autre fille, nommée

Marie, qui épousa Simon, seigneur de Semur. (*Biblioth. sebus.* pp. 33 et 35.)

EUDES III.

1193. EUDES III, fils de Hugues III et d'Alix de Lorraine, commença, au mois de juillet 1190, à gouverner le duché de Bourgogne; mais il ne porta le titre de duc qu'en 1193, après la mort de son père. André, son frère consanguin, qui, outre le Dauphiné qu'il tenait de sa mère, avait eu des terres près de Beaune et de Châlons, non content de son lot, prétendit partager le duché. Loin d'obtenir ce qu'il exigeait, son obstination lui fit perdre ce qui lui avait été d'abord adjugé dans les biens paternels. Eudes se rendit, la même année, après Pâque, avec des troupes, dans les Pays-Bas, pour secourir Baudouin, comte de Flandre et de Hainaut, dans la guerre qu'il avait avec le châtelain de Dixmude, au sujet de la terre d'Alost. (Voy. *les comtes de Flandres.*) A son retour il contraignit Guillaume V à lui faire hommage pour son comté de Mâcon. Il épousa, l'an 1194, Mahaut, fille d'Alfonse Ier, roi de Portugal. Cette princesse descendait de la maison de Bourgogne par Henri, quatrième fils de Henri, qui était le second fils de Robert Ier; elle était par conséquent parente au sixième ou septième degré du duc Eudes III : ce degré de parenté suffisait alors pour faire déclarer les mariages nuls; celui du duc le fut sur la fin de l'an 1197. D. Plancher dit que ce ne fut point pour cette raison, mais parce que Mahaut, par son premier mariage avec Philippe d'Alsace, comte de Flandre, avait fait alliance avec un prince très-proche parent d'Alix de Lorraine, mère du duc Eudes III. Quoi qu'il en soit, Mahaut étant retournée en Flandre, y mourut tragiquement, le 16 mars 1208, près de Furnes, sa voiture étant tombée dans un marais.

L'ancienne querelle des ducs de Bourgogne avec les seigneurs de Vergi s'était renouvelée, en 1196, avec une vivacité réciproque, qui en fit craindre les suites. Mais d'habiles et sages médiateurs vinrent à bout de la terminer l'année suivante, par un traité dont les conditions furent, 1° que le seigneur de Vergi, Hugues, céderait au duc son château, et recevrait en échange celui de Mirebeau, avec la grande sénéchaussée de Bourgogne, pour rester héréditairement dans sa maison; 2° qu'il donnerait au duc en mariage sa fille Alix : ce qui s'exécuta l'an 1199.

Eudes, l'an 1197, reçut l'hommage d'Etienne II, dit Estevenon, petit-fils, par Etienne Ier, de Guillaume le Grand, comte de Bourgogne, pour le comté d'Auxonne, qui lui était échu du chef de son père. Dans l'acte qui en fut dressé, deux clauses nous paraissent remarquables. La première, que la fidélité qu'Etienne promet au duc de Bourgogne est subordonnée à celle qu'il doit au monastère de Saint-Vivant de Vergi : *Salvâ fidelitate S. Viventii de Vergeis.* Pour entendre cette clause, il faut remonter presqu'à l'origine de la ville d'Auxonne. Sous les rois mérovingiens, cette ville fit partie de la dotation du monastère de Brégile, qu'Amalgaire, duc du palais de Bourgogne, fonda pour sa fille Adalsinde. Obligée d'abandonner son monastère après la mort de son père, Adalsinde se retira auprès de Valdalène, son frère, en faveur duquel Amalgaire avait fondé l'abbaye de Beze, et lui céda tous les biens de celle de Brégile. L'acte de cette cession, daté de l'an 652, énonce formellement dans l'énumération des fonds la ville d'Auxonne, *villam scilicet Assonam.* L'abbaye de Beze, ravagée six à sept fois dans les siècles suivants par les barbares, perdit la plus grande partie de ses biens. Auxonne, après avoir passé par différentes mains, fut donnée, on ne sait par qui, au monastère de Saint-Vivant, qui l'inféoda ensuite aux comtes de Bourgogne comme un arrière-fief du duché. Par la seconde clause de son acte d'hommage, Etienne se réserve la faculté de se reconnaître vassal d'Otton, comte de Bourgogne, en remettant au duc le château d'Auxonne. *Quod si ego in hominium comitis Ottonis redire et ad ipsum ire voluero, ego duci Burgundiæ suprà dictum castrum reddam et totam villam.* (*Histoire de Bourg.*, T. IV.) Voilà une preuve bien claire que le comté d'Auxonne relève du duché de Bourgogne.

Après la mort de Thibaut III, comte de Champagne, les chefs de la nouvelle croisade, qui l'avaient élu pour leur généralissime, députèrent, l'an 1201, au duc de Bourgogne pour lui offrir le même emploi. Mais il les remercia de cet honneur, et resta paisible dans ses foyers. L'an 1203, il assista, le 30 avril, à la cour des pairs, qui condamna Jean, roi d'Angleterre, comme coupable du meurtre d'Artus, son neveu, et déclara ses terres, situées en-deçà de la mer, confisquées au profit du roi de France. Quelques-uns conseillant à Philippe-Auguste de ménager le roi d'Angleterre, et voulant interposer en sa faveur l'autorité du pape, Eudes et plusieurs autres seigneurs exhortèrent fortement ce monarque à ne faire ni paix ni trêve avec le roi Jean, par la crainte de la cour de Rome, promettant d'employer toutes leurs forces pour sa défense. C'est ce que témoigne notre duc dans des lettres du mois de juillet 1205. (*Mss. de Brienne*, vol. 54, p. 9.) On peut juger par là du zèle avec lequel il servit Philippe-Auguste dans ses expéditions contre le roi Jean. La ville de Beaune obtint, la même année, le droit de commune sur le modèle de celui qu'il avait accordé à Dijon. Dans la charte de cette concession, il se restreint à prendre à crédit, pour l'espace de quinze jours seulement, le pain, le vin et les autres aliments nécessaires pour sa maison, consentant que, passé ce terme, on ne lui donne plus rien à crédit, jusqu'à ce que la première dette soit acquittée. (Pérard, p. 274.)

Le duc Eudes assista, dans le mois de mai 1209, au parlement convoqué par Philippe-Auguste à Villeneuve-le-Roi, près de Sens. Dans cette assemblée mémorable il fut réglé que désormais lorsqu'un fief viendrait à être partagé entre plusieurs co-héritiers, chacun d'entre eux relèverait immédiatement du seigneur suzerain de ce fief comme avant le partage, et lui rendrait le service féodal suivant la quantité de sa portion. Auparavant c'était le principal héritier qui représentait pour la féodalité ses co-partageants dont il recevait l'hommage pour le reporter au suzerain. Eudes suivit de là le monarque à Compiègne, où, dans le nouveau parlement qui s'y tint, il se croisa contre les Albigeois. Étant parti au mois de juin de la même année pour cette expédition, il s'y comporta de manière qu'après la prise de Carcassonne, arrivée le 15 août suivant, les chefs de la croisade voulurent lui déférer par reconnaissance la seigneurie des terres qu'ils avaient conquises. Mais Eudes répondit généreusement qu'il avait assez de domaines sans usurper ceux du vicomte de Carcassonne, à qui on n'avait, disait-il, causé déjà que trop de dommages; réponse qui devait faire rougir ces chefs de vouloir encore le dépouiller de son patrimoine. Une cause plus juste rappela le duc de Bourgogne au secours de son souverain. Il l'accompagna, l'an 1214, dans l'expédition qu'il entreprit contre les forces réunies du comte de Flandre et de l'empereur Otton IV; sa valeur et son habileté lui méritèrent le commandement de l'aile droite de notre armée à la célèbre bataille de Bouvines, dont le roi Philippe-Auguste sortit victorieux après y avoir couru le plus grand danger. Eudes lui-même faillit périr dans cette journée, ayant eu un cheval tué sous lui; et, comme il était fort replet et d'ailleurs couvert de fer depuis la tête jusqu'aux pieds, on eut bien de la peine à le relever et à le remettre sur un autre cheval. (*Albéric.*) Le chapitre de Saint-Martin de Tours accorda, l'année suivante, à Eudes une distinction que les têtes couronnées ne jugeaient pas indigne de leur ambition: ce fut une place de chanoine honoraire dans cette église avec obligation de célébrer à perpétuité chaque année son anniversaire après sa mort. Les successeurs d'Eudes ont joui de cette distinction jusqu'au duc Philippe le Bon. Un nouveau corps de Croisés s'étant

rmé pour aller enlever l'Egypte aux infidèles, Eudes se mit à
ir tête après avoir fait de grands préparatifs pour cette expédi-
ion. Il part ; mais une maladie l'arrête à Lyon, où il meurt,
6 juillet de l'an 1218, généralement regretté. Son corps fut
pporté à Citeaux, et inhumé devant le grand autel. Eudes
laissa un fils qui lui succéda, et trois filles, de sa femme, ALIX
DE VERGI, qu'il avait épousée en 1199, morte le 3 mai 1251.
Les filles qu'elle lui donna sont, Jeanne, mariée en 1222 à Raoul,
comte d'Eu; Béatrix, femme de Humbert III, seigneur de Thoire
et de Villars en Bresse ; et Alix, morte sans alliance en 1266.
Le duc Eudes avait fondé, l'an 1203, l'hôpital du Saint-Esprit
à Dijon. La duchesse Alix fonda et dota les dominicains de la
même ville en 1234. Le cri de guerre de ce prince était, *Montjoye au noble duc*, ou *Montjoye Saint-Andrieu*, à cause de
Saint-André, patron du duché de Bourgogne.

HUGUES IV.

1218. HUGUES IV, né le 9 mars 1212, fut le successeur d'Eudes III, son père. La duchesse Alix de Vergi, sa mère, prit en
main les rênes de l'état, dont le bas âge de ce prince le rendait
incapable, et les mania avec beaucoup de sagesse.

Le roi Philippe-Auguste, pour s'assurer de la fidélité et de
l'attachement d'Alix, exigea d'elle une promesse, non-seulement
de le servir envers et contre tous, mais encore de ne se point
remarier sans son consentement. Alix le satisfit par un acte daté
de Paris dans le mois d'août 1218, et donna pour pleiges Guillaume de Vergi, Pons de Grancei, et d'autres seigneurs. (*Trésor des Chartes.*) Alix, au mois d'octobre 1225, acquit d'André,
son beau-frère, dauphin de Viennois, ce qui lui appartenait dans
les domaines de Beaune et de Châlons. Cette acquisition faite
pour le prix de trois cents marcs d'argent, avec obligation de
bâtir un hôpital à Beaune, fut l'effet de la prudence d'Alix, qui
par là prévint une guerre dont elle était menacée. On a dit ci-
devant qu'André avait été privé de ces domaines par le duc
Eudes, son frère, en punition du mécontentement qu'il avait
témoigné d'être si mal partagé dans la succession paternelle. La
minorité de son neveu lui parut une occasion favorable pour
rentrer dans ses droits. Sur les menaces qu'il fit de les poursuivre par la voie des armes, la duchesse alla au-devant de lui,
et le fit consentir à l'accommodement dont on vient de parler. Au
mois de juillet de l'an 1227, elle fit avec Thibaut, comte de
Champagne, un autre traité par lequel elle s'engagea à le secourir
contre le comte de Nevers jusqu'à la majorité du duc, son fils.
Il fut stipulé par le même acte que le jeune duc ne prendrait

point d'alliance dans les maisons des comtes de Bourgogne, Dreux, de la Marche, de Boulogne, de Saint-Paul, ni de celles de Couci ou de Courtenai. Mais pour des raisons qu' ignore, Alix ne tint point cet engagement; et, dans les premie mois de l'an 1229, elle fit épouser à son fils YOLANDE, fille de Robert III, comte de Dreux. Le jeune duc, sans consulter sa mère, entra presqu'en même tems dans la ligue formée par les princes qu'on vient de nommer, contre le comte de Champagne, et partit avec des troupes pour aller renforcer leur armée qui était aux environs de Troyes. Mais apprenant sur sa route que le roi Saint-Louis était à la poursuite des confédérés, il revint sur ses pas. Au mois de février de la même année, Hugues donna à l'évêque de Langres son aveu et dénombrement, où il déclara qu'il tenait de lui tout ce qu'il possédait à Châtillon-sur-Seine, ainsi que le château de Montbard: *Teneo ab ipso Episcopo quidquid habeo apud Castellionem.... et Castrum Montis-Barri.* Il reconnaît de plus tenir de lui la mouvance de Griselles et de Larrei, dont la propriété appartenait au comte de Tonnerre: *Teneo similiter ab eodem Episcopo feodum de Grisolis et feodum de Larreio.* On voit ici, suivant la remarque de M. Brussel, la distinction de la simple mouvance et de la propriété. La première s'exprimait par le nom de fief, et l'autre par celui de la chose que l'on possédait. La duchesse Alix avait fait, l'an 1228, un acte de dévotion assez singulier, dont elle rend compte elle-même dans une charte que Pérard a mise au jour, p. 411 de son recueil: ce fut de se faire agréger au corps des chanoines de la Sainte-Chapelle de Dijon. A la cérémonie de sa réception, elle admit au baiser tous les confrères, après avoir promis de maintenir tous leurs statuts et leurs privilèges: *Singulos Canonicos in signum fraternitatis et in osculum sanctum recepi.*

Hugues, attentif à ses intérêts, acquit, l'an 1237, de Jean de Châlons, par échange de la seigneurie de Salins, les comtés de Châlons et d'Auxonne. L'an 1239, au mois de juin, il déclara, par écrit, qu'il avait fait hommage au roi des Châtellenies de Mont-Saint-Vincent et de Charoles, unies au comté de Châlons, et s'engagea de lui rendre à grande et à petite force, lorsqu'il en serait requis, les châteaux qu'elles renfermaient. Il attesta de plus qu'il était convenu avec le monarque que ces domaines passeraient après lui à celui de ses enfants que Sa Majesté jugerait à propos de nommer, et qu'au cas qu'il se croisât et passât la mer, elle en donnerait la garde à qui bon lui semblerait. (*Mss. du Roi*, n°. 9420.) On reconnaît dans ces conditions la sage politique de Saint-Louis, qui cherchait à contenir, par toutes les voies permises, ses vassaux dans la dépendance, et ne leur permettait pas d'accumuler tous leurs domaines sur la tête d'un seul de leurs enfants, de peur de le rendre trop puissant. La même année 1239, Hugues part avec d'autres seigneurs pour la Terre-Sainte, d'où il revint en 1241, rapportant peu de gloire de ce voyage. (*Voy.* Pierre Mauclerc, *duc de Bretagne.*)

Les ecclésiastiques, encouragés par la cour de Rome, faisaient alors sur la juridiction séculière des entreprises qui révoltaient la noblesse, et surtout celle de France. Pour repousser leurs atteintes, les seigneurs les plus puissants de ce royaume firent entre eux des associations dont la plus remarquable est celle qui eut pour chefs le duc de Bourgogne, le comte de Bretagne, le comte de Saint-Pol et le comte d'Angoulême. Matthieu Paris nous a conservé le traité qui fut fait, l'an 1247, à ce sujet : c'est un des monuments les plus singuliers de notre histoire.

« Pour ce que seroit griéve chose, y est-il dit, nous tous assem-
» blés pour ceste besogne, nous avons eslu, par le commun
» assent et octroy de nous tous, le duc de Bourgoigne, le comte
» Perrin de Bretagne, le comte d'Angoulesme et le comte de
» Saint-Pol, à ce que si aucuns de ceste communité avoit à faire
» envers la Clergie, tel ayde comme ces quatre devant dits es-
» gardereint qu'à homme luy dust faire, nous luy ferions. Et
» c'est à sçavoir, que à ce défendre, pourchasser et requérir,
» chacun de ceste communité mettra la centiesme part par son ser-
» ment de la vaillance d'un an de la terre qu'il tiendra. Et chacun
» riche homme de ceste compagnie fera lever ces deniers chacun
» an à son pouvoir à la Purification Nostre-Dame, et les délivrera
» où il sera mestier pour ceste besogne par lettres pendantes de
» ces quatre avant nommez, ou de deux de eux. Et si aucun de
» ceste compagnie estoit excommunié par tort cognu par ces
» quatre, que la clergie luy feist, il ne laisseroit aller son droit
» ne sa querele pour l'excommuniment, ne pour autre chose
» qu'on luy face, si ce n'est pas l'accord de ces quatre ou de
» deux de eux, ains poursuivroit sa droiture. Et si les deux
» des quatre moureroient ou alloient hors de la terre, les deux
» autres qui demeureroient, mettroient autres deux en lieu de
» ces deux, qui auroient tel pouvoir que est à devant divisé. Et
» si avenoit que les trois et les quatre allassent hors de la terre
» ou mourissent, les douze et les dix des riches de ceste com-
» munité esliront autres quatre, qui auront ce mesme pouvoir
» que les quatre devant dits. Et si ces quatre ou aucun de la
» communité par le commandement de ces quatre faiseint au-
» cune besogne qui appartensist à ceste communité, la com-
» munité l'en délivreroit ». Ce traité se trouve au trésor des chartes, où il porte la date de l'an 1246, parce qu'il fut fait, l'an 1247, avant Pâques.

Hugues assista, l'an 1248, avec le roi saint Louis au chapitre général de Cîteaux, et fut témoin de la prière que les capitulants firent au monarque de vouloir bien accorder un asyle dans ses états au pape Innocent IV, poursuivi par l'empereur Frédéric II. Saint Louis ayant répondu qu'il prendrait là-dessus l'avis de ses barons et s'y conformerait, le duc protesta avec tous les seigneurs qui étaient présents, qu'ils ne souffriraient pas que le pape vînt s'établir en France. De là il accompagna saint Louis dans son expédition d'Egypte. Il fut pris à la bataille de la Massoure, et se racheta dans le même tems que le monarque. Pendant son absence il perdit, l'an 1251, la duchesse Alix, sa mère, dont la mort causa un deuil universel dans la Bourgogne. Elle fut inhumée à Cîteaux.

Baudouin II, empereur de Constantinople, étant à Paris en 1265, Hugues, qui s'y rencontrait aussi, fit un traité avec ce prince, qui lui donna pour lui et ses héritiers le royaume de Thessalonique. Il reçut, l'année suivante, à Montargis l'hommage de Jean Tristan, fils de saint Louis, pour le comté de Nevers. On conserve en original à Cluni un traité par lequel il vendit, au mois d'avril 1270, à Philippe, comte de Savoie, et à sa femme, Alix de Méranie, pour la somme de onze mille livres viennoises, les droits qu'il avait acquis de Béatrix, comtesse d'Orlamonde, sœur d'Alix, sur le comté de Bourgogne. (*Arch. de Cluni.*) C'était encore alors la mode des pèlerinages. Le duc de Bourgogne étant allé visiter le tombeau de Saint-Jacques, mourut au retour à Vilaines en Duesmois vers la fin de 1272, à l'âge d'environ soixante ans, et eut sa sépulture à Cîteaux. Il avait épousé, 1°, par contrat de l'an 1229, YOLANDE, fille de Robert III, comte de Dreux, morte l'an 1255; 2° l'an 1258, BÉATRIX, fille de Thibaut VI, comte de Champagne, décédée vers le milieu de l'an 1295. Du premier lit sortirent Eudes, comte de Nevers; Jean, seigneur de Charolais, mari d'Agnès, héritière d'Archambaud IX, sire de Bourbon, et décédée avant le 17 janvier 1268 (vieux style); Robert, que son père fit émanciper au mois d'octobre 1272, en lui cédant le duché avec réserve de l'usufruit; Alix, femme de Henri III, duc de Brabant; et Marguerite, mariée, 1° à Guillaume de Mont Saint-Jean, 2° à Gui VI, dit le Preux, vicomte de Limoges. Du second lit vinrent Hugues ou Huguenin, vicomte d'Avalon, seigneur de Montbard, marié, l'an 1284, à Marguerite, dame de Montréal, fille de Jean de Châlons, dit le Sage, sire de Salins; Béatrix, femme de Hugues XIII de Lusignan, comte de la Marche et d'Angoulême; Élisabeth, ou Isabelle, seconde femme de l'empereur Rodolfe I; Marguerite, première femme de Jean de Châlons I, sire d'Arlai; et Jeanne, religieuse. De l'un des fils de Hugues IV (on ne sait lequel), sortit une fille, Isabeau, mariée à Pierre de Chambli, seigneur de Néaufle.

ROBERT II.

1272. ROBERT II, troisième fils de Hugues IV, fut institué son successeur au duché de Bourgogne par le testament de ce prince, qui lui en donna l'investiture avant sa mort. Malgré ces précautions, Robert fut d'abord troublé par Robert III, comte de Flandre, qui avait épousé Yolande, l'aînée des filles d'Eudes, comte de Nevers, fils aîné du duc Hugues IV, et par Robert, comte de Clermont, époux de Béatrix, fille de Jean, qui était second fils de Hugues IV. Ces deux princes prétendaient chacun au duché de Bourgogne ; mais le roi Philippe le Hardi, que les parties avaient pris pour arbitre, ou plutôt à la cour duquel elles s'étaient régulièrement pourvues, déclara, dans une assemblée des pairs, Robert, fils de Hugues, seul et unique héritier du duché. « Ne voulait-il, par cet arrêt, dit un habile moderne, » donner atteinte qu'au droit de représentation ? ou l'esprit de la » loi salique, qui devait animer presque toutes les provinces de » l'empire français, influait-il sur ce jugement ? fut-ce en un » mot l'avantage du degré, ou celui du sexe, qui procura au » troisième fils de Hugues le duché de Bourgogne ? C'est ce qu'on » ignore, et c'est ce qu'il serait important de savoir ». Robert avait été fiancé dès le 25 septembre (et non le 20 octobre) 1272 par Hugues, son père, avec la princesse AGNÈS, fille de saint Louis, à laquelle Hugues avait assigné pour son douaire les châtellenies de Vergi, de Montcenis, de Beaumont, de Colomne-sur-Saône, de Bussi, de Beaune, de Nuits et de Châlons, pour lui valoir six mille livres de rente. (*Mss. du Roi*, n° 9420, fol 4.) Le mariage ne s'accomplit que l'an 1279. Jean I, dauphin de Viennois, étant mort l'an 1281, Robert prétendit lui succéder comme plus proche héritier dans la ligne masculine. Après diverses contestations sanglantes avec Humbert I, le roi de France s'étant porté pour médiateur, Robert, par traité du 25 janvier 1286 (nouveau style), renonça à ses prétentions. (Voyez *les dauphins de Viennois*.)

Robert, l'an 1282, alla en Italie au secours de Charles I, roi de Naples, oncle de la duchesse AGNÈS.

La vicomté de Dijon était entre les mains de Guillaume de Champlite, seigneur de Pontallier. Le duc Robert, l'ayant acquise l'an 1284, la remit aux maire, échevins et habitants de Dijon. Il acquit aussi, l'an 1289, d'Amédée V, comte de Savoie, par échange des terres qu'il possédait en Bresse, les châtellenies de Cuiseri et de Sagi, qui composent ce qu'on appelle aujourd'hui la Bresse châlonnaise. On rapporte à la même époque l'acquition qu'il fit d'Arnai, dans l'Auxois, qui fut depuis nommé Arnai-le-Duc. Vers l'an 1294, le duc Robert, déjà établi grand-chambrier depuis plus de quinze ans par le roi Philippe le Hardi, fut fait lieutenant de roi au pays de Lyon par le roi Philippe le Bel, qui avait beaucoup de confiance en ce prince. L'an 1295, ayant appris qu'Otton, comte de Bourgogne, avait fait cession de ses états au roi Philippe le Bel en conséquence du mariage projeté et conclu entre Jeanne sa fille et Philippe, depuis surnommé le Long, fils du monarque, Robert travaille à mettre à couvert les propriétés qu'il avait dans la Franche-Comté. Sur ses remontrances réitérées, le roi jugea dans son conseil que le duc jouirait de tous les fiefs du comté de Bourgogne qui relevaient de lui, jusqu'à la célébration du mariage de Philippe et de Jeanne, et qu'alors le comte Philippe rendrait foi et hommage au duc de Bourgogne. Quelque tems après cette décision le roi donna au duc Robert la garde du comté de Bourgogne en entier. Cette province avait besoin d'un homme de tête pour y commander et contenir les habitants que la cession dont on vient de parler avait soulevés. La conduite que Robert tint dans l'exercice de cet emploi, lui mérita la reconnaissance du roi, qui, dans la suite, le chargea de nouvelles commissions. Ce fut par ses ordres que le duc se rendit à Rome vers le milieu de l'an 1297, pour plusieurs affaires importantes. Avant de partir, il fit son testament au château de Brazei le 25 mars. Par cet acte, il institue son successeur au duché de Bourgogne Hugues, son second fils, devenu l'aîné par la mort de Jean, son frère; il donne plusieurs terres à Eudes pour lui produire quatre mille livres de rente; il veut que Louis, son troisième fils, soit d'église, et lui fait mille livres de rente. Blanche, l'aînée de ses filles, mariée en 1307, à Edouard, comte de Savoie, a pour son partage vingt mille livres avec le château de Duesme; Marguerite, la seconde, qui épousa le roi Louis Hutin, quinze mille livres; et Jeanne, la troisième, qui fut mariée en 1313 à Philippe de Valois, depuis roi de France, dix mille livres. Celle-ci mourut victime de sa charité l'an 1348, ayant été enlevée par la peste en traitant ceux qui en étaient attaqués. Le corps de Jeanne fut porté à Saint-Denis et son cœur à Cîteaux.

Le duc Robert assista, l'an 1303, à la fameuse assemblée tenue le 13 juin au Louvre, en présence du roi Philippe le Bel, qui l'avait convoquée, pour délibérer sur les prétentions du pape Boniface VIII contre le pouvoir temporel des rois. Il y signala son zèle pour la défense des droits de la couronne; et, non content d'adhérer à l'acte d'appel interjeté par l'assemblée des procédures du pape, il fut un des souscripteurs de la vigoureuse lettre que les barons écrivirent à Boniface pour l'engager à se rétracter.

L'an 1305, suivant le continuateur de Nangis, et non en 1309, comme le porte l'épitaphe de Robert, ce prince mourut à Vernon-sur-Seine, d'où son corps fut transporté à Cîteaux, et inhumé auprès des ducs, ses prédécesseurs, dans la chapelle de Saint-Georges, appelée la Chapelle des Ducs : elle fut détruite, l'an 1636, par les troupes du général Galas, après qu'elles en eurent brisé les tombeaux. Il faut ajouter aux enfants du duc Robert un cinquième fils, nommé Robert, comte de Tonnerre, et une quatrième fille, nommée Marie, tous deux venus au monde après son testament, fait, comme on l'a dit, l'an 1297. Marie devint femme, vers l'an 1310, d'Edouard, comte de Bar. M. Schœpflin donne encore pour fille à Robert, Agnès, seconde femme de l'empereur Rodolfe, qu'elle épousa, dit-il, l'an 1287. Mais dom Plancher prouve que la seconde femme de Rodolfe était Isabelle, sœur de ce même Robert, et fille par conséquent de Hugues IV. La duchesse Agnès mourut en 1317.

HUGUES V.

1305. HUGUES V, ayant succédé dans l'enfance à Robert II, son père, gouverna sous la tutelle de la duchesse Agnès, sa mère, mourut sans postérité, l'an 1315, à Argilli, dans la dixième année de son règne, et fut enterré à Cîteaux. On ne peut marquer le jour précis de sa mort ; mais il survécut peu de jours au dernier codicille qu'il fit le *Dyemoinge avant l'Ascension* (27 avril). Il avait été fiancé à Jeanne, fille de Philippe le Long, comte de Poitiers, et depuis roi de France, que la mort l'empêcha d'épouser. Dans le même mois d'avril de cette année, où le duc Hugues V mourut, le roi Louis Hutin, sur les représentations de la noblesse de Bourgogne et de celle de Forez, que depuis saint Louis on avait donné de grandes atteintes à leurs priviléges, rendit en leur faveur une ordonnance dont le sixième article porte : « Que les
» nobles puissent et doivent user des armes quant il leur plaira;
» et que ils puissent guerroyer et contregagier. Nous leur oc-
» troyons les armes et les guerres, en la manière qu'ils en ont
» usé et accoutumé anciennement ; et selon qu'on trouvera, nous
» leur en ferons garder. Et si de guerre ouverte, ajoute-t-il,
» l'un avoit prins sur l'autre, il ne seroit tenu de rendre, ne dou
» recroire, se puis la défence que nous leur en avons faicte, ne
» l'avoient prins ». (*Ordonn. du Louvre*, t. I, p. 559.) Voilà les guerres privées par conséquent autorisées en Bourgogne, et

l'ordonnance que Philippe le Bel avait rendue en 1303 pour les proscrire, abolie dans ce duché. Hugues V, à sa mort, n'était plus roi titulaire de Thessalonique. Il avait cédé ce titre à Louis, son frère, qui avait quitté l'état ecclésiastique pour se marier. Louis prit aussi le titre de prince d'Achaïe et de Morée, du chef de Mahaut de Hainaut, sa femme.

EUDES IV.

1315. EUDES IV, successeur de Hugues V, son frère, au duché de Bourgogne, fut obligé, pour en jouir tranquillement, de composer avec Louis, son autre frère, et de lui accorder le château de Duesme, avec une rente de quatre mille livres.

Il s'éleva, l'an 1316, de grandes contestations en France sur la succession à la couronne, après la mort du roi Louis X. Ce prince n'ayant laissé de Marguerite, sa femme, sœur du duc Eudes, qu'une fille, nommée Jeanne, celui-ci entra dans les intérêts de sa nièce et se joignit à ceux qui la regardaient comme l'héritière des couronnes de France et de Navarre; mais Philippe le Long, frère de Louis X, et régent du royaume, ayant assemblé les grands, se fit proclamer roi de France à l'exclusion de Jeanne, en vertu de la loi nationale qui exclut les femmes du trône. Eudes, voyant les prétentions qu'il formait pour sa nièce rejetées par l'élite de la nation, prit le parti de s'accommoder avec Philippe, dont il épousa, le 18 juin de l'an 1318, la fille aînée, avec cent mille livres de dot, pour consommer l'alliance entamée par son frère, Hugues V, avec cette princesse. Eudes, l'an 1320, devint prince d'Achaïe et de la Morée et roi de Thessalonique, par la mort de son frère Louis, décédé sans enfants, après l'avoir institué son héritier. Mais Eudes vendit le tout, le 6 octobre 1321, à Philippe, prince de Tarente. L'an 1322, après la mort de Philippe le Long, il fut un des premiers à rendre hommage à Charles le Bel, frère et successeur de ce monarque. Cependant il lui fit une chicane sur le comté de Poitiers, qu'il prétendait devoir lui revenir du chef de sa femme, attendu, disait-il, qu'elle était venue au monde dans le tems que Philippe, son père, portait encore le titre de ce comté. Mais le parlement décida en faveur du roi conformément à la loi des apanages, qui les déclare réversibles à la couronne au défaut d'héritiers mâles.

Eudes hérita, l'an 1330, des comtés de Bourgogne et d'Artois, par la mort de sa belle-mère, Jeanne, reine de France, comtesse de Bourgogne et d'Artois, épouse de Philippe le Long. Alors à son titre de duc il ajouta celui de comte de Bourgogne et d'Artois, que ses successeurs ont pris comme lui.

Eudes accompagna, l'an 1328, le roi Philippe de Valois dans l'expédition qu'il fit en Flandre pour le rétablissement du comte Louis, chassé par ses sujets; il s'y distingua, et contribua, le 22 août, au gain de la bataille de Montcassel, où, selon Duchêne, il fut blessé. Ce prince fonda, l'an 1332, à Fontenai, près de Beaune, une chartreuse qui fut souvent un lieu de retraite pour lui. Les Anglais et les Flamands s'étant confédérés contre la France, Eudes amena encore, l'an 1340, du secours à Philippe de Valois en Flandre. Tandis que le roi d'Angleterre, Edouard III, faisait le siège de Tournai, le duc de Bourgogne et le comte d'Armagnac, renfermés dans Saint-Omer, défendaient cette place contre Robert d'Artois, qui la pressait vivement avec une armée de 20 mille hommes, et mêlait la ruse à la force pour l'emporter. Le 25 juillet, les assiégés, dans une sortie, engagèrent un combat sanglant dont l'événement fut douteux, suivant Meyer, et dont les circonstances ont été diversement racontées par les historiens de l'un de l'autre partis. Mais on convient que Robert d'Artois, poursuivi par le duc de Bourgogne, Philippe, son fils, et quatre mille de ses gens, fut obligé de fuir jusqu'à Cassel, d'où il ne pensa plus à revenir devant Saint-Omer. Ainsi le siège fut levé.

L'an 1343, Eudes voulant faire frapper de la monnaie à son coin dans la ville d'Auxonne, l'archevêque de Besançon s'y opposa, prétendant que ce droit lui appartenait exclusivement. Le duc ne tint compte de cette opposition. Le prélat irrité jeta *le Cas*, c'est-à-dire l'interdit, sur la ville d'Auxonne. Eudes, en ayant appelé au pape, nomme trois procureurs en cour de Rome pour y poursuivre la levée de l'interdit. Mais l'affaire traîna en longueur, et Eudes n'en vit pas la fin.

L'an 1347, le 16 juin, Eudes étant à Châlons, fait avec Amédée VI, comte de Savoie, dit le comte Vert, un traité d'alliance, par lequel il s'engage à lui fournir et entretenir, pendant trois mois, à ses frais, trois cents hommes d'armes, pour être employés contre tous, excepté le roi et la reine de France, et leur fils aîné, le duc de Normandie. Le comte réciproquement promet d'aider le duc avec 250 hommes d'armes pendant le même espace de tems, à ses frais, contre tous, excepté l'empereur, le roi de France, et quelques autres seigneurs. (Plancher, *Hist. de Bourg.*, t. II, p. 204.) Le comte de Savoie méditait alors une expédition en Piémont pour arrêter les progrès qu'y faisait Luchin Visconti, duc de Milan. Muni du secours qu'Eudes, fidèle à sa parole, lui fit passer en diligence, et de ceux que lui amenèrent d'autre part le comte de Génevois et le prince de Morée, il livra bataille, dans le mois de juillet suivant, au duc de Milan, assisté du marquis de Montferrat, et les mit en déroute, après avoir taillé en pièces une partie de leurs troupes. (Muratori, *Ann. d'Ital.*, t. VIII, p. 255.) Tandis qu'une partie des troupes de Bourgogne agissait en Piémont, le duc Eudes employait l'autre à repousser les attaques de Jean de Châlons, seigneur d'Arlai; de Thibaut, sire de Neuchâtel, et de Henri de Faucognei, qui, joints aux habitants de Besançon, lui faisaient la guerre, depuis six mois, pour diverses prétentions qu'il ne croyait pas devoir leur accorder. Le roi Philippe de Valois mit fin aux hostilités par un jugement arbitral qu'il rendit à Vincennes dans le mois de mars 1348 (N. S.), du consentement des parties qui s'y soumirent. Les droits de chacune d'entre elles y furent réglés, et l'on se restitua de part et d'autre ce que l'on s'était enlevé durant la guerre.

Le duc Eudes après un règne long et glorieux mourut à Sens, l'an 1350 (N. S.), suivant D. Plancher, qui cite, sans les produire, deux chartes qu'il fit, dit-il, expédier au mois de décembre 1349, et ajoute qu'il vécut encore quelques mois depuis. Son corps fut porté à l'abbaye de Cîteaux, son cœur aux Chartreux de Beaune qu'il avait fondés, comme on l'a dit, en 1332, et ses entrailles à la Sainte-Chapelle de Dijon. De JEANNE DE FRANCE, sa femme, il eut deux fils, dont le second fut enlevé dans son enfance; l'aîné, appelé Philippe, dont on a déjà parlé, mourut d'une chute de cheval au siége d'Aiguillon le 22 septembre de l'an 1346, laissant de Jeanne, comtesse d'Auvergne et de Boulogne, qu'il avait épousée en 1338, un fils nommé Philippe, qui succéda à Eudes IV, son aïeul, et deux filles mortes sans alliance. Eudes avait fait, le 12 octobre 1346, un testament par lequel il substituait à Philippe, son petit-fils, Jeanne, sa petite-fille, et appelait, au défaut de ses descendants, ses sœurs, Blanche, comtesse de Savoie, et Jeanne, reine de France.

PHILIPPE DE ROUVRE,

PREMIER DU NOM, COMTE ET DUC DE BOURGOGNE.

L'an 1350. PHILIPPE DE ROUVRE, comte de Bourgogne et d'Artois, fut le successeur d'Eudes IV, son aïeul, dans le duché de Bourgogne. Le roi Jean devient, la même année, bailliste de Philippe par son mariage contracté le 19 février avec la mère de ce prince. Ce titre lui fut très-utile dans les circonstances épineuses où il se trouva, et les états de son pupille lui fournirent de grands secours contre les Anglais, avec lesquels il était en guerre. Mais les Bourguignons ne souffrirent point qu'il donnât atteinte à leurs priviléges. Ce monarque ayant tenté, l'an 1353, dans l'assemblée des états de Bourgogne, tenue à Châtillon-sur-Seine, d'introduire la gabelle dans le duché, les trois ordres s'opposèrent vigoureusement à cette innovation. Il les convoqua de nouveau pour le même sujet à Beaune; et trouvant toujours la même opposition, il fut obligé de se désister. Le différent qui s'était élevé entre le duc Eudes IV et Jean de Vienne, archevêque de Besançon, au sujet de la monnaie d'Auxonne, subsistait toujours. Loin de travailler à l'accommoder, les tuteurs de Philippe l'envenimèrent en saisissant Gy et d'autres terres qui appartenaient au prélat et à son chapitre, sous prétexte qu'ils ne voulaient pas reconnaître que ces terres relevaient du duché de Bourgogne. Irrité de ce procédé, l'archevêque mit sous l'anathème tout le comté d'Auxonne qui faisait partie de son diocèse. Enfin le roi Jean interposa son autorié pour finir cette affaire, et envoya deux députés au pape Innocent VI, qui nomma par ses lettres du 26 mars 1356 une commission pour lever l'excommunication et l'interdit. (*Journ. de Trévoux*, mai 1728, p. 864.) Le prélat et le jeune duc se réconcilièrent avec tant de sincérité, que le second établit le premier gouverneur de son duché, charge dont il s'acquitta avec toute la vigilance, la sagesse et l'équité qu'on pouvait désirer. *Joannes de Vienna*, dit la Chronique de Metz, *Burgundiæ Ducatum moderatus est, in qua provincia utebatur jure, justitia et æquitate.*

Les suites de la funeste bataille de Poitiers, du 19 septembre 1356, où le roi Jean devint prisonnier des Anglais, se firent sentir en Bourgogne comme dans les autres provinces, et peut-être encore plus cruellement. Ces fiers vainqueurs, s'étant répandus en Bourgogne, brûlèrent Châtillon-sur-Seine, pillèrent Tonnerre sans pouvoir néanmoins prendre le château défendu par Baudouin Denekin, maître des arbalétriers, renversèrent les murs d'Auxerre, brûlèrent la collégiale de Saulieu, et pénétrèrent, le 17 janvier 1360 (N. S.), jusqu'à Flavigni, d'où ils menacèrent la capitale de la province. Pour délivrer la Bourgogne de ces dangereux hôtes, après trois mois de séjour qu'ils y firent, il fallut composer avec eux. Deux cent mille moutons d'or (1), dont une partie fut payée comptant et le reste assuré en donnant des ôtages, furent le prix de leur retraite et d'une trêve qu'ils accordèrent, le 10 mars, pour trois ans. La reine, mère du jeune

---

(1) Les moutons étaient d'or fin et de la taille de 52 au marc; par conséquent, 200,000 moutons pesaient 3,846 marcs, 1 once, 1 gros, 2 deniers, 12 grains. Ainsi, puisque le marc d'or fin vaut, suivant le tarif de 1771, 784 liv. 12 sous, il s'ensuit que 3,846 marcs, 1 once, 1 gros, 2 deniers, 12 grains, vaudraient aujourd'hui 3,017,692 liv. 3 sous.

duc, avait assemblé préalablement les trois ordres à Beaune pour parvenir à cette composition. Durant ces troubles elle avait marié le jeune duc, son fils, à peine âgé de douze ans, avec Marguerite, fille et héritière de Louis de Mâle, comte de Flandre; et voici comme cette alliance s'accomplit. « Le 15 mai » 1357, arriva à Arras mademoiselle de Flandre, fille du comte, » accompagnée de Mesdames de Flandre, mère et épouse du » comte. La ville d'Arras présenta à la jeune princesse en l'ab- » baye de Saint-Waast, où elle estoit, un grand gobelet à cou- » vert d'argent, un temproir doré et un drageoir, le tout du » poids de quatre-vingt-treize écus $\frac{1}{2}$; et le lendemain 14, qui » estoit le dimanche avant l'Ascension, monsieur le duc de Bour- » gogne, comte d'Artois, fut marié à la princesse de Flandre à » Saint-Waast, par l'évêque de Tournai, en grande solemnité. » Ce prince et la princesse furent portés jusqu'à l'autel à cause » de la multitude du peuple qui remplissait l'église ». (*Extrait des mémoriaux de l'hôtel-de-ville d'Arras, communiqué par D. Desruelles, religieux de Saint-Waast.*) Il paraît, nous n'osons cependant l'assurer, que Philippe ne revint en Bourgogne avec son épouse qu'après la retraite des Anglais. Avant leur départ, Charles, dauphin et régent de France, avait rendu, au mois de décembre 1359, une déclaration où il était dit qu'antérieurement à la réunion du Mâconnais au domaine de la couronne (c'est-à-dire avant 1238), ce comté avec ses sujets, l'archevêque, le chapitre et les habitants de Lyon, l'évêque et le chapitre de Châlons, les abbayes de Tournus et de Cluni, le duc de Bourgogne, le comte de Forez, le seigneur de Beaujeu, leurs terres et leurs sujets, ressortissaient aux châtel et seigneurie de Saint-Jengoul, où les assises se tenaient pour lors au nom du roi ; et que pour *cognoître des causes et de souveraineté, et icelles oyr et déterminer, nos seigneurs les roys de France avoient accoustumé de toute ancienneté avoir baillage royale et baillif audict lieu, qui estoient appellez baillage et baillif de Saint-Jengou, duquel baillif l'en appelloit pour le temps au parlement à Paris et non ailleurs.* On voit par là, suivant la remarque de M. Brussel (p. 255) l'infériorité des prérogatives du duc de Bourgogne à celles dont jouissaient les ducs de Normandie et ceux d'Aquitaine, même à celles des comtes de Toulouse, de Flandre, de Champagne et de Bretagne. En effet, ajoute-t-il, jusqu'au milieu du treizième siècle il n'y avait point d'appel des jugements de ceux-ci au tribunal du roi ; et si l'on commença, vers ce tems, à interjeter quelques appels, ce ne fut que sous le spécieux prétexte de la *défaute de droit* ou de faux et mauvais jugement. C'est néanmoins sans fondement, comme l'observe le même auteur (p. 516), qu'il est dit dans cette déclaration que *de toute ancienneté nos roys avoient baillif pour eux à Saint-Jengou, auquel baillif toute la Bourgogne ressortissoit*; car il est prouvé que le roi n'avait aucun bailli en Bourgogne avant l'acquisition du comté de Mâcon, faite en 1239, ni même encore dans cette année.

La reine, mère de Philippe, ne survécut pas long-tems au traité qu'elle avait fait avec les Anglais pour les engager à vider la Bourgogne. Une maladie l'enleva le 29 septembre 1360 au château d'Argilli, près de Nuits, laissant à son fils, âgé pour lors de quinze ans, de bonnes leçons et un grand exemple à suivre pour le gouvernement de ses états. La maturité de jugement que montrait ce jeune prince, détermina le roi Jean à le déclarer majeur par lettres du 20 octobre suivant. Il avait succédé à sa mère dans le comté d'Auvergne, et se trouvait par la réunion de ses domaines en état de figurer avec les têtes couronnées : mais la jouissance de cette grande prospérité fut bien courte. Etant tombé dangereusement malade (d'une chute, dit sans preuve un moderne), il fit, le 21 novembre 1361, son testament, par lequel il instituait ses héritiers ceux qui pouvaient et devaient l'être suivant la coutume de Paris. La mort l'ayant ravi quelques jours après cet acte, il fut porté à Cîteaux pour y être inhumé auprès de ses ancêtres. Ce jeune prince promettait beaucoup : il avait le naturel excellent, l'âme grande, les inclinations nobles. Il vécut peu, dit D. Plancher, et fut long-tems regretté. Après sa mort, trois contendants se présentèrent pour lui succéder. C'étaient les descendants des trois sœurs, Marguerite, Jeanne et Marie, filles du duc Robert II. Le roi de Navarre, Charles, à qui un tissu de crimes et de perfidies mérita le surnom de *Mauvais*, descendait de l'aînée ; le roi de France, de la deuxième ; et Édouard I, comte de Bar, de la troisième. Mais le roi Jean précédait d'un degré ses deux compétiteurs, étant petit-fils par Jeanne, sa mère, de ce même duc Robert ; et cette proximité fut le seul titre qu'on fit valoir en sa faveur sans avoir recours à la loi des apanages : *Jure proximitatis, non ratione coronæ nostræ in nos jure successorio est translatus (Ducatus)*, dit ce monarque dans ses lettres-patentes du mois de novembre 1361, pour la réunion du duché de Bourgogne. Mais cette réunion, quoique très-légitime, fut vivement combattue par le roi de Navarre, comme on peut le voir à son article parmi les comtes d'Evreux. Le comté de Bourgogne, par le même droit et sans nulle opposition, fut dévolu à Marguerite, qui suit. (*Voy*. Philippe, comte d'*Auvergne*).

DUCS DE BOURGOGNE

DE LA SECONDE RACE.

PHILIPPE LE HARDI, IIe DU NOM.

1363. PHILIPPE, quatrième fils de Jean, roi de France, et de Bonne de Luxembourg, né le 15 janvier 1342 (N. S.), n'était que dans sa quinzième année lorsqu'il combattit, près de son père, à la bataille de Poitiers, donnée le 19 septembre 1356. La valeur constante qu'il fit paraître à cette funeste journée, d'où ses trois ainés furent retirés par leurs gouverneurs dans la mêlée, lui mérita dès-lors, à ce qu'on prétend, le surnom de Hardi. Ayant été fait prisonnier, après avoir reçu une blessure, il fut emmené à Londres, où sa fierté ne se démentit point. Voyant dans un repas l'échanson d'Édouard III, roi d'Angleterre, servir son maître avant le roi de France, il lui appliqua, dit-on, un soufflet pour l'avertir de sa méprise, d'avoir préféré le vassal au suzerain. Le comté de Touraine, érigé en duché, lui fut donné à son retour par lettres-patentes datées de Boulogne au mois d'octobre 1360. Par d'autres lettres du 27 juin 1363, données à Talant-sur-Dijon, il fut créé lieutenant-général en Bourgogne, et le 6 septembre suivant, à la demande des nobles et du peuple, il fut nommé duc et souverain de Bourgogne, « pour être ce duché tenu par lui et ses héritiers nés de lui en » mariage légitime, au défaut desquels il est déclaré réversible » à la couronne » : *Præmissaque in eum transferimus tenenda et possidenda per eum et hæredes suos in legitimo matrimonio et proprio corpore procreandos, perpetuâ hæreditate et pacificè... Salvo insuper et retento, quod si dictus filius noster, vel sua posteritas, ut prædicitur, procreanda, decesserint, quod absit, absque hærede ex proprio corpore.... pleno jure integraliter revertentur ad nos et successores nostros reges.... nostræ coronæ Domanio applicandæ.* Le roi, par le même acte, déclara le duc de Bourgogne premier pair de France; dignité dont Philippe, comme on le verra, soutint les droits avec beaucoup de hauteur. Elle appartenait auparavant au duc de Normandie : *dux Normaniæ primus inter laïcos et nobilissimus*, dit sur l'an 1259 Mathieu Paris, qui met le duc d'Aquitaine après le duc de Normandie, puis celui de Bourgogne, ensuite les comtes de Flandre, de Champagne et de Toulouse. La donation du roi Jean fut tenue secrète pendant environ six semaines, et ce ne fut que vers la fin d'octobre qu'il ordonna au chancelier de Bourgogne, Filibert Paillart, d'en expédier les patentes au prince son fils. Celui-ci, après les avoir reçues, ne se hâta point de les rendre publiques. Il continua pendant la vie du roi, son père, de donner ses ordres en qualité de lieutenant-général ou de gouverneur, et sous le nom, comme auparavant, de duc de Touraine. Ce fut avec le premier de ces titres qu'il visita les places du duché les plus exposées aux surprises des ennemis. Le comte de Montbéliard, gouverneur de Franche-Comté, menaçait de faire une irruption en deçà de la Saône. Philippe le contint en lui opposant le seigneur de Sombernon, qu'il revêtit du titre de capitaine-général.

Le roi Jean étant mort le 8 avril 1364 à Londres, Charles V, son successeur, ratifia la donation faite à Philippe, son frère, et la confirma par ses lettres du 2 juin suivant, avec cette addition aux mots *nés en légitime mariage* : *Concedentes ut ipse frater noster dicto Ducatu et aliis sibi donatis suique hæredes ex suo corpore rectâ lineâ et legitimo matrimonio procreandi gaudeant*, etc. Ce fut alors que Philippe remit au roi le duché de Touraine et lui fit hommage de celui de Bourgogne dont il prit le titre. Il différa néanmoins sa prise de possession pour aller donner la chasse à des troupes d'Anglais, de Navarrois et de Gascons qui désolaient la Beauce et le Chartrain. C'était le roi de Navarre, Charles le Mauvais, qui les employait pour seconder ses vues sur le duché de Bourgogne qu'il prétendait toujours devoir lui appartenir. De la Beauce Philippe passa en Bourgogne pour défendre ce pays contre un autre troupe de Navarrois qu'il poursuivit jusque dans Montbéliard, dont le comte était dans les intérêts du roi de Navarre. Ce fut après ces expéditions qu'il fit son entrée solennelle à Dijon le 26 novembre 1364. Non content du duché, Philippe prétendait encore au comté de Bourgogne, possédé par Marguerite de France. (Voyez *l'article de cette princesse*.)

Le royaume cependant, depuis la paix de Brétigni, ne cessait d'être infesté par une multitude de brigands qui s'étaient formés en compagnies sous la conduite d'Arnaud, sire de Cervole, qu'on surnommait l'Archiprêtre. Le duc de Bourgogne, apprenant qu'ils ont pénétré dans le Charolais, se met en marche pour les en chasser. Mais du Guesclin fit mieux que lui pour délivrer la France de cette peste. Il va les trouver à Changi, et dit à leurs chefs : *Nous avons assez fait pour damner nos âmes; vous pou-*

vez même vous vanter d'en avoir fait plus que moi (1) : *faisons honneur à Dieu, et le diable laissons.* L'offre d'une somme de deux cent mille livres (2) qu'il leur fait de la part du roi Charles V, après ce début, avec l'espérance qu'il leur donne de partager les trésors du roi de Castille, et de lever des contributions sur les terres du pape dans le comté d'Avignon, les engage à le suivre en Espagne. (*Voy.* Charles, *roi de France.*)

L'an 1369, Philippe se rend à Gand, où, par les soins du roi, son frère, il épouse, le 19 juin, MARGUERITE, fille de Louis de Male, comte de Flandre, et veuve de Philippe de Rouvre, vainement recherchée par le roi d'Angleterre, Édouard III, pour le prince de Galles, son fils (3). La guerre était alors déclarée entre la France et l'Angleterre. Philippe est envoyé pour arrêter les progrès du duc de Lancastre, qui venait de faire une descente à Calais. Mais le sage roi Charles V, qui connaissait l'impétuosité du caractère de Philippe, et en redoutait les effets, lui enjoint en même tems de se borner à une guerre défensive, et charge des capitaines expérimentés de veiller sur sa conduite et d'en répondre. Le duc de Bourgogne ayant trouvé les Anglais bien retranchés dans la vallée de Tournehen, près de Saint-Omer, se poste sur les hauteurs voisines pour les observer. Il passe la campagne entière à solliciter vainement la permission de livrer bataille. Enfin, perdant patience, il demande son congé et l'obtient. Les plaisants l'appelèrent *Philippe de Tourne-t-en ;* mais les sages, dit un habile homme, jugèrent qu'il avait sauvé la Picardie et l'Artois malgré lui. Les Bourguignons étaient mécontents alors de leur duc à raison de deux établissements qu'il avait faits au préjudice de leurs franchises, celui des greniers à sel dans la plupart des villes du duché, et l'imposition de douze deniers pour livre sur le débit de toutes les denrées. Touché de leurs remontrances, ou plutôt feignant de l'être, il déclara, par lettres-pa-

---

(1) On ne se rappelle qu'avec horreur les dégâts affreux que ces troupes de bandits, connus sous les noms effrayants d'*Ecorcheurs*, *Retondeurs*, *Tardvenus*, *Malandrins*, commirent en France, et surtout en Bourgogne. Qu'on juge des cruautés inouïes qu'ils exerçaient par ce trait tiré du songe du Vergier : *Entre autres inhumanités,* dit l'auteur, *ils rôtissaient les enfants et plusieurs personnes âgées, quand on ne voulait pas les rançonner.*

(2) Cette somme reviendrait aujourd'hui à celle de 1,951,825 livres 15 sous 9 deniers.

(3) Ce fut surtout Marguerite de France, mère de Louis de Male, qui le détermina à donner sa fille à Philippe le Hardi préférablement à l'Anglais. « Si » tu refuses, lui dit-elle, de faire les noces que ton roi et moy désirons, je te » jure (tirant sa mamelle dextre) que je la trancherai en ta présence pour un » opprobre éternel sur ton nom. » (Golut, p. 546.)

fentes données au château de Talant le 18 mai 1370, que son intention n'était point et ne serait jamais de donner atteinte à leurs priviléges. (D. Plancher, T. III, p. 55.) Mais ce fut un leurre qui ne changea rien à ce qu'il avait établi. La duchesse, son épouse, étant accouchée d'un fils le 28 mai, de l'année suivante 1371, il engagea le pape Gregoire XI à servir de parrain à l'enfant qui fut nommé Jean.

Le duc de Bourgogne eut la dévotion, l'an 1375, de visiter l'église de Saint-Jacques en Galice. Ce fut une occasion pour lui de parcourir l'Espagne. S'étant rendu à Séville, il y fut reçu avec de grands honneurs par le roi de Castille, Henri II de Transtamare, qui lui fit de magnifiques présents. Mariana place deux ans plus tard ce pèlerinage. Nous suivons Ferreras. qui s'appuie de l'autorité d'Ayala. Peu de tems après son retour, Philippe assista au parlement de Beaune, dont l'ouverture se fit le 18 mai 1376. Les grands services qu'il avait reçus de Gui de la Trémoille, son chambellan, ne furent pas sans récompense. Pour les reconnaître, il le gratifia, l'an 1378, de la terre et du château de Jonvelle-sur-Saône, avec toutes leurs dépendances. L'acte de cette donation, faite dans l'abbaye de Mézières, est daté du 18 juin.

Philippe apprenant, l'an 1379, que la ville de Troyes est menacée par les Anglais, rassemble vingt mille hommes de ses vassaux, et vole à leur tête au secours de la place. Après l'avoir mise en sûreté, il passe en Flandre et apaise la sédition qui s'était élevée à Gand contre le comte Louis de Male, son beau-père. (Voy. *les Comtes de Flandre.*) Le roi Charles V, par sa mort, arrivée l'an 1380, ayant laissé le trône à son fils encore mineur, Charles VI, Philippe dispute aux ducs d'Orléans et d'Anjou les rênes du gouvernement, et les force de l'associer à une partie de leurs fonctions. Il soutint avec la même hauteur la prérogative de son rang au sacre du jeune monarque. Voyant le duc d'Anjou, en qualité de régent, s'asseoir immédiatement après le duc d'Orléans, il court à lui avec impétuosité, le tire par le bras, et se met en sa place. Le fier d'Anjou veut tirer vengeance sur-le-champ de cet affront : on sépare les deux rivaux, près d'oublier qu'ils sont frères. Le conseil s'assemble précipitamment, et prononce en faveur du duc de Bourgogne.

Le comte de Flandre, beau-père de Philippe, pressé par une nouvelle révolte de ses sujets, l'ayant appelé à son secours, il part, l'an 1382, à la tête de quelques mille hommes que la ville de Dijon, toujours affectionnée à ses maîtres, lui avait fournis, et va joindre le roi Charles VI, que le danger du comte avait également attiré en Flandre. Il combat la même année avec sa valeur ordinaire à la célèbre bataille gagnée sur les rebelles à Rosebecque, entre Lille et Courtrai, le 4 novembre selon la chronique de Flandre, le 20 suivant Froissart, ou le 27 selon les registres de Bourgogne. Satisfait du zèle que lui avaient marqué les Dijonnais, il accorde à leur ville plusieurs beaux priviléges, dont un des plus remarquables est la permission de porter ses armoiries avec son cri de guerre, *Moult me tarde*. Il fait enlever de Courtrai vers le même tems une grosse horloge qui passait pour la plus rare qu'il y eût alors, avec son timbre et deux statues, mâle et femelle, qui frappaient les heures, pour les transporter à Dijon. Le maire ayant reçu cette merveille, la fait placer sur une tourelle du portail de l'église de Notre-Dame.

Le même PHILIPPE II, duc et comte de Bourgogne.

Louis de Male étant mort le 9 janvier 1384, Marguerite, sa fille et son unique héritière, lui succède avec le duc Philippe son époux dans les comtés de Bourgogne, de Flandre, d'Artois, de Nevers et de Réthel, et tous deux en prennent possession dans le mois d'avril de la même année. L'une et l'autre Bourgognes furent alors réunies dans la main du même seigneur, et ne furent séparées de nouveau qu'après la mort du dernier duc de Bourgogne. Mais il est à remarquer que la duchesse Marguerite, tant qu'elle vécut, eut son sceau particulier et son secrétaire pour sceller et signer ses lettres-patentes, et les autres actes qui devaient être faits en son nom dans les domaines dont elle était propriétaire.

L'an 1386, au mois de mai, la ville de Besançon renouvelle avec le duc Philippe le traité de gardienneté qu'elle avait fait avec les anciens comtes. La même année, Philippe exige des reprises de fiefs des vassaux de Franche-comté, accoutumés depuis long-tems à vivre dans l'indépendance, par l'absence et l'éloignement de leurs suzerains. Le comte de Montbéliard s'acquitte de ce devoir le 8 octobre. Philippe, attentif à rendre la justice à ses peuples, institua, l'an 1386, une chambre des comptes à Dijon et une autre à Lille, sur le modèle de celle de Paris, d'où il fit venir *des hommes rompus dans la pratique*, pour montrer aux nouveaux officiers *l'ordre, le style et la manière de travailler.* (*Hist. du Duché de Bourg.*)

On vit, l'an 1388, vers le mois de décembre, dans le comté de Bourgogne, le dernier exemple de la coutume très-ancienne de demander justice par la voie du duel et des gages de bataille. C'est celui du gage jeté par Étienne de Germiney, pardevant Jean de Vienne, amiral de France, contre Jean le Guignet de Pontarlier, qui avait blessé Liébaut de Cye, son parent, lequel était mort de sa blessure. Le duc Philippe désira d'être l'arbitre de ce différent, et le termina en condamnant Guignet à fonder une chapelle dans la paroisse de Liébaut de Cye pour le repos de son âme.

Philippe acheta, l'an 1390, de Jean, comte d'Armagnac, le comté de Charolais pour la somme de soixante mille francs d'or (1), par contrat passé à Paris le 11 mai. L'acte de vente porte que Guérin, sire d'Arbesiers, agissant au nom de Jean III, comte d'Armagnac, de Comminges, Fezenzac et Rodès, et encore au nom de Bernard d'Armagnac, comte de Charolais et seigneur des baronnies de Casaubon et d'Orbessan, frère dudit Jean, a vendu pour ladite somme au duc de Bourgogne le comté de Charolais et la seigneurie du Mont-St.-Vincent, avec leurs appartenances; le tout leur étant échu par décès et succession de leur père, Jean II, comte d'Armagnac, sous la condition que lesdits comté et appartenances seront tenus tant en fief comme en ressort du duché de Bourgogne. (*Manuscrits du Roi*, n°. 9420, fol. 6, 1°.)

On vit se renouveler sous Philippe le Hardi la grande querelle de ses prédécesseurs avec les archevêques de Besançon par rapport à la monnaie que les premiers faisaient frapper à Auxonne, et dont ces prélats voulaient empêcher le cours. L'archevêque, Guillaume de Vergi, après avoir vainement sollicité Philippe d'abolir cette monnaie, se laissa emporter par son zèle, et jeta de nouveau l'interdit sur la ville et le territoire d'Auxonne. Le duc appela de cette sentence au pape, et fit la guerre au prélat, qu'il assiégea dans le château de Gy, où il s'était retiré. Guillaume se défendit vigoureusement; mais par le conseil de sa famille et de ses amis il prit le parti d'abdiquer plutôt que d'exposer sa personne et les biens de son église à la vengeance de son ennemi. Le pape Boniface IX le dédommagea par le cardinalat. (*Gall. Christ. vet.*)

L'an 1392, Philippe assemble des troupes, et se met à leur tête pour aller joindre Charles VI, qui voulait porter la guerre en Bretagne. Le fâcheux accident arrivé au roi dans ce voyage l'ayant mis hors d'état de gouverner le royaume, le duc Phi-

---

(1) Ils étaient d'or fin, et il y en avait 63 au marc. Ainsi 60,000 devaient peser 952 marcs 3 onces 1 den. 3 grains, qui vaudraient aujourd'hui 747,238 liv.

lippe est appelé en cour, et chargé du gouvernement avec le duc de Berri. La préférence qu'on donna en cette occasion au duc de Bourgogne sur le duc d'Orléans, frère du roi, fut la source des inimitiés mortelles qu'il y eut depuis entre les maisons de Bourgogne et d'Orléans.

Touché des maux infinis que le schisme causait dans l'église, Philippe, l'an 1395, va trouver le pape Benoît XIII à Avignon pour l'engager à y mettre fin par une démission volontaire. Il n'épargne rien pour faire entrer les cardinaux dans ses vues, présents riches, repas somptueux, et ne peut cependant les faire changer de dispositions. En revenant, il reçoit à Lyon les ambassadeurs de Sigismond, roi de Hongrie, qui venaient implorer son secours contre les Turcs ; ils ne l'implorèrent pas en vain. L'année suivante il fait partir pour la Hongrie son fils Jean, appelé le comte de Nevers, âgé pour lors de 25 ans, avec la fleur de la noblesse des deux Bourgognes. D'heureux succès par où ses braves guerriers débutèrent, en firent espérer de plus grands. Mais leur témérité força la victoire à les abandonner. Le jeune prince fut fait prisonnier, le 28 septembre 1396, à la bataille de Nicopoli, dans laquelle Jean de Vienne, amiral de France, Philippe de Bar, Guillaume de la Tremoille, et son fils, périrent avec un grand nombre de seigneurs français. Le sultan Bajazet met en liberté le comte de Nevers et 25 seigneurs, moyennant 200,000 ducats d'or, et en les congédiant il les exhorte à prendre leur revanche.

L'an 1404, Philippe tombe malade à Bruxelles, le 16 avril, et se fait transporter à Hall, où il meurt le 27 du même mois, dans de grands sentiments de religion, âgé de 63 ans commencés. Étant près d'expirer, il exhorta ses enfants à conserver toute leur vie une fidélité inviolable au roi, et à ne jamais perdre de vue l'honneur du sang dont ils étaient formés. Dom Plancher fait un bel éloge de ce duc, qu'il appelle un « prince « sage, prudent, judicieux, libéral, capable de tout entre- « prendre, et soutenir avec courage tout ce qu'il avait en- « trepris... ; exact aux exercices de religion, zélé pour en main- « tenir la pratique et en inspirer le goût.... ; protecteur des « églises et du peuple, l'appui et le soutien de la France, le « bonheur et la gloire des deux Bourgognes ». On ne peut cependant l'excuser sur son excessive prodigalité. Elle fut telle, que, malgré ses revenus immenses et ses exactions, il mourut insolvable. Il fallut recourir à un emprunt pour les frais de sa sépulture ; ses meubles saisis par une foule de créanciers, furent vendus publiquement ; et la duchesse fut obligée de renoncer à la communauté des biens, en remettant, suivant l'usage du tems, sa ceinture, ses clefs et sa bourse sur le cercueil de son époux. Le corps de Philippe fut transporté aux Chartreux de Dijon, et inhumé, le 16 juin, au milieu du chœur de l'église qu'il avait fait bâtir, ainsi que toute la chartreuse fondée à ses frais par lettres du 15 mars 1384 (V. S.), et dotée pour trente religieux. Son mausolée fait encore aujourd'hui l'admiration des connaisseurs. C'est l'ouvrage de Claux Sluter et de Claux de Vouzone, ou Vuerne, son neveu, valet de chambre du duc et son *tailleur d'images*, qui l'entreprirent pour la somme de trois mille six cent douze livres. (*Chambre des C. de Dijon.*)

Philippe, chef de la seconde race des ducs de Bourgogne, en porta la puissance à un point où elle n'avait pas encore été portée, non seulement sous les premiers ducs, mais même sous les anciens rois de Bourgogne. Les conquêtes et les alliances des ducs de cette seconde race rendirent leur maison l'une des plus puissantes de l'Europe, en sorte qu'il y avait peu de souverains qui les égalassent en pouvoir, et tous leur étaient inférieurs en magnificence. On en peut juger par les états de cette seconde maison, par le nombre prodigieux d'officiers, etc. Philippe eut de son mariage avec MARGUERITE DE FLANDRE (morte à Arras le 16 de mars 1405, et inhumée à Lille) cinq fils et quatre filles; 1.° Jean, qui lui succéda; 2.° Charles, né au mois de mars 1372, mort le 13 juillet 1373; 3.° Louis, né au mois de mai 1377, mort le 10 janvier suivant; 4.° Antoine, comte de Rethel, ensuite duc de Brabant, qui fut tué, l'an 1415, à la bataille d'Azincourt; 5.° Philippe, comte de Nevers, né au mois d'octobre 1389, tué à la même bataille. Les quatre filles de Philippe sont, 1.° Marguerite, née au mois d'octobre 1374, mariée à Guillaume, fils aîné du duc de Bavière, le 12 avril 1385; 2.° Catherine, née en 1378, mariée à Léopold, duc d'Autriche, le 15 août 1393, décédée à Grai le 26 janv. 1425, et inhumée aux Chartreux de Dijon; 3.° Bonne, née en 1379, morte à Arras le 10 sept. 1399, après avoir été fiancée à Jean, fils de Louis II, duc de Bourbon; 4.° Marie, née au mois d'août 1380, mariée avec Amédée VIII, comte de Savoie, le 30 octobre 1393. (Voyez *les comtes de Flandre, ceux de Nevers et ceux de Rethel.*)

JEAN SANS PEUR.

1404. JEAN, (à qui l'air d'assurance avec lequel il parut devant le sultan Bajazet, après la perte de la bataille de Nicopoli, valut le surnom de SANS PEUR), fils aîné de Philippe le Hardi et de Marguerite de Flandre, né à Dijon le 28 mai 1371, appelé comte de Nevers du vivant de son père, lui succéda au duché de Bourgogne le 28 avril 1404. Il accompagna, le 15 juin suivant, le corps du duc, son père, depuis Saint-Seine jusqu'aux Chartreux de Dijon, assista le 16 à ses funérailles, et le 17 il fit son entrée solennelle à Dijon. Cette même année il maria, le 31 août, Marguerite, sa fille, au dauphin Louis. La mort de la duchesse douairière, arrivée le 16 mars 1405, obligea le duc Jean, son fils, à se transporter en Flandre. Pendant le séjour qu'il y fit, il marcha contre les Anglais qui assiégeaient l'Ecluse, les mit en fuite, et reprit Gravelines, dont ils s'étaient rendus maîtres. Encouragé par ces succès, il forma le dessein de les chasser de Calais, et envoya des ambassadeurs en cour, pour en demander la permission au roi. Les ambassadeurs n'ayant pas été favorablement écoutés, le duc va lui-même, bien accompagné, pour solliciter ce qui leur avait été refusé. La joie que les Parisiens témoignent de le revoir, donne un air de triomphe à son entrée. La reine et le duc d'Orléans, avec lequel ce prince avait déjà eu des querelles, en sont alarmés, et quittent Paris pour aller à Melun, s'imaginant que le duc de Bourgogne avait de mauvais desseins contre les personnes qui composaient le conseil. On arme de part et d'autre; mais le roi ayant défendu aux deux partis toute voie de fait, les deux ducs, par l'entremise de leurs oncles, le duc de Berri et le duc de Bourbon, font une paix plâtrée, et congédient leurs troupes.

La Picardie étant menacée par les Anglais, le duc Jean envoie, l'an 1406, Guillaume de Vienne pour en défendre les frontières, et fait de grands préparatifs de guerre qui n'ont aucun succès. Les animosités des ducs d'Orléans et de Bourgogne, qui n'étaient qu'assoupies, se réveillent, l'an 1407, par les mortifications réciproques qu'ils se suscitent. Le duc de Berri vint encore à bout de les raccommoder en apparence. Pour mieux cimenter leur réconciliation, il les engage à communier le dimanche, 20 novembre, à la même messe. Au retour de l'église ils dînent ensemble. Le duc d'Orléans invite le duc de Bourgogne à dîner pour le dimanche suivant; mais ce dîner ne devait point avoir lieu. Le mercredi 23, sur les huit heures du soir, le duc d'Orléans revenait de l'hôtel de la rue Barbette, où la reine logeait alors, accompagné de cinq domestiques seulement, et chantant sur sa mule; tout-à-coup il est attaqué par dix-huit assassins à la tête desquels était un gentilhomme normand appelé Raoul d'Ocquetonville; ils fondent sur lui tous ensemble, et le renversent mort à coups de hache et de massue. On remarque que le dernier coup lui fut porté par un homme qui sortit inopinément d'une maison voisine, armé d'une massue, la tête enveloppée de son chaperon; et le bruit courut que c'était le duc de Bourgogne. Si l'on en croit l'auteur de la grande chronologie belgique, deux raisons déterminèrent ce prince à cet attentat : la première, pour prévenir le duc d'Orléans lui-même, qui avait fait promettre, par serment, à un chevalier de tuer le duc de Bourgogne ; la seconde, pour venger l'outrage que le duc d'Orléans s'était vanté de lui avoir fait dans la personne de sa femme. Après le convoi, où il porta lui-même un des coins du drap mortuaire, affectant la plus grande affliction, les princes s'étant assemblés pour délibérer sur cet assassinat, il prend à part le roi de Sicile et le duc de Berri, et leur avoue qu'il en est l'auteur. Les princes reculent d'horreur à cet aveu. Le conseil se rassemble le lendemain. Le duc de Bourgogne ose se présenter pour y prendre séance. On l'empêche d'entrer. Il sort de Paris le 27 novembre, et s'enfuit en Artois, où ses complices vont le joindre. Il revient au mois de février suivant à la tête d'un grand nombre de chevaliers, et avoue hautement son crime. Le docteur Jean Petit fait l'apologie du duc de Bourgogne, dans une grande assemblée tenue le 8 mars, sans autre succès que d'avoir scandalisé tout le monde. Le duc demande une seconde audience, qui lui est accordée le lendemain. L'avocat parlant pour lui s'applique à relever le zèle et l'amour de ce duc pour la personne sacrée du roi et de la famille royale, et à montrer que c'était uniquement pour leur conserver la vie et la couronne qu'il avait fait tuer le duc d'Orléans. Le conseil, plus intimidé que persuadé, conclut en faveur du duc de Bourgogne ; et le roi lui accorde des lettres d'abolition datées du 9 mars 1408 (N. S.), qui font défense de l'inquiéter, lui et ses descendants, sur ce sujet.

L'an 1408, le duc Jean transfère à Besançon, par une ordonnance datée de Gand le 29 juillet, le parlement du comté de Bourgogne, qui s'était toujours tenu jusqu'alors à Dôle. (D. Plancher, T. III, *pr.* p. 258.) Jean de Bavière, son beau-frère, évêque de Liége, était alors assiégé dans Maestricht par les Liégeois. Le duc étant accouru à son secours, attaque le 23 septembre, dans la plaine d'Othei, entre Liége et Tongres, les Liégeois qui étaient venus au-devant de lui, et remporte sur eux une grande victoire : plus de 24,000 hommes de leur côté demeurèrent sur le champ de bataille. Les talents que le duc montra dans les dispositions de cette journée, le firent regarder comme le plus grand capitaine de l'Europe ; l'intrépidité avec laquelle il affronta tous les dangers, lui confirma le nom de *Jean sans Peur*, comme l'évêque de Liége fut nommé *Jean sans Pitié*, pour la cruauté avec laquelle il traita les vaincus. (*Voy.* Jean de Bavière, *évêque de Liége.*) Etonné lui-même de ce succès, le duc ordonne que tous les ans il sera célébré le 23 septembre, une messe solennelle de la Sainte-Vierge en actions de grâces, et qu'on bâtira une église dans le lieu où la victoire a été remportée ; il taxe de plus les Liégeois à lui payer 220,000 écus d'or. Il se formait cependant un nouvel orage contre lui à la cour de France. Tandis qu'il est occupé contre les Liégeois, la duchesse d'Orléans le fait déclarer ennemi de l'état : mais la nouvelle de la victoire qu'il venait de remporter, fait oublier le jugement rendu contre lui ; la cour, bien loin de le poursuivre, se retire à Tours. Le duc, revenu de Flandre, apprend ce qui s'était fait contre lui, et la retraite du roi, de la reine et des princes ; il envoie le comte de Hainaut, son beau-frère, à Tours pour négocier sa paix. Louis de Bavière et Jean de Montaigu déclarent au duc, qui était à Paris, le 28 novembre, que la volonté du roi est qu'il approuve les articles qui lui sont proposés. Ces articles consistaient, 1° à confesser qu'il avait mal fait en faisant assassiner le duc d'Orléans ; 2° à demander pardon au jeune duc d'Orléans ; 3° à s'abstenir pendant quelques années de venir en cour. Le duc refuse tout. La duchesse d'Orléans étant morte à Blois le 4 décembre, la paix devient plus aisée à faire entre les maisons d'Orléans et de Bourgogne ; elle est conclue dans l'église cathédrale de Chartres, le 9 mars (1409). Le roi pardonne au duc de Bourgogne ; le duc d'Orléans et le comte de Vertus, son frère, acquiescent au pardon, avec promesse, confirmée par serment, de ne jamais rien faire de contraire. Le duc de Bourgogne rentre alors en faveur. L'an 1409, le 27 décembre, la garde et le gouvernement du dauphin lui sont confiés.

L'an 1414, ayant appris que l'évêque de Paris et l'université, à la poursuite de son chancelier, Jean Gerson, avaient condamné la doctrine avancée pour justifier l'assassinat du duc d'Orléans, il en appelle au pape, et envoie, le 14 juin, Nicolas Sarazin pour notifier son appel aux villes de Flandre : cet appel est reçu à Rome, et la sentence de l'évêque de Paris y est cassée et annulée. L'évêque, offensé, en appelle au concile de Constance, où l'affaire fut discutée avec beaucoup de chaleur de part et d'autre ; mais cinquante queues de vin de Beaune, de Nuits et de Pommard, que le duc de Bourgogne fit voiturer à Constance pour les cardinaux, sans la vaisselle d'or et d'argent qu'il leur fit distribuer par ses ambassadeurs, et plus de 200 écus d'or qu'il fit répandre parmi les théologiens de cette assemblée, empêchèrent que la détestable doctrine de Jean Petit ne reçût toute la flétrissure qu'elle méritait. (Don Plancher.)

Le duc Jean se préparant, l'an 1415, à marcher au secours du roi contre les Anglais, apprend la triste nouvelle de la funeste

journée d'Azincourt, dans laquelle ses frères, le duc de Brabant et le comte de Nevers, avaient été tués. « De cette ba-
« taille, dit Paradin, fut apportée au comte de Charolois une
« riche épée ornée d'or, de pierreries, et précieux joyaux,
« laquelle avoit été prinse dedans les coffres du roy d'Angle-
« terre par Robinet de Bornoville et Isambert d'Azincourt,
« qui, pendant la bataille, se débandans, se ruèrent sur le
« bagage du roy d'Angleterre, le détroussèrent, en haine de
« quoy le roy susdit fit crier à son de trompe par toutes ses ba-
« tailles que sur peine de mort tous Anglois eussent à mettre à
« mort tous leurs prisonniers françois : ce qui fut fait avec un
« grand meurtre de grands seigneurs, dont lesdits de Borno-
« ville et Azincourt furent causes ; estant de ce accusés envers
« le duc de Bourgogne, les voulut faire mourir; mais le comte
« de Charolois, son fils, les sauva en faveur de la belle épée
« qu'ils lui avoient donnée ». Le duc part à la tête de ses gens
d'armes dans le dessein de venger la mort de ses frères ; mais il
reçoit à Châtillon-sur-Seine une défense de la part du roi de
passer outre, et de venir à Paris. Malgré cette défense réitérée,
il continue sa route, et vient à Lagni, où il établit son logement:
pendant deux mois de séjour dans cette ville, il envoie plusieurs
ambassades en cour sans pouvoir rien obtenir, et enfin il se retire en Flandre. Les Parisiens, durant la longue inaction où il
était resté, l'avaient appelé par dérision, *Jean de Lagni qui
n'a hâte*; sobriquet qui passa en proverbe.

Ce prince était cependant sensible aux malheurs de la France,
et cherchait les moyens de les faire cesser. S'étant rendu l'an
1416, au mois d'octobre, à Calais, il a, pendant six jours, des
conférences avec l'empereur et le roi d'Angleterre pour concerter
les moyens de faire la paix entre l'Angleterre et la France ; mais
l'Anglais porta si haut ses prétentions, que la négociation
fut inutile. Il entreprit même de détacher le duc des intérêts
de la France, et lui fit les offres les plus flatteuses pour le
faire entrer dans ses vues. Mais la fidélité du duc ne put être
ébranlée par ses pressantes sollicitations. C'est ce qu'assure,
contre les historiens anglais et plusieurs français modernes, dom
Plancher, et avec raison. Il est vrai que dans les actes publics
d'Angleterre, donnés par Rymer (T. IV, première part., pp.
174 et 178), on voit deux traités faits au mois d'octobre 1416,
entre le roi Henri et le duc Jean, par lesquels celui-ci reconnaît
Henri pour roi de France, et promet de le servir en bon et fidèle
vassal. Mais ces traités ne sont que de simples projets qui furent
apportés par le roi d'Angleterre à l'entrevue de Calais pour être
signés par le duc de Bourgogne. Aussi ne sont-ils point tirés des
rôles où s'enregistraient les actes réels. Rymer les avait trouvés

parmi les pièces qui avaient servi aux négociations, comme on le voit par la citation marginale, *penes cameram*. Tout y porte effectivement le caractère de simple projet. Les dates y sont en blanc ; les noms des partisans du roi d'Angleterre n'y sont désignés que par les lettres A, B, C, D, qui sont les signes ordinaires dont on se servait alors en Angleterre pour désigner dans les projets d'actes les personnes qu'on y devait nommer ; comme on se sert à présent pour le même usage de la lettre N une ou plusieurs fois répétée. Les etc. dont ces deux pièces sont remplies, caractérisent encore plus parfaitement les simples projets ou protocoles, comme Rymer les nomme lui-même. Mais ce qui prouve que ces traités n'ont point été adoptés par le duc de Bourgogne, c'est 1° qu'aucun des historiens du tems ne l'a dit; 2° que Monstrelet, l'un d'entre eux, parlant de l'entrevue de Calais, dit expressément que « le duc de Bourgogne fut très-ins-
» tamment requis du roy d'Angleterrre qu'il se voulsist déporter
» d'estre en ayde au roy de France à l'encontre, avec condition
» qu'il partiroit à auculnes des conquestes qu'il feroit en France...
» laquelle requeste ne lui fut point accordée par ledict duc ;
» mais les tresves que paravant avoient accordées entre eulx,
» furent prolongées jusques à la S. Michel 1419 ». Jean le Fèvre et Paradin s'expriment à-peu-près dans les mêmes termes. Et en effet, bien loin de s'être engagé avec le roi d'Angleterre de la manière qu'on le suppose, le duc au sortir de Calais se rendit incontinent à Valenciennes, où le dauphin Jean était venu après avoir épousé Jacqueline de Bavière, pour lui rendre compte de son entrevue avec le roi d'Angleterre, et lui promettre de l'aider lui et le roi, son père, de toutes ses forces contre les Anglais. Qu'on ne dise pas avec un moderne que c'était pour mieux tromper, et que le traité le portait ainsi. Nous nions qu'une pareille clause se trouve dans le traité tel que Rymer l'a donné, et d'ailleurs nous avons des historiens du tems qui attestent la sincérité du duc, sans être contredits par d'autres contemporains.

Mais voici une dernière preuve qui ne souffre point de réplique. Sous le règne de Philippe le Bon, fils et successeur du duc Jean, on était si persuadé de la fidélité que celui-ci avait montrée envers la France dans la conférence de Calais, que les jurisconsultes et docteurs, consultés par Philippe dans celle d'Arras sur les engagements qu'il avait pris avec l'Angleterre, lui rappelèrent, pour le déterminer à les rompre, l'exemple de son père dont cette puissance n'avait jamais pu corrompre la fidélité. « Item, lui disaient-
» ils, pour ce qu'il (le roi d'Angleterre) pensa qu'il ne pourroit
» conquérir le royaume, s'il n'avoit la part d'aucuns des princes
» d'iceluy, voult faire alliance avec feu M. le duc Jean pour ce

» que c'estoit le plus puissant du royaume, par moyen duquel
» plus de princes le pourroient servir ; mais feu mondit sieur le
» refusa, et n'y volt entendre, combien qu'il eust lors beau-
» coup à faire à plusieurs adversaires audit royaume, pour la
» parfaite et grande révérence qu'il avoit toujours eue à la
» couronne de France : laquelle chose aussy feu M. le duc Phi-
» lippe (le Hardi) luy avait à sa mort espécialement comman-
» dée, et fut, comme l'on dit, sa dernière parolle qu'il lui dist ».
(*Ch. des Compt. de Dijon, congrès d'Arras.*) Voilà ce qu'on
représentait en 1435, c'est-à-dire dix-neuf ans après la conférence de Calais, comme une chose incontestable, au duc Philippe le Bon. Y aurait-il apparence de raison à s'inscrire en faux
aujourd'hui contre ce témoignage ?

L'an 1417, le duc publie, dans Arras, le 25 avril, des mani-
festes pour la réformation de l'état, et part de cette ville, au
commencement d'août, à la tête de son armée pour venir en
France. La plupart des villes du royaume applaudissent aux
projets de réformation, et se déclarent pour le duc : il arrive
aux environs de Paris dans le mois de septembre, et en décampe
sur la fin du même mois : il assiége Montlhéri, dont il se rend
maître en peu de tems, et va faire ensuite le siége de Corbeil. Le
8 octobre, il adresse à toutes les villes du royaume une lettre à
laquelle il joint une déclaration, donnée par le collége des cardinaux, qui l'autorise à se rendre maître du gouvernement, le
roi en étant incapable par sa maladie, et le dauphin par son bas
âge ; il les invite par cette lettre à envoyer chacune deux notables
personnes pour délibérer sur les moyens de rétablir le bon ordre
dans l'état. Vers la fin d'octobre, il lève le siége de Corbeil, et
se rend à Tours le 2 novembre, à la prière de la reine, qui y
était reléguée, et délivre cette princesse. La reine reconnut bien
ce service dans la suite, et profitant des patentes passées au
conseil du roi, qui lui déféraient le gouvernement pendant la
maladie de ce prince, elle établit le duc gouverneur du royaume
par des lettres datées de Blois le 10 janvier 1418 (N. S.). Le 26
avril de la même année, le duc reçoit à Dijon les cardinaux des
Ursins et de S. Marc, envoyés par le pape Martin V pour travailler à la paix du royaume ; il les fait conduire à Bray et à
Montereau, ou se tenaient des conférences, et part dans le même
tems pour Montbéliard, où le roi des Romains devait se trouver.
Les plénipotentiaires des deux partis s'assemblent tous le 23 mai,
et conviennent unanimement d'un traité de paix, contenu en
huit articles, qui sont lus et publiés à S. Maur-des-Fossés. Le
connétable d'Armagnac, chef du parti contraire au duc de Bourgogne, s'oppose à la paix, et bientôt il a sujet de s'en repentir.
Le 29 mai, environ l'heure de minuit, Gui de Bar, bailli d'Auxois,

le sire de Châtelux, et le seigneur de l'Ile-Adam, tous trois capitaines attachés au duc de Bourgogne, sont introduits dans Paris avec leurs gens d'armes. Le duc ayant appris cette nouvelle à Montbéliard, se hâte de venir à Paris ; le 14 juillet il y fait son entrée avec la reine, et va descendre à l'hôtel S. Pol ; le roi lui fait un accueil favorable et lui rend sa confiance. Le 6 octobre, le roi casse par des lettres-patentes tout ce qui a été fait contre le docteur Jean Petit, apologiste du duc de Bourgogne, et désavoue les ambassades envoyées en son nom au concile de Constance, et tout ce qu'avait fait le cardinal d'Ailli et le chancelier Gerson. Les Anglais cependant tenaient assiégée depuis plus de six mois la ville de Rouen et l'avaient réduite à la dernière extrémité. Le duc part avec le roi pour aller au secours de la place ; mais il revient sur ses pas, aimant mieux, dit-on, laisser tomber cette ville au pouvoir des Anglais que de sacrifier des injures personnelles au bien de l'état.

L'an 1419, le duc fait plusieurs voyages à Meulan pendant les nouvelles conférences qui se tinrent pour la réunion des esprits depuis le 30 mai jusqu'au 30 juin. Dans la dernière, qui se tint sur *le Ponceau qui est à une lieue de Melun, au droit chemin de Paris, assez près de Poilly-le-Fort, le mardi 11 juillet* (1) (*Miss. du Roi*), le duc parut agir de la meilleure foi du monde : il n'y eut point de soumission qu'il ne fît au dauphin. On signa un traité par lequel il fut réglé qu'il n'y aurait point de régent pendant la maladie du roi, que l'héritier présomptif gouvernerait de concert avec le duc, et qu'on réunirait toutes les forces de l'état

---

(2) Les noms des personnes qui assistèrent à cette conférence, énoncés dans l'acte qui en fut dressé, sont : « de la part du dauphin, ses amés et féaux, messire Jacques de Bourbon, seigneur de Thorcy ; messire Robert Mâcon, son chancelier ; le vicomte de Narbonne ; le sire de Barbazan ; le sire d'Arpajon ; le sire de Boschage ; le sire de Beauval ; le sire de Montenay ; le sire de Gamaches ; messire Tanneguy du Chastel ; messire Jean Louvet, président de Provence ; Guillaume d'Avaugour ; Huguet de Noyers ; Jean du Mesril ; Pierre Frottier ; Guétard de Borridon et Colard de la Buigne : et de la part du duc de Bourgogne, ses amés et féaux, le comte de Saint-Pol ; messire Jean de Luxembourg ; messire Archambault de Foix, seigneur de Noailles ; le seigneur d'Antoing ; messire Thibault, seigneur de Neufchâtel ; messire Jean de Neufchâtel, seigneur de Montagu ; messire Jean de la Trémoille ; Guillaume de Vienne ; messire Pierre de Boiffremont, grand-prieur de France ; messire Gautier de Ruppes ; messire Charles de Lens ; messire Jean de Cottebrune, maréchal de Bourgogne ; messire Jean, seigneur de Thoulongeon ; messire Regnier Pot ; messire Pierre, seigneur de Giac ; messire Antoine de Thoulongeon ; messire Guillaume de Champdivers ; Philippe Meud'raier, dict Jossequin, et messire Nicolas Rollin : tous lesquels, après serment faict sur l'évangile, jurèrent et promirent de tenir et garder le présent traité d'alliance. »

pour repousser les Anglais. On convint, en se quittant, de se rendre, le 18 août, sur le pont de Montereau pour applanir les difficultés qui pourraient arrêter l'exécution du traité. Le dauphin, au jour marqué, se trouve au rendez-vous ; mais le duc reste à Brai-sur-Seine, ne pouvant se résoudre à s'avancer jusqu'à Montereau. On le presse de venir, on lui dépêche couriers sur couriers; Tannegui du Châtel vient le trouver jusqu'à deux fois pour le déterminer ; on fait voir à ses commissaires les barrières construites sur le pont ; tout cela est inutile : il semble que ce malheureux prince eût un secret pressentiment de ce qui devait lui arriver. Enfin il prend sa résolution comme malgré lui, à la persuasion de la dame de Giac, gagnée par du Châtel. Il arrive, le 10 septembre, sur le pont fatal, accompagné de dix seigneurs, salue respectueusement le dauphin en l'abordant, et presque aussitôt il est assassiné en présence de ce prince, malgré les promesses et les serments qu'ils s'étaient faits réciproquement de ne rien entreprendre l'un contre l'autre. On ignore le nom de celui qui déchargea le premier coup d'épée sur la tête du duc lorsqu'il parlait encore au dauphin, qui le tenait par la main. Tannegui du Châtel lui en porta un second avec une hache d'armes, et le renversa ; enfin un troisième l'acheva, en lui enfonçant son épée depuis le bas-ventre jusqu'à la gorge. Telle fut la fin du duc Jean, dans la quarante-neuvième année de son âge, et la seizième de son règne. Les seigneurs de sa suite sont arrêtés et mis en prison ; on les presse, on les menace, mais inutilement, pour les engager à déposer contre le duc assassiné, et leur faire dire ce qu'on avait inventé de plus odieux pour justifier cet assassinat aux yeux du public. Le corps de ce prince fut enterré à Montereau, puis exhumé en 1420 au commencement de juillet, et porté aux Chartreux de Dijon, où il a un beau mausolée, ouvrage de Jean de la Huerta, aragonnais, et d'Antoine le Monturier, dauphinois. Un chartreux montrant à François I la tête de ce prince, le roi lui demanda ce que c'était qu'un trou qu'il y voyait. *C'est par là*, répondit-il, *que les Anglais sont entrés en France*. L'article suivant donnera la clef de cette réponse énigmatique. Le duc Jean, dans le tems de ses démêlés avec le duc d'Orléans, avait pris pour sa devise un rabot qu'on voit encore gravé sur son tombeau, pour l'opposer au bâton noueux qui était la devise de son rival. De Marguerite de Bavière, son épouse, fille d'Albert de Bavière, comte de Hainaut et de Hollande, mariée à Cambrai le 9 avril 1385, morte le 25 janvier 1423, il eut huit enfants : un prince, nommé Philippe, comte de Charolais, qui lui succéda ; et sept filles : savoir, Marguerite, promise en mariage à Charles, fils aîné de Charles VI, ensuite mariée, le 31 août 1404 à Louis de France, fils du même roi, après la mort duquel elle épousa en secondes noces, le 10 octobre 1425, Artus de Bretagne, comte de Richemont, connétable de France ; elle mourut au mois de février 1441 sans avoir eu d'enfants de ses deux maris ; Marie, épouse d'Adolphe, duc de Clèves et comte de la Mark, morte le 30 octobre 1463 ; Catherine, promise, selon la plupart des historiens, par le traité de Chartres de l'an 1409, à Philippe d'Orléans, comte de Vertus, mariée, l'an 1410, au comte de Guise, fils de Louis d'Anjou, et ensuite renvoyée au duc, son père, (elle mourut à Gand, âgée de trente-deux ans); Isabelle, mariée à Arras avec Olivier de Châtillon, dit de Bretagne, comte de Penthièvre, morte sans enfants ; Jeanne, dont on ne sait rien ; Anne, mariée, le 13 avril 1423, au duc de Bedfort, morte à Paris sans enfants le 14 décembre 1435 ; Agnès, mariée avec Charles I, duc de Bourbon l'an 1425, morte à Moulins l'an 1476.

PHILIPPE LE BON.

1419. PHILIPPE LE BON, comte de Charolais, né à Dijon le 30 juin 1396, succède au duc Jean, le 10 septembre. Le désir de venger la mort de son père le fit entrer dans le parti des Anglais, ce qui causa une étrange révolution dans le royaume, où ces ennemis du nom français ne trouvèrent plus de résistance. (Voy. *les comtes de Flandre.*)

Philippe aimait les lettres. L'an 1421, il fonde une université à Dôle pour les deux Bourgognes. (Elle a été transférée, l'an 1691, à Besançon.) Le prince d'Orange, attaché au duc de Bourgogne, s'était rendu pour lui maître d'Aigues-Mortes, et y avait établi une garnison bourguignonne, qui désolait le pays des environs par ses courses. Charles de Bourbon, dit alors le comte de Clermont, capitaine-général en Languedoc, voulant déloger de cette place les Bourguignons, chargea le sénéchal de Beaucaire d'en faire le siége, qui fut commencé sur la fin du mois d'août 1420. Il vint le joindre lui-même au mois de novembre suivant ; et sur la fin de janvier 1421, il entra victorieux dans Aigues-Mortes. (Vaissète, t. IV, p. 455.) La Faille et d'autres écrivains d'aussi peu d'autorité prétendent que les habitants coupèrent la gorge à la garnison bourguignonne, qu'ils en jetèrent les cadavres dans une fosse avec quantité de sel pour empêcher la corruption, et que de là est venu le proverbe de *Bourguignon salé.* Mais au Trésor des Chartres on voit des lettres d'abolition de l'an 1410, où ce proverbe est rapporté : *Le suppliant dist,* portent-elles, *qu'il avoit plus chier estre bastard que Bourguignon salé* (Ducange, *voce Burgundiones.*) Il est bien plus probable que le sobriquet *Bourguignon salé* fut donné aux Bourguignons à cause des salines du comté de Bourgogne. L'an 1425, les ducs de Bedfort et de Bretagne étant à Amiens auprès du duc de Bourgogne, ces trois princes, le 17 avril, tiennent un conseil dans lequel on convient de confirmer les articles qui avaient été stipulés par le mariage célébré quatre jours auparavant du duc de Bedfort avec Anne, sœur de Philippe, et par celui de la duchesse de Guienne avec le comte de Richemont. Promesse de vivre en bonne union, de s'avertir réciproquement de tout ce qu'ils sauraient être au désavantage de l'une des parties contractantes, de se porter un secours mutuel pour le service du roi Henri VI et le bien de ses royaumes d'Angleterre et de France, de concourir ensemble à rétablir la tranquillité dans le second, faire en sorte qu'on puisse y cultiver les terres et surtout que Dieu y soit servi comme il doit l'être; telle est la substance en précis de ce traité d'alliance. Une parfaite harmonie régna plusieurs années entre Philippe et le duc, son beau-frère. Mais elle commença, l'an 1429, à s'altérer devant Orléans, dont Bedfort faisait le siége, accompagné de Philippe. La ville, se voyant réduite aux abois, offrit de se rendre au duc de Bourgogne. Bedfort rejeta la proposition avec mépris, disant qu'il ne battait pas les buissons pour que d'autres prissent les oiseaux. Ce mot, lâché en présence de Philippe, le piqua au vif. Craignant toutefois de manquer aux engagements qu'il avait pris, il dissimula son ressentiment. On fut occupé plus de six ans à lever ses scrupules pour le déterminer à rompre avec l'Angleterre, en faisant la paix sans elle avec le roi Charles VII. Congrès à ce sujet assemblé par le cardinal de Sainte-Croix à Sémur et à Auxerre en 1432, à Corbeil et à Melun l'année suivante, sollicitations particulières de ses amis; rien ne fut capable de le faire varier. Il était réservé à d'autres, qui paraissaient les moins propres à le convertir, d'opérer en lui ce changement si désiré. Charles, duc de Bourbon, son beau-frère, dont il avait épousé la sœur, se prétendait lésé par lui pour certaines conventions matrimoniales qui n'avaient pas été remplies. La guerre s'étant élevée entre eux à cette occasion, il en résulta des hostilités réciproques qui leur furent presque également funestes, sans aucun avantage décisif de part ni d'autre. Le comte de Nevers fut touché de cette rupture de deux princes dont l'un était son proche parent et l'autre son ami. Les ayant attirés chez lui au mois de janvier 1435 (N. S.), il les engagea sans peine à s'accommoder. (Voy. Charles I, *duc de Bourbon*, et Charles I, *comte de Nevers*.) Cette paix fut le prélude de celle après laquelle toute la France soupirait. Le duc de Bourgogne, au milieu des réjouissances que la première occasiona, se laissa enfin ébranler par les tentatives que firent le duc de Bourbon et le comte de Nevers pour le réconcilier avec sa patrie

et sa propre maison. Las et honteux de servir contre son devoir et contre ses intérêts l'injuste et cruelle ambition des Anglais, il consentit à des conférences qui furent indiquées à l'abbaye de S. Waast d'Arras, et s'ouvrirent le 6 août 1435. Depuis l'établissement de la monarchie française on n'en avait point vu d'aussi célèbres. Tous les princes de la chrétienté y eurent des ambassadeurs. Le pape, et le concile de Bâle alors assemblé, y avaient chacun son légat. On a dit que les ambassadeurs anglais se retirèrent sans avoir fait de proposition. Il est néanmoins prouvé par les actes originaux que ce furent eux qui firent les premières, mais si exorbitantes, qu'on n'y eut aucun égard. On a dit encore que Philippe dicta impérieusement les conditions du traité; et l'on voit par les mêmes actes que ce furent les ambassadeurs français qui les proposèrent. Il faut avouer qu'elles étaient fortes. Les comtés de Mâcon et d'Auxerre, de Bar-sur-Seine, de Ponthieu, les villes de Péronne, de Montdidier, Roye, S. Quentin, Corbie, Amiens, Abbeville, Dourlens, S. Riquier, et autres places sur la Somme, avec 50 mille écus (1) pour les équipages et joyaux qu'on avait pris à son père quand on l'assassina, furent le prix qu'on mit à son retour au devoir de citoyen, de prince du sang et de vassal. Il est vrai que tout cela avait été offert au duc de Bourgogne long-tems auparavant par le duc de Savoie et les princes du sang qui avaient négocié sa réconciliation avec le roi. Si Philippe différa si long-tems d'accepter ces offres, ce fut, comme on l'a déjà dit, un faux principe d'honneur et de conscience qui le retint. Dès qu'à force de consultations obtenues des universités tant étrangères que nationales, on eut réussi à rassurer sa conscience et sa délicatesse sur le point d'honneur, il se rendit, et le traité fut signé dans la salle du congrès le 21 septembre 1435. De là on se rendit à l'église pour y célébrer une messe solennelle en actions de grâces : « Le duc y assista, ainsi que la du-
» chesse, avec une pompe extraordinaire : il tenait la droite du
» chœur avec les princes de sa famille et ses ambassadeurs; la
» gauche était occupée par les princes de Bourbon, de Vaude-
» mont, de Vendôme, l'archevêque de Reims; et les autres
» ambassadeurs du roi Charles étaient au milieu du chœur devant
» un petit autel sur lequel on avait mis un crucifix avec deux
» chandeliers d'or et le livre des évangiles. Laurent Pinon, évêque
» d'Auxerre, fit un discours dont le texte était : *Fides tua te*

---

(1) L'écu qui avait cours en 1435 s'appelait à la couronne; il était d'or fin et de la taille de 70 au marc : ainsi 50,000 écus pesaient 714 marcs 2 onces 2 gros 16 grains, à raison de 828 livres 12 sous le marc, produiraient actuellement 591,856 livres 6 sous 5 deniers.

» *salvam fecit*, *vade in pace*. Après la messe, les cardinaux
» firent lire publiquement les procès-verbaux et le traité de paix
» particulière entre le roi Charles et le duc Philippe. Alors Nicolas
» Rolin, chancelier du duc, s'étant avancé devant des légats,
» leur dit que le prince, son maître, n'entendait nullement que le
» duc Réné, son prisonnier, fût compris au traité de paix, et on
» lui donna acte de sa protestation. Jean Tudert, doyen de Paris,
» chargé de demander pardon du meurtre du duc Jean, suivant
» la formule connue, se jeta aux pieds du duc Philippe, qui,
» attendri par cette démarche, fit relever Jean Tudert, et en
» l'embrassant affectueusement, lui promit qu'il n'y aurait ja-
» mais de guerre contre le roi Charles et lui, et sur-le-champ se
» présenta devant les deux cardinaux pour en jurer la promesse.
» Il reçut auparavant l'absolution des serments qu'il avait faits
» dans ses alliances contractées avec le roi d'Angleterre. S'étant
» ensuite approché du crucifix d'or avec les princes et seigneurs
» de sa suite en même tems que le duc de Bourbon et les comtes
» d'Armagnac, de Vendôme et de Vaudemont, avec les autres
» ambassadeurs et les gentilshommes français, les ducs firent
» serment sur la croix et les évangiles d'observer le traité de
» paix qui venait d'être conclu, et successivement les seigneurs
» français et bourguignons firent la même chose. Il restait encore
» à prendre des arrangements sur la manière dont s'exécuteraient
» certains articles du traité; ce qui occupa pendant le reste du
» mois de septembre dans des assemblées particulières. D'abord
» le duc de Bourgogne dénonça, dans une cédule adressée au
» roi, Tannegui du Châtel, le président Louvet, Pierre Frottier,
» et le médecin Cadart, comme convaincus du meurtre du duc
» Jean, son père. Ensuite dans des lettres du même prince, scel-
» lées de son sceau, se trouve la promesse de restituer les villes
» de S. Quentin, Corbie, Amiens, Abbeville, et autres situées
» sur la Somme, aux conditions stipulées au traité. Les ambas-
» sadeurs du roi Charles, de leur côté, donnèrent en son nom
» la promesse de faire punir les meurtriers du duc Jean et
» d'exempter Philippe son fils de comparaître en pairie tant
» qu'il vivra ». (*Hist. de Bourg.* T. IV, pp. 218 et 219.)

Le traité d'Arras ayant été apporté à la cour de France, y fut reçu du roi et des grands de la nation, qui s'y étaient rendus, avec la plus grande satisfaction. Pour le ratifier de la manière la plus solennelle, Charles convoqua une grande assemblée de prélats, de princes et de seigneurs, à Tours, pour le 11 décembre. Elle se tint dans l'église de Saint-Martin, et s'ouvrit par une procession générale à la suite de laquelle le monarque fit serment entre les mains de l'archevêque de Candie, en touchant les saints évangiles, d'observer fidèlement tous les articles énoncés au traité de paix conclu dans la ville d'Arras entre ses plénipotentiaires et le duc de Bourgogne. Toute l'assemblée répéta ce serment ; les principaux de vive voix, les autres en levant les mains, comme le chancelier l'avait demandé pour abréger la cérémonie qui finit, ainsi que celle d'Arras, par un *Te Deum*, et des cris de *vive le roi! vive le duc de Bourgogne!*

Les ambassadeurs d'Angleterre n'ayant point voulu prendre part à la paix d'Arras, Philippe ne pouvait douter qu'elle ne fût mal accueillie à Londres. Pour ne pas manquer néanmoins aux bienséances, il crut devoir y envoyer son héraut d'armes pour l'annoncer. Le dépit des Anglais se manifesta dans l'accueil que l'on fit à ce député. Il fut logé chez un cordonnier, on le couvrit d'infamie, et on le renvoya sans réponse après qu'il eut vu piller les maisons des marchands sujets du duc : Philippe, indigné, s'empressa d'aider le roi à rentrer dans Paris par l'expulsion des Anglais. Il voulut ensuite signaler son attachement sincère à la France par le siège de Calais ; mais l'indocilité des Flamands, qui l'abandonnèrent, l'empêcha de se rendre maître de la place.

L'an 1436, vaincu par les sollicitations du duc de Bourbon, qui l'était venu trouver à Dijon, accompagné du comte de Vendôme et d'une brillante noblesse, Philippe consent à rendre la liberté au duc de Lorraine, qu'il retenait depuis trois ans prisonnier dans cette ville. Mais le mérite de cette grâce fut terni par l'excessive rançon qu'il exigea ; car il ne rougit pas d'exiger du prince captif, outre les terres de Neufchâtel en Lorraine et de Clermont en Argonne, quatre-vingt mille écus d'or (1), somme exorbitante en ce tems là, pour laquelle René fut obligé de donner des pleiges. Mais la duchesse de Bourgogne effaça dans la suite, comme on le verra bientôt, la honte de cette exaction, qui paraît avoir été inspirée par le mouvement de quelque aversion secrète.

Philippe montra plus de grandeur d'âme envers Charles, duc d'Orléans, fils de celui que son père avait fait assassiner. Charles était retenu chez les Anglais depuis la bataille d'Azincourt, où il avait été fait prisonnier. Philippe, l'an 1440, paya sa rançon qui était de quatre cent mille livres (2), et vola au devant de lui jusqu'à Gravelines. L'entrevue des deux princes offrit le spectacle le plus attendrissant. Ils s'embrassèrent à plusieurs reprises,

---

(1) C'étaient des écus à la couronne, lesquels, comme nous l'avons déjà dit, étaient d'or fin, et de 70 au marc ; donc 80,000 équivaudraient aujourd'hui à la somme de 946,971 livres 5 sous 9 deniers.

(2) 3,787,900 liv. monnaie d'aujourd'hui.

serrés l'un contre l'autre, et pénétrés de cette joie pure que les âmes nobles sont seules capables de sentir; ils ne pouvaient la témoigner que par leurs regards. Ils gardèrent long-tems ce silence expressif qu'on peut appeler l'éloquence du cœur. Le duc d'Orléans le rompit le premier en s'écriant : *Par ma foi, beau frère et beau cousin, je dois vous aimer par-dessus tous les autres princes de ce royaume, et ma belle cousine, votre femme; car si vous et elle ne fussent, je fus toujours demeuré au pouvoir de mes adversaires, et n'ai trouvé meilleurs amis que vous.* (M. l'abbé Garnier, *histoire de France*, t. VIII, in-4°, p. 145.) De Gravelines, Philippe amena le duc d'Orléans à Saint-Omer, et là il scella leur réconciliation en lui faisant épouser, vers la Saint-André, Marie, fille d'Adolfe, duc de Clèves, à laquelle il donna en dot cent mille saluts (1), valant à peu près chacun trente-cinq sous. L'amitié de ces deux princes fut persévérante.

L'an 1442, Philippe épousa le ressentiment que le duc d'Orléans témoignait du peu de part qu'on lui donnait au gouvernement. Ils forment une ligue dans laquelle ils entraînent tous les princes, et, les ayant assemblés à Nevers, ils y publient un manifeste pour demander la réformation de l'état. La sagesse du roi prévint les suites de cette conjuration, et la fit évanouir presque au moment de sa naissance.

L'excessive rançon à laquelle Philippe avait taxé le duc René, n'était point encore acquittée, lorsqu'en 1445, il se tint à Châlons-sur-Marne un célèbre congrès pour éclaircir certains articles du traité d'Arras, qui souffraient des difficultés. La duchesse, femme de Philippe, s'y rendit munie de pleins pouvoirs de son époux; et, le 24 juin, elle remit au duc de Lorraine, en présence du roi Charles VII, qui l'avait amené, les sommes et les places stipulées pour le prix de sa liberté. C'est ainsi que le duc de Bourgogne répara, par la générosité de sa femme, le tort que cette rançon avait fait à sa réputation. (*Histoire de Bourgogne*, t. 4, p. 361.)

Ce prince, qui ne le cédait en dignité qu'aux têtes couronnées, dont il surpassait plusieurs par sa puissance, employait comme elles dans ses lettres la formule *par la grâce de Dieu* à

---

(1) Le roi d'Angleterre, Henri VI, lorsqu'il était maître de Paris, fit frapper des saluts qui étaient d'or fin et de la taille de 63 au marc; par conséquent, 100,000 devaient peser 1,587 marcs 2 onces 3 gros 21 grains, à raison de 828 livres 12 sous le marc, produiraient actuellement 1,315,237 livres 19 sous 2 deniers.

la suite de ses titres. Le roi Charles VII en fut blessé comme d'un signe d'indépendance, et obligea Philippe à déclarer, par un acte du 27 novembre 1448, qu'il n'avait entendu ni n'entendait par là se rendre indépendant du roi de France, à raison des fiefs qu'il tenait de lui ; sur quoi il est à observer qu'il n'usait de cette formule que depuis qu'il avait hérité du Brabant (l'an 1429), et qu'il ne le fit qu'à l'exemple de ses prédécesseurs dans ce duché. Ce ne fut pas le seul qui lui échut par succession. L'an 1451, il hérita de celui de Luxembourg par la mort d'Elisabeth de Gorlitz, sa parente. (Voyez *les comtes et les ducs de Luxembourg*.)

Philippe donna dans la sottise de son tems, en approuvant, l'an 1454, la ridicule et indécente confrérie de *la Mère folle*, établie à Dijon, sur laquelle plusieurs savants ont fait de laborieuses recherches, qui n'ont abouti qu'à de frivoles découvertes. Un objet plus grave, l'année suivante, attira l'attention du duc de Bourgogne. Ce prince fut averti que le chevalier Jean de Granson travaillait sourdement à soulever la noblesse du comté de Bourgogne contre lui et y fomentait des divisions qui troublaient la tranquillité du pays. En conséquence de cet avis il fit arrêter l'accusé. Granson, convaincu par les dépositions des témoins, fut condamné par le duc séant en son conseil à Dôle le 10 octobre 1455, à être étouffé entre deux matelas ; ce qui fut exécuté secrètement dans les prisons de Poligni au mois de décembre de cette année. Olivier de la Marche fait l'éloge de la valeur de Granson, et des services qu'il avait rendus autrefois *au duc et à ses pays*.

L'an 1456, Philippe reçoit dans ses états Louis, dauphin de France, et tente inutilement de le réconcilier avec le roi Charles VII. Louis, esprit brouillon et mal fait, viole les droits de l'hospitalité et paye d'ingratitude son bienfaiteur, en semant le trouble et la discorde dans sa famille. C'est ainsi qu'il préludait à l'accomplissement de la prédiction très-vraie que le roi, son père, avait faite lorsqu'il apprit l'accueil favorable que son fils avait reçu à la cour de Philippe. *Le duc de Bourgogne*, avait-il dit, *nourrit un renard qui mangera un jour ses poules*.

Les progrès des armes du sultan Mahomet II en Europe faisaient cependant trembler l'Italie, dont elles menaçaient la liberté. Le pape Pie II ayant convoqué, à Mantoue, l'an 1459, une assemblée des princes à ce sujet, le duc de Bourgogne y envoya des ambassadeurs, à la tête desquels était le duc de Clèves. Mathieu de Couci, dans la vie de Charles VII (p. 717 et suiv.), décrit fort au long les honneurs que le duc de Milan leur rendit lorsqu'ils arrivèrent sur ses terres. Entre les divertis-

sements qu'il leur procura, la chasse ne fut point oubliée. « Un
» jour, dit-il, ils vuiderent du château et s'en allerent aux
» champs par une des portes d'icelui, où ils trouverent de petits
» chiens-courants chassant aux lièvres; et sitôt qu'il s'en levoit un,
» il y avoit trois ou quatre liépards (léopards) à cheval derrière
» des hommes qui sailloient et prenoient les lievres à la course. »
Ce fut cette même année que Philippe publia les coutumes du
comté de Bourgogne dans une assemblée des trois états qu'il
tint à Salins.

Ce prince, après la mort du roi Charles VII, envoya le comte
de Charolais, son fils, l'an 1461, saluer, sur son avénement au
trône, le dauphin Louis au château de Genep, en Brabant,
qu'il lui avait donné pour retraite. Il assista lui-même ensuite
au sacre du nouveau monarque, où il fit les fonctions de premier pair. De là il l'accompagna jusqu'à Paris, avec son fils, à
la tête de quatre mille chevaux. Saint-Gelais dit (*Mém. c.* 12.)
qu'il fit tondre ses gens pour les faire distinguer. (Le fait est
vrai, mais le motif du duc de Bourgogne en faisant tondre
ses gens, ne fut point de les faire distinguer; ce fut au contraire
pour n'en être pas lui-même distingué d'une manière désavanta-
geuse, ayant perdu ses cheveux dans une maladie dont il ne
faisait que de relever.) Le peuple de Paris témoigne une grande
joie de le revoir. Louis XI avait fort à cœur le recouvrement
des villes de la Somme, engagées au duc de Bourgogne, par
le traité d'Arras, pour un capital de quatre cent mille écus (1).
Ayant trouvé moyen de gagner les seigneurs de Croy, ministres
et favoris de Philippe, il remboursa la somme dont elles étaient
le gage, et les retira. Ce coup de politique acheva d'aliéner du
roi le comte de Charolais, et le rendit furieux contre les ministres qui avaient induit son père à donner les mains à la demande du roi. Philippe s'étant déterminé, l'an 1465, à faire
la guerre au roi par les pressantes sollicitations du comte de
Charolais, lui cède, le 12 avril, l'administration de ses états,
et l'envoie, le 15 juin, à la tête d'une armée, pour se joindre
aux princes ligués, en lui tenant ce langage : *Souvenez-vous du
sang dont vous sortez; préférez toujours une mort glorieuse
à une fuite honteuse.* Sur sa route il brûle les bureaux, déchire
les registres, paye partout, et tient ses troupes dans une exacte
discipline, pour gagner le peuple. Le roi lui députe Alain
Chartier, évêque de Paris, pour lui faire des reproches d'avoir
pris les armes contre son souverain. « Dites à votre maître,

---

(1) 4,734,875 liv. de notre monnaie actuelle.

» répond le comte, qu'on a toujours trop de motifs contre un
» prince qui sait employer le fer et le poison, et qu'on est sûr,
» en marchant contre lui, de trouver bonne compagnie en
» chemin : au reste je n'ai pris les armes contre lui qu'à la
» sollicitation des peuples, de la noblesse et des princes : voilà
» mes complices. » Le 16 juillet, avant qu'il eût joint les princes
confédérés, il est attaqué par le roi près de Montlhéri, et se
défend avec plus de valeur que de prudence. On remarque
qu'il pensa trois fois être tué dans la mêlée ; la première d'un
coup de *vouge* dans l'estomac, la seconde d'un coup d'estoc
dans la gorge, la troisième en se défendant contre quinze gendarmes français, qui, l'ayant environné, tuèrent son écuyer qui
portait sa cornette, et lui criaient à lui-même : *Rendez-vous,
monseigneur, nous vous connaissons, ne vous faites pas tuer.*
Heureusement ses gens, avertis du péril où il était, vinrent
à tems pour le dégager. Quoiqu'il eût perdu autant et plus de
monde que le roi dans cette journée, il ne laissa pas de s'attribuer la victoire, sur ce qu'il était resté maître du champ de
bataille. Mais, dans le vrai, la victoire ne fut à personne, et
cette journée ne décida rien. La peur y fit d'étranges effets de
part et d'autre. On rapporte que du côté du roi, un officier s'enfuit
jusqu'à Lusignan en Poitou *sans repaire*, et que du côté du
comte, un homme *délicat* s'enfuit à bride abattue jusqu'au
Quesnoi. *Ces deux*, dit Commines, *n'avaient garde de se mordre.*

Durant cette guerre, les habitants de Dinant, ville du Liégeois, avaient fait, à l'instigation du roi, plusieurs outrages au
duc de Bourgogne. Philippe, pour se venger, charge le comte
de Charolais de porter la guerre chez eux. Le comte assiége la
ville de Dinant, l'emporte d'assaut, ou, selon d'autres, l'oblige
à se rendre à discrétion le 25 août, et la réduit en cendres après
en avoir fait passer les habitants au fil de l'épée. Cette action
fait peu d'honneur à la mémoire de Philippe, qui, malgré ses
infirmités et son âge, s'était fait porter en chaise à ce siége,
pour repaître ses yeux du spectacle de sa vengeance. Il montra
plus de grandeur d'âme lorsqu'il défendit à ses sujets de payer
un impôt que Louis XI avait mis sur le sel de Salins. C'était
une infraction au traité d'Arras. Elle n'était pas la seule dont il
eût à se plaindre. Il députa Chimai, son ministre, au monarque,
pour lui exposer ses griefs, et l'engager à les faire cesser. *Votre
maître*, dit Louis à l'envoyé, *est-il donc d'un métal différent
des autres princes ?* — *Il le faut bien*, répondit avec fermeté
Chimai, *puisqu'il vous a reçu et protégé quand nul autre n'osait le faire.* Le comte de Dunois ayant marqué à l'envoyé son
étonnement d'une telle hardiesse avec un prince si absolu : *Si
j'avais été à cinquante lieues*, répondit Chimai, *et que le roi*

eût parlé de mon maître comme il vient de le faire, je serais revenu pour lui répondre comme j'ai fait.

L'an 1467, Philippe meurt, à Bruges, d'une attaque d'esquinancie, le 15 juin, âgé de soixante-onze ans moins treize jours, après avoir régné quarante-sept ans, neuf mois et quelques jours. Son corps fut porté, l'an 1473 (V. S.), avec celui de sa troisième femme, aux Chartreux de Dijon (où il arriva le 15 février), et son cœur aux Célestins de Paris. « Il » avait, de son vivant, dit M. Moreau de Mautour, destiné une » somme considérable pour lui faire ériger, après sa mort, » dans la chartreuse, un mausolée aux pieds de celui du duc » Jean, son père. Mais le duc Charles, fils et successeur de » Philippe le Bon, pressé d'argent pour fournir aux frais de la » guerre à laquelle il était occupé, voulut retenir cette somme, » et maltraita même le prieur de la chartreuse, qui osa lui faire » quelques remontrances, et qui fût enfin obligé de lui re- » mettre l'argent. » (*Merc. de Fr.* 1724.) Philippe fut marié trois fois, 1°, dans le mois de juin 1409, avec MICHELLE DE FRANCE, fille de Charles VI, morte à Saint-Bavon, près de Gand, le 8 juillet 1422, et inhumée à la chartreuse de Dijon; 2°, le 30 novembre 1424, avec BONNE D'ARTOIS, fille de Philippe, comte d'Eu, et veuve de Philippe, comte de Nevers, morte en 1425, le 17 septembre, et enterrée aux Chartreux de Dijon; 3°, le 10 janvier 1429, avec ISABELLE, fille de Jean Ier, roi de Portugal, morte à Dijon le 17 décembre 1472, et enterrée aux Chartreux de cette ville, dont il laissa Charles, comte de Charolais, qui lui succéda. Il laissa de plus huit bâtards et sept bâtardes. Corneille, l'un de ceux-là, dit le grand bâtard, périt, en 1452, à la bataille de Rupelmonde contre les Flamands. Marie, l'une des filles naturelles de Philippe, épousa, le 30 septembre 1448, Pierre de Baufremont, chevalier de la Toison d'or et seigneur de Charni. C'est celui qui fit publier, en 1443, à l'exemple des anciens preux, que douze chevaliers garderaient, à une lieue de Dijon, un pas d'armes près d'un arbre que Paradin nomme *l'arbre des Ermites*, et d'autres *l'arbre de Charlemagne*. Le duc Philippe fut surnommé *le Bon*; titre plus glorieux que ceux qui ne sont fondés que sur l'orgueil des princes et les malheurs des peuples. Malgré son goût pour le faste, les plaisirs et le luxe, on trouva dans ses coffres, à sa mort, quatre cent mille écus d'or et soixante-douze mille marcs d'argent (1), sans parler de deux millions d'autres

---

(1) Ces deux sommes réunies feraient aujourd'hui celle de 8,583,335 liv.

effets. Ce trésor, dit un moderne, semblait n'avoir été rassemblé que pour être l'instrument des extravagances et de la ruine de son fils. (Voy. *les comtes de Flandre, ceux de Hollande, ceux de Hainaut, et les ducs de Brabant.*)

C'est sous le règne de Philippe le Bon que le comté de Bourgogne commença d'être nommé *la Franche-Comté*, non que cette province ne fût déjà libre, franche et non imposable, mais parce que les circonstances de l'institution de l'ordre de la Toison d'or, et de la création des hérauts d'armes, sous le nom des différents pays qui composaient les états du duc, déterminèrent à caractériser le héraut d'armes du comté de Bourgogne par un nom assorti à la liberté naturelle et aux immunités dont ce pays jouissait. (Chevalier, *hist. de Poligni.*) Ce fut au tems de la mort du duc Philippe le Bon, que les atours des dames et demoiselles changèrent. On lit dans Commines qu'elles « se mirent
» à porter bonnets sur leurs têtes et couvre-chefs si longs que
» tels y avoient qui touchoient la terre par derrière leur dos;
» et elles prirent des ceintures plus larges et de plus riches four-
» rures que oncques; mais elles laissèrent leurs queues à porter,
» et au lieu de cela elles prirent grandes et riches bordures. Les
» hommes aussi se prirent à se vêtir plus court que oncques;
» mais ils avoient fait si qu'on voyoit leurs derrières et leurs
» devants, ainsi comme on souloit vestir les singes, et se mirent
» à porter si longs cheveux, qu'ils leur empeschoient les visages
» et les yeux; de plus ils portoient de hauts bonnets sur leurs
» têtes trop mignonement, et des souliers à trop longues pou-
» laines. Les valets mesmement, à l'imitation des maistres, et les
» petites gens indifféremment portoient des pourpoints de soye
» ou de velours, choses trop vaines et sans doute haineuses à
» Dieu. »

Philippe le Bon, à la demande de ses sujets, avait établi en Bourgogne deux chambres du conseil, où les causes se portaient par appel, l'une à Dijon, pour le duché, l'autre à Dôle, pour le comté. Sur les plaintes qui lui furent portées contre les officiers de la première, le duc, après les avoir vérifiées, les supprima par son ordonnance du 1er août 1451, et choisit un nombre de magistrats pour tenir, à Beaune, la cour de ses audiences des causes d'appel, comme il était d'usage avant l'institution de cette chambre. (*Hist. de Bourg.*, T. IV, p. 452.)

CHARLES, surnommé LE HARDI, LE GUERRIER, LE TERRIBLE, LE TÉMÉRAIRE.

1467. CHARLES, fils de Philippe le Bon et d'Isabelle de Por-

tugal, né à Dijon le 10 novembre 1433, porta d'abord le nom
de comte de Charolais, sous lequel il se distingua dans les batailles de Rupelmonde, l'an 1452; de Morbèque, l'an 1453; de
Montlhéri, l'an 1465. Ayant succédé à Philippe le Bon, son
père, le 15 juin 1467, il eut presque aussitôt la guerre avec
les Liégeois, qui recommencèrent les hostilités par la prise de
Hui. Charles entre, à la tête d'une armée, dans le pays de
Liége, assiége Saint-Tron au mois d'octobre, taille en pièces les
Liégeois qui étaient venus au secours, et oblige, deux jours
après, la place à se rendre. Les habitants livrent dix d'entre
eux au duc, qui les envoie au supplice. Tongres subit les mêmes
conditions. Les Liégeois, consternés, implorent la clémence
du duc; trois cents hommes des plus notables sortent en chemise au-devant de lui, et lui remettent les clefs de la ville,
dans laquelle le duc entre l'épée à la main au commencement de
novembre.

L'an 1468, le 3 juillet, Charles épouse MARGUERITE D'YORCK,
sœur du roi d'Angleterre. Résolu dès-lors de renouveler la
guerre civile en France, il refuse de signer le traité passé, le
10 septembre de la même année, entre Louis XI et le duc de
Bretagne, et rassemble ses troupes pour marcher contre le roi;
mais Louis vient à bout de lui faire quitter les armes, en lui
donnant cent vingt mille écus d'or. Le 3 octobre suivant, le
monarque et le duc ont une entrevue à Péronne, pour régler
leurs différents touchant l'inexécution des traités de Conflans et
de Saint-Maur. C'était le cardinal Balue qui l'avait ménagée. Le
duc, qui se défiait des intentions du roi, ne l'avait acceptée
qu'à regret, et Louis ne l'avait effectivement demandée qu'à
dessein de le tromper. Les deux premiers jours se passent en
conférences entre les ministres des deux princes. Mais le troisième jour (et non le premier) on apprend à Péronne que les
Liégeois, excités par le monarque, ont repris les armes, qu'ils
se sont emparés de Tongres, et qu'y ayant trouvé leur évêque,
ils l'ont emmené prisonnier, ainsi que plusieurs de ses chanoines, dont ils avaient massacré seize en sa présence. A ces nouvelles, le duc entre dans une fureur qu'il n'est pas possible
d'exprimer. Louis emploie inutilement les serments pour se
disculper. Il est arrêté et renfermé dans son appartement pendant trois jours, qu'il passe dans de mortelles frayeurs. Le duc,
après avoir hésité entre les partis les plus violents, l'oblige à
signer un traité, dont la condition la plus humiliante fut qu'il
marcherait avec lui contre ces mêmes Liégeois qu'il avait soulevés. Charles arrive devant Liége, accompagné du roi. La
ville est prise d'assaut le 30 octobre, et abandonnée à la fureur
du soldat, qui en fit un théâtre d'horreur et de carnage. Les

églises ne furent point épargnées ; mais Charles se crut obligé, suivant Brantôme, de rendre à la cathédrale un grand Saint-Georges à cheval, *tout de fin or*. (Voy. les *Evêques de Liége*.)

L'an 1469 (N.S.), Sigismond, duc d'Autriche, manquant d'argent pour la guerre qu'il faisait aux Suisses, vient trouver le duc de Bourgogne, le 21 mars, à Arras, et lui vend, à faculté de rachat, le comté de Ferrette avec le Sundgaw, l'Alsace, le Brisgaw, et les quatre villes forestières, pour quatre-vingt mille florins d'or. Les Suisses voient avec peine un prince aussi puissant et aussi entreprenant que Charles, s'agrandir dans leur voisinage. (Voyez *les comtes de Ferrette et la Suisse en république*.)

Edouard IV, roi d'Angleterre, envoie, l'an 1470, au duc Charles, son beau-frère, l'ordre de la Jarretière, qui lui est apporté par Galhard de Durfort, seigneur de Duras, ambassadeur du monarque. Il reçoit en Flandre, peu de tems après, Edouard lui-même, qui vient chercher un asile auprès de lui. Charles lui fournit de l'argent et des navires pour repasser en Angleterre. Sur la fin de la même année, la guerre recommence entre le roi de France et le duc de Bourgogne. L'armée du roi passe en Picardie, et y trouve peu de résistance. Saint-Quentin ouvre ses portes au connétable de Saint-Pol; Amiens traite avec le comte de Dammartin. Ces succès n'effrayent point le duc de Bourgogne. Ayant levé une armée formidable, Charles part de Flandre l'an 1471, s'avance vers les bords de la Somme, emporte Péquigni d'assaut, s'approche d'Amiens, et vient asseoir son camp entre cette ville et l'armée royale. Jamais ce prince ne mérita mieux qu'alors le titre de *Téméraire*. En passant la Somme, il laissait les Pays-Bas à la discrétion des Français, et exposait son armée à périr de faim. L'Artois fut effectivement pillé par les détachements de l'armée royale, et les convois du duc interceptés de manière que, n'ayant plus de ressources pour faire subsister son armée, il fut réduit à demander une trêve au roi, qui l'accorda, contre l'avis de ses généraux. Elle ne fut pas de longue durée. Le 1er novembre de la même année, Charles fait une ligue offensive et défensive avec Ferdinand, roi de Sicile, contre Louis XI. Pour braver ce dernier, le 12, il donne une déclaration portant que tous ses pays étaient exempts de vassalité envers la couronne de France. Les effets de sa haine ne se bornèrent point là. L'an 1472, le 22 juin, il publie un manifeste affreux contre le roi, qu'il accuse d'avoir fait mourir le duc de Guienne par *poison, maléfices et sortiléges*. Ayant passé la Somme, il se présente devant la ville de Nesle, qui est prise, saccagée et livrée aux flammes. Ce prince, en la voyant brûler, dit avec une tranquillité barbare : *Tel fruit porte l'arbre de la guerre*.

Charles, qui se croyait égal en puissance à Louis XI, souffrait impatiemment de se voir son inférieur en dignité. Mais son orgueil n'éprouvait pas la même répugnance vis-à-vis de l'empereur Frédéric III. L'an 1473, apprenant que ce prince tient une assemblée de plusieurs grands de l'empire à Trèves, il va l'y trouver, et là il lui rend hommage du duché de Gueldre et du comté de Zutphen, qu'il avait achetés, l'an 1472, du duc Arnoul, en le tirant de la prison où son fils le retenait : mais l'objet principal de son voyage était d'obtenir les titres de roi et de vicaire-général de l'empire, que Frédéric III lui avait promis, à condition qu'il donnerait Marie, sa fille, en mariage à l'archiduc Maximilien. Frédéric, avant que de se déterminer, exige qu'on arrête cette alliance; mais aucun des deux ne voulant prendre engagement le premier, ils ne peuvent convenir de rien, et se séparent fort mécontents l'un de l'autre. Louis XI cependant travaillait à susciter de nouveaux embarras au duc de Bourgogne. Etant venu à bout de rétablir la paix entre le duc d'Autriche et les Suisses, il engage ceux-ci à prêter à l'autre la somme de quatre-vingt-mille florins, pour retirer des mains du duc de Bourgogne le comté de Ferrete. Charles ayant refusé d'accepter ce remboursement, les Suisses, pour l'y contraindre, prennent le parti du duc d'Autriche. Il ne fut pas difficile au duc de Bourgogne de reconnaître la main de Louis XI dans toute cette affaire; dès-lors il forme la résolution de le détrôner, et se ligue pour ce dessein avec le roi d'Angleterre ; mais presque aussitôt il est obligé de marcher au secours de Robert de Bavière, archevêque de Cologne, son parent, contre lequel ses diocésains s'étaient révoltés. Le 31 juillet, il met le siége devant Nuitz, ville voisine de Cologne, où Herman de Hesse, compétiteur de Robert, s'était renfermé. Charles s'obstine à rester devant cette place, qui fit une vigoureuse défense ; et par-là il se met hors d'état d'exécuter le projet qu'il avait formé avec le roi d'Angleterre. Tandis qu'il est occupé au siége de Nuitz, les Français ravagent ses états, et René, duc de Lorraine, envoie, l'an 1475, un héraut lui déclarer la guerre. Enfin il lève le siége après plus de dix mois de tranchée ouverte ; mais oubliant les engagements qu'il avait pris avec le roi d'Angleterre, il ne songe plus qu'à se venger du duc de Lorraine. Edouard, qui avait fait un armement prodigieux, avec lequel il avait fait une descente en Picardie, s'accommode avec le roi de France, et repasse la mer.

Charles, après avoir terminé la conquête de la Lorraine par la prise de Nanci, où il entra victorieux le 30 novembre 1475, tourne ses armes contre les Suisses dont il croyait avoir sujet d'être mécontent. Effrayés de sa marche, les Suisses lui envoyèrent faire des soumissions et demander humblement la paix. « Quel fruit, lui disaient-ils, espérez-vous de votre » expédition ? les mords seuls de vos chevaux valent mieux » que tout notre pays. » Tel est l'humble discours que la plupart des historiens prêtent à leurs députés, et que les Suisses taxent de fausseté. Charles, sourd à leurs remontrances, entre en Suisse, à la tête de quarante mille hommes, au commencement de février 1476. Il prend d'assaut la ville de Granson, près du lac de Neufchâtel, après huit jours de siège ; et, le 28 du même mois, il se rend maître du château, dont il livre la garnison au prévôt de son armée, pour la faire massacrer. Fier de ce succès, Charles s'avance vers l'armée ennemie, commandée par Herman d'Eptinguen ; elle était forte d'environ vingt mille hommes. Il l'attaque témérairement, le 3 mars, dans des défilés, où sa cavalerie, qui faisait la plus grande force de son armée, était hors d'état de manœuvrer. Il est mis en déroute avec perte de son bagage et de ses meubles, dont la valeur passait trois millions. Ce qu'il y eut de plus précieux dans ce butin, fut un diamant estimé le plus beau et le plus gros qui fût alors en Europe. Philippe de Comines dit qu'un soldat, qui le prit, le vendit pour un florin à un prêtre, qui le donna au magistrat de son village pour un écu ; il passa depuis en Angleterre, et maintenant, depuis que le régent de France, Philippe, duc d'Orléans, en fit l'acquisition, il fait partie des joyaux de la couronne de France, dont il est le plus bel ornement. Il pèse cinquante-cinq karats. Tschachtlen, écrivain suisse (*mém. du tems*, p. 635), dit, au contraire, que ce diamant fut vendu à Lucerne, l'an 1492, pour 5,000 florins du Rhin, par Guillaume de Diesbach, fils de l'avoyer de ce nom, qui le revendit à Bartholomé May, seigneur de Stratlingen, pour 5,400, et celui-ci à des marchands de Gênes, pour 7,000, lesquels le remirent au duc de Milan, pour 11,000 ducats ; que le pape Jules II l'acheta de ce dernier, pour l'ajouter à sa couronne, dont il fait aujourd'hui le principal ornement. La perte de la bataille de Granson jette le duc dans une noire mélancolie, qui altère sa santé et son esprit. La duchesse de Savoie vient le trouver à Noseroi, où il s'était retiré, le console et l'excite à prendre sa revanche. Charles rentre en Suisse avec une nouvelle armée, assiége Morat, ville située sur le lac de ce nom, donne trois assauts sans succès, marche à la rencontre des Suisses qui venaient au secours de la place, sous la conduite de Guillaume Herter, leur livre bataille le 22 juin, aussi imprudemment qu'à Granson, et la perd par les mêmes fautes. Le duc de Lorraine, qui avait combattu dans l'armée des Suisses à la tête de deux cents chevaux, mène les vainqueurs devant Nanci, qui capitule le 6 octobre. Aux premières nouvelles de ce siége,

Charles sort de l'espèce de léthargie où il était enseveli, assemble des troupes, et se rend en Lorraine. Il est averti par Louis XI que Nicolas de Montfort, comte de Campobasso au royaume de Naples, l'un de ses principaux officiers, le trahit. Charles devait faire d'autant plus d'attention à cet avis, que quelque tems auparavant il avait outragé Campobasso par un soufflet qu'il lui avait appliqué avec son gantelet; affront qui ne s'oublie ou que par une grande lâcheté, ou que par un grand effort de vertu. Mais, aveuglé par la haine mortelle qu'il portait au roi, il ne regarde cet avertissement que comme un piége qu'il lui tendait. Il met le siége devant Nanci, et charge Campobasso de la principale attaque. L'an 1477, le 4 janvier, le perfide Campobasso, qui avait fait traîner le siége en longueur, abandonne l'armée de Bourgogne aux approches de René, duc de Lorraine, qui s'avançait à la tête de vingt mille hommes, et passe avec ses troupes du côté de ce dernier, laissant les Bourguignons réduits à quatre mille hommes. Les deux armées en viennent aux mains le 5 janvier. Le duc de Bourgogne est mis en déroute; entraîné par les fuyards, malgré son intrépidité, il tombe de cheval dans un fossé où il est tué d'un coup de lance, dans la quarante-quatrième année de son âge, par Claude de Beaumont, gentilhomme lorrain, qui le poursuivait sans le connaître. D'autres prétendent qu'il fut mis à mort par des gens que Campobasso avait apostés pour ce coup. Quoi qu'il en soit, son corps ne fut trouvé que deux jours après la bataille, couvert de boue, pris dans la glace, et tellement défiguré, qu'on ne le reconnut qu'à la longueur de sa barbe et de ses ongles, qu'il avait laissé croître depuis la bataille de Morat, et à une cicatrice qu'il avait au visage. Il fut inhumé avec pompe, par ordre du duc de Lorraine, à Saint-George de Nanci, où il resta jusqu'à 1550 sous un mausolée de cuivre que le duc de Lorraine lui avait fait dresser, avec une épitaphe de vingt vers latins, qui commençait par ceux-ci :

> Conditur hoc tumulo Burgundæ gloria gentis
> Carolus Europæ, qui fuit ante timor.

Charles-Quint, son arrière petit-fils, l'ayant demandé cette année au duc de Lorraine, le fit transporter peu après à Bruges, où il fut mis dans l'église de Saint-Donat sous un autre mausolée de même matière que le précédent. Ainsi finit Charles, dernier duc de Bourgogne, dans la quarante-quatrième année de son âge, et la dixième de son règne. « Ce prince n'eut d'autres ver-
» tus, dit un moderne, que celles d'un soldat; il fut ambitieux,
» téméraire, sans conduite, sans conseil, ennemi de la paix,

» et toujours altéré de sang. Il ruina sa maison par ses folles entre-
» prises, fit le malheur de ses sujets et mérita le sien. » Charles
avait été, 1° accordé l'an 1439, et marié depuis avec CATHERINE,
fille de Charles VII, roi de France, morte en 1446; 2° il avait
épousé le 30 octobre 1454, ISABELLE, fille de Charles I, duc de
Bourbon, décédée le 25 (et non le 13) septembre 1465 à Bruxelles, et inhumée dans l'église des Prémontrés d'Anvers;
3° l'an 1468, il avait donné sa main à MARGUERITE, sœur
d'Édouard IV, roi d'Angleterre, morte à Malines l'an 1503. De
ces trois mariages il ne laissa que Marie, qui suit, née d'Isabelle, sa seconde femme. Après la mort de Charles, le duché de
Bourgogne revint à la France de la manière qu'il a été dit à
l'article de Louis XI. Le duc Charles avait pour devise une
branche de houx, avec ces mots : *qui s'y frotte s'y pique;* au
lieu desquels, dit ingénieusement un moderne, on eût pu mettre
par une application plus directe à la personne, ces deux mots
de Virgile, *horridior rusco.* Le roi Louis XI eut tant de joie
d'apprendre la mort de ce prince, qu'en reconnaissance il fit
décorer le tombeau de S. Martin d'un treillis d'argent du poids
de 6776 marcs, à la place de la grille de fer qui le renfermait.
Ce treillis, d'un travail exquis pour le tems, fut posé l'an 1479,
puis enlevé par ordre du roi François I, au mois de juillet 1522,
et converti en une monnaie sur laquelle était gravée la figure
d'un treillis. Il s'en trouve encore aujourd'hui quelques pièces
dans les cabinets des curieux. (*V.* René, *duc de Lorraine*, et
Charles, *comte de Flandre, de Hollande, etc.*)

MARIE, COMTESSE DE BOURGOGNE.

1477. MARIE, fille unique de Charles, duc de Bourgogne, et
d'Isabelle de Bourbon, née à Bruxelles le 13 fév. 1457, se
porte, après la mort de son père, pour héritière universelle de
ses états. Le roi Louis XI cherche à la dépouiller entièrement
de cette riche succession, et fait jouer tous les ressorts de sa
politique pour y réussir. Jean de Châlons, prince d'Orange,
le plus puissant vassal du comté de Bourgogne, se laisse gagner par le monarque, à l'appât du gouvernement des deux
Bourgognes, qu'il lui fait espérer. S'étant rendu à l'assemblée
des états du duché, tenus à Dijon, il les engage à mettre
cette province entre les mains du roi, en attendant le mariage,
qu'il faisait espérer, de Marie avec le dauphin. Louis XI comp-

tait si peu que la Bourgogne fût alors réversible à la couronne, que, dans ses lettres du 9 janvier 1476 (V. S.), aux trois états, il ne demandait qu'on mît en ses mains la Bourgogne, vacante par la mort du duc Charles, que *pour garder le droit de Mademoiselle, sa fille.* Il la croyait donc habile à succéder en cette partie à son père. Le prince d'Orange réussit également par ses insinuations à faire recevoir garnison française dans Grai, Dôle et Salins ; mais le mariage de la princesse de Bourgogne, célébré le 18 ou le 20 août 1477, avec l'archiduc Maximilien, rompt les mesures du roi de France : toutes les villes de Franche-Comté se déclarent alors pour Marie et son époux. L'an 1478, Dôle chasse de ses murs la garnison française; celle de Salins se retire d'elle-même. La mauvaise humeur de Louis achève la révolution : le prince d'Orange abandonne le parti de la France, voyant le gouvernement des deux Bourgognes donné, contre la promesse qui lui avait été faite, à Georges de la Trémouille, sire de Craon. Après avoir fait révolter deux villes du duché, Beaune et Verdun, il vient offrir ses services à Marie, et passe en Franche-Comté. Siége de Dôle formé par la Trémouille; la place est défendue par le seigneur de Toulongeon. Le prince d'Orange vient au secours des assiégés; il bat sur la route un détachement de la garnison de Grai ; ce qui oblige le gouverneur de cette ville à se retirer, après y avoir mis le feu. Arrivé devant Dôle, le prince livre bataille aux assiégeants le premier dimanche d'octobre, et les met en fuite, secondé par une sortie de la garnison. Dôle est délivré, et les Français évacuent entièrement la Franche-Comté. L'année suivante (1479), cette même ville est prise, à la faveur d'une trahison, par Charles d'Amboise, nouveau gouverneur du duché de Bourgogne, qui fait raser ses fortifications. Cet événement jette la consternation dans la province. Les troupes victorieuses s'avancent, et soumettent, l'une après l'autre, toutes les places de la Franche-Comté. Ce fut alors que Charles d'Amboise fit détruire presque tous les anciens châteaux du pays, dont on voit aujourdhui tant de restes qui frappent les étrangers par leur multitude et leur situation : aucune province du royaume n'en eut un aussi grand nombre. (*Hist. de Poligni*, t. I, p. 238.) Cependant Louis XI s'était rendu, au mois de juillet 1479, à Dijon, pour prendre possession du duché de Bourgogne. A son inauguration, qui se fit dans l'église de S. Bénigne, il jura de conserver et de maintenir les priviléges, libertés et franchises de la ville; et à son départ, il donna ordre de construire un château à Dijon. Il avait témoigné une joie excessive, lorsqu'on lui annonça la mort de Charles, duc de Bourgogne. Il ne dut être guère moins satisfait en apprenant celle de Marie, fille de ce rival. Cette princesse termina ses jours à Bruges, le 27 mars 1482 (cinq ans, onze semaines et quatre jours, dit Barland, après son père), laissant de son mariage Philippe et Marguerite. (*Voy.* Marie, *comtesse de Flandre.*)

MARGUERITE D'AUTRICHE.

1482. MARGUERITE, née à Gand l'an 1480, de Maximilien, archiduc d'Autriche, et de Marie de Bourgogne, fut reconnue pour héritière en partie de sa mère; mais son partage ne fut réglé que par le traité d'Arras, conclu par les ambassadeurs du roi Louis XI, avec les Flamands, le 3 décembre 1482; traité par lequel, en arrêtant le mariage de la princesse avec le dauphin, on lui assigna pour dot les comtés de Bourgogne, d'Artois, d'Auxerrois et de Charolais. « Ce qu'il y eut de remar-
» quable dans ce traité, dit M. Chevalier, c'est que Maximilien
» exigea que les engagements du roi fussent garantis par les
» princes du sang, et que les villes les plus considérables du
» royaume et des comtés de Bourgogne et d'Artois le ratifiassent
» et jurassent de l'entretenir. Outre les vues de sûreté, ajoute-
» t-il, on se proposa de faire voir que la paix était conclue
» entre le royaume et ses provinces comme entre leurs souve-
» rains, afin que leur mort n'y apportât aucun changement. »
(*Hist. de Poligni*, t. 1, p. 339.) Mais ces précautions ne rendirent pas le traité plus solide. Ce qui en fut effectué, c'est que Marguerite ayant été amenée en France, ses fiançailles avec le dauphin furent célébrées au château d'Amboise, le 23 juin 1483, et qu'alors ce prince entra en possession des provinces que sa future épouse devait lui apporter en dot. Devenu roi sous le nom de Charles VIII, les états du comté de Bourgogne, assemblés à Besançon au mois de décembre de la même année, le reconnurent pour souverain. Mais, l'an 1491, Charles rompt son mariage avec la princesse Marguerite, et donne sa main, le 6 décembre, à Anne, duchesse de Bretagne, que Maximilien avait auparavant épousée par procureur. Guerre entre ces deux princes; elle est terminée, le 23 mai, 1493, par le traité de Senlis. Charles rend les comtés de Bourgogne, de Charolais et d'Artois, et renvoie avec honneur la princesse Marguerite, qu'il avait retenue pendant la guerre.

PHILIPPE LE BEAU.

1493. PHILIPPE, fils de Maximilien, archiduc d'Autriche, et de Marie de Bourgogne, né à Bruges le 22 juillet 1478, reconnu souverain des Pays-Bas après la mort de sa mère, le devint aussi des comtés de Bourgogne, de Charolais et d'Artois, lorsque la France les eut rendus par le traité de Senlis. Il était encore sous la tutelle de son père, qui lui-même avait été long-tems dans la dépendance des Flamands, et principalement des Gantois. L'insolence de ces derniers était montée jusqu'à forcer Maximilien à comparaître, tout roi des Romains qu'il était alors, devant le magistrat de Bruges, pour répondre de sa conduite, et à le retenir comme prisonnier pendant près de quatre mois. Ce prince ayant été élevé à l'empire au mois d'août 1493, fit déclarer majeur Philippe, son fils, dès qu'il fut entré dans sa dix-septième année. Philippe gagna les cœurs de ses sujets par sa bonne mine, qui lui mérita le surnom de *Beau*, par son air affable et par ses vertus. L'année même qu'il fut déclaré majeur, mais avant sa majorité, il créa une chambre des comtes à Dôle pour la Franche-Comté, le Charolais et les seigneuries de Châtel-Chinon et de Noyers. Cet établissement fut fait sous le nom de l'empereur Maximilien, son père. L'an 1496, il épouse JEANNE, héritière des royaumes d'Aragon, de Castille et de Léon. L'an 1504, il parvient au trône de Castille. Le 25 septembre 1506 fut le terme de ses jours. Il fut pleuré amèrement de tous ses sujets des Pays-Bas et de Bourgogne. Jeanne, son épouse, fut si touchée de sa mort, qu'elle en perdit entièrement la raison, déjà ébranlée par l'amour excessif qu'elle lui portait; ce qui la fit nommer Jeanne la Folle. (*Voy.* Philippe le Beau, *comte de Flandre.*)

MARGUERITE D'AUTRICHE,
pour la seconde fois.

1506. MARGUERITE, qui n'avait conservé que le domaine utile du comté de Bourgogne et du Charolais depuis la rupture de son premier mariage, reprit le titre de comtesse de ces pays après la mort de Philippe le Beau, son frère. Elle fut en même tems déclarée gouvernante des Pays-Bas durant la minorité de Charles, son neveu, fils de Philippe. Marguerite avait été fiancée, comme on l'a vu plus haut, à Charles VIII. Depuis elle épousa, l'an 1497, Jean, infant de Castille, qui cessa de vivre le 14 octobre de l'année suivante, laissant son épouse enceinte d'une fille qui mourut en naissant. Elle contracta, l'an 1501, un second mariage avec Philibert II, duc de Savoie, qu'elle eut la douleur de voir mourir sans postérité l'an 1504. Marguerite étant retournée dans les Pays-Bas, y fut reçue des peuples avec acclamation. L'an 1529, dans une entrevue qu'elle eut avec Louise de Savoie, mère du roi François Ier, à Cambrai, ces deux princesses firent la paix entre le roi de France et Charles-Quint; on nomma cette paix *la paix des Dames*. Dans l'article 35 du traité, Marguerite est appelée *comtesse de Bourgogne à vie* : elle prend le même titre dans son testament. Cette princesse mourut à Malines le premier décembre 1530. Son corps fut porté à Brou, près de Bourg-en-Bresse, dans l'église des Augustins, qui était son ouvrage. Plusieurs années avant sa mort, elle y avait fait élever trois superbes mausolées en marbre, qui subsistent encore ; le premier pour le duc, son époux, le second pour Marguerite de Bourbon, mère du duc, et le troisième pour elle-même. (Voy. les ducs de Savoie.)

CHARLES-QUINT.

1530. CHARLES-QUINT succéda, dans les comtés de Bourgogne et de Charolais, à Marguerite, sa tante. La première de ces deux provinces est demeurée unie à l'Espagne jusqu'en 1674, que Louis XIV en fit la conquête. L'autre fut rendue à la France par le traité des Pyrénées en 1659.

COMTES DE BOURGOGNE.

Le comté de Bourgogne, dit aussi Bourgogne supérieure, ou haute Bourgogne, et depuis Franche-Comté, est proprement le pays des anciens Séquanais, et cette troisième Germanie, qui, du nom de l'empereur Pupien Maxime, collègue de Balbin, et non à raison de son étendue, fut appelée *Maxima Sequanorum*. Le royaume de Bourgogne, dont cette province faisait partie, fut compris sous la race carlovingienne de nos rois dans le partage de l'empereur Lothaire. Elle passa ensuite, avec d'autres provinces, au second fils de ce prince, appelé aussi Lothaire, après la mort duquel elle revint à Charles le Chauve. Les rois de Provence et ceux de la Bourgogne transjurane l'enlevèrent aux successeurs de Charles, et y établirent des comtes, dont un, appelé archi-comte, était supérieur à quatre autres. Ces comtes étaient le comte de Varasque, le comte de Montbéliard, le comte de Scodingue, le comte d'Amous et le comte de Port. Le premier comprenait dans son département ce que nous appelons aujourd'hui le pays d'Ajoie, dont Porentru est la capitale. Le comte de Montbéliard avait dans son district les bailliages de Beaune, d'Ornans et de Pontarlier, avec la partie de ceux de Salins, de Poligni, qui est dans la montagne, et Poligni même, suivant une charte de 922. Au comté de Scodingue ressortissaient une partie des bailliages de Salins, d'Arbois et de Poligni, ceux de Lons-le-Saulnier et d'Orgelet avec la terre de Saint-Claude, en ce qui était du diocèse de Besançon. Le comte d'Amous dominait sur les bailliages de Dôle et de Quingei, et sur ceux d'Arbois et de Grai, en partie. Le comte de Port dominait sur le bailliage de Vesoul, les terres de Lure, de Luxeu, de Vauvillers, sur une partie du bailliage de Gray, et étendait sa juridiction jusqu'aux portes de Besançon. Tel est le système de M. Dunod sur l'origine du comté de Bourgogne. D. Plancher, dans son histoire du duché de Bourgogne, pense au contraire que la Bourgogne supérieure, située en-deçà du Mont-Jura, ne fit jamais partie, ni du royaume de Provence, ni du royaume de la Bourgogne transjurane. Selon cet historien, la haute Bourgogne cisjurane, après être demeurée unie au royaume de Lorraine jusqu'à la mort de Louis IV, dernier roi de Germanie du sang de Charlemagne, revint, par droit de succession, l'an 912, à Charles le Simple, roi de France, et fut incorporée à cette monarchie. *Ce fut alors*, dit dom Plancher, *qu'on vit des comtes de Bourgogne, et qu'on appela comté cette portion de la Bourgogne supérieure située en-deçà du Mont-Jura.* L'auteur apporte des preuves qui appuient son système; mais il en dissimule d'autres qui semblent le détruire. Sans prendre parti entre ces deux opinions, nous rapporterons simplement les faits tels que les anciens monumens les énoncent dans la chronologie historique que nous allons faire des comtes de Bourgogne. De même que les ducs de Bourgogne, ils furent d'abord bénéficiaires, ou amovibles, et devinrent ensuite propriétaires, suivant M. Dunod. D. Plancher prétend, au contraire, qu'ils possédèrent d'abord leur gouvernement en propriété. C'est encore un point que nous laissons indécis.

HUGUES LE NOIR,

Premier comte propriétaire de Bourgogne, *suivant dom Plancher.*

L'an 915, au plus tard, Hugues le Noir, fils puîné de Richard le Justicier, duc de Bourgogne, et d'Adélaïde, son épouse, était comte de Bourgogne, et reconnaissait pour souverain le roi de France. Nous en avons la preuve dans une charte de Charles le Simple, datée de la vingt-deuxième année de son règne, c'est-à-dire de l'an 915, par laquelle ce prince accorde à Hugues, *illustre comte*, la ville de Poligni avec quarante meix, tous situés, comme cette ville, dans le comté de Varasque. Boson, frère de Hugues, eut aussi part au gouvernement du comté de Bourgogne, mais apparemment sous la dépendance de Hugues, puisque celui-ci est appelé archicomte dans une charte de Conrad, roi d'Arles, datée de la douzième année de son règne, c'est-à-dire l'an 949. Boson mourut, l'an 935, au siége de Saint-Quentin. L'an 937, les Hongrois, ayant passé le Rhin à Wormis, se répandirent dans l'Alsace, la Lorraine et le comté de Bourgogne, où ils firent impunément les plus affreux ravages. Hugues devint, l'an 938, duc en partie de la basse Bourgogne. L'an 940, il fit serment de fidélité, à raison des fiefs qu'il possédait dans la Bourgogne transjurane, au roi Conrad. Hugues mourut, l'an 952, le 17 décembre. (Voy. *les ducs de Bourgogne*.)

GISELBERT.

GISELBERT, duc de Bourgogne en 923, devint comte de la haute Bourgogne, l'an 952, par la mort de Hugues le Noir, son beau-frère. Il mourut l'an 956. (Voy. *les ducs de Bourgogne*.)

LETALDE Ier.

951 au plus tard. LETALDE, ou LEOTALDE, comte de Mâcon, fils d'Albéric de Narbonne, et beau-frère du duc Giselbert, était comte en Bourgogne en 951, et par conséquent du vivant de Giselbert. Il vint, en cette qualité, faire hommage au roi Louis d'Outremer, cette même année, lorsque ce prince était en route pour l'Aquitaine. Louis étant tombé dangereusement malade dans ce voyage, Letalde, qui l'accompagnait, resta assidument auprès de son lit, et lui fut d'un grand secours pour sa guérison. C'est ce qu'atteste Frodoard en termes formels : *Dumque*, dit-il, *moratur Aquitaniam rex intrare, gravi corripitur infirmitate : quem suscipiens Letaldus quidam Burgundiæ comes, qui tunc etiam suus noviter effectus fuerat, utiliter eum in ipsa ægritudine observavit*. M. Dunod rapporte une charte de Letalde, datée de la même année, où il se qualifie le plus noble des comtes de Bourgogne : *Ego Letaldus cæterorum comitum nobilissimus* (1), et cela, comme le prouve cet his-

---

(1) Il y avait donc alors, comme on l'a dit ci-devant, plusieurs comtes à la fois dans le comté de Bourgogne, qui vraisemblablement étaient indépendants

torien, à raison du comté de Besançon dont il était pourvu. Après la mort de Louis d'Outremer, Letalde fut un des premiers seigneurs qui firent hommage à Lothaire, son successeur. Nous en avons la preuve dans un diplôme de ce monarque, donné à la demande de Hugues le Blanc, duc de Bourgogne, et de Letalde, pour affranchir de toute autre mouvance que de celle du roi les dépendances du monastère de Cluni. *Hugo*, y est-il dit, *Dux inclytus noster, nec non etiam Leotaldus, Burgundiæ comes dilectus et fidelissimus noster, humiliter deprecati sunt regiam celsitudinem nostram.* L'acte est daté de Laon, le XIV des calendes de novembre, la première année de Lothaire, qui n'était monté sur le trône que le 10 septembre précédent. (*Arch. de Cluni.*) L'an 967, Letalde fit confirmer, par Conrad, roi de Bourgogne, les donations que Hugues le Noir avait faites à l'église de Saint-Etienne de Besançon. On ignore l'année de sa mort; mais il n'était plus au monde en 971. Letalde eut deux femmes, ERMENGARDE, sœur et non fille de Giselbert; et COLLATIE, dite aussi RICHILDE. De la première il eut Béatrix, femme d'Eudes de Vermandois, et de la seconde il eut Albéric, qui suit. (Voy. *les comtes de Mâcon.*)

ALBÉRIC.

ALBÉRIC, fils de Letalde et son collègue dans le comté de Mâcon dès l'an 952, ne lui succéda point au comté de Bourgogne, si l'on en croit M. Dunod. Mais pourquoi aurait-il été privé de cette portion de la succession paternelle? Il est vrai qu'elle ne lui appartenait point à titre d'héritage, s'il n'était que comte amovible. Mais il fallait néanmoins des raisons pour l'en priver, et l'auteur n'en donne point. Nous pensons, avec M. Chevalier (*Hist. de Poligni*), qu'il est beaucoup plus vraisemblable qu'Albéric eut le comté de Bourgogne, ainsi que celui de Mâcon, après la mort de son père. Il mourut l'an 975, laissant d'ERMENTRUDE, ou ERMENGARDE, sa femme, trois fils, Letalde, Albéric et Guillaume, avec une fille nommée Béatrix, femme de Geoffroi I, comte de Gâtinais. Quelques-uns font encore Albéric père d'Adelaïde, ou Elisabeth, femme de Gui, fils d'Otte-Guillaume. (Voy. Albéric II et Gui, *comtes de Mâcon.*)

LETALDE II.

975. LETALDE II, fut le successeur d'Albéric, son père, aux

---

les uns des autres, et dominaient chacun dans une portion de cette province. Ainsi Letalde n'était que comte partiel de Bourgogne. Il en faut dire autant de ses successeurs jusqu'à Otte-Guillaume.

comtés de Bourgogne et de Mâcon. Il mourut la quatrième année de son gouvernement (979), laissant un fils qui suit. (Voy. *les comtes de Mâcon.*)

ALBÉRIC II.

979. ALBÉRIC succéda en bas âge à Letalde, son père, et mourut vers l'an 995 avant d'être marié. (Voy. *les comtes de Mâcon.*)

OTTON, DIT OTTE-GUILLAUME, PREMIER COMTE PROPRIÉTAIRE DE BOURGOGNE, *suivant M. Dunod.*

995 ou environ. OTTON, dit OTTE-GUILLAUME, fils d'Adalbert, roi de Lombardie, et de Gerberge, fille de Lambert, comte de Châlons, comme on le prouvera sur celui-ci, succéda au comté de Bourgogne, après la mort du fils de Letalde II, par le droit de sa mère, petite-fille de Giselbert, duc et comte de Bourgogne, et non par droit de conquête, comme quelques-uns l'ont cru. Gerberge avait épousé, en secondes noces, Henri le Grand, duc de Bourgogne, à la cour duquel Otte-Guillaume fut élevé. Henri le trouva si digne de son amitié, qu'il l'adopta pour son fils, et le fit comte de Nevers. Henri étant mort l'an 1002 sans enfants, Otte-Guillaume prétendit lui succéder au duché de Bourgogne en vertu de cette adoption; mais il trouva un concurrent dans le roi Robert, qui revendiqua ce duché à plus juste titre. L'un et l'autre prirent les armes pour soutenir leurs prétentions : Otte-Guillaume fut puissamment secouru par Brunon, évêque de Langres, son beau-frère, par Landri, comte de Nevers, son gendre, et par un grand nombre de seigneurs du duché. Cette guerre dura l'espace de douze ans, au bout desquels Otte-Guillaume fit son accommodement avec le monarque, qui lui laissa le comté de Dijon pour sa vie, et garda le reste de l'héritage contesté. La valeur et l'habileté qu'Otte-Guillaume montra dans cette guerre, rendirent son nom respectable, et firent appréhender à ses voisins de se commettre avec lui. Rodolfe III, roi d'Arles, pour s'en faire un ami, l'établit comme gouverneur de ses états. Ce monarque les ayant résignés au roi de Germanie, Henri II, son neveu, le comte Otte-Guillaume se mit à la tête des seigneurs bourguignons pour lui représenter l'injustice qu'il leur faisait en les privant par là du droit qu'ils avaient d'élire leur souverain. Quelques modernes assurent qu'il commanda l'armée que les Bourguignons opposèrent, l'an 1018, à celle que Henri II envoya contre eux sous les ordres de Werner, évêque de Strasbourg, et l'un d'entre eux assure que

Guillaume repoussa les Allemands. Nous ne trouvons rien de semblable dans les anciens, qui ne font nulle mention d'Otte-Guillaume dans cette action, et se contentent de dire que Werner attaqua les Bourguignons et les vainquit : *Verinharius Argentinæ episcopus contra Burgundiones pugnavit et vicit. (Herman Contract.)* Mais cette victoire ne paraît point avoir eu de suite. Nous voyons en effet Otte-Guillaume continuer de jouir sous Rodolfe d'une autorité presque souveraine dans le royaume d'Arles jusqu'à sa mort, arrivée le 21 septembre 1027, à Dijon, où il faisait sa résidence ordinaire. Son corps fut inhumé dans l'église de S. Bénigne de la même ville. Otte-Guillaume était regardé comme l'un des plus vaillants et des plus puissants princes de son tems. Son épitaphe porte qu'il était comte et duc en même tems : *Qui ducis et comitis gemino ditatus honore.* D'ERMENTRUDE, fille de Renaud, comte de Reims et de Rouci, sa femme, nommée aussi ADELAÏDE, veuve d'Albéric II, comte de Mâcon, il eut trois fils et trois filles. Les fils sont : Gui, mort avant son père, qui l'avait associé au comté de Mâcon; Renaud, qui suit; et Bernon, archidiacre de Langres. Mathilde, l'aînée des filles, épousa Landri, comte de Nevers; Agnès, la seconde, fut mariée, 1° à Guillaume le Grand, comte de Poitiers; 2° à Geoffroi Martel, comte d'Anjou; Gerberge, ou Gersende, la troisième, épousa Guillaume II, comte de Provence. (Voy. *les comtes de Mâcon et ceux de Nevers.*) Nous avons d'Otte-Guillaume un acte sans date, qui prouve en même tems et l'autorité qu'il exerçait dans le royaume d'Arles et la mouvance du comté de Bourgogne envers le duché. C'est une charte par laquelle il rend à l'abbaye de Cluni, gouvernée alors par S. Odilon, les terres d'Ambérieux et de Juilli, qu'il avait acquises de ceux qui les avaient usurpées sur ce monastère. Il appelle formellement son seigneur, dans cet acte, Henri I, duc de Bourgogne, en parlant des mouvements que les religieux de Cluni s'étaient donnés précédemment pour recouvrer les deux terres dont il s'agit : *Cluniacensis monasterii fratres multo tempore se proclamantes ante senioris mei Henrici ducis præsentiam.* La charte, donnée sous le règne de Rodolfe, roi d'Arles, à Lons-le-Saunier, est souscrite par Renaud, fils d'Otte-Guillaume, et Ottou, son petit-fils, comte de Mâcon. Gui, père d'Otton, était mort alors, et par conséquent l'acte est de l'an 1007 au plutôt. (*Arch. de Cluni.*)

RENAUD I.

1027. RENAUD, fils d'Otte-Guillaume, lui succéda dans le comté de Bourgogne. Du vivant de son père, il avait eu des démêlés avec Hugues, évêque d'Auxerre et comte de Châlons-sur-Saône. Surpris par les gens du prélat, il fut mis dans une étroite prison. Richard II, duc de Normandie, beau-père de Renaud, apprenant cette nouvelle, envoya Richard, son fils, avec une armée, pour délivrer son gendre. Hugues n'attendit pas qu'on en vînt aux mains avec lui ; il fit, si l'on en croit Guillaume de Jumièges, des excuses très-humbles et très-humiliantes à Richard, et rendit la liberté au comte de Bourgogne. (Voy. *les comtes de Châlons.*) L'an 1027, Renaud, après la mort de son père, fit avec Otton, son neveu, le partage de la terre d'outre-Saône, c'est-à-dire, suivant M. Dunod, de la vicomté d'Auxonne ; mais dom Plancher prétend que cette vicomté faisait partie du duché, et non du comté de Bourgogne. Hugues de Salins, abbé de S. Paul de Besançon, et depuis archevêque de cette ville, ayant entrepris en 1028 la fondation du chapitre de S. Anatole à Salins, le comte Renaud concourut par ses libéralités à cette bonne œuvre, qui fut confirmée par Rodolfe III, roi de Bourgogne.

Henri III, roi de Germanie et héritier du royaume de Bourgogne par l'empereur Conrad, son père, étant venu, l'an 1038, à Soleure pour s'y faire couronner et recevoir l'hommage de ses vassaux, le comte Renaud refusa de comparaître à cette cérémonie, prétendant, comme il avait fait sous Conrad, ne relever que de Dieu et de son épée. Il soutint la même chose, l'an 1043, en présence de Henri lui-même à Besançon, où ce prince était venu épouser Agnès de Poitiers, nièce de notre comte. Henri prit les armes, l'année suivante, pour le réduire, et chargea de la conduite de cette guerre le comte de Montbéliard. Le comte Girard, amena du secours à Renaud : ils assiégèrent ensemble Montbéliard ; mais ils furent défaits devant cette place. Renaud prit alors le parti de la soumission. L'an 1045, il se rendit à Soleure, où il rendit hommage à Henri III. Après cette démarche, Renaud vécut en paix. Il mourut le 3 septembre 1057, laissant d'Alix, dite aussi Judith, sa femme, fille de Richard II, duc de Normandie, Guillaume, qui suit; Gui, comte de Vernon et de Brionne ; et Falcon ou Faucon, qu'Heriman de Laon (l. 1, *de Mirac. B. M. Laudun.*, p. 529), qualifie prince de Serre, époux d'Adelaïde, fille d'Hilduin, comte de Rouci. Sibylle, femme de Henri, fils de Robert, duc de Bourgogne, est la seule fille connue de Renaud : sa sépulture est au parvis de S. Etienne de Besançon. Renaud fut, à l'imitation de son père, un insigne bienfaiteur des églises. Celle de Besançon, les abbayes de Saint-Bénigne de Dijon et de Flavigni, le monastère de Vaux, furent les principaux objets de ses pieuses libéralités. (Voy. *Hilduin, comte de Rouci.*)

GUILLAUME I, DIT LE GRAND.

1057. GUILLAUME I, surnommé LE GRAND et TÊTE HARDIE, fils et successeur de Renaud, se qualifiait comte de Bourgogne dès 1049, du vivant de son père. Il eut dès-lors une guerre, qui dura dix ans, avec Gui, son frère, qui, ayant été dépouillé du comté de Brionne par Guillaume le Bâtard, duc de Normandie, pour crime de révolte, s'était retiré en Bourgogne et cherchait par toutes sortes de moyens, à dépouiller à son tour Guillaume le Grand. Celui-ci, après l'avoir battu en différentes rencontres, l'obligea enfin d'évacuer le pays. (Duchêne, *Script. Norm.* p. 180.) Guillaume ne défendit pas seulement son héritage, il l'augmenta considérablement par le mariage qu'il fit avec ETIENNETTE, héritière du comté de Vienne, et par la donation que lui fit en 1078, du comté de Mâcon, Gui, son cousin, en se retirant à Cluni. Plusieurs années avant cette époque, Guillaume avait fait un voyage à Rome avec le comte de S. Gilles, sous le pontificat d'Alexandre II, auquel ils avaient promis solennellement, devant le tombeau des SS. Apôtres, de prendre la défense de S. Pierre toutes les fois qu'ils en seraient requis. C'est ce que nous apprenons d'une lettre de Grégoire VII, successeur d'Alexandre, à Guillaume, écrite le 2 février 1074 (V. S.), pour le prier et sommer d'exécuter sa promesse en lui amenant une armée pour secourir l'église romaine opprimée par les Normands établis en Italie. (Grég. VII, l. 1, *Epist.* 46.) Il ne paraît pas que Guillaume se soit rendu aux sollicitations du pape. L'an 1076, la veille de Noël, il reçut avec magnificence l'empereur Henri IV, son petit-neveu du côté maternel, à Besançon, d'où ensuite il l'accompagna jusqu'aux frontières de Savoie. Le monarque allait en Italie, et s'était trouvé dans la nécessité de prendre sa route par la Bourgogne, sur ce qu'il avait appris que les ducs Rodolfe, Welphe, et Berthold, ses ennemis, s'étaient emparés de tous les passages de Lombardie, nommés *les Cluses*, et y avaient placé des troupes. Lambert d'Aschaffembourg met en 1077 l'arrivée de Henri à Besançon, parce qu'il commençait l'année à Noël, ou, pour mieux dire, la veille de Noël à midi. Le comte Guillaume entretint la paix dans la partie de la Bourgogne transjurane dont il jouissait (ce qui s'étendait jusqu'à Soleure), tandis que le reste de l'Helvétie était désolé par le feu de la discorde. Ce prince mourut le 11 novembre 1087, et fut inhumé à S. Etienne de Besançon. Il laissa de son mariage, entr'autres enfants, Renaud, qui suit; Guillaume, dit *Tête-Hardie*, comme son père, époux de Gertrude de Limbourg, et mort avant l'an 1090; Etienne, comte de Varasque et de Mâcon, tige de la puissante maison de Châlons; Raimond, comte d'Amous, lequel, ayant été s'établir en Espagne, fut père d'Alfonse VIII, roi de Castille et de Léon par son mariage avec Urraque, fille du roi Alfonse VI; Hugues, archevêque de Besançon; Gui, archevêque de Vienne, puis pape sous le nom de Calliste II (Orderic Vital dit formellement que celui-ci était fils de Guillaume le Grand et petit-fils de Renaud et d'Alix de Normandie); Mahaut, femme d'Eudes I, duc de Bourgogne; Gisèle, mariée à Humbert II, comte de Savoie, puis à Rainier, marquis de Montferrat; Ermentrude, femme de Thierri II, comte de Bar-le-Duc; Clémence, mariée, 1° à Robert II, comte de Flandre; 2° à Godefroi, premier duc héréditaire de Brabant. Quelques modernes, d'après Pélicer, lui donnent une cinquième fille, nommée Berthe, femme, selon eux, d'Alfonse VI, roi de Léon. Mais les anciens monuments ne la comptent point parmi les enfants de Guillaume.

RENAUD II.

1087. RENAUD II, fils et successeur de Guillaume le Grand, mourut en allant à la première croisade l'an 1097. Pendant son absence, Etienne, son frère, administra le comté de Bourgogne, comme on le voit par divers actes. (Schœpflin, *hist. Zaringho-Bad*, T. I, l. 2.) M. Dunod fait faire à Renaud plusieurs voyages à la Terre-Sainte, et dit qu'étant mort en 1105, il fut enterré à l'abbaye de Saint-Hubert; sur quoi il cite Sigebert et Albéric, qui ne disent rien de semblable. De REINE, son épouse, fille d'un seigneur nommé Conon, Renaud laissa Guillaume, qui suit. La veuve de Renaud se fit religieuse à Marcigni, où elle vivait encore l'an 1107. Le comte son époux avait fait remise à l'église de Besançon, l'an 1090, de certains droits qu'il avait usurpés sur elle dans la terre de Cussi. L'acte de cette remise est daté du VII des ides d'août, *regnante Domino nostro Jesu Christo* (*Spic.* T. IX, pag. 128.)

GUILLAUME II, DIT L'ALLEMAND.

1097 ou environ. GUILLAUME II, fils de Renaud II, lui succéda en bas âge sous la tutelle d'Etienne, son oncle, qui continua de prendre le titre de comte de Bourgogne, comme il avait fait pendant l'absence de Renaud. Etienne, l'an 1101, abandonna le soin de son pupille pour aller sur les traces de son frère en Palestine. Il y périt l'an 1102. (*Voy*. Etienne, *comte de Mâcon*.) Le jeune comte Guillaume épousa, vers l'an 1107, AGNÈS, fille de Berthold II, et sœur de Conrad, duc de Zéringhen; c'est apparemment à cause de ce mariage qu'il se qualifiait *Comes Alemannus.* On n'est assuré ni de l'année, ni du genre de sa mort. M. Dunod conjecture que des rebelles qu'il voulait réduire, le tuèrent, soit dans une bataille, soit en trahison. On fit courir le bruit après sa mort que le diable l'avait emporté. Pierre le Vénérable fut la dupe lui-même de ce conte ridicule ; car il raconte gravement qu'en punition des vexations fréquentes et affreuses que Guillaume avait exercées contre différents monastères, un jour solennel (Albéric dit la Pentecôte), comme il était assis en son palais de Mâcon, au milieu d'une grande compagnie, un cavalier, que personne ne connaissait, entra subitement dans la cour, et, l'ayant appelé comme pour lui parler en secret, le fit monter derrière lui ; puis, lâchant aussitôt la bride à son cheval, l'emporta dans les airs, criant de toutes ses forces à la multitude, témoin de ce prodige, *à mon secours, chers amis ! à mon secours !* On le suivit, ajoute-t-il, tant qu'on put, de la vue ; mais à la fin il fut soustrait aux regards des hommes pour aller s'associer éternellement aux diables. (*L.* 2, *de Miraculis*, c. 1, pag. 1299.)

GUILLAUME III, DIT L'ENFANT.

Gillaume III, surnommé l'Enfant, à cause de son bas âge, fils du comte Guillaume II, lui succéda dans les comtés de Bourgogne et de Mâcon. Il était déjà comte d'une partie de la Bourgogne transjurane. L'an 1127 (N. S.), il fut assassiné dans une église à Payerne, dans la Bourgogne transjurane, le 9 février, selon M. Dunod, avec Pierre et Philippe de Glanne, deux de ses principaux officiers, et d'autres seigneurs. La Chronique d'André met ce meurtre au mardi de la seconde semaine de carême, qui était cette année le premier mars. Le continuateur de Sigebert donne la même époque. (*Voy. les comtes de Mâcon.*)

RENAUD III.

1127. Renaud III, fils d'Etienne et de Béatrix, et petit-fils par son père, de Guillaume le Grand, devint le successeur de Guillaume l'Enfant, son neveu à la mode de Bretagne, dans le comté de Bourgogne, mais non dans celui de Mâcon. Les historiens du temps le nomment le *très-grand comte*, et lui-même prenait le titre de *très-noble consul.* Ses états, à la réserve du Scodingue qui échut à Guillaume, frère de Renaud III, s'étendaient depuis Bâle jusqu'à l'Isère, et comprenaient Lyon, Vienne et Besançon. Fier de tant de puissance, il osa refuser à l'empereur Lothaire l'hommage qu'il lui demandait, comme roi de Bourgogne, tant de son comté que des fiefs qu'il possédait au-delà du Mont-Jura. Ce refus n'était pas sans fondement; car Renaud soutenait, 1° que son comté ne relevait pas du royaume de Bourgogne ou d'Arles; 2° qu'à l'égard de ses autres fiefs situés au-delà du Mont-Jura, c'était aux héritiers de Conrad le Salique, et non à Lothaire, chef de la maison de Suabe, qui devait le porter, attendu que Conrad avait reçu le royaume d'Arles de Rodolfe III, non en qualité d'empereur, mais comme fils de sa sœur Gisèle. « Car la coutume qui » porte, dit M. Dunod, que ce qui arrive même par succession » aux souverains de certaines monarchies, s'unit à l'état, n'était » pas encore formée. » Lothaire, raisonnant sur un autre principe, prétendit que le royaume d'Arles étant uni de fait au royaume de Germanie depuis environ un siècle, il l'était aussi de droit en vertu de la prescription. En conséquence, l'an 1127, pour punir Renaud de son refus, il le proscrivit dans la diète de Spire comme coupable de félonie, et donna ses états à Conrad, duc de Zéringhen. Renaud était trop brave pour se laisser dépouiller de son patrimoine sans se défendre. Il prit les armes, et fit tête, pendant quelques années, à son compétiteur. Mais, dans une bataille qu'ils se livrèrent (on ne dit pas en quelle année), il eut le dessous, et tomba entre les mains de Conrad, qui le fit conduire prisonnier à la diète qui se tenait alors à Strasbourg. Renaud devait s'attendre à y voir sa proscription confirmée. Le contraire arriva. Les princes furent si charmés de sa bonne mine, de l'air noble et du ton d'assurance dont il s'expliqua devant eux, qu'ils le renvoyèrent libre dans ses états, qui, depuis ce tems, furent appelés Franche-Comté, parce que les comtes de Bourgogne jouissaient d'une plus grande indépendance que les autres comtes, et que leurs sujets avaient des priviléges que n'avaient pas ceux des autres comtés. Après la mort de l'empereur Lothaire, arrivée l'an 1158, Conrad III, son successeur, voulut, à son exemple, exiger l'hommage de Renaud, et essuya le même refus. Nouvelle confiscation de ses états en faveur du même duc de Zéringhen. La guerre recommence entre les deux rivaux. Après avoir épuisé les forces de leurs armées l'un contre l'autre, ils en vinrent à un combat singulier, auquel ils survécurent tous les deux, et qui, par conséquent, ne décida rien. Le duc de Zéringhen fut à la fin obligé d'abandonner la partie. Renaud mourut, possesseur de tous ses domaines, le 20 janvier 1148, ne laissant de son mariage avec AGATHE, fille de Simon Ier, duc de Lorraine, que Béatrix, qui suit. (*Voy.* Guillaume IV, *comte de Mâcon, et les ducs de Zéringhen.*)

BÉATRIX Ier, ET FRÉDÉRIC Ier, EMPEREUR.

1148. BÉATRIX, fille de Renaud III, lui succéda en bas âge, par préférence à son oncle, suivant l'usage du comté de Bourgogne, qui en adjugeait la souveraineté à l'aînée des filles du dernier possesseur, au défaut de ses descendants mâles, et à l'exclusion des mâles collatéraux. Béatrix fut sous la tutelle de Guillaume, son oncle; mais ce perfide, abusant de son titre, la fit renfermer étroitement dans une tour, à dessein de lui ravir ses états. Il se trompa dans ses vues. Jaloux de sa proie, l'empereur Frédéric Ier l'obligea, l'an 1156, de lui remettre Béatrix avec son héritage, et épousa la princesse à Wurtzbourg la même année, dans l'octave de la Pentecôte. (*Auctuar. Afflighem.*) Le premier soin de Frédéric, après son mariage, fut de s'accommoder avec Berthold, duc de Zéringhen, pour ses prétentions sur le comté de Bourgogne : il y réussit, de manière qu'il obligea ce duc à lui céder non seulement le comté litigieux, mais encore le rectorat du royaume d'Arles, dont cette maison était en jouissance paisible depuis plus de deux siècles. Le seul dédommagement qu'il donna à Berthold, fut l'avouerie des évêchés de Lausanne, de Genève et de Sion. L'an 1157, au mois d'octobre, Frédéric tient, à Besançon, une diète, où il reçoit, comme roi d'Arles, le serment de fidélité des prélats et des seigneurs. L'an 1185, il perd Béatrix, morte à Spire le 15 novembre. Frédéric étant à Besançon, l'an 1189, donne à son fils Otton le comté de Bourgogne, du consentement des grands vassaux de la province, en retenant toutefois la ville de Besançon, qui devint alors ville impériale; elle resta dans cet état jusqu'en 1656, qu'elle fut rachetée par le roi d'Espagne, en donnant en échange la ville de Franckendal. Frédéric, au don qu'il fit à son fils, ajouta la supériorité sur le royaume d'Arles, *Archisolium Arelatense ;* ce qui a fait donner au comte Otton le titre de roi d'Arles par Otton de Saint-Blaise; mais d'autres le qualifient simplement régent d'Arles, c'est-à-dire vicaire de l'empire en ce royaume. L'an 1190, Frédéric meurt en Asie le 10 juin. Ce prince avait fait bâtir, à Dôle, un grand et superbe château pour loger toute sa cour, qui était toujours très-nombreuse. (*Voy.* Frédéric Ier, empereur.)

OTTON Ier, ou II.

1190. OTTON Ier, ou II, troisième fils de l'empereur Frédéric Ier et de Béatrix, joignit au titre de comte de Bourgogne celui de palatin que ses successeurs prirent après lui. Il voulut même, contre la coutume, jouir seul du premier, à l'exclusion des cadets de sa maison. Ce fut le sujet d'une rupture entre lui et Etienne II, dit Estevenon, comte ou vicomte d'Auxonne, qui descendait, comme l'impératrice Béatrix, d'Etienne I*er*, fils du comte Guillaume le Grand. Cette origine commune parut l'autoriser à prendre la qualité de comte de Bourgogne, comme avait fait son père, qui l'avait prise même à la cour de l'empereur. Pour se faire un appui dans cette querelle, il releva du duc de Bourgogne son comté d'Auxonne, sauf néanmoins la suzeraineté du prieuré de Saint-Vivant, près de Vergi. (Chifflet, *Let. sur Béatrix de Châlons*, p. 84.) Néanmoins la même année, par le conseil de ses amis, il se désista de sa prétention. Ce démêlé avait été précédé d'un autre d'Otton avec Eudes de Bourgogne, qui lui demandait l'hommage du comté de Mâcon au nom du duc Hugues, son père, occupé pour lors à la Terre-Sainte, où il mourut dans ces entrefaites. L'empereur Henri VI, devant lequel l'affaire fut portée par compromis, décida, contre Otton, son frère, en faveur du duc de Bourgogne, par son diplôme daté de Francfort l'an 1193, puis vidimé en signe de confirmation par Otton de Méranie, successeur de notre comte, au mois de novembre 1215. (Plancher, *hist. de Bourg.*, T. 1, pr., p. 72.) Le comte Otton mourut le 13 janvier de l'an 1200, à Besançon, laissant, de MARGUERITE, son épouse, fille de Thibaut V, comte de Blois, et veuve de Hugues III, sire d'Oisi, une fille, qui suit. Otton est le premier comte de Bourgogne, à ce qu'on prétend, qui ait porté l'aigle éployée dans ses armoiries. C'est une conjecture fausse de M. Dunod, suivant M. Chevalier, qu'Otton ait obtenu de l'empereur, son père, l'indépendance du comté de Bourgogne. Ce comté n'était fief de l'Empire qu'en quelque partie, au jugement de ce dernier auteur, et continua de l'être après l'empereur Frédéric I*er*, et le comte Otton, son fils. Marguerite, veuve d'Otton, se remaria, en troisièmes noces, à Gautier d'Avênes, et mourut en 1230. Nous avons l'acte d'hommage qu'elle fit, au mois de mai 1218, à Blanche, comtesse de Champagne, des fiefs de ce comté qui lui étaient échus par la mort de son neveu, Thibaut, comte de Blois. (Cartul. de Champ. dit *Liber principum*, fol. 208, r°.)

BÉATRIX II et OTTON II ou III.

1200. BÉATRIX, fille unique et héritière d'Otton II, porta le comté de Bourgogne dans une maison étrangère, en épousant, le 22 juin 1208, OTTON, dit LE GRAND, de l'illustre maison d'Andechs en Bavière, duc de Méranie dans le Tyrol, marquis d'Istrie et prince de Dalmatie. Le vicomte d'Auxonne, irrité de cette alliance, reprit le titre de comte de Bourgogne. Ce fut le signal d'une guerre qui coûta bien du sang. La noblesse séquanaise se partagea, suivant ses intérêts, entre les deux contendants. Celle qui habitait les cantons des Varasques et des Portisiens favorisait Otton, et marchait sous les enseignes des sires de Neuchâtel, de Faucognei, de Rougemont et de Dampierre. Appuyé par les comtes de Vienne et par tous les vassaux de cette puissante maison, Etienne avait entraîné dans sa querelle le reste de la province. Les combats entre les deux partis se renouvelaient sans cesse. On ne voyait partout que gens armés, des châteaux successivement pris et repris, des campagnes ravagées. Il y eut un accommodement en 1222; mais les hostilités recommencèrent au bout de trois ans. Otton, pour subvenir aux frais de cette guerre, engagea, le lundi après la Toussaint (8 novembre) de l'an 1227, le comté de Bourgogne à Thibaut le Posthume, comte de Champagne, pour la somme de quinze mille marcs d'argent. La paix se fit, le 16 juin 1228, dans l'abbaye de Beze, par la médiation du cardinal de Saint-Ange; et le mariage d'Alix, fille d'Otton, avec Hugues, petit-fils du vicomte Etienne, décédé dans le feu de la guerre et remplacé par son fils, Jean le Sage, en fut comme le sceau. Otton mourut vers l'an 1234, environ trois ans après Béatrix, morte en 1231. Ce prince laissa de son mariage Otton, qui suit; Béatrix, comtesse d'Orlamonde; Alix dont on vient de parler; et deux autres filles. (Voy. *les ducs de Méranie.* (

OTTON III ou IV, dit LE JEUNE.

1234 ou environ. Otton, fils d'Otton III et de Béatrix, prenait, comme son père, les titres de comte palatin de Bourgogne et de duc de Méranie. L'an 1242 (N. S.), étant près d'entreprendre un voyage en Allemagne pour recueillir la succession du marquis d'Istrie, son oncle, le vendredi avant les Rameaux (11 avril), il remit le comté de Bourgogne à la garde de Hugues IV (et non pas Eudes), duc de Bourgogne. Il ne revint pas de ce voyage, et fut tué à Plassembourg après la mi-juin 1248, date de son testament, fait à Niesten, par lequel il fondait douze chanoines à Poligni. Il n'avait point été marié. (Voy. *les ducs de Méranie.*)

ALIX DE MÉRANIE, et HUGUES.

1248. Alix, sœur d'Otton IV, lui succéda, non par le droit d'aînesse comme plusieurs le prétendent, mais par une dispo-

sition du comte, son frère, qui lui donna la préférence sur Béatrix, sa sœur, comtesse d'Orlamonde, dont elle était la cadette. Tel était l'usage dans le comté de Bourgogne; les souverains de cette province regardaient leurs états comme des biens patrimoniaux dont il leur était libre de disposer. Les autres sœurs d'Otton, mariées en Allemagne, eurent le duché de Méranie, ou l'envahirent après sa mort. Béatrix d'Orlamonde prétendit avoir encore quelques droits dans le comté de Bourgogne. N'étant pas en état de les faire valoir, elle les céda, par lettres de l'an 1265 (*Mss. du roi*, n° 9420), du consentement de ses fils, Herman et Otton, à Hugues IV, duc de Bourgogne, moyennant la somme de vingt mille marcs d'argent. Hugues fit divers efforts, mais toujours sans succès, pour réaliser ces droits. Alix avait épousé, comme on l'a dit (en février 1230), HUGUES DE CHALONS, petit-fils, par Mahaut, sa mère, de Hugues III, duc de Bourgogne, et par Jean de Châlons, son père, dit le Sage, d'Etienne II, qui descendait, par son trisaïeul, Etienne Ier, du comte Guillaume le Grand. Cette alliance, qui par la suite fit rentrer le patrimoine des premiers comtes de Bourgogne dans la famille de leurs descendants, fut le fruit de la sage politique de Jean de Châlons; la reconnaissance de Hugues ne répondit point aux attentions de son père. Lui et sa femme se liguèrent en 1251 avec le duc de Bourgogne contre ce même Jean de Châlons. La mésintelligence entre le père et le fils dura près de six ans, et leur réconciliation ne se fit qu'en 1256, par la médiation de saint Louis. « Ce monarque » fu, dit le sire de Joinville, l'omme du monde
» qui plus se travailla à faire et mectre paix et concorde entre
» subgects, et par especial entre les princes et seigneurs de son
» royaume et des voisins, mesmement entre le comte de Châlons,
» mon oncle, et le comte de Bourgoigne, son filz, qui avoient
» grant guere ensemble au retour que fusmes venus d'oultre-
» mer. Et pour la paix faire entre le père et le filz, il envoya
» plusieurs gents de son conseil jusques en Bourgoigne à ses
» propres coustz et despenz, et finalement fist tant que par son
» moyen la paix des deux personnages fut faicte. Semblablement
» par son pourchaz la paix fut faicte entre le second roy Thibault
» de Navarre, et les comtes de Châlons et de Bourgoigne, qui
» avoyent dure guere ensemblement les ungs contre les aultres,
» et y envoya pareillement des gents de son conseil, qui en
» fisrent l'accord, et les appaisèrent. ». Jean de Châlons reprit de son fils, au mois de janvier 1260, la seigneurie de Salins, qu'il avait acquise, l'an 1237, de Hugues IV, duc de Bourgogne, par échange du comté de Châlons et de la vicomté d'Auxonne. Le comte Hugues mourut l'an 1266, et fut enterré à l'abbaye de Charlieu. Son père lui survécut jusqu'au 30 septembre de l'année

suivante. Cette époque est remarquable, parce que dès-lors les comtes de Bourgogne joignirent à leurs autres qualités celle de sires de Salins. Alix, après la mort de Hugues, son premier mari, épousa, en secondes noces, le 3 juin 1267, Philippe, comte de Savoie, qui se qualifia dès-lors comte palatin de Bourgogne, puis sire de Salins après la mort de Jean de Châlons.

Pour ôter au duc de Bourgogne tout prétexte de troubler leur comté, Philippe et Alix rachetèrent, par acte du mois d'avril 1270, tous les droits qu'il avait dans cette province, et ceux qu'il prétendait y avoir, en vertu de la cession que Béatrix d'Orlamonde lui avait faite; mais par le même acte Dôle resta dans la mouvance du duc. (Voy. *les ducs de Bourgogne.*) Alix fonda, l'an 1271, un couvent de dominicains à Poligni. Cette princesse finit ses jours le 8 mars 1278, suivant Guichenon, et fut inhumée à Charlieu. De son premier mariage sortirent cinq fils: Otton; Renaud, qui épousa l'héritière de Montbéliard; Jean, marié à Marguerite, comtesse de Ferrette; Hugues, seigneur de Port-sur-Saône, etc.; Etienne, chanoine de Besançon, mort à Rome le 4 avril 1299; et sept filles, dont l'aînée, Alix, épousa le comte de Kibourg; Guièle, la seconde, fut mariée à Thomas de Savoie, comte de Maurienne. Par son testament, fait au mois de novembre 1278, la comtesse Alix avait ordonné qu'Otton, son fils aîné, lui succéderait dans le comté de Bourgogne. Philippe de Savoie, son époux, dont elle n'eut point d'enfants, lui survécut sept ans.

OTTON IV, ou V, dit OTTENIN.

1279. Otton IV, ou V, fils aîné de Hugues et d'Alix, succéda, l'an 1279, à sa mère dans le comté de Bourgogne, en vertu de son testament. Zélé pour le maintien de son autorité, il obligea ses vassaux à venir le reconnaître dans les formes. Robert II, duc de Bourgogne, son cousin, lui donna, l'an 1279, des lettres par lesquelles il s'engageait à l'aider envers et contre tous, excepté contre *Jean, comte d'Auxerre et seigneur de Rochefort, s'il avoit débat contre le comte de Bourgogne, et qu'il voulût s'en remettre à droit audit duc.* (*Mss. du roi*, n° 9420, fol. 8, v°.) Le comte de Ferrette vint faire hommage la même année à Otton, et celui de Neuchâtel en 1280. Son attachement à la France parut avec éclat en plusieurs occasions. L'an 1282, il passa en Italie à la tête de sa noblesse, pour venger les français massacrés à la sanglante journée des vêpres siciliennes. Une querelle qui s'éleva entre Otton et l'évêque de Bâle en 1286, engagea le premier à faire alliance contre le prélat avec la ville de Besançon et les comtes de Ferrette et de Montbéliard. On en vint aux armes, et l'armée épiscopale fut taillée en pièces. L'empereur Rodolfe vint au secours de l'évêque, son vassal, poursuivit les comtes et les força de se retirer sous Besançon. Il les y suivit, et assiégea, mais inutilement, cette place dans le mois d'août 1289. Ils firent ensuite la paix dans une conférence tenue à Bâle. Otton, ayant perdu PHILIPPINE, son épouse, fille de Thibaut II, comte de Bar, prit en secondes noces MAHAUT, fille de Robert II, comte d'Artois. On place communément ce mariage à la veille de la Pentecôte 1291 : mais il y a erreur pour l'année ; car on conservait à la chambre des comptes de Paris, avant son incendie, des lettres *d'Othe, comte palatin de Bourgogne et sire de Salins, en date du mois de janvier* 1284, *par lesquelles il confessait avoir* reçu de Philippe, roi de France, la somme de dix mille livres à lui délivrée, pour le douaire de madame Mahaut, sa femme, fille de Robert, comte d'Artois, pour la restitution de laquelle, dans le cas où elle aurait lieu, il oblige la moitié de son comté. De plus on voit, comme le prouve M. Chevalier, qu'en 1291 Otton et Mahaut traitèrent à Évrènes avec le roi Philippe le Bel du mariage de Jeanne, leur fille, avec un des fils du monarque. Ce traité fut suivi d'un autre, passé le 2 mars 1295 (N. S.), à Vincennes. Par celui-ci, Otton promet de délivrer incontinent tout le comté de Bourgogne au roi, comme légitime administrateur des biens de Philippe, comte de Poitiers, son fils, futur époux de Jeanne de Bourgogne, à laquelle il le constitue en dot pour être réuni, en tout événement et sans retour, à la France. C'est ici proprement une donation et en même tems une espèce de vente qu'Otton fait du comté de Bourgogne au roi de France. Une donation ; il qualifie ainsi cette cession, et la déclare irrévocable comme celles qui se font entre vifs : *Donatione irrevocabili inter vivos*. Une espèce de vente ; il reconnaît avoir reçu du roi Philippe le Bel la somme de cent mille livres tournois pour les arrhes du mariage de sa fille : *Confitemur nos comes præfatus a præfato Domino Rege pro arrhis sponsalium hujus modi nos recepisse centum millia librarum turonensium parvarum in pecunia numerata* ; et il s'oblige à rendre le quadruple de cette somme, au cas que par sa faute ou par celle de sa fille le mariage n'ait point lieu : *Quas arrhas promittimus.... in quadruplum solvere, si per nos vel dictam filiam nostram steterit quominus dictum matrimonium contrahatur*. Le mariage ne s'accomplit qu'en 1306, après la mort du comte Otton. Mais les Comtois n'eurent pas plutôt appris les dispositions du traité de Vincennes, qu'ils prirent les armes pour en empêcher l'exécution. Leur résistance augmenta, lorsqu'en 1300 la comtesse Mahaut donna un fils, nommé Robert, à son époux ; mais abandonnés de l'empereur, auquel ils avaient eu recours, ils se soumirent en 1301.

L'an 1302, Otton, devenu comte d'Artois après la mort de Robert, son beau-père, présida, en cette qualité, au nom du roi, à la première séance du parlement rendu sédentaire. *On croit, dit M. Dunod, que la couronne de baron et les habits que notre comte porta à cette auguste cérémonie, ont servi de modèle au mortier et aux autres ornements que les présidents des parlements ont dès-lors portés.* La même année, Otton fait, le 13 septembre, son testament devant Vitri, par lequel il institue son héritier universel le jeune prince, son fils. M. Chevalier prétend qu'Otton, par là, révoqua, autant qu'il était en lui, la donation qu'il avait faite au roi de France. Mais il n'est pas dit un mot de révocation dans cet acte; et ce qui prouve qu'elle ne doit point être sous-entendue, c'est le mariage de Jeanne et de Philippe de France, qui a suivi ce testament. Qu'a donc laissé le comte Otton à son fils en l'instituant son héritier universel? Ses propres ou les domaines particuliers qu'il possédait soit hors du comté de Bourgogne, soit dans ce comté, mais non le comté même.

Otton, étant retourné, l'an 1303, en Flandre, battit les Flamands près de Cassel; mais il reçut à ce combat une blessure dont il mourut le 17 mars 1303 à Melun. Il fut enterré à l'abbaye du Lys, où il resta jusqu'au 9 février 1309; ensuite il fut apporté au monastère des SS. Jaumes, près de Langres, et y demeura jusqu'au 5 mai de l'année suivante. De là Mahaut, sa femme, le fit transporter en grande pompe à l'abbaye de Charlieu, au diocèse de Besançon. (Martenne, *premier voy. litt.*, p. 159.) Ce prince aimait et protégeait les lettres; témoin l'université qu'il fonda, l'an 1287, à Grai. De son second mariage il laissa trois enfants, Robert et Jeanne qui suivent; et Blanche, mariée, vers l'an 1307, à un fils de France, Charles, comte de la Marche, depuis roi sous le nom de Charles le Bel. Otton n'avait eu de son premier mariage qu'une fille, nommée Alix, laquelle avait été accordée en bas âge, le 22 septembre 1279, au prince Jean, fils aîné de Robert II, duc de Bourgogne. Ce mariage n'était pas encore accompli le 31 janvier 1285, et on doute qu'il l'ait été depuis. Le comte Otton V a été l'un des plus grands princes qui aient gouverné le comté de Bourgogne. (*Voy.* Mahaut, comtesse d'Artois.) Otton changea les armoiries des comtes de Bourgogne. Elles étaient avant lui de gueules à l'aigle éployée d'argent. Ce prince jugea à propos d'y substituer l'écu, semé de billettes d'or, au lion de même. Ce changement a précédé l'an 1280. (Chevalier, *hist. de Poligni*, T. I, p. 155.)

Ce fut dans les dernières années d'Otton, ou dans les premières de son successeur, que le roi Philippe le Bel érigea en parlement le conseil des comtes de Bourgogne. La date précise de cette

érection n'est point connue. « Nous ne pouvons que la placer,
» dit M. Perreciot, entre l'année 1294 et l'année 1306, pas plus
» haut que la première, puisqu'elle vit conclure le traité de
» Vincennes, qui nous donna (aux Francs-Comtois) Philippe le
» Bel pour administrateur ; pas au-dessous de la seconde
» puisqu'un compte rendu au souverain pour cette année-là
» rapporte en dépense les frais faits à la tenue du parlement de
» la province. » (Tome I, p. 494) (1).

ROBERT, SURNOMMÉ L'ENFANT.

1303. ROBERT, fils d'Otton V et de Mahaut, né l'an 1300, succéda, suivant la plus commune opinion, à son père, dans le comté de Bourgogne, conformément aux lois et à l'usage du pays, et gouverna sous la garde-noble de sa mère. Cependant on ne trouve aucun acte d'autorité fait sous le nom de ce prince. Si Jean de Vienne, sire de Mirebel, fait hommage à Robert, le 15 février 1315, du château de Reculot, près de Mirebel, ce prince, dans l'acte, n'est point qualifié comte de Bourgogne, mais seulement *très-noble et puissant damoiseau, Robert d'Artois, fils de très-noble prince et puissant Othe, jadis comte d'Artois et de Bourgogne, palatin.* C'était donc, à ce

---

(1) « Il y a peu de parlements, disent les auteurs de l'Encyclopédie, (au mot
» *parlement*) qui aient eu un pouvoir aussi étendu que celui de Besançon,
» puisqu'à l'exception du droit de donner des lettres de grâce que le souverain
» se réservait, le parlement était presque maître absolu en tout. Il partageait
» le gouvernement de la province avec le gouverneur, lequel ne pouvait rien
» faire d'important sans son avis. Les ordonnances mêmes des gouverneurs
» étaient sujettes aux lettres d'attache du parlement.

» Cette cour avait même souvent seule tout le gouvernement, et, en cas de
» mort ou de maladie, absence ou empêchement du gouverneur, elle avait
» droit de commettre un commandant à la place du gouverneur.

» Outre les affaires contentieuses, le parlement connaissait encore, pendant
» la paix, de toutes les affaires concernant les fortifications, les finances, les
» monnaies, la police, les chemins, les domaines, les fiefs et la conservation
» des limites de la province.

» Pendant la guerre, il réglait la levée des troupes, leurs quartiers, leurs
» passages, les étapes, subsistances, paiements, et revues.

» Enfin, presque toute l'autorité souveraine lui était confiée par les lettres
» particulières des souverains, comme il paraît par celles de 1508, 1518, 1530,
» 1533, 1534. Les membres de cette compagnie ont toujours joui, dès leur pre-
» mière institution, de la noblesse transmissible au premier degré. » « On peut
» ajouter, dit M. Perreciot, qu'il faisait des lois sous le nom du souverain, et
» que nos anciennes ordonnances en contiennent un grand nombre qui nous
» viennent de lui. »

qu'il semble, comme seigneur particulier de quelque domaine,
d'où relevait le château en question, qu'il recevait cet hommage.
Il y a plus; on voit qu'après la mort d'Otton la justice continua
d'être administrée, dans le comté de Bourgogne, au nom du roi
Philippe le Bel; qu'il y établissait les gouverneurs et les baillis,
parmi lesquels il y a plusieurs seigneurs français; qu'en 1307
Jean de Châlons traita, en qualité de gardien du pays pour le roi
de France, avec les gentilshommes et les bourgeois de Poligni,
au sujet d'un point d'usage; enfin les comptes rendus des revenus
du comté de Bourgogne pour l'an 1310, montrent que ce roi les
percevait. Il est néanmoins vrai que la noblesse comtoise ayant
repris les armes après la mort d'Otton, prétendit ne reconnaître
d'autre successeur de ce prince que Robert, son fils; mais il
paraît qu'après divers efforts renouvelés pendant trois ans, elle
fut encore obligée de prendre le parti de la soumission. Quoi
qu'il en soit, Robert mourut, l'an 1315, au château de Poligni,
où il était élevé, après avoir confirmé, dit-on, le 2 avril de
la même année, la donation que son père avait faite à sa sœur
aînée. Il fut enterré aux Dominicains de Poligni. (M. Chevalier,
hist. de Poligni, T. II.)

JEANNE Ière ET PHILIPPE LE LONG.

1315. JEANNE Ière, fille d'Otton IV, mariée en 1306 à Philippe
le Long, comte de Poitiers, puis roi de France, prit possession,
l'an 1315, du comté de Bourgogne. Ayant perdu son époux en
1322, elle choisit pour sa demeure ordinaire la ville de Grai.
L'an 1326, elle convoqua à Baume-lez-Dames un parlement,
composé de seigneurs, d'officiers de justice et de jurisconsultes,
qui tinrent leurs séances dans la grand'salle de l'abbaye. Thomas
de Savoie, oncle de la reine, y présida. C'est la plus ancienne
assemblée de ce genre sous le nom de parlement, dont on ait
retrouvé des traces dans la province. Jeanne mourut à Paris,
ou, selon d'autres, à Roye, le 21 janvier 1330 (N. S.), laissant
du roi, son époux, Jeanne qui suit, Marguerite et Isabelle. Son
corps fut enterré aux Cordeliers de Paris. On a déjà dit ailleurs
que la comtesse-reine Jeanne fonda le collége de Bourgogne à
Paris.

JEANNE II, ET EUDES IV, DUC DE BOURGOGNE.

1330. JEANNE II, fille du roi Philippe le Long, mariée, le
18 juin 1318, à Eudes IV, duc de Bourgogne, succéda, l'an 1330,
avec son époux, à Jeanne, sa mère, dans les comtés de Bourgogne et d'Artois. Ses deux sœurs, Marguerite, femme de Louis I,

comte de Flandre, et Isabelle, mariée à Guigues VIII, dauphin de Viennois, ne la laissèrent pas long-tems en paisible possession d'un si bel héritage. Elles demandèrent qu'on augmentât leurs apanages des biens de leur mère. Plusieurs seigneurs du comté armèrent pour leur défense. Hugues de Bourgogne, grand-oncle de Jeanne II, s'étant mis en devoir de leur résister, fut battu, fait prisonnier, mis à rançon, et mourut enfin de ses blessures. Le duc Eudes traita, le 2 septembre 1330, avec le comte de Flandre, et l'année suivante avec le dauphin; mais la guerre recommença, l'an 1336, avec une nouvelle fureur. Isabelle, veuve du dauphin, était alors remariée à Jean de Faucognei. Ce seigneur, s'étant ligué avec le marquis de Bade, le comte de Montbéliard et les citoyens de Besançon, fit déclarer la guerre par un héraut, le 14 avril 1336, au duc de Bourgogne, à Beaune, où il était avec le roi de France. Eudes marcha contre les confédérés, qui avaient déjà pris et brûlé Salins et Pontarlier. Il eut bientôt sa revanche et les défit à la Malecombe, près de Besançon. La paix fut conclue en 1337; mais en 1341 le comte de Flandre et le seigneur de Faucognei formèrent de nouvelles prétentions. Nouveau traité en conséquence, signé au mois de septembre de la même année, dans l'abbaye de Saint-Antoine, près de Paris, en présence du roi. Isabelle satisfaite alors, se réconcilia avec sa sœur, qu'elle déclara son héritière en 1345, le jeudi avant la fête de Saint-Barnabé, 9 juin, peu de jours avant sa mort. Jeanne la suivit au tombeau l'an 1347, trois ans avant le décès du duc Eudes IV, son mari.

PHILIPPE DE ROUVRE, premier du nom,
Comte de Bourgogne.

1347. PHILIPPE, appelé DE ROUVRE, du lieu de sa naissance, voisin de Dijon, fils de Philippe de Bourgogne et petit-fils du duc Eudes IV, succéda, l'an 1347, à l'âge d'environ dix-huit mois, à Jeanne, son aïeule, dans les comtés de Bourgogne et d'Artois. Il eut pour tutrice Jeanne, sa mère, comtesse d'Auvergne et de Boulogne de son chef.

La noblesse de Franche-Comté, depuis long-tems, souffrait impatiemment le pouvoir dont usaient ses souverains d'accorder à tous les main-mortables de la province qui s'adressaient à eux, des lettres de sauve-garde et de bourgeoisie, qui les mettaient sous leur juridiction immédiate. L'an 1349, la comtesse Jeanne tenant sa cour à Grai, trois des plus distingués de ses vassaux, savoir, Hugues de Vienne, archevêque de Besançon, Jean de Châlons, sire d'Arlai, et Henri, comte de Montbéliard, vinrent la trouver, et obtinrent d'elle, le mercredi après la Saint-Georges, une ordonnance portant que le comte de Bourgogne, ni aucun autre, ne pourrait recevoir dans sa *Commandise* ceux qui ne seraient pas de sa justice ou seigneurie ; elle annulait en même tems toutes les bourgeoisies accordées à d'autres qu'aux sujets immédiats de ceux dont elles émanaient. (M. Chevalier, *histoire de Poligni*, t. 1, p. 472.) Mais le parlement de Besançon, dit M. Perreciot, empêcha, par son opposition, l'effet de cette ordonnance extorquée par la force, et les gardes ou bourgeoisies continuèrent de s'accorder.

L'an 1350, Philippe de Rouvre succède à son aïeul Eudes IV, dans le duché de Bourgogne. Il mourut en 1361, à l'âge de seize ans. (Voyez *les ducs de Bourgogne.*)

MARGUERITE DE FRANCE,
PREMIÈRE DU NOM.

1361. MARGUERITE, fille du roi Philippe le Long et de la reine Jeanne, succéda, comme plus proche héritière, à Philippe de Rouvre, son petit-neveu, dans les comtés de Bourgogne et d'Artois. Elle était veuve alors de Louis I, comte de Flandre, et faisait, depuis 1348, sa résidence à Arbois, qu'on lui avait alors cédé avec quelques autres terres pour augmentation de sa dot. Les seigneurs du comté de Bourgogne appuyèrent les droits de sa naissance contre le duc Philippe le Hardi, qui voulait réunir ce comté à son duché. Philippe, pour se faire un titre, avait demandé à l'empereur Charles IV l'investiture du comté de Bourgogne, qu'il lui plaisait d'appeler un fief de l'Empire, masculin de sa nature, et vacant de plein droit faute d'héritiers mâles du dernier comte. Il obtint, le 15 janvier 1362, un diplôme impérial conforme à ses vues ; mais sur les remontrances du roi, son frère, il n'en fit point usage : cependant il n'en fut pas moins ardent à vouloir envahir la Franche-Comté. La guerre dura près de neuf ans entre les deux Bourgognes, et ne finit que par le mariage de Philippe le Hardi avec l'héritière de Flandre. Cette alliance fut célébrée à Gand le 19 juin 1369. La comtesse Marguerite fit son séjour dans la ville d'Arbois. Elle la quitta sur la fin de ses jours pour venir à Paris, où elle mourut, dans une haute réputation de vertu, le 9 mai 1382, à l'âge de soixante et quinze ans. Son corps fut enterré le 11 à Saint-Denis. Au commencement du règne de Marguerite (l'an 1362), les Anglais, qui couraient les deux Bourgognes le fer et la torche à la main depuis la funeste bataille de Poitiers, tentèrent de surprendre Besançon. Ils avaient déjà franchi le premier mur de la porte de

Charmont, lorsqu'ils furent vivement repoussés avec une perte considérable de leur part. Deux ans après, les citoyens, à la vue d'un danger toujours présent, appelèrent à leur secours les gentilshommes et les habitants des lieux voisins. Jean de Vienne se mit à la tête de leurs troupes, et avec un détachement des plus braves, il alla surprendre les Anglais à Chambernai, où il perça leur général d'un coup de lance, et, secondé de ses gens, massacra tous les soldats anglais. C'est le même qui dans la suite fut maréchal de Bourgogne et amiral de France. (Dunod.) (*Voyez* Louis I, *comte de Flandre*, Marguerite I, *comtesse d'Artois*, et Philippe le Hardi, *duc de Bourgogne*.)

LOUIS, dit DE MALE.

1382. Louis, surnommé DE MALE, comte de Flandre, fils de Louis de Nevers et de Marguerite de France, fut reconnu comte de Bourgogne par les trois états de la province, assemblés le 18 mai 1382, à Salins. Le premier juin suivant, il prit possession du comté de Bourgogne par ses députés. L'an 1384 (vieux style), le 9 janvier, ce prince mourut, laissant de MARGUERITE DE BRABANT, sa femme, une fille, nommée comme elle. (*Voyez* Louis II, *comte de Flandre*.)

CHRONOLOGIE HISTORIQUE

DES

COMTES DE CHALONS-SUR-SAONE.

Le Chalonnais, *Cabillonensis ager*, ou *tractus*, était habité, du tems de César, par les *Ambarri* et les *Zediones*, peuples qui faisaient partie des Eduens. Sous l'empereur Honorius, il fut compris dans la première Lyonnaise. De la domination des Romains, il passa sous celle des Bourguignons. Sa capitale, nommée par les anciens tantôt *Cabillonum*, tantôt *Cabillo*, et quelquefois aussi *Cabillumnum, Cabillunum, Caballinum, Caballodunum*, était regardée sous les empereurs romains comme la seconde ville de la première Lyonnaise. *Lugdunensem primam*, dit Ammien Marcellin, *Lugdunus ornat et Cabillonus*. Le Châlonnais, dont l'étendue, tel qu'il se comporte aujourd'hui, est de treize lieues en tous sens, se divise en deux parties séparées l'une de l'autre par la Saône, dont l'une est le Châlonnais proprement dit; l'autre, qui s'appelle la Bresse châlonnaise, est composée des châtellenies de Cuiseri et de Sagi, cédées, en 1289, par Amédée V, comte de Savoie, à Robert II, duc de Bourgogne, en échange d'autres terres en Bresse. Mais sous le gouvernement de ses comtes héréditaires, ce pays embrassait aussi le Charolais. Châlons reçut l'Evangile par le ministère de Saint-Marcel et de Saint-Valérien, qui souffrirent le martyre l'an 179, le premier, au village de *Hubiliacus*, aujourd'hui Saint-Marcel; l'autre, à Tournus. Les rois de Bourgogne ont souvent fait leur séjour à Châlons. Gontran y avait son palais; il y assembla des conciles, et il y mourut. Les Vandales renversèrent cette ville de fond en comble au cinquième siècle. Chramne, fils rebelle du roi Clotaire Ier, y porta le fer et le feu dans le sixième siècle. Les Sarrasins, dans le huitième, y exercèrent leur fureur.

Les premiers comtes de Châlons, sous nos rois, furent bénéficiaires ou amovibles. Quelques-uns furent en même tems comtes de Mâcon et d'une partie du Charolais.

ADALARD.

Adalard était comte de Châlons sous le règne de Pepin le Bref. L'an 763, il fut chargé par ce prince de marcher contre Chilping, comte d'Auvergne, qui périt dans un combat qu'il lui livra sur les bords de la Loire. (Bouquet, T. V, p. 6.) L'an 771, après la mort du roi Carloman, il vint trouver Charlemagne pour lui faire ses soumissions. (*Ibid.* p. 37.)

WARIN, ou GUERIN.

Warin, ou Guerin, que Duchêne surnomme mal-à-propos de Vergi, créé comte d'Auvergne par l'empereur Louis le Débonnaire, joignit à ce comté ceux de Châlons et de Mâcon. L'an 854, l'empereur Lothaire, révolté contre son père, vint assiéger dans Châlons le comte Warin, fidèle à ce dernier. Warin, quoique assisté de Gaucelm, comte d'Ampurias, et du comte Sunila, goth de nation, fut obligé de rendre la place au bout de cinq jours de siége. Le vainqueur, y étant entré, la livra à la licence de son armée, qui la brûla en grande partie après l'avoir pillée. Il étendit sa fureur jusque sur Gerberge, sœur du duc Bernard, son ennemi, qui s'était faite religieuse à Châlons, à l'exemple de Vala, son époux, moine de Corbie, et la fit jeter dans la Saône, enfermée dans un tonneau. Warin obtint grâce en embrassant lâchement, ainsi que plusieurs autres, le parti de Lothaire, et s'obligeant de marcher à sa suite. Mais le comte d'Ampurias paya de sa tête sa fidélité constante envers l'empereur. Le comte Warin mourut en 856, suivant D. Vaissète; mais on n'aperçoit plus, comme on l'a dit ailleurs (pp. 9 et 10), de traces de son existence après l'an 850. (Voy. *les comtes d'Auvergne et ceux de Mâcon.*)

THIERRI.

Thierri, suivant Duchêne, fils de Warin, lui succéda au comté de Châlons, mais non dans celui de Mâcon. Il fut un des principaux conseillers de Charles le Chauve, et assista en cette qualité, l'an 870, au traité qui se fit à Aix-la-Chapelle entre ce prince et son frère, Louis le Germanique. Charles, en partant pour l'Italie, l'an 876, le laissa auprès de son fils, Louis le Bègue, pour l'aider de ses conseils. Louis, étant monté sur le trône, le fit son grand-chambrier l'an 878, et l'année suivante il lui donna le comté d'Autun, faisant partie des dépouilles de Bernard, duc de Septimanie, qui s'était révolté. Thierri, après avoir défait les Saxons rebelles, périt dans une seconde bataille contre eux l'an 880 ou 881.

RACULFE.

881 au plus tard. RACULFE fut, à ce qu'il nous paraît, le successeur de Thierri. Nous avons sous les yeux une charte tirée des archives de Cluni, et datée de Châlons le 12 des calendes de juillet de la première année du règne de Charles (c'est Charles le Gros), ce qui revient à l'an 884. Cet acte contient l'échange fait entre Raculfe, *vénérable comte*, et un nommé Gombert, de deux pièces de vignes que celui-ci possédait au territoire de Châlons, contre une autre vigne qui appartenait au premier dans le même territoire. Quelques-uns prétendent que ce comte est le même que Raculfe, comte de Mâcon; mais nous ne voyons d'autre fondement de cette assertion que l'identité de nom, et il ne nous paraît nullement vraisemblable d'identifier Raculfe, comte de Châlons dès 881, avec Raculfe, qui, avant de succéder à Letalde II dans le comté de Mâcon en 907, avait sous lui exercé les fonctions de vicomte. Nous voyons d'ailleurs que Raculfe, comte de Châlons, était remplacé long-tems avant que l'autre parvînt au comté de Mâcon. (V. *les comtes de Mâcon.*)

MANASSÈS.

886 au plutôt. MANASSÈS, dit LE VIEUX, seigneur de Vergi, que Duchêne croit avoir été fils de Thierri, fut comte de Châlons, d'Auxois, de Beaune et de Dijon. Il paraît qu'il tenait ces comtés d'un seigneur nommé Warmier, qui s'en réserva la suzeraineté qu'il transmit à son fils Manassès, archevêque d'Arles, différent du comte de même nom, qui nous occupe. Celui-ci eut part, l'an 888, à la bataille gagnée par Richard, duc de Bourgogne, contre les Normands, près d'Argenteuil, à la prise de Sens sur le comte Garnier en 896, et à la mémorable victoire que le même Richard et Robert, marquis de France, remportèrent, près de Chartres, l'an 910, sur une nouvelle armée de Normands. Ses exploits contre ces barbares lui valurent le surnom de *Preux*. On ignore l'année de sa mort, que des modernes rapportent sans preuves à l'an 919. D'ERMENGARDE, son épouse, qui lui survécut, et le fit inhumer au monastère de Saint-Vivant de Vergi, dont ils étaient fondateurs, il eut quatre fils: Valon, mort sans lignée; Giselbert, qui suit; Manassès, comte d'Auxois et de Dijon; et Hervé, successeur de Valon, son oncle paternel, dans l'évêché d'Autun.

GISELBERT.

Giselbert succéda dans le comté de Châlons et dans ceux de Beaune et d'Auxois à Manassès de Vergi, son père. Il eut encore celui d'Autun; et, l'an 921, il obtint le duché de Bourgogne après la mort du duc Richard *le Justicier*, son beau-père. Il fut un des six personnages à qui le pape Jean X écrivit, l'an 921, une lettre commune pour les exhorter à maintenir l'abbaye de Gigni dans la jouissance des biens que Bernon, abbé de Cluni, mort l'année précédente, lui avait légués par son testament. Raoul, roi de France; Gui, archevêque de Lyon; Stactée, évêque de Châlons; Bernon, évêque de Mâcon, et le comte Hugues (le Noir), sont les autres nommés dans l'inscription de la lettre. (Bouquet, t. 9, p. 217.)

Emme, femme de Raoul, roi de France, lui ayant enlevé le château d'Avalon compris dans l'Auxois, il fut si outré de cette perte, qu'il quitta la cour, et prit les armes contre le roi, son beau-frère. Il fut cause par là des ravages que ce prince et Hugues le Grand firent dans la Bourgogne en 933 pour le réduire.

L'an 937, les Hongrois, en revenant du Berri, désolèrent le Châlonnais ainsi que le reste de la Bourgogne, sans que Giselbert pût s'opposer à leurs courses. Il mourut à Langres le 16 avril (et non le 8) de l'an 956. *Voyez* Giselbert, *duc de Bourgogne.*)

ROBERT DE VERMANDOIS.

956. Robert de Vermandois, comte de Troyes, le devint de Châlons après la mort de Giselbert, dont il avait épousé la deuxième fille, nommée Adélaïde, et surnommée Werra. Dans un ancien catalogue des comtes de Châlons, employé par Duchêne (*histoire de Vergi*, pr. p. 37.), il est dit qu'il jouissait de l'abbaye de Saint-Marcel du tems de l'évêque Frotgaire. Ce comte mourut l'an 968, laissant une fille, mariée à Lambert, qui suit. (*Voyez les comtes de Champagne.*)

COMTES HÉRÉDITAIRES.

LAMBERT.

968. Lambert, fils de Robert, vicomte d'Autun, et d'Ingeltrude, est appelé dans la vie de Saint-Grat, évêque de

Châlons, *primus civitatis comes*, c'est-à-dire, premier comte héréditaire. Il est qualifié de même dans le cartulaire (folio 1) de Parai-le-Monial, où il est dit que ce comté lui fut conféré par le roi (Lothaire), du consentement des grands de l'état. Son mariage, contracté vers l'an 945 avec ADÉLAÏDE, fille de Robert, son prédécesseur, contribua sans doute beaucoup à lui obtenir cette faveur. Lambert avait un frère nommé Robert, qu'il fit son vicomte. (*Cartul. de Parai.*) Henri le Grand, duc de Bourgogne, s'étant mis en marche pour aller faire le siége de Vesoul (on ne dit ni pour quel sujet, ni en quelle année), Lambert, comme son vassal, l'accompagna dans cette expédition qui eut un heureux succès. (*Boll.*, t. 2, p. 493.) L'histoire ne raconte point d'autre exploit militaire de ce comte. Il fonda, l'an 973, le monastère de Parai-le-Monial (*Paredum*) dans le Charolais, sur la Brebince, dans un vallon dit le Val-d'Or, et l'exempta par sa charte de toute juridiction séculière. Ce monastère ne fut dédié que l'an 977. Lambert, suivant le cartulaire de Parai, mourut loin de Châlons, le 22 février 988. Mais il y a sûrement erreur pour l'année, puisque le second mari de sa femme, comme nous le faisons voir à l'article de celui-ci parmi les comtes d'Anjou, mourut au plus tard en 988, et plus vraisemblablement en 987. Nous pensons en conséquence qu'il y a un x de trop dans la date de la mort de Lambert, exprimée en chiffres romains, et qu'au lieu de DCCCCLXXXVIII, il faut lire DCCCCLXXVIII. L'abbé Courtépée (*Description de la Bourgogne*, t. 4, p. 114) prétend néanmoins qu'il donna une charte en 990; mais où en est la preuve? L'église de Parai fut le lieu de sa sépulture, comme il l'avait ordonné par son testament. Raoul Glaber le qualifie *un très-honnête homme*, et d'autres font aussi l'éloge de sa vertu. De sa femme, qui épousa en secondes noces Geoffroi Grisegonelle, comte d'Anjou, il laissa Hugues, évêque d'Auxerre, qui viendra ci-après; Mathilde, femme de Geoffroi I, fils d'Arlebaut de Semur, et mère de Dalmace, de Geoffroi, et de Thibaut qui viendra ci-après; et Gerberge, dite aussi Gerlinde, femme 1° d'Adalbert, roi d'Italie; 2° de Henri le Grand, duc de Bourgogne. Nous donnons hardiment à Lambert cette seconde fille que quelques-uns lui contestent. En effet, l'auteur des Gestes des évêques d'Auxerre, qui devait bien connaître la famille de l'évêque Hugues, dit positivement que Gerberge était sa sœur; et ce qui fait voir qu'il ne s'est point trompé, quoi qu'en dise M. Dunod, c'est une charte rapportée par le P. Chifflet (*Lettre sur Béatrix de Châlons*, p. 145), à laquelle souscrivirent Otton, ou Otte-Guillaume, fils de Gerberge, et Thibault, fils de Mathilde, en se disant l'un et l'autre neveux de l'évêque Hugues : *Otto nepos Hugonis episcopi, Theobaldus nepos ipsius episcopi.* Gerberge paraît avoir été l'aînée des enfants de Lambert, quoique nous l'ayons nommée la dernière. Chifflet donne à Lambert, comte de Châlons, pour troisième fille, Eremburge, qui devint l'épouse de Humbert II, sire de Salins. Mais l'historien moderne des sires de Salins prétend que Lambert, père d'Eremburge, était différent du comte de Châlons. La preuve qu'il en donne est concluante. Il la tire d'un diplôme de Rodolfe III, roi de Bourgogne, daté du 18 avril 1028, par lequel il maintient Eremburge, ou la rétablit dans la possession d'une terre située au canton des Varasques, qu'il avait donnée à Lambert, père de ladite Eremburge, et qui fit ensuite partie de sa dot, lorsqu'elle donna sa main à Humbert, sire de Salins. (Chifflet, *ibid.* p. 153.) Or, la mort de Lambert, comte de Châlons, précéda de plusieurs années le règne de Rodolfe, qui ne commença qu'en 993. Ajoutez à cela que nulle part le père d'Eremburge n'est qualifié comte. Duchêne (*hist. de la M. de Vergi*, p. 595) met encore parmi les enfants de Lambert, comte de Châlons, mais sans preuve, Elisabeth, femme de Geoffroi de Vergi, sire de Donzi. Il fallait dire Mathilde, femme de Geoffroi de Semur, père de Geoffroi I, baron de Donzi. (Voyez ci-après *les barons de Donzi*.)

ADÉLAIDE ET GEOFFROI GRISEGONELLE.

978. ADÉLAÏDE, veuve de Lambert, conserva le comté de Châlons en se remariant à Geoffroi Grisegonelle, comte d'Anjou, qui fit avec elle plusieurs actes d'autorité dans le Châlonnais, comme on le voit par diverses chartes qu'ils y donnèrent en commun. Cette comtesse fut la seconde femme de Geoffroi. Il avait d'une première femme, nommée aussi Adélaïde, un fils qui lui succéda au comté d'Anjou, et deux filles, l'une mariée à Conan le Fort, duc de Bretagne, et l'autre à Guillaume I, comte de Provence. Adélaïde lui donna deux autres enfants; Maurice, qui disparaît après l'an 994; et Gerberge, femme de Guillaume II, comte d'Angoulême. Que Maurice, qui certainement était fils de Geoffroi, fût né de son second mariage, et non du premier, nous en avons la preuve en diverses chartes où Hugues, fils de Lambert et d'Adélaïde, le nomme son frère. Il suffira de citer celle que Hugues, alors comte de Châlons, fit expédier au château de Sagi en faveur de Cluni. Par cet acte, de l'an 988, il déclare qu'à la prière de Vivien, prieur de Cluni, et du consentement d'Adélaïde, sa mère, et de Maurice, son frère, il se désiste de toutes les impositions que le comte Lambert, son père, avait établies à son profit sur les hommes tant libres que serfs du village nommé *Coloniæ*, Coulanges, à une

lieue de Charolles. (*Arch. de Cluni.*) Adélaïde, devenue une seconde fois veuve en 987, se retira dans le comté de Châlons, dont elle abdiqua le gouvernement. (*Voyez* Geoffroi Grisegonelle, *comte d'Anjou.*)

HUGUES I.

987. Hugues, dont on vient de parler, fils de Lambert et d'Adélaïde, ayant embrassé, du vivant de son père, l'état ecclésiastique, fut d'abord chanoine de l'église d'Autun. (*Gall. Chr.* t. 12, col. 284.) Mais, après la mort de Geoffroi Grisegonelle, son beau-père, le roi (Hugues Capet) l'obligea de prendre l'administration du comté de Châlons, parce qu'il était, dit Raoul Glaber, le dernier mâle de sa race: *Quoniam præter eum pater non habuit sobolem masculini sexûs.* (L. 3, c. 2.) L'an 999, il arriva qu'allant à la cour du roi Robert, il passa par Auxerre dans le tems qu'on y délibérait sur le choix du successeur de l'évêque Jean I. Henri I, duc de Bourgogne, qui se trouvait sur les lieux, l'ayant proposé aux électeurs, il fut élu tout d'une voix, et sacré dans l'église de Saint-Germain le 5 mars de la même année. (Bouquet, t. 10, p. 270. *Gall. Chr.* t. 12, col. 284.)

Guillaume Barbe-Sale, comte en partie de Mâcon, s'étant avisé, l'an 1013, de construire un château vis-à-vis de Cluni, dans la vue de faire de-là des courses sur les terres de cette abbaye et sur le Châlonnais, le prélat-comte Hugues lui fit, sur l'injustice de cette entreprise, des remontrances dont il ne tint compte. L'excommunication dont Guillaume fut ensuite frappé n'ayant pas produit plus d'effet, Hugues profita de l'état d'inaction où une maladie subite réduisit Guillaume, pour venir avec des troupes attaquer ce fort qu'il détruisit. (*Adémar. Caban.*)

L'an 1015, après la mort du duc Henri, les seigneurs de Bourgogne refusèrent de se soumettre au roi Robert et de recevoir un duc de sa main. Hugues fut le seul d'entre eux qui demeura fidèle à ce prince, dont il était allié par la reine Constance, sa cousine germaine. Chassé de son siége, pour cette raison, par Landri, comte de Nevers, il alla trouver le roi, qu'il aida de ses conseils et de ses troupes pendant l'espace de dix ans qui furent employés à réduire les rebelles et à rétablir la paix dans le duché. L'an 1025 ou environ, il eut un démêlé avec Renaud, comte de Bourgogne, qu'il fit prisonnier dans un combat. Richard II, duc de Normandie, beau-père de Renaud, informé du malheur de son gendre, fait partir en diligence Richard et Robert, ses deux fils, avec une armée pour aller le délivrer. Les jeunes princes, en entrant dans le Châlonnais, assiégent une place que Guillaume de Jumièges appelle Milinand ou Milbian, l'emportent d'assaut après une vigoureuse défense, et y font mettre le feu. De là s'étant venus présenter devant Châlons, ils en escaladent les murs, et livrent pareillement cette ville aux flammes. Hugues, poussé à bout et se voyant sans ressource, chargea sur son dos, tout évêque qu'il était, une selle de cheval; et vint en cet état demander pardon au jeune Richard.

> Quant à Richard vint le Quens Hüe,
> Une selle à son col pendue,
> Son dos offrir à chevauchier;
> Ne se pôt plus humilier.
> C'en estoit coustume cil jour
> De querre merci a son Seignour. (*Roman du Rou.*)

Hugues obtint son pardon à deux conditions, la première de remettre en liberté son prisonnier, la seconde de se rendre à Rouen pour faire satisfaction au duc de Normandie. (*Villelm. Gemmet, Histor. Norman.* l. 5, c. 16; *Robert. de Monte; Access. ad Sigebert. ad. an.* 1024; *Chroniques de Saint-Denis.*) M. Chevalier, qui, dans son histoire de Poligni, met cette expédition en 1035, n'a pas fait attention que le duc Richard II était mort en 1027. Nous n'ignorons pas au reste qu'il existe à la bibliothèque de Saint-Germain d'Auxerre, une dissertation manuscrite de dom Georges Viole, où il prétend démontrer la fausseté de cette histoire, qui n'a d'autre garant, selon lui, que Guillaume de Jumièges, dont les autres écrivains que nous avons cités ne sont, dit-il, que les copistes en ce point. A cet historien et à ceux qui l'ont suivi, le critique oppose l'autorité de l'histoire contemporaine des évêques d'Auxerre, où il est dit, selon lui, « que l'évêque Hugues de Châlons eut toujours l'avantage sur ses ennemis; ce qu'il n'eût osé avancer, ajoute-t-il, si, par une lâcheté insigne, Hugues, s'étant renfermé dans une place forte, telle que Châlons, et étant assisté, comme il n'y a guère lieu d'en douter, par les comtes de Mâcon et d'Autun, ses parents, s'y était laissé forcer par un jeune prince, presque sans coup férir. En second lieu, continue-t-il, cette armée de Normands, envoyée dans le Châlonnais, devant traverser la France dans un trajet de près de cent lieues, comment le roi Robert aurait-il pu lui livrer passage sans manquer à la reconnaissance qu'il devait à Hugues de Châlons? » Mais nous remarquerons, sur le premier moyen, que l'histoire des évêques d'Auxerre dit que Hugues eut toujours l'avantage, non pas sur tous ses ennemis, mais seulement sur les Bourguignons rebelles, *cum hostibus illis prædictis nugacibus*. Du reste nous abandonnons au jugement du lecteur l'anecdote étrange que nous venons de rapporter. L'an 1035, Hugues fit le voyage de la Terre-Sainte par une dévotion fort usitée en ce tems-là. L'an 1039, sentant sa fin approcher, il se retira dans l'abbaye de Saint-Germain d'Auxerre, où il mourut, dans un âge fort avancé, le 4 novembre de la même année.

THIBAUT.

THIBAUT, fils de Geoffroi de Semur et de Mathilde, succéda, l'an 1039, dans le comté de Châlons à l'évêque Hugues, son oncle maternel. Celui-ci l'avait associé à ce comté, quatorze ans pour le moins auparavant, comme il paraît par une charte déjà citée d'Helmuin, évêque d'Autun; acte daté de la trentième année du roi Robert (1026 de Jésus-Christ), et souscrit par Thibaut avec la qualité de comte: *Theobaldus comes nepos ipsius (Hugonis) episcopi*. L'union du monastère de Saint-Marcel de Châlons à l'ordre de Cluni, faite par le comte Geoffroi Grisegonelle du tems de l'abbé Saint-Maïeul, ayant été confirmée par le comte-évêque Hugues, Thibaut, après la mort de celui-ci, la confirma de nouveau à la demande de Saint-Odilon, par une charte sans date, dont l'époque doit se rencontrer entre l'an 1039 et l'an 1049, qui fut le terme de la vie de cet abbé. (*Bibl. Clun.*, p. 314.) Thibaut servit utilement Robert, duc de Bourgogne, dans les guerres qu'il eut successivement avec Renaud et Guillaume, comtes, l'un après l'autre, de Nevers et d'Auxerre. La chronique de la cathédrale d'Auxerre dit qu'avec les troupes du duc il se rendit maître en 1058, pendant le Carême, du château de Saint-Germain. Il brûla, deux ans après, avec ses propres troupes, Croisi, autre place du comté d'Auxerre. L'an 1065 ou environ (et non pas 1085, comme le marque dom Mabillon), il mourut en revenant de Saint-Jacques en Galice, après avoir déclaré publiquement que son intention était d'être enterré au prieuré de Parai-le-Monial en Charolais, dont il était un des insignes bienfaiteurs. (*Arch. de Cluni.*) Une charte de ce monastère nous apprend qu'il y fut porté par Erard de Bussol, Guillaume de Monterment, Dalmace Ent, et Bernard Bers. D'ERMENTRUDE, sa femme, qu'un moderne fait mal-à-propos fille du comte Lambert, aïeule maternelle de Thibaut, celui-ci laissa un fils, qui suit, et trois filles dont il sera parlé ci-après.

HUGUES II.

1065 ou environ. HUGUES, fils de Thibaut et son successeur

au comté de Châlons, assista, l'an 1075, à l'assemblée de Palluau, dans laquelle Hugues premier, duc de Bourgogne, restitua au monastère de Saint-Marcel de Châlons la terre de Fleurei-sur-Ouche, que ses prédécesseurs lui avaient enlevée, et dont les comtes de Châlons s'étaient approprié quelques droits. Le comte Hugues, à l'exemple de son suzerain, se départit de ce qu'il possédait dans ce domaine. (Duch., *Hist de la M. de Vergi*, pr. p. 79.) Mais il ne fut pas aussi équitable envers le monastère de Parai-le-Monial dans le Charolais, auquel son père en mourant avait légué ses terres de Digoin et de la Motte Saint-Jean. Une charte originale, dont la matière semble être du papier de chiffres, et qui, si cela est, doit être regardée comme la plus ancienne que nous ayons en ce genre, nous apprend qu'il donna Digoin en dot à sa sœur Grinsgarde, dite aussi Ermengarde, qui était élevée au château de Bruxi, en la mariant à Humbert, sire de Bourbon-Lanci ; que, devenue veuve, et se trouvant à l'extrémité, cette dame, sur les remontrances de saint Hugues, abbé de Cluni, restitua Digoin, dans le mois de novembre 1083, au monastère de Parai, destinant un de ses fils, nommé Humbert, encore enfant, à y faire profession. (*Archiv. de Cluni*.) A l'égard du comte Hugues, il finit ses jours avant l'an 1075, et fut inhumé à Parai, comme porte le cartulaire du lieu. Il avait épousé, 1°, suivant la chronique de Geoffroi du Vigeois, citée par le P. Perri, MÉLISSENDE, fille d'Archambaud le Barbu, vicomte de Comborn, dont il eut une fille, morte sans alliance ; 2° CONSTANCE, fille de Robert premier, duc de Bourgogne, laquelle, après la mort de Hugues, se remaria, l'an 1080, suivant les historiens espagnols et l'abbé Juenin, par l'entremise de Pierre premier, abbé de Tournus, avec Alfonse VI, roi de Léon.

ADELAIDE.

1075 au plus tard. ADELAÏDE, fille aînée du comte Thibaut, et veuve de Guillaume III, seigneur de Thiern ou Thiers, en Auvergne, était en possession du comté de Châlons en 1075. Nous en avons la preuve dans la charte d'une donation qu'elle fit cette année, avec le titre de comtesse de Châlons, au monastère de Parai-le-Monial ; acte souscrit par Humbert de Bourbon, son beau-frère, qui ne prend point d'autre qualité, quoique sa femme, Ermengarde, sœur d'Adélaïde, fût encore vivante. Nous ne voyons pas non plus que ni Malthilde, autre sœur d'Adélaïde, ni Hervé de Donzi, son époux, aient eu part au comté de Châlons ; ce qui nous donne lieu de croire que le comte Hugues avait institué son héritière universelle Adélaïde, sa sœur. Ermengarde cessa de vivre en 1083. Mais Adélaïde l'avait devancée au tombeau trois ans pour le moins auparavant. En effet l'acte de l'élection de Gautier, évêque de Châlons, dressé l'an 1080, nous apprend que le comté de Châlons était pour lors vacant : *Consulatu cabilonensis urbis tunc temporis manente absque terreno principe. (Gall. Chr. no. T. IV, Instr. col.* 252.) Ce qui causa cette vacance fut sans doute la concurrence de ceux qui prétendaient à ce comté. Nous ne pouvons dire combien durèrent précisément leurs contestations ; mais nous voyons qu'il en résulta deux possesseurs tranquilles du comté de Châlons, savoir :

GUI DE THIERN, et GEOFFROI DE DONZI, puis SAVARIC DE VERGI et GUILLAUME Ier.

Gui, fils de Guillaume de Thiern et d'Adélaïde de Châlons, et Geoffroi, fils d'Hervé, baron de Donzi, paraissent pour la première fois avec le titre de comtes de Châlons, l'an 1093, dans la charte par laquelle le second, étant à Cluni, rendit, en présence de l'abbé Hugues, à l'église de Saint-Marcel de Châlons, la justice et d'autres droits du village de Batuens, qu'il avait usurpés sur elle ; ce que le comte Gui et sa femme confirmèrent en mettant la charte sur l'autel. Les deux comtes ordonnèrent aussi la même année à un de leurs vassaux, nommé Boniface, de restituer à la même église ce qu'il lui avait enlevé. (Perri, *Hist. de Châlons.* pr. p. 45; Juenin, *Hist. de Tournus,* pr. p. 332.) L'an 1096, Geoffroi se disposant à partir pour la Terre-Sainte, vendit une portion du domaine comtal de Châlons à Savaric de Vergi, son oncle. Mais celui-ci n'ayant pas assez d'argent pour s'acquitter envers son neveu, engagea, pour compléter son paiement, la moitié de son acquisition à l'évêque de Châlons, moyennant 200 onces d'or ; laquelle somme n'ayant point été remboursée, les évêques de Châlons sont restés en possession du quart de ce domaine. Gui de Thiern partit aussi pour la croisade, et mourut au plus tard l'an 1113 : car Guillaume, son fils et son successeur, donna cette année, de concert avec Savaric, la forêt de Bragne pour l'établissement de l'abbaye de la Ferté-sur-Grône. Savaric vendit ensuite, après la mort de Geoffroi, de Simon et d'Hervée, ses fils, ce qui lui restait du comté de Châlons à Hugues II, duc de Bourgogne, qui le laissa à Hugues dit *le Roux*, son fils. Celui-ci fut père de Sibylle, femme d'Anseric de Montréal, dont les descendants, ayant cédé au duc de Bourgogne leurs droits sur plusieurs terres, y comprirent vraisemblablement ceux qu'ils avaient sur le comté de Châlons. Il est au moins cons-

tant par le traité fait en 1221, entre Durand, évêque de Châlons et son chapitre, Alix, veuve d'Eudes III, duc de Bourgogne, et Béatrix, comtesse de Châlons, que la duchesse Alix possédait en partie ce comté. A l'égard du comte Guillaume, les derniers traits de sa vie, consignés dans l'histoire, ne font point son éloge. Voici ce que rapporte de lui, d'après les écrivains du tems, l'Auteur du *Miroir historial* : » En Bour-
« gogne, dit-il, Guillaume, le comte de Châlons-sur-Saône,
« à l'aide de grant planté de Brabançons, vint courir sus à l'ab-
« baye de Cluni. Les religieux et plusieurs gents de la terre lui
« vindrent au-devant tous désarmés portant les reliques qu'ils
« avoient avec eux, la croix et le *corpus Domini*, pour lui
« prier merci, et pour l'honneur de Dieu que il ne mesfit rien
« à l'église : mais le déloyal comte et ses gents les dépouillèrent
« tout nuds et robèrent l'abbaye et pillèrent tout ce qu'ils trou-
« vèrent et en tuèrent bien cinq cents. C'est horrible fait sçut le
« roi; il assembla son ost hastivement, et vint sur le comte qui
« ne l'osa attendre. Le roi prinst le Mont Saint-Vincent de
« Châlons, la moitié en donna au duc de Bourgogne, et l'autre
« moitié au comte de Nevers, pour ce qu'ils l'avoient servi en
« son ost. Tous les Brabançons qu'il y trouva fit pendre ».
Ceci arriva non l'an 1178, comme le marque l'abbé Velli,
mais l'an 1166, suivant l'histoire comtemporaine de Vezelai.
(*Spicil.*, T. III, p. 640.) Il y a bien de l'apparence que Guillaume mourut dans ces entrefaites, ou peu de tems après, puisque dès-lors il n'est plus fait mention de lui. Il avait un frère cadet nommé Gui, qui fut seigneur de Montpensier selon Justel, du Bouchet et Baluze. De son mariage, outre un fils qui lui succéda, il eut une fille, Alix, qui épousa Joscerand Pot, seigneur de Brancion.

GUILLAUME II.

1168. GUILLAUME II, fils et héritier de Guillaume premier, se voyant dépouillé du Mont Saint-Vincent, vint avec sa mère, l'an 1168, faire satisfaction au roi Louis le Jeune dans l'abbaye de Vezelai. Ayant, sous la promesse de réparer le mal que son père et lui avaient fait, recouvré ce domaine, il demanda au pape l'absolution des censures qu'il avait encourues, et l'obtint aux mêmes conditions. Ses affaires ainsi rétablies, il vécut paisiblement tant qu'il eut à redouter la puissance du monarque qui l'avait réduit. Le tems nous a conservé le monument d'un acte éclatant de justice qu'il fit en 1173. Les religieux du prieuré de Perreci dans le Charolais, et l'abbé de Saint-Benoit sur Loire, dont ils relevaient, se plaignaient des coutumes oné-

reuses et injustes qu'il avait établies dans ce lieu. Guichard archevêque de Lyon et légat du saint-siège, s'y étant rendu avec les évêques de Châlons et d'Autun pour examiner l'affaire, Guillaume vint les trouver avec ses prévôts et ses sergents. Sur l'aveu qu'il fit de ses torts, on assembla les habitants de Perreci, en présence desquels il renonça aux exactions qui faisaient le sujet de leurs plaintes, donna pour garants de sa parole plusieurs chevaliers qui se trouvaient là, et fit dresser de sa renonciation un instrument authentique dont on tira deux copies pour être déposées, l'une aux archives de Saint-Benoît, l'autre en celles de Perreci. (*Cartul Floriac.*) D'après une pareille démarche on l'aurait cru sincèrement converti. Mais sur la fin du règne de Louis le Jeune, voyant ce prince infirme et dans l'impuissance d'agir, ne redoutant point d'ailleurs Philippe, son fils, encore mineur, il fait alliance avec Girard, comte de Mâcon, et Humbert IV, sire de Beaujeu, pour recommencer ses brigandages. « Plusieurs seigneurs, dit le *Miroir historial*, se
« vindrent complaindre au roi (Philippe-Auguste) du seigneur de
« Beaujeu et du comte de Châlons, (d'autres chroniques ajou-
« tent le comte de Mâcon), qui leur faisaient moult de maux. Il
« assembla grants gents, et par force contraindist ces deux
« princes à amander ce qu'ils avoient forfait aux églises et à
« rendre ce qu'ils avoient prins du leur ». Ce fut alors que le comte Guillaume fit à Lourdon, près de Cluni, avec l'abbé de ce monastère, un traité par lequel il renonçait à toutes les mauvaises coutumes qu'il avait établies à Parai-le-Monial, telles qu'un impôt sur les porcs, *porcellagium*, un sur les denrées, *annonagium*, un autre sur les voitures, *carredum*, le droit de faire moissonner ses champs par ses vassaux, *messionagium*; renonciation que sa fille et son héritière ratifia l'an 1205. (Chifflet, *Lettre sur Béatrix.*)

L'an 1190, Guillaume partit avec ce même monarque pour la Terre-Sainte; il en revint et mourut le 5 janvier 1203 (N. S.), laissant une fille unique nommée Béatrix, qu'il avait mariée, vers l'an 1186, avec Etienne III, comte d'Auxonne. (Chifflet, *ibid.* Juenin, *Hist. de Tournus.*)

BÉATRIX.

1203. BÉATRIX, fille et héritière du comte Guillaume II, lui succéda au comté de Châlons. Quoiqu'elle relevât immédiatement du duc de Bourgogne, le roi Philippe Auguste exigea d'elle qu'elle lui fît hommage à lui-même; et comme sa faiblesse ne lui permettait pas de se transporter à Paris, l'archevêque de Lyon fut commis pour recevoir cet acte au nom de S. M.

Nous avons la lettre de ce prélat au roi, datée du 3 septembre 1203, par laquelle il déclare que Béatrix s'est acquittée de ce devoir entre ses mains dans le château du Mont Saint-Vincent, en protestant néanmoins qu'elle n'entendait pas déroger par là à la fidélité qu'elle devait au duc de Bourgogne, son suzerain. (*Recueil de Colbert*, vol. 3, p. 703.) L'an 1205, elle confirma l'accord fait, l'an 1180, entre le comte Guillaume, son père, et l'abbaye de Cluni, touchant les droits du prieuré de Parai sur la terre de Toulon; ce qu'elle fit confirmer par les évêques de Châlons, de Mâcon et d'Auxerre. (*Arch. de Cluni.*) L'an 1221, elle traita avec Durand, évêque de Châlons, et Alix de Vergi, duchesse de Bourgogne, touchant leur juridiction respective dans la cité de Châlons. Béatrix mourut le 7 avril 1227, et fut inhumée au cloître de l'abbaye de la Ferté. Elle avait épousé, comme on l'a dit, vers l'an 1186, ETIENNE III, comte d'Auxonne, dit aussi ESTEVENON, petit-fils, par Etienne, son père, de Guillaume IV, comte de Mâcon, dont elle fut ensuite séparée pour cause de parenté, après en avoir eu trois enfants, un fils, et deux filles, qui ont toujours passé pour légitimes malgré la dissolution de ce mariage. Le fils est Jean qui suit; les filles, Béatrix, femme de Simon, sire de Joinville, père de l'auteur de la Vie de saint Louis; et Clémence, mariée à Berthold V, dernier duc de Zeringhen. Etienne, ou Estevenon, du vivant de Béatrix, contracta vers l'an 1212, une seconde alliance avec Agnès, fille de Robert II, comte de Dreux, dont on ne voit point qu'il ait eu d'enfants. Il emmena (l'on ne sait en quelle année) Jean, son fils, à la guerre contre les Albigeois. Etant mort le 16 mars 1240, il fut inhumé à la Charité de l'ordre de Cîteaux en Franche-Comté. (Chifflet, *Lettre sur Béatrix*; Juenin, *Hist. de Tournus*; Dunod, *Hist. du comté de Bourg.*)

JEAN, DIT LE SAGE.

JEAN, à qui ses grandes qualités méritèrent le surnom de SAGE, né vers l'an 1190, fut associé par Béatrix, sa mère, au gouvernement du comté de Châlons dès qu'il eut atteint l'âge de majorité. Le premier acte émané de lui, dont nous ayons connaissance, est de l'an 1213. C'est une charte par laquelle il confirme aux religieux de Bellevaux la possession des biens qu'ils avaient reçus de la libéralité d'Etienne, son père; mais dans cet acte il ne prend que les titres de comte de Bourgogne et de sire de Salins. (*Hist. des sires de Salins*, pr. p. 113.) Nous avons une autre charte de lui, donnée avec titre de comte de Châlons à Parai-le-Monial au mois de février 1220 (V. S.), portant confirmation de toutes les donations pieuses que sa mère avait faites. Il paraît néanmoins qu'il y eut dans la suite quelques contestations entre lui et ce monastère. C'est ce que nous inférons d'une charte du mois de décembre 1228, par laquelle il s'engage à observer fidèlement les coutumes de ses ancêtres à l'égard des habitants de Parai et de Toulon, et s'oblige, en cas de contravention, à la réparer suivant l'arbitrage des chevaliers R. Dalmace, Hugues de Digoine, Hugues de S. Alban, Guichard de Digoine, et autres. (*Arch. de Cluni*.)

L'an 1231 (V. S.), le 1er mars, il fit une transaction avec l'abbaye de Cluni touchant une somme de cent marcs d'argent et de cinquante livres dijonnaises, qu'il répétait sur cette maison, comme héritier de sa mère. L'abbé et les religieux soutenant que cette dette avait été acquittée du vivant de Béatrix, et offrant la preuve testimoniale, on convint, pour assoupir toute querelle à ce sujet et à d'autres égards, que l'abbaye donnerait au comte une somme de six cents livres dijonnaises, au moyen de quoi il la tiendrait quitte de toutes les prétentions qu'il avait contre elle. (*Arch. de Cluni*.) La même année, de concert avec l'évêque de Châlons et le duc de Bourgogne, il fit expédier une autre charte par laquelle ils déclarent que tout homme établi depuis un an à Châlons a droit d'étaler et vendre de la viande sans que les bouchers de la ville puissent l'en empêcher. (Perri, *Hist. de Châlons*, pr. p. 61.)

L'an 1237 (et non 1238), le *lendemain des octaves de la Pentecôte*, par acte passé à Saint-Jean-de-Lône (d'autres disent à Landon, près de Dôle), du consentement de MAHAUT, sa première femme, du comte Etienne, son père, et d'Agnès, sa belle-mère, le comte Jean échangea les comtés de Châlons et d'Auxonne avec Hugues IV, duc de Bourgogne, contre les seigneuries de Salins, de Bracon, de Villafans et d'Ornan; mais il conserva jusqu'à sa mort le titre de comte avec le nom de Châlons qu'il transmit à ses descendants. Le comté d'Auxonne était un fief mouvant du prieuré de Saint-Vivant de Vergi, et ce monastère y possédait divers fonds et droits qu'il s'était réservés lors de l'inféodation, ou qu'il avait acquis depuis. Pour mettre le tout en sûreté, le comte Jean et Etienne, son père, quelques jours après l'échange, donnèrent, chacun de leur côté, au prieur et couvent de Saint-Vivant, une reconnaisance de la mouvance du comté d'Auxonne (1) envers leur monastère, et des fonds et droits qu'ils y pos-

---

(1) Auxonne (*Assona, Assonium* et *Axonia*), ville située sur la Saône, entre Dijon et Dôle, est la capitale d'un comté qui a fait le sujet de longues contestations entre les ducs et les comtes de Bourgogne. Son origine remonte

sédaient. (*Hist. de Bourg.*; T. I, *pr.* p. 149.) Le comte Jean finit ses jours le 30 septembre 1267. (Voyez *les Sires de Salins.*)

---

plus haut qu'on ne le pense communément. La chronique de Beze nous apprend (*Spicil.* T. I, p. 492) que le duc Amalgaire, qui commandait en Bourgogne, sous le roi Clotaire II, donna, vers l'an 614, le bourg ou village d'Auxonne, avec d'autres terres à sa fille Adalsinde, pour la dotation du monastère de Saint-Martin de Besançon, dont elle était abbesse. Mais, obligée quelque tems après, par les traverses qu'elle essuya, d'abandonner cette retraite, elle alla chercher un asile, avec sa communauté, auprès de Valdalène, son frère, abbé de Beze. Ne voyant plus d'espérance de retourner en son monastère, elle en céda, l'an 652, tous les biens, et entr'autres Auxonne (*villam Assonam*) et Pontallier (*Potentiacum*) à l'abbé Valdalene; ce qu'elle fit ratifier par ses religieuses et par Adalric, son autre frère. (*Ibid.* p. 495.) Mais l'abbaye de Beze ne conserva pas long-tems Auxonne, et perdit le droit qu'elle y avait, dans un pillage où tous ses titres furent dissipés. Il n'en est pas fait mention dans le diplôme que Valdalène obtint, l'an 658, du roi Clovis II, dit aussi Clotaire, pour confirmer la cession qu'Adalsinde lui avait faite. (*Ibid.* p. 698.) On ne sait pas même ce que devint Auxonne jusqu'à l'an 868. Cette année, Fulce Agilmar, évêque de Clermont, de la maison des comtes d'Amans, fonda, près de Billei, qui est dit voisin d'Auxonne, un monastère pour y déposer les reliques de saint Vivant, disciple de saint Hilaire, qu'on avait soustraites à la fureur des Normands. Elles n'y restèrent pas long-tems. On fut obligé de les retirer promptement aux approches de ces mêmes barbares qui brûlèrent le monastère. Mais on va bientôt voir paraître un nouveau monastère de Saint-Vivant, qui nous donnera plus de lumières sur la ville et le pays d'Auxonne. Ce fut Manassès de Vergy qui le fonda en 892, par le conseil de Valon, son frère, évêque d'Autun; et, pour le garantir de toute insulte dans les tems d'incursion, il l'assit au-dessous de sa forteresse, place imprenable, près de Nuits en Bourgogne. Parmi les fonds dont fut doté cet établissement, se rencontre le lieu d'Auxonne, qui fut ensuite inféodé aux comtes de Bourgogne ou de Mâcon. C'est ce que déclare le comte Etienne dans l'hommage qu'il rendit en 1237 au duc de Bourgogne : *Quòd prior et conventus S. Viventii de Vergeio tale jus habuerant apud Assonam quod prædecessores mei à dicto priore et conventu tenuerant in feodum.*

Qu'Auxonne dans son origine n'ait été, comme quelques uns le prétendent, qu'une habitation de pâtres et de pêcheurs, située dans un territoire inculte, que les moines défrichèrent, c'est sur quoi, faute de monuments, nous ne pouvons rien décider. Mais il est certain qu'en 1135, Guillaume, comte de Bourgogne, traita avec Bouchard, prieur de Saint-Vivant, pour l'agrandissement d'Auxonne, qui devint bientôt assez considérable pour être le chef-lieu d'un département. Ce fut alors qu'on vit un comte d'Auxonne, dont le premier que nous ayons pu apercevoir est Etienne, fils aîné de Guillaume IV, comte de Mâcon, petit-fils par son père d'Etienne le Hardi, comte de Mâcon. De Judith de Lorraine, sa femme, il eut Etienne II, dit Estevenou qui, l'an 1229, accorda une charte de commune aux habitants d'Auxonne avec plusieurs priviléges qui furent confirmés par Robert, duc de Bourgogne, en 1304; par le duc Hugues V, en 1313; par le roi Jean en 1361. (Pérard, p. 412.) Depuis ce tems, les comtes de Bourgogne prétendirent qu'Auxonne était une mouvance de leur comté; ce qui leur fut contesté par les ducs qui refusèrent constamment de leur en faire hommage. Remarquez qu'Auxonne est qualifié dans les chartes tantôt comté, tantôt vicomté.

» L'ancien comté de Châlons, dit l'abbé Courtépée, compre-
» nait, non seulement le Châlonnais en-deçà et en-delà de la
» Saône, le Charolais qui en fut détaché en 1272 par le duc
» Hugues IV, mais encore, pour la mouvance ou féodalité, la sei-
» gneurie de Marcilli, à présent du bailliage de Montcénis, celles
» de la Motte-Saint-Jean, de Bourbon-Lanci, de Montmort,
» et de tous les autres fiefs au-delà de l'Arroux du côté de Bour-
» bon, comme on le voit par le traité passé en 1279 entre le
» duc Robert et Béatrix de Bourgogne, sa nièce (fille de Jean
» de Bourgogne et d'Agnès de Bourbon, et femme alors de Ro-
» bert, comte de Clermont, fils du roi saint Louis.) Hugues IV
» acquit aussi en 1259 de Henri de Brancion, Uxelles, Brancion
» et l'Epervière, réunis au comté. »

CHRONOLOGIE HISTORIQUE

DES

SIRES DE SALINS.

SALINS, aujourd'hui l'une des principales villes du comté de Bourgogne, situé dans un vallon entre deux montagnes, dont l'une se nomme le Poupet et l'autre la Grésille, tire son nom de ses salines. Il s'en forma dans la suite un autre autour des salines mêmes, qu'on nomma le bourg de dessus, en latin *burgum valcherii salinensis*. Les fréquents démêlés que l'émulation et l'intérêt firent naître entre ces deux bourgs, engagèrent, l'an 1497, l'archiduc Philippe, maître de l'un et de l'autre, à les joindre ensemble pour n'en faire qu'une même communauté ; c'est ce qui composa la ville de Salins, qui s'est beaucoup accrue depuis ce tems-là.

Salins était originairement du domaine des souverains de Bourgogne ; mais ils en aliénèrent en divers tems différentes parties, de manière qu'à la fin il ne leur en resta presque plus que la directe. Dès le dixième siècle la propriété de Salins passa dans une maison qui par sa puissance ne le céda qu'aux comtes de Bourgogne, et quelquefois même les égala.

ALBERIC.

920. ALBÉRIC, second fils de Maïeul, vicomte de Narbonne, étant devenu comte de Mâcon par son mariage avec TOLOSANE, ou ETOLANE, héritière de ce comté, acquit, l'an 941, de Meynier, prévôt de l'abbaye de Saint-Maurice d'Agaune, le château de Bracon, situé sur la montagne de Grésille, avec la partie des salines qui en dépendait, et les terres d'Arêche, Usie et Chamblai, sous la charge d'un cens annuel de quarante-un sous, et de celui de quinze sous pour chacune des églises qui lui étaient aliénées. Enchanté de cette acquisition, il céda, l'an 942, le comté de Mâcon à Letalde, son fils aîné, pour venir résider avec Humbert, son second fils, au milieu de ses nouvelles possessions. Cependant elles ne lui étaient pas abandonnées sans retour; car il était porté formellement par la charte d'aliénation que le monastère d'Agaune pourrait y rentrer après la mort des fils d'Albéric. Mais cette condition n'a jamais eu son accomplissement. Albéric mourut l'an 945, et fut enterré dans le parvis de l'église de Saint-Etienne de Besançon, à laquelle il avait donné la terre de Cussei, qu'il tenait de l'abbaye de Saint-Bénigne de Dijon. (*Voy.* Albéric, *comte de Mâcon.*)

HUMBERT I.

945. HUMBERT, second fils d'Albéric, lui succéda dans la sirerie de Salins, et dans quelques terres du comté de Mâcon. L'an 951, il consentit à la donation faite par Letalde, son frère aîné, des églises de Saint-Maurice de Gray et de Saint-Maurice de Pontallier, au chapitre de S.-Etienne de Besançon. Il fit lui-même depuis donation d'une vigne située au diocèse de Mâcon à l'abbaye de Cluni, étant, comme il a dit lui-même, à l'extrémité : *In extremis positus vitæ præsentis.* (M. l'abbé Guillaume, *Hist. des Sires de Salins*, pr. p. 10.) Mais l'acte de cette donation étant sans date, il ne peut servir à fixer l'année de la mort de Humbert I. Tout ce qu'on peut assurer sur ce point, c'est qu'il avait cessé de vivre avant l'an 957, comme le prouve une charte de son successeur en faveur de Cluni, que nous allons rapporter.

HUMBERT II.

HUMBERT II succéda en bas âge à son père Humbert I, sous la tutelle de Letalde, son oncle. Celui-ci, au nom de son neveu, donna, la troisième année du roi Lothaire, c'est-à-dire l'an 957, à Aimar, abbé de Cluni, un meix en la ville de Saillei. Humbert, devenu majeur, épousa ERMENBURGE, fille d'un seigneur nommé Lambert, différent du comte de Châlons de même nom. (Voyez *les comtes de Châlons.*) On ignore l'année de sa mort, dont le jour est marqué au 8 des calendes d'août dans le Nécrologe de l'église de Besançon; ce fut là qu'il fut inhumé dans l'abbaye de Saint-Paul, que Hugues, son fils, gouvernait alors. Mais il paraît qu'il ne vivait plus en 1028, le 16 des calendes de mai, date d'un diplôme de Rodolfe III, dernier roi de la Bourgogne transjurane, par lequel ce prince confirma à Ermenburge les biens que Lambert, son père, lui avait assignés pour sa dot au canton de Varasque. (*Sires de Salins*, *pr.* p. 11.) De son mariage Humbert laissa Gaucher, qui suit; Letalde, qui vivait en 1044; Hugues, abbé de Saint-Paul de Besançon, fondateur en 1028 du chapitre de Saint-Anatole de Salins, archevêque de Besançon en 1031, mort le 27 juillet 1066 ou 1067; et Ermenburge, femme d'Amédée de Navillei.

GAUCHER I.

GAUCHER, fils de Humbert II et son successeur, approuva une donation faite, en 1044, à l'abbaye de Saint-Paul de Besançon, par Hugues, son frère. Il donna lui-même à cette église, conjointement avec sa femme et son fils, ce qu'il avait à Navillei et à Nancrai. Etant à Besançon, il renonça en faveur de saint Odilon, abbé de Cluni, aux droits qu'il prétendait sur les sujets du prieuré de Romain-Moutier, qui demeuraient à Chaux-d'Allier. On n'a rien qui puisse aider à fixer l'année de sa mort. AREMBURGE, sa femme, dont on ignore l'origine, le fit père d'un fils, qui suit. Il paraît par une donation qu'elle fit à l'abbaye de Cluni, qu'elle avait eu d'un premier mariage deux autres fils, Guillaume et Arbert. (Voy. *Sires de Salins*, p. 20, et *pr*, p. 25 et 30.)

GAUCHER II.

GAUCHER II, successeur de Gaucher I, son père, en la sirerie de Salins, aliéna, vers l'an 1080, à Bernard, abbé de la Baume, l'église de Dampierre, du consentement de Hugues et de Hardouin de Châtillon, auxquels elle appartenait en partie. Entraîné par l'exemple des seigneurs de son voisinage, il porta la main sur des biens ecclésiastiques qui étaient à sa convenance; mais il leur donna ensuite l'exemple du repentir. Après avoir fait des dégâts dans les dépendances du prieuré de Romain-Moutier, touché de remords, il lui céda, l'an 1084, en dédommagement une place dans ses salines pour y faire du sel. Dans l'acte de cette donation il prend la qualité d'avoué de Salins. Il ne répara pas aussi généreusement les violences qu'il avait exercées contre l'église de Besançon. Elle fut obligée, l'an 1087, de convenir avec lui d'une somme d'argent pour la laisser jouir des biens qu'elle avait reçus par donation de l'archidiacre Guichard. (*Sires de Sa-*

lins, pr. p. 23 et 24.) Les dispositions de Gaucher pour les églises et les monastères devinrent plus favorables par la suite. Il fonda, sous S. Hugues, abbé de Cluni, le prieuré de Saint-Nicolas de Salins. S'étant rendu ensuite à Cluni, il fit don à cette abbaye de plusieurs places dans ses salines pour y cuire du sel, et lui fit d'autres libéralités pour la fondation de son anniversaire. L'année de sa mort est incertaine. De BÉATRIX, sa femme, il laissa Humbert, qui suit; et Hugues, chanoine de St.-Etienne de Besançon.

HUMBERT III, dit LE RENFORCÉ.

HUMBERT, fils de Gaucher II et son successeur, jouissait de la seigneurie de Salins du vivant de son père. C'est ce que l'on voit par l'accommodement qu'il fit avec l'abbaye de Saint-Bénigne de Dijon, au sujet d'une chaudière qu'Otte-Guillaume, comte de Bourgogne, avait accordée à ce monastère dans les salines de Salins. (*Sires de Salins, pr.*, p. 37.) L'an 1126, il consentit à la cession qu'Anseric, archevêque de Besançon, fit de l'église de Bannans au prieuré de Romain-Moutier. Ce consentement avait été précédé de plusieurs vexations qu'il avait exercées contre ce monastère. Il mourut à la Terre-Sainte, on ne peut pas dire en quelle année, mais l'an 1133, au plus tard. De sa femme, dont on ignore le nom, il laissa Gaucher, qui suit; Humbert, qui viendra ensuite; N., femme de Thibaut, qui paraît avoir été de la maison de Vauvillers; Elisabeth, mariée à Renaud de Traves, connétable du comté de Bourgogne, descendant de Hugues de Traves, qui fonda, l'an 1073, dans sa terre de Traves, une église en l'honneur de saint Pierre et de saint Marcel. (Cette maison, l'une des plus illustres du comté de Bourgogne, finit vers le commencement du quatorzième siècle.)

GAUCHER III.

GAUCHER, fils aîné de Humbert III, lui avait succédé en 1133, comme on le voit par la donation qu'il fit à l'église de Saint-Paul de Besançon d'un cens hebdomadaire sur les salines de Salins. (*Sires de Salins, pr.*, p. 44.) Fidèle à suivre les pieuses intentions de son père, il exécuta, l'an 1136, la fondation que son père avait projetée de l'abbaye de Rosières, qu'il dota richement. Il fut libéral envers d'autres églises, telles que celles de S.-Paul de Besançon, à laquelle il céda, l'an 1133, un cens hebdomadaire assez considérable sur ses salines; celle d'Alaise, desservie par des chanoines réguliers, qu'il dota, en 1145, d'une maison située dans le lieu d'Ars; celle de Mont-Benoît, à laquelle il assigna, l'an 1148, deux mesures de sel par semaine, à prendre sur ses salines; celle de Rosières, à laquelle il fit don de trois bouillons de sel par an. On le voit, en 1157, à la cour de l'empereur Frédéric Ier, dans la ville d'Arbois, où il fut témoin du diplôme par lequel ce prince déclara qu'il prenait l'abbaye de Balerne sous sa protection. Il est dénommé comme témoin après Etienne, comte de Bourgogne, et avant Eudes, fils déshérité de Hugues, comté de Champagne, et parent de l'impératrice Béatrix, dans la charte des priviléges qui furent accordés la même année par cet empereur à Geoffroi, évêque d'Avignon; l'acte est daté de Besançon, le neuvième des calendes de décembre (23 novembre). On le voit encore, l'an 1166, le 26 août, à la cour de Frédéric à Dôle, où, ce jour-là, il fut témoin du don que ce prince fit à Eudes de Champagne des terres de Quingei, Lielle et Lambard. Il mourut, l'an 1175, à Saint-Oyan, le 15 août, en présence de Girard, comte de Mâcon, et de sa fille Maurète, épouse de ce seigneur et unique héritière de Gaucher. Son corps fut transporté dans l'église de Saint-Etienne de Besançon.

GIRARD.

1175. GIRARD, comte de Mâcon, ayant épousé, l'an 1160, GUIGONNE, dite aussi MAURETTE, fille unique de Gaucher, devint sire de Salins, l'an 1175, après la mort de son beau-père. En comparant le personnage qu'il faisait dans le comté de Mâcon avec celui qu'il fit dans la sirerie de Salins, on a peine à s'imaginer que ce fût le même homme. Autant il était turbulent, avide de biens d'autrui, et surtout de celui du clergé, dans le premier; autant il était paisible et libéral dans l'autre. Nul seigneur du voisinage de Salins n'eut à se plaindre de ses entreprises, et plusieurs églises du pays reçurent des marques éclatantes de sa générosité. L'église cathédrale de Besançon, le chapitre de Saint-Anatole de Salins, la chartreuse de Bonlieu, l'abbaye de Billon et celle de Balerne, lui ont des obligations importantes, dont le souvenir est consigné dans leurs monuments domestiques. Girard mourut au plus tard le 15 septembre 1184, laissant, de son épouse, qui lui survécut, plusieurs enfants, dont le second, qui suit, lui succéda dans la sirerie de Salins. Girard fut inhumé à la cathédrale de Besançon. (*Voy.* Girard, *comte de Mâcon.*)

GAUCHER IV.

1184. GAUCHER, second fils de Girard, eut pour son apanage la sirerie de Salins. Il prétendait à celle de Bourbon, depuis

1171, par le mariage qu'il avait contracté avec Mathilde, fille et héritière d'Archambaud VIII, sire de Bourbon, et d'Alix de Bourgogne. Il accompagna, l'an 1189, l'empereur Frédéric Ier dans son expédition de la croisade, et fut témoin de la mort funeste de ce prince, arrivée dans la route, le 10 juin de l'année suivante. L'armée teutonique ayant continué sa marche sous la conduite du fils de l'empereur défunt, vint faire le siége de Saint-Jean-d'Acre, où Gaucher se distingua par sa valeur. Théodoric, archevêque de Besançon, fut emporté par la peste devant cette place, l'an 1191, avec beaucoup d'autres. Gaucher échappa à ce fléau, et revint dans sa patrie après la prise de Saint-Jean-d'Acre. Mathilde, son épouse, ne fut pas du nombre de ceux qui le revirent avec joie. Une contrariété d'humeurs les divisait depuis long-tems. Elle augmenta depuis le retour de Gaucher, dont l'impatience éclata par des voies de fait qui obligèrent sa femme à prendre la fuite. Le prétexte de la parenté servit heureusement à Mathilde pour demander la dissolution de son mariage, qu'elle obtint, l'an 1195 ou 1196, du pape Célestin III. Libre alors, elle contracta un nouveau mariage avec Gui de Dampierre. (Voyez *les sires de Bourbon*.) Gaucher, de son côté, prit une seconde alliance avec Alix, fille de Robert le Jeune, comte de Dreux, issu du sang royal. L'an 1199, il se rendit à un lieu désigné par Gontier, abbé de Saint-Maurice, pour lui faire hommage des terres qui relevaient de son abbaye, et dont les principales étaient le château de Bracon avec ses dépendances, la vallée de Meige, Arêche et Chamblai. L'acte qui fut dressé de cette reconnaissance, porte que le sire de Salins est tenu de recevoir avec distinction et de défrayer l'abbé avec sa compagnie toutes les fois qu'il jugera à propos de venir à Bracon ; que les clefs de la place doivent lui être remises, et que le gardien des portes est obligé de prendre ses ordres. (*Sires de Salins, pr.*, p. 91.) Gaucher fonda, la même année, l'abbaye cistercienne du Mont-Sainte-Marie, qu'il soumit à celle de Clairvaux. L'an 1202, son estime pour les chanoines réguliers le porta aussi à fonder pour eux l'abbaye de Gouaille. Gaucher répandit encore ses libéralités sur d'autres monastères, et mourut le 3 ou le 4 août de l'an 1219, dans un âge avancé. Conformément à ses intentions, il fut inhumé dans l'église de l'abbaye de Gouaille, sous une tombe plate sur laquelle on lit cette épitaphe : *Sous cette petite tombe, devant ce grand autel, giest et est enterré Gaucher, seigneur de Salins et de Bracon, fondateur de cette église, Mont-Sainte-Marie et Rousieres, qui trépassa l'an de l'Incarnation de N. S. 1219, le tiers jour d'août.* Bernard de Malarmei, abbé de Gouaille, lui érigea, l'an 1622, un nouveau monument plus orné, sur lequel il fit graver une épitaphe latine qui n'ajoute rien à celle qu'on vient de rapporter, sinon qu'Ide, duchesse de Lorraine, sa sœur, est enterrée auprès de lui. Au lieu d'appeler Ide, duchesse de Lorraine, il fallait la dire dame de Coligni. (*Voy.* Girard, *comte de Mâcon.*) On doit remarquer encore que ce fut Gaucher III qui fonda, comme on l'a dit plus haut, l'an 1156, l'abbaye de Rosières, dont Gaucher IV n'a été que le bienfaiteur. Celui-ci ne laissa, de son premier mariage, qu'une fille, qui suit. Alix de Dreux, sa seconde femme, lui survécut sans enfants de leur mariage, et épousa, en secondes noces, Renaud de Choiseul. Elle perdit, en 1239, ce second mari, et finit elle-même ses jours en 1258, laissant de Renaud trois fils et deux filles.

MARGUERITE.

1219. MARGUERITE DE VIENNE, fille unique de Gaucher IV, sire de Salins, et de Mathilde de Bourbon, fut emmenée par sa mère après son divorce, et élevée par elle sous les yeux de Gui de Dampierre, son beau-père. Gui prit pour cette fille les sentiments d'un père; et, voyant que Gaucher n'avait point d'enfants d'Alix de Dreux, il prit soin, lorsque Marguerite fut nubile, de lui chercher un époux qui fût en état de soutenir ses droits sur la succession paternelle. Son choix tomba sur Guillaume de Sabran, comte titulaire de Forcalquier, homme vaillant et capable de former et d'exécuter les plus grandes entreprises. Le mariage se fit, l'an 1211, du consentement de la mère de Marguerite et du duc de Bourgogne, son oncle. L'amitié que Gui de Dampierre avait conçue pour sa belle-fille était si sincère, qu'au préjudice de ses enfants, il consentit à la laisser jouir de la part qu'elle avait du chef de sa mère dans la baronnie de Bourbon. Mais le comte de Forcalquier, non moins généreux que lui, ne voulut accepter ces offres qu'autant qu'elles se trouveraient faire partie des droits de son épouse. La cour du roi de France, à laquelle on s'en rapporta sur ce point, déclara par son jugement que les filles n'entraient point en partage d'une baronnie avec les enfants mâles, mais qu'on leur donnait leur dot en argent. Celle de Marguerite fut de mille deux cents marcs d'argent. Guillaume étant mort en 1220, Marguerite épousa, l'année suivante, en secondes noces, JOSCERAND, sire de Brancion, dit *le Gros*, à cause de l'abondance de ses biens, suivant Pierre de Saint-Julien, et dont la maison, fort ancienne, se glorifiait de ne tenir ses terres que de Dieu et de son épée. Ce fut Archambaud IX, sire de Bourbon, qui ménagea cette seconde alliance.

L'an 1224, Joscerand et son épouse vendirent, par un motif qu'on ignore, à Hugues IV, duc de Bourgogne, pour une somme modique d'argent, le château d'Aignai avec ses dépendances, et la seigneurie de Salins. Mais comme Alix de Dreux en possédait une partie à titre de douaire, le duc de Bourgogne lui assura pour son dédommagement, sous la caution de Henri de Sombernon, la somme annuelle de deux mille quarante livres. Le duc ne garda cette seigneurie que l'espace de treize ans, et l'échangea, l'an 1237, avec Jean le Sage, contre le comté de Châlons : échange qui fut ratifié par Joscerand. Celui-ci étant parti, l'an 1248, avec le roi saint Louis pour la croisade, fut tué, l'an 1250, à la bataille de la Massoure en Égypte. « Il avoit été, dit Joinville, en trente-six batailles,
» desquelles, par plusieurs fois, il avoit emporté le prix d'armes;
» et de mon eâge même, ajoute-t-il, j'en ai eu connoissance
» d'aucunes : car lui étant une fois en l'ost du comte de Mascon,
» qui étoit son cousin, il s'en vint à moy et à ung mien frère,
» et le jour du Vendredy-Saint, il nous dict : Mes neveux,
» venez moy aider à toute vostre gent, et allons courir sus aux
» Allemans qui abattent et rompent le Moustier de Mascons.
» Tantoust sur piedz fusmes prestz, et allasmes courir contre
» lesdits Allemans, et à grands coups et pointes d'espées, les
» chassames du Moustier, et plusieurs en furent tués et navrés;
» et quand ce fut faict, le bon preud'homme s'agenouilla devant l'autel, et cria à haute voix à nostre Seigneur qu'il luy
» plust avoir pitié de son ame, et qu'il le voulsist oster d'entre
» les guerres des Chrétiens, où il s'estoit trouvé tant de fois,
» et vu tant de gents mettre à mort, et qu'il lui donnast la
» grace de mourir à son service contre les Infideles. » Marguerite, sa veuve, lui survécut, et finit ses jours l'an 1259, laissant de lui un fils nommé Henri, qui, la même année, au mois de juillet, vendit au duc de Bourgogne, Uxelles, Beaumont, la Perrière, avec leurs dépendances, pour la somme de neuf mille livres; puis, au mois suivant, aliéna encore au même duc, pour six mille livres tournois, le château et la châtellenie de Sauvigni. De son premier mariage, Marguerite avait eu deux fils, Guillaume et Gaucher de Sabran.

JEAN LE SAGE.

JEAN, surnommé LE SAGE, fils d'Etienne II, comte d'Auxonne et de Béatrix, fille et héritière de Guillaume II, comte de Châlons, successeur de son père au comté d'Auxonne et de sa mère au comté de Châlons, prenait, dès l'an 1209, les qualités de comte de Bourgogne et de sire de Salins : *Ego Joannes comes*

Burgundiæ et Dominus Salinensis, dit-il dans une charte qu'il donna cette année en faveur de l'abbaye de Bellevaux. (*Sires de Salins*, pr., p. 113.) L'un et l'autre de ces titres n'annonçaient que des prétentions. Son père, en mourant, lui laissa le soin de continuer la guerre qu'il avait commencée contre Otton de Méranie pour le comté de Bourgogne. Pour réconcilier les parties, l'an 1222, on proposa le mariage du fils de Jean de Châlons avec la fille du comte Otton. Mais comme ils étaient l'un et l'autre dans l'enfance, le mariage accepté fut différé jusqu'à ce qu'ils eussent atteint l'âge nubile. La ville de Besançon, indépendante des comtes de Bourgogne, et soumise immédiatement à l'Empire, choisit, l'an 1224, pour son protecteur et son avoué Jean de Châlons. Les articles du traité qu'elle fit avec lui portent qu'il prendra en sa garde les citoyens de Besançon et leurs biens, dans quelques lieux qu'ils habitent; qu'il les assistera de ses conseils et de ses forces dans les différents qu'ils auront avec leur archevêque, le vicomte et le maire de la cité; que, lorsqu'ils l'appelleront, ils seront obligés de lui fournir des vivres et d'entretenir les fers de ses chevaux; qu'ils partageront avec lui le butin qu'on ferait à la guerre, ainsi que la rançon des prisonniers. La durée de ce traité fut fixée à quatre ans. La même année, le comte Jean termina les difficultés qu'il avait avec Simon, sire de Joinville, son beau-frère, par rapport au château de Marnai, qu'il consentit à lui laisser après la mort du comte Etienne, son père.

La guerre se ralluma, l'an 1226, entre le comte Otton et la maison de Châlons. Otton, se voyant abandonné d'une partie des siens, appelle à son secours les comtes de Champagne et de Bar. Le comte Jean, s'étant mis en campagne, remporta plusieurs avantages sur ses ennemis, et fit prisonnier Henri, comte de Bar, dans un combat qu'il lui livra au mois de décembre. Le comte de Bar, après être resté jusqu'au mois de mai suivant au pouvoir de Jean de Châlons, et de Henri de Vienne, obtint son élargissement moyennant une rançon de seize mille livres, et sur la promesse qu'il fit de ne jamais porter les armes contre eux ni leurs partisans. Mais à peine fut-il remis en liberté, qu'il trahit son serment. La paix se fit, l'an 1227, dans l'abbaye de Beze, par l'entremise du légat qui s'y était rendu à cet effet, dans la vue d'engager le comte Etienne et son fils à prendre parti, lorsqu'ils seraient libres, dans la guerre qu'on faisait alors aux Albigeois. Le comte Otton, par le traité, resta maître du comté de Bourgogne, dont il laissa le titre à Etienne et à son fils.

Jean de Châlons, de concert avec le comte Etienne, accorda, l'an 1229, des franchises à la ville d'Auxonne. L'année suivante, le mariage que le comte Jean ménageait depuis long-tems entre

Hugues, son fils aîné, et Alix, fille du comte Otton, fut enfin célébré avec une magnificence conforme à la naissance des deux époux. Six cents livrées de terres de rente, assignées sur les seigneuries de Saint-Aubin et de Colonne, formèrent la dot de la princesse.

L'an 1237 est une époque mémorable par l'échange qui se fit entre le duc de Bourgogne et le comte Jean du comté de Châlons et du comté d'Auxonne contre la seigneurie de Salins. Aux fiefs d'Onan, de Villafans, de Châteauvillain et de Montrivel, dont cette seigneurie était originairement composée, le duc joignit ceux de Cloyes et de Chaucin. Jean de Châlons rendit hommage au duc non seulement de ces terres, mais encore de celles de Saint-Aubin, de Château-Châlons, de Poupet, de Montfort et d'autres fiefs qu'il possédait en-deçà de la Saône. L'échange fut à peine consommé, qu'Alix de Dreux, veuve de Gaucher de Salins, se présenta pour demander l'exécution du traité qu'elle avait fait en 1224 avec le duc de Bourgogne, pour son douaire estimé à la somme annuelle de deux mille quarante livres. Jean de Châlons, pour se délivrer des embarras de ce payement, lui céda, et à Renaud de Choiseul, son second époux, la baronnie de Traves avec les terres de Scei-sur-Saône et de Frotei. L'an 1239, il fit confirmer par Joscerand, sire de Brancion, et Marguerite de Vienne, son épouse, l'échange de la seigneurie de Salins, sur laquelle ils pouvaient former des prétentions. Il restait encore à satisfaire Guillaume et Gaucher de Sabran, fils de Guillaume de Sabran, comte de Forcalquier, sur la part qu'ils prétendaient aussi avoir à la seigneurie de Salins du chef de leur mère, remariée, ainsi qu'on l'a dit, au sire de Brancion. Jean de Châlons fit avec eux, l'an 1240, un traité par lequel, au moyen de la somme de deux mille quatre cents livres qu'il leur donna, ils renoncèrent à tous les droits qu'ils pouvaient exercer contre lui à cet égard. Le comte Etienne, père de Jean de Châlons, termina sa longue carrière cette même année, et fut inhumé à l'abbaye cistercienne de la Charité. Jean de Châlons établit, l'an 1243, des religieuses de l'ordre de Fontevrault, dans le monastère de Sauvement, près d'Arlai, dont Mahaut, sa fille, fut la première abbesse. L'an 1246, étant dans la maison de l'évêque de Lausanne, il reprit en fief de Nantelme, abbé d'Agaune, le château de Bracon et ses dépendances en la forme contenue dans la reconnaissance faite à l'abbé Gontier par Gaucher IV, sire de Salins. Amédée, comte de Savoie, fut un des témoins de cet hommage que Jean reconnut devoir être rendu dans l'église d'Agaune, conformément, est-il dit dans l'acte, à l'usage et au titre d'inféodation. L'abbé d'Agaune dut être d'autant plus flatté de voir le comte Jean s'exécuter de la sorte envers lui, que le sire de

Brancion et le duc de Bourgogne s'étaient dispensés de ce devoir.
L'an 1248, le 15 juin, Otton, comte de Bourgogne, le nomma
avec la comtesse Alix, son fils Hugues, et trois autres seigneurs,
exécuteur de son testament, fait à Niesten dans l'Empire. Otton
étant mort dans la même année, Hugues, fils de Jean le Sage,
lui succéda, du chef de son épouse, au comté de Bourgogne.
L'année suivante, le refus qu'Amauri III, sire de Joux et de
Cluse, faisait de se reconnaître son vassal, et les droits qu'il
exigeait de ceux qui passaient sur ses terres pour aller checher du
sel à Salins, déterminèrent le comte Jean à lui déclarer la guerre.
Amédée de Montfaucon, mécontent de son côté d'Amauri, à
cause de l'acquisition qu'il avait faite contre son gré du fief de
Morteau, qui relevait de lui, joignit ses armes à celles du comte
Jean, son oncle. Retranché dans sa forteresse de Joux, située
dans les gorges du Mont-Jura, Amauri vit ses campagnes désolées, ses métairies livrées aux flammes par ces deux ennemis,
sans oser faire de sorties pour les arrêter. Il demanda la paix en
1250; elle lui fut accordée à condition qu'il reconnaîtrait tenir
du sire de Salins le château de Joux, le rocher de la Cluse,
fortifié par le comte Etienne, et d'autres terres; qu'il n'exigerait
plus de contributions de ceux qui traverseraient ses terres pour
aller au sel; et qu'il se démettrait en fief de Morteau en faveur du
sire de Montfaucon.

Jean le Sage embrassa le parti de Guillaume, roi des Romains.
Nous avons les lettres de ce dernier, par lesquelles il le reçoit à
foi et hommage, sous la promesse qu'il fait de l'aider contre
Conrad, fils de l'empereur Frédéric II, et de lui donner une
somme de dix mille marcs d'argent. Guillaume en reconnaissance lui engage les revenus qui lui appartiennent, en sa qualité
de chef de l'empire, dans les villes de Besançon, Lausanne et
Salins. L'acte est daté de cette dernière ville au mois d'avril
1251. (*Mss. du roi*, n° 9420, fol. 7, v°.) Jean le Sage obtint,
l'an 1252, de Guillaume le droit de faire battre monnaie à Salins;
et la même année, accompagné d'ISABELLE DE COURTENAI, sa seconde femme, et de Jean, leur fils, il rendit hommage au duc de
Bourgogne, Hugues IV, de ses terres de Château - Châlons,
Château-Belin sur Salins, Poupet, l'Echelois, Montfort, la
Marche en Bresse, et d'autres fiefs. On fut étonné de cet hommage, si contraire aux vues et à la politique du comte Jean de
Châlons; mais il avait un motif qui ne se manifesta pas
d'abord; c'était la division qui régnait depuis quelque tems entre
lui et Hugues, son fils aîné. Celui-ci, jaloux de la tendresse que
portait son père aux enfants qu'il avait eus de sa seconde femme,
s'était persuadé que ses intérêts en souffriraient un jour. Rempli
de ce préjugé, il avait fait taire les sentiments de la nature pour

n'écouter que ceux de son ambition. Dès l'an 1251, il avait conclu, avec le duc de Bourgogne, un traité d'alliance, dans lequel il n'avait pas voulu comprendre son père ni ses frères. Cette alliance altéra l'amitié que Jean de Châlons avait eue jusqu'alors pour ce fils. Il chercha pour ses autres enfants la protection de ce même duc; mais le prix dont il la paya dut lui coûter bien des regrets. Ses projets n'en reçurent cependant aucune atteinte, et sa prudence répara dans la suite le sacrifice qu'il avait fait à son amour.

La rupture entre le père et le fils, après être demeurée quelques années secrète, éclata enfin par une guerre ouverte. Le scandale des gens de bien et la désolation de la province en furent les suites avec tous les maux que les armes entraînent. Le roi saint Louis, au retour de la Terre-Sainte, voulut se rendre médiateur entre les parties. Mais les députés qu'il leur envoya les trouvèrent trop irritées pour se laisser fléchir par leurs remontrances. Le sire de Salins venait de donner au comte de Bourgogne une marque des plus caractérisées de son ressentiment. Il avait acquis depuis peu pour sept mille marcs d'argent les droits que Frédéric le Jeune, burgrave de Nuremberg, avait dans le comté de Bourgogne. Cette acquisition avait été suivie de la promesse de mariage de son fils du second lit avec Alix, fille du burgrave; et l'on était convenu que ses droits sur le comté de Bourgogne (à l'exception de l'avouerie de Besançon) serviraient de dot à la future épouse. Le comte Hugues voyant qu'on lui disputait une partie de ses états, ne garda plus de mesures. Guidé par sa colère, il poursuivit Jean de Châlons avec la fureur de l'ennemi le plus implacable. Le père infortuné, trop faible pour lui résister avec ses seules forces, se vit réduit à solliciter des secours étrangers et à les acheter par des bienfaits. Les hostilités allaient recommencer avec plus d'ardeur, quand les nouvelles instances du monarque français arrêtèrent le cours de ces animosités. La cassation du traité fait entre Jean de Châlons et le burgrave de Nuremberg fut un des principaux articles de la réconciliation entre le père et le fils. Le prince qui avait vendu ses droits au premier pour sept mille marcs, les céda pour mille quarante au comte Hugues. Le projet du mariage d'Alix, sa fille, avec le sire de Salins, s'évanouit avec les espérances qu'elle devait lui porter. Jean de Châlons commençait à jouir de la tranquillité que le monarque lui avait procurée, lorsqu'il perdit ISABELLE, son épouse, fille de Robert de Courtenai, seigneur de Champignelles. Cette perte fut presque aussitôt réparée, par une troisième alliance qu'il contracta avec LAURE, fille de Simon II, sire de Commerci. Jean le Sage donna, l'an 1259, au comte Hugues, son fils, le gage le plus assuré de sa prédilection, en soumettant la seigneurie de Salins au comté de Bourgogne, dont elle avait été jusqu'alors indépendante. Pour réaliser cette faveur, il se rendit lui-même vassal de son fils, et lui rendit hommage comme à son suzerain. La charte qui fut expédiée à ce sujet dans le mois de janvier 1259 (V. S.), exprime les motifs qui l'avaient déterminé à cette démarche. C'était pour empêcher que la seigneurie de Salins ne passât en des mains étrangères, qu'elle ne fût divisée après sa mort, et que ces portions qui auraient formé autant de seigneuries indépendantes, ne fussent assujetties, sous quelques prétextes, à des princes voisins, peut-être même à des ennemis. En conséquence, après avoir repris de son fils la baronnie de Salins, Chalamont et le Val-de-Miége, il veut que celui qui tiendra Bracon après sa mort soit vassal de son fils aîné et de ses descendants, qui seront chargés d'en faire les devoirs de fief à l'abbé d'Agaune ; que les partages de ses fils cadets relèvent de l'aîné, et que les biens constitués en dot à ses filles seront soumis à la même mouvance. Le comte Hugues, par reconnaissance, lui abandonna six cents livrées de terre sur le puits de Salins, pour en accroître le partage de ses frères. Le 30 septembre 1267 fut le terme des jours de Jean le Sage, après la mort duquel la seigneurie de Salins fut réunie au comté de Bourgogne, dont les souverains ajoutèrent dès-lors à leurs titres celui de sires de Salins. Cette ville est redevable à Jean le Sage de son premier affranchissement qu'elle obtint de lui en 1249. (M. Perreciot.) De Mahaut, sa première femme, il eut, outre Hugues, son fils aîné, une fille nommée Blanche, qui fut mariée deux fois, 1° à Guichard V, seigneur de Beaujeu, dont elle n'eut point d'enfants, 2° à Béraud, seigneur de Mercueil, après la mort duquel, selon Rubys, elle entra, l'an 1269, dans l'ordre de Sainte-Claire à Lyon, et fonda l'abbaye de la Déserte. Isabelle de Courtenai le fit père de Jean, seigneur de Rochefort, qui devint comte d'Auxerre par son mariage avec Alix de Bourgogne, troisième fille d'Eudes de Bourgogne, comte de Nevers; de Pierre, seigneur de Châtel-Belin ; et d'Etienne, seigneur de Rouvre et de Monterot. Du troisième lit sortirent Jean, seigneur d'Arlai; Hugues, archevêque de Besançon ; Marguerite, femme de Hugues, ou Huguenin de Bourgogne, seigneur de Montréal ; et Agnès, mariée à Amé II, comte de Genève.

CHRONOLOGIE HISTORIQUE

DES

COMTES DE NEUCHATEL EN SUISSE.

Neuchatel, en latin *Neocomum*, *Neoburgum* et *Novum castrum*, en suisse *Noiedenolex*, en allemand, *Velsch-Neuenbourg*, jolie ville de la Suisse, traversée par le torrent du Seyon et située sur le bord d'un lac d'environ huit lieues de longueur sur deux de largeur, est le chef-lieu d'un comté dont l'étendue d'Orient en Occident est à-peu-près de douze lieues, et de cinq du Nord au Midi, entre la Franche-Comté dont il est séparé par le Mont-Jura, l'évêché de Bâle et les cantons de Berne et de Soleure. Ce pays contient les mairies de Neuchâtel, de Laignières, de Boudevilliers, de Cortaillods, de Bevaux, de Rochefort, de Verrières, de la Chaux d'Etallères, les Châtellenies de Thiélé, de Landeron, de Boudri, et du Val-Travers, avec les baronnies de Travers, de Gorgier et Vaumarcus. On joint au comté de Neuchâtel celui de Valengin, composé de quatre mairies, de Valengin dont dépendent le Val-de-Ruz et ceux du Locle, de la Sagne, des Brenets et de la Chaux-de-Fond. La tradition porte que Berte, femme de Rodolfe II, roi de la haute Bourgogne, fonda en 927 l'église et le chapitre de Neuchâtel. Il est constant qu'après la mort de Rodolfe III, dit *le Fainéant*, Neuchâtel, qui faisait partie de son royaume, fut assiégé, l'an 1032, par l'empereur Conrad le Salique, que Rodolfe avait institué son héritier. Neuchâtel tenait pour Eudes, comte de Blois, qui disputait à Conrad cette succession. On sait qu'Eudes succomba, et que Conrad et ses descendants régnèrent sur la Bourgogne transjurane et la cisjurane, dite le royaume d'Arles. Mais des débris des deux Bourgognes se formèrent, après la mort de Conrad, différentes principautés plus ou moins considérables, du nombre desquelles fut celle de Neuchâtel. Les propriétaires de cette principauté ne prirent d'abord que le titre *de seigneurs de Neuchâtel*. Leurs armes varièrent aussi; et ce ne fut qu'à la fin du XIIIe siècle qu'ils commencèrent à porter de gueules, au pal d'argent, chargé de trois chevrons de sable. Auparavant ils avaient sur leurs sceaux un portique flanqué de deux tours crénelées : c'étaient des armes analogues au nom de Neuchâtel. Les branches puînées de la maison de Neuchâtel, savoir les comtes d'Arberg, de Nidau, de Strasberg, et les seigneurs d'Arconciel et de Valengin, portèrent aussi plus ou moins de chevrons dans leurs armes, suivant leurs degrés de proximité.

ULRIC I.

Ulric, ou Hulderic, premier seigneur connu de Neuchâtel, résidait au château de Fenis, ou Vinelz, que l'on appelait aussi Hasenbourg, et dont on voit encore des ruines sur une haute colline entre les villages de Fenis et de Inss, dans le bailliage de Cerlier, ou Erlach, au canton de Berne. Ulric prenait, dès l'an 1034, le titre de comte de Fenis et de seigneur de Neuchâtel, comme on le voit par des chartes de son fils Cunon de Neuchâtel, évêque de Lausanne en 1090. M. de Watteville met la mort d'Ulric en 1070.

RAOUL I.

1070. Raoul, successeur d'Ulric et son fils, à ce qu'il paraît, mourut en 1099, laissant trois fils, Raoul, qui suit ; Mangold, comte de Nidau et de Strasberg, mort en 1165 ; et Berthold, seigneur de Valengin, décédé l'an 1160.

RAOUL II.

1099. Raoul II, fils aîné de Raoul I, lui succéda au comté de Fenis et à la seigneurie de Neuchâtel. Il devait être fort jeune à la mort de son père, puisque la sienne n'arriva qu'en 1162, suivant M. Watteville, qui lui donne pour femme N. de Glane, et pour fils Ulric, qui suit.

ULRIC II.

1162. Ulric II, successeur de Raoul II, son père, fut nommé par l'empereur bailli de Bienne, ville située sur le lac auquel il donne son nom, à une lieue de Nidau et sept de Berne. Il épousa Berte, dont la maison n'est point connue. C'est la même dont il est parlé dans une inscription barbare, sculptée sur la pierre, et qu'on voyait autrefois sur le grand portail de l'église de Neuchâtel. Elle portait :

> Respice virgo pia me Berta, Sancta Maria,
> Et simul Ulricus, et fugient inimici. Det Dominus
> Honores id facientibus et paradisum.

Ulric II mourut en 1173, laissant trois fils, Raoul, qui suit; Ulric mort en 1229, après avoir été marié deux fois; et Berthold, évêque de Lausanne. Deux actes vus par M. le baron de Zurlauben, l'un de 1218, l'autre de l'année suivante, prouvent la réalité de ce troisième fils d'Ulric, inconnu à M. de Watteville.

RAOUL III.

1185. RAOUL, ou RODOLFE, fils unique d'Ulric II, auquel il succéda, mourut, suivant M. de Watteville, l'an 1196, laissant un fils, qui suit :

BERTHOLD.

1196. BERTHOLD, fils de Raoul III, est le premier qui ait pris dans ses chartes le titre de comte de Neuchâtel. Cependant il s'en trouve aussi où il ne se qualifie que seigneur de ce domaine. De ce nombre est un acte de 1235, que M. le baron de Zurlauben assure avoir vu. C'est peut-être le dernier de tous ceux qui sont émanés de Berthold. Nous ignorons s'il prolongea ses jours au-delà de cette année. Il avait épousé 1°, l'an 1225, RICHENSE; 2°, l'an 1231, NICOLE. De la première il laissa un fils, qui suit. Berthold avait étudié, suivant M. des Molins, à Paris, sous un professeur nommé Guillaume, que Raoul, son père, fit venir, l'an 1205, à Neuchâtel, où il mourut vers l'an 1231 en odeur de sainteté.

RAOUL IV.

1235 au plus tôt. RAOUL, ou RODOLFE, fils de Berthold, lui succéda en bas âge. Il épousa SIBYLLE, fille de Thierri III, comte de Montbéliard, dont il eut Amédée, qui suit. A ce fils le grand Arnault et M. Dunod en ajoutent trois autres, que M. de Watteville a cru (mais sans fondement) devoir supprimer dans sa table généalogique, savoir, Henri, baron de Thièle, mort sans enfants; Jean, prévôt de Neuchâtel et baron de Hasenbourg; et Richard, chanoine, on ne dit pas de quelle église; avec deux filles, Agnelette, et Marguerite, mariée au co-seigneur de Blenai. M. de Watteville ne marque point la date de la mort du comte Raoul IV, et M. Dunod la fixe en 1272. Jean de Châlons, prince d'Orange et de Salins, donna, l'an 1263, au mois de septembre, des lettres par lesquelles il donnait aux enfants qu'il avait et aurait de Lore, son épouse, les fiefs que tenait de lui *messire Rahouz de Ninchatel, et est à sçavoir*, ajoute-il, *que noz volons et commandons à dict Rahouz que il entroit en l'omaige la comtesse*

Lore, nostre fame en num de nos enfants que de li avons, sitost comme ledit Rahouz en sera requis de ladicte Lore.

AMÉDÉE.

1272. AMÉDÉE, fils aîné de Raoul, fut en contestation avec ses frères pour la succession de leur père, qu'ils prétendaient partager également, attendu qu'il n'avait point nommé d'héritier en mourant. Après de longs débats, ils convinrent de s'en rapporter à la décision de Thierri III, comte de Montbéliard, leur aïeul maternel. Thierri, pour juger cette affaire, ne consulta point les règles communes des successions particulières; mais regardant le comté de Neuchâtel comme une souveraineté, il le déclara indivisible, et l'adjugea à Amédée par jugement du mois d'août 1278, de manière toutefois que Henri et ses deux autres frères eurent une part chacun, mais à condition de la tenir en foi et hommage de l'aîné. Les deux filles eurent aussi des terres. Amédée mourut en 1285, laissant de JOURDAINE, son épouse, fille d'Ulric, comte d'Arberg, Raoul, qui suit ; Amédée, chevalier ; et quatre filles, dont l'aînée, Guillemette, reçut de Thierri, son bisaïeul, duquel on vient de parler, le comté de Montbéliard dont il la fit héritière en considération de son mariage avec Renaud, fils de Hugues de Châlons (Voy. *les comtes de Montbéliard*) ; Alix, mariée à Ulric de Porta ; Sibylle, dont on ne connaît pas l'alliance ; et Nicole, religieuse.

RAOUL V, ou ROLLIN.

1285. RAOUL V, fils aîné d'Amédée, auquel il succéda en bas âge sous la tutelle de Jean, son oncle, prévôt de Neuchâtel, se vit exposé bientôt après la mort de son père au feu de la guerre que l'empereur Rodolfe faisait aux Suisses. Pour prévenir le danger qui le menaçait, il se rendit, l'an 1288, au camp de ce prince devant Berne, et là, par un acte en forme, daté des ides de septembre, il se démit du comté de Neuchâtel entre les mains de Rodolfe, qui le donna par le même acte à Jean II de Châlons, baron d'Arlai. Celui-ci le remit à Raoul pour lui et ses descendants mâles, à la charge de le tenir en fief de lui et de ses héritiers légitimes. « Que peut-on penser, dit M. Dunod, de cette
» inféodation, si ce n'est que le comte de Neuchâtel se préten-
» dait indépendant de l'Empire même ; que sa prétention avait
» offensé l'empereur, qui pour l'en punir voulait le priver de son
» fief ; que Jean de Châlons, baron d'Arlai, qui était de la maison
» des comtes de Bourgogne, fit revivre l'ancien droit de sa fa-
» mille sur l'état de Neuchâtel ; et que l'empereur y déféra d'au-

» tant plus volontiers, qu'il prétendait que le comté de Bourgogne
» était un fief de l'Empire; que s'il ne rendait pas le fief de Neu-
» châtel au comte de Bourgogne, c'est qu'il avait avec lui des
» différents qui éclatèrent, l'année suivante, par une guerre cruelle?
» Peut-être aussi que l'empereur se ménageait déjà, par la faveur
» qu'il fit à Jean de Châlons, qui était le plus puissant seigneur
» de Bourgogne, une créature contre le comte de son pays même.
» Quoi qu'il en soit, on ne peut pas douter que le comte de Neu-
» châtel ne soit devenu par cet acte vassal de Jean de Châlons,
» baron d'Arlai. La question serait réduite à savoir si Jean de
» Châlons était devenu lui-même vassal de l'empereur en recevant
» de l'empereur le comté de Neuchâtel. Mais pourquoi suppo-
» serait-on, puisque la concession ne le porte pas, que Jean de
» Châlons ni ses successeurs n'ont point repris de l'Empire
» la mouvance du comté de Neuchâtel; qu'ils en ont réglé les
» conditions et adouci celles de la première investiture, à leur
» volonté et sans la participation de l'empereur, comme on le
» voit dans la suite; que le comte de Neuchâtel a cessé dès-lors
» de dépendre de l'Empire; qu'il n'en dépend pas encore aujour-
» d'hui; et qu'il est retourné aux successeurs de la maison de
» Châlons, dans le dernier siècle, par la réunion du domaine
» utile au domaine direct? On conclut de ces faits que la mou-
» vance du comté de Neuchâtel avait été donnée ou vendue à
» Jean de Châlons, libre et exempte de tout fief et devoir envers
» l'empereur et l'Empire ».

L'an 1299, l'empereur Albert, par son diplôme daté de Constance le 15 des calendes d'avril, la première année de son règne,
approuva le don et l'investiture de l'an 1288, et accorda plusieurs droits et priviléges au suzerain immédiat de Neuchâtel.
(*Registres des fiefs de la M. de Châlons*, p. 1.)

En 1311, Raoul, comte de Neuchâtel, confessa, par acte daté
du château de Roche-Jean, le vendredi avant la St.-Jean-Baptiste,
tenir son comté en fief-lige de son seigneur Jean de Châlons,
devant tous autres seigneurs, avec promesse pour lui et ses héritiers de l'aider envers tous hommes. Le droit de succéder à ce
fief, qui était borné aux mâles par l'investiture de 1288, fut
étendu aux filles par la reprise de 1311. Voici l'acte d'hommage
rendu par Raoul et rapporté par M. des Molins. (*Hist. abr. du comté
de Neuchâtel.*) « Et est à savoir que cet hommage que je fais à
» mondit seigneur, je l'ai fait ès us et coutumes de Bourgogne, en
» telle façon que si je n'avois hoirs mâles, que l'une de mes filles
» ou des filles de mes hoirs reprît ledit fief, et tînt ainsi que je
» l'ai repris et tiens du devant-dit monseigneur Jean de Châlons,
» et en la manière reprise de lui que j'en ai repris ».

Le comte Raoul avait hérité, l'an 1286, du comté de Valengin par la mort de Guillaume, quatrième et dernier descendant de Berthold, troisième fils de Raoul I, comte de Fenis. L'an 1304, le comte Raoul, Jean et Richard, ses oncles, terminèrent, au mois de juillet, les grands différents qu'ils avaient depuis long-tems avec Jean d'Arberg, seigneur de Valengin. Dans l'acte d'accommodement, Raoul prend la qualité de comte de Neuchâtel, et Jean d'Arberg se reconnaît son vassal à cause du comté de Neuchâtel : en conséquence de quoi il lui fait hommage de la seigneurie de Valengin. Le comte Raoul finit ses jours l'an 1342, laissant de sa femme, ELÉONORE DE SAVOIE, fille de Louis, baron de Vaud, un fils, qui suit, et deux filles, dont l'aînée, Marguerite, femme du comte de Kibourg, eut, par une espèce de prédilection, les terres de Boudri, de Montesillon et de Boudevillers, avec faculté de rachat pour le comte, son frère, conformément au testament que Raoul avait fait en 1237 ; la seconde fut Catherine, dame de Montjoie, laquelle ayant été mariée deux fois par Raoul, son père, n'eut aucune part aux dispositions de son testament : car la coutume était de doter les filles en les mariant et de ne leur rien donner de plus si on ne le voulait. (*OEuvres de M. Arnauld*, T. XXXVII, p. 173.)

LOUIS.

1342. LOUIS, émancipé, l'an 1325, par le comte Raoul, son père, avait reçu de lui en même tems le comté de Neuchâtel, en présence de Béatrix de Vienne, tutrice de Jean de Châlons III, baron d'Arlai, son fils, séante sur son tribunal comme dame suzeraine et juge supérieur du fief. L'an 1357, il rendit hommage, le 2 mai, à Jean de Châlons, de son comté, dans le château d'Arlai, aux mêmes conditions de la reprise de l'an 1311, excepté qu'il y fut ajouté que les filles du *Cheseau* (de la maison) de Neuchâtel en général succéderaient au défaut de mâles, c'est-à-dire que, suivant cette seconde reprise de fief, les filles de la maison de Neuchâtel eurent toutes le droit de succéder au fief, au lieu qu'en 1311 ce droit n'avait été accordé qu'à une seule. Louis mourut, suivant M. de Watteville, en 1373. Il avait épousé, 1° JEANNE DE MONTBÉLIARD, sa parente ; 2° CATHERINE DE NEUCHATEL en Bourgogne ; 3° JACQUELINE DE VEUFFLANS. De ces trois mariages, il lui était né trois fils qui moururent avant lui, et deux filles, Isabelle et Varenne. Louis, par son testament de l'an 1373, fit Isabelle héritière de son comté, dont elle fut seule investie en vertu de la loi qui était en vigueur depuis près d'un siècle. Varenne n'eut pour apanage que la terre de Landeron, qu'elle porta à son époux, Egenon, ou

Egon IV, comte de Fribourg, et dont elle fut même obligée de faire hommage à sa sœur.

ISABELLE.

1373. ISABELLE, héritière du comté de Neuchâtel, donna sa main à RAOUL, dernier comte de Nidau. Elle jouit seule de l'autorité, et tint son mari dans une entière dépendance. Isabelle soutint jusqu'au bout son rôle avec beaucoup de fermeté. Sa prudence et son habileté parurent dans plusieurs affaires qu'elle eut à démêler et qu'elle termina d'une manière qui lui fit beaucoup d'honneur. Elle obligea Jean, comte d'Arberg et seigneur de Valengin, à lui rendre hommage pour cette dernière terre. Elle renouvela le traité de combourgeoisie, que ses prédécesseurs avaient fait avec la ville de Soleure, et traita d'égal à égal avec les habitants, quelque supériorité qu'ils voulussent se donner sur ceux de Neuchâtel. Il ne manqua au bonheur d'Isabelle que d'avoir des successeurs de son sang. Elle désigna pour lui succéder, par son testament du mois de novembre 1394, Conrad, fils de sa sœur Varenne, décédée avant elle, et mourut en 1395 fort regrettée de ses sujets.

CONRAD.

1395. CONRAD, comte de Fribourg, fils d'Egon IV, comte de Fribourg, et de Varenne de Neuchâtel, succéda à sa tante Isabelle par le choix qu'elle en avait fait. Cette succession lui fut contestée par Jean IV de Châlons, devenu prince d'Orange par son mariage avec Marie de Baux. Le prince Jean prétendait que par l'extinction de la maison de Neuchâtel, le comté de ce nom devait revenir à la maison de Châlons. Mais ensuite, gagné par les soumissions de Conrad, il voulut bien se relâcher de son droit. Conrad s'étant donc présenté à lui, le 5 août 1397, dans son château d'Arlai, fit entre ses mains le même hommage-lige qu'avaient fait ses prédécesseurs du comté de Neuchâtel, dont, en conséquence de cet acte, il reçut l'investiture. Mais peu reconnaissant de la faveur que Jean de Châlons lui avait faite, il refusa de lui donner le dénombrement des choses qu'il avait reçues en arrière-fief, ce qui obligea ce prince à mettre sous sa main le comté de Neuchâtel. Conrad néanmoins empêcha l'effet de cette main-mise. Il alla plus loin, et donna plusieurs atteintes aux priviléges des Neuchâtelais et aux immunités de leur ville. L'éloignement du prince d'Orange et la multitude des affaires qu'il avait sur les bras favorisaient ces entreprises. Pour se fortifier et contre ses sujets et contre son suzerain, Conrad fit, le 23

avril 1406, un traité de combourgeoisie avec la ville de Berne. Le prince d'Orange, informé de la conduite de son vassal, se rendit en diligence à Neuchâtel pour y rétablir son autorité et le calme que Conrad en avait banni. Celui-ci était déjà parti pour la Terre-Sainte. Jean de Châlons confirma les priviléges des bourgeois de Neuchâtel, et reçut d'eux, le 15 août 1406, l'hommage comme seigneur dominant. Par cet acte, ils protestèrent, qu'au cas que Conrad ou ses descendants voulussent « vendre ou
» transporter par testament, institution d'héritier, ou autrement,
» ledit comté, ou partie d'icelui, à autres qu'à leurs enfants qui
» leur dussent succéder, ils ne tiendraient pour seigneur ni ne
» rendraient obéissance aucune à celui ni à ceux à qui ou aux-
» quels lesdits transports, donation ou institution d'héritier en
» seraient faits; ains au contraire rendront toute obéissance audit
» Monsieur Jean de Châlons et à ses hoirs. » Conrad, de retour l'année suivante, satisfit son suzerain en lui faisant l'hommage et la reprise qu'il demandait, au moyen de quoi il obtint la main-levée. L'acte de cette reprise, daté du 24 août 1407, porte que « si ledit Conrad et ses hoirs défaillent sans hoirs mâles, ses
» filles ou les filles de ses hoirs, une ou plusieurs, du Cheseau
» de Neuchâtel, doivent et peuvent reprendre de fief. » Mais il limite le droit de succéder aux filles du comte de Fribourg et de ses descendants mâles, c'est-à-dire, aux personnes de son agnation et de son nom. Depuis ce tems, le prince et le comte vécurent en bonne intelligence. Leur réconciliation fut même suivie, l'an 1416, du mariage de Marie de Châlons, fille du premier, avec Jean, fils du second. Jean de Châlons étant mort en 1418, Conrad fit les devoirs de fief, en 1419, à Louis de Châlons, son nouveau suzerain; et sa reprise porte, que Conrad, comte de Fribourg et de Neuchâtel, entre en foi et hommage de Louis de Châlons pour toutes les choses, terres, rentes et seigneuries dont il avait repris de fief de feu Jean de Châlons, père de Louis, *tant à cause d'Arlai, Montfaucon, Villafans, qu'autrement.* Conrad mourut l'an 1421 (et non 1424), laissant de MARIE DE VERGI, sa femme, un fils, qui suit. (Voyez *les Landgraves de Brisgaw.*)

JEAN.

1421. JEAN, successeur de Conrad, son père, et gendre de Jean de Châlons, par MARIE, sa femme, ne se hâta point de rendre hommage du comté de Neuchâtel à Louis de Châlons, son beau-frère. Il entra, l'an 1444, dans le traité de confédération que le dauphin Louis fit, le 28 octobre de cette année, avec quelques cantons suisses, contre la maison d'Autriche.

L'an 1452, se voyant sans enfants, il médite de faire passer sa succession à son ami, Rodolfe de Bade, marquis de Hachberg-Sausenberg. Louis de Châlons, s'étant aperçu de son dessein, le fait sommer, le 26 avril 1453, dans son château de Champlitte, de lui rendre hommage, conformément aux clauses et conditions portées par les précédentes investitures. Le comte Jean obéit le 30 du même mois; et nous avons sous les yeux l'instrument authentique de son hommage, dressé au château de Gransou le 9 octobre suivant, par Guillemin Jaquemet de Jougne, notaire impérial, demeurant à Pontarlier, en présence d'un grand nombre d'ecclésiastiques titrés, et de seigneurs dénommés dans l'acte. Cependant, voyant que la puissance de la maison de Châlons était devenue suspecte aux chefs de la république de Berne, le comte Jean s'entendit avec eux pour suivre ses premières vues; et, de concert, ils ménagèrent les moyens de faire passer sa succession au marquis de Hachberg-Sausenberg, qui n'était pas en état de faire ombrage. C'est ce qu'il exécuta par son testament de l'an 1455, qu'il déposa au greffe de l'officialité de Besançon. Sa mort arriva au commencement de l'an 1457. (Voyez *les comtes de Fribourg*.)

RODOLFE, ou RAOUL VI.

1457. RODOLFE, marquis de Hachberg-Sausenberg, fut envoyé par l'official de Besançon en possession du comté de Neuchâtel, après l'ouverture et la publication faite du testament du feu comte Jean, son ami. L'année suivante, il offrit l'hommage à Louis de Châlons; mais ce prince le refusa, prétendant que le comté de Neuchâtel lui était dévolu comme au seigneur direct, attendu que le comte Jean n'avait pu le transmettre à une personne étrangère à sa famille. En conséquence, il décerna un ordre, le 28 février 1457, à Pierre de Chauvirei, et à d'autres de ses officiers, de mettre sous sa main le comté de Neuchâtel et ses dépendances; ce qui fut exécuté le 5 mars suivant, malgré l'opposition du marquis de Hachberg : mais ce marquis, favorisé par ses nouveaux sujets, et par les cantons de Berne et de Soleure, avec lesquels il avait fait, l'an 1458, un traité de combourgeoisie, fut mis et se maintint en possession du fief dont les états de Neuchâtel se sont, dès-lors, attribué le droit de donner l'investiture en cas de refus du suzerain, ou du moins d'en accorder les effets. L'affaire fut portée, de l'official de Besançon, au pape Pie II. Mais ce pontife, l'an 1462, en renvoya la connaissance à l'empereur Frédéric III. On ignore si Frédéric rendit un jugement. Ce qu'il y a de certain, c'est que Rodolfe, par la protection des Suisses, demeura en possession du comté, qu'il remit, l'an 1474, à la garde des cantons de Berne et de Soleure pendant les guerres des Suisses avec Charles, duc de Bourgogne. Il consentit même que ses sujets leur fissent serment de fidélité. On remarque que, durant ces guerres, il fit son principal séjour à Berne. Mais ce qu'il y a de singulier, c'est que les Suisses permirent à Philippe, son fils, de servir dans les armées du duc de Bourgogne. Rodolfe était lui-même attaché à ce prince, qui l'avait établi gouverneur du Luxembourg et de Chini, puis de l'Alsace et du Brisgaw pour la portion qu'il en avait acquise de Sigismond d'Autriche, grand ennemi des Suisses. Rodolfe termina ses jours, l'an 1487, à l'âge de soixante ans, fort regretté de ses sujets de Neuchâtel, dont il avait augmenté les priviléges en 1458, et qu'il avait gouvernés toujours avec beaucoup de douceur. De MARGUERITE DE VIENNE, sa femme, il laissa un fils, qui suit, et deux filles, Berte, femme de Philippe, seigneur de Châtelus, et Catherine, mariée à Philippe de Neuchâtel en Bourgogne, seigneur de Fontenai, qui mourut sans lignée. (*Voyez* Rodolfe IV, *marquis de Hachberg-Sausenberg.*)

PHILIPPE.

1487. PHILIPPE, fils unique du comte-marquis Rodolfe, appelé, du vivant de son père, le seigneur de Badewillers, fut employé dans les armées de Charles, duc de Bourgogne, jusqu'à la mort de ce prince; il se tourna ensuite du côté de la France, et la servit sous trois rois consécutifs, Louis XI, qu'il aida à se mettre en possession du duché de Bourgogne, Charles VIII, qu'il accompagna dans son expédition d'Italie, et Louis XII, qu'il suivit à la conquête du Milanez; ce dernier lui donna le gouvernement de Provence pour le prix de ses services. Il jouissait en France de la baronnie d'Epoisses, ainsi que des seigneuries de Montbard, de Noyers, de Montcenis, de Châtel-Chinon, et autres domaines situés en Bourgogne, depuis la mort de Claude de Montaigu, tué, l'an 1470, au combat de Bussi, sans laisser d'enfants légitimes. Ces terres lui étaient échues et à titre d'héritier portionnaire de Jeanne de Mello, mère de ce Claude de Montaigu, et en vertu d'un traité fait avec ses cohéritiers. Philippe mourut l'an 1503, ne laissant qu'une fille, qui suit, de MARIE DE SAVOIE, fille du duc Amédée IX, qu'il avait épousée en 1480. (Voyez *les marquis de Hachberg-Sausenberg.*)

JEANNE.

1503. JEANNE, fille unique du comte-marquis Philippe, avait d'abord été destinée par son père à Philippe, fils de Christophe, marquis de Bade, conformément au pacte de succession mutuelle qu'ils avaient fait ensemble l'an 1490. Mais le roi de France, Louis XII, étant monté sur le trône en 1498, fit promettre au père de Jeanne qu'il ne la marierait point sans son consentement. Louis de Longueville, petit-fils de Jean, comte de Dunois, bâtard de Louis I d'Orléans, frère du roi Charles VI, était alors à la cour. Le monarque, voulant le favoriser, engagea le comte-marquis Philippe à le préférer pour son gendre au fils de Christophe, son parent. Mais les noces de Jeanne et du duc de Longueville ne furent célébrées que l'an 1504, après la mort de Philippe. Jeanne n'apporta à son époux que le comté de Neuchâtel avec les terres de Saint-Georges, de Noyers, de Montbard, de Montcenis, de Châtel-Chinon et de Sainte-Croix. Celles du Brisgaw, en vertu du pacte de 1490, passèrent au marquis de Bade. Jeanne et son époux, par acte du 13 juin 1505, se firent une donation mutuelle. (*Arch. d'Epoisses.*)

Les Suisses, l'an 1512, voyant que le duc de Longueville servait contre eux dans les guerres qu'ils avaient avec la France, prirent de là occasion de s'emparer du comté de Neuchâtel. Ils le possédèrent en souveraineté l'espace de dix-sept ans, y faisant des lois et ordonnances, sans rendre hommage à la maison de Châlons ; ce qui commença de rendre le comté de Neuchâtel indépendant. Le duc de Longueville était en quelque sorte dédommagé de cette perte par les grandes charges qu'il possédait, étant grand-chambrier de France et gouverneur de Provence. Il fut pris deux fois en guerre, savoir, l'an 1513, en Picardie par les Anglais, et, l'an 1515, par les Suisses, à la bataille de Marignan. Il mourut l'année suivante. Sa mort éteignit la haine que les Suisses portaient à son nom. L'an 1529, le mercredi avant la Pentecôte (12 mai), les Suisses, à la demande de la France, rendirent à sa femme le comté de Neuchâtel, *pour en jouir par elle et ses successeurs en pleine souveraineté, comme les cantons l'avaient tenu et possédé jusqu'alors.* La maison de Châlons s'étant éteinte, l'année suivante, par la mort de Philibert, prince d'Orange, Jeanne prétendit à la succession universelle de cette maison, de laquelle dépendait le fief de Neuchâtel, et la disputa à René de Nassau, neveu de Philibert, par sa mère, Claude de Châlons : sa prétention n'était pas sans fondement. Elle alléguait que Philibert de Châlons étant mort sans lignée, les substitutions faites en 1416 et 1417 par Jean de Châlons et Marie de Baux, sa femme, étaient ouvertes en faveur d'elle et de Louis de Longueville, son fils, comme descendant, par Marguerite de Vienne, d'Alix de Châlons, nommément appelée à la succession par le testament de ses père et mère. Mais la question demeura indécise, et René de Nassau resta en possession de ce qu'il s'était approprié. Jeanne finit ses jours au château d'Epoisses le 21 septembre 1543, suivant tous les historiens qui ont parlé d'elle. Ce fut elle qui prit la première le titre de princesse souveraine. De son mariage, elle avait eu Claude, tué, l'an 1524, à l'âge de dix-sept ans, au siège de Pavie; Louis, mort en 1537, et père de François, qui suit dans l'ordre des comtes de Neuchâtel; François, marquis de Rothelin, mort le 21 octobre 1548; et Charlotte, femme de Philippe de Savoie, duc de Nemours, morte le 8 septembre 1549. Ce fut pendant la régence de Jeanne que les états de Neuchâtel, à l'exemple des cantons suisses de leur voisinage, embrassèrent, l'an 1530, les nouvelles opinions, dans lesquelles ils ont persévéré jusqu'à nos jours.

FRANÇOIS.

1543. FRANÇOIS, fils de Louis d'Orléans et de Marie de Lorraine-Guise, reine d'Ecosse, duc de Longueville, comte de Dunois et de Tancarville, né le 30 octobre 1535, succéda au comté de Neuchâtel, ainsi qu'à la baronnie d'Epoisses, après la mort de Jeanne, son aïeule. François, marquis de Rothelin, son oncle, lui contesta cette succession, comme si la représentation n'eût point eu lieu dans ce comté. Mais les états de Neuchâtel en décidèrent autrement, et le neveu fut maintenu. Cependant, pour apaiser le marquis, on lui céda la terre de Sainte-Croix en Bourgogne. Le comte-duc François fut compris dans l'alliance qui se fit, le 7 juin 1544, entre le roi François I et onze des cantons suisses. La même année, René de Nassau étant mort au siège de Saint-Dizier, le 18 juillet, sans lignée, cet événement fortifia le droit de la maison de Longueville à la succession de celle de Châlons. Mais Guillaume de Nassau, dit le Taciturne, quoiqu'il ne fût en aucune manière du sang de Châlons, se mit en possession de tous les biens de cette maison, en vertu d'un testament de René fait en sa faveur. La minorité du duc de Longueville favorisait cette usurpation. François mourut le 22 septembre 1551, à l'âge de seize ans, sans avoir été marié.

LEONOR.

1551. LÉONOR D'ORLÉANS, fils de François, marquis de Rothelin, mort en 1548, et de Jacqueline de Rohan, succéda à François, son cousin-germain, dans le comté de Neuchâtel comme dans le duché de Longueville et les comtés de Dunois et de Tancarville. Mais il éprouva des oppositions, comme son prédécesseur, à sa prise de possession de Neuchâtel. Ses adversaires furent Guillaume de Nassau, et Jacques duc de Nemours, fils de Philippe de Savoie, duc de Nemours, et de Charlotte d'Orléans-Longueville, sœur de François, marquis de Rothelin, et tante par conséquent de Léonor. Guillaume, ne voyant pas les Suisses disposés à l'appuyer, se borna aux biens de la maison de Châlons, situés au comté de Bourgogne, dont il se fit donner l'investiture par l'empereur Charles-Quint, et laissa la querelle pour Neuchâtel à vider entre le duc de Nemours et le duc de Longueville. Quoique le droit de ce dernier fût incontestable, il consentit néanmoins, en 1555, à partager le comté de Neuchâtel avec le duc de Nemours. Mais ce fief ayant été déclaré longtems auparavant indivisible, les états de Neuchâtel ne voulurent en accorder l'investiture à l'un et à l'autre qu'à condition qu'ils *donneraient un seul chef et seigneur au comté*. La condition n'ayant point été remplie, la ville de Berne (reconnue juge des différents qui surviennent entre le prince et les bourgeois de Neuchâtel), rendit, l'an 1557, un jugement définitif par lequel le comté demeura tout entier au duc de Longueville, moyennant une rente de deux mille livres en terres situées en Bourgogne, qui fut adjugée au duc de Nemours avec six mille livres une fois payées. L'an 1562 (et non 1570, comme le marque M. de Watteville), Léonor fit, le 2 janvier, avec la ville et le canton de Berne, un traité de combourgeoisie perpétuelle, dans lequel, à l'exemple de Jeanne de Hachberg, il prend le titre de souverain de Neuchâtel. Il le prit encore, le 26 du même mois de la même année, dans l'acte qu'il fit pour la confirmation des priviléges de la ville de Neuchâtel. Léonor mourut âgé de trente-trois ans, au mois d'août 1573. Il avait épousé, l'an 1563, Marie de Bourbon, duchesse d'Etouteville, fille unique et héritière de François, comte de Saint-Pol, veuve de Jean de Bourbon, comte d'Enghien, puis de François de Clèves, duc de Nevers, morte le 7 avril 1601. De ce mariage vinrent Henri, qui suit; François, comte de Saint-Pol et duc de Frousac; Léonor, mort enfant; deux fils nommés Charles, morts jeunes; Antoinette, femme de Charles de Gondi, marquis de Belle-Isle; Eléonore, mariée en 1596 à Charles de Matignon, comte de Thorigni; Catherine et Marguerite, mortes sans alliance.

HENRI I.

1573. Henri, né l'an 1564, successeur de Léonor, son père, au duché de Longueville et aux comtés de Dunois et de Tancarville, le fut de même au comté de Neuchâtel sans contradiction. Nommé gouverneur de Picardie, il eut ordre, en forme de prière,

du roi Henri III, au mois de mai 1589, de marcher au secours de Senlis assiégé par le duc d'Aumale. La ville était dépourvue de vivres et de munitions de guerre, et il était impossible d'y faire entrer du secours sans livrer bataille. Le duc de Longueville, quoiqu'il n'eût que quatre mille hommes, s'y détermina. Mais lorsqu'il fut en présence de l'ennemi : *Messieurs*, dit-il aux principaux officiers de sa petite armée, *voici M. de la Noue qui me demande mes ordres ; ils sont de le proclamer notre chef et de combattre sous lui en cette journée.* « Cette action,
» dit M. de Saint-Foix, décèle une âme bien grande. La Noue,
» après s'en être long-tems défendu, fut enfin obligé de déférer
» à l'ordre que son général lui donnait de le commander. Les as-
» siégeants furent entièrement défaits avec perte de plus de deux
» mille hommes tués, de quatorze ou quinze cents prisonniers,
» et de toute leur artillerie. Cette victoire, ajoute M. de Saint-
» Foix, préparait les suites les plus avantageuses. Henri III se
» trouvait en état d'assiéger Paris, et la prise de cette capitale
» allait écraser la ligue. Les ducs de Mayenne et d'Aumale ne
» virent plus d'apparence de ressources que dans le plus hor-
» rible attentat : Henri III fut assassiné. » Le duc de Longueville se couvrit de gloire au combat d'Arques, et continua jusqu'à sa mort de rendre d'importants services à Henri IV. Ce monarque le fit chevalier du Saint-Esprit dans la promotion du 7 janvier 1595. Mais il ne jouit pas long-tems de cet honneur. Le 29 avril suivant, il reçut un coup de mousquet à la tête, par un homme aposté, dans une salve de mousqueterie qu'on lui faisait par honneur à son entrée à Dourlens. Il mourut deux jours après dans la ville d'Amiens. Son corps fut inhumé dans la chapelle de Châteaudun, et son cœur dans celle de la maison d'Orléans, aux Célestins de Paris. La princesse de Conti, dans son Histoire des amours de Henri IV, met l'assassinat de ce duc sur le compte de Gabrielle d'Estrées, qui voulait se venger, dit-elle, d'une fourberie qu'il lui avait jouée. Mais d'autres ont écrit, avec plus de vraisemblance, que le marquis d'Humières, ayant surpris quelques lettres de sa femme et du duc de Longueville, se détermina à faire tuer ce prince. Il est certain, dit encore M. de Saint-Foix, qu'à peu près dans ce tems-là, ce mari, qui devenait furieux au moindre sujet de jalousie, étrangla sa femme avec ses propres cheveux. Le duc Henri avait épousé, par traité passé le 27 février 1588, Catherine, fille aînée de Louis de Gonzague, duc de Nevers (morte le 1 décembre 1629), dont il laissa un fils, qui suit.

HENRI II.

1595. Henri II, fils unique de Henri I et de Catherine de

Gonzague, né la surveille de la mort de son père, devint, presque en naissant, comte de Neuchâtel, ainsi que duc de Longueville, comte de Dunois et de Tancarville. François d'Orléans, comte de Saint-Pol, et ses sœurs, renouvelèrent contre ce jeune prince les difficultés que la duchesse de Nemours avait faites en 1551 ; mais, par un jugement définitif des états, rendu le 17 octobre 1602, la souveraineté demeura toute entière à Henri II. Sa fortune ne se borna point là ; il succéda, l'an 1631, à ce même François d'Orléans, son oncle, au comté de Saint-Pol. Ce prince mourut à Rouen le 11 mai 1663, laissant d'ANNE-GENEVIÈVE DE BOURBON-CONDÉ, sa seconde femme, deux fils, Jean-Louis-Charles et Charles-Paris, qui suivent. (Voy. *les comtés de Saint-Pol*.)

JEAN-LOUIS-CHARLES.

1663. JEAN-LOUIS-CHARLES, né le 12 janvier 1646, fut reconnu pour légitime successeur de Henri II, son père, au comté de Neuchâtel, comme aux duché de Longueville, comtés de Dunois et de Saint-Pol ; mais ayant embrassé l'état ecclésiastique, il se démit de tous ces domaines, par acte du 21 mars 1668, en faveur de son frère, en se réservant la faculté d'y rentrer si le donataire mourait avant lui sans postérité.

CHARLES-PARIS.

1668. CHARLES-PARIS, né la nuit du 28 au 29 janvier 1649, successeur de Jean-Louis-Charles, son frère, en la souveraineté de Neuchâtel, comme en toutes les autres dignités de sa maison, ne jouit de ces avantages que l'espace d'environ quatre ans, ayant été tué au passage du Rhin le 12 juin 1672, sans avoir été marié. (Voy. *les comtes de Saint-Pol.*)

Après sa mort, Jean-Louis-Charles, son frère, voulut rentrer dans le comté de Neuchâtel. Mais il était alors engagé dans les ordres sacrés ; et la duchesse de Nemours, sa sœur consanguine, veuve de Henri de Savoie, duc de Nemours, décédé le 14 janvier 1659, forma la même prétention. Cette princesse avait pour elle un testament que Charles-Paris avait fait en sa faveur avant de partir pour l'armée. Elle prétendit que ces circonstances la mettaient en droit de succéder à la souveraineté de Neuchâtel. Mais les états du pays la déboutèrent de sa demande, fondés sur ce qu'en égalité de degrés, les mâles excluent les filles, et que la souveraineté contestée était indivisible. L'abbé de Longueville fut donc reconnu de nouveau souverain de Neuchâtel. Ayant alors le cerveau dérangé, ce fut la duchesse, sa mère, qui lui servit de curatrice. Après la mort de cette princesse, arrivée l'an 1679, madame de Nemours, sa belle-fille, eut le même emploi, qui lui fut ôté en 1682, et donné aux princes de Condé et d'Enghien. Enfin l'abbé de Longueville étant décédé le 4 février de l'an 1694, MARIE D'ORLÉANS DE LONGUEVILLE, duchesse de Nemours, la même dont nous venons de parler, se rendit à Neuchâtel, où elle fut reconnue pour souveraine par les états du pays. En vain le prince de Conti lui disputa cette succession en vertu d'un testament que l'abbé avait fait, l'an 1668, en sa faveur. Cet acte fut à la vérité jugé valable en France, où l'affaire se plaida. Mais le prince étant venu à Neuchâtel pour le faire exécuter, le gouvernement du pays n'y eut aucun égard, et maintint la sentence qu'il avait rendue le 8 (18 juin) 1694 pour la duchesse de Nemours. Le prince fut donc obligé de la laisser en paisible possession de la principauté qu'il lui contestait. Elle mourut sans postérité le 16 juin 1707. Cet événement fut la source d'un nouveau procès entre divers seigneurs et princes qui se disputèrent la principauté de Neuchâtel. On peut diviser ces prétendants en trois classes, dont la première tirait son droit de la maison de Châlons, la seconde de la maison de Nassau-Orange, la troisième des maisons de Hachberg et de Longueville. Parmi les premiers, la comtesse de Mailli, le comte de Barbançon, le marquis d'Alègre et le prince de Montbéliard, étaient héritiers du sang de la maison de Châlons. Le roi de Prusse et les princes de Nassau-Dietz et de Nassau-Siegen soutenaient que la maison de Châlons s'étant fondue dans celle de Nassau-Orange, c'était aux héritiers de celle-ci que la souveraineté contestée devait revenir. Le prince de Conti, héritier de la maison de Longueville, outre ce titre alléguait le testament, ci-devant mentionné, de l'abbé de Longueville. La veuve du chevalier de Soissons avait aussi des prétentions qu'elle établissait sur une donation faite au profit de son mari par la duchesse de Nemours. Parmi les autres prétendants de la maison de Longueville étaient madame de Lesdiguières et le duc de Villeroi, comme issus d'Antoinette, fille de Léonor d'Orléans; le comte de Matignon, comme descendant d'Eléonore, sœur d'Antoinette; et enfin le prince de Carignan qui remontait à Françoise d'Orléans-Longueville, tante d'Antoinette et d'Eléonore. Le canton d'Uri répéta aussi le comté de Neuchâtel, n'ayant jamais consenti à la cession que les autres cantons en avaient faite, en 1529, à la maison de Longueville, après l'avoir gardé pendant plusieurs années depuis la conquête qu'ils en avaient faite. Ce furent les états de Neuchâtel, au tribunal desquels cette grande affaire fut plaidée, qui donnèrent gain de cause, dans le mois de novembre 1707, au roi de Prusse, comme héritier le plus proche de la maison de Nassau-

Orange, et par elle de la maison de Châlons, à laquelle seule appartenait, selon eux, le comté de Neuchâtel. En conséquence ils en donnèrent l'investiture à ce prince, qui fut reconnu par la France pour légitime souverain de Neuchâtel à la paix d'Utrecht.

CHRONOLOGIE HISTORIQUE

DES

COMTES DE MONTBÉLIARD,

Rédigée d'après les Mémoires fournis par M. l'abbé Grandidier.

Le comté de Montbéliard, en Allemand, *Mumpelgard*, tire son nom de la capitale, située sur l'Alan et la Rigole à environ deux mille pas de leur jonction au Doux, que les anciens monuments latins appellent tantôt *Monsbeliardus*, tantôt, *Monsbeligardi*, et quelquefois, *Monspiligardæ*. Ce comté est placé au pied des Vosges, entre la Franche-Comté, la haute Alsace et le territoire temporel de l'évêque-prince de Bâle. Réduit aujourd'hui à près de cinquante villages, il avait autrefois une étendue bien plus considérable, comme le prouvera la suite de ses comtes. Le château et la ville de Montbéliard sont fort anciens, puisqu'Adson, qui écrivit, environ l'an 984, les miracles de saint Walbert, abbé de Luxeuil, fait mention de l'un et de l'autre comme existants depuis des tems antérieurs. Quant au pays qui porta ensuite ce nom, il faisait, sous les Celtes, partie des Séquaniens, jusqu'à Jules-César, qui, après la conquête des Gaules, le soumit à l'empire romain. Il passa depuis, à la décadence de cet empire, sous la domination des Bourguignons. Le royaume de ceux-ci ayant été détruit en 534 par les enfants de Clovis, il tomba sous la puissance des Français. Le traité de Verdun, que les fils de Louis le Débonnaire, passèrent entre eux l'an 843, attribua le Montbéliard au royaume de Lorraine; et cette contrée paraît y être demeurée attachée jusqu'à la déposition de l'empereur Charles le Gros. Il entra ensuite dans la composition du nouveau royaume de Bourgogne érigé en 888 par Rodolfe Ier. Lorsque ce royaume passa aux Allemands en 1033, dans la personne de Conrad le Salique, roi de Germanie, héritier de Rodolfe III, mort sans enfants, le pays de Montbéliard subit le même sort. Conrad, au reste, comme le marque Ditmar, n'hérita guère de Rodolfe que la couronne et le domaine direct de la Bourgogne. L'indolence de celui-ci avait ouvert une libre carrière à la cupidité des comtes, ou gouverneurs de ses états, qui s'approprièrent leurs gouvernements en les rendant héréditaires. Il y a tout lieu de croire que ceux qu'il avait établis dans le Montbéliard ne négligèrent point une si belle occasion de s'agrandir, puisqu'on les voit dès le siècle suivant figurer entre les principaux et les plus puissants seigneurs, non-seulement de la haute Bourgogne, mais aussi de tout le royaume de ce nom, jouissant dans leurs terres d'une puissance égale à celle des ducs.

On ignore les noms des premiers comtes de Montbéliard. Chifflet parle d'un certain comte, portant ce titre, chez lequel Félix, successeur en 693 de saint Claude dans l'église de Besançon, chercha un asile pour éviter les suites d'une sédition populaire. Dunod fait mention de plusieurs comtes de Montbéliard, dont il rapporte les noms d'après Ruxner et Modius, son copiste. Mais les registres des tournois, sur lesquels ils sont fondés, sont des pièces controuvées et forgées en 1566 par l'imposteur Ruxner, copiées par une foule de généalogistes du dernier siècle, et même de celui ci; mais dont il serait aujourd'hui honteux de faire usage. Ceux-ci font aussi mention d'un Louis, comte de Ferrette, qui combattit en 933 contre les Huns, et qui assista en 938, au premier tournoi de Magdebourg. Ce Louis, ainsi que Diepold de 948, Frédéric de 1080, et Louis de 1179 et 1198, rappelés de même comme comtes de Ferrette dans les registres des tournois, sont également des êtres fabuleux et imaginaires.

Laissant donc à l'écart ces comtes prétendus, inconnus dans les diplômes et les anciens monuments, descendons jusqu'à Louis de Montion, ou Mouson, ainsi nommé du château de ce nom en Lorraine, près de la Moselle, placé sur une haute montagne, aux pieds de laquelle fut bâtie depuis la ville de Pont-à-Mousson. Ce Louis est incontestablement l'auteur des comtes de Bar, de Montbéliard et de Ferrette. Comme ces trois maisons avaient une même origine, elles portaient aussi les mêmes armoiries : celles des comtes de Montbéliard et de Ferrette étaient de gueules à deux bars, ou barbeaux, adossés d'or ; celles de Bar portaient d'azur à deux bars, également adossés d'or.

Les ancêtres de Louis, comte de Mouson, sont inconnus : mais comme il est certain qu'il fut grand-père paternel de Frédéric, premier comte de Ferrette, l'origine de celui-ci étant d'ailleurs connue, nous devons croire qu'elle remonte aux anciens comtes d'Egisheim, et que par conséquent il descendait, ainsi que ces derniers, d'Aldaric, duc d'Alsace. (Voy. *les ducs d'Alsace.*) Bucelin, Vignier et d'Hozier, ont déjà soupçonné que les comtes de Ferrette descendaient de ce dernier. Les anciens monuments viennent à l'appui de cette opinion, que personne n'a encore prouvée avant nous. Après la mort de Gertrude, dernière comtesse de Dabo, arrivée en 1225, Frédéric II, comte de Ferrette, se porta pour hériter du château d'Egisheim, comme l'assurent le diplôme de Henri, roi des Romains, de 1228; les lettres du comte Ulric I, fils de Frédéric, de 1251; et celles d'Ulric II, son arrière-petit-fils, de 1318. Les annales de l'abbaye de Lucelle disent que Frédéric, fils de Louis, comte de Mouson, et oncle paternel de Frédéric I, comte de Ferrette, était cousin *consanguineus* des Léon IX : ce pape était petit-fils de Hugues II, comte de Nordgaw, fondateur de l'abbaye d'Altorff, et fils de Hugues IV, fondateur de celle de Woffenheim. Aussi Ulric, comte de Ferrette, dans ses lettres de 1235 pour l'abbaye d'Altorff, dit, *Monasterium S. Cyriaci in Altorf à nostris progenitoribus dinoscitur esse fundatum;* et dans celles de 1251 pour l'église de Strasbourg, *jus patronatûs ecclesiæ in Voffenheim ab antiquo ad nos et nostros pertinebat progenitores.* Tous ces témoignages prouvent assez que les comtes de Ferrette, ainsi que Louis, comte de Mouson, leur auteur, descendent des anciens ducs d'Alsace et d'un des trois fils d'Eberhard IV, comte de Nordgaw, mort en 967. (Voy. *les comtes de Nordgaw.*) Mais il est difficile de déterminer lequel c'était des trois, à moins que ce ne fût le comte Gérard, ou Gerhard, qui, selon Ditmar, fut investi, vers l'an 1002, par l'empereur Henri, d'un comté appartenant à Herman, duc d'Alsace, et qui est nommé, avec sa femme Eve, fille de Sigefroi, comte de Luxembourg, dans deux actes de donation pour l'abbaye de Fructuaire de 1020.

Louis, comte de Mouson, paraît avoir eu pour frère Lutold, ou Liuthon, comte de Wulflingen, que la chronique de Zwifalten, nomme aussi comte de Montbéliard, et qui mourut avant l'an 1044. Le comté, ou la seigneurie de Wulflingen, était situé en Suisse, et appartient aujourd'hui au canton de Zurich. Lutold eut deux enfants de Wiliburge, sa femme, sœur de Gerlach, comte de Lahugau et de la Hesse, savoir, Hunfrid et Adelaïde. Hunfrid eut d'abord un canonicat dans l'église cathédrale de Strasbourg. Il accorda en 1044, à la même église et à Guillaume, son évêque, la terre d'Embrach, qu'il avait héritée de ses parents *pro patris mei Lu-*

toldi meæque matris Villebirgæ liberatione. Il se qualifie dans l'acte *Hunfredus Dei gratiâ non infimis ortus natalibus, sancte argentinensis ecclesie canonia nutritus.* L'empereur Henri éleva Hunfrid en 1047 sur le siège archiépiscopal de Ravenne, qu'il occupa jusqu'à sa mort arrivée le 24 août 1051. Adélaïde, sa sœur, cousine du pape saint Léon IX, porta la seigneurie de Wulflingen en mariage à Rodolfe, comte d'Achalm, dont elle eut une nombreuse postérité, que nous ferons connaître dans la chronologie historique des comtes d'Urach et de Fribourg.

LOUIS, COMTE DE MOUSON, DE MONTBÉLIARD ET DE BAR.

1034. Le comté de Montbéliard appartenait à LOUIS, comte de Mouson, ou Montion, avant l'an 1034. Il était alors marié avec SOPHIE, fille aînée de Frédéric II, duc de la Lorraine-mosellane et comte de Bar, qui, étant mort vers ce tems, laissa sa fille héritière du Barrois. (Voyez *les comtes et ducs de Bar.*) Albéric, dans sa chronique, dit que Sophie était fille de Sefrid, frère du duc Frédéric. Mais il a contre lui l'auteur de la généalogie de saint Arnoul, plus ancien que lui et plus digne de foi. Renaud, comte de Bourgogne, et Gérard, ou Gérold, oncle maternel, suivant Herman le Contract, de l'impératrice Agnès, s'étant soulevés contre l'empereur Henri III, tâchèrent d'attirer dans leur parti Louis, comte de Mouson. Mais Henri, assuré de son attachement, le chargea du soin de les réduire. Tandis que Louis assemblait ses troupes, Renaud vint, au rapport d'Herman le Contract, l'assiéger en 1044, avec une puissante armée, dans son château de Montbéliard, *castellum ejus, quod Monspiligardæ dicitur.* Le comte de Mouson, quoique inférieur en nombre, lui livra bataille, le mit en déroute, et fit lever le siége; ce qui obligea Renaud et Gérard d'aller trouver l'empereur à Soleure en 1045, et de lui faire leurs soumissions. On trouve la souscription *Ludovici comitis et filii ejus Theodorici,* à la fin d'une charte du monastère de S. Gengoul de 1065 : ce qui prouve que Louis ne mourut qu'après cette année, possesseur des trois comtés de Mouson, de Montbéliard et de Bar. Sophie, sa femme, lui survécut et ne mourut qu'en 1093, dans un âge fort avancé, comme le rapporte Berthold de Constance, qui la nomme *nobilissima comitissa Sophia, vidua Ludovici comitis, mater Beatricis ducis et Friderici marchionis.* Elle fut inhumée avec son époux à l'abbaye de S. Mihiel.

Louis eut de Sophie sept enfants, Burnon, Thierri, Louis, Frédéric, Mathilde, Sophie et Béatrix. Tous ces sept enfants sont rappelés dans la charte de la comtesse Ermentrude, par laquelle elle fonde, en 1105, le prieuré de Froide-Fontaine en Alsace. La charte, qui se trouve aujourd'hui dans les archives du collége royal de Colmar, est ainsi datée : *Anno ab incarnatione Domini nostri Jesu Christi M. C. V., decennovalis cycli* IIII, *solaris* XXII, *lunaris* XVIII (il fallait I), *indictione* XIII, *epactâ* III, *concurrente* VI, *Paschali papâ apostolicam sedem vice beati Petri tenente, Henrico regnante, venerabili autem patre Hugone Cluniaco presidente*. Burnon, ou Brunon, mourut, sans avoir été marié, avant l'an 1065. Thierri fut le successeur de son père dans le comté de Montbéliard ; Louis, que Gérard I, comte de Vaudemont, fit prisonnier dans une bataille, termina sa vie peu de tems après sa délivrance ; Mathilde, ou Sophie, épousa Hugues V, comte du Nordgaw, ou de la basse Alsace, mort en 1089; Béatrix fut la seconde femme de Berthold I, duc de Zeringhen, auteur des Maisons de Zeringhen et de Bade, laquelle décéda le 25 octobre 1092.

Quant à Frédéric, quatrième fils de Louis, et comte de Mouson comme lui, il obtint en partage la partie d'Alsace qui dépendait alors du comté de Montbéliard. Frédéric y bâtit le château de Ferrette, dont il fit consacrer la chapelle en l'honneur de sainte Catherine par saint Léon IX, son cousin. Il accompagna ce pape à Rome en 1050, et à son retour il établit, près de son château de Ferrette, un prieuré, où il plaça des religieux du Mont S. Bernard, qui devint depuis l'église paroissiale de la ville de ce nom. Le mariage de Frédéric avec Agnès de Poitiers, fille de Pierre, comte de Savoie, et nièce d'Adélaïde, comtesse de Turin, le fixa en Italie, où il obtint le marquisat de Suze. Il fut, selon Berthold de Constance, un des plus zélés partisans du pape Grégoire VII, qui l'aima comme le plus cher de ses enfants. Il mourut en Piémont le 29 juin 1091, laissant trois fils d'Agnès, sa femme, savoir, Pierre, Brunon et Sigefroi.

Pierre, que l'auteur de la généalogie de S. Arnoul nomme *Petrus de Lucelenburc*, et fils de Frédéric de Mouson, chassé de l'Italie par l'empereur Henri, et privé des biens maternels, se retira avec ses deux frères en Alsace. Il y bâtit, sur les confins de la Lorraine, le château de Lucelbourg ; ce qui fit qu'il y fut connu, ainsi que ses frères, sous le nom de comte de Lucelbourg. Brunon embrassa l'état ecclésiastique, et l'on voit qu'en 1108 il était doyen de la cathédrale de Strasbourg. Sigefroi obtint l'advocatie épiscopale de la même ville, qu'il géra depuis 1116 jusqu'en 1119. Pierre, leur frère aîné, fut avec Frédéric I, duc de Suabe et d'Alsace, fondateur de l'abbaye bénédictine de Sainte-Walburge en Alsace, comme le prouvent la bulle du pape Pascal II de 1102 et les anciens titres de ce monastère. Pierre, comte de Lucelbourg, fonda aussi en 1126, dans la même province d'Alsace, l'abbaye de S. Jean-des-Choux, près de Saverne, pour des religieuses de l'ordre de S. Benoît. Il est nommé, dans la charte de fondation, *Comes Petrus de Luzelburg, unus ex nobilioribus Francorum et Salicorum proceribus*. Cette donation se fit *presentibus et etiam concordantibus conjuge sua Itha et filio Regenaldo*. Il mourut vers l'an 1150, laissant d'Itha, sa femme, deux fils; Réginald, ou Renaud, et Henri. Ce dernier, qui succéda en 1119 à Sigefroi, son oncle, dans l'advocatie de la ville de Strasbourg, mourut sans postérité, le 31 mai 1148. Quant à Réginald, ou Renaud, comte de Lucelbourg, il fonda en 1133 l'abbaye cistercienne de Neubourg en Alsace. *Reinaldus comes, filius comitis Petri*, accorda vers le même tems à cette abbaye, *per manum comitisse Yde matris sue*, le bien de Harthausen. Gebehard, évêque de Strasbourg, confirma en 1133 la donation qu'Itha, femme du comte Pierre, et son fils Renaud, avaient faite au monastère de Sainte Walburge. *Comes Regenoldus, comitis Petri de Lutzelburg filius, communicato fratris sui Henrici Argentimensis advocati consilio*, donna le fief de Laubach en 1143 à l'abbaye de Marmoutier. Le comte Réginald, fils du comte Pierre, qui résidait au château de Lucelbourg, disent les titres de cette maison, rendit, l'an 1144, à la même abbaye la forêt de Hiltenhausen, dont Pierre, son père, s'était emparé. Réginald mourut en odeur de sainteté le premier janvier 1150, et fut enterré dans le chœur de l'église abbatiale de Neubourg, où est son épitaphe. Dans une ancienne charte de ce monastère il est nommé *vir sanctitate et miraculis eximius*. Comme il ne laissait point d'enfants, Etienne évêque de Metz, qui était le neveu de Frédéric, son grand-père, obtint par héritage le château de Lucelbourg, qu'il réunit au domaine de son église. Ce château fut dans la suite habité par une famille noble qui en prit le nom, mais qu'il ne faut pas confondre avec celle des précédents. Celle de Lucelbourg, qui existe encore aujourd'hui en Alsace, en Lorraine, en Suabe, en Bavière et en Saxe, ne descend pas des comtes de Lucelbourg, qui s'éteignirent dès l'an 1150.

THIERRI Ier, COMTE DE MOUSON, DE MONTBÉLIARD ET DE BAR.

Après l'an 1065, THIERRI I, ou THÉODORIC, succéda à Louis, son père, dans les deux comtés de Mouson et de Montbéliard, et en 1093, à Sophie, sa mère, dans celui de Bar. Il obtint encore le comté de Verdun par la concession que lui en fit en 1096 Richer, évêque de cette ville, après le départ, pour la Terre-

Sainte, de Godefroi de Bouillon, qui en était pourvu. Thierri fonda en 1101 le monastère des religieuses bénédictines de Biblisheim en Alsace. Il donna en 1102 l'église d'Amange, aujourd'hui Insming, à l'abbaye de S. Mihiel en Lorraine. La charte de donation, à laquelle souscrivirent *Hermentrudis comitissa et filius ejus Lodoicus*, fut donnée *apud Altikirch*. C'est Altkirch, en haute Alsace, qui fit ensuite partie du comté de Ferrette. Thierri mourut avant l'an 1105. On voit son tombeau et celui d'Ermentrude, son épouse, dans l'église cathédrale d'Autun, où ils furent inhumés, et où ils sont représentés vers la grande porte, couchés sur une grande table de pierre, posée sur quatre piliers. Ermentrude, ou Ermenson, qu'il avait épousée en 1076, était fille de Guillaume le Grand, comte de Bourgogne, et sœur du pape Calixte II; elle se qualifie *Hermentrudis filia Guillermi comitis de Burgundia* dans l'acte de fondation du prieuré de Froide-Fontaine, situé près de Dele (et uni dans la suite aux jésuites d'Ensisheim), qu'elle soumit en 1105 à l'abbaye de Cluni, *de consensu filiorum meorum Friderici et Theodorici comitum Montisbelicardi*. L'acte est daté *apud Montebelicardum*.

Les enfants de Thierri et d'Ermentrude sont au nombre de neuf: 1º Frédéric, comte de Montbéliard et de Ferrette, auteur de la maison de Ferrette. 2º Thierri II, ou Théodoric, qui continua la suite des comtes de Montbéliard. 3º Louis, comte de Mouson et de Montbéliard (*Lodoicus filius Theodorici comitis de Montbeliart et comes*), qui signa en 1096 les lettres de fondation de l'abbaye de Pierremont: il s'engagea la même année pour l'expédition de la Terre-Sainte, comme on le voit dans la chronique d'Albéric où *Ludovicus comes de Montione* est compté au nombre des seigneurs qui partirent pour cette expédition. Il est nommé par Albert d'Aix *Ludovicus de Mouzons, mirabilis in opere militari*. Il vivait encore en 1102: mais il décéda peu après sans postérité. 4º Guillaume ou Willerme, dont il est fait mention dans la généalogie de S. Arnoul. 5º Hugues, rappelé comme mort avec les deux précédents dans la charte d'Ermentrude, leur mère, de 1105. 6º Renaud, dit le Borgne, comte de Mouson et de Bar, mort en 1149, et enterré au prieuré de Mouson, qu'il avait fondé. Il fut avec sa femme, Giselle, fille de Gérard I, comte de Vaudemont et d'Heilwige, comtesse d'Egisheim, l'auteur des comtes et ducs de Bar. (Voy. *les comtes de Bar*.) 7º Etienne, qui gouverna l'église de Metz depuis l'an 1120 jusqu'en 1163: *Dominus Stephanus venerabilis Mettensis sedis episcopus, principalis magister abbatiæ Maurimonasteriensis, et comes Renaldus, frater domini Mettensis episcopi*, sont nommés dans une charte alsacienne de Berte, supérieure du monastère de Sindelsberg, donnée vers l'an 1121. (L'évêque Etienne,

Dominus Stephanus Mettensis episcopus, consacra en 1127 l'église abbatiale de S. Jean-des-Choux, à la demande de Pierre de Lucelbourg, son cousin). 8° Adèle, qui fut mariée à Herman, comte de Salm, dans les Ardennes, tige des comtes de ce nom. Et 9° la bienheureuse Guntilde, première abbesse du monastère de Biblisheim, fondé par son père, morte le 21 février 1131. Elle fut enterrée au milieu de l'église abbatiale, où l'on voit encore son tombeau.

THIERRI II.

1103 ou 1104. THIERRI II, ou THÉODORIC, succéda à Thierri I, dont il était le second fils, dans les comtés de Montbéliard et de Bar. Mais s'étant rendu odieux aux sujets de ce dernier comté, il fut obligé de le céder, peu de tems après, à Renaud, son frère, et de se contenter de celui de Montbéliard. Thierri est nommé *Theodoricus comes Montisbelicardi* dans la charte de fondation de Froide-Fontaine de 1105, où il est encore dit que *castrum Montisbelicardi fuit comitis Théodorici*. Thierri est appelé *comes Theodoricus de Monspilgardt* dans une charte de Diépold, abbé d'Altorff, datée de 1117. *Theodoricus comes Montisbelicardi* fut en 1122 un des seigneurs qui signèrent, le 8 septembre, dans la diète de Ratisbonne, l'acte par lequel l'empereur Henri V se réconciliait avec le pape Calixte II, oncle de ce comte. Le diplôme de Conrad III pour l'abbaye de Lucelle, de 1139, fut donné *teste comite Tederico de Montebilicardi*. On lit les noms de *Theodoricus comes de Munipiligard*, *Montbiligart*, et *Montbeliart*, dans trois diplômes du même empereur pour les monastères d'Ensidlen de 1144, de Seltz de la même année, et de Corbie de 1147. *Theodoricus comes Montisbilgardi* en signa, l'an 1156, un autre de l'empereur Frédéric. Il fonda vers la même année l'abbaye de Béchamp, de l'ordre de Prémontré, située sur le Doux, à un quart de lieue de la ville de Montbéliard, dont il ne subsiste plus que quelques masures. *Theodoricus, Dei gratiâ Montisbeligardi comes*, confirma en 1162 une donation faite *Ecclesie S. Marie belli campi, quam fundavit* (*Theodoricus primus*), *pro redemptione anime sue filiique sui Theodorici, per manum Amedei nepotis sui, assistente et laudante genero suo Odone comite de Rocha*.

Thierri mourut après l'an 1162. On ignore le nom de sa femme, dont il eut un fils, appelé aussi Thierri, mort jeune avant lui sans laisser de postérité, et deux filles, dont la cadette Ermentrude, fut mariée à Eudes, comte de la Roche. L'aînée, qui se nommait Agnès, épousa en 1148 Richard II, seigneur de Montfaucon (dont les terres étaient situées aux environs de Besançon), fils de Richard I de Montfaucon, qui fut en 1124 un des fondateurs de l'abbaye alsacienne de Lucelle. Agnès de Montbéliard eut de Richard II trois enfants, savoir : Amédée, qui suit; Thierri et Agnès. Thierri, de doyen de l'église de Saint-Jean, devint archevêque de Besançon en 1180, et mourut de la peste en Palestine en 1191, après la prise de St.-Jean d'Acre. Il avait beaucoup contribué au succès du siége par l'invention de plusieurs machines qui renversèrent les murs de cette ville. Le moine de Florence en parle dans ses vers, où il célèbre également les vertus guerrières et le zèle pastoral de ce prélat. Agnès, sœur d'Amédée et de Thierri, épousa Gautier, comte de Brienne, et fut mère de Jean de Brienne, roi de Jérusalem.

AMÉDÉE.

Après 1162. AMÉDÉE DE MONTFAUCON, fils de Richard de Montfaucon et d'Agnès, fille aînée de Thierri II, succéda à son aïeul maternel dans le comté de Montbéliard, à l'exclusion des comtes de Bar et de Ferrette, qui étaient cependant des branches masculines de la maison de Mouson. *Amedeus comes Montisbeligardis* accorda, en 1171, à l'abbaye de Béchamp, la moitié de toutes les dîmes de Veselais, *pro anima Ermentrudis materteræ suæ comitissæ de Rupe, laudante et concedente filio suo Ricardo.* La charte fut donnée en présence d'*Odo comes de Rupe prefatæ comitissæ sponsi.* Garnier de Brunviler fit, en 1176, une donation à la même abbaye, *annuente et laudante Amedeo comite Montisbeligardis.* Thierri, son frère, archevêque de Besançon, consacra l'église de Béchamp, en 1183, *présente Amedeo comite Montisbelligardi.* Le diplôme de l'empereur Frédéric, pour le monastère d'Estival, fut signé, en 1180, par *Amedeus comes de Montebeligardo.* Amédée avait épousé GERTRUDE, fille de Werinhaire, comte de Habsbourg et du Sundgaw, sœur d'Albert, landgrave de la haute Alsace. Il laissa deux fils, Richard et Gautier, et une fille nommée Bonne. Richard lui succéda dans le comté de Montbéliard, et Gautier dans les terres de Montfaucon. Ce dernier passa en Chypre, où il épousa, en 1205, Bourgogne de Lusignan, fille d'Amauri, roi de cette île, qui le nomma connétable de Jérusalem. Bonne, fille d'Amédée, épousa Pierre de Scei, dont elle eut deux enfants, Pierre et Richard. Ce dernier est appelé dans quelques titres Richard de Montbéliard. On lui donna ce surnom, parce que sa mère était une comtesse de Montbéliard, et pour le distinguer des autres seigneurs de sa famille, qui était très-nombreuse. Pierre de Scei, ou Ceis, son frère aîné, dont descend aujourd'hui la maison de Scei-Montbéliard, est qualifié neveu de Richard, comte de Montbéliard dans un acte de l'an 1237. Quelques modernes ont faussement supposé que la famille de Scei était une branche des comtes de Montbéliard.

RICHARD.

Après 1183. RICHARD, fils aîné d'Amédée, lui succéda au comté de Montbéliard. Il partit, en 1201, pour la Terre-Sainte avec Gautier de Brienne, et alla s'embarquer dans un port de la Calabre. Mais l'histoire ne nous a point conservé le récit de ses exploits, et ne nous apprend point combien de tems il y séjourna. De retour dans son pays, Richard eut plusieurs guerres avec Frédéric, comte de Ferrette, qui ne furent terminées qu'en 1226, par une transaction passée en présence de Conrad d'Urach, cardinal-évêque de Porto, et légat du saint-siège en Allemagne. Il fut convenu, par cette transaction, que Thierri, fils aîné de Richard, *Thierricus filius Richardi comitis Montisbeligardi*, épouserait, dans l'espace de deux ans, Adearde, ou Adélaïde, fille du comte Frédéric, *Adeardim filiam Friderici comitis Firretensis*; que celui-ci lui donnerait en mariage cinq cents marcs d'argent; qu'il céderait, pour un tems, à Richard l'advocatie de Dèle; et qu'il renoncerait, en sa faveur, à tous les droits qu'il pouvait prétendre sur le château de Belfort en Alsace. Cet accord, fait du consentement d'Ulric et de Louis, fils du comte Frédéric, *laudantibus Olrico et Lodovico filiis ipsius comitis Firretensis*, fut ratifié par le pape Alexandre. *R. comes Montisbiligardi* souscrivit, en 1237, le diplôme de l'empereur Frédéric pour la ville de Besançon. Richard mourut quelque tems après dans un âge fort avancé. Il avait épousé CATHERINE, fille de Mathieu II, duc de Lorraine, et de Catherine, duchesse de Limbourg, dont il eut Thierri, qui suit; Amédée, seigneur de Montfaucon, marié à Mahaud de Saarbruck; et Etienne, comte de Montbéliard, qui était, en 1245, doyen de Saint-Jean de Besançon.

THIERRI III.

Après 1237. THIERRI III, dit *le grand Baron*, successeur de Richard son père, au comté de Montbéliard, le gouvernait déjà de son vivant; car voulant fortifier le château de Belfort contre les insultes du duc de Bourgogne et l'archevêque de Besançon, Thierri offrit en fief, l'an 1228, *castrum suum Bellum fortem* à Mathieu II, duc de Lorraine, son grand-père; ce qui cependant n'eut pas lieu. Thierri épousa, la même année, comme nous l'avons déjà dit, ADEARDE, fille de Frédéric comte de Ferrette. La charte d'Ulric, son beau-frère, de 1235, pour l'abbaye d'Altorff, fut scellée du sceau de Thierri, comte de Montbéliard. Il s'éleva cependant peu après quelques difficultés entre ces deux comtes touchant les droits qu'Adearde, femme de Thierri, avait à la succession de Frédéric, son père, mort en 1234. L'affaire se termina par un accord passé au mois d'octobre 1236, par lequel Ulric, comte de Ferrette, céda à Thierri et à ses héritiers, *Domino comiti Thierico in Montisbelg. et hœredibus suis*, le château de Porrentrui et ses dépendances, avec tout ce qu'il possédait dans le Val d'Ajoye et de Correnol. *Th. Dei gratiâ comes Montisbeligardi* donna le château de Belien et les villages en dépendants à Berthold, évêque de Strasbourg, qui les lui rendit, en 1258, à titre de fief de son église. *Thierri cuens de Montbeliart* fit, en 1259, hommage-lige à Thibault, roi de Navarre et comte de Champagne, qu'il promit de défendre contre tous, à l'exception de l'évêque de Bâle, de l'abbé de Lucelle, du duc de Lorraine et du comte de Ferrette. Il fonda en 1269 l'hôpital de Montbéliard. *Thietricus comes Montisplicardis* reconnut, en 1280, que les advocaties d'Ajoye et de Bure faisaient partie du domaine de l'église de Bâle, et qu'il les avait reçues de l'évêque Henri en fief, pour les posséder seulement pendant sa vie. Thierri mourut fort âgé en 1284. Il eut un fils, qui porta le même nom que lui, décédé jeune et sans alliance, et deux filles, appelées Sibylle et Marguerite. Il maria la première à Raoul, ou Rodolfe, comte de Neuchâtel en Suisse, et la seconde à Thibault, sire de Neuchâtel, dans le comté de Bourgogne. Du premier de ces mariages sortirent plusieurs enfants, dont le plus connu est Amédée, comte de Neuchâtel. Celui-ci, outre deux fils, fut père de Guillemette et de trois autres filles. Thierri, bisaïeul de Guillemette, voulant prévenir les contestations que sa succession pourrait occasioner, institua, en 1282, cette fille, qu'il chérissait particulièrement, son héritière au comté de Montbéliard, en la mariant à Renaud, fils de Hugues de Châlons, comte palatin de Bourgogne. Il fit consentir à cette convention Amédée et ses deux frères, Jean et Richard ; sous la condition néanmoins qu'au défaut d'enfants de Renaud et de Guillemette, ce comté retournerait à Amédée. Mais Thibault, seigneur de Neuchâtel, qui était le fils de Marguerite, sœur de Sibylle, voulant attirer à lui l'héritage de son aïeul, avait, dès l'an 1280, mis dans ses intérêts Otton, comte de Bourgogne, frère de Renaud. Il passa avec lui un traité, où il reconnaissait d'avance que le comté de Montbéliard était un fief de celui de Bourgogne. Un pareil acte était visiblement nul de sa nature, d'autant plus qu'il était fait du vivant de Thierri III. Renaud, pour terminer les contestations qu'il allait avoir avec Thibault, lui céda, en 1282, les deux seigneuries de Blamont et de Chatalot, qu'il venait de recevoir de Thierri, à condition que lui et ses héritiers les tiendraient en fief du comté de Montbéliard, dont elles étaient démembrées. Cet arrangement fut alors approuvé par Otton, comte de Bourgogne, qui le révoqua cependant dans la suite, en donnant ces deux terres, en 1290, sans y avoir aucun droit, à sa femme, Mahaut, comtesse d'Artois. Thibault néanmoins continua de se reconnaître vassal de Renaud, comte de Montbéliard, comme on le voit par un acte qu'il fit en 1294 du consentement, et même par l'ordre d'Otton et de Mahaut.

RENAUD ET GUILLEMETTE.

1282. RENAUD DE CHALONS, comte palatin de Bourgogne, et GUILLEMETTE, sa femme, furent mis, dès le vivant de Thierri, en possession des terres du comté de Montbéliard, qu'il leur avait cédées en 1282, comme le prouvent les lettres de privilége, donnéés par *nos Reynaud de Bourgogne, comte de Montbéliard, et Guillaume, sa femme, comtesse de Montbéliard*, au mois de mai 1283, aux habitants de leur ville capitale. Thierri s'était réservé les seigneuries de Belfort et de Héricourt, qui, à sa mort, arrivée en 1284, passèrent aussi à Renaud et à sa femme, et la seigneurie de Clémont, qui tomba ensuite en partage à Thibault, sire de Neuchâtel. Renaud et sa femme firent, en 1285, avec Henri, évêque de Bâle, un accord, par lequel ils donnèrent à son église le château de Porrentrui avec les advocaties d'Ajoye et de Bure. La même année, Renaud consentit à un arbitrage pour terminer les différents qui s'étaient élevés entre lui et l'abbé de Mourbach. Sa femme, *Guillaretta, filia Amedei de Novo castro, comitissá Montispilgardis*, confirma, en 1284, les conventions qu'avait faites avec l'évêque de Bâle, *nobilis vir dilectus dominus et maritus Renaudus de Burgundia, comes Montispeligardis*. Le même, *Reynaldus de Burgundia, comes Montispeligardis*, reprit, en la même année, les fiefs qui relevaient de l'évêché de Bâle et qu'avait possédés *Dominus. Th: quondam Montispligardi predecessor*.

Cependant Renaud, soit pour complaire à Otton, son frère, comte de Bourgogne, soit parce qu'il craignait sa puissance, pensait à se reconnaître comme son vassal pour le comté de Montbéliard. L'empereur Rodolfe, qui en fut informé, déclara ce fief dévolu à l'empire par la félonie de Renaud. Se contentant ensuite des soumissions de ce comte, il lui en donna l'investiture le 8 juin 1284, après l'avoir condamné à une amende de huit mille livres d'argent. Cet empereur lui accorda en fief le château, la ville et le comté de Montbéliard avec ses dépendances, comme les empereurs ses prédécesseurs avaient coutume de les conférer. Rodolfe confirma en même tems les conventions qu'avaient faites entre eux *reverendus pater Heinricus Basileensis episcopus et spectabilis vir Reynaldus de Burgundia comes Montispligardi.* Malgré cela, Renaud entra, l'an 1286, dans la ligue d'Otton, son frère, de Thibault, comte de Ferrette, et de la ville de Besançon, contre Pierre Reich de Reichenstein, qui venait d'être nommé à l'évêché de Bâle. L'empereur étant venu au secours de ce prélat, assiégea Montbéliard sur la fin du mois de juin de cette année, et obligea la place à se rendre. L'évêque, de son côté, entra, en 1287, dans les terres du comte de Montbéliard, et ravagea plusieurs de ses villages. Renaud, après ces revers, se retira sous Besançon avec les deux autres comtes. Rodolfe les y suivit et mit le siége devant cette ville. Mais il n'eut pas le même succès. La vigoureuse défense des assiégés l'obligea de se retirer. On convint d'une conférence, qui se tint à Bâle, en 1287, et non en 1289, comme le marque Trithème, qui dit aussi faussement que l'empereur fit prisonnier de guerre les comtes de Bourgogne, de Savoie et de Montbéliard. Albert de Strasbourg, écrivain presque contemporain, assure que le duc de Bourgogne et les seigneurs qui lui étaient attachés, prêtèrent, à la conférence de Bâle, serment de fidélité à l'empereur, comme vassaux de l'empire ; ce qui doit également s'entendre du comte de Montbéliard. Cependant M. Dunod prouve qu'en 1301 Renaud promit, dans le mois d'avril, à Philippe le Bel, roi de France, en faveur duquel Otton s'était dessaisi du comté de Bourgogne, de lui faire hommage, pour lui et ses héritiers, du comté de Montbéliard. Quoi qu'il en soit, *Regnault de Bourgogne, comte de Montbéliard, et dame Guillaume, sa femme, comtesse dudit Montbéliard, et Othenin, leur fils,* donnèrent, en 1307, des lettres d'affranchissement et des priviléges aux habitants de *leur chastel, bourc et ville de Belfort.* La charte fut scellée du sceau de Hugues, comte de Bourgogne. Renaud mourut sur la fin de l'année 1321, laissant un fils encore jeune, qui suit ; et trois filles, Agnès, Jeanne et Alix. Agnès fut femme de Henri de Montfaucon ; Jeanne épousa, en 1299, Ulric, dernier comte de Ferrette. Elle est nommée *nobilis domina Johanna de Montebellicardi, uxor legitima spectabilis viri domini Ulrici, comitis Ferretarum,* dans des lettres de Gérard, évêque de Bâle, de 1318. *Domina Joanneta collateralis nostra karissima,* est rappelée dans celles du comte Ulric de 1320 pour la même église. Walram, comte de Thierstein, dans une charte allemande de 1321, l'appelle dame *Janeton von Montpelgart* ; et Léopold, duc d'Autriche, dans une autre de 1322, la qualifie fille de feu Renaud, comte de Montbéliard. Elle prend elle-même le titre de *Jeanne de Montbéliard, comtesse de Ferrette*, dans des lettres françaises de franchises qu'elle acccorda, en 1324, aux habitants du village de Bocourt. Alix, sa sœur, se maria en premières noces à Jean II de Châlons, comte d'Auxerre, et en secondes à Henri de Vienne, seigneur d'Antigni.

OTTENIN.

1321. OTTENIN, ou OTTON, fils de Renaud, lui succéda, en bas âge, sous la tutelle de Hugues, comte de Bourgogne, son oncle, et de Henri de Montfaucon, son beau-frère. *Hugues de Bourgogne se dit curateur de noble damoiseal Outhenin de Bourgogne, comte de Montbéliard, notre chier et bien aymé nepveur*, dans des lettres du 9 mars 1322, pour la ville de Montbéliard. Celles du 22 avril suivant, pour Belfort, furent données par *Henri, seigneur de Monfaulcon, curateur d'Othenin, fils du comte Regnault de Bourgogne et de dame Guillaume*. Ottenin mourut en 1331 sans avoir été marié. Sa succession fut partagée entre ses deux sœurs, Agnès, épouse de Henri, seigneur de Montfaucon, et Jeanne, qui, après la mort d'Ulric, comte de Ferrette, s'était remariée, sur la fin de 1325, avec Rodolfe Hesson, margrave de Bade. Le partage fut fait, le 3 mai 1332, entre *Henri, comte de Montbéliard, seigneur de Monfaucon, et sa très-chère sœur Jeanne de Montbelliard, femme du comte de Ferrette, et marquise de Bauldes*. En vertu de ce partage, le comté de Montbéliard et la seigneurie de Granges restèrent à Henri : les seigneuries de Belfort et de Héricourt passèrent à Jeanne. Rodolfe Hesson, margrave de Bade, et Jeanne, son épouse, renouvelèrent, le 22 septembre suivant, les priviléges de la ville de Belfort. L'un et l'autre sont encore nommés la même année dans un accord passé avec celle de Fribourg. Jeanne de Montbéliard, marquise de Bade, confirma seule, en 1333, à l'abbaye de Lucelle le droit de patronage des églises de Pfaffenhofen et d'Estuffont. Rodolfe Hesson étant mort le 17 août 1335, Jeanne prit une troisième alliance avec Guillaume, comte de Katzenellenbogen. *Domina Johanna comitissa Montisbilgardi et ejus maritus Vilhelmus comes de Katzenellenbogen* sont nommés, en 1336, dans le nombre des vassaux de l'évêché de Strasbourg pour le village de Pfaffenhofen, que Jeanne tenait en fief de cette église. *Johanna de Montebeligardo, comitissa de Katzenellenbogen*, fit, en 1342, un échange avec le chapitre de Montbéliard, suivant lequel Jeanne de Montbéliard, *et hæredes sui, qui erunt vel erit domini vel dominus Bellifortis*, obtinrent le patronage de l'église paroissiale de Belfort. Jeanne établit la même année à Belfort une collégiale de douze chanoines, qui est aujourd'hui réduite à six, en y comprenant le prévôt. Elle perdit, peu de tems après, son troisième mari; et on lit le nom de Jeanne de Montbéliard, comtesse de Katzenellenbogen, dans le traité d'alliance contracté en 1345 avec les seigneurs d'Alsace, pour y conserver la paix provinciale. Deux ans après, elle fit le partage des biens qui lui étaient échus de la succession de son père, entre ses quatre filles, Jeanne et Ursule, qu'elle avait eues du premier lit; Marguerite et Adélaïde, qui étaient les enfants du second. La seigneurie de Héricourt fut adjugée à Marguerite, qui avait épousé Frédéric, margrave de Bade, son cousin. Celle de Belfort échut par moitié à Adélaïde, mariée à Rodolfe Wecker, frère de Frédéric, et à Ursule, femme de Hugues, comte de Hohenberg. Le sort régla ces différents partages dans l'acte qui en fut passé à Altkirch en 1347. Jeanne fonda, en 1349, l'hôpital de Belfort : elle ne survécut pas long-tems à ce terme, et nous trouvons qu'elle n'était plus en vie en 1351. Ursule confirma en 1356 les priviléges de la ville de Belfort dont elle avait la seigneurie avec Adélaïde, sa sœur. Elle vendit, en 1359, la moitié du château et de la ville de ce nom, qui lui était échue en partage, pour trois mille florins, à Rodolfe, duc d'Autriche, son neveu, qui avait pour mère Jeanne de Ferrette, sa sœur. L'autre moitié de la seigneurie de Belfort appartenait encore alors à Adélaïde, qui est nommée *noble et puissante dame Alix, marquise de Bade et dame de Belfort*, dans les lettres par lesquelles elle exempte du droit de main-morte, en 1362, les sujets de sa seigneurie de Belfort, ainsi que dans le testament de Marguerite, sa sœur, de 1366. Celle-ci se nomme *dame d'Héricourt et de Florimont, marquise de Baade*, dans ce dernier acte, par lequel elle institue pour héritiers de la seigneurie d'Héricourt, Marguerite, sa fille, mariée à Godefroi Schaffrid, comte de Linange, et à son défaut Rodolfe, margrave de Bade, son fils. C'est ainsi que fut démembré le comté de Montbéliard, dont la plus grande partie resta cependant à Henri de Montfaucon. Alix, troisième fille de Renaud de Montbéliard, fut oubliée dans le partage de sa successsion fait en 1352. Jean II de Châlons, comte d'Auxerre, qui l'avait épousée, prit les armes contre Henri de Montfaucon pour revendiquer l'héritage de sa femme. Henri, après quelques hostilités, composa avec son beau-frère pour une somme d'argent.

HENRI.

1352. HENRI DE MONTFAUCON succéda au comté de Montbéliard après la mort d'Ottenin, en vertu de son mariage avec Agnès,

sœur aînée de ce prince, et du partage de sa succession fait en
1332. Il entra en 1336 avec le margrave de Bade dans la ligue
que Jean de Faucognei avait faite contre Eudes IV, duc de
Bourgogne; mais il fut battu la même année par le duc, avec les
autres confédérés. L'empereur Louis investit, le 23 janvier
1339, *spectabilem virum Henricum, comitem de Numpelgart,
dominum in Montfalcon*, des château, ville et comté de Montbéliard, tel que ses prédécesseurs l'avaient tenu de l'empire en
fief. Charles IV, successeur de Louis, le nomma, le 3 août 1362,
son vicaire impérial dans le comté de Bourgogne, ou la province
de Besançon. Henri entra en 1364, à la sollicitation du roi de
Navarre, à main armée sur les terres du duc de Bourgogne, qui,
étant venu à lui, l'obligea à se retirer. Il acquit en 1365, par
échange passé avec Marguerite, comtesse de Flandre, la seigneurie de Clairval dans la Franche-Comté. Il mourut l'année
suivante 1366, laissant trois fils, savoir, Etienne, qui suit;
Reinard tué à la sanglante bataille de Sembach, donnée contre
les Suisses en 1386; et Louis, doyen de Besançon, qui mourut
archevêque de cette ville le 25 juillet 1362, après avoir seulement siégé neuf mois.

ETIENNE.

1566. Etienne, fils aîné de Henri et son successeur, *comte
de Montbéliard et sire de Montfalcon*, confirma, au mois de
décembre 1367, les lettres de liberté et de franchise données à la
ville de Montbéliard, par *très-chers et bien aymés seigneur et
dame monsieur Henry, jadis comte du Montbéliard et seigneur
de Montfaucon, nostre père, que Dieu absolve, et dame Agnès,
nostre très-aymée mère, sa femme.* Cette Agnès était, comme
nous l'avons vu, tante de Marguerite, marquise de Bade, à
laquelle échut la seigneurie d'Héricourt. Celle-ci, par son testament de 1566, nomma son exécuteur testamentaire *monsieur
Etienne de Montbéliard, signour de Cicou*, qui est nommé
dans d'autres actes *Stephanus de Montebelicardo, filius domini
Henrici comitis Montispelicardi et domini Montisfalconis*.
Etienne avait épousé, dès l'an 1356, Marguerite, fille de Jean de
Châlons, dont il n'eut que deux fils, Louis et Henri. Louis, que
Marguerite de Bade, dans son testament de 1566, nomme son fil-
leul, en lui léguant mille florins, mourut en bas âge. Henri,
appelé le seigneur d'Orbe, s'étant marié à Marie, fille de Gaucher de Châtillon, en eut quatre filles, Henriette, Marguerite,
Jeanne et Agnès. Etant allé en Hongrie en 1396 pour défendre
ce pays contre les Turcs, il périt à la funeste bataille de Nicopoli. Le comte Etienne ignorait encore la mort de son fils, lors-

qu'il fit, au mois d'octobre 1597, son testament, par lequel il instituait son héritier universel *son cher et bien aymé fils, Henri de Montbéliard, chevalier, seigneur d'Orbe.* Mais dans le cas qu'il ne revînt pas de son expédition, il appela à sa succession ses *chères et bien aymées Henriette, Marguerite, Jehanne et Agnès, sœurs germaines, filles légitimes dudit Henry, son fils,* de manière toutefois que Henriette, l'aînée, eut le comté, ville et forteresse de Montbéliard avec ses dépendances, Porentrui, Granges, Estobon, Salnot, Clairval et Passavant. Jeanne eut pour sa part les terres de la maison de Montfaucon ; Marguerite celles qui étaient situées au-delà du Mont-Jura, dans le diocèse de Lausanne ; et Agnès tous les autres domaines qui restaient tant dans le comté de Bourgogne qu'ailleurs. Jeanne épousa Louis de Châlons, prince d'Orange; Marguerite donna sa main à Humbert, comte de la Roche; Agnès prit pour mari Thibault VIII, seigneur de Neuchâtel en Bourgogne. Le comte Etienne, leur grand-père, mourut sur la fin du mois d'octobre 1597.

HENRIETTE et EBERHARD.

1397. HENRIETTE, fille aînée de Henri, succéda au comte Etienne, son aïeul, dans le comté de Montbéliard, en vertu de son testament. Comme elle était encore mineure, Henri, comte de la Roche, seigneur de Villiers-Sexel, fut chargé de sa tutelle. Le premier exercice qu'il fit de cet emploi, fut de fiancer sa pupille avec EBERHARD, fils aîné d'Eberhard IV, comte de Wurtemberg. Le cérémonie se fit le 15 novembre 1597. Le jeune Eberhard était alors dans sa neuvième année, étant né le 23 août de l'an 1388. Le mariage suivit les fiançailles, lorsqu'ils furent parvenus l'un et l'autre à l'âge nubile. C'est ainsi que le comté de Montbéliard est entré dans la maison de Wurtemberg, d'où il n'est plus sorti depuis. Eberhard succéda, le 16 mai 1417, à Eberhard, son père, dans le comté de Wurtemberg. Il n'en jouit pas long-tems, étant mort à la fleur de son âge le 2 juillet 1419. Il laissa de son mariage avec Henriette deux fils, Louis et Ulric, avec une fille, nommée Anne, mariée en 1420 à Philippe, comte de Katzenellenbogen, et morte le 16 avril 1471. Louis et Ulric, qui étaient en bas âge, succédèrent à Eberhard, leur père, tant dans le comté de Wurtemberg que dans celui de Montbéliard, sous la tutelle de Henriette, leur mère. Celle-ci confirma en 1421 les privilèges de la ville de Montbéliard, et fut investie en 1431, par l'empereur Sigismond, de la seigneurie et comté de Montbéliard. Ses fils, devenus majeurs, gouvernèrent leurs états par indivis jusqu'à la mort de cette comtesse, arrivée le 15 février 1443. Alors ils firent un partage que plusieurs datent de 1442, mais à tort, puisque la confirmation des priviléges de la cité de Montbéliard, datés du 9 mars 1443, commence ainsi : *Nous Loys et Horrich, frères, comtes de Wurtemberg et Montbéliard.* Ils font mention dans leurs lettres de celles données *par feue, de noble mémoire, Henriette, comtesse de Wurtemberg et de Montbéliard, jadis nostre bien aymée dame et mère.* La partie supérieure du Wurtemberg et le comté de Montbéliard, avec les seigneuries de Horbourg et de Reichenweyer en Alsace, échurent à Louis, qui mourut le 25 septembre 1450. Ulric, son frère, eut pour sa part le bas Wurtemberg. (Voyez *la suite des comtes de Montbéliard dans celle des comtes de Wurtemberg.*)

Le comté de Montbéliard est qualifié de comté princier, ou principauté. Quoiqu'il soit un fief immédiat de l'Empire, il ne fait cependant partie d'aucun cercle, parce qu'il dépendait autrefois du royaume de Bourgogne. Le duc de Wurtemberg, qui le possède, a voix et séance dans les diètes de l'Empire, où il a en cette qualité le quarante-cinquième rang dans le banc des princes séculiers : ce qui fait que les ducs de Wurtemberg, au titre du comté de Montbéliard, ont obtenu la dignité et tous les droits de prince. Il n'existe cependant aucun diplôme de l'érection de ce comté en principauté. Mais, dès l'an 1559, les tuteurs de Frédéric, comte de Montbéliard, siégèrent à la diète d'Augsbourg dans le banc des princes. Il existe aussi des lettres du même Frédéric de 1583, dans lesquelles il se nomme *Fridérich, comte de Wurtemberg et Montbéliard . . . . . Souverain, prince et seigneur*, et dans lesquelles il rappelle *son très-honoré père et seigneur, le très-illustre prince, d'heureuse mémoire, Georges, comte desdits Wurtemberg et Montbéliard.*

CHRONOLOGIE HISTORIQUE

DES

COMTES DE FERRETTE.

Le comté de Ferrette faisait également partie du royaume de Bourgogne. Il fut ensuite compris dans le duché d'Alsace, lorsqu'il fut démembré en 1125 du comté de Montbéliard dont il dépendait, pour former un comté particulier. Son étendue ne fut pas toujours la même. Il ne formait dans son origine que les seigneuries de Ferrette, d'Altkirch et de Thann, avec quelques villages situés en Suisse. Il fut augmenté, sur la fin du treizième siècle, de celle de Florimond et de Rougemont; en 1320 de celle de Dèle; et, vers la fin du quatorzième siècle, de celle de Belfort. La maison d'Autriche, qui posséda ensuite le comté de Ferrette, y ajouta les seigneuries de Landter et de Macevaux, ainsi que l'avouerie de Cernai. Il tire son nom du château de Ferrette, situé en haute Alsace, sur un rocher au-dessus duquel fut bâtie depuis la petite ville de ce nom. Celle-ci existe encore aujourd'hui; mais il ne reste plus du château, qui fut brûlé en grande partie au commencement de la guerre des Suédois, que quelques murs, quelques tours, et la chapelle de Sainte-Catherine, avec quelques maisons qu'on a bâties à côté. Il est appelé dans les anciennes chartes, *Phirretum*, *Ferreta*, *Phierrete*: on le nomme en allemand *Pfirt*.

FRÉDÉRIC I.

1103 ou 1104. Frédéric, fils aîné de Thierri I, comte de Montbéliard, fut le premier qui prit le nom et la qualité de comte de Ferrette. Ce pays lui échut en partage dans la succession de son père: mais ce domaine ne fut pas érigé en comté aussitôt qu'il tomba entre ses mains. Ermentrude, sa mère, dans l'acte de fondation du monastère de Froide-Fontaine, de 1105, l'appelle simplement *filius meus Fredericus comes Montisbelicardi;* et Frédéric lui-même, dans une charte de la même année, par laquelle il soumet à l'abbaye de Cluni le prieuré de Saint-Morand d'Altkirch, en Alsace, dont il fut le fondateur, ne se qualifie que Frédéric, fils de Thierri, comte de Montbéliard. L'acte de fondation, qui est dans les archives de Cluni, porte les mêmes dates que celui d'Ermentrude pour Froide-Fontaine, en finissant ainsi : *Paschali Papâ vice beati Petri Apostolicam sedem tenente, Henrico IV regnante, Burchardo Episcopo Basileensem ecclesiam gubernante.* Le prieuré de Saint-Morand fut uni en 1626 par le pape Urbain VIII au collége des jésuites de Fribourg. *Fridericus comes de Mumpligart* fut témoin, en 1111, d'une donation faite à l'abbaye de Saint-Pierre dans la forêt noire. *Fridericus comes de Montebiligardis, et frater ejus Deodericus*, signèrent, le 8 janvier 1125, le diplôme de Henri V pour le monastère de Saint-Blaise. Cette date est l'époque où les deux frères démembrèrent leurs possessions; alors Thierri retint le comté de Montbéliard, et Frédéric commença à quitter le titre de comte Montbéliard pour prendre celui de Ferrette; car dans un diplôme du même prince, de la même année 1125 et du même jour, pour l'abbaye de Lucelle, on trouve entre les témoins *Fridericus comes de Ferretis*. Depuis ce tems il n'est plus connu que sous ce dernier nom. Les deux frères, *Rainaldus comes de Bar, et Fridericus frater ejus de Ferretes*, paraissent dans une charte du 2 avril 1125. Ce sont les mêmes, *comes Reinoldus de Munzun et frater ejus Fridericus comes*, qui assistèrent, le 29 mars 1131, à la célèbre assemblée de Liége, où l'empereur Lothaire fut couronné par le pape Innocent II. *comes Fridericus de Fhirida* signa, en 1135, le diplôme de Lothaire II pour le monastère d'Interlach. La charte de Humbert, archevêque de Besançon, et d'Adalbéron, évêque de Bâle, qui confirment, en 1136, la fondation de l'abbaye de Lucelle, fut donnée *coram Frederico comite de Ferretis*. Celle de l'empereur Conrad III, pour la même abbaye, de 1139, est datée de Strasbourg, *teste comite Frederico de Ferretis*. Le nom de *Fridericus comes de Firreta* se trouve à la fin du diplôme du même prince pour l'église de Bâle de 1141. *Fridericus comes de Firretho, cum uxore Stephania et filio Ludovico*, fonda en 1144, à une lieue de Ferrette, le prieuré de Veldbach, dont il nomma pour avoué celui qui serait le plus âgé de ses descendants, *qui in posteritate sua provectioris ætatis in castro Firretho sederit*. Frédéric fut enterré avec sa femme et plusieurs comtes de sa famille dans la même église de Veldbach, où il avait établi des religieuses de l'ordre de Cluni. Ce prieuré, où treize comtes et comtesses de la maison de Ferrette ont choisi leur sépulture, fut uni en 1661 au collége des Jésuites d'Ensisheim : il appartient aujourd'hui au collége royal de Colmar. La première femme du comte Frédéric fut PÉTRISSÉE, fille de Berthold II, duc de Zeringhen; sa seconde nommée STÉPHANIE, ou ÉTIENNETTE, était fille de Gérard, premier comte de Vaudemont, et d'Heilwige, héritière du comté d'Egisheim. Ulric, comte d'Egisheim, frère d'Étiennette, étant mort sans enfants, elle hérita d'une partie de ce comté ; ce qui augmenta les domaines de Frédéric, son époux, et de Louis, son fils. On ignore l'année de la mort de Frédéric, postérieure cependant à 1144. Ce comte et Renaud de Bar, son frère, avaient en 1093, du vivant de Thierri, leur père, fondé le prieuré de Saint-Nicolas-des-Bois, situé près de Rougemont en Alsace, qu'ils soumirent à l'abbaye de Molême en Champagne. La comtesse Etiennette survécut à son mari. *Stephania comitissa Phirretensis, laudante filio Lodoico*, accorda à l'église de Bâle les dimes du village de Saint-Luckar, près d'Altkirch, *pro remedio animæ comitis Friderici viri sui.*

LOUIS.

Après 1144 Louis, fils de Frédéric et d'Étiennette, succéda à son père dans le comté de Ferrette. *Ludovicus comes Ferretensis* signa en 1180 le diplôme de l'empereur Frédéric pour le monastère d'Estival. *Ludovicus comes Phirretensis* confirma en 1187 la fondation de l'abbaye de Pairis en Alsace, faite en 1137 par Ulric, son oncle, *ab avunculo pie memorie Udalrico comite de Egensheim*. Il est appelé *comes Lodevicus de Firrete* dans les lettres de Frédéric pour le prieuré de Saint-Pierre de Colmar de 1185. Il vivait encore en 1187. Sa femme, Richenze, fille de Werinhaire III, comte de Habsbourg, lui laissa quatre enfants, Frédéric II, qui suit ; Louis, Helwide et Thibault, dont on ne connaît que les noms. Thibault vivait encore en 1202.

FRÉDÉRIC II.

Après 1187 Frédéric, successeur de Louis, son père, dans le comté de Ferrette, est nommé *Fridericus comes de Ferreto* dans deux diplômes, l'un de l'empereur Philippe, de 1207, pour Amédée, comte de Savoie, et l'autre de Frédéric II, pour l'église de Vienne, de 1214. Il rebâtit dans le même tems la forteresse d'Altkirch, qui donna origine à la ville de ce nom. *Municipium meum nomine Halikilihe, quod tempore meo ædificavi*, dit-il dans ses lettres accordées en 1215 à Berthold, abbé de Lucelle. Celui-ci était frère de Hilwide, épouse de Frédéric. Une autre charte, que *Fridericus comes Ferretensis* donna en 1225 à la même abbaye de Lucelle, fait voir qu'à cette époque il battait monnaie, accordait des lettres de noblesse, percevait des impôts et des péages, instituait des greffiers, légitimait des bâtards, etc. L'abbaye de Mourbach lui avait conféré au commencement du siècle l'advocatie de Dèle, qu'il céda pour quelque tems en 1226 à Richard, comte de Montbéliard. (Voy. *les comtes de Montbéliard.*) Frédéric était en possession du château d'Egisheim, qu'il accorda en 1228 à Henri, roi des Romains, pour le recevoir de lui à titre de fief. Vers le même tems il eut un démêlé avec Henri, évêque de Bâle, qu'il dépouilla de quelques-unes de ses terres, qu'il arrêta, avec plusieurs de ses ecclésiastiques, près d'Altkirch, et qu'il y retint prisonnier dans son château. L'évêque, ayant porté ses plaintes de cet attentat à l'empereur Frédéric II, le fit condamner, par une diète, à la peine du *harnescar,* c'est-à-dire à porter un chien sur ses épaules l'espace de deux lieues. Le comte de Ferrette, accompagné de ses officiers et de ses vassaux, entra ainsi en 1232 dans la ville de Bâle jusqu'aux portes de la cathédrale, où, s'étant jeté trois fois aux pieds de l'évêque, il obtint de lui le pardon et l'absolution de l'excommunication qu'il avait encourue. Frédéric fut étranglé deux ans après, en 1234, par Louis Grimmel, son second fils. Louis, proscrit de ses terres pour ce parricide, frappé d'excommunication par le pape Grégoire IX, alla à Rome pour se faire absoudre. Y étant au lit de la mort, il fut absout le 18 août 1236, par les deux pénitenciers du saint siége; et le 20 suivant, il fit son testament, par lequel il nomma l'église de Rome son héritière universelle, à l'exception des biens qu'il avait accordés à sa femme. Il mourut quelques jours après. On conserve une bulle de Grégoire IX, du 16 juin 1237, qui ordonne aux évêques de Constance et de Lausanne de faire mettre en exécution le testament de *Ludovici comitis de Firreto.* Frédéric de Ferrette, outre ce fils dénaturé, laissa quatre autres enfants de HILWIDE, ou HELWIGE, sa femme, qui lui survécut. Elle était fille d'Egenon IV, comte d'Urach, et d'Agnès, duchesse de Zeringhen sœur du cardinal Conrad, évêque de Porto, de Berthold, abbé de Tennebach et de Lucelle, et d'Ejenon, premier comte de Fribourg. Ces enfants furent Ulric, qui suit, Adearde, Berthold et Albert-Adearde, ou Adelaïde, épousa en 1228 Thierri III, comte de Montbéliard, fils aîné du comte Richard. Berthold, chanoine de Bâle en 1233 et de Strasbourg en 1243, devint évêque de Bâle en 1249, et mourut à Altkirch le 10 décembre 1262. Albert, encore jeune en 1235, survécut à l'année 1244. Il était avoué de l'abbaye de Masevaux, comme le prouvent les lettres de Lutold, évêque de Bâle, de 1241 et 1244, qui règlent les droits d'advocatie entre l'abbesse Mathilde, et noble homme Albert de Ferrette, avoué de ce lieu.

ULRIC Ier.

1234. ULRIC, qui, en 1234, succéda à Frédéric dans le comté

de Ferrette, est nommé dès l'an 1225 *comes Ferretarum* dans les lettres de son père pour l'abbaye de Lucelle. Il jouissait même dès son vivant de l'avouerie provinciale, ou l'advocatie de la haute Alsace, étant nommé *nobilis vir Ulricus comes Phirretarum advocatus noster provincialis per Alsaciam*, dans les lettres de l'empereur Frédéric II, de 1212. Ulric était encore en possession de cette avouerie en 1228, lorsque lui et ses frères livrèrent bataille à Blotzheim, près de Bâle, à Berthold, évêque de Strasbourg, qui remporta la victoire. Les prétentions que ce prélat formait sur quelques terres du comté d'Egisheim, furent l'occasion de cette guerre, qui se renouvela de tems en tems jusqu'en 1251, qu'elle se termina par une transaction passée entre le comte Ulric et l'évêque Henri, successeur de Berthold. Par cette transaction, *Ulricus comes Ferretensis* offrit en fief à l'église de Strasbourg le château de Thann et ses appartenances, en renonçant à tous les droits qu'il avait sur le château d'Egisheim et les endroits en dépendans au titre d'héritier de Gertrude, dernière comtesse de Dagsbourg. *Ulricus comes Phirretensis*, en présence d'Albert, comte de Habsbourg et landgrave de la Haute Alsace, son cousin, confirma en 1233 la donation que Frédéric, son père, venait de faire à l'église de Bâle. *Ulricus comes Firretensis* approuva, l'année suivante, celle que Thierri de Rougemont avait faite au prieuré de Saint-Nicolas-des-Bois. Ulric, se disant comte de Ferrette *par la grâce de Dieu*, donna en 1235 une charte en faveur de l'abbaye d'Altorff, fondée par les comtes d'Egisheim, ses ancêtres. Ulric et Albert, son frère, comtes de Ferrette, passèrent la même année une transaction avec celle de Mourbach. Ulric, comte de Ferrette, termina en 1236 un différent qu'il avait avec Thierri, comte de Montbéliard, son beau-frère, au sujet des droits qu'Adearde, sa sœur, avait à l'héritage de leur père. Il signa en 1239 le diplôme de Conrad IV, pour le monastère de Pairis, en se qualifiant *nobilis vir Ulricus comes de Firrata*. En 1245, il confirma la donation de la cour d'Ollweiller, que Frédéric, son frère, avait faite à l'abbaye de Lieu-Croissant. Il fonda, vers l'an 1252, avec son frère Berthold, évêque de Bâle, le monastère de Michelfeld, qui est aujourdhui une prévôté transférée à Blotzheim, dependante de l'abbaye de Lucelle. On a d'Ulric, comte de Ferrette, une charte de l'an 1262, par laquelle il renouvelle la donation que feu sa mère, Heilwige, avait faite à la collégiale de Saint-Amarin. Ulric vendit en 1271, *per manum et consensum Theobaldi filii nostri*, à Henri, évêque de Bâle, le comté de Ferrette et les terres en dépendantes pour huit cent cinquante marcs d'argent. Mais il le reprit en même tems, lui et Thibault son fils, en fief de son église. *Comes Pher-*

retarum Mareschalcus et officialis principalis domini episcopi Basiliensis et ejus ecclesiæ est nommé dans l'ancien registre des fiefs de l'évêché de Bâle.

Ulric mourut dans un âge très-avancé le 1 février 1275, et il fut enterré dans la salle capitulaire de l'abbaye de Lucelle. Il avait épousé AGNÈS, fille de Guillaume de Vergi, sénéchal de Bourgogne, et de Clémence de Fouvens, laquelle était veuve de Pierre, baron de Bauffremont. *Dames Agnès, comtesse de Ferrette et dame de Biaffroymont*, fit en 1256 une donation à l'abbaye de Cherlieu. Elle mourut avant 1271, comme le prouve une charte que Liébald de Bauffremont, son fils du premier lit, donna en cette année à l'église de Saint-Èvre de Toul, dans laquelle il se qualifie *Libaldus, dominus de Biaffromont, miles, filius Agnetis quondam comitisse Ferretensis*. Ulric, comte de Ferrette, eut huit enfants, savoir; 1° Frédéric, nommé *comes Ferretensis* dans les actes de 1262 et 1269, qui entra dans l'ordre de Cluni, et fut prieur de Saint-Morand d'Altkirch; 2° Louis, qui vivait en 1259 et 1262, mort avant 1269; 3° Thibault, ou Théobald, qui suit; 4° Henri, comte de Ferrette en 1256, marié à Gertrude, fille d'Ulric IV, seigneur de Rapolstein, mort avant 1259, dont les trois fils, Thibault, comte de Ferrette, Jean et Ulric, seigneur de Florimont, vivaient encore en 1281; 5° Adélaïde, mariée à Ulric de Regensberg, dont elle était veuve avant l'an 1310; 6° une seconde fille, qui était en 1272 abbesse de l'abbaye noble des chanoinesses de Seckingen; 7° une troisième, femme de Conrad Wernher de Hadstatt, landvogt de la Haute-Alsace, morte le 23 septembre 1276; et 8° une quatrième, qui vivait en 1278, et qui épousa Conrad, seigneur de Horbourg.

Henricus de Phirreto, ministerialis noster, signa en 1233 la charte d'Ulric, comte de Ferrette. Ce Henri fut père d'Ulric de Ferrette, qui est nommé *Ulricus de Fierreto et de Pfirt, miles*, dans les chartes du comte Louis de 1259 et du comte Thibault de 1277 et 1278. C'est de ce Henri et de cet Ulric, nobles vassaux des comtes de Ferrette, et non des comtes mêmes, comme quelques-uns le supposent, que descend la maison noble des barons de Ferrette, qui existe encore aujourd'hui dans le Sundgaw et dans la haute Alsace. Ulric II, comte de Ferrette, nomma en 1324 pour son exécuteur testamentaire *strenuum virum dominum Ulricum de Pfirt militem*.

THIBAULT.

1275. THIBAULT est rappelé dès l'an 1262 dans les chartes d'Ulric, son père, auquel il succéda dans le comté de Ferrette.

Il prend dans les actes latins et allemands, qui nous restent de lui, le nom de *Theobaldus comes de Phirreto*, ou *Thiebalt von Pfirt*. Il s'intitule, *nos Thiebauz cuens de Ferretes*, dans une charte française donnée en 1296 *à son bien amez coisins Villames de Gliers, chevalier, sire de Monjoie*, auteur de la maison de Montjoie, existante encore en Alsace. Thibault acheta en 1281 d'Ulric, son neveu, le château et la ville de Florimont, avec les cinq villages qui en dépendaient; mais l'évêque de Bâle, qui avait des prétentions sur ces domaines, les revendiqua. Le comte de Ferrette n'en devint paisible possesseur qu'après les avoir offerts en 1309 à ce prélat en fief. Le diplôme de l'empereur Rodolfe pour l'abbaye de Lucelle de 1285 fut donné *presente Theobaldo comite de Ferreto*. Ce comte s'attacha ensuite à Adolphe, successeur de Rodolfe, qui, étant venu en Alsace en 1293, le nomma, au mois de septembre, landvogt, ou avoué provincial de ce pays. Thibault prend lui-même le titre d'*Advocatus per Alsatiam generalis* dans une charte de 1298. Tandis qu'il fut revêtu de cet office, il eut à soutenir plusieurs guerres contre l'évêque de Strasbourg, le comte de Fribourg, et d'autres seigneurs opposés au parti de l'empereur Adolphe. Celui-ci ayant été tué en 1298 à la bataille de Goelheim, Albert, son successeur, ôta l'advocatie au comte de Ferrette, pour la conférer à Jean de Lichtemberg. Thibault fonda en 1295 l'abbaye bénédictine de Valdieu, entre Altkirch et Belfort. Adélaïde, sa sœur, mariée à Ulric de Regensberg, lui avait remis en 1300 la part qui lui revenait dans les biens paternels. Mais Lutold de Regensberg, son fils, qui voulait rentrer dans les droits de sa mère, intenta procès à son oncle devant le conseil provincial de la basse Alsace et la cour aulique de Rotweil. Ces tribunaux décidèrent que Lutold devait être mis en possession de la moitié du comté de Ferrette : ce qui cependant n'eut pas lieu. Thibault, nommé *nobilis vir Theobaldus comes de Phirreto, fidelis dilectus*, dans un diplôme de l'empereur Henri, de 1309, mourut à Bâle l'année suivante. Il avait épousé, avant l'an 1278, Catherine, fille de Walther de Klingen, à laquelle il engagea en 1295, pour mille marcs d'argent, la dîme de Sultz. Elle lui laissa six enfants, savoir ; 1° Ulric II, qui suit; 2° et 3° Thibault et Jean, morts avant leur père ; 4° Herzelande, mariée avant 1293 à Otton d'Ochsenstein, landvogt d'Alsace (elle mourut le 3 avril 1317, et fut enterrée avec lui dans le chœur de l'église abbatiale de Neubourg); 5° Sophie, qui épousa, vers l'an 1298, Ulric, comte de Wurtemberg, décédée en 1330; et 6° Irmengarde, mariée à Eberhard, comte de Groningen, mort en 1321, dont descendent les seigneurs de Landau en Suabe. Catherine de Klingen mourut avant Thibault, son mari. Celui-ci se remaria avec Marguerite de Blanckenberg, à laquelle il donna en dot la seigneurie de Florimont, et qui lui survécut. Les corps du comte Thibault, de Catherine, sa première femme, et de Thibault, son second fils, furent transférés en 1515 de Bâle à Thann en Alsace. Ils y furent enterrés dans l'église du couvent des Cordeliers, que le comte Thibault avait fondée en 1297.

ULRIC II.

1310. ULRIC, fils de Thibault et son successeur dans le comté de Ferrette, naquit à Bâle vers l'an 1279. Il est déjà nommé dans un acte de 1298 *Ulricus Dei gratiâ comes junior de Phirt*. Il prend le titre de seigneur de Rotenbourg, ou Rougemont, dans un traité d'alliance que lui et Thibault, son père, passèrent en 1308 avec Egenon, comte de Fribourg. La seigneurie de Rougemont lui avait été apportée en dot par sa femme. Il épousa en 1299 JEANNE, fille de Renaud de Châlons, comte palatin de Bourgogne, et de Guillemette, comtesse et héritière de Montbéliard. Jeanne le rendit père de deux filles, de Jeanne, née en 1300, et d'Ursule, qui vit le jour en 1301. Dès qu'Ulric fut en possession du comté de Ferrette, Herzelande, sa sœur, du consentement d'Otton d'Ochsenstein, son mari, renonça en 1301 en sa faveur à la part qu'elle pouvait prétendre au comté de Ferrette et à l'héritage de Catherine, sa mère. Il est nommé *inclitus ac generosus vir dominus Ulricus comes Phirretarum* dans une charte de Conrad, abbé de Mourbach, de 1315. Il confirma en 1318 la fondation de l'abbaye de Pairis, faite par les comtes d'Egisheim, ses ancêtres. Il fait mention dans les lettres allemandes, données en conséquence, de Louis, son trisaïeul, de Frédéric, son bisaïeul, et d'Ulric, son aïeul. Comme Ulric II se voyait sans enfants mâles, il obtint, en 1318, de Gérard, évêque de Bâle, *quod filiæ ex spectabili viro domino Ulrico comite Ferretarum ac nobili domina Johanna de Montebellicardi ejus uxore legitime jam procreatæ, vel in posterum procreandæ*, succéderaient à leur père dans le comté de Ferrette et dans tous les fiefs qu'il tenait de l'église de Bâle : ce qui fut confirmé en 1320 par une bulle du pape Jean XXII. Cette expectative engagea les ducs d'Autriche à rechercher l'alliance du comte Ulric. Le duc Albert, qui, en sa qualité de landgrave de la haute Alsace, avait ses terres attenantes à celles de Ferrette, épousa, au mois de mai 1319, Jeanne, sa fille aînée. Ce fut en faveur de ce mariage que le duc Léopold accorda en fief à Ulric le château et la ville de Dèle. Cette donation fut confirmée en 1320 par l'empereur Frédéric, frère des deux ducs, Albert et Léopold. Renaud, comte de Montbéliard, étant mort en 1321, le duc Léopold accorda, l'année suivante, à Jeanne, sa fille, épouse du comte de Ferrette, les fiefs de l'empire, que son décès rendait vacants. Ulric fit, le 9 mars 1324, son testament, dans lequel il est intitulé *generosus et spectabilis vir dominus Ulricus comes Pfirretarum.* Il mourut le lendemain à Bâle. Son corps, transporté à Thann, y fut enterré le 15 suivant, devant la porte de l'église des Cordeliers. Ulric par son testament déclara que Jeanne, sa femme, *nobilis domina Johannetta de Montebilgardo*, jouirait dans sa succession du tiers de tous ses biens. Mais elle y renonça la même année 1324 en faveur de Jeanne, sa fille, et du duc Albert, son beau-fils, qui lui promit la somme de deux mille sept cents marcs d'argent, de laquelle il lui compterait quatre cents chaque année. Jeanne de Montbéliard les nomma également héritiers universels de tous les biens qui lui provenaient de la succession paternelle et maternelle, et entr'autres de la seigneurie de Rougemont, qui lui avait été donnée en dot. Elle renonça aussi en faveur des mêmes, au nom d'Ursule, sa seconde fille, à tous les droits que celle-ci pouvait prétendre sur le comté de Ferrette, moyennant une somme de deux mille marcs d'argent. La veuve du comte Ulric, après avoir fait ces dispositions, se remaria, sur la fin de l'année 1325, avec Rodolfe Hesson, margrave de Bade, dont elle eut deux filles, Marguerite et Adélaïde, mariées avant 1347, à leurs cousins Frédéric et Rodolphe Wecker, son frère, margrave de Bade. Ottenin, ou Otton, fils de Renaud, comte de Montbéliard, étant mort sans enfants, en 1331, ses biens furent partagés, l'année suivante, entre ses deux sœurs, Agnès, mariée à Henri, seigneur de Montfaucon, qui succéda au comté de Montbéliard, et Jeanne, épouse de Rodolfe, margrave de Bade. Celle-ci obtint pour son lot les seigneuries de Belfort et de Héricourt. Rodolfe Hesson étant décédé en 1335, Jeanne se remaria, l'année suivante, avec Guillaume, comte de Katzenellenbogen. Elle n'eut point d'enfants de ce troisième époux. Elle fit, en 1347, le partage de ses biens entre ses quatre filles, Jeanne, Ursule, Marguerite et Adélaïde. (Voy. *les comtes de Montbéliard.*) Elle mourut avant l'an 1351, comme le prouvent les lettres de Marguerite, sa fille, de la même année, dans lesquelles elle se nomme *filia quondam Domini Rodolphi Marquisii de Bande et quondam Domine Joanne de Montebiligardo uxoris dicti domini Rodolphi.*

JEANNE DE FERRETTE et ALBERT D'AUTRICHE.

1324. JEANNE, fille aînée d'Ulric, comte de Ferrette, épousa, comme nous l'avons déjà dit, au mois de mai 1319, ALBERT, duc d'Autriche et landgrave de la haute Alsace, quatrième fils de l'empereur Albert, et d'Elisabeth, duchesse de Carinthie, comtesse de Tyrol. Ce mariage assura à Albert la succession du comté de Ferrette; ce qui fit que dans une charte de l'année 1320, pour le monastère de Wethengen, Albert s'intitule : *Dei gratiâ Dux Austrie, Lantgravius Alsatie, nec non comes Phirretarum.* A la mort d'Ulric, le duc Albert et Jeanne, sa femme, furent déclarés seuls héritiers du comté de Ferrette, dont ils prirent possession le 26 mars 1324. Jean, évêque de Bâle, investit en 1327 *præclaram Dominam Joannam Ducissam Austriæ et Styriæ, conthoralem illustris et magnifici Principis Domini Alberti Ducis et ipsum Ducem nomine ejusdem Ducisse,* de tous les biens féodaux dépendants de son église. Les comtes de Ferrette tenaient aussi, depuis 1251, les villes de Thann et de Cernai en fief de l'église de Strasbourg : l'évêque Berthold en investit Jeanne en l'an 1347. Albert et son épouse prenaient dans les chartes les qualités de *Nos Albertus dei gratiâ Dux Austrie..... Comes in Habsburch et Chyburg, nec non Landgravius Alsacie, Dominusque Phyrretarum, nosque Johanna Conthoralis suâ eâdem gratiâ Ducissa et Domina terrarum predictarum et comitissa Phirretarum.* Nous avons aussi des actes allemands de 1336, 45 et 47, dans lesquels Jeanne donne, par amitié, à Albert, son mari, le nom de son cher frère, ou frerot. Elle mourut à Vienne la nuit du 14 au 15 novembre 1351, à l'âge de cinquante et un ans. Albert la suivit au tombeau le 20 juillet 1358; et ils furent tous deux enterrés dans le chœur de l'église de la Chartreuse de Gamingen en Autriche. Ils laissèrent quatre fils et deux filles. Les fils sont, Rodolphe, qui suit, Frédéric, Albert et Léopold. (Voyez *les ducs d'Autriche et les landgraves de la haute Alsace.*) Les auteurs contemporains ont fait l'éloge des talents et des qualités morales de Jeanne de Ferrette. Elle n'a pas été cependant à l'abri de la calomnie. Les uns l'accusent d'avoir donné à un mari impotent des enfants qui ne lui appartenaient pas. *Albertus arthritide in manibus et pedibus contractus ex Johanna de Phirt conjuge suâ filium parvulum Rudolfum habuit, qui cùm non crederetur hujus contracti filius, ipse tamen Albertus suum fecit filium esse et sermonibus predicari,* dit Albert de Strasbourg. Les autres rendent Jeanne complice de la mort de l'empereur Louis V, qu'elle empoisonna, disent-ils, en 1347, dans un verre qu'elle lui offrit à la chasse. Mais ce sont autant de faussetés que démentent les vraies sources de l'histoire.

Nous avons déjà dit que Jeanne de Ferrette avait une sœur nommée Ursule. Celle-ci, née le 21 octobre 1301, fut d'abord destinée à l'état religieux pour augmenter la succession de sa sœur aînée. Elle entra en 1319 dans le couvent des Claristes de Kœnigsfelden, où l'on prétend même qu'elle fit profession. Mais elle en sortit après la mort d'Ulric, son père, sur la renonciation que Jeanne, sa mère, fit en son nom, en 1324, à tous ses droits sur son héritage paternel. Ursule épousa, quelque tems après, Hugues, comte de Hohenberg, qui renonça en 1333, au nom de sa femme, pour deux mille marcs d'argent, à toutes ses prétentions sur le comté de Ferrette. Cette renonciation fut renouvelée en 1336 par Ursule elle-même devant le tribunal aulique de Rotweil, et confirmée en 1337 par l'empereur Louis de Bavière. Le comte Hugues et la comtesse Ursule renoncèrent aussi en 1350, pour dix mille florins, en faveur du duc Albert, et de Jeanne, sa femme, à tous les droits qu'ils avaient sur la seigneurie de Rougemont. Hugues de Hohenberg étant mort en 1352, Ursule se remaria peu après avec Guillaume, comte de Montfort, qui la laissa veuve en 1354. On ignore l'année de sa mort : mais elle vivait encore en 1359, qu'elle vendit à Rodolfe, duc d'Autriche, son neveu, la moitié du château et de la ville de Belfort, qui lui était échue en partage, l'an 1347, de la succession de sa mère. Elle prend dans les lettres de vente le titre d'Ursule de Ferrette, comtesse de Montfort.

RODOLPHE D'AUTRICHE.

1358. RODOLPHE, fils aîné d'Albert, duc d'Autriche, et de Jeanne de Ferrette, né à Vienne le 1 novembre 1339, succéda à son père en 1358 dans le comté de Ferrette. Il prit à la tête de ses chartes, outre ses autres titres, celui de *comes de Phirretis*, ou de *Phirt*. La même année 1358, *Rudolfus Dei gratiâ dux Austriæ.... comes de Habspurg, Phyrretis et de Kyburg*, confirma les droits et statuts de sa ville de Dèle. Il fit en 1361 une convention avec Jean, évêque de Bâle, touchant les fiefs qu'il tenait de son église, par laquelle il lui promit de ne jamais aliéner ou partager les domaines de son comté de Ferrette. Nous avons des chartes de 1361 et 1365, dans lesquelles Rodolphe et ses deux frères, Albert et Léopold, sont nommés conjointement *comites in Ferretis*; ce qui prouve que Rodolphe ne posséda le comté de Ferrette que par indivis avec eux, et qu'il n'en jouissait particulièrement que comme l'aîné de la famille. Nous avons aussi des actes de 1356, 57 et 58, dans lesquels Rodolphe joint à ses autres titres ceux de seigneur de Rougemont, de Dèle et de Masevaux, qui faisaient partie du domaine de son comté. Rodolphe mourut à Milan, sans laisser d'enfants, le 26 août 1365. Le comté de Ferrette échut après sa mort à Albert et Léopold, ses deux frères. (Voyez *les landgraves de la haute Alsace.*)

Ce comté resta ainsi dans la maison d'Autriche, qui y nomma des gouverneurs. Guillaume, marquis de Hachberg-Sausenberg, est nommé *baillif et gouverneur de Ferrates et d'Aulxay*, c'està-dire de l'Alsace autrichienne, dans un acte de 1440. Il continua alors à faire partie du landgraviat de la haute Alsace jusqu'à Sigismond, fils de Frédéric le Vieux comte de Tyrol, et petit-fils de Léopold, duc de Carinthie. Sigismond engagea en 1469 le comté de Ferrette, avec les autres domaines de sa maison en Alsace, à Charles le Hardi, duc de Bourgogne. Les commissaires de ce dernier s'étant rendus à Thann, en prirent possession le 21 juin en présence de Sigismond, qui leur donna un souper, dont un manuscrit du tems nous a conservé le récit, et qu'il est à propos de mettre sous les yeux du lecteur (1). Le duc de Bourgogne nomma Pierre de Hagenbach pour administrer en son nom les domaines qui lui avaient été engagés. Les mémoires de Commines l'appellent *Pierre d'Archambault, gouverneur du pays de Ferrette pour le duc de Bourgogne.* Les violences de ce gouverneur furent cause qu'il perdit la tête, en

---

(1) Nouvelles (*c'est le titre de la pièce qui se trouve dans les mss. de Fontette.*) envoyées de la comté de Ferrette par ceux qui en ont été prendre possession pour monseigneur le duc. C'est l'assiette du souper de Tanne, faite à heure de quatre heures après midi, le 21 juin 1469. Premièrement, monseigneur le marquis de Baude (*Bade*), M. de Vaudeville (*Vateville*), monseigneur le maistre d'hôtel, monseigneur le marquis de Rudelin (*Rothelin*), M. le juge de Besançon, M. Jean Carondellet, M. le procureur d'Amont, M. Jean Poinceot. Après l'assiette des dessus dicts, se vint seoir au plus près de mon dit seigneur le marquis de Baude, monseigneur le duc d'Autriche. Sur le banc où estaient assis les dicts duc et marquis, et au plus près du dict duc, fut mise une petite serviette, et sur quelle deux grosses coupes d'argent doré, couvertes, pesant huit ou dix marcs, toutes pleines de vin.

Mets du dict souper, I. Un plat plein d'œufs ponchiés (*pochés*) et coqués (*en coque*), mis au milieu de la table qui estoit carrée; après un plat de vairons cuits en l'eau; après des chaffots frits, lesquels mondit seigneur a répandus sur la table; après un grand plat de raves cuites en l'eau, découpées bien menu; après un plat de petites troites (*truites*), coupées en deux et cuites en l'eau, et deux écuelles pleines de vinaigre pour toute la compagnie; après un plat de soupe de cerises fortes; après troites mises en sausse jaune; après de pois en cosse; après de troites rôties, et semblablement des bugnets en façon de poires; après fut apporté à laver à mondit seigneur d'Autriche seul, et après à messieurs les marquis de Baude et de Rudelin; et au regard des serviteurs, y avoit un écuyer ayant large couteau à desservir de chacun mets;

1474, sur un échafaud, comme nous verrons par la suite en parlant des landgraves de la haute Alsace. Enfin la mort de Charles, arrivée en 1477, et le mariage de Marie, sa fille unique, avec l'archiduc Maximilien, fait la même année, remirent la maison d'Autriche en possession du comté de Ferrette. Maximilien, devenu empereur en 1486, prit souvent le titre de *Princeps et comes Ferretis*. Charles-Quint, son petit-fils, se nommait quelquefois *palatinus comes Phirretensis*. La maison d'Autriche conserva le comté de Ferrette jusqu'à la paix de Westphalie conclue en 1648. Il fut alors cédé, avec le landgraviat de la haute Alsace et le Sundgau, en toute propriété à la France, malgré les réclamations de l'évêque de Bâle, qui avait fait au congrès de Munster plusieurs instances pour empêcher qu'on ne donnât atteinte à son droit de seigneur direct sur ce comté. Cet évêque répéta ses prétentions à la diète de Ratisbonne de 1654, où il se plaignit de ce que le comté de Ferrette étant un fief de son église, avait été cédé à la France sans son aveu. Cette cession cependant fut confirmée, en 1659, à la paix des Pyrénées par le roi d'Espagne, qui renonça nommément à ses droits sur le Sundgaw et le comté de Ferrette. Cette paix était le fruit de la politique du cardinal Mazarin. Louis XIV, voulant donner à ce ministre une marque de sa reconnaissance, lui céda en propriété, au mois de décembre 1659, *le comté de Ferrette*

---

prenoit les trancheurs de pain et devant chacun ensemble ce qui estoit demeuré dessus, et les jettoit en un panier à vendangier estant au milieu de la chambre, et après à son dict couteau prenoit nouveaux trancheurs esquels il faisoit prendre un tour sur le dict couteau.

Le dict écuyer, quand monseigneur d'Autriche vouloit boire, le servoit d'une des dictes coupes sans faire créance. Mais tandis qu'il buvoit, il lui tenoit la couverte de la dicte coupe dessous; et au regard de mon dict seigneur le marquis de Baude, quand il vouloit boire, un autre écuyer le servoit de l'autre des dictes coupes, ainsi que l'on avoit servi le dict duc d'Autriche, excepté que en buvant il ne tenoit pas la couverte dessous, mais la tenoit en sa main bien haute, ainsi que l'on tient la platine du calice en plusors grandes messes depuis l'élévation du *corpus Domini* jusqu'à *Pater noster*; et est à sçavoir que la nappe dont estoit couverte la dicte table carrée, et les serviettes estoient de simple toile sans ouvrage. Et si avoit dans la dicte chambre deux autres tables, en l'une desquelles estoient les chevaliers et gentilshommes, et en l'autre ceux de moindre état; et sur tous les mets avoit de la poudre (de safran) sur les bords des plats bien largement; et nota que au plustost que le plat estoit apporté sur la table, chacun y mettoit la main, et aucunes fois le moindre estoit le premier. Et pareillement est à sçavoir que mon dict seigneur d'Autriche estoit sans chausses, ayant un pourpoint et collet de drap d'argent, et une longue chemise jusqu'aux pieds et dessus la robbe d'esquelette (d'écarlate) qu'il avoit vestu à Arras; et mon dict seigneur de Baude estoit vêtu d'un manteau rouge et d'un petit chapperon découppé et sans cornette.

et les seigneuries de Belfort, Dèle, Thann, Altkirch et Isenheim, pour lui et ses successeurs, ne se réservant que l'hommage et la souveraineté. Le cardinal transporta ce comté et ses dépendances à sa nièce Hortense Mancini, héritière de son nom et de ses biens, et à son mari, Armand Charles de la Porte de la Meilleraie, qu'elle épousa en 1661. Celui-ci prit le titre de duc de Mazarin, et ne mourut qu'en 1713, ayant survécu quatorze ans à la nièce du cardinal, décédée le 2 juillet 1699.

CHRONOLOGIE HISTORIQUE

DES

COMTES D'AUXERRE,

DES COMTES ET DUCS DE NEVERS,

ET DES COMTES DE TONNERRE.

AUXERRE, *Autissiodorum*, ou *Altissiodorum*, sur la rivière d'Yonne, ville ancienne, sur l'origine et les différentes positions de laquelle M. le Beuf a proposé des conjectures qui n'ont pas réuni les suffrages de tous les savants, faisait partie du Sénonais avec tout ce qui forme aujourd'hui son diocèse, lorsque S. Pérégrin, ou Pélérin, y apporta la lumière de l'évangile vers le milieu du troisième siècle. L'Auxerrois fut ensuite compris dans la quatrième Lyonnaise, comme on le voit par la division de l'Empire, qui fut faite sous le règne d'Honorius. Il y est mis au nombre des cités : *civitas Autissiodorum*. Jusqu'à S. Germain, son sixième évêque, la ville ne renfermait que ce qui forme aujourd'hui les paroisses de S. Renobert et de S. Pierre-en-Château. Elle a reçu depuis en divers tems des accroissements par la jonction des bourgs qui l'avoisinaient. Attila les livra aux flammes en traversant les Gaules vers le milieu du cinquième siècle. De la dominiation des Romains l'Auxerrois passa quelques années après sous celle des Francs, sans avoir jamais fait partie du premier royaume de Bourgogne. Mais il entra dans le composé du second, et ne revint à la couronne de France que lorsque celui-ci eut été entièrement détruit. Le canton, ou comté de l'Auxerrois, était originairement aussi étendu que le diocèse l'est aujourd'hui. Briare, Meve, Cône, Gien, Entrains, Varzi, Pouilli, étaient dans ce territoire. Il ne comprend plus que la capitale, cinq petites villes, quatre bourgs et des villages, en tout quarante-trois paroisses.

On ignore si l'Auxerrois eut des comtes sous la première race de nos rois, à moins qu'on ne regarde comme tels Péonius et Mommole, qui commandaient dans l'Auxerrois sous le roi Gontran. Mais on voit dans les actes de S. Maurin, évêque d'Auxerre et contemporain de Charlemagne, un ERMENOLDE qui est dit premier comte d'Auxerre: *Hoc præside primus pagi Autissiodorensis comes Ermenoldus nomine*. Albéric de Trois-Fontaines se trompe donc en disant que l'Auxerrois n'était point comté avant que Pierre de Courtenai le possédât. (*Petrus*) *vocatus fuit comes Autissiodorensis cùm Autissiodorum non esset comitatus*. Le successeur immédiat d'Ermenolde n'est point connu. Mais sur la fin du règne de Louis le Débonnaire, l'Auxerrois avait pour comte son beau-frère, CONRAD, frère de l'impératrice Judith, seconde femme de ce monarque, et par conséquent fils comme elle de Welphe, comte de Bavière. Il est surnommé l'Ancien pour le distinguer de son fils; et il avait un frère nommé Rodolfe, avec lequel il fut rasé, puis exilé en Aquitaine, dans le tems de la disgrâce de leur sœur, c'est-à-dire vers l'an 831. L'un et l'autre ayant été rappelés après le rétablissement de cette princesse, Conrad rentra en possession du comté d'Auxerre, qu'il continua d'administrer jusqu'à sa mort arrivée, à ce qu'on croit, le 22 mars 866. Il avait épousé Adélaïde, fille de Hugues, comte de Sundgaw, dont il laissa 1° Conrad, qui suit; 2° Hugues, abbé de S. Germain d'Auxerre; et 3° Welphe, abbé de Sainte-Colombe de Sens et de S. Riquier.

CONRAD II.

CONRAD II, posséda le comté d'Auxerre du vivant de son père, dès l'an 863, comme plusieurs chartes, qu'il souscrivit alors, le justifient. Il en fut privé, vers l'an 865, par le roi Charles le Chauve pour avoir pris le parti de Lothaire, roi de Lorraine, contre la reine Thietberge, sa femme. Ce dernier, pour le dédommager, lui donna le gouvernement du pays situé entre le Mont-Jura et le Mont-Jou, nommé depuis la Bourgogne transjurane, dont il avait gratifié l'abbé Hubert lorsqu'il avait épousé Thietberge, sa sœur, et qu'il lui avait retiré depuis en la répudiant. Hubert ne se laissa pas dépouiller impunément. Il se mit en état de défense, et soutint divers combats contre son rival.

Mais le sort des armes ne lui fut point favorable. Il périt dans une bataille que Conrad lui livra l'an 866, près d'Orbe, dans le pays de Vaux. Conrad eut pour collègue dans le gouvernement de la Bourgogne transjurane, Rodolfe, son fils, qui s'érigea depuis en roi de ce pays.

HUGUES.

L'abbé Hugues, frère de Conrad, lui fut substitué dans le comté d'Auxerre. Robert le Fort, comte de Paris, et le marquis d'Anjou, ayant été tué la même année que Hubert, c'est-à-dire en 866, il fut encore pourvu de ses dignités. Il était sous-diacre, suivant l'annaliste de S. Bertin, et en cette qualité il eut l'intendance de la chapelle du Palais, et fut pourvu de plusieurs abbayes. L'abbé Hugues ne conserva pas le gouvernement particulier d'Auxerre jusqu'à la fin de ses jours. Il s'en déchargea, l'an 877 au plus tard, pour vaquer plus librement aux affaires générales de l'état. (Voyez *les ducs de France*.) Hugues l'abbé, fut père de Pétronille, mariée à Ingelger comte d'Anjou.

GIRBOLD.

Girbold, ou Gerbold, fut celui que Charles le Chauve nomma comte d'Auxerre après la démission de Hugues. Il accompagna celui-ci dans ses expéditions contre les Normands, et défendit avec lui l'abbaye de S. Benoît-sur-Loire contre ces barbares qu'il poursuivit jusque sur le territoire d'Angers. Ils sentirent aussi la force de son bras, l'an 886, au siége de Paris, qu'ils furent obligés de lever au mois d'octobre de la même année. Hugues l'abbé avait fini ses jours au mois de mars précédent à Orléans, d'où son corps fut rapporté à S. Germain-d'Auxerre. On ne sait pas combien de tems Girbold lui survécut.

RICHARD, dit LE JUSTICIER.

Richard, dit le Justicier, duc de Bourgogne, se mit en possession du comté d'Auxerre après la mort de Girbold. Il avait épousé, comme on l'a dit, Adélaïde, fille de Conrad le Jeune. Après la mort d'Anscheric, évêque de Paris, et abbé de Saint-Germain d'Auxerre, il prit ce dernier titre, comme on le voit par divers diplômes, et ne le quitta qu'en 910. Peut-être les religieux le lui déférèrent-ils eux-mêmes pour avoir un défenseur contre les seigneurs voisins, qui, à la faveur des troubles dont le royaume était agité, faisaient main-basse impunément sur les biens ecclésiastiques. Rainard, que Richard avait nommé son vicomte à

Auxerre, était lui-même du nombre de ces usurpateurs, et l'évêque Géran eut de grandes contestations avec lui pour des terres qu'il avait enlevées à son église. Ce prélat repoussa vigoureusement les Normands qui avaient étendu leurs courses jusque dans l'Auxerrois, en quoi il fut secondé par le duc Richard, qui de son côté remporta deux grandes victoires sur ces barbares, commandés par le duc Rollon, la première en 911 aux environs de Chartres, après les avoir forcés de lever le siége de cette ville ; la seconde dans le Nivernais, où il fit sur eux un grand butin. Richard mourut le 1 septembre 921. (Voyez *les ducs de Bourgogne.*)

RAOUL, ou RODOLFE.

921. RAOUL, ou RODOLFE, fils aîné de Richard, lui succéda au comté d'Auxerre comme au duché de Bourgogne. Etant monté deux ans après sur le trône de France, il garda le premier de ces deux bénéfices. On voit par ses diplômes, surtout ceux des dernières années de son règne, qu'il résidait souvent dans l'Auxerrois. Ce prince y mourut le 14 ou le 15 janvier 936, et fut enterré à Sainte-Colombe de Sens.

HUGUES LE BLANC.

936. HUGUES LE BLANC, fils du roi Robert, abbé de Saint-Martin de Tours, de Saint-Waast d'Arras, de Saint-Quentin, de Saint-Bertin, et de Saint-Germain d'Auxerre, paraît avoir aussi été comte de cette ville après la mort du roi Raoul. Mais il céda, l'an 938, et l'abbaye et le comté à Hugues le Noir avec la part qu'il avait dans le duché de Bourgogne, par le partage qu'il fit avec lui. (Voy. *les ducs de Bourgogne.*)

HUGUES LE NOIR.

938. HUGUES LE NOIR, fils puîné de Richard le Justicier et successeur de Hugues le Blanc au comté d'Auxerre ainsi qu'à l'abbaye de Saint-Germain, les conserva jusqu'à sa mort, arrivée le 17 décembre 952. (Voy. *les ducs de Bourgogne.*)

GISELBERT.

952. GISELBERT, duc et comte de Bourgogne, eut aussi le comté d'Auxerre après Hugues le Noir, et le garda environ quatre ans, étant mort le 8 ou le 16 avril 956, près de Sens, dans le château d'un village, nommé, par M. le Beuf, Villeneuve de la Dondagne.

OTTON.

956. Otton, frère de Hugues Capet, obtint, après Giselbert, le comté d'Auxerre avec le duché de Bourgogne. La mort l'ayant enlevé le 23 février 965, il eut pour successeur

HENRI LE GRAND.

965. Henri le Grand, dont on a suffisamment parlé sur les ducs de Bourgogne, eut avec le comté d'Auxerre l'abbaye de S. Germain comme ses prédécesseurs. Mais il n'abusa pas comme eux de ce bénéfice. Connaissant les devoirs qu'il lui imposait, il se servit de l'autorité de comte et d'abbé pour réformer ce monastère, qui, depuis qu'il n'avait plus d'abbé régulier à sa tête, était tombé dans le relâchement. L'abbaye de Cluni était alors dans sa première ferveur. Il en fit venir l'abbé saint Mayeul pour la bonne œuvre qu'il méditait. Le succès répondit à ses vues. Henri, avant sa mort, voulant gratifier son beau-fils, Otte-Guillaume, et lui faire un sort avantageux, l'établit comte de Nevers.

COMTES D'AUXERRE ET DE NEVERS.

Le Nivernais, borné au nord par le Gâtinais, et l'Auxerrois, à l'orient par le duché de Bourgogne, au midi par le Bourbonnais, et à l'occident par le Berri, était compris anciennement, partie dans le territoire des Eduens, partie dans celui des Sénonais. La capitale de ce pays, située sur la Loire, se nommait alors *Noviodunum Æduorum*; mais depuis elle fut nommée *Nevirnum*, ou *Nevernum*, à cause de la rivière de Nièvre, en latin *Niveris*, ou *Neveris*, qui se jette en cet endroit dans la Loire. On la trouve aussi nommée dans quelques chroniques *Nevedunum*. Il est certain que Nevers n'était point encore élevé au rang de cité du tems de l'empereur Honorius, puisqu'il ne se trouve sous aucun des noms que nous venons de marquer, ni sous d'autre approchant, dans la notice des Gaules, dressée sous le règne de ce prince. Il est cependant vrai que dès le commencement du VIe siècle la ville de Nevers avait un évêque qui fut saint Eulade, et que le Nivernais était alors sous la domination des Bourguignons. On voit en effet, l'an 517, au concile d'Epaone, composé de prélats bourguignons, un Tauricianus, qui souscrivit en se qualifiant *episcopus Nivernensis.* Ce pays, après la conquête du royaume de Bourgogne, faite par les enfants de Clovis, fut uni à la monarchie française. Lors du partage que l'empereur Louis le Débonnaire fit à ses trois fils en 817, le Nivernais fut compris avec l'Autunais et l'Avalonais dans la part de Pepin, qu'il créa en même tems roi d'Aquitaine. Mais quoique ces trois départements soient formellement distingués dans l'acte de ce partage, il ne paraît pas néanmoins qu'ils aient été régis chacun par un comte particulier avant le Xe siècle. Le premier comte particulier de Nivernais se montre dans la personne de RATHIER, qui le tenait sous la dépendance de Richard le Justicier, duc de Bourgogne et comte d'Autun. Une ancienne généalogie des comtes de Nevers (Bouquet, T. X, p. 258) raconte que Rathier ayant été accusé par Alicher d'avoir souillé la couche nuptiale de son seigneur, appela en duel son accusateur pour se justifier. Le combat se fit à la lance. Rathier, ayant de la sienne percé la bouche à son ennemi sous la mâchoire, se crut vainqueur : mais cette blessure ne fit que rendre Alicher plus furieux ; il porta un coup si rude à Rathier qu'il l'étendit mort sur l'arène. Ce récit, à vrai dire, nous paraît une pure fable ; et nous donnons plus de confiance à un fragment historique de l'abbaye de Vezelai. C'est là où l'on apprend que Rathier, ayant manqué au devoir de vassal envers Richard, fut destitué par ce duc du comté de Nevers, qu'il réunit à son duché, dont il fut ensuite détaché pour être donné à SÉGUIN. Celui-ci était mort, ainsi que ses fils la douzième année du roi Lothaire (966) comme le témoigne BERTE, sa veuve, dans la charte d'une donation qu'elle fit cette année à l'église de S. Cyr, pour le bien de son âme et le repos de celle du comte Séguin, son seigneur, et de ses fils, décédés ; *pro remedio animæ meæ seu Senioris mei comitis Siguini filiorumque meorum ab hoc sæculo decessorum.* (*Gall. Chr.*, T. XII, *pr.*, col. 517.) Séguin gouvernait le comté de Nevers dès l'an 918. Nous en avons la preuve dans un diplôme du roi Charles le Simple, donné cette année, à la demande du comte Séguin, en faveur d'Eptin, son féal, et de sa femme Grimilde. Le monarque y donne aux deux époux la terre dite *Coniacum*, pour la tenir sous la mouvance de ce comte. (Bouquet, T. IX, p. 540.) Après la mort de Séguin, Otton, duc de Bourgogne, reprit le comté de Nevers et le transmit à Henri le Grand, son frère, qui en disposa de la manière qui suit.

OTTON, ou OTTE-GUILLAUME.

987. OTTON, ou OTTE-GUILLAUME, fils d'Adalbert, roi d'Italie, fut pourvu du comté de Nevers l'an 987, au plus tard, par

Henri le Grand, duc de Bourgogne, second mari de Gerberge, sa mère. Il ne le garda qu'environ sept ans, et le donna, vers l'an 992, pour dot à Mathilde, sa fille, en la mariant à Landri, seigneur de Maers et de Monceaux; mais ce fut probablement sous la réserve du titre et de quelques droits de supériorité, puisque Otte-Guillaume est encore nommé comte de Nevers dans une charte de 1015. (*Voyez* Otte-Guillaume, *comte de Bourgogne.*)

LANDRI.

992. LANDRI, gendre d'Otte-Guillaume, et son successeur au comté de Nevers, » avait pour bisaïeul, dit M. le Beuf (*Hist.* » *d'Aux.*, T. II, p. 53), un Landri, chevalier de Poitou, frère » d'Hildegaire, évêque d'Autun. Ce premier Landri eut un fils, » de même nom, qui donna tant de preuves de sa valeur, que » Richard le Justicier, duc de Bourgogne et comte d'Auxerre, le » fit général de sa cavalerie, et lui donna un château en Niver- » nais. Landri II ayant épousé une dame du pays d'Anjou, en » eut un fils nommé Bodon, qui bâtit le château de Monceaux; » et ce Bodon est le père de notre Landri. » Celui-ci fut toujours fidèlement attaché à son beau-père. Il le servit avec ardeur dans la guerre qu'il eut à soutenir contre le roi Robert pour la succession du duché de Bourgogne. Landri s'empara pour lui du comté d'Auxerre, et en défendit vaillamment la capitale contre le monarque français, qui était venu l'assiéger. Ce comté resta à Landri par le traité de paix qu'Otte-Guillaume fit avec le roi de France en 1015. Landri mourut le 11 mai 1028 (et non 1015 comme le marque Duchêne), laissant de MATHILDE, sa femme, Renaud, qui suit; Bodon, ou Eudes, marié avec Adèle, comtesse de Vendôme; Landri, Robert et Gui. Hugues de Poitiers, dans son histoire de Vezelai, fait l'éloge de la libéralité du comte Landri. Mais Pierre le Chantre (*Verb. abbr.*, c. 27) parle d'une chanson satirique faite contre lui, dans laquelle on le dépeignait comme un fourbe qui avait trouvé moyen de brouiller le roi Robert avec la reine Constance, sa femme. *Cette chanson*, dit-il, *se chante encore parmi nous*, c'est-à-dire après le milieu du douzième siècle. L'abbaye de Moutier-en-Der eut aussi à se plaindre des usurpations de Landri, qui lui avait enlevé une de ses terres. Elle le fit citer, l'an 1015, au concile d'Airi pour l'obliger à restitution. Le comte y comparut; mais auparavant il avait tenté d'enlever aux moines le corps de leur patron, afin, disait-il, qu'ayant en sa possession l'héritier et l'héritage, on ne fût plus en droit de l'inquiéter. (*Promptuar. Tricass.*, fol. 109.)

RENAUD I.

1028. RENAUD, fils de Landri, lui succéda, l'an 1028, aux comtés d'Auxerre et de Nevers. Du vivant de son père il portait déjà le titre de comte de Nevers, comme il paraît par une charte du roi Robert en faveur du monastère de St.-Bénigne de Dijon, qu'il souscrivit, l'an 1015, en cette qualité. Renaud eut guerre avec Robert, duc de Bourgogne, son beau-frère, au sujet du comté d'Auxerre, que ce duc voulait lui enlever, ou dont, suivant quelques-uns, il voulait seulement resserrer les limites du côté de la Bourgogne. On en vint à une bataille le 29 mai 1040, près de Sauvigni, dans le Tonnerrois, ou de Seignelai, selon M. le Beuf, dans laquelle Renaud périt. (*Chron. Vizel.*) Il fut inhumé à Saint-Germain d'Auxerre, laissant d'HAVOISE, ou ADÈLE, fille de Robert, roi de France, sa femme, quatre fils : Guillaume, qui suit; Henri; Gui, moine de la Chaise-Dieu; et Robert, dit le Bourguignon. Celui-ci ayant épousé Havoise, fille et héritière de Geoffroi, seigneur de Sablé, et veuve de Guérin, sire de Craon, devint la tige de la seconde maison de Craon dont la seigneurie lui fut donnée par Geoffroi Martel, comte d'Anjou, qui l'avait confisquée sur Guérin pour crime de félonie. La veuve de Renaud vivait encore en 1065. Elle passe pour fondatrice de l'abbaye de Crisenon, au diocèse d'Auxerre. Ce qu'il y a de certain, c'est que, vers l'an 1030, de concert avec son mari, elle bâtit en ce lieu, près de l'Yonne, au-dessus de Crevant, une chapelle sous le nom de S.-Nicolas, qui dans la suite fut donnée par l'évêque Humbaud à St. Robert, abbé de Molême, pour y mettre des religieux. Ceux-ci furent dotés par les seigneurs de Touci. En 1130, Gui, abbé de Molême, donna ce monastère aux religieuses du Juilli. Mais, en 1140, le pape Innocent II les affranchit de la dépendance de Molême, à la prière de Guillaume III, comte de Nevers et d'Auxerre.

GUILLAUME I.

1040. GUILLAUME, appelé GILES dans une ancienne chronique manuscrite, succéda en bas âge, dans le comté de Nevers, à Renaud, son père. Devenu majeur, il reprit de force le comté d'Auxerre sur Robert I, duc de Bourgogne. Guillaume eut avec ce prince et son successeur de fréquentes guerres dont le détail n'est point venu jusqu'à nous. Nous voyons seulement qu'en 1057 le duc Robert envoya contre lui Hugues, son fils, lequel ayant pris d'assaut la ville de Saint Bri, fit mettre le feu à l'église, où périrent dans les flammes cent dix personnes qui s'y étaient réfugiées; cruauté, dit l'auteur qui nous sert de guide, dont il ne tarda pas d'être puni, ayant été tué peu de tems après dans une rencontre de ses troupes avec celles de Guillaume. (*Chron. brev. Autiss.*) Ce dernier obtint aussi le comté de Tonnerre de Hugues-Renaud, neveu de sa femme, qui le tenait à titre d'hérédité du comte Milon III, son père. Il est très-vraisemblable que cette concession lui fut faite en 1065, lorsque Hugues-Renaud monta sur le siége épiscopal de Langres. Mais ce qu'on ne peut révoquer en doute, c'est 1° que Guillaume a possédé le comté de Tonnerre; 2° qu'il en était en jouissance l'an 1072 au plus tard. Nous ne citerons en preuve du premier point qu'une charte, à la vérité sans date, par laquelle Guillaume donne à l'abbaye de Saint-Michel de Tonnerre plusieurs pièces de terre, dont une était située *prope castellum Villelmi Comitis in suburbio.* (*Cart. S. Michael*, fol. 85.) Sur le second point voyez Hugues-Renaud, comte de Tonnerre. L'an 1065, Guillaume concourut avec Hugues II, évêque de Nevers, au rétablissement de l'abbaye de Saint-Etienne, fondée par saint Colomban, pour des filles, dans un faubourg de Nevers. Elle était tombée entièrement en ruine, et le prélat en la relevant voulait y mettre des chanoines réguliers, professant la règle attribuée au pape saint Sylvestre. Guillaume, pour seconder les pieuses vues de son évêque, remit tous les droits de gîte, de justice, et autres qu'il avait sur cette abbaye, et permit à ses nouveaux habitants de rentrer dans tous les biens qui avaient été aliénés. (*Gall. Chr.* T. XII, *Instr.* col. 327.) Mais l'an 1068, l'abbaye se trouvant réduite à un seul clerc, Guillaume et l'évêque Mauguin s'accordèrent pour y mettre des moines de Cluni. Le comte n'en demeura point là; mais il en fit relever les bâtiments à ses frais, la dota de plusieurs de ses fonds, et lui donna tous les ornements nécessaires pour le service divin. (*Gall. Chr. ibid.*, col. 329 et 332.)

L'an 1078, Guillaume, l'évêque Robert, son fils, et Eudes I, duc de Bourgogne, marchèrent au secours du roi Philippe I contre Hugues, seigneur du Puiset, et firent avec lui le siége de cette place. Guillaume fut pris dans une sortie des assiégés avec l'évêque et Lancelin, sire de Beaugenci; et le roi lui-même, obligé de prendre la fuite, fut poursuivi jusqu'à Orléans. (*Radulf. Tortar. de Mir. S. Ben. et Chron. de S. Denis.*) Guillaume abdiqua vers l'an 1080, à ce qu'on prétend. Mais cette assertion est contredite par Hugues de Poitiers dans son petit Traité de l'origine des comtes de Nevers, où il donne au comte Guillaume cinquante années de gouvernement, qu'il passa, dit-il, dans l'exercice continuel des armes: *Per quinquaginta ferè annos cum tanta comitatum tenuit industria et bellorum exercitio, quod infrà præscriptum spatium nec etiam unius anni summam colligere potuerit, quo pacem habuerit.* C'est donc en 1090 au plus tôt, selon cet écrivain, qu'il cessa de gouverner et de vivre. Mais Hugues de Poitiers n'en dit pas encore assez; car il est certain que ce fut ce comte, et non Guillaume, son petit-fils, qui, l'an 1096, renonça à la mauvaise coutume où ses ancêtres avaient été de piller les meubles de l'évêque d'Auxerre après sa mort. (*Gall. Chr.* T. XII, col. 288.) C'est encore à lui pareillement qu'appartient la charte de la fondation ou du rétablissement du prieuré de Saint-Etienne de Nevers, datée du 13 décembre 1097, et dressée au nom de Guillaume, comte de Nevers. Le seul énoncé de la pièce, où Guillaume rappelle tout ce qu'il a fait en faveur de l'abbaye de Saint-Etienne de Nevers, suffit pour le démontrer. (*Gall. Chr. ibid.* col. 532.) Guillaume par conséquent gouverna l'espace au moins de cinquante-sept ans, et ne mourut au plutôt qu'en 1097. Il fut enterré, comme il l'avait ordonné, dans l'église de Saint-Etienne de Nevers, où l'on voit encore son tombeau. Il avait épousé, 1°, l'an 1045, ERMENGARDE, fille de Renaud, comte de Tonnerre; 2° MATHILDE, dont on ignore la naissance. Ce second mariage, dont nul historien n'a fait mention, est attesté par la charte de la donation que Guillaume fit, le 26 juin 1085, de l'abbaye de Saint-Victor de Nevers au prieuré de la Charité-sur-Loire; acte où l'on voit la signature de Guillaume et de Mathilde en cette manière: *fiat G. comes Nivernensis et Mathildis ejus uxor.* (*Gall. Chr.* T. XII, pr., col. 532.) Du premier lit sortirent trois fils, dont deux qui suivent, Guillaume, comte de Tonnerre, et autant de filles, savoir; Yolande, ou Sibylle, femme de Hugues I, duc de Bourgogne; Ermengarde, mariée à Hubert, vicomte du Maine; et Héloïse, femme de Guillaume, comte d'Evreux. On peut juger de l'économie et de la générosité de Guillaume I, comte de Nevers, par ce que dit la petite Chronique de Vezelai, que dans tout le cours de son gouvernement il entretint toujours cinquante chevaliers à sa suite, et ne laissa pas d'avoir toujours cinquante mille sous d'argent dans ses coffres.

COMTES D'AUXERRE.

ROBERT.

1076. ROBERT, troisième fils de Guillaume, étant monté sur le siége épiscopal d'Auxerre, après la mort de l'évêque Geoffroi de Champalemau, son père lui en céda dans le même tems

COMTES DE NEVERS.

RENAUD II.

RENAUD II, surnommé mal-à-propos de HUBAN dans l'histoire de Vezelai, fils aîné de Guillaume premier, se trouve qualifié comte de Nevers, dans une charte du roi Philippe prele comté, de sorte qu'il réunit en sa personne toute l'autorité spirituelle et temporelle sur le diocèse d'Auxerre. Il se montra digne de l'une et de l'autre, dit l'ancien historien des évêques d'Auxerre, par l'usage légitime qu'il en fit : *Consul et antistes, geminato dignus honore*. Les Sénonais, ennemis des Auxerrois, infestaient le pays de ceux-ci par leurs brigandages qu'ils étendaient jusqu'aux portes d'Auxerre. Robert prit les armes pour la défense de son peuple, repoussa ces ennemis, et fortifia le lieu d'Appoigni. L'an 1078, il conduisit, par ordre du roi Philippe premier, des troupes pour assiéger le château du Puiset en Beauce, dont le seigneur Hugues désolait le pays par ses déprédations. Mais les assiégés l'ayant fait prisonnier avec son père dans une sortie, ses troupes se dispersèrent, et lui-même se tint trop heureux d'obtenir la liberté de s'en retourner en payant une forte rançon. Ce prélat était de mœurs très-pures ; et dans la crainte que l'intempérance ne les altérât, il s'abstenait presque entièrement de vin. Ce régime affaiblit son tempérament. Mais quoi que les médecins pussent lui représenter, il ne voulut y rien changer. Ce qu'ils lui avaient prédit lui arriva. Il fut la victime de son abstinence. Une maladie s'étant jointe à la débilité de son estomac, tandis qu'il était à Nevers, il y succomba le 12 février 1095, et fut inhumé à Saint-Etienne de Nevers.

mier, de l'an 1079; d'où l'on conclut que son père avait abdiqué en sa faveur vers ce temslà. On pourrait sur ce fondement faire remonter encore plus haut cette abdication, puisqu'en 1063, Renaud prit la même qualité en signant la charte de l'union du prieuré de la Charitésur-Loire, à l'ordre de Cluni. Cependant Guillaume premier conserva toujours le titre et l'autorité de comte de Nevers concurremment avec son fils, qui ne fut jamais que son collègue, étant mort le 5 août 1089. Renaud avait épousé, 1° AGNÈS, fille de Landri, ou Lancelin, sire de Beaugenci, dont il eut Guillaume, qui suit, et Robert, vicomte de Ligni-le-Châtel; 2° IDE-RAYMONDE, fille d'Artaud V, comte de Forez, qui le fit père d'Ermengarde, mariée à Miles de Courtenai. Ide-Raymonde, après la mort de Renaud, se remaria à Guigues-Raymond, second fils de Guigues II, comte de Viennois, et devint comtesse de Forez. (Voy. *les comtes de Forez*.)

GUILLAUME II, COMTE D'AUXERRE, DE NEVERS, ET IIIe DU NOM, COMTE DE TONNERRE.

1089. GUILLAUME II, fils de Renaud II, demeura, après la mort de son père, sous la tutelle de Guillaume I, son aïeul, auquel il succéda dans les comtés de Nevers, de Tonnerre, et d'Auxerre. L'an 1101, saint Robert, abbé de Molême, apprenant qu'il se préparait à partir pour la Terre-Sainte, vint à Nevers pour lui souhaiter un heureux voyage. A son arrivée dans cette ville, il alla loger au monastère de S. Etienne. Le comte, étant venu l'y trouver, débuta par lui demander pardon d'un incendie qu'il avait causé à Molême (on ne sait à quelle occasion), promit de réparer le mal qui en était résulté, confirma la fondation du prieuré de S. Agnan de Tonnerre, faite par son oncle en faveur de Molême, se recommanda aux prières du saint et de sa communauté, et chargea Gautier, vicomte de Clamcci, son homme de confiance, de prendre soin des affaires de Molême en son absence. *Ceci se passa*, dit la notice qui nous sert de guide, *le 3 des calendes de février, dans le cloître de S. Etienne.* (I*er Cartul. de Molême*, p. 23.) La même année, Guillaume se mit en route pour son pèlerinage, accompagné de Robert, son frère. Ils conduisaient une armée de 15 mille hommes, avec laquelle, s'étant embarqués à Brindes en Calabre, ils arrivèrent à Constantinople, où l'empereur leur fit un gracieux accueil. Ayant passé le détroit vers la S. Jean-Baptiste, ils furent attaqués par une armée de turcs qui défirent leurs troupes, et, continuant de les harceler, les réduisirent à sept cents hommes. Guillaume et son frère, avec ces débris, eurent toutes les peines du monde à se sauver, presque nus, à Antioche. (*Ordéric Vital.*) Il paraît qu'ils ne firent pas un long séjour en Syrie. A son retour, le comte de Nevers fut appelé en justice par son évêque, Hervé, pour avoir emmené de force à la Terre-Sainte les hommes de S. Cyr, qui relevaient de ce prélat. On tint à ce sujet un plaid le mardi 19 juin de l'an 1106, dans lequel Guillaume, avouant son tort, promit de faire satisfaction à l'évêque, suivant que le droit l'exigerait, et donna pour caution de sa parole son sénéchal et Séguin de Nevers. (*Arc. de l'Ev. de Nevers.*) Guillaume fut un de ceux qui contribuèrent, l'an 1114, à la dotation de l'abbaye de Pontigni, fondée cette année par Hildebert, chanoine d'Auxerre. A cette occasion nous observerons que les comtes de Tonnerre ont toujours été depuis en possession du titre de fondateurs, patrons et protecteurs de ce monastère. (Mart. *Thes. An.*, T. III, p. 1224.) C'est pour cette raison qu'à la mort de l'abbé les officiers du bailliage y vont apposer le scellé, et dresser procès-verbal, par lequel, après avoir mis les bois et les personnes des religieux sous la garde-gardienne du comte de Tonnerre, ils établissent un commissaire au régime des biens et revenus jusqu'à l'élection d'un nouvel abbé. Les comtes de Tonnerre, lorsqu'il s'est élevé quelque difficulté sur ce droit, y ont toujours été maintenus.

Guillaume fut attaché constamment à Louis le Gros, roi de

France. Il suivit ce prince dans ses expéditions contre ses vassaux rebelles. L'an 1116, il fut fait prisonnier par Hugues le Manceau, près d'Annai, à une lieue de la Loire, en revenant de combattre Thomas de Marle, seigneur de Couci, et d'autres petits tyrans contre lesquels il avait marché à la suite du roi Louis le Gros. Livré à Thibaut le Grand, comte de Blois, ce prince le fit enfermer dans le château de Blois. Sa captivité fut environ de quatre ans; car elle durait encore au tems du concile de Reims, tenu au mois d'octobre 1119, comme le roi Louis le Gros s'en plaignit dans le discours qu'il fit à cette assemblée. (*Order. Vital.*, p. 859.) Ce qui lui attira cette disgrâce, suivant M. le Beuf (*Mem. sur l'hist. d'Aux.*, T. II, p, 71.), ce fut le refus qu'il fit de s'en rapporter au jugement du comte de Blois touchant une terre relevante de ce dernier, pour laquelle il était en contestation avec Hugues le Manceau. Il fallait que Thibaut eût encore d'autres griefs plus graves contre lui, puisque, suivant le témoignage du roi dans le discours qu'on vient de citer, ni les prières des grands, ni les censures des évêques, ne purent l'engager à relâcher son prisonnier. Ce fut, suivant Ordéric Vital, le roi d'Angleterre, excité par le pape Calixte II, qui triompha de l'obstination du comte de Blois, son neveu, et cela peu de tems après le concile de Reims. Du reste le comte de Nevers ne fut pas tout à fait sans consolation dans sa prison. Hugues de Mâcon, nouvel évêque d'Auxerre, lui écrivit une lettre de condoléance au retour d'un voyage qu'il avait fait à Rome pour y faire confirmer son élection, c'est-à-dire dans les premiers mois de l'an 1116. (*Hist. Episcop. Autissiod.*, p. 460 *apud Labb. Bibl. no.*, T. I.) Robert d'Arbrisselles et Bernard, abbé de Tiron, vinrent aussi le visiter au commencement de l'an 1117. L'historien du premier de ces deux personnages rapporte que le comte fut tellement consolé de cette visite, que le souvenir qui lui en resta suffit pour dissiper l'ennui de sa prison. (*Vita Roberti de Arbris.*, c. 4.) Guillaume, l'an 1124, fut du nombre des seigneurs qui marchèrent à la suite du roi contre les Impériaux, qui menaçaient d'une invasion la Champagne. Il fut aussi, l'an 1126, de l'expédition de ce monarque contre le comte d'Auvergne. Guillaume dans la suite prit la défense de l'église d'Auxerre contre Hugues le Manceau, qui, depuis quelques années, avait usurpé sur elle la ville de Cône, où il s'était fortifié. Ayant engagé le roi Louis le Gros à venir l'assiéger dans cette place, il lui amena ses troupes et celles de l'évêque d'Autun pour renforcer son armée et assurer le succès de l'expédition. Hugues, de son côté, fut secouru par le comte Thibaut et Geoffroi Plantagenet, comte d'Anjou, qui n'arrivèrent qu'après le siége commencé. A leur approche, le roi de France jugea à propos de se retirer. Mais Guillaume, retenu par la bonté d'abandonner son entreprise, et animé par sa haine, voulut soutenir le défi. Il eut lieu de s'en repentir. Les deux comtes alliés l'ayant attaqué, chacun de son côté, le mirent en déroute; et Geoffroi, l'ayant poursuivi dans sa fuite, lui tailla en pièces la plupart de ses gens, le prit lui-même, et le remit entre les mains de Thibaut, qui le retint une seconde fois prisonnier. (*Joan. Monach. hist. gaufr.*, p. 36 et 37.) (M. le Beuf (*Hist. d'Aux.*, T. II, p. 70 et 71), met cet événement en 1114, c'est-à-dire un an après la naissance de Geoffroi Plantagenet, et quinze ans avant qu'il fût comte d'Anjou. Pour nous, sans lui assigner d'époque précise, nous croyons qu'il faut le placer entre l'an 1130 et l'an 1136, supposé néanmoins que l'on puisse faire quelque fond sur le témoignage isolé d'un auteur aussi romanesque que le Moine de Marmoutiers, historien de Geoffroi Plantagenet. Plusieurs années après (nous ne pouvons dire précisément en quelle année), Guillaume, s'étant brouillé avec Guigues III, comte de Forez, se jeta sur ses terres, où il fit d'affreux dégâts. Saint Bernard, dont Guigues implora la médiation, étant venu sur les lieux, travailla vainement à calmer la fureur du comte de Nevers. Il fallut en venir à un combat dont l'issue fit repentir Guillaume de son opiniâtre présomption. Il fut battu, suivant la prédiction du saint homme, fait prisonnier, et ne recouvra la liberté que par l'entremise de celui dont il avait méprisé les exhortations. (Voy. *les comtes de Forez.*)

Guillaume, l'an 1139, du consentement de sa femme et de ses enfants, donna en présence de saint Bernard, à l'abbaye de Saint-Marien d'Auxerre les terres de la Grange et de la Chapelle. (*Mem. miss. de D. Viole.*) Il en usa bien différemment envers l'abbaye de Vezelai, contre laquelle il employa, suivant Hugues de Poitiers, toutes sortes de vexations pour se l'assujettir, quoique exempte de sa juridiction. Touché ensuite du repentir des maux qu'il avait faits à cette maison, il se fit chartreux dans l'état de religieux lai vers le milieu de l'an 1147, et mourut le 20 août de l'année suivante, dévoré, dit-on, par un chien. On avait si bonne opinion de sa capacité, quoiqu'il ne sût pas lire, que le parlement d'Etampes, tenu au mois de février 1147, voulut l'associer à l'abbé Suger dans les fonctions de la régence. Mais le vœu qu'il avait fait dès-lors d'entrer en religion fut un obstacle qu'on n'osa entreprendre de surmonter. Guillaume laissa d'ADÉLAÏDE, ou ALIX, sa femme, Guillaume, qui suit; Renaud, comte de Tonnerre; et Anne, mariée à Guillaume le Vieux, comte d'Auvergne. Avant son départ pour la chartreuse, Guillaume II, et son fils aîné, de concert avec les nobles et les bourgeois de Clameci, avaient établi dans le faubourg de cette ville, nommé Panthoner, un hôpital dont la charte de fondation peut former une difficulté.

En effet, cet acte, daté de l'an 1147, porte qu'il fut écrit en présence du comte Guillaume, qui mourut à la chartreuse, et de Guillaume, son fils : *In præsentia Guillermi comitis Nivernensis qui apud cartusiam obiit, et Guillermi filii ejus.* Il faut nécessairement supposer que ces paroles, *qui apud cartusiam obiit*, ont été ajoutées après coup dans cette charte, dont on n'a plus qu'une copie vidimée en 1301. (*Gall. Chr.* T. XII, pr., col. 372.)

GUILLAUME III.

1147. GUILLAUME III, successeur de Guillaume II, son père, dans les comtés de Nevers et d'Auxerre, était exercé dans l'art militaire long-tems avant l'abdication de son père; car Ordéric Vital (l. 13), rapporte, sur l'an 1136, qu'il fut de l'expédition que fit cette année Geoffroi, comte d'Anjou, pour s'emparer de la Normandie. Il y acquit à la vérité peu de gloire, s'étant comporté, ainsi que les autres alliés de Geoffroi, plutôt en brigand qu'en brave guerrier; ce qui leur attira, dit Ordéric, le sobriquet de *Guillebecs*.

L'an 1147, Guillaume accompagna le roi Louis le Jeune à la Terre-Sainte, avec son frère Renaud, comte de Tonnerre. Celui-ci, comme on le dit à son article, fut fait prisonnier au commencement de l'année suivante dans les défilés des montagnes de Laodicée, où l'arrière-garde de l'armée française fut si maltraitée par les Turcs : mais il eut un suppléant pour ses affaires en-deçà de la mer. Guillaume, à son retour en France, l'an 1149, se chargea de l'administration du comté de Tonnerre pendant la captivité de son frère.

Le comte Guillaume eut avec différents seigneurs des guerres fort vives, dans lesquelles il éprouva utilement le secours de Ponce, abbé de Vezelai. Pour récompense il renouvela, dès qu'il fut libre, les querelles de son père avec cette abbaye. Le roi Louis le Jeune, Eudes, duc de Bourgogne, et plusieurs autres seigneurs, travaillèrent en vain pendant plusieurs années à faire un accommodement solide entre les parties. Guillaume persista toujours dans ses injustes prétentions, et ne négligea aucune occasion de les faire valoir. Autre entreprise de ce comte. L'an 1151, après la mort de Hugues de Mâcon, évêque d'Auxerre, il voulut se rendre maître de l'élection de son successeur, et empêcha Etienne, abbé de Rigni, que la plus saine partie du clergé avait élu, de monter sur le siège de cette église. Saint Bernard se plaignit de cette violence au pape Eugène III, lequel en conséquence donna l'exclusion au sujet que le comte favorisait, et ordonna une nouvelle élection. Elle tomba sur Alain, abbé de Larivour, au diocèse de Troyes ; ce qui n'était nullement conforme aux vœux du comte de Nevers.

La même année ou environ, Guillaume fit un voyage en Espagne. (*Hist. Visel. apud Bouquet*, T. XII, p. 520.) A son retour il défendit à ses vassaux de transporter aucune denrée à Vezelai ; ce qui ayant occasioné la disette dans ce lieu, souleva les habitants contre l'abbé. Celui-ci prit alors le parti de se rendre aux pieds du pape Eugène à Rome. Avant de se mettre en route il va trouver le comte, et le prie de suspendre toute hostilité pendant son absence. Le comte y consent à condition qu'il fera entrer le pape dans ses vues, qui étaient toujours de soumettre l'abbaye à sa juridiction. Eugène s'étant déclaré hautement contre ce dessein, le comte, pour se venger, excite les seigneurs du voisinage contre l'abbaye, et les appuie sous main, n'osant pas le faire ouvertement par la crainte des menaces du pape. Les habitants se prévalent des conjonctures pour établir une commune entre eux malgré l'abbé. Celui-ci, s'étant échappé de l'espèce de captivité où ils le retenaient, se rend auprès du roi pour implorer son secours. Louis le Jeune, touché de ses plaintes, se mit en marche à la tête d'une armée pour aller punir les rebelles. Il était à Moret lorsqu'il rencontra le comte, qui venait lui demander grâce. On alla jusqu'à Auxerre, où le roi ayant fait venir les notables de Vezelai, cassa la commune de cette ville, et fit promettre à Guillaume de laisser l'abbaye en repos. (Ceci est de l'an 1155.) (*Ibid.* pp. 132 et 206.) Le comte, à ce qu'il paraît, tint parole ; mais incapable de rester dans l'inaction, son caractère turbulent ne fit que changer d'objet. Il avait entrepris, l'an 1153, d'enlever à Geoffroi III, baron de Donzi, la terre de Gien, qu'il prétendait lui appartenir. L'affaire ayant été portée devant le roi, ce monarque ordonna, faute de preuves, qu'elle serait décidée par le duel, et assigna le champ clos à Etampes. On ignore si ce duel eut lieu ; mais Geoffroi demeura en possession de Gien. Cependant comme il était toujours inquiété par le comte de Nevers, il prit le parti de donner cette terre en dot à sa fille Hermesende, en la mariant avec Etienne, comte de Sancerre. (Voy. *l'art. de ce dernier.*) Guillaume, n'osant attaquer celui-ci, déchargea son ressentiment sur Gymond, seigneur de Châtel-Censoir, qui avait suggéré cet expédient à Geoffroi dont il était vassal, prit son château le 7 mai 1157, et le détruisit de fond en comble. Ce comte mourut le 21 novembre 1161. M. le Beuf, d'après Robert de Saint-Marien, met sa sépulture au chapitre de Saint-Germain d'Auxerre. D'IDE, son épouse, fille d'Engilbert III, duc de Carinthie, morte au plutôt en 1178, il laissa trois fils : Guillaume, qui suit ; Gui, qui viendra ensuite ; et Renaud, seigneur de Décise, mari d'Alix, fille de Humbert III, sire de Beaujeu, mort l'an 1191 au siége d'Acre. L'abbaye cistercienne de Fontmorigni, au diocèse de Bourges, compte ce dernier parmi ses insignes bienfaiteurs. Nous avons de lui une charte de l'an 1182, par laquelle il donne à ce monastère un moulin avec plusieurs cens et autres droits pour entretenir une lampe perpétuelle dans l'église, et nourrir quatre pauvres tous les mercredis. Il n'y prend que la qualité de *Renaud de Nevers*. (*Gall. Chr. no.*, T. II, *pr.* col. 68.) C'est la même et la seule qualité qu'il se donne pareillement dans une charte de l'an 1188, par laquelle il exempte les moines de Cluni, et leurs gens, de tout péage en passant par Décise. Dans une autre de l'an 1190, en faveur du même ordre, par laquelle étant prêt à partir pour la Terre-Sainte, il lui donne la somme de quarante livres (1) pour acheter à Décise un fonds propre à y bâtir un monastère, il se qualifie *Renaud de Décise*. (*Arch. de Cluni.*) On voit par là que mal-à-propos des modernes on fait ce même Renaud comte de Tonnerre. Un manuscrit de Saint-Victor nous apprend que Renaud de Décise était entré, l'an 1185, dans la ligue du comte de Flandre contre le roi Philippe Auguste. Nous trouvons aussi dans le cartulaire de Molême une Ermengarde, fille de Guillaume III, comte de Nevers.

GUILLAUME IV, COMTE DE NEVERS, D'AUXERRE ET DE TONNERRE.

1161. GUILLAUME, comte de Tonnerre dès l'an 1159 au plus tard, suivant le cartulaire de Saint-Germain d'Auxerre, le devint de Nevers et d'Auxerre après la mort de Guillaume III, son père. Etienne I, comte de Sancerre, et Renaud, comte de Joigni, lui déclarèrent presque aussitôt la guerre. Guillaume souffrit beaucoup des incursions qu'ils firent dans son pays. Mais, l'an 1163, il les battit le 15 avril, près de la Marche, entre Nevers et la Charité, et rentra dans Nevers en triomphe le 17, suivi d'un grand nombre de prisonniers. (*Chron. Turon.*) Cette même année, et deux mois tout au plus après sa victoire, pour satisfaire aux emprunts que les préparatifs de cette guerre l'avaient obligé de faire, il va surprendre Montferrand en Auvergne, où il

---

(1) Pendant la plus grande partie du règne de Philippe Auguste, le marc d'argent fin valait 2 livres 13 sous 4 deniers; ainsi 40 liv. (numéraires) forment 15 marcs, lesquels, à raison de 53 livres 9 sous 2 deniers le marc, suivant la déclaration du 21 novembre 1785, produiraient aujourd'hui 801 liv. 17 sous 6 deniers.

avait ouï dire qu'il y avait de grandes richesses, livre la ville au pillage de ses troupes, et se fait promettre une grosse somme d'argent par les habitants, dont il emmène le seigneur pour ôtage. (*Hugo. Pictav. Hist. Vizel*, p. 546.) C'est ainsi que les grands faisaient ressource dans ces tems barbares, lorsqu'ils se trouvaient accablés de dettes. Guillaume, l'an 1166, accompagna le roi Louis le Jeune dans la guerre qu'il fit au comte de Châlons, pour le punir des vexations qu'il exerçait contre l'abbaye de Cluni. Ce monarque, après cette expédition, donna en garde par moitié au duc de Bourgogne et au comte de Nevers le comté de Châlons, ou plutôt le Mont Saint-Vincent qu'il avait confisqué. Ce dernier n'était pas lui-même, à beaucoup près, exempt de reproche dans la conduite qu'il tenait envers l'abbaye de Vezelai. Excité par Ide, sa mère, il faisait tous ses efforts, à l'exemple de ses ancêtres, pour s'assujettir ce monastère. Il employa, pour y réussir, les moyens les plus violents. Le pape en vain l'excommunia, lui et sa mère, pour ce sujet. Le roi, de son côté, s'étant entremis pour réconcilier le comte avec l'abbaye, parvint, après bien des conférences tenues en sa présence, à conclure entre les parties un traité de paix qui fut signé à Paris le 10 novembre 1166. (*Hist. Vizel.*)

Guillaume étant parti, l'an 1167, pour la Terre-Sainte, mourut à Saint-Jean d'Acre le 24 octobre de l'année suivante (*Hist. Vizel.*, T. 4, *Chron. Vizel.*), sans laisser d'enfants d'ELÉONORE, son épouse, fille de Raoul I, comte de Vermandois, et veuve de Geoffroi, comte d'Ostrevant, fils de Baudouin IV, comte de Hainaut. Son corps fut inhumé dans l'église de Bethléem. Jean de Salisberi, dans une de ses lettres à Jean, évêque de Poitiers, parlant du mauvais état des affaires de la Terre-Sainte, et les attribuant aux crimes des croisés, s'exprime ainsi sur la mort de notre comte: « Plusieurs grands princes ont entrepris le voyage » de la Terre-Sainte; mais les revers qu'ils y ont éprouvés, au » lieu des brillants succès dont ils s'étaient flattés, ont fait voir » que Dieu n'agrée pas des présents qui sont les fruits des rapines » et des injustices. Le comte de Nevers est de ce nombre. Ce » n'est ni par les traits des Parthes, ni par l'épée des Syriens, » qu'il a péri; une si glorieuse fin modérerait les regrets de ceux » qui sont inconsolables de sa perte: mais ce sont les larmes des » veuves qu'il a opprimées, les gémissements des pauvres qu'il a » vexés, les plaintes des églises qu'il a dépouillées, qui sont cause » qu'il a échoué dans son expédition et qu'il est mort sans hon- » neur au champ de la gloire ». (*Inter. epist. S. Thomæ Cant.*, l. 1, epist. 103.) Ce comte fit à la ville d'Auxerre une nouvelle enceinte dans laquelle il enferma cinq ou six bourgs qui touchaient la ville. (*Le Beuf.*) Un moderne se trompe visiblement en plaçant sa mort dix ans plus tard que nous ne faisons. Pendant sa dernière maladie il fit son testament par lequel, entr'autres dispositions, il donnait à l'évêque de Bethléem, en cas qu'il fût chassé par les infidèles, l'hôpital fondé, l'an 1147, par Guillaume III, son père, dans le faubourg de Panthoner à Clameci, diocèse d'Auxerre. Gui, frère de Guillaume IV, qui était présent à cet acte, l'approuva, et le fit signer par tous les barons et les chevaliers de l'armée. Les Latins ayant été obligés d'abandonner la Palestine sur la fin du XIIIe siècle, l'évêque de Bethléem vint s'établir à Panthoner avec le titre et la dignité de son ordre : mais il y est toujours resté sans juridiction ; car quoique le roi Charles VI, ait accordé, l'an 1413, aux évêques français de Bethléem, les mêmes privilèges qu'aux autres évêques du royaume ; cependant ils n'ont jamais exercé les fonctions épiscopales sans une réclamation du clergé de France, qui même, pour les engager à s'en abstenir, leur assigna une pension en 1655. La raison qu'en donnent MM. de Sainte-Marthe, c'est que l'évêque de Bethléem en France est sans territoire, sans clergé, sans peuples, et proprement un évêque *in partibus infidelium*. En vertu de la donation de Guillaume IV, mais long-tems après, les comtes de Nevers se sont attribué le droit de nommer ce prélat. Guillaume IV fut enterré à Bethléem, suivant le témoignage de Gui, son frère. (*Gall. Chr. no.*, T. XII, col. 686.) Après sa mort, Eléonore, sa veuve, se remaria avec Mathieu d'Alsace, comte de Boulogne.

GUI, COMTE DE NEVERS, D'AUXERRE, ET DE TONNERRE.

1168. GUI, frère de Guillaume IV, hérita de lui les comtés de Nevers, d'Auxerre et de Tonnerre. Il était alors en Palestine, où le comte, son frère l'avait emmené avec lui, et devait être fort jeune alors, puisqu'en 1163 il se trouve qualifié d'enfant, *puer*, dans une charte d'Ide, sa mère, en faveur de l'abbaye de Rigni. De retour l'an 1170, il servit le roi Louis le Jeune dans la guerre qu'il fit à Geoffroi, baron de Donzi, et se trouva le 11 juillet de cette année, à la prise du château de cette ville, que Louis fit raser. Il confirma, l'an 1171, du consentement de sa femme et de Renaud, son frère, les immunités accordées par Guillaume I, son trisaïeul, en 1097, au faubourg de Saint-Etienne de Nevers ; mais avec cette réserve, que le prieur de Saint-Etienne lui payerait la somme de trois mille sous, monnaie de Nevers, dans les trois cas suivants : savoir, s'il était fait prisonnier, pour se racheter ; s'il mariait le fils qui pourrait lui naître ; et s'il entreprenait le voyage de la Terre-Sainte. (*Gall. Chr.*, T. XII, *pr.*, col. 343.) Gui, marchant sur les traces de ses prédécesseurs, et enchérissant sur eux, fit contre l'abbaye de Vezelai de nouvelles entreprises, et les poussa à un tel excès de violence, qu'on fut obligé de l'excommunier. Les atteintes qu'il avait portées au temporel de l'église d'Auxerre entrèrent aussi pour quelque chose dans cette punition. Une maladie dangereuse dont il fut frappé quelque tems après, le fit rentrer en lui-même. Il demanda l'absolution aux évêques de Nevers et d'Auxerre, qui l'étaient venus trouver, et l'obtint en promettant de réparer le mal qu'il avait fait. L'an 1174, par une charte expédiée publiquement, il convertit la taille arbitraire qu'il levait à Tonnerre, en une redevance de la dixième partie du blé, du vin et des légumes du territoire, retenant en outre une prestation annuelle de cinq sous pour chaque maison habitée. (*Arch. du comté de Tonnerre.*) Il eut le malheur d'être fait prisonnier, le 30 avril de la même année, par Hugues III, duc de Bourgogne, dans une bataille qu'il lui livra dans l'Auxerrois. Le sujet de la guerre entre eux était le refus que Gui faisait de rendre hommage au duc de certaines terres qu'il possédait en Bourgogne, tant de son chef que de celui de sa femme. Cette querelle fut terminée avant la fin de l'année par la médiation du sire de Beaujeu, comme on le voit par l'acte d'accommodement que les parties firent dresser à Beaune, et dont la date est de l'an 1174. Le comte Gui s'y reconnaît homme-lige du duc pour les terres dont la mouvance était en litige entre eux, et s'engage à détruire les forteresses qu'il avait élevées à Argenteuil sur l'Armanson, à S. Cyr, et dans le voisinage de Vezelai, sans pouvoir jamais les relever. (*Chamb. des comptes de Paris, fiefs de Bourgogne*, fol. 9, v°.) Dans le même tems le comte Gui avait une autre difficulté avec l'évêque d'Auxerre, Guillaume de Touci, au sujet d'une commune qu'il avait voulu établir dans cette ville avec l'agrément du roi. Le prélat s'y opposait, prétendant, en vertu d'un accord fait entre les deux précédents comtes et les évêques d'Auxerre, qu'il ne pouvait, sans son consentement, introduire de nouvelles coutumes dans Auxerre. L'affaire ayant été examinée de nouveau au conseil du roi, ce prince rendit, l'an 1175, un jugement qui donna gain de cause à l'évêque. (*Gall. Chr.* T. XII, *prob.* col. 135, n° 1.) Le comte Gui mourut le 18 octobre de la même année, et non de l'an 1176, comme le marque M. le Beuf. En voici la preuve. La comtesse Ide, sa mère, le voyant à l'extrémité, lui déclara qu'elle avait fait vœu de donner à l'église d'Auxerre la somme de 20 livres (1) sur son douaire; ce que le comte la pria instamment d'accomplir. En conséquence, Ide, pour équivalent de cette somme, trans-

---

(1) 400 liv. 18 s, 9 d. de notre monnaie actuelle.

porta aux évêques d'Auxerre à perpétuité tous les hommes qui lui appartenaient à Varzi, de quelque condition qu'ils fussent. L'acte daté de l'an 1175, fut dressé en présence et du consentement du roi Louis le Jeune, de l'archevêque de Sens, de l'évêque d'Auxerre, de Renaud, frère, y est-il dit, du feu comte Gui, et d'autres personnes distinguées. (*Gall. Chr. ibid.* n° LI.) Robert du Mont met pareillement en 1175 la mort de Gui. Ce comte avait épousé MAHAUT, fille unique de Raimond, fils de Hugues II. duc de Bourgogne, et d'Agnès de Thiern, dame de Montpensier, dont il laissa Guillaume et Agnès, qui suivent. Mahaut avait été mariée en premières noces à Eudes II, baron d'Issoudun. Après la mort de Gui, son second époux, elle se remaria, l'an 1176, en troisièmes noces à Pierre, troisième fils de Thierri d'Alsace, comte de Flandre. Pierre quitta l'évêché de Cambrai, dont il était pourvu sans être dans les ordres, pour la main de Mahaut. Mais il mourut l'année suivante, au mois d'août, sans enfants, selon Roger d'Hoveden. Il vaut mieux néanmoins s'en rapporter à Gilbert de Mons et à une ancienne chronique française, qui disent qu'il en eut une fille nommée Sibylle, qui fut mariée à Robert Waurin, à qui elle porta en dot les terres de Lillers et de Saint-Venant, qu'elle tenait de son père, et le comté de Grignon, dont Viteaux faisait partie, qu'elle avait hérité de sa mère. La comtesse Mahaut fit un quatrième mariage avec Robert II, depuis comte de Dreux. (Voyez *ces comtes*.)

GUILLAUME V, COMTE DE NEVERS ET D'AUXERRE.

1175. GUILLAUME V, succéda en bas âge au comte Gui, son père, dans les comtés de Nevers et d'Auxerre, sous la tutelle de Mahaut, sa mère, qui garda pour son douaire le comté de Tonnerre, dont elle communiqua le titre à ROBERT DE DREUX, son époux. Nous avons en effet une charte de l'an 1180, par laquelle il confirme en cette qualité les franchises de la ville de Tonnerre. Cette même année, Mahaut acquit de Hugues III, duc de Bourgogne, pour 500 marcs d'argent (1), à la charge de l'hommage-lige, ce qui lui appartenait à Dampierre, à Boissenet, à Huz et à Saignes. (Plancher, *Hist. de Bourg.* T. II, *pr.*, p. 197.) Le comte Guillaume, la même année, prit le parti de Philippe d'Alsace, comte de Flandre, contre le roi Philippe Auguste, après que le premier eut été dépouillé de la régence du royaume. Le monarque étant arrivé, l'an 1181, dans le Nivernais avec une

---

(1) Valant aujourd'hui 16,037 liv. 10 s. de notre monnaie courante; le tout suivant le taux de la monnaie du roi.

armée qui venait d'enlever Châtillon-sur-Seine au duc de Bourgogne, en fit la conquête en peu de jours, et ne le rendit au comte qu'après avoir reçu ses soumissions. C'est le père Daniel qui nous apprend cette anecdocte, sans marquer d'où il l'a tirée. Quoi qu'il en soit, Guillaume mourut sans alliance à Tonnerre le 18 octobre de la même année, à l'âge d'environ dix-sept ans. Mahaut, sa mère, après l'avoir perdu, continua de gouverner le comté de Tonnerre jusqu'en 1192, époque de sa retraite à Fontevrault.

On voit, par un acte passé entre le comte Pierre de Courtenai, qui suit, et les habitants de Tonnerre, qu'en quittant le monde, Mahaut s'était réservé une pension de quarante livres sur ce comté. L'an 1196 elle fonda son anniversaire dans l'église de Saint-Denis de Vergi, qu'elle dota, à cette occasion, d'une rente annuelle de quarante sous dijonnais, à prendre sur les étaux de Viteaux. Dans la charte de cette fondation, elle ne prend que les titres de comtesse de Tonnerre et de dame de Grignon. (*Cartul. de Saint-Denis de Vergi.*) Nous avons, de Guillaume V, une charte qu'il fit expédier dans sa dernière maladie, pour donner à l'abbaye de Saint-Michel de Tonnerre tout ce que ses prédécesseurs avaient possédé dans le bourg tenant à ce monastère, et cela du consentement de Mahaut, sa mère; d'Agnès, sa sœur, et de Renaud de Décise, son oncle paternel. A la fin de l'acte il est dit: *Cùm ego Villelmus adhuc puer, quando hæc donatio facta est, sigillum non haberem ad..... petitionem meam domina mater mea comitissa Nivernensis sigilli sui impressione hanc præsentem cartulam... roborari fecit.* (2ᵉ Cartul. de Saint-Michel, fol. 19.)

AGNÈS et PIERRE DE COURTENAI.

1181. AGNÈS, sœur de Guillaume V, devint son héritière dans les comtés de Nevers et d'Auxerre, par la grâce du roi Philippe Auguste, à qui ces deux comtés étaient dévolus par la mort du dernier comte, décédé sans hoirs procréés de son corps. Ce monarque, l'ayant fait venir à sa cour pour y être élevée, lui fit épouser, en 1184, PIERRE DE COURTENAI, qui céda la ville de Montargis, dont il était seigneur, à Philippe, pour lui avoir procuré cette alliance. (*Cartul. de Philip. Aug. reg.*, 1 fol. 76.) Pierre était petit-fils de Louis le Gros par son père, dont il portait le nom. L'an 1190 Pierre quitta son épouse pour aller à la Terre-Sainte, d'où il revint, l'année suivante, avec le roi. Agnès mourut l'an 1192, laissant, de son mariage, une fille, qui suit. Ce qui vient d'être dit d'Agnès et de son époux est avoué de tous les historiens, à l'exception d'Albéric de

Trois-Fontaines, qui se trompe visiblement en confondant Agnès de Nevers avec Agnès de Thiern, femme de Humbert III, sire de Beaujeu.

Le même PIERRE DE COURTENAI, MAHAUT Ier et HERVÉ.

1192. MAHAUT Ier succéda à sa mère Agnès, sous la garde-noble de Pierre de Courtenai, son père, qui, l'année suivante, épousa YOLANDE, fille de Baudouin V, comte de Hainaut; mariage qui fut célébré, dans l'octave de S. Jean, à Soissons, suivant Gilbert du Mons. Pierre fut, l'an 1194, un des commissaires que le roi Philippe-Auguste nomma pour aller traiter d'une trêve avec ceux de Richard, roi d'Angleterre. Les conférences se tinrent à Vaudreuil, et s'ouvrirent le vendredi après la Saint-Barnabé (17 juin); mais elles furent sans succès. (*Roger. de Hoved*, p. 740 et 741.) Pierre, la même année, au mois de novembre, fait, à Sens, avec les habitants d'Auxerre, un traité par lequel il modère la plupart des droits qui lui appartenaient dans cette ville. Il y eut depuis guerre entre lui et Hervé IV, baron de Donzi, pour la terre de Gien, qui était rentrée dans la maison de Donzi, et que le premier revendiquait en vertu d'un traité fait avec Geoffroi, père d'Hervé. Celui-ci le défit et le fit prisonnier dans un combat donné, le 3 août 1199, près de l'abbaye de Saint-Laurent de Cosne; et, quelque tems après, ils s'accordèrent par la médiation du roi Philippe Auguste. Le nœud de leur réconciliation fut le mariage de la jeune comtesse Mahaut avec HERVÉ. Le monarque, en formant cette alliance, eut soin d'obliger Hervé à lui céder sa terre de Gien, par acte du mois d'octobre, pour le service qu'il lui rendait. Mais comme Gien relevait de l'église d'Auxerre, l'évêque Hugues de Noyers obtint du roi, par forme d'indemnité, la remise du droit qu'il avait d'être défrayé aux dépens de cette église lorsqu'il venait à Auxerre. (Le Beuf, *hist. d'Aux.*, T. II, p. 226.) Pierre, en mariant sa fille, se réserva l'usufruit des comtés d'Auxerre et de Tonnerre. Il vivait alors fort mal avec l'évêque d'Auxerre et son chapitre, sur les droits desquels il faisait de grandes usurpations, dont ils se vengèrent à la manière du tems, c'est-à-dire par des interdits et des excommunications. On rapporte que l'évêque, en 1204, pendant que durait l'interdit, ayant refusé la sépulture ecclésiastique au fils d'un officier du comte, celui-ci le fit enterrer dans la chambre même où couchait le prélat : outrage qui fit aussitôt réaggraver les censures. Elles firent, pour cette fois, leur effet. Pierre, touché de repentir, se soumit à déterrer le mort de ses propres mains, et à le porter sur ses épaules, nu-pieds et en chemise, pendant la procession des Rameaux, au cimetière public. (Le Beuf.)

Hervé, la même année, fut du nombre des seigneurs que le roi Philippe Auguste donna pour garants de la capitulation qu'il fit, le premier juin, avec la ville de Rouen. (Duchêne, *Script. Norm.*, p. 1057.) Le pape Innocent III, l'un des plus entreprenants qui aient occupé le saint siége, jaloux des conquêtes rapides que ce monarque faisait sur le roi d'Angleterre, voulut se rendre l'arbitre de leur querelle, en tant, disait-il, qu'elle touchait à la conscience, et contraindre Philippe Auguste à s'en rapporter à sa décision. La lettre impérieuse qu'il lui écrivit à ce sujet, le 31 octobre 1204 (et non 1205, comme le marque Rainaldi), excita l'indignation des seigneurs à qui le roi la communiqua. Nous avons celles que six d'entre eux, savoir, les comtes d'Auxerre, de Nevers, de Sancerre, du Perche, Robert de Courtenai et Gui de Dampierre adressèrent, l'an 1205, chacun en particulier, mais dans le même esprit, à Philippe Auguste, pour le détourner de rien accorder au pape et au clergé qui fût contraire à ses intérêts et à l'indépendance de sa couronne. En l'exhortant à faire une réponse vigoureuse au pontife, ils promettaient de ne traiter de cette affaire que de concert avec lui, comme ils espéraient qu'il ne conclurait pareillement rien sans eux. (*Inven. du Trés. des Ch.*, vol. 6, fol. 53.)

Le comte Pierre de Courtenai fit expédier, l'an 1210, au mois de septembre, une charte par laquelle il confirmait, avec certaines limitations, les franchises dont jouissaient les Tonnerrois pour leur commerce. Nous ne citons cet acte que parce qu'il atteste l'existence de la comtesse Mahaut l'ancienne en ces termes : *Venerabilis domina Mathildis quondam comitissa Tornodori, nunc Fontis-Ebraldi Sanctimonialis.* (*Recueil des Ch. de la ville de Tonn.*, p. 41.) Le comte de Nevers était alors en différent avec Guichard, sire de Beaujolais, pour le château de Péron et la seigneurie de Thiern, dont il lui demandait l'hommage. Guichard, après quelques difficultés, le satisfit sur ces deux objets. Pierre et son gendre Hervé se croisèrent sur la fin de la même année, pour aller faire la guerre aux Albigeois, en Languedoc. (Le Beuf, *hist. d'Aux.*, T. II, p. 136.) Ils se trouvèrent, l'année suivante, au siége de Lavaur, pendant lequel Pierre fit d'inutiles tentatives pour détacher du parti de ces hérétiques le comte de Toulouse, dont il était parent. La place ayant été prise le 3 mai de cette année, le comte Pierre prit congé de l'armée des croisés pour s'en retourner. Au mois d'août suivant, il fit expédier une charte par laquelle il déclarait avoir *quitté libéralement et pour toujours à tous ses sujets* de Tonnerre la main-morte et toutes les eschoïtés. Mais cette faveur ne fut point gratuite; car le comte imposa une taxe pour le rachat de la main-morte; et peu de personnes profitèrent alors de la charte pour s'affranchir. (*Titres des habit. de Tonnerre.*) Pierre devint, l'an 1213, marquis de Namur du chef d'Yolande de Hainaut, sa femme. L'année suivante il accompagna le roi Philippe Auguste dans la campagne de Flandre, et se couvrit de gloire à la bataille de Bouvines, par la valeur qu'il y fit paraître. Il acquit, l'an 1215, de Milon IV, comte de Bar-sur-Seine, par échange des terres de Versigni et de Roberteau, le droit de garde de l'abbaye de Poutières, qui passa ensuite aux comtes de Tonnerre dans la personne de Marguerite, sa petite-fille. Il rendit hommage, l'an 1217, à Durand, évêque de Châlons-sur-Saône, pour les terres de son domaine qui relevaient de cette église; savoir : Bragelogne, Beauvoir, Baigneux, Lanne, Ricci, et en général pour tout ce qui était renfermé dans ce qu'on appelait le *Parcours de Saint-Vincent.* (*Patron de Ricei-le-Haut.*) L'acte de cet hommage qui fut rendu à Saint-Bri est daté du mois de janvier 1216, suivant le style ancien. (Pérard, p. 319.) Pierre, la même année, quitta la France avec sa femme et quatre de ses filles, accompagné de plusieurs seigneurs, et suivi de près de cinq mille hommes de troupes, tant infanterie que cavalerie, pour aller prendre possession du trône de Constantinople, auquel il avait été appelé par les barons du pays. Il fut pris sur la route, en trahison, par Théodore Comnène, prince d'Epire, qui le mit en prison avec un légat qui l'accompagnait et plusieurs personnes distinguées de sa suite. Depuis ce moment on perd de vue Pierre de Courtenai. Quelques écrivains ont avancé que Théodore l'avait fait mourir après deux ans de captivité. Cependant il n'est point fait mention de cet empereur, non plus que des autres prisonniers, ni dans le traité conclu au mois de janvier 1218 pour la délivrance du légat, ni dans les lettres du pape Honorius III, où il est rapporté; ce qui donne lieu de conjecturer que Pierre ne vivait déjà plus en ce tems-là. « Tout est incertain, dit M. le Beau, sur la mort » de ce prince. Il semble que la Providence ne l'eût porté sur » le trône que pour attacher un titre illustre à sa mémoire. » L'impératrice, sa femme, qui était déjà arrivée avec ses filles à Constantinople lorsqu'il fut arrêté, mourut de chagrin au mois d'août 1219, suivant l'opinion de M. le Beuf. (Voyez *les empereurs de Constantinople.*)

Pierre I de Courtenai avait pris pour ses armoiries un champ d'azur semé de billettes; « car en ce tems-là, dit Coquille, les » enfants de France ne portaient pas en leurs armes les fleurs » de lys : le roi seul les portait. Les puînés de la maison de

» France prenaient seulement les couleurs or et azur. Mais
» Pierre II, après son mariage, ajoute-t-il, chargea ses armes
» d'un lion d'or, qui étaient les anciennes armes de Nevers,
» outre lesdites billettes. » La dévotion du comte Hervé, gendre
de Pierre de Courtenai, pour Saint-Martin, lui fit obtenir, en
1216, pour lui, et pour ses successeurs au comté de Nevers,
une place de chanoine avec une prébende dans le chapitre de
Saint-Martin de Tours. C'est ce qu'il déclare par une charte
datée de cette même année, dont nous avons sous les yeux une
copie faite par M. Parmentier.

L'année qui suivit l'emprisonnement de Pierre de Courtenai,
le comte Hervé et sa femme se mirent en route pour la Terre-
Sainte dans le mois de juillet, au plus tôt. Nous avons, en effet,
une charte d'Hervé, donnée à Saint-Florentin, au mois de
juillet 1218, par laquelle il cède à Blanche, comtesse de Champagne, et à Thibaut, son fils, toutes ses prétentions sur Ouche,
Neuilli et Fismes, en échange du don qu'ils lui firent de tout
ce qu'ils avaient dans la garde de Saint-Germain d'Auxerre et
dans toutes les terres de la même église, depuis les bords de
l'Armançon jusqu'aux limites du comté de Nevers. (Pelletier,
Hist. des comtes de Champagne, T. II, p. 21 et 22.) Etant à
Gênes, Hervé et sa femme dressèrent leur testament au mois
de septembre 1218, par lequel ils firent, au cas qu'ils mou-
russent dans ce voyage, divers legs à plusieurs monastères de
l'Auxerrois et du Tonnerrois. (Martenne, *Anecd.*, T. I, c. 867.)
Hervé, ayant fait la descente en Egypte avec les autres croisés,
eut part à l'attaque et à la prise de la tour du Phare, qui défendait le port de Damiette. Mais lorsque l'on commença l'attaque de la ville de Damiette, la vue du danger, dit Olivier,
témoin oculaire, l'engagea à se retirer, au grand scandale des
Chrétiens : *Imminente periculo cum Christianorum recessit
scandalo.* (Eccard, *Corp. hist. med. œvi.*, T. II, p. 1406.) A
son retour, Hervé marcha de nouveau contre les Albigeois,
qu'il poursuivit à outrance.

L'an 1221, ou 1220, suivant M. le Beuf, Hervé et Mahaut
s'appliquèrent à doter l'église collégiale de Saint-Pierre de Tonnerre, dont ils augmentèrent les canonicats jusqu'au nombre de
dix-huit, non compris trois dignités. Ils avaient fondé, trois
ans auparavant, la chartreuse de Bellari, au diocèse d'Auxerre,
en expiation, à ce qu'on prétend, de la faute qu'ils avaient faite
en se mariant dans un degré prohibé de parenté.

Lorsqu'on eut appris en France la mort de l'empereur Pierre
de Courtenai, le comte Hervé et la comtesse, sa femme, se
mirent en possession des comtés d'Auxerre et de Tonnerre. Mais
Philippe, comte de Namur, et Robert, son frère, tous deux

fils de l'empereur défunt, revendiquèrent ces deux comtés comme leur étant dévolus par droit d'hérédité. Après avoir plaidé quelque tems, on convint de s'en rapporter à des arbitres qui seraient nommés par le pape Honoré III. Ce furent l'évêque de Troyes et les abbés de Saint-Loup et de Saint-Martin de la même ville. Mais Hervé et sa femme, s'apercevant qu'ils faisaient pencher la balance du côté de leurs adversaires, se plaignirent au pape de cette partialité. Nous avons sous les yeux le bref d'Honoré, daté du 3 décembre 1220, par lequel il ordonne aux trois commissaires de réformer ce qu'il y aurait de vicieux dans leur procédure, et d'être plus circonspects par la suite. Nous ignorons quel fut le jugement définitif qu'ils rendirent; mais il est certain que le comte et la comtesse de Nevers demeurèrent possesseurs des deux comtés qui leur étaient contestés.

1223. (N. S.) Hervé mourut le 22 janvier, et fut inhumé à Pontigni. De Mahaut il ne laissa qu'une fille, nommée Agnès, qui fut mariée, la même année, à Gui de Châtillon, comte de Saint-Paul, et mourut l'an 1225. Elle avait d'abord été destinée au prince Philippe, fils de Louis de France (depuis le roi Louis VIII). Nous en avons la preuve dans une charte d'Hervé, datée de Melun en juillet 1213, par laquelle il se déclare obligé de la donner en mariage à ce jeune prince. (*Mss. de Fontanieu*, vol. 33.) Cette obligation était respective; car le roi Philippe-Auguste avait fait jurer à Hervé, par la comtesse de Champagne, que, s'il arrivait que *Monsieur Louis*, ou les princes ses fils, ne voulussent point tenir les conventions que le roi et *Monsieur Louis* venaient de faire avec lui au sujet de ce mariage, elle ne les reconnaîtrait plus pour ses souverains (ou plutôt pour suzerains), jusqu'à ce qu'ils eussent émendé ce fait : *Ego..... nullum servitium nec auxilium ei proferam*; ce qui doit s'entendre des devoirs de vassal et non de ceux de sujet. (Brussel, *Usage des Fiefs*, T. I, p. 162.) Du Bouchet prétend que cette alliance s'accomplit en 1217; ce qui paraît difficile à croire, Philippe, né le 9 septembre de l'an 1209, n'ayant alors que huit ans. Quoi qu'il en soit, Gui de Châtillon ayant été tué au mois d'août 1226, au siège d'Avignon, laissa de son mariage un fils, Gaucher, seigneur de Saint-Aignan en Berri, de Montjoui, de Donzi, etc.; et une fille, Yolande, mariée avec Archambaud IX, sire de Bourbon.

Revenons à Hervé. Matthieu Paris donne de ce comte une idée très-désavantageuse, en disant qu'il était de la race du traître Ganelon, ce qui était alors la plus grosse des injures. Un autre écrivain ancien le dépeint comme un homme violent; et ce qu'il fit contre les Albigeois ne dément point ce caractère. Mais la chronique de Tours le représente sous des couleurs différentes, en disant qu'il était d'une justice inflexible et le fléau perpétuel de ses ennemis : *Arcus justitiæ inflexibilis et hostium tempestas assidua.* Elle ajoute qu'il fut d'abord inhumé à Saint-Aignan dans le Berri, qui lui appartenait du chef de son père; mais qu'ensuite les moines de Pontigni l'ayant réclamé, il fut transporté dans leur monastère.

Mahaut, sa veuve, donna, l'an 1223, par une charte du mois de juillet, à l'église de Bourges, une rente perpétuelle de douze livres parisis (1) pour entretenir une lampe perpétuelle devant le tombeau de saint Guillaume, son archevêque, décédé l'an 1209, et canonisé l'an 1218. Dans cet acte, dont la chronique de Grandmont fait mention, et que Coquille dit avoir vu, Mahaut appelait saint Guillaume son oncle, *avunculum nostrum;* expression qui, prise à la lettre, ferait entendre que saint Guillaume était frère d'Agnès, mère de Mahaut. Mais on voit par Albéric de Trois-Fontaines qu'elle n'était que sa petite-nièce, ce prélat étant frère, suivant ce chroniqueur, d'Elisabeth de Courtenai, mariée à Pierre de France, dont le fils, Pierre de Courtenai, fut père de Mahaut. Saint Guillaume par conséquent doit avoir vécu jusqu'à un âge très-avancé, puisqu'il n'est mort qu'en 1209. La même année que Mahaut fit la fondation dont on vient de parler, Reinier, évêque de Bethléem, par un acte du mois de mars, mit sous la garde et protection de cette comtesse son hôpital de Panthonner à Clameci. (*Gall. Chr.*, T. XII, *pr.* col., 572.) Elle déchargea, la même année, par un acte solennel, les citoyens d'Auxerre de la main-morte dans laquelle, de son aveu, elle les avait jusqu'alors injustement retenus. (Du Cange, *verbo Manusmortua*)

Mahaut se remaria, l'an 1226, à Guigues V, comte de Forez. Ce nouvel époux, l'an 1227, entra en guerre avec Thibaut, comte de Champagne, pour raison des forteresses qu'ils avaient bâties respectivement sur les frontières de la Champagne, de l'Auxerrois, du Tonnerrois et du Nivernais. Après quelques hostilités réciproques, ils firent, l'an 1229, un compromis entre les mains de Boniface, cardinal-légat. Le prélat, par son jugement arbitral, décida que les forteresses élevées par Guigues subsisteraient tant qu'il aurait le comté de Nevers; mais que les deux comtes ne pourraient en bâtir de nouvelles sur les mêmes marches, ni souffrir qu'il en fut bâti par d'autres. Ce jugement fut

---

(1) En 1223, le marc d'argent était à 2 livres 10 sous; ainsi 12 liv. parisis contenaient six marcs, lesquels, à raison de 53 livres 9 sous 2 deniers, valent aujourd'hui 320 livres 15 sous.

adopté par tous les grands vassaux du royaume, et servit de règle parmi eux en semblable matière. (Brussel.)

Le comte de Nevers s'était laissé engager l'année précédente dans la ligue formée, par les intrigues du comte de Bretagne, contre la reine Blanche, régente du royaume. Mais le connétable Mathieu de Montmorenci eut l'adresse de l'en retirer avant qu'il eût pris part aux mouvements des conjurés. Guigues et Mahaut donnèrent, l'an 1231, au mois de mai, des lettres par lesquelles ils confirmaient les coutumes et franchises de la ville de Nevers, remettaient aux habitants le droit de chevauchée et d'ostise, et leur accordaient celui de pêche dans la Loire et autres rivières. (*Invent. du Trésor des Chart.*, T. IV.)

Guigues et Mahaut ayant assemblé, au mois d'avril de l'an 1235, les principaux seigneurs de leur mouvance, firent, de concert avec eux, les réglements suivants : 1° Défense d'arrêter et saisir, pour quelque cause que ce soit, le laboureur, ses bœufs et sa charrue, lorsqu'il travaille dans son champ, qu'il y va, ou qu'il en revient; de même le vigneron occupé à cultiver sa vigne, le moissonneur sciant ses blés, le faucheur tondant ses prés. 2° S'il arrive que les bestiaux de quelque particulier soient surpris en dégât, ils ne seront point confisqués, mais le propriétaire sera condamné seulement à l'amende. 3° Les femmes qui ne sont point de condition libre, pourront désormais se marier librement à tous hommes d'autres seigneurs; ce qui s'entend des hommes à qui leurs seigneurs auront accordé, par lettres en bonne forme, la liberté d'épouser des femmes étrangères; et pour prix de cette liberté que nous donnons, ajoute-t-on, nous nous réservons à nous et à nos successeurs, à perpétuité, tous les héritages que possèdent lesdites femmes, ou qui doivent leur échoir. 4° Qu'il ne soit permis à personne, sous quelque prétexte que ce puisse être, de détruire ou de brûler la maison d'autrui. (On excepte néanmoins les forteresses en cas de guerre légitime.) S'il arrive par la suite que dans l'étendue des comtés de Nevers, d'Auxerre et de Tonnerre, quelqu'un s'avise de détruire une maison ou d'y mettre le feu, et que, sommé par son seigneur, de réparer le dommage qu'il aura causé, il ne s'exécute pas dans l'espace de quarante jours, il sera banni desdits comtés, et les seigneurs dont il relève retiendront ses fiefs jusqu'à ce qu'il ait pleinement satisfait. (*Ch. des comtes de Nevers.*)

Guigues, au mois d'avril de l'an 1239, partit avec le duc de Bourgogne, les comtes de Champagne, de Bar-le-Duc, de Nevers, de Forez et d'autres seigneurs, pour la Terre-Sainte. (Samut.) Il y mourut le 31 juillet 1241, sans laisser d'enfants de Mahaut, suivant M. le Beuf. Quelques-uns disent néanmoins qu'il en eut deux fils, qui lui survécurent, mais qui n'eurent point, ajoutent-ils, de part dans l'héritage de leur mère, parce qu'elle en avait disposé, presque aussitôt après la mort de Guigues, en faveur de Gautier de Châtillon, son petit-fils. Mais cette dernière opinion est entièrement dépourvue de fondement. Il en est de même de celle qui fait mourir cette comtesse religieuse à Fontevrault le 12 décembre 1255. M. le Beuf prouve qu'elle mourut le 29 juillet 1257 à Coulange-sur-Yonne dans l'Auxerrois. Elle fut inhumée, comme elle l'avait ordonné par son testament, fait au mois de juillet de cette année, à l'abbaye des filles de Réconfort, qu'elle avait dotée, au diocèse d'Autun. (Martenne, *Thes. anecd.* T. I, col. 1087.) Mahaut, après la mort de son second mari, eut querelle avec Dreux de Mello, seigneur d'Epoisses, de Châtel-Chinon, et autres lieux, au sujet de son château de Lorme, qu'elle lui avait fait demander *pour en jouir haut et bas*, comme un fief-lige du comté de Nevers. Sur son refus, Mahaut avait fait mettre le feu *aux maisons et places* de la châtellenie de Lorme. Dreux demanda réparation des dommages causés par cet incendie; sur quoi Mahaut, par acte du mois de janvier 1247 (V. S.), convint de s'en rapporter à Gaucher de Châtillon, son petit-fils. (*Ch. des comtes de Nevers.*) On ne sait pas quel fut le jugement de Gaucher.

Mahaut, deux ans après, eut avec un autre de ses vassaux une querelle qui fut jugée contradictoirement d'une manière solennelle à son avantage. En voici la substance. L'an 1249, elle fit ajourner en sa cour, un lundi après les trois semaines de Pâques, Guillaume de Verrières, écuyer, son homme-lige, à Clameci, *pour oïr le jugement de sa dite cour sur les dommages, les pertes et les mises que celle comtesse et si hommes et si bourgeois avoient eus et soustenus vers le Roy et vers autre gent, et lui nommément.* Guillaume, ayant comparu à Clameci devant cette cour, composée de ses pairs de fief, et présidée par Gui de Mello, évêque d'Auxerre, *toutes raisons diligemment dites et baillées d'une part et d'autre, et livrées aux jugeurs par le conseil de preudes hommes, fu dict et prononcé par droit et par jugement, que cil Guillaume avoit meffaict et perdu son fief que il tenoit de celle comtesse, et cil Guillaume ne dist rien encontre celui jugement.* Il est visible par l'échantillon que nous venons de donner du style de cette pièce, que le français en est trop correct pour appartenir au treizième siècle. Ainsi nous jugeons que ce n'est qu'une traduction de l'original latin, faite au quatorzième ou quinzième, et cela avec d'autant plus de fondement, que les jugements, comme l'on sait, ne se rendaient qu'en latin jusqu'au règne de François Ier.

MAHAUT et EUDES.

1257. MAHAUT II, née, l'an 1234 ou 1235, d'Archambaut X, sire de Bourbon, et d'Yolande, fille de Gui de Châtillon et d'Agnès de Donzi, succéda à Mahaut, sa bisaïeule, dans les comtés de Nevers, d'Auxerre et de Tonnerre, comme elle avait succédé à son père dans la sirerie de Bourbon, et à sa mère dans les baronnies de Donzi et du Perche-Gouet. Elle avait épousé, dans le mois de février 1247 (V. S.), EUDES, ou ODET, fils aîné de Hugues IV, duc de Bourgogne, né l'an 1230, et finit ses jours, l'an 1262, cinq ou sept ans avant son mari, décédé l'an 1267 ou 1269, suivant D. Plancher, dans la ville d'Acre.

Le trait le plus mémorable du gouvernement d'Eudes, c'est la confirmation qu'il fit, l'an 1260, de concert avec sa femme, des franchises accordées, l'an 1223, aux habitants d'Auxerre. Par cet acte ils quittent les mains-mortes qu'ils avaient à Auxerre, affranchissent leurs autres sujets de cette ville qui n'étaient pas libres, et font plusieurs établissements pour les droits et la police d'Auxerre, promettant d'en faire jurer l'observation par Gui, comte de Saint-Pol, et d'autres seigneurs. (*Mss. de Béthune*, vol. 9420, fol. 3, v°.) Mahaut laissa trois filles, Yolande, Marguerite et Alix, qui cédèrent de gré ou de force la sirerie de Bourbon à leur tante maternelle, Agnès, et eurent de grands débats entre elles touchant le surplus de la succession de leur mère. Yolande prétendait que Nevers, Auxerre et Tonnerre ne formaient qu'un même comté qui devait lui appartenir à elle seule comme étant l'aînée. Le procès ne fut terminé qu'en 1273, par arrêt du parlement de la Toussaints, qui divisa ces trois comtés, et les déclara partageables entre les trois sœurs. En conséquence Yolande eut le comté de Nevers, Marguerite le comté de Tonnerre, et Alix le comté d'Auxerre, qui fut ainsi séparé du comté de Nevers, ayant été dans les mêmes mains depuis l'an 1015.

COMTES DE NEVERS.

YOLANDE AVEC JEAN-TRISTAN DE FRANCE,
PUIS AVEC ROBERT DE DAMPIERRE.

1266. YOLANDE, fille aînée d'Eudes de Bourgogne et de Mahaut II, comtesse de Nevers, d'Auxerre et de Tonnerre, fut pourvue, par forme de dot, du comté de Nevers et des baronnies de Donzi et des Riceis, en épousant, par traité du mois de juin 1265, JEAN TRISTAN, fils de saint Louis. Après la mort de son père, elle prétendit encore, l'an 1267, aux comtés de Tonnerre et d'Auxerre; mais, par arrêt du parlement, comme on l'a dit, elle fut obligée, l'an 1273, de les abandonner à ses deux autres sœurs, qui les partagèrent entre elles. Jean Tristan, l'an 1268 (N. S.), fit hommage de la terre des Riceis à l'évêque de Châlon-sur-Saône, dont elle relevait. Les lettres de cet hommage, datées du mardi après la Purification 1267 (V. S.), portent qu'il *fut rendu à Saint-Denis, en France, par pure gratification du prélat, sans que celui-ci pût lui préjudicier, ni à son église, l'usage étant qu'il se rendît aux évêques de Châlons dans leur maison épiscopale.* (Pery, *Hist. de Châlons*, p. 194 et *pr.* p. 73.) Yolande perdit, l'an 1270, son époux, qui mourut le 3 août devant Tunis.

L'an 1271 (V. S.), le mardi après le dimanche des brandons (15 mars), Hugues, duc de Bourgogne, aïeul d'Yolande, termina le différent qu'elle avait avec Érard de Lésignes, nouvel évêque d'Auxerre, et dont voici quel était l'objet. C'était la coutume que, le jour de son intronisation, l'évêque fût porté à sa cathédrale par les principaux d'entre ses vassaux. Yolande, sommée, au mois de décembre 1270, de venir remplir cette fonction, n'avait ni comparu ni envoyé personne pour la représenter. Le prélat exigea une satisfaction, et l'obtint. Hugues, au nom de la comtesse, reconnut qu'elle était tenue à ce devoir tant à raison de son fief d'Auxerre, différent du comté, que pour la baronnie de Donzi, comme il était prouvé par les exemples de ses prédécesseurs. (*Gall. Chr.*, T. XII, *pr.* col. 175, *charta* 10.) Yolande épousa, l'année suivante, 1272, ROBERT DE DAMPIERRE, depuis comte de Flandre, troisième du nom; qui prit dès-lors le titre de comte de Nevers, et rendit hommage, le 29 janvier 1272 (V. S.), au comte de Champagne pour la terre de Clameci. (*Cartul. de Champ.*, T. I., fol. 203.)

Yolande mourut l'an 1280, et fut enterrée aux Cordéliers, aujourd'hui les Récollets, de Nevers, où l'on voyait, au siècle dernier, son épitaphe recueillie par Coquille: monument qui fait d'elle un magnifique éloge.

LOUIS Ier DE FLANDRE.

1280. LOUIS I, fils aîné de Robert III, comte de Flandre, et d'Yolande de Bourgogne, succéda, l'an 1280, à sa mère dans le comté de Nevers, sous la tutelle de son père. Celui-ci néanmoins conserva le titre de comte de Nevers jusqu'à la mort de Gui, son père, auquel il succéda, l'an 1305, au comté de Flandre. Robert, en 1281, ayant fait chevaliers les deux fils de Philippe de Bourbon, ainsi nommé du lieu de sa naissance, fut condamné par le parlement à payer une amende au roi, par la raison que ces deux frères n'avaient pas, du côté de leur père, assez de noblesse pour mériter d'être élevés à cet honneur. Il fallait alors, pour parvenir à la chevalerie, être gentilhomme de nom et d'armes, et pouvoir faire preuve de quatre quartiers de noblesse. On se relâcha là-dessus avec le tems; et nos rois donnèrent souvent des dispenses sur cet article. (Daniel, *Hist. de la Mil. fran.* T. I, p. 90.) L'an 1290, Robert fait épouser à Louis, son fils, par contrat du mois de novembre, JEANNE, fille unique et héritière de Hugues IV, comte de Réthel.

Robert, l'an 1291, fit avec Hugues, évêque de Bethléem, un accommodement par rapport au temporel de l'hôpital de Panthoner, uni, comme on l'a dit ci-devant à l'évêché de Bethléem. Dans l'acte, Robert se qualifie comte de Nevers et premier né du comte de Flandre, sans donner à Louis, qui était présent, d'autre qualité que celle de son fils aîné : *Nos Robertus primogenitus comitis Flandriæ, comes Nivernensis, præsente Ludovico primogenito nostro.* (*Gall. Chris.*, T. XII, Instrum. col. 575.)

L'an 1292, Louis, alors émancipé, conclut un traité d'alliance pour le comté de Rethel avec Henri, comte de Luxembourg. (*Trésor des Chart.*) Louis, et son père accusés d'avoir excité les Flamands à se révolter de nouveau contre le roi Philippe le Bel, sont ajournés l'un et l'autre, l'an 1309, à comparaître à la cour. Le père se purgea, et le fils se trouvant seul coupable, fut mis en prison, d'abord à Moret, puis transféré au Châtelet de Paris, d'où s'étant échappé, il fut condamné par arrêt du parlement à perdre ses terres, qui furent confisquées au profit du roi. Louis, retiré en Flandre, y resta l'espace de cinq ans, pendant lesquels Philippe le Bel, étant mort l'an 1314, fut remplacé par Louis Hutin, son fils. Le comte de Nevers, ayant fait sa paix, l'an 1316, avec ce monarque, reparut à la cour vers la fête de l'Ascension, et fut rétabli dans ses domaines. Les courtisans, dit le continuateur de Nangis, qui connaissaient le caractère du comte, se moquèrent de l'indulgence du roi. En effet il ne tarda guère à cabaler en Flandre pour y faire revivre les troubles. Philippe le Long étant monté sur le trône après la mort de Louis Hutin son frère, le comte de Nevers fut un de ceux qui se joignirent au duc de Bourgogne pour disputer à ce monarque son droit de succession. Il ne s'en tint pas à des protestations; mais il entra à main armée sur les terres de Champagne et lieux voisins, où il commit des dégâts que ses alliés mêmes désavouèrent. Nous avons des lettres du duc de Bourgogne, du comte de Joigni et du sire de Nanteuil, en date du mois de juin 1317, par lesquelles ils promettent de se séparer du comte de Nevers, si dans un certain tems *il ne restitue et amende les torts et excès par lui faits ez comtez de Champaigne, Rethel et aultres lieux.* (*Mss. de Béthune*, vol. coté 9420, p. 56.) Le comte de Nevers ne fut point arrêté par cette déclaration, et n'en continua pas moins ses hostilités. Pour le réprimer, le roi Philippe le Long le fait citer à Compiègne, dans la quinzaine de l'Assomption, par un exploit où il était dit que, soit qu'il comparût ou qu'il fit défaut, le jugement définitif de son affaire serait également prononcé. Le comte prit le dernier parti, et fit transporter en Flandre tous ses effets. La cour rendit son arrêt, par lequel elle le déclara déchu de toutes ses seigneuries, en réservant néanmoins sur le comté de Rethel une pension alimentaire à sa femme qu'il maltraitait fort, quoiqu'elle méritât son attachement par sa vertu et ses autres bonnes qualités. Le comte Louis, frappé de ce jugement, vint trouver le monarque, et, après lui avoir fait hommage de ses terres, il obtint main-levée de la confiscation par lettres-patentes données à Gisors le 15 septembre 1317. (Coquille.) Il vivait alors fort mal avec ses vassaux du Nivernais. Les nobles et le clergé de ce comté, fatigués des vexations de ses officiers, s'étaient déjà pourvus, par appel, au parlement, pour les réprimer. L'an 1320, le père de Louis étant venu à Paris pour traiter de la paix, y amena celui-ci, à qui l'on proposa de lui rendre ses terres, de nouveau confisquées, moyennant le mariage de son fils avec la fille du roi. Louis n'oublia aucune défaite pour éluder la proposition, mais le légat, qui s'était rendu médiateur de l'accommodement, l'obligea, le 5 mai, d'y acquiescer; et afin qu'il ne pût s'en dédire, le mariage fut célébré le 22 juillet de la même année. Quelque tems après, comme il revenait à Paris, il fut arrêté par les ordres de son père sur une accusation portée contre lui d'avoir voulu l'empoisonner. Tandis qu'on le retenait enfermé dans le château de Rupelmonde, on instruisit son procès. Un guillelmite, son confesseur, et ses domestiques, furent mis à la question, mais inutilement ; rien ne fut prouvé : ce qui aurait pu l'être, suivant le continuateur de Nangis, si l'on eût voulu informer à sa décharge, c'est que cette trame n'avait été ourdie que pour l'exclure du comté de Flandre et le faire tomber à son frère, Robert de Cassel. Le père néanmoins, toujours fidèle à ses soupçons, ne consentit à l'élargir qu'à condition qu'il ne rentrerait plus en Flandre de son vivant. Le comte Louis s'y étant soumis, non sans une grande répugnance, se rendit, au mois de février 1322, à Paris, où il mourut de langueur le 22 juillet suivant, et fut enterré aux Cordeliers. De JEANNE, sa femme (encore vivante en 1325), il laissa Louis II, qui suit, et Jeanne de Flandre, femme de Jean de Montfort, duc de Bretagne.

LOUIS II DE CRÉCI.

1322. LOUIS II, dit DE CRÉCI, succéda presque en même tems à Louis, son père, dans les comtés de Nevers et de Rethel et la baronnie de Donzi, et à son aïeul, Robert III, dans le comté de Flandre. L'an 1335, il condamna Jean de Loisi, seigneur de Crux, convaincu d'avoir frappé un religieux de l'abbaye de Corbigni, à offrir un bassin d'argent et deux cierges devant le corps de saint Léonard, patron de cette église. Louis fut tué, le 26 août 1346, à la bataille de Créci. (Voyez *les comtes de Flandre*.)

LOUIS III DE MALE.

1346. LOUIS III, dit DE MALE, successeur de Louis II, son père, obtint du roi Philippe de Valois, par lettres-patentes du 27 août 1347, données à Moncel-lez-Ponts, la permission de posséder en pairie les comtés de Nevers et de Rethel et la baronnie de Donzi, pour sa vie seulement et celle de sa mère. Il mourut le 9 janvier 1384 (N. S.). Voy. *les comtes de Flandre, ceux de Rethel et ceux de Bourgogne.*

MARGUERITE ET PHILIPPE LE HARDI.

1384. MARGUERITE, fille unique de Louis III, née au mois d'avril 1350, mariée 1° à Philippe de Rouvre, duc de Bourgogne, 2° à PHILIPPE LE HARDI, successeur de Philippe de Rouvre au même duché, hérita de son père, l'an 1384, les comtés de Nevers, de Rethel et de Flandre, avec la baronnie de Donzi, et ses autres domaines. Cette princesse mourut le 16 mars 1405 (N. S.), onze mois après son second époux. (Voy. Philippe le Hardi, *duc de Bourgogne.*)

JEAN Ier DE BOURGOGNE.

1384. JEAN Ier, fils aîné de Philippe le Hardi, duc de Bourgogne, et de Marguerite de Flandre, né le 28 mai 1371, devint comte de Nevers et baron de Donzi en vertu de la donation que ses père et mère lui en firent par lettres données le 16 mars 1383 (V. S.), aux champs près de Bruxelles. (D. Plancher, T. III, *pr.* p. LXVII, n. LXXVII.) Pendant la minorité de Jean, le duc, son père, administra les domaines qu'il lui avait cédés. Nous avons les lettres du duc, datées de Grai le 21 novembre 1384, par lesquelles il accorde divers priviléges aux Juifs tant en ses duché et comté de Bourgogne, qu'aux comté et baronie de Donzi, *appartenants*, dit-il, *à Jéhan, nostre très chier et très amé fils duquel et de ses terres et appartenances nous avons le gouvernement.* (D. Plancher, T, III , *pr.* p. lxxij, n. LXXXV.) Jean fut, dans le même tems établi lieutenant de son père dans les deux Bourgognes. On conserve les lettres qu'il adressa à Dijon, le premier février 1384 (V. S.), à Saudrin de Guynes, capitaine de Dijon, et à Jean le Nain, portant ordre de contraindre le clergé de cette ville à payer sa portion de *l'ayde des quarante mille francs ouctroyez à mondict seigneur* (Philippe) *en son pays de son duché de Bourgoigne.* (*Ibid.* p. lxxj.) Le duc Philippe ayant acquis, l'an 1390, de Jean comte d'Armagnac, le Charolais, Jean, son fils, ratifia cette acquisition par ses lettres du 13 mai de la même année. (*Ibid.* p. cxlviij.) On a parlé ci-devant de l'expédition entreprise, l'an 1396, par le comte de Nevers en Hongrie, du malheureux succès qu'elle eut, et de la somme de 200,000 ducats d'or qui fut payée au sultan Bajazet pour sa rançon et celle de vingt-cinq seigneurs à qui le vainqueur fit grâce de la vie. De cette somme la moitié fut payée par Sigismond, roi de Hongrie, comme l'attestent les lettres du comte, données à Trévise le 16. janvier 1397, par lesquelles il donne pouvoir à Régnier Pot de demander et de recevoir de Sigismond cette somme. (D. Plancher, *Ibid.* p. clxxxv.) Sigismond l'avait empruntée d'un négociant de Paris, nommé Dyne Raponde, et lui avait hypothéqué pour son remboursement une rente annuelle de sept mille ducats, qui lui était due par la république de Venise. (*Ibid.* p. clxxx.) Le comte Jean n'était pas émancipé; il ne le fut qu'en 1401 (V. S.), avec ses frères, Antoine et Philippe, par lettres du roi Charles VI, données à Paris le 14 février. (*Ibid.* p. clxxxxix.) Ayant succédé, l'an 1404, à son père dans le duché de Bourgogne, il remit à Philippe, son frère, le comté de Nevers conformément au traité de partage fait par ses père et mère entre leurs enfants le 27 novembre 1401.(Voyez *les ducs de Bourgogne.*)

PHILIPPE II DE BOURGOGNE.

1404. PHILIPPE II, troisième fils de Philippe le Hardi et de Marguerite de Flandre, né au mois d'octobre 1389, devint comte de Nevers et de Rethel et baron de Donzi, après la mort de son père, en vertu du testament de ce prince, fait de concert avec sa femme. Il accompagna Jean, son frère, duc de Bourgogne, dans toutes les guerres qu'il eut contre la maison d'Orléans et contre les Liégeois. L'an 1410, il fut pourvu de l'office de *chambrier de France*, au préjudice de Jean I, duc de Bourbon, dont le père l'avait possédé, et que le duc de Bourgogne, maître alors de l'état, en priva pour le punir de l'attachement de sa maison à celle d'Orléans. Effrayé de la vengeance que le roi Charles VI venait de tirer de la ville de Soissons, après l'avoir emportée d'assaut sur les Bourguignons, il vint, en 1414, de Laon, dont son frère lui avait confié la garde, se jeter au pieds du roi, dans l'octave de la Pentecôte, lui demanda pardon d'être entré dans le parti des rebelles, et lui remit la ville de Laon. Le monarque, à la prière des princes, lui pardonna, mais à condition que toutes les places qu'il possédait dans le Nivernais, le Rethelois et la Champagne, seraient remises entre les mains de personnes nommées par la cour, lesquelles y seraient entretenues aux frais du pays, tandis qu'elles en auraient la régie; qu'il quitterait le parti du duc de Bourgogne, et qu'il obligerait ses vassaux à revenir au service du roi. Philippe exécuta fidèlement ces conditions, et se montra dans la suite zélé serviteur de son souverain. Il commanda douze mille hommes d'armes à la bataille d'Azincourt, où il fut tué le 25 octobre 1415. Son corps fut inhumé à l'abbaye d'Elan en Rethelois. Peu de tems avant sa mort il avait été armé chevalier dans une course par le maréchal de Boucicaut. Ce prince avait épousé 1°, le 25 avril 1409, ISABELLE, fille d'Enguerand VII, sire de Couci, morte en 1411, après lui avoir donné une fille, Marguerite, qui mourut six mois après sa mère; 2°, le 20 juin 1413, BONNE D'ARTOIS, fille aînée de Philippe, comte d'Eu, dont il laissa deux fils en bas âge, Charles et Jean.

CHARLES Ier DE BOURGOGNE.

1415. CHARLES Ier, fils aîné de Philippe II, lui succéda dans ses états à l'âge d'un an, sous la tutelle de Bonne sa mère. Cette princesse, s'étant remariée, l'an 1424, à Philippe le Bon, duc de Bourgogne, partagea la garde-noble de ses enfants avec lui. Le beau-père en usa mal envers ses pupilles, dont la mère finit ses jours, l'an 1425, à Dijon. Philippe, duc de Brabant, étant mort, l'an 1430, sans enfants, sa succession revenait à Charles et à Jean, ses cousins, en vertu de la substitution de ce duché, faite à leur père; mais Philippe le Bon s'empara du Brabant, et l'unit à ses états. Charles souffrit cette usurpation sous la promesse que le duc lui fit de le dédommager: promesse qui fut mal exécutée. Malgré ce manque de bonne foi, le comte de Nevers n'en demeura pas moins ami de celui qui l'avait dépouillé. Voyant ce prince et le duc de Bourbon, son beau-frère, obstinés à se faire une guerre ruineuse pour l'un et pour l'autre, il eut la géné-

rosité d'entreprendre de les réconcilier. Les ayant attirés à Nevers pour cet effet au mois de janvier 1435 (N. S.), il réussit dans son dessein dès le premier jour, et en entama un autre encore plus grand, en se joignant au duc de Bourbon pour disposer le duc de Bourgogne à rendre la paix à la France. Ce fut au milieu des fêtes et des festins qu'ils commencèrent à le détacher du parti des Anglais, « On y dansa, dit Monstrelet, il y eut moult
» grande foison de momeurs et de farceurs : ce qui fit dire à un
» chevalier bourguignon : Nous sommes bien mal conseillés de
» nous avanturer et mettre en danger de corps et d'âme par les
» singulières volontés des princes, lesquels, quand il leur plaît,
» se réconcilient l'un avec l'autre, et souventefois avient que
» nous en demeurons poures et détruits ». Le comte Charles n'était pas encore déclaré majeur ; il ne le fut que le 7 octobre 1435.

L'an 1440, à l'exemple du duc de Bourgogne, il refusa d'entrer dans la ligue des princes, connue sous le nom de la *Praguerie*. Mais en 1442, sur les traces de ce même duc, il se laissa entraîner dans celle que le duc d'Orléans forma sous le prétexte de réformer l'état, et dans le vrai pour se venger du peu de part qu'on lui donnait au gouvernement. Le rendez-vous des conjurés fut à Nevers, où ils publièrent un manifeste tendant à soulever les peuples contre le roi et ses ministres. Mais ce parti ayant été étouffé presque dans sa naissance par la sagesse du monarque, le comte de Nevers fut des premiers à rentrer dans le devoir, et il n'omit rien dans la suite pour faire oublier sa faute. Il l'effaça réellement par le zèle avec lequel il servit Charles VII dans ses guerres contre les Anglais. Il fut aussi très-utile au duc de Bourgogne dans celle qu'il fit en 1443 dans le Luxembourg. Le roi, l'an 1459, pour reconnaître les services importants qu'il avait reçus du comte de Nevers, lui confirma le titre de pair de France. Il mourut, l'an 1464, sur la fin de mai, sans laisser d'enfants de MARIE D'ALBRET, sa femme, fille aînée de Charles II, sire d'Albret, qu'il avait épousée le 11 juin 1456 (morte après le 4 janvier 1485 (V. S.), date de son testament.) Ce prince fut inhumé dans l'église de Saint-Cyr de Nevers.

JEAN II DE BOURGOGNE.

1464. JEAN II, né à Clameci, le 25 octobre 1415, le jour même que Philippe, son père, fut tué à la bataille d'Azincourt, succéda à Charles, son frère, dans les comtés de Nevers et de Rethel. Le duc Philippe le Bon, auquel il s'était attaché, lui avait donné, l'an 1437, les comtés d'Auxerre et d'Etampes, avec les seigneuries de Gien et de Dourdan, et des terres en Hollande, pour le dédommager du Brabant; mais il fut évincé d'Etampes et de Dourdan, comme terres du domaine du roi, par arrêt du parlement de 1457. A l'égard du comté d'Auxerre, le duc de Bourgogne s'y comporta toujours en propriétaire, et n'en laissa à Jean de Bourgogne que l'usufruit, sans même permettre qu'il prît le titre de comte d'Auxerre, ni souffrir qu'il s'ingérât dans les affaires des Auxerrois, qui furent toujours portées immédiatement à ce duc. Jean de Bourgogne fut ensuite dépouillé de tous ses autres domaines par le comte de Charolais, qui le fit arrêter, le 5 octobre 1465, dans Péronne, puis conduire prisonnier à Béthune, et cela sous le prétexte imaginaire d'avoir voulu l'*envouter*, c'est-à-dire le faire périr par des opérations magiques: ce prince ne lui rendit sa liberté qu'en le faisant renoncer, par un acte du 22 mars 1466 (N. S.), à toutes les seigneuries et comtés qu'il avait reçues du duc Philippe le Bon. Jean protesta contre cette violence, et s'en fit relever par la cour des pairs. (Voyez *les comtes de Rethel*.)

Le comte Jean succéda, l'an 1472, à Charles d'Artois, son oncle maternel, dans le comté d'Eu.

On fut surpris, en 1477, après la mort du duc Charles le Hardi, de voir le comte de Nevers, son plus proche parent mâle, souffrir, sans réclamer ses droits, la réunion que le roi Louis XI fit du duché de Bourgogne à sa couronne. Mais on présume qu'il y eut un traité secret entre lui et ce monarque. Il vit avec la même tranquillité Louis XI s'emparer du comté d'Auxerre, dont les habitants se donnèrent à lui de leur plein gré. Mais il n'en fut pas de même pour les autres états dont avaient joui les derniers ducs de Bourgogne. Le comte Jean fit ajourner à la cour des pairs Maximilien, époux de Marie de Bourgogne, pour se voir condamner à s'en dessaisir; mais pendant le cours de cette instance, le comte mourut à Nevers le 25 septembre 1491, et fut inhumé dans la cathédrale. Il avait épousé, 1°, par contrat du 24 novembre 1435, JACQUELINE, fille de Raoul d'Ailli, vidame d'Amiens et seigneur de Péquigni; 2°, l'an 1471, PAULE DE BROSSE, fille de Jean de Brosse, comte de Penthièvre, morte le 9 août 1479; 3°, le 11 mai 1480, FRANÇOISE D'ALBRET, fille d'Arnaud-Amanieu d'Albret, sire d'Orval, morte, le 20 mars 1522 (N. S.), à Donzi. Il eut, de la première, Elisabeth, mariée à Jean I, duc de Clèves, morte le 21 juin 1483; et de la seconde, Charlotte, femme de Jean d'Albret, sire d'Orval. (Voy. *les comtes de Rethel et les comtes d'Eu*.)

ENGILBERT DE CLÈVES,

Comte d'Auxerre, de Nevers, d'Etampes et de Rethel.

1491. ENGILBERT, troisième fils de Jean I, duc de Clèves, et petit-fils de Jean I, comte de Nevers, par Elisabeth, sa mère, étant venu fort jeune en France, y fut naturalisé par lettres du roi Charles VIII de l'an 1486, dans lesquelles il le qualifie de *cousin étranger*. Son mariage, contracté le 23 février de l'an 1489 (N. S.), avec CHARLOTTE, fille de Jean II de Bourbon, comte de Vendôme, lui valut le comté d'Auxerre, dont Charles VIII le gratifia pour lui tenir lieu d'une somme de trente mille livres que ce monarque avait promise à Charlotte en présent de noces. Mais ce don souffrit de grandes difficultés de la part des Auxerrois, qui n'en furent pas plutôt instruits, qu'ils députèrent à la cour, qui était pour lors à Lyon, pour avoir une expédition des lettres qui le renfermaient, et savoir si Engilbert les avait fait homologuer au parlement. On fit des remontrances au roi, pour lui prouver qu'il n'avait pu mettre hors de ses mains le comté d'Auxerre, sans enfreindre le traité fait avec son prédécesseur; et l'opposition de la ville d'Auxerre, faite le 4 août 1490, fut reçue au parlement le 22 du même mois. Celle des autres villes de l'Auxerrois ne tarda pas à suivre. Toutes ensemble firent signifier à Jean Baillet, alors évêque d'Auxerre, qu'il eût à ne point recevoir l'hommage-lige d'Engilbert de Clèves pour le comté d'Auxerre, que les oppositions ne fussent auparavant levées. Mais les choses en restèrent là. Engilbert continua de prendre le titre de comte d'Auxerre, qui lui fut même donné dans les registres du parlement de Paris, le 8 juillet 1493 et jours suivants, aux séances où le roi assista ; et cet usage se trouve continué dans les registres de 1499. (Le Beuf.) L'an 1491, après la mort du comte Jean, son aïeul maternel, il se porta pour son héritier universel. Mais cette succession lui fut encore contestée par sa tante, Charlotte, femme de Jean d'Albret, sire d'Orval. Celle-ci se prévalait d'une donation du Nivernais, du Rethelois et du Donziois, faite en sa faveur par le comte Jean, son père, qui avait même permis à son époux d'en prendre possession un an avant sa mort. *Le débat*, dit Coquille, *vint jusqu'aux armes, chacun se voulant maintenir en jouissance, et se démena aussi par procès. Il y eut*, ajoute-t-il, *un sequestre ordonné par la cour de parlement, sous la main du roi;* ce qui dura pendant tout le cours du règne de Charles VIII. Engilbert accompagna ce prince dans son expédition d'Italie, et commanda les Suisses en 1495, à la bataille de Fornoue.

Louis XII ayant succédé, l'an 1498, au roi Charles, Engilbert, à son sacre, représenta le comte de Champagne. Ce prince le nomma gouverneur de Bourgogne par lettres du 12 mai 1499. Engilbert le suivit, en 1500, à la conquête du Milanez, toujours à la tête des Suisses dont il était colonel. Son procès avec Charlotte, sa tante, s'était cependant renouvelé, et se poursuivait avec vigueur. Le roi, pour l'accommoder, maria, le 25 janvier 1504 (V. S.), Charles, fils d'Engilbert, avec Marie, fille de Jean d'Albret et de Charlotte.

L'an 1505, Engilbert obtint, par lettres du mois de mai, une nouvelle érection du comté de Nevers en pairie. C'est le premier prince étranger à qui nos rois ont accordé une pareille faveur. Mais il n'est pas vrai, comme l'assure le président Hénaut que jusqu'alors nos rois n'avaient créé de nouvelles pairies que pour les princes du sang. Charles VIII, par ses lettres du 6 août 1458, avait élevé Gaston IV, comte de Foix, à cette dignité.(Voyez l'article des comtes de Foix.) Le même historien se trompe encore en disant qu'Engilbert est le premier qui ait porté le titre de *duc de Nevers :* il n'eut jamais que celui de comte. Une maladie l'emporta le 21 novembre 1506, laissant de son mariage Charles, qui suit; Louis, capitaine de la première compagnie des cent gentilshommes au Bec de Corbin, qui prit le titre de comte d'Auxerre; et François de Clèves, abbé de Tréport, décédé l'an 1545, peu de jours après Louis, son frère. La mère de ces enfants survécut à son époux. S'étant retirée à Fontevrault, elle y fit profession le 18 mai 1515, et y mourut le 14 décembre 1550.

CHARLES DE CLÈVES.

1506. CHARLES, fils aîné d'Engilbert de Clèves et de Charlotte de Bourbon, comte de Rethel, par son mariage contracté le 25 janvier 1505 avec MARIE D'ALBRET, succéda, l'an 1506, à son père dans les comtés de Nevers et d'Eu. Il se distingua par sa valeur dans les guerres des rois Louis XII et François I. Ce dernier l'ayant fait arrêter pour des écarts de jeunesse, l'envoya prisonnier à la tour du Louvre, où il mourut le 27 août 1521. De sa femme, qui lui survécut jusqu'au 27 octobre 1549, il laissa François, qui suit. Son corps et celui de son épouse furent inhumés aux Cordeliers de Nevers. (Voyez *les comtes de Rethel.*)

FRANÇOIS Ier DE CLÈVES, premier duc de Nevers.

1521. François de Clèves, né, le 2 septembre 1516, à Cussi-sur-Loire, succéda à Charles, son père, avec le simple titre de comte d'Eu, sous la tutelle de Marie, sa mère. Charlotte d'Albret, sœur de Marie, et femme d'Odet de Foix, sire de Lautrec, n'eut pas plutôt appris la mort du comte Charles, son beau-frère, qu'elle renouvela la contestation pour la succession de son aïeul maternel, Jean de Bourgogne. Marie défendit vivement les droits de son fils et les siens. Enfin, l'an 1525, les deux sœurs firent à Roanne, le 1er juillet, une transaction par laquelle il fut dit que Nevers, Châtel-Censoir, et quelques autres terres dénommées appartiendraient à Marie d'Albret, comtesse de Nevers, et à son fils, François de Clèves, et que Charlotte d'Albret, femme d'Odet de Foix, aurait le comté de Rethel, la baronnie de Donzi, et autres terres. L'an 1539 (N. S.), par lettres du roi François I, données en janvier et enregistrées le 17 février, le comté de Nevers fut érigé en duché-pairie. Il est remarquable que ces lettres portent expressément que le roi accorde à François de Clèves, fils de Marie, le titre de duc de Nevers, *du consentement de sa mère*, et sans que cette grâce puisse causer aucun préjudice à Marie d'Albret *en son droit de pleine propriété, possession ou autrement*. Ces expressions ont fait depuis naître une question, savoir, si la pairie de Nevers était *femelle* suivant l'érection du duché, faite en 1539, ou seulement *mâle*, suivant l'érection de pairie, faite en 1505. François de Clèves fut encore fait, quelque tems après, gouverneur de Champagne.

L'an 1541, il s'éleva une dispute entre le duc de Montpensier et le duc de Nevers sur la *Baillée de Roses* au parlement, à qui les donnerait le premier. Le duc de Montpensier l'emporta par arrêt du parlement, quoique moins ancien pair que le duc de Nevers; et du Tillet prétend, sans le prouver, que ce ne fut point précisément la qualité de prince du sang qui lui fit adjuger la préférence, mais l'union des deux qualités de prince et de pair. L'an 1553, le duc de Nevers fait ériger en pairie et incorporer le Donziois au Nivernais, par lettres de février, enregistrées le 23 du même mois. (Ces lettres sont datées de l'an 1552, suivant le style du tems.) L'évêque d'Auxerre y avait formé opposition parce que la baronnie de Donzi était dans la mouvance de son église; car il était de principe dans le droit féodal qu'une terre pour être érigée en pairie devait relever immédiatement du roi. En cet état on imagina, pour la première fois, dit M. le chancelier d'Aguesseau, d'obliger le seigneur à se contenter d'une indemnité. François de Clèves, né, comme ses ancêtres, avec des talents militaires, fit ses premières armes en 1537 sous le maréchal de Montmorenci, qu'il suivit en Piémont. Le roi Henri II, ayant résolu en 1551 de faire la guerre à l'empereur, confia au duc de Nevers le commandement général de l'armée qu'il envoya dans les Pays-Bas, sur les frontières de la Lorraine. François de Clèves facilita, l'an 1552, le voyage du roi en Allemagne par la prise des places que les Espagnols avaient fortifiées sur la Meuse, et assura le retour de sa majesté en couvrant sa marche dans le pays de Liége. Charles-Quint, la même année, ayant entrepris le siége de Metz, le duc de Nevers concourut à la défense de cette place. Il harcela, fatigua les assiégeants par différentes attaques, enleva les convois et leur coupa les vivres. Charles-Quint, découragé par le peu de progrès de ce siége, voulut du moins s'en dédommager sur Toul. François de Clèves, ayant pénétré son dessein, alla s'enfermer dans Toul, et le fit échouer. La disette se mit dans le camp des assiégeants, et le duc de Nevers profita de la grande désertion qu'elle occasiona pour former, aux dépens de l'ennemi, un corps de troupes qu'il enrôla au service de la France. L'an 1553, il fit la campagne de Picardie avec distinction. Dans celle de 1554, il se signala par de nouveaux exploits en Flandre et dans le pays de Liége, prit Dinant et Beaurain, et battit les ennemis en différentes rencontres. Il commanda, l'an 1555, sur la frontière de Champagne, ayant le maréchal de Saint-André sous ses ordres. Ceux de la cour lui défendaient d'engager une action générale; mais il eut l'habileté de battre l'ennemi en détail, et le bonheur de rendre inutiles les efforts du prince d'Orange, général de l'empereur, qui commandait une armée considérable. En 1557, à la funeste journée de Saint-Quentin, avant qu'on en vînt aux mains, le duc de Nevers ouvrit un avis dont l'événement justifia la sagesse, et qui aurait sauvé l'armée. N'étant pas écouté, il combattit avec la plus grande valeur, jusqu'à ce qu'accablé par le nombre, il fut contraint de se retirer avec un petit nombre de soldats échappés au fer et aux chaînes du vainqueur. Les ayant amenés à la Fère, il envoya de là un trompette au prince Emmanuel Philibert de Savoie, général des ennemis, pour lui recommander les prisonniers et reconnaître les morts. Le prince victorieux, qui croyait notre armée totalement détruite, apprenant avec surprise que François de Clèves était vivant, dit secrètement à un de ses confidents : « Puisque le duc de Nevers s'est sauvé, le roi de France a encore » un général qui nous donnera bien des affaires, et nous empê-. » chera de tirer de notre victoire tous les avantages que nous » pouvions nous en promettre. » En effet François de Clèves se comporta après la bataille de Saint-Quentin comme Fabius après celle de Cannes. Il rallia les débris de notre armée, pourvut à la sûreté de la frontière, et ne négligea rien pour faire perdre à l'ennemi le fruit de sa victoire. La campagne suivante ne lui fut pas moins glorieuse. Il prit Orchimont et plusieurs autres places dans les Ardennes, et courut risque de la vie au siége de Thionville, où il repoussa trois fois les Espagnols, qui tentèrent d'y jeter du secours. Aux vertus guerrières ce prince joignait d'excellentes qualités du cœur; et cet assortiment le rendit aussi cher à ses troupes que redoutable aux ennemis. Les officiers qui avaient sauvé leur vie et leur liberté à la journée de Saint-Quentin, y avaient perdu leur fortune : le duc de Nevers par ses libéralités releva leur courage abattu, et les mit en état de continuer le service. Les soldats blessés reçurent aussi des marques de son humanité dans le soin particulier qu'il prit de les faire panser.

Quoique doux et honnête par caractère, François de Clèves n'en était pas moins jaloux de ses droits. S'étant rendu, l'an 1559, à Reims, dans le mois de septembre, pour le sacre du roi François II, il entra dans une nouvelle contestation avec le duc de Montpensier, pair de France et prince du sang, pour la préséance, soutenant que, comme plus ancien pair, il devait le précéder. Sur quoi, le conseil s'étant assemblé, décida *qu'en l'acte du sacre les pairs seraient assis et marcheraient selon le degré et l'antiquité de leur création, et qu'en la cour de parlement les princes du sang précéderaient les pairs, encore que lesdits princes ne fussent pairs.* Il fut le premier, en 1560, qui donna l'éveil de la conjuration d'Amboise au roi François II, sur une lettre du comte de Sancerre, qui lui mandait que plusieurs gens armés passaient à la file sur la route d'Amboise et de Tours. Le jour du rendez-vous, le duc de Nevers alla trouver le roi, et lui dit : *Sire, on vient à nous.* Le roi s'étant levé, mit la tête à la fenêtre pour voir les premières bandes des conjurés. Le duc se distingua en cette occasion par sa fidélité et par son zèle pour la sûreté du monarque et de la famille royale. Six mois après, sur l'avis d'une nouvelle conjuration, on fut obligé de distribuer des troupes dans les différentes provinces. Le duc de Nevers fut envoyé dans son gouvernement de Champagne et de Brie avec sa compagnie et celles de Francisque d'Est, de la Roche du Maine et de Beauvais. Tout y resta paisible par la sagesse et la vigilance du gouverneur. Le duc François mourut à Nevers, le 13 février 1562 (N. S.). Il était rentré, l'an 1549, en possession du Réthelois et du Donziois, par le décès de Claude de Foix, sa cousine, fille unique de Charlotte d'Albret, et d'Odet de Foix, morte sans laisser d'enfants de ses deux maris, Gui de Laval et Charles de Luxembourg. De MARGUERITE DE BOURBON, fille de Charles de Bourbon, duc de Vendôme, qu'il avait épousée le 19 janvier 1539 (N. S.), morte à la Chapelle-d'Angillon en Berri, le 20 octobre 1589, il laissa cinq enfants, François et Jacques, qui suivent ; Henri, comte d'Eu, mort sans alliance ; Henriette, qui viendra ensuite ; Catherine, femme 1° du prince de Château-Porcien, de la maison de Croy ; 2° de Henri Ier, duc de Guise ; et Marie, femme de Henri Ier de Bourbon, prince de Condé.

FRANÇOIS II DE CLÈVES.

1562. FRANÇOIS II, fils aîné de François Ier de Clèves, né le 31 juillet 1540 (N. S.), succéda à son père dans le duché de Nevers et les comtés de Rethel et d'Eu. Etant au siége de Rouen, l'an 1562, il reçut une blessure, le 26 octobre, au second assaut qui fut livré à cette ville. Environ deux mois après, sur le point de combattre à la bataille de Dreux (qui se donna le 19 décembre), il fut encore blessé, mais plus dangereusement, d'un coup de pistolet que lâcha par accident Imbert des Bordes, gentilhomme nivernais des plus distingués qui étaient à sa suite. Il mourut de cette blessure, à l'âge de vingt-trois ans, le 10 janvier 1563 (N. S.), sans enfants de MARIE DE BOURBON, fille de François II de Bourbon, comte de Saint-Pol, et d'Adrienne d'Estouteville, qu'il avait épousée en 1561. Elle était veuve alors de Jean de Bourbon, duc d'Enghien, tué, l'an 1557, à la bataille de Saint-Quentin (1). Brantôme, parlant du duc François II, dit : « C'étoit le plus beau » prince, à mon avis, que j'aye jamais vu, le plus doux et le » plus aimable. Nous le tenions tel parmi nous. » Sa veuve épousa, en troisièmes noces, Léonor d'Orléans, duc de Longueville et comte de Neuchâtel.

JACQUES DE CLÈVES.

1563. JACQUES, né le 1er octobre 1544, marquis d'Isle et sire d'Orval, frère et successeur de François II, ne lui survécut que jusqu'au 6 septembre 1564. Il mourut à Montigni, près de Lyon, à vingt ans, sans laisser de postérité de sa femme, DIANE DE LA MARCK, fille de Robert IV de la Marck, prince de Sedan.

---

(1) Le P. Anselme se contredit en donnant (T. III, p. 451) pour femme à François II de Clèves Anne de Bourbon-Montpensier, après lui avoir donné (T. I, p. 220) Marie de Bourbon, duchesse d'Estouteville et comtesse de Saint-Pol ; car il est certain que François II, mort à vingt-trois ans, ne fut pas marié deux fois.

HENRIETTE DE CLÈVES et LOUIS DE GONZAGUE.

1564. HENRIETTE, sœur aînée de Jacques, lui succéda dans le duché de Nevers et le comté de Rethel, mais non dans celui d'Eu, qui fut le partage de Catherine, sa sœur. Henriette eut aussi dans sa part la baronnie de Donzi et celle de Rosoi en Brie, avec les terres d'Orval et de Montmeillan en Bourbonnais. L'an 1565 (V. S.), elle épousa, le 4 mars, LOUIS DE GONZAGUE, fils de Frédéric II, duc de Mantoue, né le 18 septembre 1539. « On » commençoit alors à rentrer, dit M. le chancelier d'Aguesseau, » dans l'ancien esprit de masculinité, qui est, pour ainsi dire, » l'âme des pairies, et qui avoit été comme éclipsé par l'abus » toléré pendant plus d'un siècle, d'admettre les filles aux fonc- » tions de la pairie. » C'est ce qui porta Louis de Gonzague à demander des lettres de continuation de la pairie attachée au duché de Nevers, dont on ne voit point d'exemple avant lui, et d'y faire employer les termes de confirmation, qui marquent assez la défiance qu'il avait de son droit. Louis de Gonzague, à l'âge de dix ans, était venu, l'an 1549, à la cour de France, sous le règne de Henri II, qui l'avait naturalisé par lettres du mois de septembre 1550, et fait élever avec ses enfants. Dès qu'il eut atteint l'âge de quatorze ans, il commença de porter les armes, et depuis ce tems il ne manqua aucune occasion de signaler sa valeur et son zèle pour le service de la France. A la bataille de Saint-Quentin, après avoir eu son cheval tué sous lui, il fut fait prisonnier par don Fernand de Gonzague, son oncle, l'un des généraux espagnols, qui le sollicita vainement, sous les plus belles promesses, de passer au service d'Espagne. Il aima mieux payer 60 mille écus (1) pour sa rançon, que de se laisser gagner. Le roi Charles IX lui donna, l'an 1567, le gouvernement de Piémont, qu'il tint jusqu'en 1574, tems auquel le roi Henri III rendit au duc de Savoie Pignerol et les autres places qui en dépendaient. Le duc de Nevers fit ses efforts pour empêcher ce démembrement, en remontrant au roi que par là il se fermait le passage d'Italie, et s'ôtait le moyen de secourir ses alliés et de conquérir le royaume de Naples et le duché de Milan qui, d'an- cienneté, appartenait à la France : sur quoi il fit un mémoire très-solide qui fut imprimé dans le tems, et dont il se conserve des exemplaires dans les cabinets des curieux. Pendant qu'il était

---

(1) L'écu d'or en 1557 s'appelait henri : le titre de cette espèce était à 23 karats, et il y en avait 67 au marc; donc 60,000 de ces écus font 895 marcs 4 onces 1 gros 1 denier 7 grains; et, à raison de 794 liv. 1 sou 6 deniers le marc, produisent 711,111 liv. 18 sous 2 den.

chargé de ce gouvernement, il continua de servir en France et s'y distingua par divers exploits. Le 4 novembre 1567, après avoir taillé en pièces les troupes de Poncenac, il assiégea et prit la ville de Mâcon. Il alla joindre ensuite l'armée royale, commandée par le duc d'Anjou. Mais y étant arrivé, « il demanda congé
» d'aller jusqu'à Nevers voir madame sa femme, qu'il n'avoit vue
» il y avoit long-tems. En y allant (escorté de soixante chevaux),
» il vint à rencontrer quelques gentilshommes huguenots, dont
» la plupart étoient ses vassaux, ou ses voisins ; sans dire gare,
» il les chargea, et en porta par terre un et son vassal, qui tout
» par terre lui déchargea son pistolet à la jambe, vers le genouil,
» et le blessa tellement que l'on en attendit plutôt et long-tems
» la mort que la vie. » (Brantôme.) Il demeura boiteux de cette blessure toute sa vie et fort ulcéré contre les huguenots (Mézerai). Il sauva la vie, l'an 1572, au prince de Condé, mari de sa belle-sœur, Marie de Clèves, en s'opposant dans le conseil à l'avis d'Albert de Gondi, comte, depuis duc de Retz, qui allait à envelopper ce prince dans le massacre de la Saint-Barthelemi. (De Thou.) Le fils du maréchal de Tavannes fait honneur de cet avis à son père, c'est-à-dire que le maréchal appuya l'avis du duc. Peu de tems après le funeste événement dont on vient de parler, le roi Charles IX reconduisit en Lorraine la duchesse Claude, sa sœur. En partant, il confia la garde de Paris au duc de Nevers. A peine fut-il en route, que le chevalier d'Angoulême, Henri, fils naturel du roi Henri II, imagina de faire une nouvelle Saint-Barthelemi. Deux de ses confidents, pour sonder le duc de Nevers, vinrent lui dire que l'intention du roi était d'éteindre entièrement l'hérésie, en exterminant ce qui restait d'huguenots. Le duc leur répondit qu'étant chargé par sa majesté de commander en son absence dans la capitale, personne ne pouvait être mieux informé de ses intentions que lui, et sur-le-champ il les fit conduire en prison. Cet acte de vigueur déconcerta les auteurs du complot et les empêcha de l'exécuter.

L'an 1573, le duc de Nevers se rendit au siége de la Rochelle. De là il accompagna le duc d'Anjou qui avait commandé à ce siége, dans le voyage qu'il fit pour aller prendre possession du trône de Pologne. Louis de Gonzague obtint en 1579, comme plus ancien duc et pair, par arrêt du parlement du 5 septembre, la préséance sur le duc d'Aumale, de la maison de Lorraine, à la cérémonie de l'ordre du S. Esprit. L'an 1581, il fit ériger par lettres du 15 décembre en duché-pairie le comté de Rethel, auquel fut unie la baronnie de Rosoi.

Henriette de Clèves fit avec son époux, l'an 1588, un acte de fondation passé à Paris, le 14 février, pour marier chaque année soixante filles dans le Nivernais : ce qui subsiste encore aujourd'hui (1788). L'an 1593, au mois de septembre, Louis fut mis, par le roi Henri IV, à la tête de la députation qu'il envoya au pape Clément VIII pour demander son absolution. C'était la seconde fois qu'il allait à Rome. Il s'y était rendu, l'an 1585, étant alors ligueur, pour consulter le pape Sixte V nouvellement élu, et mettre sa conscience en repos : voyage dont il fit imprimer la relation à son retour. (Les seize firent pendre Tardif, conseiller au Châtelet, parce qu'on avait trouvé ce livre chez lui.) Il revint à Paris de son second voyage le 15 janvier 1594, fort mal satisfait de la cour de Rome, où il ne put rien obtenir (1).

Louis finit ses jours à Nesle, un dimanche 22 (et non 3) octobre 1595, à l'âge de cinquante-six ans, laissant un fils qui lui succéda, et deux filles ; Catherine, mariée en 1588 à Henri I d'Orléans, duc de Longueville, morte en 1629 ; et Henriette, qui épousa, l'an 1599, Henri de Lorraine, duc d'Aiguillon, puis de Mayenne. La mort du duc de Nevers, fut, à ce qu'on prétend, l'effet de la douleur occasionée par les reproches que le roi Henri IV lui fit, dans un accès de mauvaise humeur, sur la prise de Cambrai par les Espagnols. Ce prince en rejettait la faute sur le duc de Nevers, parce qu'au lieu d'y aller en personne il s'était contenté d'y envoyer le duc de Réthelois, son fils. Louis de Gonzague fut un des grands les plus estimables qu'il y eût en France de son tems. Son vif attachement pour la religion catholique lui fit illusion pendant quelque tems : il signa la ligue à la sollicitation du duc de Guise, son beau-frère ; mais il s'en détacha dès qu'il eut reconnu les criminels projets de ce dernier, et s'attacha inviolablement à Henri III. Il fut des premiers à reconnaître Henri IV. *C'est au ciel à l'éclairer*, disait-il, *c'est à moi à servir mon roi de quelque religion qu'il soit*. Au milieu des troubles, il opina toujours dans les conseils pour les partis les plus sages et les plus modérés. Il était aussi circonspect dans ses démarches que dans ses avis ; et les calvinistes disaient de lui :

---

(1) Le pape, dévoué à la faction espagnole, n'avait pas même voulu le recevoir en qualité d'ambassadeur de France, mais seulement comme prince de maison souveraine, avec permission de rester seulement dix jours à Rome, et défense aux cardinaux d'avoir commerce avec lui. Les ambassadeurs des souverains qui avaient adhéré à la ligue, ne voulurent point non plus reconnaître son titre d'ambassadeur. Mais comme ceux des puissances attachées à la France ne laissèrent pas de le voir, et comme il était prince de la maison de Mantoue, ils ne firent point difficulté de le traiter d'excellence ; titre qu'on donnait alors indifféremment avec celui d'altesse aux princes des maisons souveraines. Les partisans de l'Espagne en prirent occasion de qualifier de même l'ambassadeur de cette couronne ; et de là le titre d'excellence a passé à tous les ambassadeurs des têtes couronnées, celui d'altesse étant réservé aux princes des maisons souveraines.

Il nous faut craindre M. de Nevers avec ses pas de plomb et son compas à la main. Il était savant et se mêlait de théologie. On conserve en manuscrit à la bibliothèque du roi divers traités de lui sur la controverse, la plupart écrits de sa main. La duchesse, sa femme, vécut jusqu'au 24 juin 1601, époque de sa mort arrivée à Paris. Cette princesse avait eu pour amant le comte de Coconas, gentilhomme piémontais, décapité, le 30 avril 1574, à Paris, pour avoir trempé dans une conspiration tendante à enlever de la cour le duc d'Alençon et le roi de Navarre pour en faire les chefs du parti des mécontents. La tête de Coconas ayant été exposée sur une potence dans la place de Grève, Henriette alla elle-même l'enlever de nuit; et l'ayant fait embaumer, elle la garda long-tems dans un cabinet derrière son lit à l'hôtel de Nesle. « Ce même cabinet, dit M. de Saint-Foix, fut long-tems arrosé » des larmes de sa petite-fille, Marie-Louise de Gonzague de » Clèves, dont l'amant (Cinq-Mars) eut (1642) la même destinée » que Coconas ».

CHARLES II DE GONZAGUE.

1601. CHARLES II, né à Paris, le 16 mars 1580, de Louis de Gonzague et de Henriette de Clèves, successeur de son père au gouvernement de Champagne, le fut aussi de sa mère dans le duché de Nevers et dans celui de Rethel. Etant passé, l'an 1602, en Hongrie, il se signala le 22 octobre à l'escalade de la ville de Bude, où il reçut un coup d'arquebusade qui lui effleura le cœur et le poumon. De retour en France, il servit utilement le roi, l'an 1606, dans l'expédition de Sedan. Deux ans après, nommé ambassadeur extraordinaire pour prêter l'obéissance au saint siége, il parut à Rome avec la plus grande magnificence et y reçut des honneurs distingués. De retour la même année en France, il fit entourer de murs le lieu d'Archis, ancienne maison royale près de Mézières sur la Meuse, et lui donna le nom de Charleville. L'an 1616, il fut un des négociateurs de la paix qui se fit à Loudun, entre la cour et le prince de Condé, chef des mécontents. Ayant pris les armes en Champagne, l'an 1617, pour la défense de ce même prince que la cour avait fait arrêter, il fut déclaré criminel de lèse-majesté le 17 janvier. Au mois d'avril, le maréchal de Montigni mit le siége devant Nevers, que la femme du duc défendit avec courage. La mort du maréchal d'Ancre, qui fut tué le 24 de ce mois, rétablit le calme à la cour, et fit mettre bas les armes aux mécontents. Le duc de Nevers succéda par achat, l'an 1621, au dernier duc de Mayenne de la maison de Lorraine, Henri IV, son beau-frère, tué au siége de Montauban. Charles, son fils, duc de Rethelais, devint duc de Mantoue et de Montferrat, l'an 1627, par son mariage célébré la veille de Noël avec Marie, fille du duc François IV, et nièce du duc Vincent, qui mourut le lendemain de ses noces. Le jeune prince éprouva de grandes oppositions de la part de l'empereur et du duc de Savoie pour entrer en jouissance de cette succession. Mais les armes de la France, après une rude guerre, le firent triompher de ces obstacles, qui furent entièrement levés, le 19 juin 1631, par le traité de Quiérasque. Il était à peine tranquille possesseur, que la mort l'enleva le 31 août 1631, à l'âge de vingt-deux ans. Son père lui survécut jusqu'au 21 septembre 1637, emportant dans le tombeau la réputation de l'un des plus grands hommes de son tems. Il fut enterré aux Franciscains réformés de Mantoue, après avoir eu de CATHERINE, fille de Charles de Lorraine, duc de Mayenne, qu'il avait épousée au mois de février 1599 (morte le 8 mars 1618), François de Paule, duc de Rethelois, mort à l'âge de seize ans, le 15 octobre 1622; Charles, dont on vient de parler; Ferdinand, duc de Mayenne, mort en Italie l'an 1631; Marie-Louise, mariée, 1°, en 1646, à Uladislas; 2°, le 4 mars 1649, à Jean-Casimir, tous deux frères et consécutivement rois de Pologne; Anne, promise d'abord à Henri de Lorraine, duc de Guise, puis mariée à Edouard, prince palatin du Rhin; et Bénédicte, abbesse d'Avenai. Le couvent des Minimes de Nevers est le fruit de la piété du duc Charles II et de la duchesse, sa femme. L'église est remarquable par la beauté du marbre et les pierres précieuses dont ses autels sont ornés. Cette fondation fut accomplie à l'occasion d'un vœu que les deux époux firent à saint François de Paule pour avoir un fils; et le premier de leurs enfants a porté le nom et l'habit de ce saint. On voit encore dans cette église, où il est enterré, sa robe suspendue au-dessus de son épitaphe, et au-dessus de la robe est un carreau de velours noir sur lequel est posée une couronne ducale, parce qu'il s'appelait le duc de Rethelois. Le duc Charles II bâtit à Nevers le petit château, et commença la construction de la place, qui serait une des plus belles de l'Europe si le projet avait son entière exécution. La place de Charleville est encore un ouvrage de ce prince. (*Voy*. Ferrant II, duc de Guastalle.)

CHARLES III DE GONZAGUE.

1637. CHARLES, petit-fils de Charles II par Charles, son père, mort en 1631, et de François IV, duc de Mantoue par Marie, sa mère, né l'an 1629, succéda, l'an 1637, à son aïeul paternel dans les duchés de Nevers, de Rethel, de Mayenne, et dans le Donziois, ainsi que dans le duché de Mantoue, sous la tutelle de sa mère. Mais ses tantes, Marie-Louise et Anne, prétendirent que le duché de Mayenne et les autres biens de leur père et de leur frère leur appartenaient par droit d'aubaine à l'exclusion de leur neveu. Un arrêt leur accorda la provision dont elles jouirent jusqu'en 1645. Le roi, cette année, ayant évoqué ce différend à son conseil, adjugea tous ses biens à Charles III, moyennant la somme de quinze cent mille livres, pour Marie-Louise, depuis reine de Pologne, et de douze cent mille pour Anne, depuis reine palatine (1). L'an 1650, l'archiduc Léopold, général de l'armée d'Espagne, se rendit maître de Rethel. Mais, le 13 décembre de la même année, la place fut reprise après quatre jours de siége, par le maréchal du Plessis-Praslin. Le vicomte de Turenne, alors engagé dans le parti des Espagnols, était accouru pour la secourir. Le maréchal étant tombé sur lui, comme il voulait se retirer, l'enveloppa de toutes parts. Il fallut céder au nombre; Turenne s'enfuit, lui dix-septième, poursuivi par un escadron français, auquel il n'échappa qu'à force de bravoure. Cette affaire, qui se passa le 15 décembre, a été nommée le combat de Rethel, quoiqu'elle se soit passée à quelques lieues de là. Le duc Charles voulant quitter la France pour se retirer dans ses duchés de Mantoue et de Montferrat, vendit tous ses domaines de France au cardinal Mazarin par contrat du 11 juillet 1659. Le cardinal par son testament laissa les duchés de Nevers, de Mayenne et de Rethel, avec la baronnie de Donzi, dont il avait fait confirmer les prérogatives, à Philippe-Jules Mancini, son neveu, qui fut substitué aux noms et armes de Mazarin. Le duc Charles mourut à Mantoue le 14 août 1665, laissant d'ISABELLE-CLAIRE D'AUTRICHE, qu'il avait épousée en 1649 (morte en 1685), Ferdinand-Charles, son successeur dans ses états d'Italie.

COMTES DE TONNERRE.

« TONNERRE, dit l'abbé de Longuerue, est un lieu fort an-
» cien, dont Grégoire de Tours fait mention, sous le nom de

---

(1) L'argent monnayé, en 1645 et pendant plusieurs années après, était à 11 deniers d'aloi, et valait 26 liv. 15 s. le marc: par conséquent, les 2,700,000 liv. que le duc Charles III fut obligé de donner à ses deux tantes, font 100,934 marcs, 4 onces, 5 gros; à raison de 49 liv. le marc, produisent aujourd'hui 4,945,794 liv. 6 sous 6 den. Ainsi la part de l'aînée de ces princesses était de 2,747,663 livres 10 sous 3 deniers, et celle de l'autre 2,198,130 liv. 16 sous 2 deniers,

» *Ternodorum.* Il étoit autrefois dans la Bourgogne. Aldre-
» valde, moine de Fleuri (au IXe siècle), dit dans son livre
» des miracles de saint Benoît, que Tonnerre étoit un châ-
» teau de Bourgogne, sur la rivière d'Armançon : *Castrum*
» *in Burgundiæ partibus in latere montis super fluvium*
» *Hermensionem.* Il ajoute que ce lieu avait donné le nom au
» pays : *Adjacenti regioni nomen indidit ; namque a Torno-*
» *doro vicina regio Tornodorensis dicitur.* Le même auteur
» dit que le Tonnerrois était gouverné par un vicomte : *Ex*
» *officio vicem comitis agens.* Ce vicomte ou lieutenant,
» devoit être sous le comte de Langres, dont Tonnerre dé-
» pendoit, comme il dépend encore aujourd'hui, tant pour le
» spirituel et la juridiction épiscopale, que pour la mouvance. »
M. de Longuerue paraît se tromper en disant que le vicomte
de Tonnerre était originairement sous le comte de Langres.
Du moins il est certain que le Tonnerrois formait un comté
particulier, au IXe siècle. C'est ce qu'on voit par la donation
que l'empereur Louis le Débonnaire fit du château de Tonnerre,
de celui de Langres et de celui de Dijon, à Betton, évêque
de Langres, par son diplôme daté d'Aix-la-Chapelle, le 5 des
ides de septembre, indiction VIII, la première année de son
règne, c'est-à-dire l'an 814 : *Castrum Tornotrense, caput*
videlicet comitatûs. (*Gall. Chr.*, no., T. IV, *instrum.* col. 129.)

Tonnerre était autrefois partagé en trois villes, savoir : la
ville haute qui s'étendait sur la montagne dite du vieux château,
la ville du bourg, ou la ville basse, et la ville de Saint-Michel,
contiguë à l'abbaye de ce nom. L'emplacement de la première
est aujourd'hui couvert de vignes ; la troisième est pareillement
détruite. La seconde, qui est la seule qui subsiste, est accompagnée de quatre faubourgs, dont le plus considérable, nommé le
Bourg-Béraud, avait autrefois son enceinte particulière, et était
fermé par des murailles qui régnaient le long de la rivière d'Armançon.

L'étendue du comté de Tonnerre, y compris ses annexes, est
d'environ sept lieues d'occident en orient, à prendre depuis Tonnerre jusqu'à Laigne, et d'environ quatre lieues du midi au nord.
Le Tonnerrois comprenait anciennement un espace plus grand ;
car la charte par laquelle le monastère de Saint-Loup de Chablis
fut réuni à l'abbaye de Saint-Martin de Tours, charte datée de
l'an 867, porte que ce lieu faisait partie du Tonnerrois : *Cella*
Capleiensis in pago Tornodurensi super fluvium Sedenæ in
honorem S. Lupi dicata. (*Mabil. Ann. Ben.* T. II, p. 203.) Le
premier propriétaire connu du château de Tonnerre, à qui l'on
donne le titre de comte, est S. Guerri, qui, ayant renoncé au
monde, se fit religieux à l'abbaye de St.-Pierre-le-Vif, près de

Sens, dont il devint abbé, monta, vers l'an 700, sur le siége de Sens, et mourut en l'an 708.

S. Ebbon, neveu de S. Guerri, lui succéda dans la seigneurie de Tonnerre, et l'imita dans sa retraite. La chronique de Saint Marien d'Auxerre dit qu'ayant eu le malheur de perdre ses parents, il abandonna, par dégoût du siècle, le château de Tonnerre, qui lui appartenait par droit d'héritage, pour se retirer, sur les traces de son oncle, à St.-Pierre-le-Vif; qu'imitateur de ses vertus, il devint comme lui abbé de ce monastère, puis (l'an 720 ou environ) archevêque de Sens, et mourut le 27 août de l'an 750. Depuis ce tems nous ne connaissons plus les possesseurs de Tonnerre jusqu'après le milieu du dixième siècle.

MILON I.

Milon fut, à ce qu'il paraît, le premier comte propriétaire de Tonnerre. Il vécut sous le règne de Lothaire et de Louis, son fils. L'an 980, voyant l'abbaye de Saint-Michel sur le mont Volut, près de Tonnerre, presque ruinée, il en rétablit et augmenta les édifices, la dota d'une portion de ses biens, et fit venir, de St.-Benigne de Dijon, un fervent religieux, nommé Dodon, pour la gouverner. Après avoir fait ainsi refleurir la piété dans ce monastère, il s'y consacra lui-même à la vie religieuse vers l'an 987, laissant d'Ingeltrude de Montreuil, son épouse, un fils, qui suit. Un nommé Calon date la donation qu'il fit de quelques fonds à cette abbaye, *tempore quo Milo Comes sæculum relinquens comam capitis sui et barbam totondit, cùm Dodo reverendus Abbas ipsum locum regebat.* Les clercs et les moines se coupaient alors la chevelure et la barbe pour se distinguer des laïques qui conservaient l'une et l'autre. (*Cartul. S. Michael Tornod.* pp. 12 et 61.)

GUI.

Gui, fils de Milon, lui succéda, l'an 987, au comté de Tonnerre. Son gouvernement fut de courte durée, et ne passa pas l'an 992. De sa femme, dont on ignore le nom, il laissa un fils, qui suit.

MILON II.

992 au plus tard. Milon était en possession du comté de Tonnerre en 992. Sa femme, nommée Ermengarde, lui donna plusieurs enfants, savoir : Achard, qui précéda son père au tombeau; Rainard, qui suit; Albéric, Gui et Milon. L'année de sa mort est incertaine. Mais on voit, par divers actes, qu'il était

contemporain de Brunon, évêque de Langres, depuis 980 jusqu'en 1016. Il fut enterré à l'abbaye de Saint-Michel, où il avait fondé son anniversaire du consentement de sa femme et de ses enfants. (*Cartul. S. Michael.* pp. 19, 25 et 61.)

RAINARD, ou RENAUD.

RAINARD, ou RENAUD, fils et successeur de Milon II, donna sa main à HERVISE, dont l'origine n'est point connue. Il eut d'elle Otton, mort avant lui; Hardouin, lequel, ayant embrassé l'état ecclésiastique, devint archidiacre de Noyon, et ensuite parvint à l'évêché de Langres qu'il occupa depuis l'an 1050 jusqu'à l'an 1065; et Ermengarde, mariée à Guillaume I, comte de Nevers. Rainard fit de grands biens à l'abbaye de Saint-Michel; et, étant à l'extrémité, il y choisit sa sépulture la huitième année du roi Henri I, c'est-à-dire l'an de J.-C. 1038. Sa femme lui survécut. (*Cartul. S. Michael.* pp. 40, 44 et 47; *Chron. Lingon.*, p. 90.)

MILON III, COMTE DE TONNERRE ET DE BAR-SUR-SEINE.

1038. MILON, frère de Renaud, lui succéda au comté de Tonnerre avec AZEKA, sa femme, héritière du comté de Bar-sur-Seine. Il eut de son mariage cinq fils; Gui, Henri, Valeran, Geoffroi et Hugues-Renaud, dont les quatre premiers moururent avant leur père. Hugues-Renaud étant entré dans le clergé, remplaça, l'an 1065, Hardouin, son cousin, sur le siége de Langres, et mourut en 1085. Milon eut aussi une fille, nommée Eustachie, qui fut mariée à Gautier I, comte de Brienne. MM. de Sainte-Marthe se trompent en faisant Hugues-Renaud, et conséquemment Eustachie, enfants du comte Renaud. Deux chartes produites par le P. Jacques Vignier (*Hist. manuscrite de Bar-sur-Seine*, p. 191), prouvent que Hugues-Renaud était fils d'Azeka. Par la première (sans date), tirée du cartulaire du prieuré de Vignori, Azeka donne à l'abbaye de Saint-Michel de Tonnerre deux moulins situés sur la Seine à Bar, dans le comté de Lassois (*in Comitatu Latiscensi.*) Hugues-Renaud, par la seconde, rapportée aussi dans le nouveau *Gallia Christ.* T. IV, *pr.* col. 145, et datée de l'an 1068, confirme à ce monastère ces deux moulins, pour en jouir après la mort de sa mère. *Dedimus ex hereditate nostra ad mensam fratrum..... molendinos duos post mortem matris meæ non procul a Monasterio (Barri) ædificatos.* Il est visible que ce sont ici les moulins qu'Azeka avait précédemment donnés. Qu'Eustachie ait été pareillement fille de Milon III et d'Azeka, Hugues-Renaud l'atteste de même dans une charte de l'an 1072, rapportée par MM. de Sainte-Marthe eux-mêmes (*Ga........, vet.* T. II, fol. 658 v°, et 659 r°.) C'est un acte par lequel ..... nne à l'abbaye de Moutier-en-Der son alleu d'Époutelmont, ou Potemont, du consentement de Gautier, comte de Brienne, qu'il qualifie son héritier, et de sa femme, sœur du prélat, qui se nomme Eustachie dans la souscription : *Valteri Breonensis Comitis heredis mei et uxoris suæ sororis meæ et infantium eorum nutu et assensu..... S. Valteri Comitis Breonensis, S. Eustachiæ Comitissæ, S. Engelberti filii ejus, etc.*

Revenons à Milon III. Ce comte fut un des bienfaiteurs de l'abbaye de S.-Michel. Dans une charte, où il lui fait donation du lieu dit *Caniacum* (Chenai, près de Tonnerre) avec ses dépendances, il nomme tous ses prédécesseurs, à l'exception du comte Renaud, son frère, en ces termes : *Illorum igitur nomina quos hujus eleemosynæ participes esse decrevi, sunt hæc : Miles atavus meus qui ipsius B. Michaelis Archangeli primus fundator extitit et ibi aliquantulum Monasticam vitam duxit, deinde Vido proavus meus seu Milo pater meus, sed et Vido filius meus qui innocenter a servis interfectus est.* Cette charte où Milon prend le titre de comte par la grâce de Dieu, formule qui ne tirait pas alors à conséquence, est souscrite par Azeka, sa femme, et leurs fils, Valeran et Geoffroi. Elle ne porte point de date; mais on lit tout de suite, et sans *alinéa*, dans le cartulaire de S.-Michel, les paroles suivantes ; *Post mortem denique suprà dicti Comitis, regnante filio ejus Hugone, cœpit* (nomen deest) *iniquis superstitionibus et consuetudinibus malis jam denominatum alodium opprimere. Sed postea nutu Dei compunctus pro remedio animæ suæ et pro salute fidelium suorum qui atrium S. Michaelis intra ditionem castelli sui quod postmodum recuperaverat, in multis violaverunt, hanc donationem liberè et cum omni integritate, presentibus fidelibus suis, manu propriâ firmavit..... S. Hugonis qui et Rainardi vocati Comitis..... Actum apud Tornodorum castrum, Monasterio S. Michælis, ipso die festivitatis ejus, palam coram omnibus, regnante Heinrico Rege, anno xvi regni ipsius.* On voit clairement par ce dernier acte que Milon III était mort quelques années avant l'an 1047, qui est la seizième année du règne de Henri I. La comtesse Azeka survécut à son époux.

HUGUES-RENAUD, comte de Tonnerre, puis évêque de Langres.

Hugues-Renaud, le dernier des fils de Milon III et le seul qui lui survécut, devint son successeur au comté de Tonnerre. Il hérita aussi de sa mère la seigneurie, ou le c   de Bar-sur-Seine, lorsqu'elle eut cessé de vivre. L'histori.. de la translation des reliques de S. Mamès, écrivain du treizième siècle, dit qu'il ne posséda ces domaines que comme tuteur de ses neveux qui étaient en bas âge. Mais ces neveux ne paraissent nulle part; et s'ils ont existé, ce qui suit fait voir qu'ils ne parvinrent point à l'âge de majorité. Hugues-Renaud, comme on l'a dit plus haut, engagé dans l'état ecclésiastique, monta, l'an 1065, sur le siége épiscopal de Langres. Il paraît que ce fut alors qu'il se démit du comté de Tonnerre en faveur de Guillaume I, comte de Nevers, mari d'Ermengarde, tante de ce prélat. Il est certain du moins que cette démission était faite en 1072. Ce qui le prouve, c'est que cette année, comme on l'a vu ci-dessus par l'acte de la donation d'Epoultemont, Hugues-Renaud reconnaissait Gautier de Brienne, son beau-frère, pour son unique héritier. Or, si le comté de Tonnerre eût encore été alors entre ses mains, il aurait fait partie de la succession que Gautier devait recueillir. Il est cependant hors de doute que jamais ce comté n'est entré dans la maison de Brienne; et d'ailleurs on ne peut nier que Guillaume I, comte de Nevers, ne l'ait possédé, ainsi qu'on peut le voir à l'article de ce dernier. (Voyez *aussi les comtes de Bar-sur-Seine*.)

GUILLAUME II.

GUILLAUME, second fils de Guillaume I, comte de Nevers, reçut de lui, pour son partage, le comté de Tonnerre. On ne peut marquer ni l'année de son investiture, ni celle de sa mort. Ce fut lui qui donna l'église de Saint-Aignan de Tonnerre à l'abbaye de Molême, du consentement de Guillaume, comte de Nevers, son père, à condition de célébrer un anniversaire pour Renaud, son frère, et Ermengarde, leur mère. (*Prem. Cartul. de Molême*, page 23.) Robert, évêque de Langres, confirma, l'an 1101, cette fondation à la prière de S. Robert, premier abbé de Molême. (*Deux. Cartul. de Molême*, fol. 61.) Mais c'était alors un autre GUILLAUME, neveu du nôtre, et fils de Renaud II, qui occupait le comté de Tonnerre. L'oncle était déjà mort, et avait peut-être précédé son père au tombeau. Il avait épousé, suivant M. le Beuf, la fille de Hugues, seigneur de Huban, dans le Nivernais, et sœur de Gautier, seigneur de Mailli, dans l'Auxerrois, dont elle hérita. Guillaume n'eut d'elle qu'une fille, nommée Alsinde, qui fut mariée, l'an 1099 au plus tard, à Aimon II, dit Vaire-Vache, sire de Bourbon. Elle n'hérita point du comté de Tonnerre qui passa à son cousin, qui suit.

GUILLAUME III.

Guillaume III, comte d'Auxerre et de Nevers, succéda à Guillaume II, son oncle, dans le comté de Tonnerre, et mourut, l'an 1148, laissant d'Alix, sa femme, entr'autres enfants, Guillaume, comte de Nevers et d'Auxerre, et Renaud, qui suit. (Voyez les comtes d'Auxerre.)

RENAUD.

1153 au plus tard. Renaud, dit aussi Bernard, fils de Guillaume II, fut pourvu par son père, l'an 1153, au plus tard, du comté de Tonnerre. Il suivit avec son père, l'an 1147, le roi Louis le Jeune à la croisade, et fut du nombre de ceux qui périrent dans les défilés de Laodicée, où l'arrière-garde de l'armée du roi fut taillée en pièces l'an 1148. C'est ce que mandait à l'abbé Suger, en lui rendant compte de ce désastre, le monarque en ces termes : *Fuerunt mortui in ascensu montanæ Laodiciæ minoris, inter districta locorum, consanguineus noster comes de Guarenna, Rainaldus Tornodorensis, etc.* Ce récit d'un roi, presque témoin de l'action, est contredit par Hugues de Poitiers, dans son histoire de Vezelai, où il assure que Renaud, ayant été pris par les Infidèles, traîna parmi eux le reste de ses jours dans une honteuse captivité : *Rainaldus*, dit-il, *captivitatis miseriam turpiter sortitus, servituti gentis barbaræ infeliciter addictus est.* Et ce qui met la prépondérance dans son témoignage sur celui du monarque, c'est une charte de Guillaume III, comte de Nevers, de l'an 1159, par laquelle il donne à l'abbaye de Molême tout ce qu'il possédait au canton du Trouchais, territoire des Riceis, avec promesse de faire ratifier cette donation par le comte Renaud, s'il revenait de la Terre-Sainte : *Quod si dominus Rainaldus, olim comes Tornodori.... ab Jerusalem revertetur, spopondi eis quod hæc donatio.... ab ipso laudaretur... Hoc laudavit uxor mea Ida et Guillelmus filius meus. Actum anno* MCLIX. (*1 Cartul. de Molême*, fol. 9, r°.) Le comte Renaud était donc toujours captif en 1159. Il l'était même encore en 1167, tems auquel Hugues de Poitiers écrivait son histoire. On ignore ce qu'il devint par la suite ; car il ne faut pas le confondre, comme font quelques modernes, avec Renaud, son neveu, seigneur de Décise. Depuis son départ pour la croisade, il n'est fait nulle mention de sa femme Alix, fille de Guichard III, sire de Beaujeu, dont il ne laissa point d'enfants.

GUILLAUME IV.

1159. GUILLAUME IV, comte de Tonnerre dès l'an 1159, au plus tard, devint comte de Nevers et d'Auxerre après la mort de Guillaume III, son père. Il mourut à la Terre-Sainte en 1167. (Voyez *les comtes de Nevers*.)

GUI.

1168. GUI, frère de Guillaume IV, lui succéda aux comtés de Nevers, d'Auxerre et de Tonnerre. Il mourut en 1175. MAHAUT DE BOURGOGNE, sa femme, se remaria successivement à Pierre de Flandre et à Robert II, comte de Dreux. (Voyez *les comtes de Nevers*.)

MAHAUT DE BOURGOGNE.

1175. MAHAUT, depuis la mort de Gui, son deuxième époux, comte d'Auxerre et de Tonnerre, gouverna le comté de Tonnerre jusqu'en 1192, époque de sa retraite à Fontevrault. (Voyez *les comtes de Nevers*.)

PIERRE DE COURTENAI.

1192. PIERRE DE COURTENAI, époux d'AGNÈS, sœur de Guillaume V, comte de Nevers et d'Auxerre, fils de Mahaut, gouverna, en 1192, lesdits comtés et celui de Tonnerre, au nom de Mahaut, leur fille unique, dont il avait la garde-noble. Il se remaria, l'an 1193, avec YOLANDE DE HAINAUT, et fut élu empereur de Constantinople en 1216. Il mourut au plus tard au mois de janvier 1218. (Voyez *les comtes de Nevers et les empereurs d'Orient*.)

HERVÉ ET MAHAUT.

1218. Lorsqu'on eut appris en France la mort de Pierre de Courtenai, HERVÉ, baron de Donzi, époux de MAHAUT, fille dudit Pierre, se mit, avec sa femme, en possession des comtés d'Auxerre et de Tonnerre. Il mourut l'an 1223. Mahaut se remaria, l'an 1226, à Guigues V, comte de Forez. Elle mourut au mois de juillet 1257. (Voyez *les comtes de Nevers*.)

MAHAUT ET EUDES.

1257. MAHAUT II, fille d'Archambaud X, sire de Bourbon, et d'Yolande, fille de Gui de Châtillon et d'Agnès de Donzi, succéda à Mahaut, sa bisaïeule, dans les comtés de Nevers, d'Auxerre et de Tonnerre. Elle avait épousé, en 1247, EUDES, fils de Hugues IV, duc de Bourgogne. Elle mourut en 1262, et lui en 1267 ou 1269, laissant trois filles : Yolande, comtesse de Nevers ; Marguerite, comtesse de Tonnerre ; et Alix, comtesse d'Auxerre, qui suivent. Il y eut entre elles un procès touchant la succession de leur mère, qui ne fut terminé qu'en 1273, par arrêt du parlement, qui divisa ces trois comtés. (*Voyez les comtes de Nevers et d'Auxerre.*)

COMTÉS D'AUXERRE.

ALIX DE BOURGOGNE ET JEAN DE CHALONS.

ALIX, troisième fille de Mahaut et d'Eudes de Bourgogne, eut, dans le partage de la succession de sa mère, le comté d'Auxerre avec les terres de Saint-Aignan et de Montjai. Elle épousa, le jour de la Toussaints 1268, JEAN DE CHALONS, sire de Rochefort, fils de Jean de Châlons, dit le Sage, sire de Salins, et d'Isabelle de Courtenai, sa seconde femme. Alix associa son époux à ses domaines. En qualité de comte d'Auxerre, Jean de Châlons eut de fréquents démêlés avec Erard de Lésignes, son évêque, qui l'excommunia lui et sa femme, et mit la ville d'Auxerre en interdit. Le comte ayant appelé de ces censures à Rome, Erard s'y rendit pour poursuivre cette affaire ; mais

COMTÉS DE TONNERRE.

MARGUERITE DE BOURGOGNE, ET CHARLES I, ROI DE SICILE.

MARGUERITE, née l'an 1248, fut maintenue par l'arrêt du parlement, dont ont vient de parler, dans la possession du comté de Tonnerre, dont elle avait été reconnue comtesse après la mort de Mahaut, sa mère. Elle devint reine de Naples et de Sicile par son mariage, contracté au mois de juin 1268, avec le roi CHARLES premier, et fit sa résidence en ce royaume. Marguerite jouissait de plus en France, du chef de sa mère, des baronnies d'Alluie et de Montmirail au Perche. Du chef de son père elle eut aussi les terres de Griselles et de Cruzi, enclavées dans le comté de Tonnerre, avec la garde de l'abbaye de Poutières, qu'elle reconnut être mouvantes du duché de Bourgogne par une déclaration passée à Naples, l'an 1272, de concert

COMTES D'AUXERRE.

il y trouva la mort le 18 mars 1279, après environ trois ans de séjour en cette ville. Il ne paraît pas que Jean de Châlons l'ait suivi dans ce voyage. Dans le même tems qu'il était en contestation avec ce prélat, le chapitre d'Auxerre plaidait au parlement contre son prévôt pour des atteintes qu'il donnait aux droits de cette compagnie. L'arrêt qui intervint en 1277 condamna le prélat à faire pénitence publique à quatre processions du chapitre, et à 100 l. d'amende (1). (Le Beuf.) Jean de Châlons perdit sa femme, l'an 1279, avant le mois de septembre. (*Idem.*) Coquille veut néanmoins qu'elle fût morte au moins deux ans plutôt. L'an 1281 (N. S.), au mois de mars, le comte Jean fait hommage à Guillaume des Grez, nouvel évêque d'Auxerre, et reconnaît que tout le comté relève de ce prélat. Il se démit, l'an 1283, de ce comté en faveur du fils qu'il avait eu d'ALIX. Celle-ci n'était que la seconde femme du comte Jean. Il avait épousé en premières noces ISABELLE, veuve de Guillaume de Vienne et fille de Mathieu II, duc de Lorraine. Après la mort d'Alix il contracta une troi-

COMTES DE TONNERRE.

avec le roi, son époux. (Plancher.) Ils rendirent pareillement hommage, par procuration du 24 avril de la même année, pour le comté de Tonnerre, à Gui, évêque de Langres. Tous deux étant à Paris en 1284, donnèrent une charte le 24 février pour confirmer les franchises de la ville de Tonnerre. (*Livre des chartes de Tonnerre.*) L'an 1285, au mois de janvier, Marguerite perdit son époux, qu'elle aimait tendrement, et dont elle avait été la consolation dans ses adversités. Veuve sans enfants, elle quitta la cour de Naples, dont elle avait été l'ornement et l'exemple par ses vertus; et, étant revenue en France, elle se retira dans son comté de Tonnerre, où elle passa le reste de ses jours dans les exercices de la plus haute piété. Deux princesses de ses parentes vinrent se réunir à elle dans sa retraite. L'une était Catherine de Courtenai, fille unique de Philippe de Courtenai, mort en 1285, et petite fille de Baudouin II, dernier empereur français de Constantinople. Charles de Valois, frère du roi Philippe le Bel, ayant depuis recherché Catherine en mariage, elle épousa ce prince en 1300, fut couronnée à Rome, avec lui impératrice titulaire de Constantinople l'année suivante, et mourut en 1307. (Voyez *les*

---

(1) L'argent monnayé était à 11 deniers 12 grains d'aloi, et valait 58 sous le marc; par conséquent, 100 livres forment, à peu de chose près, 34 marcs et demi, lesquels, à raison de 51 livres 4 sous 7 deniers le marc, produiraient actuellement 1,767 livres 8 sous 1 denier et demi.

COMTES D'AUXERRE.

sième alliance avec MARGUE-RITE DE BEAUJEU, fille de Louis de Forez, sire de Beaujeu, et mourut en 1309.

GUILLAUME DE CHALONS, COMTE D'AUXERRE ET DE TONNERRE.

1283. GUILLAUME DE CHALONS, surnommé LE GRAND à cause de ses éminentes qualités, fils de Jean de Châlons et d'Alix de Bourgogne (1), succéda en bas âge dans le comté d'Auxerre à sa mère par la démission et sous la garde-noble de son père, qui conserva toujours le titre du domaine qu'il lui avait cédé. L'an 1291, son père lui fit épouser ELÉONORE, fille d'Amédée V, comte de Savoie, qui lui apporta en dot la somme de quatre mille liv., qui n'était pas encore payée en 1296. Guillaume de Châlons, l'an 1292 (V. S.), devint comte de Tonnerre par la donation que lui en fit, le 2 janvier, la comtesse-reine Marguerite, sa tante maternelle. L'an 1296, le dimanche après la Saint Luc (21 octobre), il fit hommage de ce comté à l'évêque de Langres. Il assista, l'an 1302, avec son père aux états-généraux que le roi Phi-

COMTES DE TONNERRE.

comtes de *Valois*). L'autre princesse était Marguerite de Beaumont, fille de Louis de Brienne, vicomte de Beaumont-au-Maine, et veuve de Boémond VII, prince d'Antioche et comte de Tripoli. Elle persévéra auprès de la reine de Sicile, à laquelle elle survécut, n'étant morte qu'en 1328. Les pauvres furent le principal objet des soins de ces trois princesses pendant qu'elles demeurèrent ensemble. L'an 1291, la reine de Sicile, voulant étendre sa bienfaisance sur les races à venir, affranchit par une charte les habitants de Laignes du droit de mainmorte, et leur permit de s'ériger en commune. L'original de cette charte s'étant pourri depuis en plusieurs endroits, parce qu'il avait été long-tems dans le coin d'un mur où on l'avait mis par la crainte des guerres, du feu, et d'autres dangers, le roi Charles V la fit insérer dans des lettres par lesquelles il la confirma l'an 1372. (*Nouv. Tr. de Diplom.*, T. IV, p. 448.) Mais ce qui touche particulièrement les pauvres, la reine Marguerite fonda et dota richement, l'an 1293, un hôpital à Tonnerre sous le nom de Notre-Dame de Fontenille. Les deux autres princesses concoururent à cette bonne œuvre par leurs libéralités, et se mirent avec la reine

---

(1) Et non pas fils de Hugues et d'Alix de Méranie, comme le prétend un habile moderne.

COMTES D'AUXERRE ET DE TONNERRE.

lippe le Bel assembla, au mois d'avril pour aviser aux moyens de réprimer les entreprises du pape Boniface VIII. Il accompagna, l'an 1304, le même monarque dans son expédition de Flandre, et combattit, le 18 août, à la fameuse bataille de Mons-en-Puelle. Il mourut dans l'action, étouffé, dit M. le Beuf, par la chaleur et la poussière, plutôt que de ses blessures. De son mariage il laissa un fils, qui suit, et une fille nommée Jeanne, mariée, l'an 1321, à Robert, cinquième fils de Robert II, duc de Bourgogne.

JEAN II.

1304. JEAN II, fils de Guillaume de Châlons, appelé le seigneur de Rochefort du vivant de son père, lui succéda en bas âge sous la garde-noble d'Eléonore, sa mère, qui conserva cette fonction avec le titre de comtesse d'Auxerre jusqu'à son second mariage contracté, l'an 1308, avec Dreux de Mello, seigneur de Sainte-Hermine. Alors Jean de Châlons premier reprit la tutelle de son petit-fils et de sa petite-fille avec les titres de comte d'Auxerre et de Tonnerre. Mais ce ne fut pas pour long-tems; car il mourut vers le milieu de l'année suivante. Il fut enterré à la Charité-sur-Loire, laissant ses affaires en

COMTES DE TONNERRE.

à la tête des ministres de cet établissement, rendant aux malades assidument les services qui répugnent le plus à la nature. La reine, dans la crainte qu'un seul hôpital ne fût pas suffisant pour tous les malheureux de son comté, en établit un autre à Laignes, et un troisième à Ligni-le-Châtel. Mais son attention ne se borna pas au soulagement des pauvres : elle s'appliquait aussi à faire régner la paix et la concorde parmi tous ses vassaux, dont elle terminait les différents avec une sagesse qui paraissait au-dessus de son sexe. Le grand sens et l'esprit d'équité dont elle était douée, ainsi que ses autres vertus, lui avaient fait une telle réputation, que Robert, duc de Bourgogne, et Jean de Châlons, étant en procès touchant la succession de Béatrix de Bourgogne, dame de Montréal, la choisirent pour arbitre, et s'en rapportèrent à sa décision. La preuve de ce fait, si honorable pour cette princesse, se tire des lettres qui sont à la chambre des comptes de Dijon, *sous le scel de madame Marguerite; reine de Jérusalem et de Sicile, de messire Robert, duc de Bourgogne, de messire Jean de Châlons, seigneur de Arlai, et de madame Marguerite de Bourgogne, sa femme; des traités et accords faits par ladite reine sur le discors étant entre lesdits ducs et le seigneur de Arlai, pour la succession et échoite de feu damoiselle Béatrix de Bour-*

COMTES D'AUXERRE ET DE TONNERRE.

si mauvais état, que Marguerite de Beaujeu, sa veuve, jeta sa ceinture sur son tombeau, pour montrer qu'elle renonçait aux biens de son mari. Le bail des comtés d'Auxerre et de Tonnerre passa ensuite à Louis de Flandre comte de Nevers, attendu que Marguerite de Beaujeu n'était que la belle-mère du comte Guillaume, père du comte Jean II et de sa sœur. L'an 1309, le dimanche après la Saint-Marc (27 avril), comme bailliste de Jean et de Jeanne de Châlons, ses cousin et cousine, Louis de Flandre reprit de l'évêque de Langres pour le comté de Tonnerre. (*Cartul. de l'église de Langres.*) L'an 1314, Jean II, étant sorti de tutelle, se mit à la tête de la confédération formée par les nobles et le commun de Bourgogne, de Champagne et de Beauvaisis, contre le roi Philippe le Bel, à cause des exactions qu'il faisait sur son peuple et des changements continuels qu'il introduisait dans les monnaies. Mais la mort de ce prince, arrivée dans la même année, fit évanouir ce soulèvement.

L'an 1321, le comte Jean cède le comté de Tonnerre à Jeanne, sa sœur, en la mariant à Robert de Bourgogne. Il avait dès-lors perdu sa première femme, MARIE, fille d'Amédée II, comte de Genève, et

COMTES DE TONNERRE.

gogne, *dame de Montréal ; par lequel accord ladite succession demeurera au duc moyennant ce qu'il baillera à Jean de Châlons et à Marguerite, sa femme, les châtel, ville, terre et appartenances de Viteaux pour mille livres de rente ; l'an mil deux cent nonante neuf.* (*Invent. des registres de la chambre des comptes de Bourg.*)

La reine Marguerite passa dans son hôpital de Tonnerre les quinze dernières années de sa vie, qu'elle termina par une sainte mort, le 4 ou le 5 septembre de l'an 1308. Elle y fut inhumée au milieu des pleurs et des gémissements. Cette princesse avait fait en 1305 son testament, rempli de legs pieux pour les pauvres et les églises, non seulement du Tonnerrois, mais encore de ses terres du Perche. Elle avait disposé de celles-ci par acte du mois de janvier 1292 (V. S.) ; en fa-

JEANNE DE CHÂLONS, COMTESSE DE TONNERRE.

1321. JEANNE DE CHALONS, en épousant ROBERT, fils de Robert II, duc de Bourgogne, le 8 juin 1321, lui apporta en dot le comté de Tonnerre, que Jean, son frère, lui avait cédé. Robert ayant été au secours d'Edouard, comte de Savoie, qui était en guerre avec Guigues VIII, dauphin de Viennois, combattit dans l'armée du premier à la journée de Varei,

COMTES D'AUXERRE.

était remarié avec Alix, troisième fille de Renaud, comte de Montbéliard. Après la mort d'Ottenin, fils unique et successeur de Renaud, il prétendit, l'an 1323, partager sa succession avec Henri de Montfaucon, qui avait épousé la fille aînée de Renaud. Il y eut guerre à ce sujet; et Jean de Châlons s'en tira si bien; qu'il obligea son beau-frère d'en venir à un accommodement avec lui; mais on ne sait aucun détail là-dessus. Jean de Châlons entra aussi dans la guerre d'Edouard, comte de Savoie, contre Guigues-Dauphin, qui le fit prisonnier dans un combat livré dans la plaine de Saint-Jean-le-Vieux, près du château de Varei, le 9 août 1325. Sa captivité dura jusqu'au 15 mars 1329, jour auquel il fut remis entre les mains de Guillaume Flotte et de Gui Chevrier, commissaires du roi Philippe de Valois, sous promesse de rentrer en prison la veille de la Saint-André suivante au cas que le roi ne pût terminer les débats du dauphin et du comte de Savoie. Le comte Jean, mécontent de ce qu'Alix, sa femme, avait été oubliée dans le partage des

COMTES DE TONNERRE.

le 9 août 1325, et eut le malheur d'y être fait prisonnier. Malgré la lettre que le roi Charles le Bel écrivit le 22 janvier suivant, pour obtenir la délivrance de Robert; malgré l'offre que fit de 50 mille florins d'or pour sa rançon, Eudes, duc de Bourgogne, le 22 décembre suivant; enfin malgré les lettres qu'écrivit, le 13 mai 1328, le roi Philippe de Valois en sa faveur, le dauphin refusa constamment de le relâcher. Ce ne fut que cinq mois après cette dernière époque qu'il se laissa fléchir. Alors, de l'autorité du roi, le 17 octobre, on fit un traité en vertu duquel Robert recouvra sa liberté. (Valbonnais.) Ce prince mourut au mois d'octobre 1358, et fut enterré à Cîteaux, où l'on voit encore son tombeau de marbre noir, avec sa figure en marbre blanc, dans le chœur de cette église. Son épitaphe date sa mort du samedi,

veur de Robert de Flandre, fils de sa sœur Yolande, moyennant deux mille livres (1) de pension viagère, et avait cédé en même-tems le comté de Tonnerre à Guillaume de Châlons, fils de sa sœur Alix, sous la réserve encore d'une autre pension de seize cents livres. (Coquille.)

---

(1) L'argent monnayé était à 58 sous le marc et de 11 deniers 12 grains d'aloi; ainsi les 3,600 livres, montant des deux pensions que la comtesse Marguerite s'était réservées, faisaient 1,241 marcs 3 onces, lesquels, à raison de 51 liv. 4 sous 7 deniers le marc, valent aujourd'hui 63,575 liv. 7 sous 11 deniers.

COMTES D'AUXERRE.

biens de sa maison, fait en 1332, déclara la guerre à son beau-frère Henri de Montfaucon, qu'il prétendait avoir ravi une partie de l'héritage de sa femme. On a vu à l'art. d'Ottenin, comte de Montbéliard, comment ce différent s'accommoda. Le comte Jean eut ensuite avec Eudes IV, duc de Bourgogne, une querelle qu'il voulut déci-

COMTES DE TONNERRE.

veille de Saint-Luc ; et le nécrologe de l'hôpital de Tonnerre, du 14 octobre. Jeanne, sa femme, l'avait précédé au tombeau le 15 octobre 1333, sans laisser de postérité. Le comté de Tonnerre retourna ensuite à Jean de Châlons II. (*Voyez* Guillaume de Châlons, *comte d'Auxerre et de Tonnerre, et les suivants.*)

der, l'an 1336, par la voie des armes. Le marquis de Bade et le sire de Montfaucon, ses beaux-frères, le sire de Neuchâtel, le comte d'Etampes, et plusieurs seigneurs de Bourgogne, se déclarèrent en sa faveur, et lui fournirent du secours. Mais le roi Philippe de Valois, qui avait besoin du comte d'Auxerre pour l'employer contre les Anglais, étouffa cet incendie presque à sa naissance, par un accommodement auquel il amena les parties. Le malheur en voulut seulement au comte d'Etampes, qui fut tué en assiégeant le château de Pimorain, le 5 septembre 1336. L'an 1338, le comte Jean rentre dans le comté de Tonnerre, par la mort de Robert, son beau-frère. Il alla servir ensuite le roi sur les côtes de Flandre. Il périt, le 26 août 1346, à la fameuse bataille de Créci, gagnée sur la France par les Anglais. De son mariage avec ALIX, fille de Renaud, comte de Montbéliard (morte l'an 1362), il laissa un fils, qui suit, et quatre filles ; Marguerite, dame de Touci et du Puiset, mariée, en 1329, à Jean de Savoie, chevalier, morte sans lignée à Paris, l'an 1378, et enterrée aux Chartreux de cette ville ; Béatrix, femme de Humbert, sire de Thoire et de Villars, et deux religieuses.

JEAN III DE CHALONS,

Comte d'Auxerre et de Tonnerre.

1346. JEAN DE CHALONS, IIIe du nom, succéda à Jean II, son père, dans les comtés d'Auxerre et de Tonnerre, ainsi que dans les baronnies de Rochefort, de Saint-Aignan et de Montjai. Sa naissance illustre et son mérite personnel lui avaient déjà donné un rang distingué parmi les seigneurs du royaume. Il ne tarda pas à être élevé à la charge de grand bouteiller de France. L'an 1356, il fut pris à la bataille de Poitiers, et conduit en

Angleterre avec le roi Jean. Pendant sa captivité, les Anglais, joints aux Navarrois, prirent, le 8 décembre de l'an 1358, le château de Regennes, appartenant à l'évêque d'Auxerre, et, le 10 mars suivant, ils se rendirent maîtres de la ville d'Auxerre par surprise. Le fils aîné du comte Jean, qui s'était retiré dans le château, fut pris, dans cette occasion, avec sa femme et un grand nombre de citoyens. Sur les menaces que les ennemis firent de mettre le feu à la ville, les Auxerrois se rachetèrent de ce malheur en promettant de leur payer cinquante mille sous d'or au mouton (1). L'an 1359, le roi d'Angleterre (Edouard III), après avoir échoué devant Reims au bout de sept semaines de siége, et fait des efforts également impuissants contre Saint-Florentin, vint se présenter devant Tonnerre. *La ville*, dit Froissart (vol. 1, c. 10), *se défendit bien, et là eut grand assaut et dur, et là fut la ville de Tonnerre prise par force.* Le monarque anglais s'étant donc rendu maître de la ville basse, s'y reposa durant cinq jours avec son armée, qui était extrêmement fatiguée. Les soldats y firent grand'chère tant que durèrent trois mille pièces de vin qu'ils y trouvèrent. Edouard attaqua ensuite, mais inutilement, le château défendu par Baudouin d'Hennequin, maître des arbalêtriers. En quittant la ville il y mit le feu, qui consuma toutes les maisons et les églises, à l'exception de l'hôpital. Le comte Jean revint, l'an 1360, en France, avec le roi, son maître, sur la fin d'octobre. Il mourut, suivant la conjecture de M. le Beuf, l'an 1366; mais nul monument ne marque le tems de sa mort. Ce fut lui qui accorda le droit de chasse à tous les habitants d'Auxerre. Il laissa de Marie Crespin, sa femme, dame de Louves et de Boulavant, Jean, qui suit; Marguerite, morte sans alliance; et Mahaut, femme de Jean d'Antigui.

JEAN IV DE CHALONS.

1366. Jean IV, dit Esthier, fils de Jean III, lui succéda au comté d'Auxerre, qu'ils gouvernaient ensemble depuis qu'il était revenu de captivité avec lui. Ce fut un des plus illustres guerriers de son tems. L'an 1363, le 21 décembre, il chassa du fort des Murs, près de Corbeil, une troupe de brigands qui de là infestaient le pays. S'étant ensuite avancé dans la Beauce,

---

(1) Les sous d'or au mouton, c'est-à-dire les petits moutons, avaient cours pour 12 sous 6 deniers; ils étaient d'or fin et de la taille de 104 au marc. Ainsi 50,000 moutons pesaient 480 marcs 6 onces 1 gros 16 grains : à 828 liv. 12 sous le marc, ils vaudraient actuellement 398,36 liv. 5 sous 5 deniers.

il se joignit à d'autres capitaines avec lesquels il remporta divers avantages sur les Anglais. L'an 1364, les chevaliers français, sur le point de livrer la bataille de Cocherel, déférèrent le commandement au comte d'Auxerre, et le pressèrent vivement de l'accepter. *Comte d'Auxerre,* lui dirent-ils, *vous estes de plus grande mise de terres et de lignage qu'icy soit : si pouvez bien de droit estre nostre chef.* Mais il se refusa constamment à leurs instances, disant qu'il était trop jeune, et les engagea à prendre pour général du Guesclin. Il n'en eut guère moins de part à la victoire que les Français remportèrent à cette mémorable journée, où le cri de guerre des Français fut *Notre-Dame d'Auxerre*, et dont la date est du 16 mai, le jeudi après la Pentecôte. Il se trouva peu de tems après au siége de la Charité-sur-Loire; et, le 29 septembre de la même année, il commanda une aile de l'armée de Charles de Blois à la bataille d'Aurai, où il perdit l'œil gauche d'un coup d'épée qu'il reçut par l'ouverture de son casque. Cet accident le força de se rendre à celui qui l'avait blessé. Quoique son père, vivant encore, eût la principale autorité dans Auxerre, cette ville prit tant de part à son malheur, qu'elle se cotisa pour aider à faire sa rançon. Celle de Tonnerre se joignit à elle pour cet objet, auquel elle contribua de concert avec les bourgs et villages du comté, pour une somme de trois mille deux cents livres; au moyen de quoi le comte recouvra sa liberté. L'an 1367, nouveau malheur pour le comte Jean IV : il encourut la disgrâce du roi Charles V, qui le fit enfermer au Louvre. La cause de cette punition n'est point certaine. Nous sommes portés à croire avec Golut que c'était une satisfaction que le monarque crut devoir donner au duc de Bourgogne, son frère, pour les dégâts que ce comte avait commis sur ses terres. L'abbaye de Poutières, dont il avait cédé la garde à Jean de Sainte-Croix, son gendre, souffrait également des vexations que leurs officiers, à la faveur de ce titre, exerçaient sur ses terres. L'abbé Etienne en porta inutilement ses plaintes au bailli de Tonnerre, qui résidait à Paris. Irrité de ce déni de justice, il assembla son chapitre, et, par délibération du 9 septembre 1370, ils élurent gardien de l'abbaye Philippe le Hardi, duc de Bourgogne, sous les clauses suivantes, 1° que les religieux de Poutières, ni leurs vassaux, ne seront point sujets du duc ni de ses successeurs, si ce n'est au fait de la garde; 2° que lesdits religieux auront des notaires en leurs terres; 3° que l'échoite des bâtards leur appartiendra comme du passé; 4° que le duc ni ses successeurs ne pourront retenir leurs hommes en bourgeoisie; 5° que, pour raison de ladite garde, les habitants du duché ne pourront s'élargir pour le vain paturage; 6° que les ducs ne pourront prétendre, pour raison de ce droit, aucun secours de chevaux, de chiens, d'oiseaux, ni d'autres choses. (*Chamb. des comptes de Dijon*, p. 119, cot. 3.) Pour faire sa paix avec le roi, le comte Jean lui vendit le comté d'Auxerre pour la somme de trente-un mille livres d'or (1), par acte daté du 5 janvier 1370 (V. S.). Cette vente ne fut point approuvée de sa famille. Louis de Châlons, son fils, « intenta procès, dit Coquille, au parlement » contre le procureur du roi, afin d'avoir adjudication dudit » comté d'Auxerre par retrait lignager et autres moyens. » Louis obtint provisoirement un arrêt qui le déclara curateur de son père, qui était tombé en démence des coups qu'il avait reçus à la tête dans les combats. Mais il ne put faire pour lors les fonctions de cet emploi, les Anglais l'ayant fait prisonnier l'an 1372.

Marguerite, sœur du comte Jean, se fit adjuger, l'an 1373, pendant la captivité de Louis, par un nouvel arrêt, le gouvernement du comté d'Auxerre, avec des réserves pour les places fortes et les réparations des fortifications (2). Louis de retour en France l'an 1376 au plus tard, confirma *les droits, franchises et libertés de la ville de Tonnerre* par acte du 8 mars 1376 (V.S.), *comme ayant*, dit-il, *de par le roy, nostre sire, le gouvernement, cure et administration des chatels et terres appartenans à monsieur mon père.* Cette ville, l'année suivante, lui donna un gage de sa reconnaissance, en consentant, par délibération du *lundi après la fête de saint Jacques et de saint Philippe* (4 mai), de lui payer, pendant un an seulement, commencé au 15 mars précédent, la dime de ses blés, vins et laines, pour achever le payement de sa rançon, qui était de six mille livres. (*Arc. de Tonnerre.*) Le comte Jean, son père, finit ses jours, l'an 1379, sans laisser de postérité, si l'on en croit les généalogistes, qui donnent Louis de Châlons pour son frère ; ce qui est assez réfuté par ce qu'on vient de voir.

LOUIS I.er DE CHALONS.

1379. LOUIS I.er de CHALONS, dit *le Chevalier Vert*, de la couleur de son écharpe, succéda dans le comté de Tonnerre à Jean IV, son père et non pas son frère. Il reprit le procès qu'il avait intenté

---

(1) La livre d'or se nommait fleur de lys, et avait cours pour une livre ou 20 sous ; elle était d'or fin et de la taille de 64 au marc ; par conséquent, 31,000 fleurs de lys devaient peser 484 marcs 3 onces, à 828 livres 12 sous le marc, produisent 401,353 liv. 2 sous 6 den.

(2) Ce comté fut depuis réuni à la couronne ; mais il en fut ensuite détaché pour faire partie des domaines que les plénipotentiaires du roi Charles VII. cédèrent, l'an 1435, à Philippe le Bon, duc de Bourgogne, dans les fameuses conférences d'Arras : ce qui fut ratifié par ce monarque.

au roi, touchant la vente du comté d'Auxerre, et obtint du parlement des commissaires pour informer sur les lieux : mais il ne vit pas la fin de cette affaire. Louis n'était pas moins brave que son père. Ce fut au siége de la Charité-sur-Loire qu'il commença de se faire connaître. Il eut tant de part, avec Robert d'Alençon, à la reprise de cette place, que tous deux furent faits chevaliers le jour même et à l'issue de cet événement. Il ne se distingua pas moins en 1364 à la bataille de Cocherel. Louis fut pris le 29 de septembre de la même année avec du Guesclin à celle d'Aurai, et recouvra sa liberté à la paix qui se fit au mois d'avril de l'année suivante. Mais, se voyant alors sans emploi, il se mit avec le chevalier Hugues de Caurelée à la tête de trente mille hommes, qui firent trembler successivement toutes les provinces du royaume sous le nom de *grandes Compagnies*. On sait que le roi Charles V fut obligé de traiter avec ces brigands par le canal de du Guesclin, qui les emmena en Espagne. Louis passa avec elles dans ce pays, et y signala sa valeur au service de Henri de Transtamare. De retour en France, il servit de nouveau contre les Anglais, qui le firent une seconde fois prisonnier. Sa captivité fut longue cette fois ; car on ne le voit reparaître en France qu'en 1376, encore n'était-il alors que renvoyé sur sa parole, ne s'étant pas trouvé en état de payer comptant sa rançon. Pour l'acquitter, il fit usage du droit qu'avaient les seigneurs de lever des contributions extraordinaires sur leurs vassaux dans les trois cas suivants, savoir, lorsqu'ils faisaient leurs fils chevaliers, lorsqu'ils mariaient leurs filles, et lorsqu'eux ou leurs enfants étaient pris à la guerre. L'an 1382, il suivit le roi Charles VI dans sa campagne de Flandre, et combattit à la bataille de Rosebèque. On ignore la suite de ses exploits jusqu'à sa mort arrivée l'an 1398. De MARIE DE PARTHENAI, sa femme, il laissa cinq fils et deux filles ; Louis, qui suit ; Hugues, seigneur de Crusi, mort sans enfants de Catherine de l'Ile-Bouchard, sa femme, laquelle, étant devenue veuve, se remaria au fameux Giac, ministre et favori du roi Charles VII, puis en 1426 à Georges de la Trémoille (c'est cette dame qui, étant devenue la maîtresse de Jean, duc de Bourgogne, le détermina à se trouver à l'entrevue de Montereau, où il périt); Guillaume, chevalier de Rhodes ; Jean, seigneur de Ligni-le-Châtel, tué à la bataille d'Azincourt ; Amédée, abbé de Baume ; Jeanne, comtesse en partie de Tonnerre, mariée, le 10 août 1400, à Jean de la Baume, seigneur de Bonrepos, morte la même année et enterrée à Pontigni ; et Marguerite, comtesse en partie de Tonnerre, dame de Saint-Aignan après sa sœur, et femme d'Olivier de Husson, chambellan du roi Charles VII.

LOUIS II DE CHALONS.

1398. LOUIS II DE CHALONS succéda au comte Louis I, son père, dans une partie du comté de Tonnerre. Il reprit à son avénement le procès de sa famille avec le roi pour le comté d'Auxerre. Mais, l'an 1404, de concert avec ses frères et sœurs, il donna son désistement par acte du 16 août, moyennant une somme de 55,750 livres, que le roi s'obligea de leur payer à certains termes. (*Mss. du roi*, n° 9420, fol. 112, v°.). Louis épousa, l'an 1402, MARIE, fille de Gui de la Trémoille, V° du nom (mort à Rhodes, l'an 1397, au retour de l'expédition de Hongrie), et de Marie de Sulli, qui avait alors pour second mari le connétable d'Albret. Marie de la Trémoille apporta en dot au comte Louis vingt mille francs d'or (1), qui lui furent donnés par sa mère et son beau-père. Louis s'étant dégoûté de sa femme, la répudia sous prétexte de parenté, et se remaria avec Jeanne de Périlleux, fille d'honneur de Marguerite de Hainaut, duchesse de Bourgogne, dont il était devenu amoureux, et qu'il avait enlevée. Louis de Châlons était effectivement parent de Marie de la Trémoille. Mais apparemment que le comte de Tonnerre y procéda militairement et sans observer les formalités ; car Marie de la Trémoille se prétendit toujours sa femme légitime. La duchesse de Bourgogne, irritée de l'attentat de Louis de Châlons, en demanda vengeance, et le duc, son mari, se préparait à pousser à bout le ravisseur. Celui-ci, sans s'étonner, lui signifia qu'il ne le reconnaissait plus pour son seigneur, et qu'il se rendait vassal du duc d'Orléans, fils de celui que le duc de Bourgogne avait fait assassiner. Le duc d'Orléans envoya des troupes au comte de Tonnerre, lequel, avec ce secours, se maintint quelque tems dans son comté, dont il se vit à la fin dépouillé. La ville et le château de Tonnerre ayant fermé leurs portes aux Bourguignons, essuyèrent un siége qui fut très-court. *Les Bourguignons*, dit un historien du tems, *y entrèrent la torche enflammée à la main, et détruisirent entièrement le château*. Ils en firent autant de ceux de Laignes, de Griselles, de Crusi, d'Argenteuil et de Channes. Le château de Belin, que le comte Louis possédait au-dessus de la ville de Salins en Franche-Comté, fut aussi attaqué par les Bourguignons; mais il ne se rendit pas si facilement. La place étant forte et pourvue d'une

---

(1) Les francs étaient d'or fin, et de la taille de 63 au marc; par conséquent, 20,000 francs d'or pesaient 317 marcs 3 onces 5 gros 1 denier et 9 grains, lesquels, à raison de 828 liv. 12 s. le marc, produiraient actuellement 263,047 liv. 11 sous 10 deniers.

bonne garnison, le siége en fut long. A la fin cependant elle fut prise, et le duc la donna à son fils, qui depuis joignit le titre de seigneur du Château-Belin à celui du comte de Charolais. Ceci se passa en 1414. Le duc de Bourgogne prévoyant que ces hostilités, contraires au dernier traité de paix, ne seraient point approuvées du roi Charles VI, écrivit à ce monarque pour se justifier. Dans sa lettre il disait qu'il n'en avait agi de la sorte contre le comte de Tonnerre, que pour le punir de sa félonie; que ce comte étant son vassal, il n'avait pu ni dû prendre le parti de la maison d'Orléans contre lui. Il ajoutait que, tandis qu'il était occupé dans les Pays-Bas à la guerre contre les Liégeois pour la défense de leur évêque, son beau-frère, *le comte de Tonnerre s'était rebellé contre lui plusieurs fois et sans cause, en lui défiant et entreprenant sur sa terre, icelle détruisant et emmenant ses proyes...* Mais, dit Paradin, *le duc de Bourgogne, à dire la vérité, se vengeait de Louis, Jean et Hugues de Châlons, qui suivaient le parti du duc d'Orléans contre le duc de Bourgogne, leur seigneur droiturier*. Le duc de Bourgogne passe sous silence les ravages que le duc de Lorraine et le comte de Nevers avaient faits dans le Tonnerrois. Ce prince n'en demeura point là. Il obtint du roi des lettres datées du 25 juillet 1419, par lesquelles ce monarque, en récompense des services rendus à l'état par le duc de Bourgogne, et en dédommagement des dépenses qu'il avait faites pour soutenir les droits du royaume et les défendre contre tous ses ennemis, lui donne pour lui et ses héritiers, *en augmentation et accroissement du fief de la Bourgogne le comté de Tonnerre*, dont auparavant était possesseur Louis de Châlons, *lequel fief*, fait-on dire au roi, *est mouvant de nous à cause de nostre comté d'Auxerre.* (*Hist. de Bourg.* T. IV, p. 1..) Il est visible que le duc de Bourgogne avait dicté lui-même ces lettres; car quel autre que lui aurait osé y insérer que le comté de Tonnerre relevait de celui d'Auxerre? Lui seul avait besoin de ce mensonge grossier pour se faire adjuger le comté dont il s'était emparé. Mais il ne jouit pas long-tems du fruit de cette supercherie. Il périt de la manière qu'on l'a dit ailleurs, le 10 septembre de la même année. Sa mort ne changea rien cependant à l'état du comté de Tonnerre, qui fut compris dans sa succession, que le duc Philippe le Bon, son fils, recueillit.

Philippe, en mariant, le 10 octobre 1423, Marguerite, sa sœur, duchesse de Guienne, avec Artur, comte de Richemont, lui assura six mille livres de rente, dans l'assignat desquelles les commissaires nommés à cet effet, le 3 novembre suivant, comprirent le comté de Tonnerre avec les Châtellenies de Cruzi, Laignes et Griselles, dont le duc fit cession à sa sœur. (*Chamb. des comptes de Dijon.*) Le comte Louis de Châlons servait cependant le nouveau roi Charles VII avec valeur contre les Anglais et les Bourguignons. Ce monarque perdit en lui un de ses meilleurs capitaines, à la bataille de Verneuil, où il fut tué le 17 août 1424. En mourant il laissa la matière d'un grand procès entre ses deux femmes par rapport au douaire. Aucune des deux n'avait d'enfants de lui. Marie de la Trémoille, soutenue par la cour de Bourgogne, fut reconnue pour la seule femme légitime du comte Louis, et la seule par conséquent qui eût hypothèque sur le comté de Tonnerre. Long-tems même avant la mort de son mari, le duc Jean-Sans-Peur lui avait assigné par provision, sur les terres confisquées, les revenus de celles d'Orgelet, de Monnot et de Montaigu. (Plancher, *Hist. de Bourg.* T. III, pp. 441-462.) Elle mourut au plutôt en 1433. Le comte Louis laissa un bâtard nommé Jean de Châlons, que le roi Charles VI légitima, et auquel Jeanne de Châlons, sa tante, transporta la seigneurie de Ligni-le-Châtel. Il se distingua sous Charles VII, dans les guerres contre les Anglais.

JEANNE ET MARGUERITE DE CHALONS.

1433. JEANNE ET MARGUERITE DE CHALONS, filles du comte Louis premier, partagèrent entre elles, après la mort de Marie de la Trémoille, leur belle-sœur, le comté de Tonnerre, dont elles eurent la pleine jouissance par le traité d'Arras, fait entre le roi Charles VII et Philippe le Bon, duc de Bourgogne. Jeanne dans, ses chartes, joignait au titre de comtesse de Tonnerre ceux de vicomtesse de Ligni, et de dame de Bonrepos, de Saint-Aignan et de Valençai en Brie. Elle épousa JEAN DE LA BAUME, seigneur de Bonrepos, qu'elle fit père de Claude de la Baume, comte de Montrevel, dont les successeurs ont possédé long-tems la vicomté de Ligni. Jeanne étant veuve vendit sa part du comté de Tonnerre à Marguerite, sa sœur, dont elle ne put jamais obtenir le prix convenu ; ce qui donna lieu à une façon de parler qui est encore en usage dans le Tonnerrois, lorsqu'il s'agit d'un acheteur qui refuse de payer : *C'est*, dit-on, *Margot de Châlons, qui eut l'argent et la denrée*. Jeanne, sur le refus obstiné de sa sœur, fit une nouvelle vente de sa part, l'an 1440, à Louis de Châlons, son parent, et à Guillaume, son fils, seigneur d'Argenteuil. Guillaume prit possession du comté de Tonnerre, et peu de tems après donna de nouvelles provisions à Jean de Tholon, maître de l'hôpital de Tonnerre ; ce qui fut le salut de cette maison, qui depuis long-tems était au pillage. Cependant Marguerite de Châlons ne laissa pas Guillaume en paisible jouissance de la part qu'il avait acquise. Elle intenta contre lui l'action de retrait et obtint au parlement de Paris un arrêt qui lui adjugea sa demande. Marguerite avait pour lors consigné son argent au greffe de la cour, d'où il fut tiré par ordre du roi, qui se l'appropria, parce que Guillaume avait quitté la France pour quelque mécontentement. Marguerite eut pour époux OLIVIER DE HUSSON, chevalier, chambellan du roi Charles VII, dont elle laissa un fils, qui suit.

JEAN DE HUSSON.

JEAN DE HUSSON, fils d'Olivier de Husson et de Marguerite de Châlons, fut le successeur de sa mère au comté de Tonnerre et en la seigneurie de Saint-Aignan, qu'elle avait acquise de sa sœur. Il épousa JEANNE SANGLIER, veuve de Jean de la Rochefoucauld, seigneur de Barbezieux, de laquelle il laissa un fils, qui suit. Dès l'an 1453, Jean de Husson, comme on le voit par des actes, prenait le titre de comte de Tonnerre, et quelquefois de comte de Saint-Aignan. La fidélité constante de Jean de Husson envers le roi Louis XI dans les brouilleries qui s'élevèrent entre ce prince et Charles, duc de Bourgogne, devint funeste au comté de Tonnerre. L'an 1472, les Bourguignons, sous la conduite du comte de Rouci, fils du connétable de Saint-Paul, firent irruption dans ce comté, où ils commirent toutes sortes de ravages, à l'exception de l'incendie : car les historiens remarquent que les Français et les Bourguignons, dans les guerres fréquentes qu'ils se firent, eurent toujours ces égards réciproques entre eux de ne jamais se permettre de brûler les maisons dans leurs hostilités. Voici ce que raconte Monstrelet de cette irruption. « Sur ces entrefaites, dit-il, aucuns tenant la partie du duc « de Bourgogne, comme le comte de Rouci, fils du connétable, « et autres de leur parti, tinrent les champs aux pays et marches « de Bourgogne, et s'en vinrent espandre et loger en la comté « de Tonnerre, où ils ne trouvèrent aucune résistance, en gas- « tant et détruisant pays, vinrent jusqu'à Joigni » Un mémoire manuscrit nous apprend que, le 8 octobre 1472, ils pillèrent la ville de Tonnerre, et la rançonnèrent pour la somme de trois mille huit cents écus d'or (1). L'an 1485, le comte Jean de Husson, par une charte du 10 mai, confirma les droits et franchises accordés par Louis de Châlons à la ville de Tonnerre. C'est la dernière époque connue de sa vie.

---

(1) L'écu d'or (à la couronne) était au titre de 23 karats et un huitième, et de la taille de 71 au marc : par conséquent, 3,800 écus pesaient 53 marcs 4 onces 1 gros 1 denier 1 grain ; à raison de 798 livres 7 sous 9 deniers le marc, suivant le tarif du mois de novembre 1785, valent 42,730 liv. 8 sous 9 den.

CHARLES DE HUSSON.

CHARLES DE HUSSON, fils et héritier de Jean de Husson et de Jeanne Sanglier, prenait le titre de baron de Saint-Aignan et de Celles en Berri du vivant de son père. Il affranchit, l'an 1492, les habitants de Tonnerre d'une ancienne et bizarre servitude, qu'on appelait le *Gist de Cruzi*. Elle obligeait les nouveaux mariés d'aller coucher la première nuit de leurs noces à Cruzi; sans quoi ils ne pouvaient acquérir le droit de bourgeoisie. Cet affranchissement ne fut pas gratuit. Le comte y mit pour condition qu'à perpétuité chaque chef de famille lui paierait et à ses successeurs, le jour de S. Remi, la somme de dix sous huit deniers la première année qu'il entrerait dans la bourgeoisie de Tonnerre, soit par mariage, soit par nouvelle habitation, et les autres années vingt deniers pour le feu entier, et moitié pour le demi-feu. C'est ce qu'on appelle encore à Tonnerre *le droit de bourgeoisie*. Charles de Husson mourut la même année, laissant d'ANTOINETTE DE LA TRÉMOILLE, qu'il avait épousée en 1473, Louis, qui suit; Claude, évêque de Poitiers; Anne, mariée à Bernardin de Clermont; Louise, dame de Saint-Aignan, femme d'Emeri de Beauvilliers, tige des comtes de Saint-Aignan; Madeleine, qui épousa Jean d'Etampes; et deux religieuses.

LOUIS Ier DE HUSSON.

1492. LOUIS, fils aîné de Charles de Husson, lui succéda au comté de Tonnerre, et mourut en 1505, laissant de FRANÇOISE DE ROHAN, son épouse, fille de Louis de Rohan, seigneur de Guémené, deux fils, Claude et Louis, qui suivent.

CLAUDE DE HUSSON.

1505. CLAUDE DE HUSSON succéda en bas âge à Louis, son père, dans le comté de Tonnerre et la baronnie de Saint-Aignan; mais il n'entra en possession du Tonnerrois qu'en 1515, après la mort du roi Louis XII dont il avait été page. Ce fut un des seigneurs les plus accomplis de son tems. Il suivit dans les guerres d'Italie le roi François premier, et fut tué le 24 février 1525, à la bataille de Pavie, sans laisser de postérité.

LOUIS II DE HUSSON.

1525. LOUIS DE HUSSON, placé sur le siége de l'église de Poitiers en 1521, à l'âge d'environ dix-neuf ans, succéda, l'an 1525, à Claude, son frère. Sept ans après il quitta l'évêché, n'étant encore que sous-diacre, et prit le parti des armes. Il mourut, l'an 1537, au camp devant Avignon, sans avoir pris d'alliance, quoiqu'il eût obtenu dispense de Rome pour se marier en 1532.

ANNE DE HUSSON.

1537. ANNE DE HUSSON, ayant partagé le 9 novembre 1537, avec ses sœurs, Louise et Madeleine, la succession de Louis, leur neveu, eut pour sa part tout le comté de Tonnerre moyennant une somme qu'elle leur paya. Elle avait épousé, le 31 janvier 1497, Bernardin de Clermont, vicomte de Clermont en Viennois et de Tallart, premier baron, grand-maître et connétable héréditaire de Dauphiné, conseiller et chambellan du roi Louis XII. La maison de Clermont, qui subsiste encore avec gloire de nos jours, remonte jusqu'à Sibaud premier, seigneur de Clermont, qui vivait sur la fin du XIe siècle. Bernardin de Clermont, mari d'Anne de Husson, était mort long-tems avant qu'elle entrât en possession du comté de Tonnerre, et vraisemblablement vers la fin de 1532; car on voit qu'il avait fait son testament le 15 septembre de cette année. De ce mariage sortirent treize enfants, dont l'aîné fut Antoine de Clermont, en faveur duquel le roi François premier érigea la baronnie de Clermont en comté l'an 1547. Nommé grand-maître des eaux et forêts, en 1551, lieutenant-général du roi en Dauphiné, l'an 1554, puis en Savoie, il rendit de bons services dans les grandes places qu'il occupa. Il avait épousé Françoise de Poitiers, fille de Jean de Poitiers, seigneur de Saint-Vallier. Quoique l'aîné de sa famille, il n'eut point le comté de Tonnerre, et s'en tint pour la succession de sa mère à la donation qui lui avait été faite, par son contrat de mariage, des terres de Laignes, Griselles, Cruzi, Anci-le-Franc et Champignelles. Ce fut lui qui commença en 1555 le superbe château d'Anci-le-Franc. Les plus remarquables des autres enfants de Bernardin de Clermont et d'Anne de Husson furent, Gabriel, évêque de Gap; Théodore, évêque de Senez; Julien, baron de Thouri; Laurent, tué à la bataille de Cérisoles; et Louise, qui suit. Anne, mère de ces enfants, termina ses jours le 26 septembre 1540, et fut inhumée à l'hôpital de Tonnerre, où l'on voit encore son tombeau.

LOUISE DE CLERMONT avec FRANÇOIS DU BELLAI, puis avec ANTOINE DE CRUSSOL.

1540. LOUISE DE CLERMONT succéda à sa mère, Anne de Husson, dans le comté de Tonnerre, tant de son chef que par les acquisitions qu'elle fit de ses frères et sœurs. Elle épousa, 1°, l'an 1538, FRANÇOIS DU BELLAI, prince d'Yvetot, dont elle eut Henri, mort en 1554, un an après son père; 2°, l'an 1556, ANTOINE DE CRUSSOL, vicomte d'Uzès, en faveur duquel le roi Charles IX érigea la vicomté d'Uzès en duché, par lettres données au Mont-de-Marsan dans le mois de mai 1565. Elle devint veuve une seconde fois, le 15 août 1573, sans avoir eu d'enfants de son deuxième époux, et mourut en 1596, âgée de près de 92 ans. Pendant le règne de cette comtesse, il se passa à Tonnerre des événements qui méritent d'être rapportés. En 1542, le roi François Ier vint à Tonnerre avec sa cour, et y passa dix jours, dans lesquels se rencontra la fête de Pâques. Durant son séjour, il reçut un ambassadeur de Charles V, qui lui déclara la guerre dans la grande salle de l'hôpital. Avant son départ, le monarque fit l'honneur à Jean Stuart, lieutenant de sa garde écossaise, d'aller dîner à sa maison de Fontaine-Geri, nouvellement bâtie. L'an 1553 (N. S.), les habitants de la ville et comté de Tonnerre obtinrent, par arrêt du 11 mars, l'exemption et franchise des lods et ventes, que le comte François du Bellai prétendait lui être dûs, pour vente d'héritages. L'an 1556, un mardi 8 juillet, la ville de Tonnerre fut entièrement réduite en cendres, à l'exception de l'hôpital. Ce ne fut point un événement fortuit : on découvrit les auteurs de cet incendie, dont plusieurs subirent la peine du talion. La précipitation avec laquelle les Tonnerrois rebâtirent leurs maisons ne leur permit pas d'observer entre eux l'alignement : de là vient l'irrégularité des rues de Tonnerre. Cette ville était à peine rétablie, que ses habitants furent obligés, par les conjonctures, de pourvoir à la sûreté de leurs nouvelles demeures. Attachés à la vraie religion et fidèles à leur roi, ils avaient à redouter l'invasion des Huguenots, dont les chefs étaient dans leur voisinage. Noyers, en effet, appartenait au prince de Condé, et Tanlai au général d'Andelot, frère de l'amiral de Coligni. Il fallut donc penser à réparer les murs, les portes et les tours de la ville ; ce qui fut exécuté dans les années 1559 et 1560. La guerre civile s'étant renouvelée en 1567, la cour nomma le sieur Mandelot, gouverneur de Tonnerre. L'an 1568, les troupes du prince de Condé, après avoir pris Auxerre, s'avancèrent du côté de Tonnerre, et vinrent se loger dans les faubourgs au commencement de février. Peu de jours après le prince envoya de Taulai, où il était avec d'Andelot, un trompette sommer la ville de lui ouvrir ses portes et de lui en remettre les clefs. Il ne fut plus question alors de se défendre; on ne pensa qu'à composer, et la ville députa sur-le-champ au prince pour traiter de sa rançon. Elle fut fixée à 2,500 livres (1), qui furent avancées par le comte de Tonnerre; après quoi l'armée du prince se retira. Les royalistes, sous la conduite du maréchal de Cossé, étant venus sur la fin de la même année faire le siége de Noyers, la ville de Tonnerre, pendant cette expédition, qui fut longue, donna des preuves de son attachement pour le roi, par son empressement à fournir des vivres aux assiégeants. La place se rendit enfin vers le milieu de l'an 1569. Depuis ce tems on ne voit pas que les Tonnerrois aient eu beaucoup de part aux événements publics jusqu'à la mort de Louise de Clermont, leur comtesse. Ne laissant point d'enfants, elle eut pour successeur au comté de Tonnerre son petit neveu, qui suit.

CHARLES-HENRI DE CLERMONT.

1603. CHARLES-HENRI DE CLERMONT n'avait que 5 ans à la mort de Henri, son père, tué, l'an 1573, au siége de la Rochelle. Louise, sa grand'tante, par son testament, l'avait institué son héritier pur et simple. Mais les dettes considérables que laissa cette dame en mourant, déterminèrent son petit-neveu à renoncer à ce bénéfice, et lui firent prendre le parti d'acheter le comté de Tonnerre, dont l'adjudication lui fut faite par arrêt du parlement de Paris, du 8 mars 1603. Il se rendit célèbre par ses exploits militaires; et le roi Henri IV eut peu de partisans qui lui fussent plus constamment dévoués. Dès l'an 1591, étant gouverneur de Gien, Charles-Henri forma sur Joigni, dévoué à la ligue, une entreprise dont le succès ne répondit pas à son zèle, quoiqu'il fût secondé par Sulli. Voici comme ce dernier en parle dans ses mémoires. « Pendant que j'étois à Bontin, dit-il, je ne m'atten-
» dois pas à faire dans ce voyage aucunes fonctions militaires.
» Le comte de Tonnerre m'engagea à seconder une entreprise
» qu'il faisoit sur Joigni. Il s'agissoit de rompre avec le pétard
» une porte qui ne s'ouvroit plus depuis long-tems, et d'entrer
» dans la ville. Tonnerre avoit pour cela des arquebusiers qu'il
» avoit ramassés à la hâte. Ils le suivirent environ trois cents

---

(1) Le marc d'argent monnayé en 1568 était à 15 liv. 6 sous, et le titre à 10 deniers 18 grains trois quarts. Ainsi 2,500 livres pèsent 163 marcs 3 onces 1 gros 1 denier 12 grains; à raison de 48 livres 11 sous 7 deniers le marc, produit actuellement 7,847 liv. 17 sous 9 den.

» pas ; mais dans cet endroit leur conducteur ayant reçu un
» coup d'arquebuse qui le jetta par terre, la peur commença à
» les saisir. Ils se retirent par la poterne au plus vite, emme-
» nant le blessé qu'ils avoient retiré. Leur péril, ou seulement
» leur peur, redoublant, ils eurent la lâcheté de le laisser sur
» le pavé, à trente pas de la poterne, où il alloit être mis en
» pièces par les bourgeois, si je ne fusse accouru promptement
» à son secours avec vingt hommes seulement : car quelque
» chose que je pusse faire, il me fut impossible de faire tourner
» la tête à ces méchants soldats. Je ne laissai pas de dégager
» Tonnerre, qui prit le chemin de Gien dont il étoit gouverneur,
» pendant que je ramassois sa belle troupe, et moi je repris le
» chemin de Boutin. » L'an 1595, le comte de Tonnerre se rendit
à l'armée du roi avec M. d'Arambures et d'autres seigneurs, et
combattit à la fameuse journée de Fontaine-Française, où ce
prince, après avoir couru les plus grands risques, vit fuir devant
lui dix-huit mille Espagnols. Charles-Henri, l'an 1600, le 10
mars, vendit la vicomté de Tallard à Étienne de Bonne, dont la
petite-fille, Catherine de Bonne, le porta dans la maison d'Hos-
tun. Ce que fit le comte de Tonnerre pendant la suite du règne
de Henri IV, est demeuré dans l'oubli. Nous voyons seulement
qu'en 1607 il fit assigner dom Charles Quentin de la Quintinie,
abbé régulier de Molême et aumônier du roi, pour se voir condamné à tenir la promesse qu'il avait faite de donner la démission
de son abbaye. On ne voit pas quelle fut la suite de cette singulière assignation. Il paraît néanmoins que la Quintinie conserva
son abbaye jusqu'à sa mort, arrivée en 1613. Il eut pour successeur Antoine de Clermont, frère du comte Charles-Henri, qui,
s'étant depuis marié, résigna, avec l'agrément du roi, ce bénéfice à Jacques de Clermont, son neveu. On ignore quel personnage fit le comte Charles-Henri, s'il en fit réellement un, dans
les troubles qui s'élevèrent sous la minorité de Louis XIII.
Nous voyons seulement qu'en 1615 il assista aux états-généraux
comme député de tous les ordres du Dauphiné. En 1630, les
huguenots, profitant de l'absence de l'armée du roi, occupée
en Italie, firent des mouvements en différentes provinces. S'étant
jetés sur le Tonnerrois au nombre de quatre à cinq mille hommes,
ils y commirent de grands désordres. L'année suivante, Charles-
Henri eut l'honneur de recevoir dans son château de Tonnerre,
le 30 avril, le roi Louis XIII, à son retour de Metz, et de lui
donner à dîner. Il fut nommé, l'an 1633, lieutenant-général en
Bourgogne. La peste qui circulait depuis quelques années dans
le royaume, commença, l'an 1632, ses ravages dans le Tonnerrois, et les continua les deux années suivantes. Le comte Charles-
Henri mourut au mois d'octobre de l'an 1640, dans son château

d'Anci-le-Franc. Il est reconnu, par l'acte de l'assemblée des habitants de Tonnerre, du 13 mars 1611, pour fondateur et patron du couvent des Minimes établis en cette ville. Il s'y était réservé, pour faire des retraites, un petit appartement que l'on montre encore aujourd'hui. On y voit ses armes, qui sont deux clefs en sautoir, avec cette inscription : *Posui finem curis : spes et fortuna, valete*. Il est aussi fondateur du couvent des Ursulines. Charles-Henri avait épousé, le 2 avril 1597, à Paris, CATHERINE-MARIE D'ESCOUBLEAU, fille de François d'Escoubleau de Sourdis, marquis d'Alluie, dame d'une éminente piété. Elle mourut en couches, le 7 janvier 1615, à Tonnerre, et fut inhumée à l'hôpital, qui la compte pour une de ses bienfaitrices. Charles-Henri eut d'elle François, qui suit ; Roger, marquis de Crusi, mort en 1676 ; Charles, né le 7 janvier 1605, lequel, ayant épousé Charlotte-Marguerite de Luxembourg, devint duc de Luxembourg, prince de Pinei, et mourut d'apoplexie le 8 juillet 1674, laissant une fille, Madeleine-Charlotte, mariée, le 17 mars 1661, à François-Henri de Montmorenci, comte de Bouteville, puis duc de Luxembourg-Pinei, pair et maréchal de France, célèbre par ses exploits militaires ; Henri de Clermont, chevalier de Malte, tué à la prise de Jonvelle en Franche-Comté, le 16 septembre 1641.

FRANÇOIS DE CLERMONT.

1640. FRANÇOIS, fils aîné de Charles-Henri de Clermont, né à Anci-le-Franc, le 6 août 1601, fit ses premières armes à l'âge de dix-neuf ans. En 1620, il servait sous le maréchal de Créqui, dans le combat qu'il livra au pont de Cé, contre les troupes de la reine, mère de Louis XIII, qui s'était retirée de la cour. Créé peu de tems après mestre-de-camp du régiment de Piémont, il se distingua dans la retraite que fit notre armée lorsque les Espagnols passèrent la Somme près de Corbie. Son poste était dans un moulin dont il était chargé de garder le passage. Il y perdit plus de 300 hommes de son régiment, avec 15 officiers qui furent tués à ses côtés ; lui-même reçut au visage une blessure dont il conserva toujours la marque. Dans la suite il commanda un corps de troupes dans le Roussillon, et de là il le conduisit, en 1640, au siége de Turin, où, malgré les efforts du marquis de Leganès, général des Espagnols, il joignit l'armée française, commandée par le comte d'Harcourt. Le corps de la noblesse de Dauphiné le choisit pour son chef après la réduction de cette place. Étant retourné en Roussillon, il y commanda le même corps d'armée qu'il avait auparavant eu sous ses ordres. En 1646, il rendit hommage, en la chambre des comptes de Grenoble, de son comté de Clermont et des charges de premier baron, de connétable et grand-maître de Dauphiné, qui y étaient attachées, et cela conformément à la transaction passée, en 1340, entre Humbert, dauphin de Viennois, et Eynard de Clermont; ce qu'il est à propos d'expliquer. Par cet acte Eynard se rend volontairement vassal du dauphin et lui donne sa terre de Clermont avec ses dépendances. Le prince, par le même acte, lui rend les choses abandonnées, à la charge de les tenir de lui à foi et hommage; et pour récompenser Eynard des services que lui et ses prédécesseurs ont rendus à l'Etat, il veut que, tant *Eynard que ses successeurs en la terre de Clermont, ayent désormais la première voix dans son conseil; comme aussi il le crée premier capitaine en chef de ses armées, c'est-à-dire connétable, grand-maître de son hôtel, avec ces avantages que, venant à servir, soit à pied, soit à cheval, aux jours de mariage du dauphin et aux fêtes solemnelles, il aura pour ses droits deux plats et quatre écuelles d'argent de la pesanteur de seize marcs, à prendre sur la vaisselle qui sera mise sur la table du prince; et où la fête dureroit plus d'un jour, le grand-maître aura seulement un plat du poids de cinq marcs d'argent; ensuite de quoi il lui donne une épée nue, une lance au bout de laquelle on attache un guidon aux armes du dauphin, une verge blanche et un anneau d'or.* (Ceci est tiré d'un plaidoyer de M. l'Auberivière, avocat-général à la chambre des comptes de Grenoble.) Ce fut le sieur Perrotin qui rendit hommage pour François de Clermont, comme fondé de sa procuration, entre les mains du premier président de la chambre des comptes du Dauphiné. L'an 1645, le 5 juillet, François de Clermont s'étant présenté devant le lieutenant-général du bailliage de Châtillon-sur-Seine, fit au roi la foi et hommage pour les terres d'*Anci-le-Franc, Chassinelles, Cruzi, Fulvi en partie; de la baronnie et châtellenie de Griselles, de Laignes et des châteaux et forêt de Maune.* (Greffe du bailliage de Châtillon.)

Roger de Clermont, son frère, donna pareillement son aveu, et reconnut, le 14 juin 1652, pour être mouvans du roi en plein fief et en toute justice, à cause de son châtel de Châtillon-sur-Seine, le marquisat de Crusi, partie de la terre de Villon, les châtellenies de Laignes, Griselles et Chassinelles, tous domaines à lui appartenants. (*Chamb. des comptes de Dijon.*) L'an 1660, François de Clermont fut nommé lieutenant-général au gouvernement de Bourgogne, et, le 31 décembre 1661, créé chevalier des ordres du roi. Le 21 juin 1674, il reçut Louis XIV dans son château d'Anci-le-Franc, et le lendemain le monarque s'étant acheminé pour Tonnerre, le comte le devança; là, s'étant mis à la tête des officiers municipaux, il lui présenta les clefs de la ville, que le roi lui renvoya disant qu'elles étaient en bonnes mains. Le comte François mourut le 24 septembre 1679, dans son château d'Anci-le-Franc, et fut enterré à l'hôpital de Tonnerre. MARIE DE VIGNIER, qu'il avait épousée en 1625, fille de Jacques de Vignier, baron de Saint-Liébaut, et veuve d'Urbain de Créqui, seigneur des Riceis, mourut à Paris le premier octobre de la même année, laissant de son second mariage, Jacques de Clermont, qui suit; François de Clermont, évêque de Noyon; et deux filles religieuses.

JACQUES DE CLERMONT.

1679. JACQUES DE CLERMONT, successeur de François, son père, aux comtés de Clermont et de Tonnerre, épousa FRANÇOISE-BONNE-VIRGINIE DE FLÉARD DE PRESSINS, dont il eut quatre fils et autant de filles. Des fils, les deux plus distingués sont François-Joseph, qui suit; et François, évêque de Langres. Louise-Madeleine, l'aînée des filles, épousa N. de Mussi, son cousin. Les autres filles se firent religieuses. Le père de ces enfants mourut en 1682. Sa femme lui survécut jusqu'au 21 août 1698, date de sa mort, arrivée à Paris, d'où son corps fut porté à Saint-Paul-lès-Beauvais, dont Marie-Madeleine, sa fille, était abbesse.

FRANÇOIS-JOSEPH DE CLERMONT.

1682. FRANÇOIS-JOSEPH DE CLERMONT, fils aîné de Jacques de Clermont, lui succéda aux comtés de Clermont et de Tonnerre. L'an 1683, il vendit les terres d'Anci-le-Franc, de Laignes, de Nicei, de Griselles et de Channes, à Michel-François le Tellier, marquis de Louvois, secrétaire et ministre d'état au département de la guerre, et, l'année suivante, il lui fit la vente de Tonnerre et de ses dépendances. La veuve du marquis de Louvois acquit (par décret), en 1696 le marquisat de Crusi des descendants de Roger, second fils de Charles-Henri de Clermont. Le comte François-Joseph mourut à Paris le 30 octobre 1705, et fut inhumé à Crève-Cœur, laissant de MARIE D'HANNYVEL DE CRÈVE-CŒUR, sa femme, morte le 17 décembre 1727, Philippe-Ainard, qui lui succéda au comté de Clermont, et Joseph, né en 1704.

Le comté de Tonnerre était le plus ancien des comtés non-réunis à la couronne.

CHRONOLOGIE HISTORIQUE

DES

BARONS DE DONZI.

Donzi, en latin *Donziacum*, *Donzeium* et *Domitiacum*, capitale d'une petite contrée nommée le Donziois, à trois lieues de Cosne et neuf de Nevers, eut pour premier seigneur connu Geoffroi, fils, non de Gérard de Vergi, comme le prétend Duchêne, mais de Geoffroi de Semur, mari de Mathilde de Châlons, sœur de Hugues, évêque d'Auxerre et comte de Châlons. (Du Bouchet, *hist. de Courtenai*, p. 45.) On ignore de quelle manière cette baronnie lui échut, si ce fut par héritage ou par alliance. Sa valeur ne tarda pas à le rendre célèbre. Eudes II, comte de Blois et de Champagne, étant en guerre avec Foulques Nerra, comte d'Anjou, l'invita, l'an 1030, à lui prêter le secours de ses armes; et pour l'y déterminer, il lui céda en fief le château de Saint-Aignan en Berri, qui relevait du comté de Blois. Geoffroi se rendit à ses désirs, et répondit à son attente. En peu de tems il enleva au comte d'Anjou les châteaux de Graçai, de Villantras, de Buzançais, et d'autres places situées sur l'Indre. Mais à la fin il fut trahi par un de ses vassaux nommé Arnaud, qui le livra à Foulques. Ce comte, l'ayant en son pouvoir, le fit enfermer au château de Loches, où ce même Arnaud et d'autres traîtres, l'étranglèrent, l'an 1037, pendant l'absence du comte d'Anjou. (*Joan. monach. maj. monast. gesta Domin. ambas.*) De Mathilde, sa femme, Geoffroi laissa trois fils : Hervé, qui suit; Savaric, qui prit le nom de Vergi, et fut la tige de cette maison par son mariage avec Elisabeth, fille de Gérard de Vergi; et Eudes. (Duchêne, *hist. de Vergi*, l. 10.)

HERVÉ Ier.

Hervé, dit mal-à-propos Henri par Duchêne, fils aîné de Geoffroi, lui succéda dans la baronnie de Donzi et la seigneurie de Saint-Aignan. Il eut aussi (vraisemblablement du chef de sa mère) une partie de la terre de Châtel-Censoir (*Castrum-Censurii*). L'an 1055, il donna, le 25 mars, l'église du Vieux-Donzi à l'abbaye de Cluni, avec la permission de Geoffroi, évêque d'Auxerre, et le consentement de ses fils et de Savaric, son frère. L'année de sa mort est incertaine. En mourant il laissa deux fils, qui suivent. (Duchêne, *ibid.*)

GEOFFROI II.

GEOFFROI II, fils aîné d'Hervé I et son successeur dans la baronnie de Donzi, devint comte en partie de Châlons en 1095. (Voy. *les comtes de Châlons.*) Son avidité croissant avec sa fortune, il profita, l'an 1095, de la vacance du siége épiscopal d'Auxerre pour s'emparer de la terre de Varci, appartenante à cette église. Mais l'évêque Humbaud, élu au mois de mai de la même année, déploya son autorité pour l'obliger à rendre ce qu'il avait usurpé. Les censures dont il frappa Geoffroi produisirent leur effet, et firent revenir à l'église d'Auxerre la terre de Varci. Geoffroi, se disposant, l'an 1112, à partir pour la Terre-Sainte, vendit sa part du comté de Châlons à Savaric, son oncle. A son retour il prit l'habit religieux, et mourut le 4 août d'une année que l'histoire ne marque pas. N'ayant point laissé d'enfants, il eut pour successeur son frère, qui suit.

HERVÉ II.

HERVÉ, frère de Geoffroi, jouissait des seigneuries de Saint-Aignan et de Châtel-Censoir avant de lui succéder en la baronnie de Donzi. Ayant eu la guerre avec Hugues, seigneur d'Amboise, par rapport à la terre de Saint-Aignan, il finit, après avoir fait la paix, par devenir son intime ami. Leur union fut cimentée par le mariage d'Agnès, fille d'Hervé, avec Sulpice, fils de Hugues. Hervé finit ses jours vers l'an 1120, laissant pour successeur un fils, qui suit.

GEOFFROI III.

1120 ou environ. GEOFFROI III, fils d'Hervé II, joignit aux seigneuries de Donzi, de Saint-Aignan et de Châtel-Censoir, celles de Cosne, d'Ouchi et de Neuilli, qui lui échurent vraisemblablement par quelque alliance. Il fut un des seigneurs à qui le pape Eugène III recommanda l'abbaye de Vezelai contre les entreprises du comte de Nevers, qui cherchait à l'opprimer. S'étant brouillé avec le roi Louis le Jeune, il attira sur lui les armes de ce prince, qui lui enleva, en 1153, les châteaux de

Cosne et de Saint-Aignan. Il eut, dans le même tems, un autre affaire désagréable au sujet de sa fille Hermesende, qui fut enlevée, dit-on, par Etienne, comte de Sancerre, au sortir de l'église où elle venait d'épouser Ansel de Trainel. Obligé de s'accommoder avec Etienne, après avoir vainement imploré la justice du roi de France et le secours du comte de Champagne, suzerain de Sancerre, il prit le parti de donner à sa fille, en consentant à son alliance avec le ravisseur, sa terre de Gien, que Guillaume III, comte de Nevers, lui contestait les armes à la main. C'était Gymon, seigneur de Châtel-Censoir et vassal de Geoffroi, qui lui avait conseillé de transmettre à son gendre et à sa fille sa terre de Gien, pour se mettre à l'abri des attaques du comte de Nevers. S'étant depuis déclaré pour l'abbaye de Vezelai, que celui-ci persécutait, il fournit à ce comte un double prétexte d'exercer contre lui sa vengeance. Elle éclata l'an 1157, par la prise de Châtel-Censoir, que Guillaume détruisit de fond en comble le 7 mars de cette année. (Voy. *les comtes de Sancerre et ceux de Nevers*.) On ignore l'année de la mort de Geoffroi III, ainsi que le nom de sa femme, dont il laissa deux fils, Hervé, qui suit, et Gautier. (Duchêne, *ibid.* Du Bouchet, *hist. de Courtenai.*)

HERVÉ III.

HERVÉ III, fils de Geoffroi III, était marié avant de lui succéder. MATHILDE, sa femme, lui avait apporté en dot les terres de Montmirail, d'Alluie, de Brou, d'Autchon et de la Basoche dans le Perche, qu'elle avait héritées de Guillaume Goeth, ou Gouet, son père, et qui composaient ce qu'on nomme encore aujourd'hui le Perche-Gouet, ou le petit Perche. Hermesende, que le comte de Sancerre, après l'avoir enlevée, avait contrainte de lui donner sa main, lui avait apporté en dot la terre de Gien. Cette comtesse étant morte sans enfants, Hervé III redemanda la terre de Gien à son époux. Ne pouvant l'obtenir de gré, il eut recours au roi Louis le Jeune, qui l'en mit en possession par la voie des armes. Mais quelque tems après le monarque et le baron, s'étant brouillés, en vinrent à des hostilités réciproques dont on ne sait pas le détail. Guillaume Goeth, beau-père d'Hervé III, étant décédé, l'an 1170, au voyage d'outremer, sa veuve, Elisabeth de Champagne, duchesse douairière de Pouille, voulut retenir la terre de Montmirail, comme lui ayant été assignée pour son douaire par son second époux. Mais, d'un autre côté, le comte de Champagne revendiquait cette terre, on ne sait sur quel fondement, et fut appuyé par le roi de France. Hervé, pour se mettre en état de défense, implora la protection du roi d'Angleterre; et, pour la mériter, il déposa entre ses mains, sous certaines conditions, les châteaux de Montmirail et de Saint-Aignan. Le roi de France, indigné de ce procédé, se joignit, pour en tirer vengeance, au comte de Nevers, ennemi d'Hervé. Ils vinrent ensemble assiéger Donzi, qu'ils prirent le 11 juillet 1170, et dont ils démolirent le château. (Duchêne, *ibid.*, p. 402.) Hervé, au mois d'août suivant, fit sa paix avec le roi et le comte de Champagne, par la médiation du roi d'Angleterre. L'an 1187 il confirma, du consentement de Guillaume et de Philippe, ses fils, les donations que Gautier, leur frère, avait faites au prieuré de Notre-Dame du Pré, et en fit une de quatre livres (1) de rente à l'abbaye de Saint-Satur. (Chazot.) C'est le dernier terme connu de sa vie.

GUILLAUME, surnommé GOETH.

GUILLAUME, successeur d'Hervé III, son père, en la baronnie de Donzi et dans le Perche-Goeth, dont il porta le surnom, fut du nombre des seigneurs qui suivirent le roi Philippe Auguste à la Terre-Sainte. Il n'en revint pas, ayant été tué, l'an 1191, au siége d'Acre, sans laisser de postérité.

PHILIPPE.

1191. PHILIPPE recueillit la succession de Guillaume, son frère. Il en jouit peu de tems, et ne paraît pas avoir vécu au-delà de l'an 1194. On ne voit point qu'il ait eu d'enfants d'ALIX, sa femme, dame de Courtz-les-Barres. (Duchêne, Chazot, *ibid.*)

HERVÉ IV.

HERVÉ, seigneur de Gien, de Cosne et de Saint-Aignan, de Montjai, succéda, vers l'an 1194, à Philippe, son frère, dans la baronnie de Donzi. Pierre II de Courtenai, comte de Nevers, lui ayant déclaré la guerre pour quelques droits qu'il prétendait sur la terre de Gien, qui était rentrée dans la maison de Donzi, il le défit dans un combat livré le 3 août 1199, et le fit prisonnier. Le roi Philippe Auguste les ayant réconciliés, obtint non seulement la délivrance du comte de Nevers, mais encore la main de MAHAUT, sa fille, pour Hervé. La médiation

---

(1) Cette somme équivaudrait aujourd'hui à 80 livres 3 sous 8 deniers trois huitièmes.

du monarque ne fut néanmoins pas sans intérêt, car il obligea Hervé de lui céder la terre de Gien pour le droit de rachat du comté de Nevers. (Duchêne, *ibid.*) Hervé, l'an 1202, acheta, du comte, son beau-père, le château de Saint-Sauge. Il se croisa, l'an 1209, contre les Albigeois, et soutint, dans cette expédition, la réputation de valeur qu'il s'était acquise. Hervé vivait mal, en 1213, avec son beau-père; c'est ce qui a fait dire, sans autre fondement, à Chazot, contre la vérité de l'histoire, qu'il avait été séparé de Mahaut pour cause de parenté. Il n'était pas mieux avec le roi Philippe Auguste. On le voit, en effet, l'année suivante, combattre, à la bataille de Bouvines, dans l'armée de Ferrand, comte de Flandre, contre celle du monarque, dont un des corps avait pour chef Pierre de Courtenai. (Rigord, Albéric.) Hervé fonda, l'an 1216, près de Donzi, le prieuré d'Eptau, dit de Bagneux, sous la dépendance du Val-des-Choux. Le chapitre de Saint-Martin de Tours lui fit l'honneur, vers le même tems, de lui accorder, pour lui et ses successeurs au comté de Nevers, une place canoniale dans cette église. Hervé partit, l'an 1217, avec Jean de Brienne, pour la Terre-Sainte. Il assista, en 1219, au siége de Damiette. Mais, oubliant son ancienne valeur, la vue du danger le porta lâchement à se retirer avant que la place fût prise. Etant de retour en France, il mourut de poison à Saint-Aignan l'an 1225 (N. S.). Son corps fut inhumé à Pontigni. De Mahaut, sa femme, qui lui survécut jusqu'en 1255, il laissa une fille, qui suit. (Voy. *les comtes de Nevers*.)

AGNÈS.

1223. AGNÈS, fille d'Hervé IV et de Mahaut de Courtenai, succéda à son père dans la baronnie de Donzi et dans les terres de Saint-Aignan, de Montjai, etc. Le roi Philippe Auguste l'avait destinée pour Philippe, son petit-fils; mais ce jeune prince étant mort, l'an 1217, avant l'âge de puberté, il la maria, l'an 1221, avec GUI DE CHATILLON, comte de Saint-Pol, après s'être fait céder par lui la terre de Pont-Sainte-Maxence pour le droit de rachat dû par les filles héritières de fiefs. Agnès mourut, l'an 1225, un an avant son époux, dont elle laissa deux enfants, Gaucher et Yolande. (Voy. *les comtes de Saint-Pol*.)

GAUCHER.

GAUCHER, fils de Gui de Châtillon et d'Agnès de Donzi, hérita, entre autres domaines, de la baronnie de Donzi. Il épousa, l'an 1236, JEANNE DE BOULOGNE, fille et héritière de Philippe de France et de Mahaut de Boulogne, et mourut à la Terre-Sainte, l'an 1250, sans laisser de postérité.

YOLANDE Ière.

Yolande, sœur de Gaucher, veuve, depuis 1249, d'Archambaud X, sire de Bourbon, succéda à son frère, et mourut peu de tems après avoir ajouté, dans le mois d'août 1254, un codicille à son testament fait à Nismes, au mois d'avril de la même année (Anselme), laissant deux filles, dont l'aînée, qui suit. (Voy. *les sires de Bourbon et les comtes de Nevers.*)

MAHAUT.

Mahaut, fille aînée d'Yolande et d'Archambaud X, succéda à sa mère dans la baronnie de Donzi, ainsi que dans les comtés de Nevers, d'Auxerre et de Tonnerre. Elle mourut l'an 1262, cinq ou sept ans avant Eudes, son époux, fils de Hugues IV, duc de Bourgogne. (Voy. *les comtes de Nevers.*)

YOLANDE II.

Yolande de Bourgogne, fille aînée d'Eudes et de Mahaut, eut, pour sa part dans la succession de sa mère, la baronnie de Donzi avec le comté de Nevers. Elle épousa, 1° Jean, dit Tristan, fils de saint Louis; puis, l'an 1271, après la mort de celui-ci, Robert III, comte de Flandre, auquel elle porta le comté de Nevers et la baronnie de Donzi, qui, depuis ce tems, sont demeurés unis. (Voy. *les comtes de Nevers et les comtes de Flandre.*)

CHRONOLOGIE HISTORIQUE

DES

COMTES DE BAR-SUR-SEINE.

Le comté de Bar-sur-Seine, placé entre la Bourgogne et la Champagne, et composé aujourd'hui de vingt-sept tant villages que hameaux, tire son nom de sa capitale, dont l'étendue est aujourd'hui de mille pas en longueur, sur environ cinq cents en largeur. Cette ville resserrée entre une montagne et la Seine, était autrefois beaucoup plus alongée, sans jamais avoir été plus large. Elle était si grande et si peuplée au xive siècle, qu'elle passait alors pour une des plus considérables du royaume; ce qui à fait dire à Froissart :

> La grand'ville de Bar-sur-Sayne
> Close de palis et de Saignes
> A fait trembler Troye en Champaigne.

Au-dessus de la ville, sur la montagne qui la domine, les anciens comtes avaient élevé un château fort vaste qui lui servait de clôture à l'occident, et dont le père Jacques Vignier (*Hist. manuscrite de Bar-sur-Seine*, donne la description suivante, d'après un mémoire dressé vers le commencement du xviie siècle par Jean l'Auxerrois, procureur du roi à Bar-sur-Seine. « Sur le bout et à
» l'extrémité d'une longue pointe ou langue de terre se voyent
» les ruines et masures d'un vieux château, autrefois la demeure
» des comtes, princes et seigneurs héréditaires de Bar-sur-Seine.
» La forme et le plan de cette place est triangulaire, de celle
» que les géomètres nomment isocèle, de laquelle deux côtés
» sont plus longs que le troisième. Elle contient en longueur
» cent soixante pas, et dans sa plus grande largeur quatre-vingts.
» L'assiette en était non-seulement agréable, mais très-forte et
» presque imprenable; de sorte que c'était anciennement le bou-
» levard et la forteresse de tout le pays. Cette place avait à l'oc-
» cident un grand et large fossé taillé dans le roc, et du côté de
» l'orient, où ces bâtiments avaient leur aspect, c'est une pente

» très-roide, qui paraît précipice à ceux d'en haut : ce qui était
» encore fortifié de sept grosses tours, en l'une desquelles est
» aujourd'hui la grosse horloge, et servait autrefois à la porte
» opposée à celle de la rivière de Seine, qui est la troisième de la
» ville. De tous les bâtiments qui y étaient il ne reste que la cha-
» pelle dédiée à saint Georges, contenant vingt-cinq pas en lon-
» gueur et douze en largeur. La basse-cour du château, toute
» carrée, ayant quatre-vingts pas sur chaque face, paraissait
» une seconde forteresse, étant environnée de bons fossés creusés
» dans la roche comme ceux du château; et de la cour on entrait
» dans le parc, puis dans la garenne voisine. Au pied de la place
» est la petite ville de Bar-sur-Seine, occupant en longueur l'es-
» pace qui est entre la montagne et la rivière ».

Le comté de Bar-sur-Seine a eu le même sort que la ville. Ses limites étaient autrefois beaucoup plus reculées qu'elles ne le sont présentement. Le père Jacques Vignier les porte à l'orient jusqu'à Mussi-l'Evêque, d'où il tire vers le nord une ligne qu'il fait passer par Fontete, par Vandeuvre, et, tournant de là vers le midi, il la conduit par Lantage et par Avirei-le-Bois jusqu'aux Riceis.

L'opinion du père Vignier est que les habitants du comté de Bar-sur-Seine viennent des *Ambarri*, qui, suivant Tite-Live (l. 1, décade V), furent du nombre des peuples que Belloyèse, neveu d'Ambigat, roi des Bituriges, emmena, par ordre de son oncle, au-delà des Alpes, sous le règne de Tarquin l'ancien, roi de Rome, pour y faire des établissements. L'historien romain nomme ces peuples *Bituriges*, *Avernos*, *Senones*, *Heduos*, *Ambarros*, *Carnutes*, *Aulercos*.

La première race des seigneurs de Bar-sur-Seine a échappé à toutes les recherches qu'on a faites jusqu'à nos jours. Deux filles, Ervise et Azeka, en furent les derniers rejetons. Elles portèrent la seigneurie de Bar-sur-Seine dans la maison de Tonnerre, en épousant, la première, le comte Renaud, et la seconde, Milon III, frère et successeur de Renaud. (Voy. *les comtes de Nevers et de Tonnerre.*) Ayant survécu à son époux, Azeka conserva la seigneurie de Bar-sur-Seine, qu'elle transmit à Hugues Renaud, son fils, comte de Tonnerre, qui fut évêque de Langres depuis l'an 1065, époque de la mort d'Hardouin, son prédécesseur et son cousin, jusqu'à l'an 1085, qu'il cessa lui-même de vivre. Il est étranger à notre dessein de retracer ici toute la conduite épiscopale de ce prélat. Hugues de Flavigni dit qu'il était éloquent et versé dans la connaissance du grec comme du latin. L'abbaye de Saint-Michel de Tonnerre le compte parmi ses bienfaiteurs. L'an 1068, il lui donna l'église de Sainte-Colombe par une charte à laquelle souscrivit Guillaume I, comte de Nevers et de Tonnerre, mari de sa tante Ermengarde, avec Renaud, son fils. (*Gallia Christ.*, no., T. IV, *Inst.* col. 145.) La même année, après avoir réparé l'église paroissiale de Bar-sur-Seine, fondée par ses ancêtres, et l'avoir dédiée sous l'invocation de la Trinité, il en confia la desserte à cette abbaye, et l'érigea en prieuré, qu'il dota de plusieurs fonds, et entre autres de deux moulins sur la Seine, pour en jouir après la mort de sa mère, qui vivait encore alors. (*Voy.* Milon III, *comte de Tonnerre.*) L'an 1072, il donna à l'abbaye de Moutier-en-Der, son fief de Pothemont, du consentement de Gautier, comte de Brienne, qu'il appelle son héritier, d'Eustachie, sa femme (nommée aussi Adeline), sœur du prélat, et de leurs enfants, dont l'un, nommé Engilbert, se trouve parmi les souscripteurs de la charte. (*Gall. Christ.*, no., T. IV, *Instrum.* col. 146.) Ce fils embrassa depuis la vie religieuse, comme on le voit par la charte de la donation que son père fit, l'an 1085, à Molême de certains fonds situés à Radonvilliers, du consentement d'Adeline, sa femme, et de ses fils, Thibaut, Gui et Engilbert, moine de cette abbaye. (*Cartul. Molism.*) L'abbaye de Poutières se ressentit aussi des libéralités de Hugues-Renaud. Mais ayant voulu depuis attaquer son privilége d'exemption, il y éprouva une résistance qui l'irrita. Fier de son extraction des maisons de Tonnerre et de Bar-sur-Seine, dit un ancien mémorial, il voulut emporter la chose de vive force. Ayant ramassé des soldats, il enfonça les portes du monastère, qu'on lui avait fermées, fit main-base sur ce qu'il rencontra, et mit le feu, non-seulement à l'abbaye, mais au village ; ce qui doit être vraisemblablement imputé plutôt à la brutalité de ses gens qu'à lui-même. Le pape Alexandre II ne laissa pas impunie cette atrocité si indigne d'un évêque. Il employa contre Hugues-Renaud les censures, qui firent un tel effet sur lui, que l'abbé de Poutières, touché de compassion, intercéda pour lui et demanda sa grâce qu'il obtint. L'an 1076, suivant la chronique de Langres, il fit le voyage de Constantinople, d'où il rapporta un bras de saint Mamès, qu'il déposa dans sa cathédrale : et ce saint devint alors le patron du diocèse. L'historien anonyme de cette translation, écrivain du xiiie siècle, dit que Hugues-Renaud administra les comtés de Tonnerre et de Bar-sur-Seine pour ses neveux, qui étaient encore mineurs. Il se trompe. Tonnerre avait alors pour seigneur Guillaume, fils de Guillaume I, comte de Nevers, à qui Hugues-Renaud, neveu de sa femme, en avait fait donation, l'an 1065, en montant sur le siége épiscopal de Langres, ou du moins au plus tard l'an 1072. Ce qu'il y a de vrai, c'est que Gautier I, comte de Brienne, beau-frère de Hugues-Renaud et son héritier présomptif, étant mort l'an 1080, laissa ses enfants en bas âge sous la tutelle de ce prélat, qui administra pour Erard, l'aîné, le comté de Brienne, et réserva la seigneurie de Bar-sur-Seine au second, qui suit.

MILON Ier.

1085. MILON, fils puîné de Gautier, comte de Brienne, devint comte de Bar-sur-Seine après la mort de Hugues-Renaud, son oncle. Il était alors en très-bas âge, puisqu'en 1101, son frère Erard, ou Airard, comte de Brienne, le dit encore enfant dans la charte de la donation qu'il fit de l'église d'Essoyes à l'abbaye de Molême, du consentement d'Andrée, sa femme, et de ce même Milon. (1 *Cartul. de Molême.*) Le premier monument où nous le voyons paraître avec la qualité de comte, est une charte de l'an 1096, par laquelle ce même Erard donne à l'abbaye de Molême une femme serve du même lieu, avec le consentement de la comtesse Eustachie, sa mère, et de Milon, son frère, comte de Bar-sur-Seine. (*Ibid.*, fol. 76.) Il fut, l'an 1104, un des témoins de la donation que Hugues, comte de Champagne, fit de la terre de Rumilli à l'abbaye de Molême. (2e *Cartul. de Molême*, fol. 37.) L'an 1107, étant venu en ce monastère avec ce même comte, le duc de Bourgogne, le comte de Nevers, et d'autres seigneurs, il fut encore témoin de la ratification du don de Rumilli, et y ajouta même un droit de pêche qui lui appartenait; ce qui fut ensuite confirmé, ainsi que d'autres donations postérieures faites à Molême, par une bulle d'Eugène III, donnée le 18 novembre 1145. (*Ibid.*, fol. 47, r°.) L'an 1110, il loua le don que Giraud de Châtelers, Rothilde, sa femme, et leurs enfants, avaient fait des terres qu'ils possédaient à Essoyes, au monastère de Saint-Avit de Meun, possédé aujourd'hui par les Cordeliers. (Etiennot, *Fragm.*, t. XV, p. 220.) Milon donna, l'an 1115, la terre dite la Chappelle de Hauz, où saint Robert avait autrefois habité, à l'abbaye de Molême, du consentement de MATHILDE, sa femme, du comte Erard, son frère, et d'Alantie, sa sœur. (1 *Cartul. de Molême*, p. 19.) Il fit, la même année, donation de la terre de Juilli-sous-Ravière à l'abbaye de Molême. Cette terre était alors en mauvais état par le défaut de cultivateurs. Milon la donna pour y établir un monastère de filles qui seraient sous la dépendance de l'abbé de Molême. (1 *Cartul. de Molême*, p. 115.) Il fut témoin, l'an 1120, de la cession que l'abbaye de Saint-Pierre-le-Vif de Sens fit à celle de Molême du village de Pouilli qui la touchait. (*Ibid.*, p. 124.) Ce village n'existe plus. L'an 1124, Milon souscrivit la charte d'une donation que Hugues le Manceau fit à l'abbaye cistercienne de Bouras, au diocèse d'Auxerre. (Etiennot, *Fragm.*, t. XVII, p. 444.) Milon vivait encore en 1125. En mourant il laissa Gui, qui suit;

Rainard, religieux de Clairvaux, puis cinquième abbé de Cîteaux en 1133; Herbert, mari d'Edmée, dame de Ville-sur-Arce, et d'autres enfants.

GUI.

1125, au plus tôt. GUI, fils aîné de Milon et son successeur, se trouve nommé avec la qualité de comte de Bar-sur-Seine dans plusieurs titres de l'an 1128, et surtout dans la charte de la donation faite par Adam, vicomte de Bar-sur-Seine, aux religieuses de Juilli. (J. Vignier, *Hist. manuscr. de Bar-sur-Seine*.) Il donna lui-même, en 1139, à l'abbaye de Saint-Michel de Tonnerre, et à l'église de la Trinité de Bar-sur-Seine, les droits d'une foire de trois jours, qui se tenait en cette ville, et commençait à la fête de la Trinité. Le consentement de PÉTRONILLE, son épouse, fille d'Anseric de Chacenai, dite aussi ELISABETH, et de leurs fils, Milon, Guillaume, Gui, Manassès, est formellement énoncé dans l'acte de cette donation. On le voit, en 1142, au monastère de Juilli, présent avec saint Bernard à la consécration de Mahaud et d'Helvide, fille d'André de Baudement, seigneur de Braine: cérémonie qui fut faite par Godefroi, évêque de Langres. Humbeline, sœur de l'abbé de Clairvaux, était alors supérieure de Juilli, sous la direction du bienheureux Pierre, religieux de Molême. Dans la charte que le même évêque de Langres donna, l'an 1145, pour attester que Geoffroi Fournier avait fait donation de quelques fonds qu'il avait à la Chapelle de Hauz, à l'abbaye de Molême, il est dit que cette aumône fut approuvée par Gui, comte de Bar-sur-Seine: ce qui est une nouvelle preuve que cette terre était dans le ressort de ce comté. Nous ne trouvons point de vestige plus récent de l'existence de Gui. Pétronille, sa veuve, fonda, l'an 1158, un prieuré de filles à Fromenteau, dit en latin *Frigidus mantellus*, et appelé aussi Frauchevaux, *Libera vallis*, près de Saint-Florentin, dans lequel elle fit venir des religieuses de Juilli pour le peupler. (*Gallia Christ.*, t. XII, pr., col. 42.) Outre les quatre enfants que nous venons de nommer, Gui laissa un cinquième fils, nommé Thibaut. Celui-ci vivait encore l'an 1180, et eut de Marguerite, sa femme, trois filles; Pétronille, mariée à Gui, seigneur de Chappes sur la Seine, à quatre lieues au-dessus de Troyes; Ermesinde, femme de Simon, seigneur de Rochefort; et Isabelle, femme de Thibaut Ier, comte de Bar-le-Duc.

MILON II.

1146, ou environ. MILON, fils aîné du comte Gui, lui succéda au comté de Bar-sur-Seine. Il accompagna, l'an 1147, le roi

Louis le Jeune avec Henri, comte de Meaux et depuis de Champagne, dans le voyage de la Terre-Sainte, d'où il revint en 1149. (*Cartul. Tornedor.*) Etant tombé dangereusement malade à Troyes, en 1151, il fit, en présence du comte Thibaut, son testament, par lequel, entr'autres legs, il donna au monastère de Larivour quatre setiers de blé à prendre annuellement sur les moulins de Bar-sur-Seine. Pétronille, sa mère, et AGNÈS, fille de Gui de Baudement, seigneur de Braine, son épouse, munirent cet acte de leur souscription. (*Cartul. Ripatoriense.*) Il mourut au mois d'octobre de la même année, ne laissant qu'une fille, nommée Pétronille, laquelle épousa, en 1168, Hugues du Puiset, vicomte de Chartres, anglais de naissance, selon Benoît de Péterborough. Agnès, veuve de Milon, se remaria, l'an 1152, à Robert de France, comte de Dreux.

MANASSÈS.

1152. MANASSÈS, frère de Milon II, lui succéda au comté de Bar-sur-Seine. L'an 1165, du consentement de Thibaut, son frère, il fit don à l'abbaye de Larivour de tout ce qu'il possédait à Villenesse; et peu de tems après il engagea ce même Thibaut à terminer amiablement les différents qu'il avait avec l'abbaye de Mores. (*Cartulaires de Mores.*) Ayant embrassé l'état ecclésiastique, il fut nommé, l'an 1166 ou environ, doyen de Langres. La conduite édifiante qu'il tint dans ce poste lui mérita l'épiscopat, auquel il fut élevé, l'an 1179, par le choix libre du clergé de Langres. On a de lui une charte de l'an 1190, par laquelle il déclare que Thibaut, son frère, avait donné à l'abbaye de Molême, pour l'entretien des lampes de l'église, sa part des dîmes de Beauvoir. (2e *Cartul. de Molême*, fol. 149, v°.) La même année il partit pour la Terre-Sainte avec le roi Philippe Auguste et Hugues, duc de Bourgogne. Il rapporta de ce voyage une santé délabrée qu'il ne put jamais rétablir. Il mourut, après avoir langui l'espace d'environ deux ans, le 4 avril 1193, et fut enterré, comme il l'avait désiré, à Clairvaux. Son sceau était une aigle éployée, avec ces mots autour de l'écu : *Manasses comes Barri super Sequanam.*

HUGUES DU PUISET.

1168. HUGUES, surnommé DU PUISET, parce qu'il possédait cette terre entre Etampes et Paris, ayant épousé PÉTRONILLE, fille de Milon II, comte de Bar-sur-Seine, obtint par là ce comté du consentement de Manassès, évêque de Langres, oncle de sa femme. Benoît de Péterborough (*ad. an.* 1174 et 1179) le fait neveu, et Guillaume de Neubrige (l. 5, c. 11) le dit fils naturel d'un père de même nom, qui, de trésorier de l'église d'Yorck, devint, en 1153, évêque de Durham, par le crédit d'Etienne, roi d'Angleterre, et de Henri de Blois, ses oncles maternels, et, en 1189, parvint à la dignité de grand-justicier d'Angleterre. Quoi qu'il en soit, le mari de Pétronille ne fut pas comte indépendant de Bar-sur-Seine, et l'évêque Manassès conserva, comme suzerain, ce titre, qu'il transmit à ses successeurs dans le siége de Langres. On voit, en effet, qu'en 1178 Manassès, comte de Bar-sur-Seine, et Thibaut, son frère, consentirent à la donation qu'Avigalon de Seignelai fit de la rivière d'Armançon à l'abbaye de Pontigni. (*Cartul. Pontin.*, p. 10.) D'un autre côté, nous trouvons qu'en qualité de comte de Bar-sur-Seine, Hugues du Puiset termina, l'an 1168, en présence de Henri, comte de Troyes, et de Gautier, évêque de Langres, les nouveaux différents qui s'étaient élevés entre les comtes de Bar-sur-Seine et l'abbaye de Mores. Il est dit dans l'acte d'accommodement : *Quod Hugo de Puteolo, comes Barri super Sequanam laudante Petronillâ conjuges uâ, de cujus capite res erat, concessit, etc.* Hugues, de concert avec Henri, son frère, fit don, l'an 1173, à l'abbaye de Saint-Pierre-le-Vif de Sens, d'une vigne située à Ricei. Ses démêlés avec l'abbaye de Mores ayant recommencé, il coupa la racine des contestations par une nouvelle transaction, dressée l'an 1174, dans laquelle il fait mention de l'acquiescement de Pétronille, sa femme, et de leurs enfants, Milon, Helvide et Marguerite. (*Cartul. de Mores.*) Hugues était alors sur le point de partir avec quarante chevaliers français et cinq cents flamands, pour aller faire une descente en Angleterre en faveur de Guillaume le Lion, roi d'Ecosse. Ce fut le comte de Flandre, Philippe d'Alsace, allié de Guillaume, qui l'employa pour cette expédition. Hugues ayant débarqué, le 14 juin, au port d'Airevel, prit et pilla, le 19 du même mois, la ville de Norwich, et s'établit au château d'Allerton en Yorckshire, que l'évêque de Durham lui livra. Mais le roi d'Angleterre, Henri II, ayant fait prisonnier, le 13 juillet suivant, à la bataille d'Alnewich, le roi d'Ecosse, obligea, le 31 du même mois, le comte de Bar-sur-Seine et sa troupe à se rembarquer. (*Bened. Petrob.*) Le roi Louis le Jeune le fit quelque tems après chancelier de France. Ce fut en cette qualité qu'ayant accompagné, l'an 1179, ce monarque en Angleterre, il dressa, par son ordre, le diplôme par lequel ce prince accordait aux moines de la cathédrale de Cantorberi cent muids de vin à prendre annuellement et à perpétuité dans le lieu qu'il désignerait, avec l'exemption des droits de tonlieu et autres pour toutes les denrées qu'ils tireraient de France. (*Joan. Brompton Chron.*, p. 1140.) A son retour, tourmenté par des remords de conscience, il s'adressa au pape Alexandre III (on ne sait si c'est en personne ou par lettres), pour avoir l'absolution de ses péchés. Le pontife lui enjoignit pour pénitence d'aller faire la guerre aux Maures d'Espagne, et lui associa pour cette expédition, dit Benoît de Péterborough, plus de vingt mille brabançons. Mais Hugues n'ayant pas de fonds pour entretenir ces troupes, eut recours, l'an 1181, dit le même auteur, au roi d'Angleterre, Henri II. Ce monarque, ajoute-t-il, répondit que volontiers il l'aiderait, s'il voulait, au lieu d'aller en Espagne, faire le voyage de Jérusalem. Sur quoi le comte demanda du tems pour en délibérer avec ses Brabançons. On ignore le parti auquel ils se déterminèrent; mais il y a bien de l'apparence que la mort d'Alexandre, arrivée le 30 août de cette année, fit évanouir ce projet de croisade dont il était auteur, puisqu'il n'en est plus fait mention dans la suite. L'an 1189, après la mort du roi Henri II, le comte Hugues retourna en Angleterre, peut-être pour assister au couronnement du roi Richard. Mais il n'en revint pas, y étant décédé au mois de novembre de la même année, dans un lieu que Benoît de Péterborough nomme Ardech. L'évêque de Durham, son oncle, prit soin de ses obsèques, suivant le même auteur, et le fit enterrer dans un cimetière de cette ville, appelé la Galilée. Il laissa de son mariage un fils, qui suit, avec deux filles : 1° Marguerite, femme de N. de Rochefort, laquelle, du consentement de Hugues et Simon, ses fils, donna, dans le mois de décembre 1221, aux templiers de la commanderie de Valeure (*de Avaloria*), tout ce qui lui appartenait au territoire de Montarmet (*Archiv. de Valeure*); 2° Isabelle, mariée, suivant la conjecture du P. Rouvière, dans son *Reomaus*, avec Ansel de Trainel, et fut mère de Laurence, dont il sera parlé ci-après.

MILON III.

1189. MILON III, fils de Hugues du Puiset et de Pétronille, fille de Milon II, succéda à son père dans le comté de Bar-sur-Seine, ainsi que dans la seigneurie du Puiset. Il fut présent, l'an 1195, à l'accord passé entre l'abbaye du Moutier-en-Der et les deux frères, Jean et Geoffroi, fils de Laure de Buxeuil. (*Cart. Derv.*) Il paraît aussi comme témoin dans une donation faite au prieuré de Juilli, l'an 1197, par Clerambaut de Chappes. (2ᵉ *Cart. de Molême.*) L'an 1198, il affranchit les habitants de Bar-sur-Seine, et leur permit de s'ériger en commune. Jusqu'alors main-mortables, ils ne pouvaient transmettre leurs successions qu'à leurs fils, attendu que la main-morte exigeait des services de bras qu'une fille n'aurait pu acquitter. Par l'acte d'érection de leur commune il est dit qu'ils pourront faire passer leurs successions non seulement à leurs enfants de l'un et de l'autre sexes, et à leurs collatéraux qui se trouveraient être hommes du même seigneur, mais même à leurs filleuls. Cette charte malheureusement demeura sans exécution, on ne sait par quelle cause; et la preuve en est qu'en 1227 les habitants de Bar-sur-Seine, comme on le verra ci-après, étaient encore sous le joug de la servitude. Milon fit un pareil octroi, l'an 1210, à tous ses hommes de Villeneuve, de Merei et d'Essoyes. Les deux pièces qui prouvent ces faits sont dans le Cartulaire de Champagne, conservé à la chambre des comptes de Paris (folio 229). Elles ne diffèrent entre elles qu'en ce que dans la première il est dit que le comte de Bar-sur-Seine s'est départi de son droit de main-morte sur ses hommes de corps demeurants à Bar-sur-Seine, moyennant une somme de cent livres, qu'ils lui ont payée en commun; au lieu que la seconde porte que l'octroi fait par le comte à ses hommes de Merei, Villeneuve et Essoyes, est purement gratuit de sa part. Milon servit le roi Philippe Auguste dans son expédition de Normandie contre le roi Jean-sans-Terre, et fut un des seigneurs qui garantirent la capitulation qu'il fit le 1er juin avec la ville de Rouen. (Duchêne, *Scrip. Norm.*, p. 1058.) L'an 1206, au mois de novembre, il fit avec Gui, seigneur de Juilli-le-Châtel, en présence de Blanche, comtesse de Champagne, un traité par lequel il fut reconnu que le château de Juilli relevait du comté de Troyes, et que le bourg adjacent avec ses fortifications, possédé par Clérembaut, était dant la mouvance du comté de Bar. (Chantereau le Fèvre; *Origine des Fiefs*, pr., p. 30.) Milon se croisa, l'an 1209 ou environ, contre les Albigeois, et eut part cette même année aux siéges de Béziers et de Carcassonne. L'année suivante, au mois de juin, il fonda la Maison-Dieu de Saint-Jean-Baptiste à Bar-sur-Seine, du consentement de sa femme et de Gaucher, leur fils, en faveur des religieux dits de Roncevaux (ordre éteint depuis long-tems), qui l'échangèrent au mois de septembre 1582 avec les Trinitaires, ou Mathurins, pour une autre maison que ceux-ci avaient ailleurs. L'an 1215 (V. S.), au mois de février, il fit avec Blanche, comtesse de Champagne, et Thibaut, son fils, un traité par lequel il s'engageait à les défendre contre Erard de Brienne et Philippe, sa femme. (*Cart. de Champ.*, dit *Thuanum.*) L'abbaye de Poutières, soumise immédiatement au saint siége, était de tems immémorial sous la garde des comtes de Bar-sur-Seine. Le comte Milon, en 1215, transporta ce droit à Hervé, comte de Nevers, dont il reçut en contr'échange les deux villages de Versigni et de Roberceaul. (Voyez *les comtes de Nevers*.) Milon se disposant, l'an 1217, au voyage d'outre-mer, fit au mois d'août, son testament par lequel il léguait aux templiers une rente de trente livrées de terre, à prendre, dit-il, sur son domaine dans la châtellenie de Bar-sur-Seine : *Triginta libratas redittûs de meo dominio in castellania Barri.* Il partit ensuite pour la croisade, et se trouva au siége de la tour du Pharé, en Égypte, qui précéda celui de Damiète. Il y mourut le 17 août de l'an 1218 (*Nécr. Molism.*), avec Gaucher, son fils, qu'il avait eu d'Elissende, son épouse, fille, selon du Bouchet, de Renaud IV, comte de Joigni. Gaucher avait épousé quelque tems auparavant Elisabeth, dite aussi Sibylle, fille de Pierre de Courtenai, empereur de Constantinople, dont il ne laissa point d'enfants. Etant à la dernière extrémité, il écrivit ou fit écrire à sa mère et à sa femme une lettre par laquelle il leur déclarait qu'il donnait dix-huit livrées de terre monnaie de Paris, *Decem et octo libratas terræ monetæ parisiensis*, pour fonder une chapelle au Puiset, et dix-huit autres livrées de terre pour en fonder une à Montreuil ; que de plus il avait légué à Notre-Dame de Chartres trente marcs d'argent, *De quibus fieri debet miles montatus super equum suum*, les priant par l'amitié qu'ils lui ont toujours témoignée, de veiller à l'exécution de ces legs, et les avertissant qu'il a ordonné que toute sa terre du Puiset fût mise en interdit si ses dernières volontés n'étaient pas remplies. (Etiennot, *Fragm.*, T. XIII, p. 132.) Elisabeth, veuve de Gaucher, se remaria à Eudes de Montaigu, neveu par Alexandre, son père, d'Eudes III, duc de Bourgogne. Milon III, outre Gaucher, avait un autre fils, nommé Guillaume, et surnommé de Chartres, apparemment de quelque fief que possédait son père dans le Chartrain, ou peut-être parce que Milon était vicomte de Chartres. Quoi qu'il en soit, Guillaume étant entré dans l'ordre des Templiers, en devint grand-maître en 1217, ainsi qu'on l'a dit ci-devant (T. I, p. 520.), et se rencontra l'année suivante avec Gaucher, son frère, au siége de Damiète, où il fit des merveilles à la tête de ses chevaliers, dont un grand nombre périt dans cette expédition, comme l'atteste Olivier, témoin oculaire, dans son Histoire du siége de Damiète. (*Apud Eccard. Corp. Hist. med. œvi*, T. II, pp. 1405-1408.)

Après la mort du comte Milon III, Laurence, sa nièce, et Pétronille, fille de Thibaut, frère de Milon II, partagèrent entre elles sa succession. Mais, l'an 1223, Ponce de Mont-Saint-Jean, fondé de procuration de Laurence et de Ponce de Cuisseaux, son époux, vendit à Thibaut, comte de Champagne, leur part du comté de Bar-sur-Seine : ce qu'ils ratifièrent par un acte passé à Dijon la même année. (*Cartul. de Champ.*, dit *Thuanum*, fol. 154.) Pétronille en fit autant de sa portion en faveur de ce comte vers le même tems. Enfin, l'an 1225, au mois d'août, Elissende, veuve du comte Milon III, vendit au même Thibaut son douaire de Bar-sur-Seine, *Totum dotalitium meum*, dit-elle dans l'acte, *comitatûs Barri super Secanam, quod silicet dotalitium meum movet de feodo comitatûs Campaniæ*, avec tous les conquêts qu'elle avait faits avec son époux, à l'exception du fief du chevalier Robert de Fontette, et sans préjudice de l'opposition que Bardin avait faite à cette vente; laquelle opposition avait été mise en compromis. (*Liber principum*, folio 346, r°.) Elissende vivait encore en 1230, comme le prouve la vente qu'elle fit au mois de mai de cette année à l'abbaye de Molême, d'une vigne située au territoire de Merei. (2ᵉ *Cartul. de Moléme*, folio 47, v°.) L'an 1239, le comte Thibaut fit hommage de Bar-sur-Seine à Robert de Torote, évêque de Langres, comme au premier suzerain.

La ville de Bar-sur-Seine était encore dans l'état de servitude lorsque Thibaut en prit possession. Ce fut ce prince qui l'affranchit, et toute la châtellenie qui en dépend, du droit de mainmorte, par sa charte du mois d'avril 1227; ce qu'il confirma par une autre de l'an 1231. La dernière de ces deux pièces est en original aux archives de l'Hôtel-de-Ville de Bar-sur-Seine. Elle porte que la commune de cette ville sera gouvernée par un mayeur, ou maire, et douze échevins (ils sont réduits aujourd'hui à quatre). Ces officiers exerçaient la justice civile et criminelle non-seulement dans la ville, mais dans tout le comté de Bar-sur-Seine, jusqu'au tems de l'établissement d'un bailliage en cette ville; ce qui n'arriva qu'au seizième siècle. (*Nouv. rech. sur la France*, T. I, p. 67.) Le comte Thibaut V, fils et successeur du précédent, fonda, au mois d'octobre 1269, une collégiale dans l'église paroissiale de Bar-sur-Seine. (*Ibid.* pp. 71 et 72.) L'an 1359, un parti anglais, durant la prison du roi Jean, prit de force la ville de Bar-sur-Seine, *où il y eut*, dit Froissart, *plus de neuf cents bons hôtels brûlés*. C'est depuis ce tems apparemment qu'elle est réduite à l'étendue qu'elle a aujourd'hui.

Le comté de Bar-sur-Seine fut réuni à la Bourgogne, en 1435, par le fameux traité d'Arras. Il ne jouit cependant pas du principal privilége de cette province, étant sujet aux droits d'aides et à d'autres dont elle est exempte. Il ne ressortit point non plus au parlement de Bourgogne, mais à celui de Paris.

CHRONOLOGIE HISTORIQUE

DES

COMTES DE SENS ET DES COMTES DE JOIGNI.

Le comté de Sens, qui tire son nom de sa capitale, l'une des plus anciennes et des plus célèbres villes des Gaules, n'est qu'une petite partie du pays qu'occupaient les Sénonois avant de passer, avec les autres peuples des Gaules, sous la domination des Romains. Ce pays, après avoir été conquis par Jules-César, conserva la même étendue; et dans la division qui fut faite des Gaules sous Honorius, il composa la quatrième Lyonnaise, qui comprenait les diocèses de Troyes, de Senlis, de Meaux, de Paris, de Chartres, d'Orléans, de Nevers et d'Auxerre. Après que les Francs se furent rendus maîtres des Gaules, le Sénonois se trouva divisé dans le partage que firent les enfants de Clovis de la Monarchie française. Une partie de cette province fut attribuée au royaume de Bourgogne et d'Orléans, l'autre à celui de Paris. On voit aussi que lorsque ce pays rentra dans la main d'un seul souverain, il fut partagé en divers comtés. Orléans, Chartres, Nevers, Auxerre, Troyes, Senlis, eurent leurs comtes particuliers. L'histoire nous a conservé les noms de cinq des comtes amovibles de Sens. Manerius, ou Magnerius, dont la femme se nommait Rothilde, était comte de Sens sous Louis le Débonnaire, et mourut le premier août de l'an 836. Donat l'était en 845, sous Charles le Chauve. On trouve après lui Gilbert, revêtu de la même dignité en 884, avec sa femme Pavenildis. Il eut probablement pour successeur Garnier, lequel prit le parti d'Eudes, contre le roi Charles le Simple, ainsi que Gautier, archevêque de Sens, qui fit la cérémonie de sacrer Eudes en qualité de roi de France. Richard le Justicier, duc de Bourgogne, partisan de Charles, vengea ce prince en chassant de Sens, le 8 juin de l'an 895, et l'archevêque et le comte. Richard, fils de Garnier, ne laissa pas néanmoins de lui succéder. Mais s'étant soulevé, l'an 951, avec Giselbert, comte de Bourgogne, contre le roi Raoul, il irrita ce prince, qui marcha contre eux et les fit rentrer dans le devoir.

COMTES HÉRÉDITAIRES DE SENS.

FROMOND I.

941. FROMOND I, qui paraît avoir été le fils du comte Garnier, fut nommé comte de Sens, ou confirmé dans cette dignité, l'an 941, par Hugues le Grand, duc de Bourgogne, dans le ressort duquel Sens était compris. Cette faveur fut le prix du service qu'il avait rendu à Hugues en chassant de Sens l'archevêque Gerland, parce qu'il favorisait le parti d'Herbert II, comte de Vermandois, alors ouvertement brouillé avec le duc de Bourgogne. Fromond était néanmoins parent d'Herbert ; mais les liens du sang ne purent l'attacher à ce comte, dont la perfidie obligeait ses proches, comme les étrangers, à se mettre en garde contre lui. Renaud, comte de Reims et de Rouci, ayant surpris, l'an 945, la ville de Sens pendant l'absence de Fromond, celui-ci revient en diligence, et s'établit dans le château de l'abbaye de Sainte-Colombe aux portes de cette ville. On était alors dans les chaleurs de l'été, où chacun, jusqu'aux soldats, se permettait le sommeil à midi. Fromond, le 29 juillet, saisit ce moment pour escalader la ville ; et y ayant réussi, il tua une partie de la garnison et mit le reste en fuite, après quoi il fit abattre une partie des murs de Sainte-Colombe pour empêcher qu'un autre, imitant son exemple, ne fît servir ce fort à l'usage qu'il venait d'en faire. (*Chron. S. Petri Vivi.*) Fromond termina ses jours l'an 951, laissant un fils, qui suit, et une fille, qui fut mère de Séguin, archevêque de Sens.

RENAUD I, ou RENARD, dit LE VIEUX.

951. RENAUD I, ou RENARD, dit LE VIEUX, succéda, l'an 951, au comte Fromond, son père. L'an 965, des Saxons, qu'Anségise, évêque de Troyes, avait amenés d'Allemagne sous la conduite de Brunon, frère de l'empereur Otton I, pour l'aider à recouvrer cette ville usurpée sur lui par Robert de Vermandois, n'ayant pas réussi à cette entreprise, s'acheminaient vers la ville de Sens dans le dessein de la surprendre et de la piller. L'archevêque Archambaut et le comte Renaud, les voyant arriver, vont à leur rencontre, les attaquent dans un lieu nommé Villers, et remportent sur eux la victoire. Helpon, l'un de leurs chefs, tué dans la mêlée, est reporté dans les Ardennes, sa patrie, et Brunon ramène en Saxe les débris de son armée. (Ordé-

ric Vital, l. VII.) Ce ne fut pas le seul exploit militaire de Renaud. Un chevalier, nommé Boson, s'étant emparé de la forteresse de Brai, Renaud vint l'assiéger dans cette place, dont il brûla l'église, et l'emmena prisonnier à Sens. Renaud eut encore à soutenir contre ses vassaux et ses voisins d'autres guerres qui l'engagèrent à faire construire plusieurs citadelles pour se mettre en état de défense. Les principales sont une grosse tour qu'il fit élever presque au milieu de la ville de Sens, sur un terrain appartenant à l'abbaye de Sainte-Colombe, qu'il possédait en commende; le château de Joigny, qui a donné naissance à la ville, et dont le fonds était du domaine de l'abbaye de Notre-Dame du Charnier, de laquelle il était pareillement abbé; et Château-Renard, dont il usurpa l'emplacement sur l'abbaye de Ferrières. Renaud termina ses jours, l'an 996, suivant la chronique de saint Pierre-le-Vif, et fut enterré à Sainte-Colombe de Sens. (Bouquet, T. X, p. 222.) Il laissa deux fils, Fromond, qui suit; et Renaud, qui eut en partage Château-Renard : c'est de celui-ci que descendent les anciens seigneurs de Courtenai. Les injustices et les violences qu'exerça le comte Renaud lui aliénèrent les cœurs de ses vassaux; et rendirent sa mémoire odieuse à la postérité. Il eut aussi une fille, nommée Adèle, ou Alix, mariée à Geoffroi, qu'elle fit comte de Joigni.

FROMOND II.

996. FROMOND II, fils aîné de Renaud, lui succéda au comté de Sens. L'envie de placer Brunon, son fils, sur le siége archiépiscopal de Sens, fit qu'il s'opposa de toutes ses forces à l'intronisation de l'archidiacre Léothéric, qui avait été canoniquement élu pour remplir cette place. Léothéric ayant été trouver le pape Silvestre II (le célèbre Gerbert, dont il avait été disciple dans l'école de Reims), obtint de lui des lettres confirmatives de son élection. Elles ne firent aucune impression sur le comte, qui n'en persista pas moins dans son opposition. Le prélat, après l'avoir excommunié, reprit le chemin de Rome, d'où il rapporta un nouveau bref, portant ordre aux évêques de la province de l'ordonner sans délai; ce qui fut exécuté, l'an 1001, dans l'église de Sainte-Fare. Fromond se vit alors obligé de se désister de son opposition, et de permettre à Léothéric de prendre possession de son siége. Ce comte, suivant la chronique de Saint-Pierre-le-Vif, termina ses jours l'an 1012. Raoul Glaber dit que Fromond était un homme de mœurs simples et pacifiques, bien différent en cela de son prédécesseur et de son successeur. Cet éloge ne s'accorde guères avec les faits qu'on vient de rapporter. Ce comte avait épousé GILBERTE, ou GERBERGE, fille de Renaud

de Rouci, comte de Reims, qui lui donna quatre fils ; Fromoud et Renaud, qui partagèrent entre eux la succession de leur père ; Brunon, dont on vient de parler ; et Renaud qui embrassèrent l'état ecclésiastique. Ce dernier fut abbé de Notre-Dame, près de Sens.

RENAUD II.

1012. RENAUD II, second fils de Fromond, eut le comté de Sens, séparé de celui de Joigni, dans le partage de la succession de son père. Il est représenté dans la chronique de Saint-Pierre-le-Vif comme un méchant homme, et par un autre historien du tems il est appelé *iniquorum iniquissimus*. (Bouquet, T. X, p. 227.) En effet il persécuta l'archevêque Léothéric pour se venger de la préférence qu'il avait eue sur l'archidiacre Brunon, son frère, massacrant ses hommes, pillant ses terres, l'outrageant en sa personne de toute manière, jusques-là que lorsque le prélat, officiant à l'autel, se tournait pour saluer le peuple, Renaud tournant le dos, *in posterioribus suis pacem ei offerebat*. (*Chron. S. Petri Vivi.*) Léothéric, poussé à bout par tant de mauvais traitements, consulta le pape, les évêques ses suffragants, et les seigneurs ses amis, sur le parti qu'il avait à prendre. Tous lui conseillèrent, mais surtout Rainald, évêque de Paris, d'aller trouver le roi Robert, et de s'engager à lui livrer la ville ; ce qu'il fit le 22 avril de l'an 1015, suivant la chronique de Saint-Pierre-le-Vif. Le monarque, déjà irrité contre Renaud pour s'être joint aux seigneurs de Bourgogne, qui refusaient de recevoir pour duc son fils Robert, acquiesça de grand cœur à la prière du prélat. Mais étant venu avec une armée pour prendre possession de Sens, il en trouva les portes fermées, et fut obligé de l'assiéger. Renaud, qui défendait la ville avec Fromond, son frère, s'enfuit nu lorsqu'il la vit sur le point d'être forcée. Fromond se retira dans la tour avec ses gens, où ils résistèrent pendant quelques jours aux attaques des assiégeants ; mais il fallut à la fin se rendre. Fromond fut envoyé prisonnier au château d'Orléans, où il finit ses jours. Le roi fit grâce à la garnison, et la renvoya libre, à la prière des seigneurs qui l'accompagnaient. (*Ibidem.*) Renaud, après s'être sauvé de Sens, fut accueilli par Eudes II, comte de Champagne, auprès duquel il s'était retiré. Les deux comtes ayant levé une armée, bâtirent le château de Montreuil-sur-Seine (et non pas de Montereau), que Renaud céda en fief à Eudes, et qui devint ensuite fort nuisible au roi et à l'archevêque de Sens. Renaud et Eudes vinrent après cela mettre le siége devant Sens, dont ils se rendirent maîtres au bout de trois jours, après avoir mis le feu à deux faubourgs. Renaud trouva moyen d'apaiser le roi par ses soumissions, et vécut dans la suite assez bien avec l'archevêque. Il épousa, l'an 1023 ou l'an 1027, au mois de juillet, Juville, à qui il donna en dot la terre de Bassey (peut-être Bassou), avec d'autres terres dans l'Auxerrois et le Gâtinais. L'acte de cette donation est rapporté par D. Martenne. (*Anecd.* T. I, col. 141.) Après la mort de l'archevêque Léothéric, arrivée le 26 juin 1032, Gelduin, cousin de Renaud, ayant gagné, par présents, le roi Henri I, vint à bout de se faire nommer par ce prince pour remplir le siége vacant, malgré le clergé de Sens, qui avait élu canoniquement le trésorier Mainard. On ne dit pas si Renaud fut complice de cette intrusion. Quoi qu'il en soit, Gelduin fut consacré, le 18 octobre 1032, à Paris. Mais Eudes, comte de Champagne, qui, après la mort du roi Robert, s'était emparé de Sens, le vicomte Daimbert, et les autres nobles du pays, lui fermèrent l'entrée de la ville. Le roi, irrité de cette opposition, vint assiéger Sens, et commit de grands dégats aux environs sans pouvoir se rendre maître de la place. Enfin, l'an 1034, Eudes ayant consenti de partager la ville avec le monarque, Gilduin y fut reçu et intronisé dans son siége. Il s'y maintint jusqu'au concile de Reims de l'an 1049, où il fut déposé par le pape Léon IX pour cause de simonie. Le comte Renaud était encore vivant alors, et ne termina ses jours que l'an 1055. Raoul Glaber dit qu'il se faisait appeler *le roi des Juifs*, tant il affectionnait cette nation, dont il avait adopté, suivant cet historien, les usages et presque embrassé la religion. Comme il ne laissa point de postérité de Manstrude, sa femme, le roi Henri se saisit du comté de Sens, qu'il réunit à la couronne, et établit pour le gouverner un vicomte, dont le titre a persévéré jusqu'à nos jours.

COMTES DE JOIGNI.

GEOFFROI Ier.

Geoffroi I, dont la naissance n'est point connue, devint comte de Joigni (l'ancien *Bandritum*, suivant M. le Beuf) par son mariage avec Alix, ou Adèle, fille de Renaud le Vieux, comte de Sens. Ce fut un seigneur incommode à ses voisins. Les religieuses de Saint-Julien d'Auxerre possédaient, à une lieue et demie de Joigni, la terre de Migenne (en latin *Mitigana.*) Geoffroi, la trouvant à sa bienséance, voulut s'en rendre maître, et y établit de force des coutumes mauvaises, ou droits onéreux, qui occasionèrent de grandes plaintes. Il en fut touché sur la fin de ses jours, et tâcha de réparer le mal qu'il avait fait. On ignore le tems de sa mort, mais elle arriva au plus tard en 1042. Il laissa de son mariage trois fils; Geoffroi, qui suit; Gilduin, archevêque de Sens, dont on a parlé plus haut; et Renaud.

GEOFFROI II.

1042. GEOFFROI II, fils de Geoffroi premier et d'Alix, n'est connu que par une charte du premier mars, de la douzième année de Henri premier (1043 de J. C.), par laquelle il déclare à Emme, abbesse de Saint-Julien d'Auxerre, qu'ayant eu part aux vexations que Geoffroi, son père, avait exercées dans la terre de Migenne, il veut l'imiter dans son repentir. En conséquence il renonce, du consentement de sa mère Alix et de ses frères, Gilduin et Renaud, à toutes les mauvaises coutumes que son père avait établies à Migenne, et entend que cette terre appartienne à l'abbaye de Saint-Julien, sans aucune redevance envers lui, attendu qu'elle est, dit-il, du comté de Sens et non de celui de Joigni. (*Gall. Chr.*, T. XII, *Instr.* col. 101 et 102.) Rien n'indique l'année de sa mort, et sa mère paraît lui avoir succédé. Elle avait épousé en secondes noces, suivant Albéric de Trois-Fontaines, Engilbert, comte de Brienne, n'ayant alors qu'une fille de son premier mariage. Or, celui-ci, ajoute Albéric, avait parmi ses commensaux un chevalier nommé Etienne, seigneur de Vaux (*de Vallibus*), près de l'abbaye de Saint-Urbain, qu'il avait marié avec la fille de sa femme.

ETIENNE DE VAUX, COMTE DE JOIGNI ET PREMIER SIRE DE JOINVILLE.

ETIENNE DE VAUX (c'est toujours Albéric qui est notre guide), après la mort de sa mère, eut, du chef de sa femme, le comté de Joigni. Ce fut lui qui bâtit le château de Joinville avec l'aide du comte Engilbert, ajoute le même auteur sans nous dire comment cette terre lui était échue. Le tems de sa mort n'est pas plus connu que celui où il entra en possession du comté de Joigni. De son mariage il laissa un fils, qui suit.

GEOFFROI III, DIT LE VIEUX, COMTE DE JOIGNI, ET PREMIER DU NOM, SIRE DE JOINVILLE.

GEOFFROI, dit LE VIEUX, fils d'Etienne de Vaux, porta la guerre, suivant Albéric, en 1055, dans le Boulonnais. Cette expédition, dont le motif n'est point marqué, ne lui réussit pas. Il y fut pris dans un combat où il perdit son fils Hilduin. Ayant recouvré, peu de tems après, sa liberté, il vécut encore 26 ans, et finit ses jours par conséquent en 1081. En mourant il laissa un fils, qui suit. Hilduin, son fils aîné, avait aussi laissé des enfants, savoir, deux fils, Gautier et Vithier, morts sans postérité l'un et l'autre, avec une fille, Hesceline, dame de Neuilli, mariée à Gui, seigneur d'Aigremont, frère utérin de Tesselin, père de saint Bernard. (Albéric.)

GEOFFROI IV, DIT LE JEUNE, COMTE DE JOIGNI, IIe DU NOM, SIRE DE JOINVILLE.

1081. GEOFFROI IV, fils de Geoffroi III, réunit dans sa main, en lui succédant, le comté de Joigni et la seigneurie de Joinville. Il était avoué de l'abbaye de Moutier-en-Der, et en cette qualité il avait établi des coutumes très-onéreuses dans les terres de ce monastère. Thibaut, comte de Champagne, à qui l'abbé Dudon se plaignit de ces vexations, fit citer Geoffroi, l'an 1088, à sa cour de Meaux. L'accusé comparut; mais dans ces entrefaites, Etienne, fils du comte de Champagne, ayant été fait prisonnier en guerre par le roi Philippe premier, cet événement, qui obligea Thibaut d'aller solliciter la délivrance du captif, ne lui permit pas de se rendre à Meaux au jour marqué. Geoffroi, de retour sans avoir été jugé, prit le parti de s'accommoder avec l'abbaye de Moutier-en-Der. Par le traité qui fut fait, il promit de s'en tenir aux coutumes qui avaient eu lieu du tems d'Etienne, son aïeul. (Mabillon, *Ann. Bened.*, T. V., p. 642.) La femme de Geoffroi IV s'appelait HODIERNE, et était, suivant du Bouchet, fille de Joscelin premier, seigneur de Courtenai. De cette alliance sortirent Galfrid, ou Geoffroi, qui mourut avant son père, décédé l'an 1104 au plus tard; Renaud qui suit; et Roger sire de Joinville, dont la branche suivra; Hadevide, par son mariage devint dame d'Aspremont, et fut mère, dit Albéric, d'une nombreuse postérité; et Lore, qui, s'étant faite religieuse, devint abbesse.

RENAUD III.

1104 ou environ. RENAUD, second fils du comte Geoffroi IV et d'Hodierne, fut le successeur de son père au comté de Joigni. L'ancien historien des évêques d'Auxerre nous apprend qu'il avait un droit annuel de 15 livres sur le château d'Appoigni, à deux lieues au-dessous d'Auxerre; droit que l'évêque Humbaud, seigneur de cette place, appartenante à son église, fit diminuer de 40 sous par composition avec Renaud. L'an 1139, Renaud fut témoin de la donation que firent Huldearde et Gautier, son fils, à l'abbaye d'Eschallis, ordre de Citeaux, au diocèse de Sens, et fit lui-même la tradition de ce don. (*Gall. Chr.*, T. XII, *pr.*, col. 27.) Nous n'avons point d'autre détail sur sa vie, et nous ignorons l'année de sa mort. Le nécrologe du prieuré de Joigni marque seulement cet événement au 20 de janvier. Renaud laissa d'Amicie, sa femme, trois enfants, Gui, qui suit, Renaud et Elvide, abbesse de Saint-Julien d'Auxerre. M. le Beuf (*Hist. d'Aux.*, T. II, p. 150) dit, qu'en 1122, Amicie fit hommage de la terre de Coulange-la-Vineuse à Mathilde, comtesse de Nevers, d'où nous inférons deux choses, 1° que cette terre appartenait à Amicie de son chef, 2° que son époux qui n'est point dénommé dans cette affaire, devait être alors absent. Peut-être était-il à la croisade. M. du Bouchet donne encore pour femme à Renaud III, Vandelmode, fille de Humbert premier, sire de Beaujeu. Si cela est, Renaud aura épousé Vandelmode en premières noces.

GUI.

Gui, appelé Guillaume par Albéric et quelques autres, fils et successeur de Renaud III, fut un des seigneurs à qui le pape Eugène III, recommanda, l'an 1145, l'abbaye de Vezelai, pour accommoder ses différents avec le comte de Nevers. Empressé de signaler sa valeur contre les infidèles, il suivit, l'an 1147, le roi Louis le Jeune à la croisade. Il mourut quelque tems après son retour, l'an 1150, sans laisser de postérité d'Alix, sa femme, fille d'Etienne, comte de Blois et de Champagne. Le nécrologe du prieuré de Joigni, où il eut sa sépulture, le met au nombre des bienfaiteurs de ce monastère.

RENAUD IV.

Renaud IV fut le successeur de Gui, son frère, au comté de Joigni, dont il jouissait en 1154. Il paraît qu'il avait accompagné Gui dans le voyage de la Terre-Sainte. L'an 1161, il se ligue avec Etienne, comte de Sancerre, contre Guillaume IV, comte de Nevers. On ne sait pas quel fut le sujet de cette guerre; mais après diverses hostilités, elle finit par une victoire que Guillaume remporta, au mois d'avril 1163, sur ces deux confédérés. Du tems du comte Renaud, il y avait un vicomte à Joigni. On voit Isnard en 1163, et Hilduin en 1175, qui portaient ce titre avec des prérogatives considérables, dont ils faisaient hommage au comte Renaud. Il mourut dans un âge fort avancé, le 21 avril, suivant le nécrologe du prieuré de Joigni, lieu de sa sépulture ; mais on ignore en quelle année : ce fut néanmoins au plus tard l'an 1179. Sa femme, nommée ADÉLAÏDE, le fit père de trois fils; Guillaume, qui suit; Fromond et Gaucher, Sénéchal de Nivernais, avec une fille, Elissende, femme de Milon, dernier comte de Bar-sur-Seine.

GUILLAUME Ier.

GUILLAUME Ier, fils aîné du comte Renaud IV et son successeur, était en possession du comté de Joigni en 1179, comme le prouve une charte par laquelle il donne cette année aux Prémontrés de Dilo, *Loci Dei*, 40 sous de cens à Joigni, du consentement d'ALIX, sa femme, et de Gaucher, son frère, à condition de dire une messe à perpétuité pour lui et pour les siens, et de l'inhumer dans leur église après sa mort. (*Gall. Christ.*, T. XII, *pr.*, col. 55.) Guillaume eut un différent avec Pierre de Courtenai, comte de Nevers et d'Auxerre, touchant la terre de la Ferté-Loupière, *Firmitas Lupera*, qu'il possédait en Gâtinais, à quatre lieues de Joigni, dont il portait l'hommage au comte de Champagne, et que Pierre prétendait relever de lui. Marie, comtesse de Champagne, prit la défense de Guillaume. Le comte de Nevers, par amour pour la paix, consentit que le comte de Joigni reprît d'elle et de son fils Henri, pour ce fief, jusqu'à la décision des arbitres, qui seraient choisis de part et d'autre. C'est ce qu'énonce une charte de cette comtesse, en date de l'an 1186. (Ducange, *Observ. sur Villehardouin*, p. 253.) L'an 1190, Guillaume, par une charte, confirma à l'abbaye des Bénédictines de Saint-Julien d'Auxerre une cession que Renaud, son père, avait faite à cette maison du tems de l'abbesse Agnès. Celle qui gouvernait alors ce monastère se nommait Elvide, que Guillaume appelle sa tante du côté paternel, *amita mea*. (*Archiv. de Saint-Julien.*) La même année, il fut du nombre des seigneurs qui partirent pour la croisade à la suite du roi Philippe-Auguste. Il fut, l'an 1204, avec Gaucher, son frère, du nombre des seigneurs qui garantirent pour ce monarque la capitulation qu'il fit le premier juin, avec la ville de Rouen. (Duchêne, *Script. Norm.*, p. 1059.)

L'an 1213, au mois de mars, il donna des lettres par lesquelles il promettait de garder les conventions suivant lesquelles Guillaume, comte de Sancerre, son féal, lui avait engagé la terre de la Ferté-Loupière, et donnait pour pleige la comtesse de Champagne. (*Liber principum*, fol. 263 v°., et 264 r°.) L'an 1216, il assista, avec les pairs du royaume, au jugement que Philippe Auguste rendit à Melun, touchant le différent qui s'était élevé entre la reine de Chypre et la comtesse Blanche, par rapport aux comtés de Brie et de Champagne : *Judicatum est à paribus regni, videlicet à Remensi Archiepiscopo. W. Comite Joviniaci*, etc. Il ne faut pas néanmoins conclure de là que le comté de Joigni relevât nuement alors de la couronne. On voit aussi des chartes de Guillaume premier, données en 1219. C'est la dernière époque connue de sa vie, dont le terme est marqué au 15 février dans le nécrologe du prieuré de Joigni. Il avait épousé en premières noces ALIX, fille de Pierre Ier, sire de Courtenai, de laquelle il fut ensuite séparé pour cause de parenté ; et en secondes noces BÉATRIX, fille de Guillaume, comte de Sancerre, qui le fit père de Gui, mort jeune ; de Pierre, qui suit ; de Guillaume, qui viendra ensuite ; et d'une fille nommée Blanche. (*Voyez* Adémar, *comte d'Angoulême*.)

PIERRE.

1219 au plus tôt. PIERRE, fils aîné de Guillaume I, fut son successeur au comté de Joigni, dont il fit hommage-lige à Blanche, comtesse de Champagne, et au comte Thibaut, son fils, reconnaissant que son château de Joigni leur était jurable et rendable à grande et à petite force toutes les fois qu'il en serait requis. Il paraît que sa conduite fit naître depuis quelques soupçons sur la sincérité de cette déclaration ; car nous voyons que Blanche envoya sur les lieux un de ses officiers, nommé Mathieu de Tosquin, lequel, ayant assemblé les nobles et les bourgeois de Joigni le jour des rois 1221 (V. S.), les fit jurer que, si le comte Pierre manquait à la fidélité qu'il devait à la comtesse et à son fils, et qu'il refusât de leur remettre son château, ils se déclareraient contre lui pour le contraindre à tenir ses engagements. (*Liber principum*, fol. 358, r°.) Le 21 décembre 1251, il avait fait pareil hommage, pour le château de Coulanges-la-Vineuse, à Mahaut, comtesse de Nevers, déclarant qu'il était tenu de le lui remettre quand elle le demanderait, à condition qu'il lui serait rendu dans le même état qu'il l'aurait livré. Mais il faut que ce domaine lui eût été cédé par Guillaume, son frère. En effet nous trouvons dans le même cartulaire (fol. 169, v°.), des lettres de Guillaume I, datées du mois d'août 1215, par lesquelles il déclare qu'ayant émancipé son fils Guillaume, il l'a mis en possession de la terre de Coulanges-la-Vineuse, dont il jouissait au nom de ce fils pendant sa minorité ; ce qui prouve en même tems que ce domaine venait de Béatrix de Sancerre, mère de Pierre et de Guillaume. Mais il y a lieu de croire que Pierre ne garda pas longtems la terre de Coulanges, et qu'il la transporta presque aussitôt, par vente ou par échange, à Amicie, veuve de Gaucher, son oncle ; car nous voyons qu'au mois de février 1223 (N. S.), cette dame rendit le même hommage à Mahaut. (Le Beuf, *Hist. d'Aux.*, T. I, p. 150.) On ne sait rien de plus sur le comte Pierre, sinon qu'il mourut sans postérité. Sa mère Béatrix, vivait encore en 1223, comme le prouvent les lettres de cette comtesse, en date du mardi après la Chandeleur 1222 (V. S.), par lesquelles elle et Guillaume, son fils, donnent à Jean de Rougemont et à Colin de Châtillon, Thibaut, comte de Champagne, pour pleige d'une somme de trois cents livres, monnaie de Provins, qu'ils avaient empruntée d'eux. (*Cart. de Champ.* fol., 157.)

GUILLAUME II.

Guillaume II, deuxième fils de Guillaume I, se croisa du vivant de son père, l'an 1209, avec le duc de Bourgogne, le comte de Nevers, les archevêques de Sens et de Rouen, l'évêque de Chartres, et d'autres prélats et seigneurs, contre les Albigeois. Il pouvait être alors tout au plus dans sa quinzième année, puisqu'il ne fut émancipé, comme on vient de le voir, qu'en 1215. L'an 1235, il fut du nombre des seigneurs français, qui, dans le mois de septembre, adressèrent au pape Grégoire IX une plainte touchant les entreprises des prélats sur la jurisdiction séculière. (Du Tillet, *des Rangs*, p. 31.) L'an 1239, il s'embarqua pour la Terre-Sainte avec les ducs de Bourgogne, de Bretagne, le comte de Vaudemont, et d'autres seigneurs, et, aborda, au commencement de l'année suivante, à Saint-Jean d'Acre. (Morice, *Hist. de Bret.*, T. I, p. 172.) Ce voyage, dont il revint en 1241, ne fut point heureux : mais il n'empêcha pas Guillaume de suivre encore le roi saint Louis, en 1248, dans sa première croisade. Ce monarque, à son retour, lui donna un gage précieux de sa bienveillance par le don qu'il lui fit d'une épine de la couronne de notre Seigneur. Le comte la reçut avec un grand respect, et la déposa dans la paroisse de Saint-Jean de Joigni, où elle est encore de nos jours en vénération. Il paraît que la piété de Guillaume était sincère ; et le trait suivant, rapporté par le sire de Joinville, ne laisse guère lieu d'en douter. Comme le roi s'en revenait de Palestine, un de ses vaisseaux fit naufrage sur les côtes de l'île de Chypre, » et furent tous noyez ceulx qui estoient
» dedans, fors que une jeune femme à tout son petit enfant
» qu'elle avait entre ses bras, qui d'avanture demourerent sur
» une des pieces de la nef, que l'eaux emmena..... J'ai veu la
» femme (ajoute Joinville), et son enfant qui estoient arrivez
« devant en la cité de Baphe (ville de Chypre), et les vy en la
» maison du comte de Joiny, qui les faisoit mourir pour l'onneur
» de Dieu ». Le comte Guillaume rapporta de son voyage une

maladie de langueur qui le conduisit au tombeau le 20 juin 1255. D'ELISABETH, sa femme, dont on ignore la maison, il laissa un fils, de même nom que lui; et Béatrix, femme de Jean de Nesle, seigneur de Falvri.

GUILLAUME III.

1255. GUILLAUME III, fils aîné de Guillaume II, lui succéda au comté de Joigni, et épousa, l'an 1257, ISABELLE, fille de Guillaume II de Mello. (Ans.) On ignore l'année de sa mort, dont le jour est marqué au 28 septembre dans le nécrologe du prieuré de Joigni. Il fut enterré dans l'abbaye des Echalis, ordre de Citeaux, près de Joigni, laissant de sa femme un fils, qui suit.

Il paraît que c'est de ce comte Guillaume III, et non de son père, qui ne fit que languir depuis son retour de Palestine, que parle Joinville dans le trait suivant qu'il raconte. Un bourgeois du roi, depuis que ce monarque était revenu de la Terre-Sainte, et par conséquent l'an 1254 au plus tôt, étant accusé d'avoir commis un méfait dans la terre de Joigni, le comte le fit arrêter quoiqu'il niât le fait, et que les sergents royaux de la ville, dont était celui-ci, le réclamassent pour être jugé par la justice du roi. « Or aveint ainsi (poursuit Joinville), que li bourjois fu
» morz en la chartre du devant-dit conte; pour laquelle chose
» li benoiez rois apela le conte en sa présence. Et quant li
» cuens fu venu devant lui en un plein parlement, li benoiez
» rois commanda que il fust pris par ses serganz en la présence
» de touz et que l'en le menast en prison el Chastelet de Paris,
» et fust ilec tenu; car li contes confessa toutes les choses desus
» dites devant le benoiez roi ». (Joinville, *édition du Louvre*, p. 386.)

JEAN I.

JEAN I, fils de Guillaume III, le remplaça dans le comté de Joigni. Il mourut en Italie, l'an 1283, suivant le père Anselme, laissant d'AGNÈS, sa première femme, fille de Beraud de Mercœur, Jean, qui suit; Robert, élu évêque de Chartres en 1315; et Isabelle, accordée en 1295 avec Haquin, fils puîné d'Eric, roi de Norwege. ELISABETH, sa seconde femme, fille de Dreux de Mello, et dame de Saint-Maurice de Thérouaille, en la vallée d'Aillan, ne lui donna point d'enfants. Elle se remaria depuis avec Humbert de Beaujeu, seigneur de Montpensier et connétable de France, qu'elle perdit en 1285. Cette alliance fut stérile comme la précédente, quoique du Tillet, dans son *Recueil des rois de France* (Art. de la branche de Dreux), avance que Jean II, comte de Dreux, épousa Jeanne, fille d'Imbert de

Beaujeu et d'Elisabeth de Mello. En effet les lettres de fondation de la chartreuse de Val - Profonde, près de Joigni, faites en 1301, par Elisabeth, dans un fonds qu'elle avait acquis avec Humbert en 1281, n'énoncent aucun enfant de cette comtesse, et ne font mention que de ses héritiers collatéraux, contre lesquels elle implore le secours de l'archevêque de Sens pour maintenir sa fondation. Elisabeth finit ses jours l'année suivante.

JEAN II.

1283. JEAN II, fils et successeur de Jean I, était marié du vivant de son père, ou le fut peu de tems après sa mort, avec AGNÈS, fille de Hugues, comte de Brienne, et petite-fille, par Philippe, sa mère, de Henri le Libéral, comte de Champagne. La ville de Joigni lui est redevable de son affranchissement. Les lettres qu'elle obtint de lui à ce sujet sont écrites en français, et portent, dans la copie sur laquelle elles ont été imprimées, la date du mois de septembre de l'an 1003. Il y a là visiblement une erreur de chiffre, comme l'observe le savant éditeur. Il faut lire *l'an* 1300. Le roi Philippe le Bel et la reine Jeanne, sa femme, confirmèrent ces lettres au mois de janvier suivant, en réservant et leurs droits et ceux d'Elisabeth de Mello, seconde femme du comte Jean I. (*Ordon. du Louvre*, T. XII, pp. 347 et 348.) L'an 1302, le comte Jean II fut de l'assemblée des trois états, tenue à Paris au mois d'avril, où fut arrêtée et signée par tous les seigneurs présents une lettre au collège des cardinaux, pour leur représenter les désordres extrêmes où la rupture du Pape Boniface VIII et du roi Philippe le Bel allaient plonger le royaume de France, et les engager à fléchir l'obstination du premier, dont les prétentions outrées et les menaces déplacées excitaient la juste indignation du monarque. (Le Beuf, *Hist. d'Aux.*, T. II, p. 15.)

L'an 1314, au mois d'avril, le comte Jean traita du mariage de Jeanne, sa fille, avec Charles, fils du comte de Valois et neveu du roi Philippe le Bel. Cette alliance, qui se consomma peu de tems après, n'empêcha pas le comte Jean de signer, le 24 novembre de la même année la ligue et association des nobles de Champagne et d'autres provinces, pour la conservation de leurs droits, franchises et immunités, auxquels Philippe le Bel donnait atteinte par les impositions exorbitantes dont il chargeait ses peuples sans distinction d'états, et par les changements fréquents et altérations qu'il faisait aux monnaies ; ce qui jetait le trouble dans le commerce et rendait incertaines les fortunes des particuliers. Mais dans cet acte où les confédérés reconnaissent le comte de Tonnerre et d'Auxerre pour leur chef, et s'engagent à l'aider de tout leur pouvoir, ils déclarent formellement vouloir, *en ce faisant, que toutes les obéissances, féautés et loyautés, hommages, et aultres droictures deues au roy de France, leur seigneur, soyent gardées et réservées*, ne pensant pas les enfreindre par ces conventions. (*Invent. du Trés. des chartes*, T. VI, vol. coté 9422, p. 523.) La mort de Philippe le Bel, arrivée cinq jours après cette association, la fit évanouir. Après la mort de Louis Hutin, fils et successeur de ce prince, le comte Jean se joignit au duc de Bourgogne, au comte de Nevers, et à d'autres seigneurs, pour contester à Philippe le Long le droit de succéder au trône par préférence à la fille du roi défunt. Mais le droit de ce dernier ayant prévalu au jugement de la nation, le comte de Joigni se soumit, ainsi que le duc lui-même, et ses autres confédérés, à l'exception du comte de Flandre et de Nevers. Celui-ci continuant après ce jugement de faire le dégât sur les terres des partisans de Philippe, le duc de Bourgogne et le comte de Joigni essayèrent de le ramener par la voie des remontrances. Ne pouvant y réussir, ils donnèrent au roi, l'an 1317, leurs lettres par lesquelles il promettaient de se séparer de ce comte si dans un certain tems il ne corrigeait et amendait les torts et excès qu'il avait commis dans les comtés de Champagne, de Rhetel, et autres lieux. (*Voy.* Louis I, *comte de Flandre*.) L'année suivante, ou plutôt l'an 1319 (N. S.), le comte de Joigni fit avec le roi l'échange de la mouvance de château-Renaud, qui lui appartenait, pour celle de Mâlai-le-Roi, à une lieue de Sens, où était un ancien palais de nos rois, nommé d'abord *Massolacum*, et ensuite *Masliacum*, puis *Masleium*. Le comte de Joigni eut procès, l'an 1320, avec Jean Dauphinet, fils aîné de Robert IV, dauphin d'Auvergne, touchant la succession de Béraud de Mercœur, leur aïeul maternel. Elle fut ensuite abandonnée au comte par transaction homologuée au parlement le 27 mars 1321 (V.S.), moyennant une rente de 1200 livres, qu'il promit à Dauphinet et à Guillaume de Poitiers, son frère utérin, de leur assoir sur des terres situées en Auvergne. (Duchêne, *Hist. des comtes de Valentinois*, p. 17.) Le comte Jean finit ses jours le 24 septembre 1324, et fut inhumé, ainsi que sa femme, au prieuré de Joigni. Il eut de son mariage, outre la fille qui suit, un fils nommé comme lui, qui mourut en 1307.

JEANNE.

1324. JEANNE, fille et unique héritière du comte Jean II, lui succéda au comté de Joigni et dans la seigneurie de Mercœur avec CHARLES DE VALOIS, depuis comte d'Alençon et de Chartres, son époux. Cette comtesse, se voyant hors d'espérance

d'avoir des enfants, se livra entièrement aux bonnes œuvres.
L'an 1330, elle fonda un hôpital à Joigni, et institua, pour le
gouverner, six frères et six sœurs, sous la règle de saint Augustin. Cinq des frères devaient être prêtres, et le sixième au moins
sous-diacre. Jeanne mourut en 1336, le 21 novembre, selon
le nécrologe de cet hôpital où elle fut enterrée. Charles s'étant
remarié avec Marie d'Espagne, veuve de Charles d'Evreux,
comte d'Etampes (morte à Paris le 19 novembre 1379), fut tué,
le 26 août 1346, à la funeste bataille de Créci, où il commandait notre avant-garde. (*Voy*. Charles II, *comte d'Alençon*.

1336. Simon de Sainte-Croix, proche parent de la comtesse
Jeanne, lui succéda au comté de Joigni, ou plutôt devait lui
succéder ; mais il céda ses droits à Charles, mari de Jeanne,
moyennant un dédommagement que celui-ci lui donna. Charles,
l'an 1337, fit un échange du comté de Joigni pour d'autres
terres situées en Champagne avec le seigneur qui suit.

JEAN DE NOYERS.

1337. JEAN DE NOYERS, issu de l'ancienne maison de Noyers
en Bourgogne, fils de Miles VI, seigneur de Noyers, et de
Jeanne de Montbéliard, prit possession du comté de Joigni en
vertu de l'échange qu'il avait fait avec Charles d'Alençon. Le roi
Jean ayant donné, l'an 1353, à la reine Blanche, sa mère, la
terre de Saint-Florentin pour faire partie de son douaire, le
comte de Joigni, que cette terre avoisinait, appréhenda que les
gens de la princesse n'en prissent occasion de vouloir englober
le comté de Joigni dans le ressort de Saint-Florentin. Pour le
rassurer, le roi lui fit expédier, au mois de juillet de la même
année, dans la maison de *Galatas*, des lettres par lesquelles il
déclarait le comte de Joigni et ses vassaux indépendants de la juridiction de ladite reine, et relevants comme par le passé, quant
à la féodalité, du comte de Champagne, et, quant à la justice, du
bailliage de Troyes. (*Trés. des Chartes*, T. XXIV, p. 805.)
Le monarque se porta d'autant plus volontiers à donner ces lettres,
qu'il avait une estime singulière pour Jean de Noyers. Celui-ci,
l'an 1355, fut battu par les Anglais avec le comte de Sancerre et
le sire de Châtillon ; mais on ne dit pas dans quelle rencontre.
(*Mss. de saint Victor*, n° 419.) Cet échec ne diminua rien de
sa réputation : il fut toujours regardé comme un des meilleurs
capitaines de son tems. L'an 1358, pendant la captivité du roi,
il fut envoyé avec soixante hommes d'armes par le dauphin Charles, régent du royaume, pour défendre le marché de Meaux,
où les parisiens révoltés tenaient assiégée la femme de ce prince,
le duc et la duchesse d'Orléans, et plus de trois cents dames de

la première naissance qui s'y étaient retirées. Le haut rang de ces personnes, loin d'imposer aux assiégeants, augmentait leur fureur; et le désir de faire des prisonniers d'une si grande importance leur faisait redoubler leurs efforts pour les forcer dans ce poste. Le comte de Joigni le défendit avec le comte de Foix et le capitaine Bac, de manière qu'il contraignit les rebelles à se retirer avec perte de près de sept mille hommes. Après la paix de Bretigni, la plupart des troupes ayant été licenciées, seize mille hommes d'entre elles se réunirent sous le nom de *Tard-venus*, et parcoururent la Lorraine, la Champagne, la Bourgogne, et d'autres provinces voisines, portant partout la désolation. Le roi Jean envoya contre elles un corps d'armée sous les ordres de Jacques de Bourbon. Le comte de Joigni fut de cette expédition. On en vint, le 2 avril 1361, à une bataille à Brignais dans le Lyonnais, où le général de l'armée royale et son fils furent blessés à mort. Le comte de Joigni resta sur le champ de bataille avec un grand nombre de seigneurs. Son corps fut apporté à Joigni, où il fut inhumé dans l'hôpital. De JEANNE, son épouse, fille d'Anseau de Joinville, il laissa trois enfants; Miles, qui suit; Jean, seigneur de Rimaucourt; et Jeanne, femme de Gui de Choiseul.

MILES DE NOYERS.

1361. MILES DE NOYERS succéda au comté de Joigni et à d'autres domaines de sa maison après la mort du comte Jean, son père. Il hérita aussi de sa valeur. L'an 1364, il fut un des chefs de l'armée française à la bataille d'Aurai, livrée, le 29 septembre, contre Jean de Montfort, comte de Bretagne, qui la gagna. Le comte de Joigni y fut pris avec Bertrand du Guesclin, et resta quelque tems prisonnier. L'an 1368, il confirma, le 6 décembre, les privilèges des habitants de Joigni. Il mourut, le 20 octobre 1376, au château de Grancei en Bourgogne, d'où ses ossements furent transportés, dans la suite, à l'hôpital de Joigni. De MARGUERITE DE VENTADOUR, son épouse, dame d'Antigni, qui lui survécut, il laissa deux fils en bas âge, Jean et Louis, avec une fille, Marguerite, mariée à Jacques de Vienne, seigneur de Longwi.

JEAN II DE NOYERS.

1376. JEAN II DE NOYERS, fils aîné de Miles, lui succéda au comté de Joigni sous la tutelle de sa mère et de Jean de Noyers, seigneur de Rimaucourt, son oncle. Moréri se trompe à l'article de Noyers, en mettant, au lieu de Jean II, Miles II, fils, selon lui, de Miles I. Le comte Jean II fut une des victimes de la funeste mascarade du 31 janvier 1393 (N. S.), où le roi Charles VI pensa périr. Il y expira, brûlé par le feu qui prit aux étoupes attachées avec de la poix-résine à la robe de toile dont il était affublé dans cette occasion. On ignore s'il était marié; car il était fort jeune alors. Ce qui est certain, c'est qu'il ne laissa point d'enfants.

LOUIS DE NOYERS.

1393. Louis de Noyers remplaça Jean, son frère, dans le comté de Joigni. Il eut aussi la terre d'Antigni qu'il tenait de sa mère. L'an 1404 (N. S.), il obtint, par arrêt de la chambre des comptes, du 4 mars, la confirmation du titre de doyen des sept comtes-pairs de Champagne. Ces pairs sont les comtes de Joigni, de Rhetel, de Brienne, de Porcien, de Grandpré, de Rouci et de Braine-Valeon. Nous disons qu'il obtint la confirmation de son doyenné, parce que ses prédécesseurs avaient joui de cette dignité dès le tems des derniers comtes de Champagne; sur quoi l'on peut voir une lettre écrite à ce sujet dans le *Mercure de France* (décembre 1759, page 2813). Le même arrêt porte que le comté de Joigni ressortira, comme autrefois, à la jurisdiction de Troyes, et non à celle de Saint-Florentin, comme le voulaient les officiers de la Reine Blanche. Moréri se trompe doublement en plaçant la mort de Louis de Noyers en 1406, et en le faisant mourir sans lignée. On voit par les monuments de l'hôpital de Joigni, où il est enterré, qu'il ne cessa de vivre que le 3 juillet 1415, et qu'il laissa de Jeanne, fille d'Anceau, sire de Joinville, sa femme, une fille, qui suit.

MARGUERITE DE NOYERS.

1415. Marguerite de Noyers, fille unique de Louis de Noyers, lui succéda au comté de Joigni et dans ses autres domaines avec Gui de la Trémoille, seigneur d'Huchon et de Bourbon-Lanci, qu'elle avait épousé l'an 1409. Gui tenait le parti du duc de Bourgogne, contre la maison d'Orléans. Après l'assassinat du chef de celle-ci, commis en 1407, le duc Jean, qui en était l'auteur, ne pouvant rester dans son duché, en confia l'administration à la duchesse sa femme. Mais, ne voulant rien faire de son chef dans des conjonctures aussi critiques, la duchesse se forma un conseil dans lequel Gui de la Trémoille fut admis. Il servit la princesse de son bras comme de sa tête, et fut un de ceux qui sauvèrent la Bourgogne du désastre dont elle était menacée. Le comté de Joigni, se trouvant sur les limites de ce duché, souffrit beaucoup des hostilités du parti opposé aux Bourguignons, et fut presque entièrement dévasté.

Pour dédommager Gui de la Trémoille, le roi d'Angleterre, alors régent de France, fit expédier, au nom de Charles VI, des lettres patentes qui lui adjugeaient les terres de ceux qu'on nommait alors les ennemis de l'état. Ces lettres sont datées de l'abbaye de Saint-Faron-lès-Meaux le 24 janvier 1421 (V. S.), et Gui de la Trémoille y est qualifié de *cousin* : honneur qui ne s'accordait en ce tems-là que très-rarement à ceux qui n'étaient pas de la maison royale. L'an 1423, il vola au secours de Crévant, ville de l'Auxerrois, assiégée par le dauphin Charles (depuis le roi Charles VII) et défendue par le sire de Chatellux. Les Anglais, commandés par les comtes de Suffolck et de Salisberi, étant survenus dans le même tems, et s'étant réunis aux Bourguignons, livrèrent bataille, le 31 juillet, à l'armée du dauphin, qui fut battue. Il paraît que Gui de la Trémoille resta attaché à la maison de Bourgogne, et qu'il ne se soumit au roi Charles VII que lorsque ce monarque eut fait la paix avec le duc Philippe le Bon. L'année de sa mort n'est pas certaine. On voit seulement par l'épitaphe de Claude, sa fille, dame de Vergi, qu'il ne vivait plus en 1438. Il laissa de son mariage un fils, qui suit, et deux filles ; Jeanne, mariée à Jean de Châlons, troisième fils de Jean de Châlons, sire d'Arlai, et de Marie de Baux, princesse d'Orange ; et Claude, mariée à Charles de Vergi, sire d'Autrei.

LOUIS DE LA TRÉMOILLE.

1438 au plus tôt. LOUIS DE LA TRÉMOILLE fut le successeur de Gui, son père, au comté de Joigni et en d'autres domaines. Il suivit le roi Charles VII, en 1441, au siége de Pontoise. C'est le seul trait de sa vie qui ait échappé à l'oubli. Il ne fut point marié, et mourut en 1464. Sa succession fut partagée, le 4 juin de la même année, entre les enfants de ses deux sœurs. Ceux de la dame de Vergi eurent la baronnie de Bourbon-Lanci avec d'autres terres, et le reste échut au fils de la dame de Châlons.

CHARLES DE CHALONS.

1464. CHARLES DE CHALONS, fils de Jean de Châlons, baron de Viteaux et de l'Ile-sous-Montréal, et de Jeanne de la Trémoille, ayant hérité d'eux l'une et l'autre seigneuries, succéda à Louis de la Trémoille dans le comté de Joigni. Il épousa, l'an 1470, JEANNE DE BAINQUETUN, veuve d'Artus, seigneur de Châtillon-sur-Marne, zélé partisan du duc de Bourgogne contre le roi Louis XI. Il fut fait prisonnier, l'an 1475, un mardi, 20 juin, avec Léonard, son frère, dans une rencontre à Gui, près de Châtel-Chinon, où le duc de Bourbon leur tua plus de deux cents hommes. Ayant recouvré sa liberté, le souvenir de sa disgrâce ne lui fit point changer de parti. Après la mort de Charles le Téméraire, il conserva pour Marie, sa fille, le même attachement qu'il avait témoigné au père. Louis XI, ne pouvant l'attirer à lui, le punit par la confiscation du comté de Joigni, qu'il donna à Jean de Nanterre, gouverneur de Corbeil. Mais, par la paix qui fut faite en 1482, Charles recouvra ce domaine avec les autres dont il avait été privé. On le voit présent aux états-généraux qui s'assemblèrent au commencement de l'an 1484 (N. S.), pour faire déclarer la majorité du roi Charles VIII. (Duchêne, *Hist. de la M. de Montmorenci*, pr., p. 259.) Il mourut l'année suivante, et fut enterré à l'abbaye de Vezelai, auprès de ses ancêtres. De son mariage il ne laissa qu'une fille, qui suit.

CHARLOTTE DE CHALONS.

1485. CHARLOTTE DE CHALONS, fille de Charles de Châlons, n'entra pas de plain-pied en jouissance de la succession de son père aussitôt après sa mort. Ses trois oncles, Antoine de Châlons, évêque d'Autun, Bernard de Châlons, seigneur de Grignon, et Léonard de Châlons, seigneur de l'Orme, la lui disputèrent en vertu d'une prétendue substitution faite par un prince d'Orange, de la maison de Châlons, en faveur de ses descendants mâles, à l'exclusion des filles, qu'elle réduisait à une légitime en argent. Antoine alléguait de plus une donation entre vifs de Charles, son frère, en vertu de laquelle il avait été mis en possession du comté de Joigni, et en avait joui quelque tems. Ce fut la matière d'un long procès, qui finit enfin le 14 mai 1500, par un arrêt qui adjugea la succession litigieuse à Charlotte. Elle perdit, l'an 1507, ADRIEN DE SAINTE-MAURE, son premier mari. On voit que FRANÇOIS D'ALÈGRE, le second, était mort en 1525, par un acte du 24 octobre de cette année, qui accordait *souffrance* à Charlotte pour faire hommage au roi du comté de Joigni. On ne peut dire précisément quel fut le terme de ses jours. Elle eut du premier lit Jean, qui suit ; Nicolas de Sainte-Maure, baron d'Émeri ; Claude de Sainte-Maure, chevalier de l'ordre de Saint-Jean de Jérusalem, mort prisonnier d'état, le 2 février 1531, au château de Dijon ; et Barbe de Sainte-Maure, baronne de Grignon et de l'Orme, mariée à Antoine, baron de Dinteville.

JEAN DE SAINTE-MAURE.

Jean de Sainte-Maure, fils aîné d'Andrien de Sainte-Maure et de Charlotte de Châlons, succéda à sa mère, supposé qu'il lui ait survécu, dans le comté de Joigni, comme il avait succédé à son père dans le comté de Nesle. Ce qui est certain, c'est qu'il était mort en 1526. Il avait épousé Anne, fille de Jean II, seigneur d'Humières, dont il laissa un fils, qui suit; Louise, abbesse de l'Abbaye aux Bois; et une autre Louise, mariée, en 1536, à Gilles II de Laval.

LOUIS DE SAINTE-MAURE.

Louis de Sainte-Maure succéda en bas âge, l'an 1526, au plus tard, à son père, Jean de Sainte-Maure, dans les comtés de Joigni et de Nesle, et la seigneurie de Viteaux, sous la garde-noble d'Anne, sa mère. Mais il fut troublé dans la jouissance de celui de Joigni par Antoine du Prat, seigneur de Nantouillet, qui forma des prétentions sur la succession de Charlotte de Châlons, et obtint le séquestre du comté de Joigni pendant la litispendance de l'action qu'il intenta pour ce sujet au parlement de Paris. C'est ce qu'on voit par une lettre de la dame d'Humières aux habitants de Joigni, en date du 10 janvier 1530. (V. S.) Ce procès finit, en 1538, par une transaction qui adjugea au seigneur de Nantouillet la baronnie de Viteaux avec la terre de Senan, près de Joigni. L'an 1545 (V. S.), le roi François I érigea, en faveur de Louis, le comté de Nesle en marquisat, par lettres du mois de janvier. Louis fut donné en ôtage, l'an 1559, à Élisabeth, reine d'Angleterre. Il mourut, le 9 septembre 1572, à Paris, d'où son corps fut porté à Nesle, pour y être inhumé. Le comte Louis avait épousé, 1°, au mois de janvier 1540 (V. S.), Renée de Rieux, comtesse de Laval, fille et héritière de Claude de Rieux et de Catherine, comtesse de Laval. S'étant retirée, l'an 1558, en Bretagne, elle y vécut séparée de son mari, et mourut, en 1567, sans enfants. Louis, après sa mort, épousa en secondes noces, Madeleine, fille du chancelier Olivier, dont il eut Charles, qui suit; et Antoine de Sainte-Maure, décédé avant son père. (*Voy.* Gui XVIII, *comte de Laval.*)

CHARLES DE SAINTE-MAURE.

1572. Charles de Sainte-Maure, fils aîné de Louis de Sainte-Maure et de Madeleine, sa deuxième femme, succéda à son père, à l'âge de deux ans, sous la garde-noble de sa mère. Il mourut le 2 novembre 1576.

JEAN DE LAVAL.

1576. JEAN DE LAVAL, fils de Louis de Laval, seigneur de Loué, succéda dans le comté de Joigni et le marquisat de Nesle à Charles de Sainte-Maure, son cousin. Le roi Charles IX, dont il était aimé, l'avait fait chevalier de ses ordres et capitaine des cent gentilshommes de sa maison. Il mourut à Paris, l'an 1578, laissant de RENÉE DE ROHAN, sa première femme, un fils, qui suit. RENÉE, fille du chancelier de Birague, qu'il épousa en secondes noces, ne lui donna qu'une fille, morte en bas âge.

GUI DE LAVAL.

1578. GUI DE LAVAL, fils de Jean et son successeur au comté de Joigni ainsi qu'au marquisat de Nesle, obtint du roi Henri III, l'an 1583, des lettres-patentes qui lui confirmaient le titre de doyen des sept comtes-pairs du comté de Champagne. Au milieu des fureurs de la ligue, qui tendaient à renverser du trône ce prince et à en exclure le véritable héritier présomptif, il demeura fidèle à son devoir, et ne varia point dans le parti des royalistes qu'il avait embrassé. L'an 1590, à la bataille d'Ivri, donnée le 14 mars, il scella de son sang l'attachement qu'il avait voué au roi Henri IV, ayant reçu vingt-quatre coups de pistolet dont il mourut huit jours après, sans laisser de postérité. Sa veuve se remaria au sieur de Givri, qui fut tué, dans les premiers jours de juillet 1594, au siége de Laon.

GABRIELLE et ANNE DE LAVAL.

1590. GABRIELLE DE LAVAL, veuve de François *Aux-Epaules*, seigneur d'Epizi, et ANNE DE LAVAL, femme de Claude de Chandio, seigneur de Bussi en Bourgogne, succédèrent à Gui de Laval, leur neveu, dans le comté de Joigni et le marquisat de Nesle. Après la mort d'Anne de Laval, RENÉ DE CHANDIO, son fils, lui succéda. Il fut tué en duel ; et par sa mort le comté de Joigni demeura à Gabrielle de Laval, du vivant de laquelle René de Laval, son fils, marquis de Nesle, qui prit le nom de sa mère et quitta celui de son père, vendit, fondé de procuration, le comté de Joigni à Philippe-Emmanuel de Gondi, par contrat du 15 décembre 1603.

PHILIPPE-EMMANUEL DE GONDI.

1603. PHILIPPE-EMMANUEL DE GONDI, marquis de Belle-Isle, baron de Montmirel, seigneur de Dampierre et de Ville-Preux, général des galères, par lettres du 15 avril 1598, devint comte de Joigny par l'acquisition qu'il en fit en 1603. La maison de Gondi est originaire de Florence, où elle a possédé plusieurs charges de la république. Philippe-Emmanuel, troisième fils d'Albert de Gondi, duc de Retz, pair et maréchal de France, et de Catherine de Clermont, naquit à Lyon l'an 1581. Il augmenta le nombre des galères de France par ordre du roi Henri IV. L'an 1621, le roi Louis XIII, voulant dès-lors faire le siége de la Rochelle, le chargea d'amener ses galères dans l'Océan pour les joindre à la flotte commandée par le duc de Guise. Le comte de Joigni combatit avec ce dernier, le 26 octobre de l'année suivante, contre les Rochellois, et le seconda de manière qu'il remporta la victoire sur ces rebelles. MARGUERITE DE SILLY, sa femme, dame de Commerci, fille d'Antoine de Silli, comte de la Rochepot, étant morte l'an 1625, il fut si vivement touché de cette perte, qu'il se démit de sa charge et de ses biens en faveur de ses enfants, et se retira dans la congrégation de l'Oratoire. Il y prit l'ordre de la prêtrise, et mourut dans son château de Joigni le 29 juin 1662, âgé de quatre-vingt-un ans. Les enfants qu'il laissa de son mariage sont Pierre, qui suit; Henri, marquis de Belle-Isle; et Jean-François-Paul, coadjuteur de l'archevêque de Paris, Jean-François de Gondi, son oncle, et cardinal, si fameux dans les troubles de la Fronde, où il joua l'un des principaux rôles, mort à Paris le 24 août 1679.

PIERRE DE GONDI.

1626. PIERRE DE GONDI, fils aîné de Philippe-Emmanuel, né à Paris, l'an 1602, succéda, l'an 1626, à son père dans le comté de Joigni et ses autres terres, comme aussi dans la charge de général des galères. Mais, l'an 1635, le cardinal de Richelieu l'obligea de se démettre de cette charge en faveur du marquis de Pont-Courlai, neveu de ce ministre. C'était une sorte de reconnaissance qu'il devait à Richelieu pour avoir fait renouveler, au mois de février de l'année précédente, les lettres d'érection de sa terre de Retz, dans le pays nantais, en duché-pairie. L'an 1661, le roi le créa chevalier de ses ordres à la promotion du 31 décembre. Il mourut le 29 avril 1676, à Machecoul, chef-lieu de son duché, qui lui avait été apporté par CATHERINE DE GONDI, sa cousine, qu'il avait épousée par dispense au mois d'août 1633.

Elle mourut le 18 septembre 1677, laissant de son mariage deux filles; Marie-Catherine, supérieure des religieuses du Calvaire; et Paule-Marguerite-Françoise, qui suit.

PAULE-MARGUERITE-FRANÇOISE.

1676. PAULE-MARGUERITE-FRANÇOISE, deuxième fille et héritière de Pierre de Gondi, son père, lui succéda dans le comté de Joigni et ses autres domaines avec FRANÇOIS-EMMANUEL DE BLANCHEFORT-CRÉQUI, qu'elle avait épousé le 12 mars 1575. Le fils qu'elle eut de ce mariage, Jean-François-Paul, étant mort sans lignée, à Modène, le 6 octobre 1705, à l'âge de vingt-cinq ans, elle fit donation du comté de Joigni et de ses autres terres à Nicolas de Neuville, duc de Villeroi, et mourut le 22 avril 1734.

SIRES, ENSUITE PRINCES DE JOINVILLE.

ETIENNE DE VAUX.

ETIENNE DE VAUX, chevalier, comte de Joigni du chef de sa femme, fille unique de Geoffroi II, comte de Joigni, bâtit le château de Joinville. Il eut un fils, qui suit. (*Voyez les comtes de Joigni.*)

GEOFFROI Ier, DIT LE VIEUX.

GEOFFROI Ier, dit le VIEUX, sire de Joinville et comte de Joigni, mourut en 1081, ayant eu, entr'autres enfants, Geoffroi, qui lui succéda. (*Voy. les comtes de Joigni.*)

GEOFFROI II, DIT LE JEUNE.

1081. GEOFFROI II, fils de Geoffroi Ier, devint, après la mort de son père, comte de Joigni et sire de Joinville. D'HODIERNE, sa femme, il eut trois fils, Geoffroi, qui le prédécéda, étant mort, avant l'an 1104; Renaud, comte de Joigni; et Roger, qui suit.

ROGER.

1104 au plus tard. ROGER, troisième fils du comte Geoffroi II, lui succéda dans la sirerie de Joinville l'an 1104 au plus tard, puisqu'il signa en cette qualité la charte donnée cette année par Hugues, comte de Champagne, au concile de Troyes, par laquelle ce prince donne à l'abbaye de Molême la terre de Rumilli-lez-Vaudes, et y ajoute d'autres dons. (Chifflet, *saint Bernard, gen. illustre*, p. 507.) On ignore les détails de ses exploits, ainsi que l'année de sa mort. Il avait épousé ALDÉARDE, fille de Gui, seigneur de Vignori, et de Béatrix, petite-fille de Robert de France, duc de Bourgogne. De ce mariage, sortirent Geoffroi, qui suit ; Robert, qui vivait encore en 1168 ; Gui, élu évêque de Châlons en 1164 ; Béatrix, femme de Henri III, comte de Grandpré ; et N., abbesse d'Avenai.

GEOFFROI III, DIT LE VIEUX ET LE GROS.

GEOFFROI III, dit LE VIEUX, est aussi surnommé LE GROS par Albéric et dans quelques titres. Il était encore enfant, l'an 1127, du vivant de Roger, son père, qu'il remplaça dans la sirerie de Joinville. Parvenu à l'âge de maturité, il donna des preuves de sa valeur dans les différentes guerres qui s'élevèrent de son tems. L'an 1147, il accompagna Louis le Jeune en Palestine, et monta le même vaisseau que lui. Ses grandes qualités lui méritèrent l'estime de ce prince et celle de Henri I, comte de Champagne, qui lui conféra la dignité de sénéchal de ce comté pour lui et ses héritiers. Le premier titre où il prend cette qualité est de l'an 1158. Il eut quelques différents avec l'abbaye de Moutier-en-Der au sujet des alleus qu'il avait à Doulevant, et les termina à l'amiable en 1184. Cette année paraît avoir été la dernière de sa vie. Il avait fondé, l'an 1144, l'abbaye de Lescure, de l'ordre de Cîteaux; l'an 1168, celle de Saint-Urbain de Joinville, de l'ordre des Prémontrés ; le prieuré de Mâcon, de l'ordre de Grammont, et celui de Valdonne, pour les filles sous la dépendance de l'abbaye de Molême. Sa mère, qui vivait encore, eut part, avec Geoffroi, son fils, à cette fondation. Il avait épousé, l'an 1132 ou 1133, FÉLICITÉ, fille d'Erard I, comte de Brienne et veuve de Simon de Broye. (*Albér. Chron.*) Félicité vivait encore l'an 1168, comme le prouve la charte d'une donation faite à l'abbaye de Saint-Urbain, qu'elle souscrivit cette année avec son époux. De leur alliance sortirent un fils, qui suit, et Gertrude, femme de Gérard II, comte de Vaudémont.

GEOFFROI IV, dit TROUILLARD.

1184 ou environ. GEOFFROI, dit TROUILLARD, surnommé aussi VALET, c'est-à-dire écuyer, et LE JEUNE, fut successeur de Geoffroi III, son père, dans la seigneurie de Joinville. Richard I, roi d'Angleterre, lui fit l'honneur de l'armer chevalier, et lui donna ses armoiries dont il partit son écu. (*Acad. des B. L.* T. XX, p. 789.) Il suivit ce prince à la Terre-Sainte, et signala sa valeur au siége d'Acre. On ignore combien de tems il survécut à cette expédition, après laquelle il revint en France. Mais il mourut au plus tard en 1196, et fut enterré à Clairvaux. De sa femme, HELVIDE, fille de Gui I, sire de Dampierre, il laissa Geoffroi, qui suit; Guillaume, évêque de Langres, puis archevêque de Reims; Robert, mort en Sicile; Simon, dont on va parler; André, chevalier du Temple; Gui, tige des seigneurs de Sailli; Yolande, femme de Raoul III de Nesle, comte de Soissons, et deux autres filles.

GEOFROI V.

1196. GEOFFROI V succéda à Geoffroi IV, son père, dans la sirerie de Joinville et la charge de sénéchal de Champagne. C'était alors un homme fait, et il avait déjà signalé sa bravoure au siége d'Acre sous les enseignes de son père. L'an 1199, il assista, avec les grands officiers et les barons de Champagne, à la cour plénière que Thibaut III, comte de Champagne, tint à Chartres pour assigner le douaire de Blanche, son épouse, fille du roi de Navarre. La même année, il prit la croix avec Robert, son frère, et d'autres seigneurs, pour retourner en Palestine à la suite de son suzerain. Mais Thibaut étant mort, l'an 1201, sur le point de se mettre en route, ses confédérés pour la croisade se partagèrent, les uns pour aller à Constantinople, les autres pour se rendre à la Terre-Sainte. Geoffroi fut du nombre des derniers. Ses nouveaux exploits contre les Sarrasins augmentèrent sa réputation. Il mourut dans cette expédition l'an 1205, au plus tard, sans laisser de postérité.

SIMON.

1205 au plus tard. SIMON, frère de Geoffroi V, hérita de ses domaines et de ses honneurs. Il eut néanmoins quelques contestations avec Blanche, comtesse de Champagne, et le comte Thibaut, son fils, par rapport à l'hérédité de la charge de sénéchal. Blanche ne voulut en recevoir l'hommage de lui que jusqu'à la majorité de son fils, laissant à ce prince la liberté de décider, lorsqu'il aurait l'âge de vingt-un ans, s'il devait confirmer à Simon l'investiture de cette dignité, ou en disposer en faveur d'un autre. L'acte où cette clause se trouve énoncée est du mois d'août 1214. Malgré ce traité, le sire de Joinville fut troublé dans la jouissance de sa sénéchaussée avant le terme convenu, ce qui le porta à renoncer à l'hommage qu'il avait fait au comte de Champagne, et à se ranger du côté de Thibaut, duc de Lorraine, qui était alors en guerre avec la comtesse Blanche. Mais la paix ayant été faite entre le duc et le comte, Blanche parvint à regagner le sire de Joinville au moyen d'un nouveau traité par lequel cette comtesse et son fils accordèrent à Simon la sénéchaussée de Champagne, pour la tenir, lui et les siens, à titre d'hérédité, avec promesse de faire ratifier cet accord par Thibaut lorsqu'il serait majeur, et d'investir de cette charge le fils aîné de Simon, sauf le droit du père tant qu'il vivrait. Simon de son côté promit de rentrer dans l'hommage du comte de Champagne, et de le servir contre Erard de Brienne et sa femme, et pour sûreté de sa parole il s'obligea de mettre entre les mains de son frère, l'évêque de Langres, son château de Joinville ou celui de Vaucouleurs, pour être livré à la comtesse et à son fils en cas de contravention de sa part. L'acte est du jeudi avant la Pentecôte (31 mai) de l'an 1218. Simon en conséquence prêta un nouvel hommage au comte de Champagne, après quoi il partit incontinent pour la Terre-Sainte. Arrivé avec les croisés, conduits par le roi Jean de Brienne en Égypte, il se trouva au siége de Damiette, et eut part à la prise de cette place sur les infidèles. Le comte Thibaut, devenu majeur, voulut revenir contre le traité de 1218, et retirer la sénéchaussée à Simon. Mais après quelques débats on fit, en 1224, aux octaves de la Pentecôte, une nouvelle transaction, par laquelle Thibaut accorda au sire de Joinville et à son fils la sénéchaussée de Champagne, sans préjudice de l'hérédité prétendue par Simon. C'était un vassal à ménager, et Thibaut sentit dans la suite combien il était important pour lui de se l'attacher. L'an 1227, dans la guerre que firent les barons de France au comte de Champagne, Simon se jeta dans la ville de Troyes, à la prière des habitants; et le nom de ce défenseur imposa tellement aux confédérés, qu'ils n'osèrent attaquer la place. Trois ans après il porta du secours à Mathieu II, duc de Lorraine, dans la guerre qu'il eut avec le comte de Bar. L'année de sa mort n'est pas certaine; mais cet événement précéda l'an 1235. Simon avait épousé, 1°, vers l'an 1206, ERMENGARDE, dame de Monteclerc au diocèse de Trèves, morte vers l'an 1218; 2° BÉATRIX, fille d'Etienne II, vicomte d'Auxonne, qui lui apporta en dot la terre de Marnai, en Bourgogne (morte le 20 avril 1260.) Du premier lit il eut Geoffroi, mort avant lui, et deux filles. Du second lit sortirent Jean, qui suit ; Geoffroi, seigneur de Vaucouleurs, lequel, ayant épousé Mahaut, fille de Gilbert de Laci, seigneur anglais, s'établit dans le pays de sa femme, et jouit d'emplois considérables à la cour d'Angleterre; Simon, seigneur de Marnai, qui devint ensuite seigneur de Gex par son mariage avec Béatrix, dite Lionette, fille d'Amé de Genève; Guillaume, doyen de l'église de Besançon, et deux filles.

JEAN Ier.

1234 ou environ. JEAN, fils aîné de Simon, lui succéda, dans sa dixième année, sous la tutelle de sa mère. Il dit lui-même qu'en 1243 *il n'avait pas encore vêtu le haubert*, c'est-à-dire qu'il n'avait porté les armes ni reçu l'ordre de chevalerie. L'an 1248, il suivit le roi saint Louis à la croisade. Avant de partir il assembla ses amis et voisins pour leur déclarer que s'il avait fait tort à quelques-uns d'entre eux, il était prêt à le réparer. Cependant il manquait de fonds pour son voyage; et sa mère, toujours existante, absorbait une partie de ses domaines pour son douaire. Le sire de Joinville engagea presque tout le reste pour faire de l'argent, en sorte qu'il ne lui restait pas douze cents livres de rente en fonds de terre. S'étant embarqué à Marseille avec dix chevaliers, dont trois bannerets, qu'il avait à sa solde, il alla joindre le roi saint Louis en Chypre, où il passa l'hiver avec lui. Le bon sens, la franchise et la droiture du sire de Joinville ne tardèrent pas à lui concilier l'estime et la confiance du monarque. Il fit avec lui la descente en Égypte, combattit sous ses ordres, dans toutes les occasions, contre les infidèles, fut pris en même tems que le saint roi, et échappa doublement à la mort en cette rencontre, c'est-à-dire à l'épée des Sarrasins, en souffrant qu'on le fît passer pour le cousin du roi, et aux suites funestes d'un abcès qu'il avait pour lors à la gorge, par les soins d'un médecin musulman qui le guérit en deux jours. Ayant été présenté à l'émir, il en fut accueilli favorablement. Le prince musulman lui fit servir à manger. Mais comme il était à table, un autre prisonnier vint lui reprocher de ce qu'il mangeoit un vendredi.

» Subit (dit Joinville) je lancé mon écuelle où je mangeois, ar-
» rière. Et ce voyant l'admiral demanda au Sarazin qui m'a-
» voit sauvé, pourquoy j'avoye laissé à mangier. Et il lui dist
» que c'estoit parce qu'il estoit vendredi, et que je n'y pensois
» pas. Et l'Admiral respondit que ja Dieu ne l'auroit à desplai-
» sir, puisque je ne l'avois fait à mon escient. Et saichez que le
» Légat qui estoit venu avecques le Roy, me tenczoit de quoy je
» jeûnois, et que j'estois ainsi malade, et qu'il n'y avoit plus

» avecques le Roy homme d'estat que moy, et pour tant que je
» faisois mal de jeûner. Mais non pour tant que je fusse prison-
» nier, point ne laissé à jeûner tous les vendrediz à pain et
» eaux. » Après le massacre du sultan, avec lequel saint Louis
avait traité de sa rançon et de celle de ses gens, le sire de Joinville vit entrer, dans la galée où il était avec d'autres seigneurs
francs, les assassins du prince musulman, armés de leurs sabres
et de leurs haches, disant qu'ils venaient leur couper la tête.
» Et tantost je viz, dit-il, un grand troupeau de noz gens qui se
» confessoient à ung religieux de la Trinité.... Et je me age-
» nouillé auprès de l'ung d'eulx (Musulmans), luy tendant le
» col. Encoustre moy se agenouilla Messire Guy d'Ebelin, con-
« nétable de Chippre, et confessa à moy, et je luy donnay tele
» absolution comme Dieu m'en donnoit le pouvoir. Mais de
» chose qu'il m'eust dite, quant je me fuz levé, oncques ne
» m'en recordai le mot. » Les prisonniers en furent quittes pour
la peur. Après sa délivrance, Joinville partit avec le roi dans la
même galée pour la Palestine. Arrivé à la ville d'Acre, le monarque assembla son conseil pour délibérer s'il resterait en Palestine
ou retournerait en France. Tous les avis furent pour le retour,
excepté celui de Joinville, qui représenta, comme les suites de
ce parti, la perte infaillible de la Terre-Sainte, et l'éternelle captivité des prisonniers retenus encore chez les Musulmans. » Et
» saichez, dit-il, que de mon opinion ne fuz-je mye reprins.
» Mais plusieurs se prindrent à plorer. Car il n'y avoit guères
» celuy qui n'eust aucun de ses parens prisonnier ès prisons des
» Sarrazinz. » L'avis de Joinville prévalut. Le roi étant resté en
Palestine, Joinville fut de toutes les expéditions qu'il fit en ce
pays, l'aida de ses conseils dans toutes les occasions, et le consola
dans ses peines par sa franchise et son enjouement. Le saint monarque ayant appris, l'an 1253, à Sayète (Sidon) la mort de sa
mère, versa dans le cœur de cet ami l'amertume que cette nouvelle lui causait. » Ha! Sénéchal, lui dit-il, j'ai perdu ma mère. »
A quoi répondit Joinville : » Sire, je ne m'en esbahis pas; car
» vous savez qu'elle avoit ung foiz à mourir. Mais je m'esmer-
» veille du grant et oultrageuz deuil que vous en menez, vous
» qui este tant saige prince tenu, et vous savez bien, fiz-je, que
» le saige dit que le mesaise que le vaillant homme a dans son
» cuer, ne lui doit apparoir au visage, ne le donner à cognoistre.
» Car celuy qui le fait, il donne grant joye au cuer à ses ennemis,
» et en donne courroux et malaise à ses amys. Et lors je l'ap-
» paisay ung peu. Après que je fus parti, ajoute-t-il, de la
» chambre du roy, madame Marie de Bonnes-Vertus me vint
» prier que j'allasse devers la royne pour la reconforter, et qu'elle
» menoit un fort grant deuil. Quant je fus en sa chambre, et que

» je la vy pleurer si amèrement, je ne me pus tenir de luy dire qu'il
» estoit bien vray qu'on ne doit mie croire femme à pleurer ;
» car le deuil qu'elle menoit estoit pour la femme qu'elle haioit
» plus en ce monde. Et lors elle me dit que ce n'estoit pas pour
» elle qu'elle pleuroit ainsy, mais que c'estoit pour la grant malaise
» en quoy le roy estoit, et aussi pour leur fille qui estoit demeu-
» rée en la garde des hommes. »

 L'an 1254 le départ du roi pour retourner en France étant résolu, le sire de Joinville fut chargé de conduire la reine et ses enfants à Tyr, éloigné de sept lieues d'Acre, où le rendez-vous fut donné. La route était périlleuse ; il fallait passer sur les terres des ennemis avec lesquels on était toujours en guerre, et l'on ne pouvait faire de longues traites avec une princesse accompagnée de deux enfants à la mamelle. Cependant le brave conducteur arriva heureusement à Tyr avec le dépôt précieux dont il était chargé. Le 25 avril de la même année, il s'embarqua avec le roi, et partagea avec lui les désagréments d'une longue et fâcheuse navigation. Au débarquement qui se fit le 11 juillet à Hieres en Provence, comme il le dit lui-même, il prit congé de sa majesté pour retourner en ses terres. L'an 1255, il négocia avec succès le mariage de Thibaut, comte de Champagne et roi de Navarre, son suzerain, avec Isabelle, fille de saint Louis.

 Le monarque français ayant entrepris, l'an 1269, une nouvelle croisade, pressa, mais inutilement, le sire de Joinville d'être de cette expédition. Il s'en excusa sur la misère de ses vassaux et de ses sujets qui n'étaient pas encore refaits des pertes qu'ils avaient souffertes pendant son premier voyage. On ignore ce qu'il fit depuis la mort de saint Louis jusqu'au règne de son petit-fils, le roi Philippe le Bel. Ce fut sous ce dernier qu'il composa la vie du saint roi, avec lequel il avait vécu, comme il le dit lui-même, pendant vingt-deux ans, c'est-à-dire depuis 1248, qu'il partit avec lui pour l'Égypte, jusqu'au départ de ce prince pour l'Afrique. Cette vie fut retouchée, pour le style, au quatorzième siècle par un écrivain qui voulut en assortir le style à celui de son tems ; et c'est d'après ces changements qu'elle a été donnée par Ducange, et que nous-mêmes la citons ordinairement. L'original de Joinville avait échappé aux recherches de ce savant. Mais il a été enfin retrouvé dans la bibliothèque du roi par MM. Sallier et Melot, gardes de ce dépôt, qui nous ont enfin donné l'ouvrage de Joinville, l'an 1761, dans sa pureté primitive. La candeur et la sincérité de l'auteur y éclatent de toutes parts, et lui assurent une entière créance. Une des prérogatives de la charge de sénéchal de Champagne était de présider aux grands jours de Troyes, dont les jugements étaient sans appel. Le sire de Joinville usa de ce droit aux grands jours de l'an 1285 ; il plut au roi Philippe le Bel de l'en priver à ceux de l'an 1287, et de l'exclure même de cette assemblée dans les trois années suivantes. Il assista néanmoins aux grands jours de l'an 1291 ; mais ce fut l'évêque de Soissons qui présida, accompagné de quatre commissaires qui précédèrent aussi le sire de Joinville. (Brussel, T. I, p. 246.) Le sire de Joinville fut, l'an 1314, du nombre des seigneurs qui s'opposèrent aux exactions que le roi Philippe le Bel faisait sur la noblesse du royaume sans égard pour ses priviléges. Il renouvela son opposition l'année suivante, sous le règne de Louis Hutin. Ce monarque y eut égard, et donna, l'an 1315, à la noblesse la satisfaction qu'elle désirait. Cette même année, sur la fin de mai, Louis, ayant fait une semonce aux nobles de son royaume de se rendre, dans le mois d'août, à l'armée qu'il devait assembler en Artois pour faire la guerre aux Flamands, le sire de Joinville, mandé, par une lettre particulière du prince, de se trouver à Authie dans la mi-juin, s'excusa sur la briéveté du terme ; mais il promit d'aller joindre l'armée dès qu'il aurait fait ses équipages. Il tint parole, et partit, aussitôt qu'il lui fut possible, avec un chevalier et six écuyers. Il était alors dans sa quatre-vingt-onzième année. On ignore les exploits qu'il y fit ; mais il en revint ; et l'on voit qu'en 1317 il donna la ceinture militaire à un roturier nommé Jacques de Non, avec la permission toutefois du roi Philippe le Long ; car la chevalerie emportant l'anoblissement, nos rois s'étaient réservé le droit de la conférer depuis qu'ils avaient réprimé l'autorité que les barons s'attribuaient à cet égard. (*Nouv. Hist. de Prov.*, T. III, p. 423.) Le sire de Joinville vécut encore deux ans ou environ depuis cet acte, et finit ses jours en 1319, dans sa quatre-vingt-quinzième année (1). La conformation de son corps

---

(1) ÉPITAPHE DU SIRE DE JOINVILLE,

trouvée dans sa sépulture, l'an 1629, au côté droit du grand autel de l'église de Saint-Laurent, sise dans l'intérieur du château dudit Joinville.

Quisquis es, aut civis aut viator,
adsta ut lugeas, ut legas.
Nosti quem nunquam vidisti,
terris datum anno Domini 1224, cœlo natum 1319,
nomine, virtute, scriptis, famâ nondum mortuum,
Polo immortalem, utique et solo,
Dominum D. Joannem de Joinville,
Magnum olim Campaniæ Seneschallum,
in bello fortissimum, in pace æquissimum,

ne semblait pas lui promettre le grand âge auquel il parvint. Il nous apprend lui-même qu'il avait *la tête grosse et la fourcelle froide*, c'est-à-dire l'estomac froid, à cause de quoi les médecins lui avaient conseillé de boire son vin pur, pour le réchauffer. A l'égard des qualités de l'esprit, il témoigne lui-même qu'il l'avait subtil; et l'honneur que lui fit saint Louis de l'admettre dans son conseil, prouve en même tems qu'il l'avait solide. Les traits qu'il rapporte de ses conversations décèlent en lui une humeur enjouée, une grande candeur et une probité sans apprêt. Ayant perdu sa première femme, ADÉLAÏDE ou ODILE, fille de Henri V, comte de Grandpré, qu'il avait épousée en 1240, il épousa en secondes noces ALIX DE RISNEL, morte en 1288. Les enfants qu'il eut du premier lit ne lui survécurent point. Du second il laissa Ancel, qui suit; André, seigneur de Beaupré; et Alix, femme, 1° de Jean, seigneur d'Arcis-sur-Aube, mort avant l'an 1307; 2° de Henri d'Angleterre, dit de Lancastre, fils d'Edmond, duc de Lancastre.

ANCEL, ou ANCEAU.

1319. ANCEL, ou ANCEAU DE JOINVILLE, fils du sire Jean et d'Alix de Risnel, leur succéda dans leurs domaines, et fut revêtu, comme son père, de la charge de sénéchal de Champagne. Quoiqu'on sache peu de chose de ses exploits militaires, on doit présumer qu'ils furent très-considérables, puisqu'ils lui méritèrent

---

in utroque maximum,
nunc ossa et cineres.
Tanti viri animam in cœlis viventem immortales amant;
corpus in terris superstites mortales colunt:
ingenium candidum, affabile et amabile,
Ludovico regi sanctissimo gratissimum, principibus laudatissimum,
Galliæ utilissimum, patriæ suæ per honorificentissimum,
immortales amant, mortales colunt, omnes honorant.

Nos zonâ S. Josephi è Terrâ-Sanctâ asportatâ ab eo feliciter donati,
Domino subditi, cives nostrati, amici munerario,
inclytis corporis ejus exuviis, cinerumque reliquiis,
ruiturum nunquam amoris fidelissimi, amantissimæque fidei
monumentum

III : M : LL. PPS.

Plura ne explora, sed plora, et ora, ac abi obiturus.

Requiescat in pace.

le grade de maréchal de France, auquel il parvint l'an 1338 au plus tard, comme on le voit par un compte de l'ordinaire de Paris, du terme de l'Ascension de cette année. Deux ans auparavant, le roi Philippe de Valois l'avait commis, avec le connétable Raoul d'Eu et le maréchal de Briquebec, pour recevoir les gens d'armes qui devaient l'accompagner au voyage d'outremer. L'an 1334, le 16 décembre, il échangea avec le roi le fief, c'est-à-dire la mouvance de Vaucouleurs, contre ceux de Possesse et de Charmont, qui relevaient nuement de la couronne depuis la réunion du comté de Champagne. (Brussel, *Usage des fiefs*, T. 1, p. 6.) Il fut, l'an 1337, un des chefs de l'armée qui fut envoyée contre les Anglais en Gascogne. On remarque qu'il avait en sa compagnie et sous sa bannière un chevalier banneret, quatorze bacheliers et soixante-sept écuyers. Il mourut au plus tôt l'an 1351. LOUISE DE SARBRUCHE, sa première femme, ne lui donna qu'une fille nommée Jeanne, mariée 1°, la veille de Saint-André 1335, à Aubert de Hangest; 2° à Jean de Noyers, comte de Joigni. De MARGUERITE DE VAUDEMONT, sa seconde femme, sœur et héritière de Henri IV, comte de Vaudemont, tué, l'an 1346, à la bataille de Créci, il eut Henri, qui suit; deux autres fils; et une fille, Isabelle, femme de Jean de Vergi, seigneur de Mirebeau, en Bourgogne.

HENRI.

1351 au plutôt. HENRI, fils d'Ancel, lui succéda dans la sirerie de Joinville ainsi que dans la charge de sénéchal de Champagne, et hérita de Marguerite, sa mère, le comté de Vaudemont. Il fut employé, l'an 1352, aux guerres de Bretagne; et, l'an 1356, il fut pris à la bataille de Poitiers. Il assista, l'an 1364, au sacre de Charles V, et mourut en 1374, ne laissant de MARIE DE LUXEMBOURG, sa femme (encore vivante en 1366), que deux filles; Marguerite, qui suit; et Alix, mariée à Thibaut de Neuchâtel, maréchal de Bourgogne. (*Voy.* Henri V, *comte de Vaudemont.*)

MARGUERITE.

1374. MARGUERITE, fille aînée de Henri, lui succéda dans la sirerie de Joinville et le comté de Vaudemont. Elle était veuve pour lors de Jean, issu d'un puîné des comtes de Bourgogne. La même année elle se remaria, par contrat du 5 mai, à PIERRE, comte de Genève, après la mort duquel, arrivée l'an 1395, elle épousa en troisièmes noces FERRI de Lorraine, seigneur de Guise, fils puîné de Jean, duc de Lorraine, qui prit le titre de sire de

Joinville et de comte de Vaudemont. Il fut tué, le 25 octobre 1415, à la bataille d'Azincourt, laissant entr'autres enfants, Antoine, qui suit. Marguerite, sa femme, mourut en 1416. (Voy. *les comtes de Vaudemont.*)

ANTOINE DE LORRAINE.

1416. ANTOINE DE LORRAINE, fils de Ferri et de Marguerite, succéda à sa mère dans la sirerie de Joinville et le comté de Vaudemont. L'an 1440, il fit hommage, le 6 février, des terres de Joinville au roi Charles VII, et mourut l'an 1447. (Voy. *les comtes de Vaudemont.*)

FERRI II.

1447. FERRI II, fils d'Antoine de Lorraine, lui succéda en la sirerie de Joinville comme au comté de Vaudemont, et mourut le 31 août 1470. (Voy. *les comtes de Vaudemont.*)

HENRI DE LORRAINE.

1470. HENRI DE LORRAINE, évêque de Metz, s'empara de la sirerie de Joinville après la mort de Ferri II, son frère, fit sa résidence dans le château de Joinville, et en jouit tant qu'il vécut, c'est-à-dire jusqu'au 20 octobre de l'an 1505, époque de sa mort.

RENÉ II.

1505. RENÉ II, duc de Lorraine, fils de Ferri II, réunit à son domaine la sirerie de Joinville après la mort de l'évêque Henri, son oncle. Ce prince finit ses jours le 10 décembre 1508. (Voy. *les ducs de Lorraine.*)

CLAUDE DE LORRAINE.

1508. CLAUDE DE LORRAINE, cinquième fils de René II, duc de Lorraine et de Philippe de Gueldre, né le 20 octobre 1496, hérita de son père la sirerie de Joinville avec les comtés d'Aumale et de Guise, et la seigneurie de Mayenne. Sa mort arriva le 21 août 1550. (*Voyez* Claude I, *duc d'Aumale.*)

FRANÇOIS DE LORRAINE,
PREMIER PRINCE DE JOINVILLE.

1550. François de Joinville de Lorraine, fils aîné de Claude, né au château de Bar le 17 février 1519, appelé, du vivant de son père, M. d'Aumale, lui succéda dans la baronnie de Joinville comme au duché de Guise et au marquisat de Mayenne. La valeur, qui avait couvert de gloire plusieurs de ses ancêtres, n'était qu'une de ses moindres qualités. Il réunissait en sa personne toutes celles qui font le prince aimable, l'homme d'état et le héros. La première occasion où il se signala, fut au siége de Montmédi, en 1542. Il porta du secours, l'année suivante, à Landrecies, assiégé par Charles-Quint ; et, l'an 1544, il marcha, sous les enseignes de son père, au secours de Saint-Dizier. Etant au siége de Boulogne la même année, il y reçut au visage un coup de lance dangereux, dont il guérit heureusement. Le roi Henri II, qui l'honorait d'une singulière affection, érigea, l'an 1552, en sa faveur, la baronnie de Joinville en principauté. La défense de Metz, dont il fut chargé cette même année, lui donna occasion de déployer son héroïsme avec le plus grand éclat. Il soutint, avec autant d'habileté que de valeur, depuis le 31 octobre jusques vers le 20 janvier suivant, toutes les forces de l'empire que Charles-Quint avait rassemblées devant cette place mal fortifiée ; lui fit perdre plus de trente mille hommes dans les sorties qu'il fit, et le contraignit enfin à lever honteusement le siége. Mais ce qui couronna bien dignement cette glorieuse défense, ce fut la générosité dont il usa, après la retraite de l'empereur, envers les soldats de ce prince, que la rigueur du froid, ou leurs blessures, avait empêchés de le suivre. Loin de les faire assommer, à l'exemple de quelques généraux de ces tems malheureux, il les reçut avec humanité, et les fit traiter comme les siens : ce qui ne fut point sans récompense ; car l'empereur ayant emporté d'assaut Térouenne, le 20 juin 1553, les Français qui défendaient la place « estant prêts (dit
» Brantôme) à estre mis tous en pieces, comme l'art et la cous-
» tume de la guerre le permet, ils s'aviserent tous à crier : Bonne
» guerre, compagnons ; souvenez-vous de la courtoisie de Metz.
» Soudain les Espagnols courtois qui faisoient la premiere
» pointe de l'assaut, sauverent les soldats, seigneurs et gentils-
» hommes, sans leur faire aucun mal, et reçurent tous à rançon ;
» et ce grand duc, par sa clémence, sauva ainsi la vie à plus de
» six mille hommes. »

L'an 1554, le 13 août, le duc de Guise fit essuyer un nouveau revers à l'empereur au combat de Renti, en Artois, où Gaspard de Tavannes, étant sous ses ordres, tua deux mille hommes à ce monarque. Il partit, l'an 1557, au mois de janvier, à la tête d'environ douze mille hommes, pour aller au secours du pape Paul IV, dont le duc d'Albe, général espagnol, envahissait les terres, et faire la conquête du royaume de Naples, que le pape offrait, comme suzerain, par droit de commise, au roi de France. Mais le pape et ses neveux ne tinrent point parole; ils ne fournirent aucun des secours qu'ils avaient promis pour l'expédition de Naples; et, après quelques mois de tentatives inutiles et de désagréments, le duc de Guise fut contraint de revenir sur ses pas avec sa petite armée. La perte de la bataille de Saint-Quentin, donnée le 10 août de la même année 1557, obligea d'ailleurs à le rappeler en France, comme le seul homme capable de réparer un si grand échec, et d'en prévenir les suites. Il ne trompa point les espérances; car il enleva, l'année suivante, Calais aux Anglais, et Thionville aux Espagnols. Il chassa par là entièrement du royaume les premiers, et entama les domaines des seconds dans les Pays-Bas.

Il réclama, l'an 1559, contre le traité de paix conclu avec l'Espagne et l'Angleterre à Cateau-Cambresis, disant que, d'un trait de plume, on avait fait perdre à la France plus de terrein qu'on n'aurait pu lui en enlever en trente années d'une guerre malheureuse. Par une des clauses secrètes de ce traité, il était convenu avec l'Espagne que les deux puissances s'appliqueraient, chacune de son côté, à détruire le protestantisme en France et dans les Pays-Bas. Les Protestants en furent informés, et prirent des mesures pour se garantir des dangers dont ils étaient menacés. Mais quelle injustice dans quelques-uns de leurs écrivains de représenter le duc de Guise comme l'auteur des guerres civiles que l'opposition des deux religions excita! Après la mort du roi Henri II, le duc de Guise et le cardinal, son frère, partagèrent toute l'autorité sous le règne de François II, leur neveu par sa femme. La fermeté qu'ils opposèrent aux grands, jaloux de leur autorité, la profusion des grâces qu'ils versèrent sur leurs créatures, et la haine qu'ils marquèrent en toute rencontre aux Protestants, leur suscitèrent un grand nombre d'ennemis, à la tête desquels le prince de Condé se mit, excité par les Coligni. La conjuration d'Amboise, enfantée par ce parti, devait opérer la ruine des deux frères. Elle servit au contraire à cimenter leur crédit, et même à l'augmenter, par la découverte qu'on en fit au moment qu'elle allait éclater. Le duc de Guise, après l'avoir dissipée, devint d'autant plus cher aux Catholiques, que le danger qu'il avait couru était plus grand. On ne sépara plus ses intérêts de ceux de la religion. Le parlement lui décerna le titre de *conservateur de la patrie*, et le roi lui conféra celui de *lieutenant du royaume*. Cependant l'amiral de Coligni parut l'emporter sur lui au commencement du règne de Charles IX. Mais, fortifié par la jonction du connétable de Montmorenci et du maréchal de Saint-André, il reprit bientôt le dessus. Ces trois hommes, qui formaient ce qu'on nomma le triumvirat, déterminèrent la cour à sévir contre les Protestants, et à les poursuivre les armes à la main. Une rencontre fortuite donna le branle à l'exécution de ce dessein. Le premier mars 1562, le duc passant par Vassi, ses gens insultèrent des huguenots qui chantaient les psaumes de Marot dans une grange. On en vint aux mains. Il y eut de ces derniers environ cinquante hommes de tués et deux cents de blessés. C'est ce qu'on nomme, dans leur parti, *le massacre de Vassi*, et qu'on y représente faussement comme un coup prémédité. Alors commencèrent les guerres civiles. Le duc de Guise prit Blois au mois de juillet, Bourges le 30 août, et Rouen le 26 octobre; trois places où les Huguenots s'étaient fortifiés, et gagna sur le prince de Condé, le 19 décembre 1562, la bataille de Dreux, où il le fit prisonnier. Il est à remarquer qu'à cette bataille il ne commanda d'abord qu'en second, jusqu'à la prise du connétable de Montmorenci. Alors faisant marcher l'aile gauche qui était sous ses ordres : « Allons, compagnons, s'écria-t-il, marchons, tout est » à nous ; la victoire est gagnée. » Et de son côté l'amiral de Coligni s'écria : « Voici une nuée qui va tomber sur nous ; je crains » bien que ce ne soit à notre très-grand dommage. » Ces succès élevèrent le duc de Guise au comble de la gloire. Vainqueur partout, il était l'idole des Catholiques et le maître de la cour; affable, généreux, et en tout le premier homme de l'état. L'an 1563, pour achever la ruine du parti huguenot, le 6 février il mit le siége devant Orléans, que d'Andelot, frère de l'amiral, avait pris par surprise le 2 avril de l'année précédente, et dont les rebelles avaient fait leur place d'armes. Mais, le 18 du même mois de février, à l'entrée de la nuit, comme il retournait de la tranchée à son quartier, il est blessé à l'épaule d'un coup de pistolet par Poltrot de Méré, gentilhomme protestant à qui il avait sauvé la vie dans la conjuration d'Amboise, où il était impliqué. Il meurt six jours après (24 février) de sa blessure au château de Corné, après avoir pardonné à son assassin, et protesté qu'il n'était point l'auteur du massacre de Vassi, qu'on lui avait tant reproché. (Brantôme.) Ce n'était pas la seule fois qu'on eût attenté à sa vie. Au siége de Rouen un gentilhomme manceau était venu à l'armée royale dans le même dessein. Ayant été découvert et amené au duc, il lui déclara que le zèle de sa religion était le seul motif qui l'eût porté à cet attentat : *Hé bien,* lui répondit le duc, *la religion te porte à m'assassi-*

ner, et la mienne veut que je te pardonne; et il le renvoya. (*Idem* et Montagne.) La seule tache qu'on remarque dans la vie de ce héros est l'ambition. Mais cette passion ne dégrada point la noblesse de son âme : jamais il n'employa, pour accroître sa puissance ou la conserver, ni perfidies, ni trahisons, ni d'autres moyens indignes d'un grand cœur. Son corps, après avoir été amené à la cathédrale de Paris, où on lui fit des obsèques magnifiques, fut porté à Joinville, pour y être inhumé auprès de son père. D'Anne, son épouse, fille d'Hercule II, duc de Ferrare, qu'il avait épousée le 4 décembre 1549, et qui lui apporta en dot le comté de Montargis, il laissa Henri, qui suit ; Charles, marquis, puis duc de Mayenne ; Louis, cardinal de Guise, archevêque de Reims ; François, chanoine de Reims, mort en 1573, à quatorze ans, désigné coadjuteur du cardinal, son oncle ; Maximilien, mort en bas âge ; et Catherine, femme de Louis de Bourbon II, duc de Montpensier, ligueuse outrée, morte en 1596. (Le président Hénaut la dit faussement sœur de François de Guise.) On lui donne pour fils naturel Claude de Guise, qui, d'abbé de Saint-Nicaise de Reims, devint abbé de Cluni en 1574, et gouverna cette abbaye jusqu'en 1612 qu'il mourut. C'est au sujet de celui-ci qu'on a publié cette infâme satire connue sous le titre de *Légende de Dom Claude de Guise*; livre autrefois rare, et que le scrupuleux abbé Lenglet a réimprimé dans le sixième volume des mémoires de Condé. Anne d'Est, veuve de François de Guise, se remaria, l'an 1566, par contrat passé le 26 avril, avec Jacques de Savoie, duc de Nemours, dont on suppose, sans fondement, qu'elle était l'amante du vivant de son premier époux. Elle mourut à Paris le 17 mai 1607, âgée de soixante-seize ans.

HENRI Ier DE LORRAINE.

1565. Henri Ier de Lorraine, né le 31 décembre 1550, appelé le prince de Joinville du vivant du duc François, son père, lui succéda dans cette principauté comme dans le duché de Guise. C'est de ce prince et de Henri, son cousin, fils de Claude II, duc d'Aumale, que parle, dans ses mémoires, Blaise de Montluc, sous l'an 1558, en ces termes : « Comme je fus à notre bataillon, » et chascun de nos capitaines en leur place, le prince de Join- » ville, qui est à présent M. (Henri) de Guise, vint à la tête de » notre bataillon, et le fils de M. d'Aumale, tous deux jeunes en- » fans, beaux à merveille, ayant leurs gouverneurs avec eux et » trois ou quatre gentilshommes après. Ils étoient montés sur de » petites haquenées. Je leur dis : Çà, çà, mes petits princes, » mettez pied à terre ; car j'ai été nourri dans la maison d'où

» vous êtes sortis, (qui est la maison de Lorraine, où j'avois été
» page.) Je veux être le premier qui vous mettra les armes sur
» le col. Leurs gouverneurs descendirent et leur firent mettre
» pied à terre. Ils avoient de petits robons de taffetas, lesquels
» je leur ôtai de dessus les épaules, leur mettant la pique sur le
» col, etc. Ainsi, je les fis marcher côte à côte, les piques sur
» le col, à la tête du bataillon, étant au-devant, et retourner au
» même lieu. Leurs gouverneurs étoient si aises, et tous nos
» capitaines, de voir ces enfans marcher comme ils faisoient,
» qu'il n'y avoit nul qui n'en eût bon présage. Mais j'ai failli en
» l'un qui est celui (le fils) de M. d'Aumale; car il mourut bien-
» tôt après.... M. de Guise est en vie : j'espère qu'il accomplira
» ce bonheur que nous lui desirâmes ce jour-là. » La princesse
Marguerite, fille du roi Henri II, alors enfant elle-même, n'au-
gurait pas dès-lors aussi favorablement du prince de Joinville.
« N'ayant que quatre à cinq ans, dit-elle dans ses mémoires,
» le roi, mon père, me tenant sur ses genoux pour me faire
» causer, me dit que je choisisse celui que je voulois pour mon
» serviteur, de M. le prince de Joinville, qui a été depuis ce
» grand et infortuné duc de Guise, ou du marquis de Beau-
» préau, fils du prince de la Roche-sur-Yon, tous deux se jouant
» auprès du roi, mon père, moi les regardant. Je lui dis que je
» voulois le marquis. Il me dit : Pourquoi ? il n'est pas si beau.
» (Car le prince de Joinville étoit beau et blanc, et le marquis
» de Beaupréau avoit le teint et les cheveux bruns.) Je lui dis :
» parce qu'il étoit plus sage, et que l'autre ne peut durer en
» patience, qu'il ne fasse tous les jours mal à quelqu'un, et
» veut toujours être le maître. Augure certain de ce que nous
» avons vu depuis. » (Remarquons qu'un écrivain de nos jours
applique ce trait à François de Guise, qui avait alors quarante
ans.) Henri, prince de Joinville, suivit son père à la guerre dès
l'an 1558, et se trouva cette année au siége d'Arlon. L'an 1561,
il fit l'office de grand chambellan au sacre du roi Charles IX.
Devenu duc de Guise, il alla signaler, l'an 1565, son courage en
Hongrie contre les Turcs. A son retour en France, il trouva, dans
les guerres civiles qui déchiraient ce royaume, un vaste champ
pour déployer ses talents politiques et militaires. Ils étaient
grands; mais son ambition, qui en réglait l'usage et les dirigeait
à son but, était plus grande encore. Cette passion fut le mobile
de toute sa conduite et le principe universel de ses vertus appa-
rentes comme de ses vices réels. Il voulut, à l'exemple de son
père, être le chef du parti catholique en France, dans l'espérance
de devenir celui de l'état après avoir écrasé le parti huguenot.
La première affaire où il se trouva fut le combat de Messignac,
du 25 octobre 1568. L'année suivante, le 13 mars, il commanda

l'arrière-garde à la bataille de Jarnac ; et, vers la fin de juillet de la même année, il alla s'enfermer avec Charles de Mayenne, son frère, dans Poitiers, assiégé par l'amiral de Coligni, qu'il obligea, le 7 septembre, à lever le siége. Le brave la Noue, bon juge en ces matières, dit que ces deux princes *acquirent un grand renom d'avoir gardé une si mauvaise place, étant encore si jeunes comme ils étaient, et qu'aucuns ne prisaient pas moins cet acte que celui de Metz.* Le duc de Guise combattit aussi, le 3 octobre suivant, à la bataille de Moncontour, où il fut blessé. Jusque-là ce prince n'avait pardevers lui que de belles actions. Il n'en fut pas de même par la suite. L'an 1572, il fut le premier acteur du massacre horrible de la Saint-Barthélemi : ce qui flétrit sa mémoire à jamais. Tout l'odieux néanmoins de cette journée ne doit point retomber sur lui ; car il est certain, 1° qu'il n'en fut pas l'instigateur, et qu'il n'assista point au conseil où la chose fut décidée et le plan d'exécution arrêté ; 2° qu'après avoir vengé sur l'amiral de Coligni la mort de son père, qu'il lui imputait, il s'appliqua, autant qu'il lui fut possible, à modérer la fureur du peuple contre les huguenots. La Popelinière, écrivain protestant, nomme Henri, duc de Guise, et Claude, duc d'Aumale, entre les premiers qui *sauvèrent le plus grand nombre de religionnaires, après avoir assouvi leur vengeance par la mort de l'amiral. Ils se gouvernèrent,* dit l'auteur, également protestant, du journal de Henri III, *de manière que plusieurs gentilshommes huguenots reconnaissent aujourd'hui tenir la vie d'eux.* Le duc de Guise n'en était pas moins ennemi de leur secte. L'année suivante, il signala son zèle au siége de la Rochelle, entrepris par le duc d'Anjou. Ce dernier ayant succédé, l'an 1574, sous le nom de Henri III, au roi Charles IX, son frère, n'hérita point de la considération qu'il avait témoignée au duc de Guise. Offensé de la hauteur de son caractère, il affecta de le rabaisser en plusieurs rencontres, et l'obligea par les passe-droits qu'il lui fit, à s'éloigner pour un tems de la cour. Le duc se retira dans sa terre de Joinville, d'où il alla joindre, sans en être prié, les maréchaux de Biron et de Retz, envoyés contre les Reîtres, commandés par Thoré-Montmorenci, chef des mécontents. Il eut part à la victoire que ces deux généraux remportèrent, au mois de novembre 1575, sur le rebelle, et reçut dans l'action une blessure au visage, dont la cicatrice, qui lui demeura, le fit surnommer *le Balafré.* Les édits favorables que les Huguenots arrachèrent peu de tems après à la cour, furent pour le duc de Guise un prétexte spécieux de donner l'essor à son zèle pour la religion catholique. La fameuse ligue qu'ils occasionnèrent, et à la formation de laquelle il eut beaucoup de part, ne balança point à le reconnaître pour son chef. Elle n'en pouvait choisir un plus

capable de captiver les esprits et les gouverner à son gré. « Henri,
« duc de Guise, dit un historien du tems, avait un mot toujours
« prêt pour le gentilhomme intéressé qui venait le voir, un autre
« pour le bourgeois qui, le cœur gros de l'honneur qu'il avait
« reçu, s'en retournait le raconter dans sa famille. ». Les grands
mouvements de la ligue ne commencèrent à éclater qu'après la
mort du duc d'Alençon et d'Anjou, frère de Henri III, arrivée
le 10 juin 1584. Le roi de Navarre qui était protestant, devenu
alors l'héritier présomptif du trône de France, les ligueurs, excités
par le duc de Guise, mirent tout en œuvre pour l'en écarter. Ils
supposèrent au cardinal de Bourbon des droits légitimes à la couronne ; et, appuyés par le pape et le roi d'Espagne, que le duc
avait fait entrer dans ses vues, ils se disposèrent à soutenir ces
prétentions par la voie des armes. L'édit, rendu le 7 juillet 1585
en conséquence du traité de Nemours, ne les rassura pas. Ils for-
cèrent Henri III à se mettre à leur tête et à déclarer la guerre
aux protestants. L'an 1587, le duc de Guise défit les Reîtres, le
27 octobre, à Vimori, et, le 24 novembre, à Auneau, dans le
Chartrain. S'étant transporté l'année suivante à Nanci, il y con-
certe, avec les princes de sa maison et les chefs des ligueurs, un
mémoire en forme de requête au roi, contenant plusieurs de-
mandes qui mettaient le comble à la révolte. Le roi, pour réponse, lui écrit à Soissons où il apprend qu'il s'est rendu, pour
lui défendre de venir à Paris. Le duc continue sa route, arrive
dans la capitale le 9 du mois de mai, n'ayant pour cortége que
sept ou huit gentilshommes. Toute la ville s'émeut à son arrivée
et le reçoit comme le défenseur de la religion et le libérateur de
la patrie. Le roi devant lequel il vint se présenter, lui reproche
sa désobéissance à la lettre qu'il lui a écrite. Le duc proteste ne
l'avoir point reçue : et en effet elle n'était point parvenue jusqu'à
lui (1). Le 12 du même mois est mémorable par la journée des
Barricades, où Guise fut assez puissant pour se rendre maître de
la personne du roi s'il avait eu l'audace de le tenter. Mais cette
puissance accéléra sa perte. Une réconciliation, qui ne pouvait
être sincère, l'aveugla. Les états ayant été convoqués à Blois, il
y assista malgré le conseil qu'on lui avait donné de ne point s'y
trouver. Il négligea ou méprisa de même les différents avis qu'il
y reçut des desseins formés contre sa vie. Trop engagé pour reculer, il aima mieux affronter la mort que d'abandonner ses partisans. Victime d'un faux point d'honneur et d'une fermeté dé-

---

(1) Il fallait 25 écus au courrier chargé de la lettre qui contenait la défense.
Ils ne se trouvèrent pas; la lettre fut mise à la poste, et n'arriva à Soissons
qu'après le départ du duc.

placée, il fut poignardé à la porte du cabinet du roi le 23 décembre 1588. Le cardinal, son frère, périt de même le lendemain, percé de coups par ordre du roi. (Voyez *le règne de Henri III.*)

Le duc Henri « était né, dit l'abbé le Laboureur, avec de si
« excellentes qualités de corps, d'esprit et de courage, qu'on
« ne peut faire son éloge sans plaindre sa destinée, et sans cher-
« cher de quoi l'excuser par le même sentiment qui faisait dire
« de son tems, que les Huguenots étoient à la ligue quand ils le
« regardoient. Car on ne peut lire son histoire sans admirer la
« fierté qu'il gardoit à la cour, et cet accès si facile et si gracieux
« qui gagnoit le cœur de tous ceux qui l'approchoient, et qui
« le rendit l'idole du peuple ». (*Gén. manuscrite de la M. de Lorraine*).

Cependant à ses belles qualités il mêlait de grands défauts. On ne peut lui refuser de la magnanimité, de la bravoure, de la générosité ; mais il avait plus de vivacité dans l'imagination que de justesse dans l'esprit. On lui a reproché de manquer de droiture et de s'être abaissé, malgré sa fierté, aux vices des courtisans. Sa passion était de vouloir dominer : défaut qui le fit haïr dans sa propre famille. Mais cette passion le porta-t-elle au point de vouloir détrôner Henri III et s'emparer de la couronne ? C'est une accusation qu'ont formée contre lui, dans son siècle, les Protestants pour autoriser la guerre civile, et les Catholiques non-ligueurs pour justifier la conduite de Henri III à son égard.

Ce prince avait épousé, l'an 1570, Catherine, fille de François de Clèves, duc de Nevers, veuve d'Antoine de Croï, prince de Porcien, morte à Paris le 11 mai 1633, dont il laissa Charles, qui suit ; Claude, duc de Chevreuse, grand chambellan et grand fauconnier de France, mort le 24 janvier 1657 ; Louis, cardinal de Guise, archevêque de Reims, mort le 21 juin 1621 ; François-Alexandre-Paris, né posthume, chevalier de Malte, lieutenant-général au gouvernement de Provence, tué, le premier juin 1614, au château de Baux, près de Tarascon, de l'éclat d'un canon qui creva comme il y mettait le feu (ce fut lui qui tua en duel, le 5 janvier 1613, dans la rue Saint-Honoré de Paris, le baron de Lux, et au bout d'un mois le fils de ce même baron ; le premier pour s'être vanté d'avoir été du conseil de Blois tenu contre la vie du feu duc de Guise) ; Louise-Marguerite, femme de François de Bourbon, prince de Conti, morte le 30 avril 1631 ; Renée, abbesse de Saint-Pierre de Reims, morte le 26 juin 1626 ; et Jeanne, abbesse de Jouarre, décédée le 8 octobre 1638.

CHARLES DE LORRAINE.

1588. CHARLES DE LORRAINE, prince de Joinville et duc de Guise, né le 20 août 1571, fut arrêté avec plusieurs autres le jour de l'exécution du duc Henri, son père, à Blois, et demeura prisonnier jusqu'en 1591. S'étant sauvé du château de Tours, il se rendit à Paris où il fut reçu avec de grandes acclamations. Il se lia très-étroitement avec les Seize, et donna par là au duc de Mayenne, son oncle, des jalousies qui causèrent la ruine du parti. Parmi les braves de la ligue se distinguait un soldat de fortune, nommé Saint-Paul, qui fut l'un des quatre maréchaux de France que créa le duc de Mayenne en 1593. Non content de cette faveur, il lui donna le gouvernement de Champagne, où il se comporta en tyran. Le duc Charles, l'ayant prié de retirer de Reims les gens de guerre qu'il y avait mis, en reçut une réponse insolente dont il se vengea sur-le-champ par un coup d'épée qui l'étendit mort à ses pieds. L'an 1594, Charles fit sa paix avec le roi Henri IV, qui le fit gouverneur de Provence. En 1602, sur la fin de l'année, soupçonné d'être complice de la conspiration du duc de Biron, il fut sur le point d'être mis à la Bastille. Le duc de Chevreuse, son frère, obtint qu'il lui fût donné en garde, et répondit de lui. De la manière dont parle Létoile, il paraît qu'il s'agissait de quelque *tracasserie* de cour. Ses liaisons avec la comtesse de Moret achevèrent de le perdre dans l'esprit de Henri IV, dont elle était maîtresse. Tout ce que ses parents purent obtenir, fut qu'il sortirait du royaume pour n'y plus reparaître. De retour après la mort de ce monarque, il se rangea d'abord du parti de la reine contre les princes, se réconcilia ensuite avec eux, les abandonna de nouveau, et commanda, en 1617, l'armée qui fut envoyée pour les réduire. L'an 1622, en qualité d'amiral des mers du Levant, il conduisit une flotte, au mois de septembre, devant la Rochelle, que le comte de Soissons assiégeait par terre, et livra plusieurs combats à celle des rebelles, commandée par Guiton, qui prenait le titre d'amiral des Rochelais. Les hostilités cessèrent lorsque de part et d'autre on fut assuré de la paix conclue, le 19 octobre, avec les Protestants, au camp du roi devant Montpellier. Le duc de Guise se brouilla dans la suite avec le cardinal de Richelieu, dont la politique éclairée ne s'accordait point avec ses prétentions. Les choses furent portées au point que le duc fut obligé, l'an 1631, de quitter la France avec sa famille. Il se retira à Florence, et mourut à Cuna dans le Siennois le 30 septembre 1640. Il avait épousé, l'an 1611, HENRIETTE-CATHERINE, fille unique du fameux Henri, duc de Joyeuse, maréchal de France, puis

capucin sous le nom du père Ange, tiré ensuite de son cloître
pour commander les troupes de la ligue, et redevenu capucin
après la paix rendue à l'état. Elle était veuve de Henri de Bourbon, duc de Montpensier, son premier mari, et finit ses jours
à Paris le 25 février 1656. Le duc Charles en mourant laissa
d'elle Henri, qui suit; Louis, duc de Joyeuse, grand chambellan
de France, marié à Françoise-Marie, fille et unique héritière
de Louis-Emmanuel de Valois, duc d'Angoulême, mort à Paris,
le 27 septembre 1654, d'une blessure qu'il avait reçue en char-
geant un parti d'espagnols près d'Arras; Roger, chevalier de
Malte, mort à Cambrai, l'an 1644, à l'âge de 20 ans; Marie,
dite mademoiselle de Guise, qui viendra ci-après, morte sans
alliance, le 3 mars 1600, à l'âge de 93 ans, et Françoise-Renée,
abbesse de Montmartre.

HENRI II, DE LORRAINE.

1640. HENRI II, DE LORRAINE, né à Blois le 4 avril 1614,
successeur de Charles, son père, dans la principauté de Joinville, le duché de Guise, le comté d'Eu, etc., avait d'abord été
destiné à l'état ecclésiastique. Mais l'an 1639, après la mort de
son aîné, le prince François, arrivée le 7 novembre de cette année, il remit au roi l'archevêché de Reims, dont il était déjà
pourvu, avec ses autres bénéfices qui consistaient en dix des meil-
leures abbayes, et changea de profession. Son inclination pour
Anne de Gonzague, fille de Charles de Gonzague, duc de Mantoue et de Nevers, fut le principal motif de ce changement. Il lui
donna promesse de l'épouser; mais le cardinal de Richelieu,
jugeant cette alliance contraire au bien de l'état, employa l'autorité du roi pour l'empêcher. Henri, au désespoir de voir sa
passion traversée, sortit du royaume, et se retira à Cologne,
où sa maîtresse vint le trouver en habit d'homme; mais ayant
alors changé d'inclination, il l'obligea de s'en retourner (1), et

---

(1) Elle épousa ensuite (le 14 avril 1645) Edouard, quatrième fils de Frédéric V, électeur palatin, qu'elle perdit le 18 mars 1663. Ce prince, qu'elle
avait eu le bonheur d'amener à la foi catholique, laissa d'elle trois filles; Marie-
Louise, princesse de Salm; Anne, mariée, le 11 décembre 1663, à Henri-
Jules de Bourbon; et Bénédicte-Henriette, femme de Frédéric de Brunswick,
duc d'Hanovre. Ce fut au commencement de son veuvage (l'an 1664) qu'elle se
consacra entièrement à la piété, où elle persévéra dans les pratiques d'une
austère pénitence. Elle avait joué d'abord un grand rôle à la cour pendant la
régence orageuse de la reine Anne d'Autriche. « Je ne crois pas, dit le cardinal
» de Retz, que la reine Elisabeth d'Angleterre ait eu plus de capacité pour
» conduire un Etat. Je l'ai vue dans la faction, je l'ai vue dans le cabinet, et

passa à Bruxelles pour joindre le comte de Soissons et le duc de Bouillon. Ces deux princes avaient quitté la France après un traité qu'ils avaient conclu avec l'Espagne ; et le duc de Guise était du complot. Le cardinal de Richelieu l'ayant fait citer en justice comme criminel, obtint contre lui, le 6 septembre 1641, un arrêt qui le condamnait par contumace. Henri fit son accommodement au mois d'août 1643, et revint en France, où il ne tarda pas de se faire de nouvelles affaires. Obligé de fuir pour s'être battu en duel avec le comte de Coligni, il passa les monts, et parcourut les cours de l'Italie. Il était à Rome, l'an 1647, lorsque les Napolitains, s'étant révoltés, le demandèrent pour chef. Il accepta leurs propositions, partit sur une simple felouque, le 15 novembre, et arriva, au travers de mille dangers, à Naples, où le 17 du même mois, il fut déclaré *généralissime des armées, défenseur de la liberté, avec les mêmes honneurs dont jouissait le prince d'Orange en Hollande, sous la protection du roi très-chrétien.* Mais, après avoir donné des preuves multipliées de génie et de courage dans l'exercice de cette nouvelle dignité, n'étant point secouru de la France, il succomba, et fut pris par les ennemis, qui le conduisirent en Espagne, où il resta prisonnier jusqu'au mois d'août 1652. Délivré à la sollicitation du prince de Condé, il revint en France, où il s'occupa plus de galanterie, que d'objets sérieux. Il entreprit, néanmoins, en 1654, une seconde expédition à Naples, moins dans l'espérance de réussir, que par ostentation. Elle n'eut d'autre fruit que la prise de Cellamare, qu'il fut bientôt obligé d'abandonner ; après quoi il reprit la route de France, où il fut revêtu de la charge de grand chambellan, vacante depuis la mort du duc de Joyeuse, son frère.

L'an 1656, le duc Henri fut envoyé par la cour au-devant de la reine de Suède, qui venait en France, et l'accompagna à

» je lui ai trouvé partout également de la sincérité. » « Le génie de cette prin-
» cesse, dit Bossuet dans son oraison funèbre, se trouvait également propre aux
» divertissements et aux affaires. La cour ne vit jamais rien de plus engageant ;
» et sans parler de la pénétration, ni de la fertilité infinie de ses expédients,
» tout cédait au charme secret de ses entretiens. ... Toujours fidèle à l'état et à
» la grande reine Anne, on sait qu'avec le secret de cette princesse, elle eut
» encore celui de tous les partis ; tant elle était pénétrante, tant elle s'attirait
» de confiance, tant il lui était naturel de gagner les cœurs ! Elle déclarait aux
» chefs des partis jusqu'où elle pouvait s'engager, et on la croyait incapable de
» se tromper ni d'être trompée ; mais son caractère particulier était de concilier
» les intérêts opposés, et, en s'élevant au-dessus, de trouver le secret endroit,
» comme le nœud par où l'on peut les réunir. » Elle mourut à Paris au palais
du Luxembourg, le 6 juillet 1684, âgée de 68 ans et fut inhumée à l'abbaye du
Val-de-Grâce auprès de la princesse Bénédicte, sa sœur, abbesse d'Avenai.

son entrée à Paris. L'an 1662, le prince de Condé et le duc de Guise parurent, chacun à la tête d'un quadrille, dans ce fameux carrousel qui fit tant de bruit en Europe : l'un et l'autre y brillèrent, et l'on disait en les montrant : *voilà les Héros de l'Histoire et de la Fable*. Celui de la Fable était le duc de Guise. Il avait l'esprit de l'ancienne chevalerie, et il en eut les aventures. Plusieurs femmes se le disputèrent. La comtesse de Bossu se prétendit son épouse légitime, et obtint un jugement de la Rote à Rome, qui déclarait bon et valide son mariage avec ce prince. Mais il fut déclaré nul, dans la suite, par le parlement de Paris. Le duc Henri mourut à Paris, sans lignée, le 2 juin 1664, et fut porté à Joinville, dans le tombeau de ses ancêtres.

LOUIS-JOSEPH.

1664. Louis-Joseph, fils de Louis de Lorraine, duc de Joyeuse, et de Marie-Françoise de Valois, né le 7 août 1650, succéda à son oncle, Henri II, dans la principauté de Joinville, ainsi que dans les duchés de Guise, de Joyeuse, et autres domaines. Il accompagna le roi, l'an 1668, en Franche-Comté, et fut présent à la réduction de cette province. Ce prince mourut de la petite vérole à Paris dans l'hôtel de Guise le 30 juillet 1671, et fut porté à Joinville pour y être inhumé dans le tombeau de ses ancêtres. Il avait épousé, le 15 mai 1667, Elisabeth d'Orléans, duchesse d'Alençon, seconde fille de Gaston de France, duc d'Orléans, dont il laissa un fils qui suit.

FRANÇOIS-JOSEPH.

1671. François-Joseph, né à Paris le 28 août 1670, successeur de Louis-Joseph, son père, dans la principauté de Joinville, mourut au palais d'Orléans, dit Luxembourg, le 16 mars 1675, et fut porté à Joinville, où il eut sa sépulture dans celle de ses ancêtres.

MARIE DE LORRAINE.

1675. Marie de Lorraine, dite Mademoiselle de Guise, fille de Charles de Lorraine, duc de Guise et de Joyeuse, née le 15 août 1595, hérita de la principauté de Joinville après la mort de François Joseph, son petit-neveu. Elle mourut à Paris, sans avoir été mariée, à l'âge de quatre-vingt-treize ans, le 3 mars 1688, et fut enterrée dans l'église des Capucines auprès de sa mère, Henriette-Catherine, duchesse de Joyeuse. Son testament, dressé le 6 janvier 1686, fait l'éloge de sa pieuse libéralité par les dispositions qu'il renferme. C'est un tissu de legs dont les plus remarquables sont une somme de cent cinquante mille livres, donnée à l'abbaye de Montmartre, pour vingt demoiselles des duchés de Lorraine et de Bar, et celui de cent mille livres pour la fondation d'un séminaire de douze gentilshommes des mêmes lieux. Mademoiselle, fille de Gaston de France, duc d'Orléans, hérita d'elle en qualité de petite-fille de cette même Henriette-Catherine de Joyeuse, dont on vient de parler. Elle mourut, le 5 avril 1693, à Paris, après avoir légué par son testament la principauté de Joinville et ses autres domaines à Philippe de France, duc d'Orléans, son cousin germain.

CHRONOLOGIE HISTORIQUE

DES

COMTES DE CHAMPAGNE ET DE BLOIS.

Sous la première race des rois de France, la CHAMPAGNE, ainsi appelée à cause de ses grandes plaines, faisait partie du royaume de Metz, ou d'Austrasie, dans les partages de la monarchie que firent les enfants de Clovis I et ceux de Clotaire I. Il en faut néanmoins excepter la Champagne de Troyes, selon M. de la Ravaillière, qui croit qu'elle n'était point comprise dans le royaume d'Austrasie. Nous voyons, dès cette première race, des ducs de Champagne. Grégoire de Tours, parlant d'un de ces ducs, nommé Loup, qui vivait sous le règne de Sigebert I, roi de Metz, dit qu'il témoigna beaucoup de fidélité pour le jeune Childebert, fils et successeur de Sigebert. Notre dessein n'est pas de remonter jusqu'à ces ducs, d'autant que ce titre n'était point une dignité perpétuelle, mais seulement une espèce de gouvernement que nos rois donnaient et ôtaient selon qu'ils jugeaient à propos. Nous nous contentons de donner ici la chronologie des seigneurs qui ont été propriétaires de cette partie de la France qu'on appelle Champagne, dont la capitale était la ville de Troyes, séjour le plus ordinaire des comtes de cette province. Il y a deux races des comtes de Champagne; celle de la maison de Vermandois, et celle de la maison de Blois.

PREMIÈRE RACE DES COMTES DE CHAMPAGNE DE LA MAISON DE VERMANDOIS.

HERBERT DE VERMANDOIS,
PREMIER COMTE HÉRÉDITAIRE DE TROYES.

HERBERT, ou HÉRIBERT, comte de Vermandois, deuxième du nom, doit être placé, quoi qu'en disent les modernes, à la tête des comtes héréditaires de Troyes (1). C'est sa fille Leutgarde elle-même, femme de Thibaut le Tricheur, comte de Blois, qui est notre garant sur ce point. Nous avons d'elle une charte par laquelle elle donne à l'abbaye de Saint-Père de Chartres, du consentement de ses enfants qu'elle nomme, certains fonds dans le territoire de Troyes pour l'âme d'Héribert, son père, comte de Troyes, qui les lui avait laissés en héritage : *Pro anima patris mei Heriberti, Tricassini comitis, qui mihi præfatas res in hæreditatem dedit.* (Gall. Christ. vet. T. I, pag. 159.) Il y a lieu de croire qu'il n'eut ce comté que sur la fin de sa vie, puisqu'il n'est jamais qualifié comte de Troyes dans le récit que font les historiens de ses querelles avec le roi Charles le Simple. Il mourut l'an 943, laissant d'HILDEBRANTE, son épouse, fille de Robert, duc, puis roi de France, cinq fils et deux filles. Les fils sont Eudes, comte d'Amiens; Albert, comte de Vermandois; Robert, qui suit; Herbert, qui lui succéda; et Hugues, archevêque intrus de Reims. Les filles sont Alix, femme d'Arnoul I, comte de Flandres; et Leutgarde, dont on vient de parler. (Voyez *les comtes de Vermandois.*)

ROBERT.

943. ROBERT, troisième fils d'Herbert de Vermandois, lui succéda au comté de Troyes. L'envie de s'agrandir, héréditaire dans sa maison, ne dégénéra point en lui. Il s'étendit jusques

---

(3) Troyes, appelée dans les anciens itinéraires *Augusto-bona* et *Augustomana*, était la capitale des *Tricastes* ou *Trecasses*, qui confinaient avec les Sénonois et les Lingons ou Langrois. Cette ville fut ensuite appelée *Truæ*, d'où s'est formé le nom français de Troyes. La tradition porte que saint Potentien et saint Serotin, apôtres du Sénonois, apportèrent dans le pays de Troyes la lumière de l'évangile.

dans le Soissonnais, où il bâtit avec Herbert, son frère, un château dans un lieu nommé par Frodoard *Mons felicis*. L'an 956, après la mort de Giselbert, duc de Bourgogne, dont il avait épousé la seconde fille, nommée ADÉLAÏDE et surnommée WERRA, il prétendit partager ce duché avec Otton, mari de Leutgarde, sœur aînée de Werra, et fils de Hugues le Blanc, à qui Giselbert avait cédé le duché avant de mourir. Mais le roi Lothaire rendit inutiles les efforts que fit Robert pour dépouiller Otton, et ne lui laissa dans la succession de son beau-père que le comté de Châlons. (Voyez *les ducs de Bourgogne et les comtes de Châlons*.) L'an 963, Robert, et son frère Herbert, surprennent la ville de Châlons-sur-Marne, en l'absence de l'évêque Gibuin, y mettent le feu, et se retirent sans avoir pu forcer une tour où la garnison s'était précipitamment retirée. (Frodoard.) L'histoire ne dit point ce qui occasionna cette expédition. Robert, l'an 965, sur quelques difficultés d'intérêt qui s'élevèrent entre lui et Anségise, évêque de Troyes, chasse le prélat et s'empare des domaines de l'évêché. Anségise va trouver l'empereur Otton I, qui lui donne un corps de troupes sous la conduite des capitaines Helpon et Brunon, avec lesquels il vient assiéger Troyes au mois d'octobre. Mais, n'ayant pu l'en rendre maître après de longs et pénibles efforts, les Saxons lèvent le siège, et tournent du côté de Sens dans le dessein de piller cette ville pour se dédommager. L'événement ne répondit point à leur attente. L'archevêque Archambaud et le comte Renaud le Vieux, instruits à tems de leur marche, viennent au-devant d'eux à la tête de la bourgeoisie de Sens; et, les ayant rencontrés dans un lieu nommé Villiers, ils leur livrent un combat où périt Helpon avec un grand nombre des siens. Le prélat et Renaud donnèrent des larmes à ce capitaine; parce qu'il était de leurs parents, et renvoyèrent son corps en Ardenne, d'où il était, à la demande de Warne, sa mère. Brunon, son collègue, après cet échec ne tarda pas à regagner son pays avec les débris de sa troupe. (*Hugo Floriac.*) Robert mourut au mois d'août de l'an 968, laissant de son mariage Archambaud, archevêque de Sens, dont on vient de parler, qui mourut le 29 août 968, et par conséquent peu de jours après lui, avec une fille, Adélaïde, mariée à Lambert, comte de Châlons; puis à Geoffroi Grisegonell, comte d'Anjou.

HÉRIBERT, ou HERBERT II.

L'an 968, HERBERT succède à Robert, son frère. Il mérita, par les services qu'il rendit au roi Lothaire, d'être confirmé dans la possession du comté de Champagne. Herbert mourut l'an 993, le 29 décembre, et fut enterré dans l'église de l'abbaye de Lagni, qu'il avait fait bâtir. Ce comte avait épousé, l'an 951, OGIVE, ou OGINE, veuve du roi Charles le Simple, que Herbert II, son père, avait fait mourir lentement dans l'ennui de la captivité. Il eut de cette princesse, qui contracta ce mariage honteux à l'insu du roi Louis, son fils, Eudes, mentionné dans une charte de son père, donnée l'an 27 du règne du roi Lothaire (980 de J.-C.), en faveur de l'abbaye de Moutier-en-Der, qualifié comte dans cet acte (Mabil. *Ann.* T. III, p. 271), et mort avant son père; Etienne, qui suit; et Agnès, qui fut mariée à Charles de Lorraine, dernier prince de la race de Charlemagne. Agnès mourut avec son mari dans la prison d'Orléans, où Hugues Capet les avait renfermés.

ÉTIENNE.

L'an 995, ETIENNE I, fils d'Herbert II et d'Ogive, succède à son père, et possède le comté de Champagne jusqu'en 1030, selon M. Pithou; suivant d'autres, seulement jusqu'en 1019, ou même 1015. Mais cette dernière époque ne peut se concilier avec une charte du roi Robert, donnée en faveur de l'abbaye de Lagni le 4 février 1019, puisque cet acte fait mention d'Etienne comme étant encore vivant: il mourut sans enfants, et la race des premiers comtes de Champagne s'éteignit avec lui.

SECONDE RACE DES COMTES DE CHAMPAGNE DE LA MAISON DE BLOIS.

LA seconde race des comtes de Champagne est celle de la maison de Blois, d'où sont sortis des rois d'Angleterre, de Jérusalem, de Navarre, des ducs de Bretagne, etc. Le premier comte de Champagne de cette maison est Eudes II, dit le Champenois, petit-fils de Thibaut I, comte de Blois, et de Leutgarde, son épouse, sœur de Robert et d'Herbert, dont il a été parlé ci-dessus. Eudes II joignit aux comtés de Blois, de Tours et de Chartres, dont il jouissait déjà, celui de Champagne, qu'il hérita d'Etienne I, par le droit de Leutgarde, son aïeule. Comme plusieurs comtes de Champagne ont été depuis ce tems comtes de Blois, et que d'ailleurs le nom de Thibaut se trouve commun aux uns et aux autres, cette homonymie a fait tomber la plupart des historiens, tant anciens que modernes, dans beaucoup de méprises, et a causé une grande confusion. Pour y remédier, il est nécessaire de bien faire la distinction des princes qui ont porté le nom de Thibaut, et de remarquer avec soin le tems auquel ils ont vécu. Nous croyons que pour cela il est à propos de joindre à la chronologie des comtes de Champagne de la seconde race celle des comtes de Blois dont elle tire son origine.

COMTES DE BLOIS DE LA PREMIÈRE RACE.

Les premiers comtes de Blois ont la même origine que nos rois de la troisième race. Thiedbert, ou Théodebert, quatrième aïeul de Hugues Capet, qui est le premier roi de cette troisième race, eut trois fils, dont le second, nommé Guillaume, fut comte de Blois.

Guillaume, comte de Blois, fils de Théodebert, fut tué vers l'an 834, et laissa un fils nommé Eudes.

L'an 834, Eudes succède à Guillaume, son père, et meurt l'an 865. Il avait épousé Gundilmode, dont il ne laissa point d'enfants.

L'an 865, Robert, dit le Fort, fils de Robert I, frère puîné de Guillaume, comte de Blois, succède à Eudes, son cousin. Il fut appelé *un second Machabée*, à cause de la valeur avec laquelle il combattit contre les Normands qui ravageaient la France. Après plusieurs victoires remportées sur eux, il perdit la vie dans une bataille contre ces barbares, le 25 juillet 866. Robert laissa d'Adélaïde, sa femme, Eudes et Robert, qui furent l'un et l'autre rois de France, et Richilde, femme de Thibault ou Thiébolt, père d'un fils du même nom, qui viendra ci-après. Ce Thibault, ou Thiébolt, mari de Richilde, était normand de naissance, suivant Guillaume de Jumiéges, et frère du duc Rollon, selon MM. de Sainte-Marthe. Glaber dit, néanmoins, qu'il n'était pas de naissance. Quoi qu'il en soit, après avoir fait beaucoup de ravages en France à la tête de ses compatriotes, il s'était fait donner le comté de Tours par les rois Louis et Carloman, en traitant avec eux. Dans la suite il acquit la ville de Chartres, avec son territoire, du fameux Hasting, autre chef des Normands, quoique français de naissance, comme nous le dirons ailleurs ; et voici de quelle manière il fit cette acquisition. L'empereur Charles le Gros, au commencement de son règne en France, pour gagner Hasting, lui avait donné ce bénéfice, de même que quelques années auparavant il avait donné la Frise au normand Godefroi. Mais, ayant depuis fait assassiner ce dernier, après l'avoir attiré dans une île du Rhin, il ranima par cette perfidie la fureur des Normands, et jeta la défiance dans l'esprit de ceux qui avaient fait leur accommodement avec lui. Rollon étant entré par la Seine, vint faire le siége de Rouen, dont il s'empara l'an 885, et de là s'avança vers Paris. L'Empereur lui députa Hasting, pour l'engager à cesser ses ravages, et ne put rien obtenir. L'armée française, commandée par le duc Renaud, était alors à la veille d'en venir aux mains avec les Normands. Le lendemain, en effet, la bataille se donne, et les Normands sont vainqueurs. Thibaut, profitant de ces conjonctures, va trouver Hasting, et vient à bout de lui persuader que l'Empereur lui prépare le sort de Godefroi, parce qu'il le croit d'intelligence avec les Normands. Hasting, effrayé, vend sa ville de Chartres (1) à Thibaut, pour la somme que celui-ci offre, fait argent de tout, et sort de France en secret pour n'y plus reparaître. *Hastingus*, dit Albéric (*ad an.* 904), *præ timore, venditâ Theobaldo civitate Carnotenâ, clam discessit, et post in Francia non est visus.* C'est ainsi que Thibaut joignit le Chartrain à son comté de Tours. Il étendit encore ses domaines par la suite, et l'on voit qu'à sa mort il était maître de Saumur. Peut-être le fut-il aussi de Blois; mais il ne paraît pas qu'il se soit dit comte ni de cette ville, ni de Chartres. On ignore l'année de sa mort; mais on sait qu'il fut inhumé à Saint-Martin de Tours, comme il l'avait désiré. Cette église le compte même au nombre de ses bienfaiteurs. Une ancienne notice, tirée de ses archives, porte qu'il lui remit les coutumes, c'est-à-dire les droits qu'il percevait sur ses terres, à l'exception des quatre cas, du vol, du rapt, du meurtre et de l'incendie. Elle ajoute qu'il fit encore présent de deux couronnes d'argent au tombeau de Saint-Martin. En reconnaissance de ces bienfaits, les chanoines établirent des prières à perpétuité pour le repos de son âme. (Martenne, *Anecd.*, T. I, p. 89.) Thibaut laissa de son mariage Thibaut, qui suit; Richard, qui fut archevêque de Bourges; et Gerberge, femme d'Alain-Barbetorte, duc de Bretagne. Richilde, mère de ces enfants, se fit religieuse après la mort de son époux.

---

(1) On ignore l'ancien nom de la ville proprement dite de Chartres, qu'il ne faut pas confondre avec *Civitas Carnotena*, ou *Civitas Carnutum*, qui était le pays habité par les peuples appelés *Chartrains*, *Carnutés*. César, dans ses Commentaires, n'a jamais nommé cette capitale, et ce n'est que dans le moyen âge qu'elle a été nommée *Carnutum*.

THIBAUT I, dit LE VIEUX et LE TRICHEUR,

PREMIER COMTE DE BLOIS.

Thibaut, surnommé le Vieux, parce qu'il vécut près de cent ans, et le Tricheur, ou le Fourbe, à cause des ruses dont il se servait pour s'agrandir, et de Montaigu, du nom d'une terre du Laonnais, qui lui fut donnée par Hugues le Grand, duc de France, paraît être le premier qui ait pris le titre de comte de Blois et de Chartres. Il y ajouta encore celui de comte du palais, dignité qui était abolie depuis long-tems en France, et dont on ne voit pas de vestige dans ce royaume depuis Charles le Chauve, suivant M. Schoepflin. (*Acta Acad. Palat.*, T. II, p. 187.) Ce fut très-vraisemblablement un simple titre d'honneur; car il n'y a pas de preuve qu'il en ait fait aucun exercice. Quoi qu'il en soit, le roi Raoul le qualifie ainsi lui-même dans le diplôme qu'il lui accorda pour permettre aux religieux qui desservaient l'église de Saint-Calais, dans le château de Blois, de passer dans celle de Saint-Lubin, au-dessous du même château; c'est aujourd'hui Saint-Laumer. (Bernier.) Il était fils, suivant l'annaliste de Saint-Bertin, de Gerlon, proche parent (*consanguineus*) de Rollon, qui devint le premier duc de Normandie; et ce Gerlon est le même que Thiébolt ou Thibaut, qui acheta, comme on l'a dit, vers l'an 890, d'Hasting, son compatriote, le comté de Chartres, que lui vendit celui-ci pour retourner dans son pays. Thibaut étendit ses domaines jusques dans la Champagne; et c'est la raison pourquoi il est appelé Champenois, *Campaniensis*, dans quelques chroniques. Il était de plus propriétaire du comté de Beauvais et d'une partie du Berri.

Thibaut, l'an 943, épousa Leutgarde, veuve de Guillaume Longue-épée, duc de Normandie, fille d'Herbert II, comte de Vermandois. Elle apporta en dot les terres de Juzières, Fontenai-Saint-Père, et Limay; le tout situé entre Mantes et Meulent, dont elle fit don à l'abbaye de Saint-Père. (Labbe, *Tableaux généalog.*, p. 579.) En parlant de ces terres, elle dit les avoir reçues d'Herbert, son père, *in hæreditatem*. Les filles, quoi qu'en dise M. Hénaut, héritaient donc alors de leurs pères. Cette alliance engagea Thibaut dans toutes les guerres que les comtes de Vermandois et Hugues le Grand, duc de France, eurent avec le roi Louis d'Outremer. L'an 945, Hugues le Grand ayant retiré ce prince des mains des Normands, le remit dans celles de Thibaut, qui lui fit essuyer une nouvelle captivité. Le comte, en rendant, l'année suivante, la liberté au monarque, se fit céder la ville de Laon par manière de rançon; mais il ne la garda pas long-tems. Thibaut prit le parti de Hugues, fils d'Herbert, contre Artaut, son concurrent, pour l'archevêché de Reims. Il ravagea les terres de cette église, et s'attira par-là l'excommunication d'un concile de Metz. Sous la minorité du roi Lothaire, s'étant brouillé avec Richard, duc de Normandie, il engagea le roi à lui tendre des embûches, et à tâcher de le surprendre, afin de lui enlever son duché : conseil que le monarque se repentit fort d'avoir suivi. On ignore l'année de la mort de Thibaut. Don Bouquet la place en 990; mais deux chartes d'Eudes, son fils, datées de 978, supposent qu'il n'était déjà plus de ce monde alors, puisqu'il y est appelé *comte de bonne mémoire*. M. Bullet (*Diss. sur l'Histoire des Pairs*, p. 215, n.) avance, on ne sait sur quel fondement, que *Thibaut est inhumé dans l'église métropolitaine de Sens*. Il eut de son mariage plusieurs enfants, dont les principaux sont Eudes, qui suit; Thibaut, qui fut tué, l'an 962, dans une bataille, près de Chartres, contre les Normands; Hugues, archevêque de Bourges; Emme, mariée à Guillaume II, comte de Poitiers. A ces enfants, Duchêne ajoute Hildegarde, femme de Bouchard de Montmorenci, seigneur de Brai-sur-Seine, chef de l'illustre maison de Montmorenci. Le roman de Rou fait de Thibaut le portrait suivant, qui nous paraît tiré d'après nature. Le lecteur en jugera.

> Thibaut li Cuens de Chartres fut fel et eriguignoux.
> Mout ot chatiaux et ville, et mout fut ahenoux.
> Chevalier fu mouz proux, et mout chevakroux;
> Mès mout parfu cruel, et mout fu envioux.
> Thiebaut fu plein d'engien, et plein fu de feintié;
> A homme ne à femme ne porta amitié;
> De franc ne de chetif n'ot mercy ne pitié,
> Ne ne doubta a faire mal-œuvre ne pechié.
> François crie *Mont-joye*, et Normand *Diex-aye*;
> Flamand crie *Arras*, et Angevin *r'allie*;
> Et li Cuens Thiebaut *Chartres et Passavant*.

Leutgarde survécut à son époux, comme le prouvent divers actes, et entre autres une charte par laquelle elle donne à Saint-Martin de Tours divers fonds, dont une partie était située dans le territoire de Troyes, pour le repos des âmes du comte Thibaut, son mari, de Richilde, sa belle-mère, et de l'archevêque Richard, son beau-frère. (*Gall. Christ. no.*, T. II, part. I, col. 12.) Leutgarde fut enterrée au monastère de Saint-Père de Chartres, dont elle était une insigne bienfaitrice. (*Ibid.* col. 57.)

EUDES I, IIe COMTE DE BLOIS.

L'an 978, au plus tard, Eudes, premier du nom, succède à Thibaut, son père, aux comtés de Blois, de Chartres, de Tours, de Beauvais, de Meaux et de Provins. Le premier trait que nous connaissons de son gouvernement, est le consentement qu'il donna avec l'archevêque Hugues, son frère, et la comtesse Emme, sa sœur, à la donation que fit Leutgarde, leur mère, en 978, des fonds dont on a parlé ci-devant, à l'abbaye de Saint-Père de Chartres. Dans sa signature il ne fait point difficulté de se qualifier très-riche comte, *comes ditissimus*. (*Gall. Christ. no.*, T. II, *pr.*, col. 7.) L'an 990, Adelbert, comte de la Marche et de Périgord, lui enleva la ville de Tours, dont il fit présent à Foulques Nerra, comte d'Anjou; mais Eudes trouva moyen d'y rentrer par les intelligences qu'il y avait. (*Ademar Caban.*) Il entreprit ensuite de chasser entièrement Foulques de la Touraine. Manassès, comte de Châlons, Hervé de Donzi, seigneur de Saint-Aignan, Rotrou, seigneur de Montfort, et d'autres seigneurs, vinrent avec lui faire le siége de Montbazon, dont il se rendit maître. Il était occupé à celui de Langei dans le mois de février 995, comme on le voit par la charte qu'il donna, le 9 de ce mois, pour confirmer la fondation de l'abbaye de Bourgeuil, faite par sa sœur Emme, femme du comte de Poitiers. Eudes mourut cette même année à Marmoutier, où il est enterré. Il avait épousé Berthe, fille aînée de Conrad le Pacifique, roi d'Arles, et de Mathilde, ou Mahaut de France, sœur du roi Lothaire, dont il eut six enfants; savoir quatre fils: Thibaut II; Eudes II, dit le Champenois; Théodoric, enterré à Saint-Père de Chartres; Roger, évêque de Beauvais; et deux filles, Helvise, ou Aloïse, et Agnès.

THIBAUT II, IIIe COMTE DE BLOIS.

995. Thibaut, fils aîné d'Eudes, lui succéda aux comtés de Blois et de Chartres, etc. Ce fut un prince absolu, dont la volonté ne souffrait point de contradiction. Le trait suivant en est la preuve. L'an 1003, Gilbert, abbé de Saint-Père-en-Vallée, près de Chartres, étant à l'extrémité, Magenard, un de ses religieux, de l'illustre maison de Marsillac, vint le trouver à Blois pour lui demander l'abbaye. Thibaut, ayant égard à sa naissance, lui accorda sa demande, et le renvoya avec des commissaires chargés de contraindre le chapitre à le reconnaître pour abbé. Les religieux s'opposent à son intronisation, et prennent la fuite pour se soustraire à la violence qu'on veut leur faire. Mais, à la fin, la

nomination du comte prévalut. Ce qu'il y a de surprenant, c'est que, malgré l'irrégularité de son entrée, le gouvernement de Magenard fut très-sage et très-utile à sa maison. Ce fut de son tems qu'Aréfaste, ce gentilhomme normand qui, l'an 1017, découvrit une secte de manichéens cachée dans Orléans, vint se faire religieux à Saint-Père-en-Vallée. (*Gall. Christ.*, T. VI, IIe col. 1218; Bouquet, T. X, p. 454.) Thibaut alors n'était plus en vie depuis long-tems. Etant allé, l'an 1004, en pèlerinage à Rome, il mourut de fatigue en revenant, et fut enterré par Magenard à Saint-Père, aux pieds de son frère Théodoric. Ce comte ne laissa point d'enfants, et l'on ignore même s'il fut marié.

EUDES II, DIT LE CHAMPENOIS, IVe COMTE DE BLOIS.

L'an 1004, EUDES II, fils d'Eudes Ier, succède à son frère, Thibaut II, aux comtés de Blois, de Chartres et de Tours. Il prit aussi le titre de comte du palais, qui passa dans la suite aux aînés de sa maison. Ce prince fut surnommé *le Champenois*, parce que, du vivant de son père, il possédait une partie considérable de la Champagne. Eudes II eut la même passion que Thibaut Ier pour agrandir ses états. Ce fut la source de bien des guerres qu'il entreprit ou qu'il s'attira. Richard II, duc de Normandie, fut un des premiers avec lesquels il eut querelle. Le duc, se trouvant trop faible contre lui, fit venir les Danois à son secours. Mais le roi Robert, craignant des hôtes si fâcheux, se rendit médiateur entre les deux princes, et vint à bout de les réconcilier. Richard congédia les Danois, après leur avoir fait des présents. L'an 999, Eudes avait enlevé Melun à Bouchard, comte de Paris, de Melun, de Vendôme et de Corbeil, par la trahison de Gautier, châtelain de la place. Bouchard peu de tems après la reprit avec le secours du roi, qui fit pendre Gautier et sa femme. Eudes livra ensuite bataille à Bouchard, qui lui tailla son armée en pièces. Les états de Foulques Nerra furent aussi l'objet de son ambition. Pendant un voyage que Foulques fit à la Terre-Sainte, Eudes fit des incursions sur les terres qu'il possédait en Touraine. A son retour, le comte d'Anjou le battit, le 6 juillet 1016, dans la plaine de Pontlevoi.

LE MÊME EUDES II, Ve COMTE DE CHAMPAGNE.

L'an 1019, Etienne, comte de Champagne et de Brie, étant mort sans lignée, Eudes, qui était son plus proche parent, se mit en possession de ses états malgré le roi Robert, qui prétendait les réunir à son domaine. Ce monarque néanmoins, vaincu par ses importunités, lui en accorda l'investiture; mais, peu de

tems après, mécontent de lui pour quelque sujet qu'on ignore, il révoqua cette faveur, et le déclara indigne de tenir de lui aucun bénéfice. Nous avons, parmi les lettres de Fulbert de Chartres (n° xcvi), celles qu'Eudes écrivit à ce monarque pour se plaindre de ce procédé comme d'une injustice. « En effet, dit-il, si l'on
» fait attention à ma naissance, elle me donne droit de me dire
» comte héréditaire ; et quant au bénéfice dont vous m'avez
» donné l'investiture, il ne provient pas du fisc royal, mais de la
» succession de mes ancêtres. Si l'on considère mes services,
» vous savez ceux que je vous ai rendus tant que j'ai joui de
» votre faveur, en paix, à la guerre, au près et au loin. *Nam si*
» *respicitur ad conditionem generis, daret Dei gratia quod hæ-*
» *reditabilis sim; si ad qualitatem beneficii quod dedisti mihi,*
» *constat quòd non est de tuo fisco, sed de his quæ mihi per*
» *tuam gratiam ex majoribus meis hæreditario jure contin-*
» *gunt. Si ad servitii meritum, ipse profectò nosti, donec tuam*
» *gratiam habui, quomodo tibi servierim domi, militiæ et pe-*
» *regre.* » Il paraît que cette lettre calma le ressentiment du roi, du moins est-il certain qu'Eudes resta possesseur de la succession du comte Etienne.

L'an 1026, il reprit les armes contre le comte d'Anjou, sur lequel il remporta un avantage dont il perdit aussitôt le fruit ; car Herbert, comte du Maine, l'ayant attaqué, le 6 août, comme il s'en retournait triomphant, le défit et mit sa petite armée en déroute. (*Histoire manuscrite de Saint-Florent de Saumur.*) L'année suivante (1027), il échoua devant le château d'Amboise, dont il avait entrepris le siège ; mais il se dédommagea de cet échec par la prise d'autres places qu'il enleva au comte d'Anjou. L'an 1031, après la mort du roi Robert, il se ligua avec la reine Constance contre Henri, son fils aîné, qu'elle voulait exclure du trône pour y placer Robert, son second fils. A la faveur des troubles que cette querelle excita, il s'empara de la ville de Sens, qu'il fortifia. Le chapitre de cette église ayant élu, l'année suivante, le trésorier Mainard pour archevêque, Eudes appuya cette élection contre Gelduin, que le roi Henri avait nommé à ce siège. Henri ayant levé une armée pour réduire le comte, emporta sur lui d'abord le château de Gournai-sur-Marne ; après quoi il marcha vers Sens, que Renaud, comte de cette ville et lieutenant d'Eudes, fut obligé de rendre. Mais Eudes y étant rentré peu de tems après, en confia de nouveau la garde au comte de Sens, qui soutint deux sièges que le roi vint mettre, en deux années consécutives, devant cette ville, sans pouvoir s'en rendre maître. Enfin, l'an 1034, Eudes fit avec le monarque un traité par lequel il consentit à lui céder la moitié de la ville de Sens et à recevoir l'archevêque Gelduin. Le comte fit cet accommodement pour se livrer plus librement à une autre guerre beaucoup plus importante, où il s'était engagé. C'était celle de la succession du royaume de Bourgogne, qu'il revendiquait du chef de Berthe, sa mère, sœur du roi Rodolfe III, mort sans enfants le 6 septembre 1032. Mais il avait pour rival Conrad le Salique, roi de Germanie, à qui Rodolfe en avait fait donation pour avoir son appui contre ses sujets révoltés. Conrad était également neveu de Rodolfe par Gerberge, sa mère : mais comme elle était sœur puînée de Berthe, il ne pouvait se prévaloir que de la donation pour l'emporter sur Eudes. Celui-ci ayant pris les armes, entra dans la Bourgogne, qu'il soumit jusqu'au Mont-Jura. Etant venu ensuite se présenter devant Vienne, il traita avec les habitants, qui consentirent à le reconnaître, sous la promesse qu'il fit de se faire couronner dans un tems marqué. L'ambition d'Eudes s'accrut par ces succès. Il étendit ses vues sur la couronne de Lorraine, et mit d'abord le siége devant Toul la veille de la Toussaints de l'an 1037. Obligé de le lever, il ravagea le Toulois, et de là vint se présenter devant le château de Bar-le-Duc, qu'il emporta de force. Son dessein était d'aller ensuite à Aix-la Chapelle pour s'y faire couronner roi de Lorraine aux fêtes de Noel. Mais Cothelon, duc de Lorraine, ayant réuni ses forces à celles des évêques de Liége et de Metz, du comte de Namur, et d'autres seigneurs, était en marche alors pour l'arrêter. Les deux armées, s'étant rencontrées dans le Barrois, en vinrent à une bataille le 15 novembre, suivant les uns, le 23 du même mois suivant les autres. La victoire y fut long-tems disputée, et demeura enfin aux Lorrains par la mort du comte de Champagne, qui fut tué par un chevalier en fuyant : *fugiens à quodam milite occiditur*, dit Conrad d'Usperg, dans sa chronique. Ainsi s'évanouirent les vastes projets de ce prince, qui se flattait encore d'obtenir la couronne d'Italie, qui lui était offerte par quelques seigneurs du pays, après s'être assuré de celles de Bourgogne et de Lorraine. (*Radulph. Glaber.*) Il était alors âgé de cinquante-cinq ans. Sa tête ayant été coupée, soit par le soldat qui le tua, soit par un autre, on fut long-temps sans pouvoir discerner son cadavre ; et ce ne fut qu'à la faveur d'une verrue qu'il avait dans une partie secrète, et qui fut indiquée par sa femme, qui se rendit sur les lieux, qu'on le reconnut. Roger, évêque de Châlons-sur-Marne, et Richard, abbé de Saint-Vanne de Verdun, l'ayant enseveli, le portèrent à l'abbaye de Marmoutier, dont il était un des bienfaiteurs. Raoul Glaber le compare à Thibaut le Tricheur, son aïeul, pour la mauvaise foi ; et l'auteur, peu judicieux, des Gestes des seigneurs d'Amboise, ne craint pas au contraire de l'égaler, pour la sagesse, à Caton. Il avait épousé, 1°, l'an 1005, MAHAUT, fille de Richard Ier, duc de Normandie, morte sans enfants ;

2°, l'an 1020, ERMENGARDE, fille de Robert Ier, comte d'Auvergne (morte le 10 mars 1040), dont il eut Etienne et Thibaut, qui partagèrent ses états, et une fille, nommée Berthe, qui devint femme d'Alain V, duc de Bretagne. Eudes acquit, l'an 1014, le comté de Sancerre, en donnant par échange le comté, ou plutôt sa part du comté de Beauvais, à Roger, son frère, qui en était évêque et aussi comte en partie, comme le prouve Loisel. D. Martenne a publié, dans son *Trésor d'anecdotes* (T. I, col. 175), une charte du comte Eudes, sans date, mais donnée entre l'an 1033 et l'an 1037, par laquelle il déclare qu'ayant fait construire un pont sur la Loire devant la ville de Tours (c'est celui qui vient d'être détruit pour faire place à un autre incomparablement plus beau), il exempte à perpétuité de tout péage ceux qui passeront dessus, soit à pied, soit à cheval, soit avec des voitures; et pour rendre cet acte plus authentique, il dit l'avoir fait signer par les grands de sa cour. Viennent ensuite les souscriptions d'Eudes, frère du Roi (Henri 1er); d'Hescelin, évêque (peut-être Ascelin, autrement dit Adalberon, évêque de Laon); de Waleran, comte (de Meulent); de Raoul, comte (de Valois, IIIe du nom); de Gui, archevêque (de Reims); de Thibaut et d'Etienne, fils du comte qui nous occupe; de Manassès, comte (de Dammartin); d'Hilduin, comte (de Rouci), et de onze autres seigneurs. On voit par là combien était considérable la cour du comte Eudes.

ETIENNE II, VIe COMTE DE CHAMPAGNE.

L'an 1037, ETIENNE II, fils d'Eudes II et d'Ermengarde d'Auvergne, était qualifié comte, du vivant de son père, comme le prouve la charte de fondation de l'église de Saint-Satur en Berri, qu'il souscrivit avec ce titre au mois d'août 1034. (*Gall. Christ. no.* T. II, col. 25.) Après la mort d'Eudes, la Champagne et la Brie lui échurent par droit d'aînesse. Le roi Henri l'ayant fait sommer, ainsi que Thibaut, son frère, de lui rendre hommage, tous deux le refusèrent, alléguant pour raison de leur

THIBAUT III Ve COMTE DE BLOIS.

L'an 1037, THIBAUT III, deuxième fils d'Eudes II, partagea avec Etienne II, son frère, les états de son père, et eut les comtés de Blois, Tours et Chartres. Du vivant d'Eudes, il portait déjà le titre de comte ainsi que son frère. Tous deux ayant refusé de concert l'hommage au roi Henri premier, par le motif qu'on a expliqué sur l'aîné, s'attirèrent l'indignation du monarque, qui confisqua les terres de Thibaut et les donna à Geoffroi Martel, comte d'Anjou. Celui-ci mit le siége devant Tours,

ETIENNE II.

refus celui que Henri lui-même avait fait de secourir leur père dans la guerre qu'il avait eue avec Conrad le Salique. Le devoir en effet était réciproque entre le seigneur et le vassal. Si celui-ci était obligé de servir le supérieur dans ses guerres, celui-là ne l'était pas moins de donner du secours à l'inférieur pour défendre le fief qu'il tenait de lui. Mais cette raison, comme le remarque M. Velly, ne pouvait avoir lieu à l'égard d'Eudes, comte de Champagne. Conrad n'avait point armé pour le dépouiller des provinces qu'il tenait de la couronne de France, mais pour l'empêcher d'usurper un royaume dont il avait été ins-

THIBAUT III.

et le leva plus d'un an après pour aller à la rencontre de Thibaut, qu'il fit prisonnier avec 760 des siens dans une bataille donnée, le 21 août 1042, ou, selon d'autres, 1044, devant S. Martin-le-Beau, dans un lieu appelé Noet. L'ayant en son pouvoir, il l'enferma dans le château de Loches, et l'obligea de lui céder Tours, Chinon et Langey, avec leurs dépendances, par un traité, compris en 17 articles, pour racheter sa liberté; mais Thibaut en faisant ce traité se réserva la mouvance des pays qu'il cédait (Brussel, *nouv. exam. des fiefs*), et retint l'abbaye de Marmoutier.

titué seul et unique héritier. Ce n'était qu'un vain prétexte dont les deux comtes se servaient pour justifier leur révolte. Le vrai motif qui les animait était le projet qu'ils avaient formé avec d'autres seigneurs de détrôner Henri et de lui substituer son frère Eudes, qu'ils se promettaient de gouverner à leur gré. Henri ne leur donna pas le tems d'en venir à l'exécution. Tandis qu'il poursuivait son frère, il engagea le comte d'Anjou à faire la guerre au comte de Blois. Après avoir réduit Eudes, il marche en personne contre Etienne, et le met en déroute dans un combat où il fait prisonnier le comte de Valois, son allié. Etienne, étant revenu au secours du comte de Blois, son frère, pressé par le comte d'Anjou, reçoit un nouvel échec à la bataille de Noet, le 21 août 1042, ou, selon d'autres, 1044, dans laquelle il est obligé de prendre la fuite, tandis que son frère est pris et conduit en prison. On ignore l'année de sa mort. Il semble pourtant qu'on pourrait la placer vers l'an 1047 ou 1048. Etienne avait épousé Adèle, qu'on croit fille de Richard II, duc de Normandie. Il en eut un fils, nommé Eudes, qui, ayant été dépouillé de ses états par Thibaut III, son oncle, se retira auprès de Guillaume le Bâtard, duc de Normandie, puis roi d'Angleterre. Eudes épousa la sœur utérine de Guillaume, et fut chef des comtes d'Aumale.

Le même THIBAUT III, comte de Blois et Ier du nom, VIIe comte de Champagne.

L'an 1047 ou 1048, Thibaut, après la mort d'Etienne II, son frère, s'empare de ses états au préjudice d'Eudes, son neveu ; il fut aussi le VIIe comté de Champagne sous le nom de Thibaut I, et le Ve comte de Blois sous le nom de Thibaut III. L'an 1057, ce prince et Geoffroi Martel recommencèrent la guerre et la firent avec un grand acharnement : mais on en ignore la suite et les détails. Thibaut, ayant fait une nouvelle paix avec le comte d'Anjou, se retira dans ses terres de Brie et de Champagne, où il a laissé plusieurs monuments de sa piété. Le prieuré de Saint-Ayoul de Provins lui est redevable de sa fondation. M. de la Ravaillère croit qu'il a seulement établi la réforme. Thibaut mourut à Epernai vers la fin de l'an 1089. Il avait épousé en premières noces Gersende, appelée aussi Berthe par Ordéric Vital, fille d'Herbert Eveillechien, comte du Mans. Après l'avoir répudiée, il épousa en secondes noces Alix, ou Adèle, fille, dit-on, de Raoul, comte de Crépi ; mariage, ajoute-t-on, qui fit tomber le comté de Bar-sur-Aube dans la maison de Champagne, après la retraite du comte Simon, neveu de cette princesse. On dit de plus qu'Alix, après la mort de Thibaut, épousa en secondes noces Herbert IV, comte de Vermandois ; mais Herbert, que Raoul, père d'Alix, reconnaît effectivement pour son gendre dans une de ses chartes, mourut certainement avant Thibaut. Il faut donc qu'Herbert ait épousé une autre fille de Raoul qu'Alix, à moins de dire qu'Alix aurait été répudiée par Thibaut. Quoi qu'il en soit, elle fit Thibaut père de quatre fils ; savoir, Eudes, que les modernes nomment le dernier, et qui exerça, comme l'aîné, l'autorité comtale du vivant de son père, auquel il ne paraît pas avoir survécu, ou qu'il suivit de près au tombeau sans laisser de postérité ; Hugues Ier et Etienne, qui suivent ; et Philippe, qui fut évêque de Châlons-sur-Marne. On conserve à Cluni une charte du comte Thibaut et d'Alix, sa femme, adressée à l'abbé saint Hugues et à son chapitre, par laquelle ils déclarent qu'ils leur envoyent le fils Eudes pour le baptiser, et leur donnent, en considération de cette cérémonie, la terre de *Cossiaco*, franche de toutes charges. Thibaut, dans cet acte, prend le titre de comte des Français, *comes Francorum*.

HUGUES Ier,
VIIIe COMTE DE CHAMPAGNE.

L'an 1089 au plus tard, Hugues Ier, fils de Thibaut Ier (ou III), et d'Alix de Valois, succéda, soit à son père, soit à Eudes, son frère, dans le comté de Troyes, et non dans toute la Champagne. On a de lui une charte datée de l'an 1101, dans laquelle il joint à la qualité de comte de Troyes celle de comte de Bar. (Chifflet, *S. Bern. gen. ill. ass.*, p. 527.) On peut inférer de là que Bar-sur-Aube lui appartenait du chef de sa mère. Il accompagna, l'an 1102, l'empereur Henri IV dans son expédition contre Robert II, comte de Flandre. Ce fut là vraisemblablement qu'il reçut deux profondes blessures, dont il parle dans deux chartes, l'une de 1103, l'autre de l'an 1104, qui résistèrent long-tems à l'art des chirurgiens, et dont il regardait la guérison comme un miracle. (Chifflet, *ibid.*, p. 569 et 570.) Hugues fut marié en premières noces à CONSTANCE, fille de Philippe Ier, roi de France, avec laquelle il fonda, l'an 1102, le prieuré de Sainte-Vaubourg, près d'Attigni, pour Molême, et dont il fut séparé, l'an 1104, à cause de la parenté. Il épousa ensuite ELISABETH, sœur de Renaud III, comte de Bourgogne (et non pas une certaine Lombarde, comme le dit Souchet, *Not. in Epist. Yvonis*, 158.) Le comte Hu-

ETIENNE,
VIe COMTE DE BLOIS.

1089. ETIENNE, qui est aussi appelé HENRI, sixième comte de Blois, fut, du vivant de son père, Thibaut III, comte de Meaux et de Brie, vers l'an 1081. Il eut guerre, l'an 1089, on ne sait pas pour quel sujet, avec le roi Philippe Ier, qui, l'ayant pris, le fit mettre en prison. Il n'en sortit que par l'intervention de son père, et qu'après avoir promis d'être plus fidèle et donné des ôtages. (Bouquet, T. XII, p. 2.) Son père étant mort, il eut pour son partage le comté de Blois et de Chartres, avec plusieurs terres en Champagne; et le titre sans fonctions de comte palatin, qui était affecté à l'aîné de sa maison. Il devint si puissant, dit Guibert de Nogent, qu'il avait autant de châteaux qu'il y a de jours dans l'année. L'accroissement de sa puissance ne le fit point sortir des bornes de la soumission qu'il devait à son souverain. Il tint fidèlement la parole qu'il avait donnée au roi Philippe, en sortant de prison, de le servir, dans toutes les rencontres, en bon et fidèle vassal. Ce monarque reçut une preuve éclatante de son zèle et de son attachement dans la conjuration que formèrent plusieurs seigneurs français pour le détrôner. Etienne ayant marché contre les rebelles, les battit, et tua de sa main Bou-

HUGUES Ier.

gues fit trois voyages en Palestine, le premier l'an 1115, le second l'an 1121, et le troisième l'an 1125, comme le marque clairement Albéric, selon le P. Mabillon. Ce fut alors qu'il se fit chevalier du Temple, ce qui lui attira, de la part de saint Bernard, une lettre par laquelle, supposant la pureté de ses motifs, il le félicite d'être devenu, de comte, simple chevalier, et pauvre, de riche qu'il était : *Factus es ex comite miles, ex divite pauper.* Avant que de partir pour son troisième voyage, Hugues avait institué son neveu Thibaut héritier de son comté de Troyes, ou bien il le lui avait vendu, s'il en faut croire M. Pithou, dit le P. Chifflet. Sa seconde femme cependant mit au monde, quelques mois après son départ, un fils qui fut nommé Eudes ou Otton. Mais Hugues, dit Albéric, l'ayant appris, ne voulut jamais le reconnaître, sur ce que les médecins lui avaient dit qu'il était inhabile à la génération. Eudes, devenu grand, se retira à Champlitte, terre appartenante à sa mère, dans le comté de Bourgogne, dont il fut seigneur, et s'attacha au roi Louis VII, qu'il servit avec zèle et valeur dans ses différentes expéditions. L'empereur Frédéric Ier, et sa femme Béatrix, lui donnèrent, en 1166, les terres de Longei, de Quingei, et d'autres, dans le comté

ETIENNE.

chard II, comte de Corbeil, qui s'était flatté de revenir triomphant du combat, et avec le titre de roi de France. (Suger.) Etienne fut un des premiers seigneurs qui se croisèrent pour la Terre-Sainte. Il partit au mois de septembre 1096 avec Robert, duc de Normandie, et Robert, comte de Flandre, et prit sa route pour l'Italie, où il passa l'hiver. Arrivé l'année suivante à Constantinople, il fut reçu avec une distinction marquée de l'empereur Alexis, qui lui offrit même plus d'une fois de prendre à sa cour un de ses fils, avec promesse de l'élever à l'une des premières dignités de l'empire. (*Hist. litt. de la France*, T. IX, p. 267.) Etienne et les autres croisés de sa division ayant joint le gros de l'armée chrétienne qui les précédait, eurent part à la conquête qu'elle fit, le 20 juin, 1097, de la ville de Nicée. La conduite que tint Etienne au siége de cette place, lui mérita l'honneur d'être établi, par tous les princes, chef du conseil de guerre, pour diriger toutes les opérations militaires. (*Ibid.*) Il ne tarda pas à justifier ce choix par la victoire que les croisés remportèrent, le premier juillet suivant, sur les Turcs, qui, malgré la supériorité du nombre, furent entièrement battus. Etienne marcha ensuite avec l'armée chrétienne

HUGUES Ier.

de Bourgogne; mais il conserva toujours le nom de Champagne. De sa femme, Sibylle, fille de Josbert, vicomte de Dijon, il eut trois fils, dont l'aîné, de même nom que lui, et non moins brave, mourut à Constantinople, en 1204, laissant une fille, Odete, femme d'Oudin, châtelain de Gand; le second, nommé Louis, mourut sans alliance; Guillaume, le troisième, fut la souche des seigneurs de Pontallier. Le comte Hugues finit ses jours à la Terre-Sainte. On ignore l'année de sa mort. Ce fut lui qui donna à saint Bernard le territoire de Clairvaux. Il est fondateur ou bienfaiteur de plusieurs autres monastères, entr'autres de l'abbaye de Trois-Fontaines, de celle de Sermaise (aujourd'hui prieuré simple), de celle de Cheminon : toutes les trois au diocèse de Châlons-sur-Marne.

ETIENNE.

au siége d'Antioche, où il soutint pendant quelque tems la réputation de valeur et de prudence qu'il s'était acquise. Mais ennuyé de la longueur et des fatigues de cette expédition, commencée le 21 octobre 1097, il se retira, sous prétexte d'une maladie, deux jours précisément avant la prise de la place (le premier juin 1098), emmenant avec lui quatre mille hommes de ses troupes. Ayant dirigé sa marche par Constantinople pour retourner en France, il rencontra sur sa route l'empereur Alexis, qui venait avec cent mille hommes au secours des croisés. Ils étaient alors assiégés à leur tour dans Antioche, par les Musulmans. Etienne lui exagéra tellement les forces des assiégeants, et l'extrémité où étaient réduits les assiégés, qu'il l'engagea à revenir sur ses pas, dans la persuasion qu'il arriverait trop tard pour secourir la place. (*Rad. Gesta Tancredi*, c. 72.) Pour

lui, à son retour en France, il fut reçu avec des marques de mépris qui le couvrirent de confusion. Ce n'était que murmures, que railleries et que sarcasmes contre lui. Sa femme, princesse digne du sang dont elle sortait, se mit de la partie, et ne cessait de lui faire des reproches sur sa lâcheté. Ce cri général le détermina à repasser en Palestine, l'an 1101, pour effacer la honte de sa désertion. Il partit, non pas au commencement de septembre, comme le marque Guillaume de Malmesbury, mais au moins six mois plus tôt avec le comte de Bourgogne et d'autres seigneurs. S'étant réunis, après avoir passé le Bosphore, à Raymond, comte de Toulouse, leurs troupes, jointes à celles que conduisait ce prince, formèrent une armée de plus de quarante mille chevaux et d'un nombre bien plus considérable de gens de pied. Mais des forces si redoutables furent dissipées et réduites presque à rien dans l'Asie par les Turcs. Etienne et Raymond ramenèrent les débris de leur armée à Constantinople, où le premier s'embarqua dans le printems suivant pour se rendre à la Terre-Sainte. Un nouveau malheur l'y attendait: il fut pris, avec beaucoup d'autres seigneurs, à la bataille de Rames ou Rama, gagnée par les Sarrasins le 27 mai 1102, et conduit prisonnier à Ascalon (Ordéric Vital dit Joppé), où ces barbares le percèrent à coups de flèches. (*Spicil.*, T. X, p. 565.) Avant son départ, à la prière d'Yves, son évêque, il avait renoncé pour lui et ses successeurs à l'usage où les comtes de Chartres avaient été jusqu'alors de piller les maisons de l'évêque après sa mort, et d'en emporter non-seulement les meubles, les provisions de toute espèce, les bestiaux, mais jusqu'aux ferrements et aux plombs. Le diplôme qu'il fit expédier à cet effet, est sans date ; mais on voit par la teneur de cet acte, qu'il précéda immédiatement son retour en Palestine. (Souchet, *Not. in Epist. Yvon. Carnot.*, p. 227.) Ce comte avait épousé, l'an 1081, Alix, ou Adèle, fille de Guillaume Ier, roi d'Angleterre, dont il eut six fils et trois filles ; savoir, Guillaume, lequel ayant été déshérité par les artifices de sa mère qui ne l'aimait pas, épousa l'héritière de la maison de Sulli dont il prit le nom, et fut la tige de la maison de Sulli-Champagne ; Thibaut, qui suit ; Etienne, comte de Mortain et de Boulogne, qui fut roi d'Angleterre, l'an 1135, après la mort du roi Henri, son oncle ; Henri, d'abord moine de Cluni, ensuite évêque de Winchestre ; Humbert, mort jeune ; et Philippe, évêque de Châlons. Les trois filles sont Mahaut, femme de Richard, comte de Chestre, qui périt avec son époux, le 25 novembre 1120, dans le naufrage qui engloutit la famille de Henri Ier, roi d'Angleterre ; Lithuise (dite aussi Adelaïde ou Alix), mariée à Milon II de Montlhéri, seigneur de Brai-sur-Seine, et vicomte de Troyes ; alliance que Suger traite d'incestueuse, attendu que les deux époux étaient proches parents, et que Milon avait déjà une femme vivante ; et Alix, femme de Renaud III, comte de Joigni. A ces trois filles, du Bouchet ajoute Eléonore, mariée a Raoul Ier, comte de Vermandois, qui dans la suite la répudia. D'autres prétendent qu'Eléonore était petite-fille d'Etienne, sans marquer duquel de ses enfants elle était née. On voyait autrefois sur une des portes de Blois, dite *la porte de côté*, l'inscription suivante : *Comes Stephanus et Adela comitissa suique hæredes perdonaverunt homnibus istius patriæ butagium in perpetuum, eo pacto ut ipsius castellum muro clauderent, quod si quis violaverit, anathema sit.* Butagium signifie certaines corvées qui se faisaient avec des hottes nommées encore aujourd'hui *butets* dans le pays. Le comte Etienne est mis au nombre des poètes de son tems par

D. Rivet, d'après l'éloge qu'Hildebert, évêque du Mans, puis archevêque de Tours, fait de son talent pour les vers. « J'en » tends dire, lui écrivait ce prélat, qu'à la guerre vous êtes » un autre César; et je suis dans l'étonnement de ce qu'en poésie » vous êtes un autre Virgile ». Mais il ne reste aucun monument de sa verve pour apprécier cet éloge.

THIBAUT IV, DIT LE GRAND, VIIe COMTE DE BLOIS.

L'an 1102, THIBAUT IV, second fils d'Etienne et d'Alix, succède en bas âge à son père dans les comtés de Blois, de Chartres et de Brie, au préjudice de Guillaume, son frère aîné, lequel, après avoir porté quelque tems le nom de comte de Chartres, fut privé de son droit d'aînesse par les intrigues, comme on l'a dit, de sa mère (1). Cette princesse après avoir gouverné près de vingt ans avec son fils, se fit religieuse à Marcigny en 1122, et y mourut l'an 1137. Thibaut, suivant Ingulphe, abbé de Croyland en Angleterre, avait fait ses études avec Etienne, son frère, à Orléans, sous le professeur Geoffroi, qui depuis, s'étant fait moine à Croyland, en devint abbé. L'an 1108, et non pas 1110,

---

(1) Guillaume méritait en quelque sorte l'aversion de sa mère par la violence de son caractère dont Yves de Chartres nous apprend le trait suivant. Irrité contre ce prélat et le clergé de sa cathédrale, qui s'opposaient à ses entreprises, il forma une conjuration avec ceux qui avaient quelques flétrissures, pour les faire tous périr, et s'était assuré des conjurés par un serment qu'il leur avait fait faire devant l'autel de Notre-Dame. Ce qu'Yves ayant appris, il ne voulut point faire le service divin en présence des conjurés; cependant il s'abstint de les excommunier jusqu'à ce qu'il eût reçu l'avis de son métropolitain à ce sujet. *Guillelmus*, écrit-il à Daimbert, archevêque de Sens, *Comitissæ filius in mortem Clericorum Carnotensium et perniciem meam, et omnium ad nos pertinentium, coram altare B. Mariæ conjuravit, et omnes cives qui sub banno sunt, ad eamdem conjurationem compulit, nisi voluntati servorum suorum cedamus, et sibi usurpet violentia quod sola debet obtinere gratia. Ego itaque hoc juramentum herodianum audiens nolui, ostea in præsentia hujusmodi conjuratorum divina tractare sacramenta. Promeritum tamen anathema distuli super eos fundere, donec consilium vestræ paternitatis et collegarum nostrorum super hoc acciperem.* (Ep. 134.) On voit par là que Guillaume avait joui du comté ou du moins de la ville de Chartres pendant quelque tems; et de là on peut conclure, ce semble, que si par la suite il en fut privé, ce fut par le refus que lui fit de l'investiture le roi Henri I, à la sollicitation de la comtesse Alix pour laquelle ce monarque avait beaucoup de considération. Quoi qu'il en soit, Guillaume se voyant privé de son héritage, prit le nom et les armes de la maison de Sulli, dont il avait épousé l'héritière, Agnès, fille de Gilon II. Sa branche finit dans la personne de Marie de Sulli, laquelle épousa, 1° Gui VI de Trémoille, mort en 1398, 2° Charles d'Albret, connétable de France.

comme le marque le père Daniel, Thibaut étant venu au secours de Rochefort, que le roi Louis le Gros tenait assiégé dans Gournai-sur-Marne, fut entièrement défait par ce prince, et fut obligé de prendre la fuite. Thibaut, quelque tems après, fit sa paix avec Louis, et l'aida par intérêt à réduire le fameux rebelle Hugues du Puiset, dont les ravages s'étendaient sur les terres du comte, comme sur celles de ses autres voisins. Thibaut, l'an 1109, à la prière de saint Robert, abbé de Molême, accorda à tous les vassaux de ce monastère la liberté d'épouser des femmes dans ses terres et de les emmener chez eux avec leurs dots, sans que ni lui ni ses successeurs pussent y rien prétendre. (*Deuxième cartul. de Molême*, fol. 82. v°, et 83 r°.) Il est remarquable que Thibaut prenait dès-lors le titre de comte de Troyes. Il accompagna ce monarque, l'an 1110, dans l'expédition qu'il fit sur les frontières de Normandie. Mais, l'année suivante, il y eut entre eux une nouvelle rupture à l'occasion d'un fort que le comte voulait élever dans le voisinage du château du Puiset, que le roi venait de détruire. Hugues, comte de Dammartin, ayant pris les intérêts du comte de Blois, le monarque appela le comte de Flandre à son secours, livra bataille au deux comtes révoltés, et les mena battant jusqu'aux portes de Meaux, où celui de Flandre perdit la vie, par un événement tragique, en entrant dans la ville. De là poursuivant les ennemis jusqu'au château de Pompone, bâti dans une île de la Marne, et appartenant à l'un des confédérés de Thibaut, il les atteint sur le bord de la rivière, en tue un grand nombre, met les autres en fuite, et en précipite plusieurs dans l'eau. Thibaut, poussé à bout, fait une nouvelle ligue, et se joint à ce même Hugues du Puiset contre lequel il avait ci-devant fourni du secours au monarque. Louis étant venu attaquer le château de ce dernier qui venait de le relever, Thibaut vole à sa défense avec des troupes trois fois plus nombreuses que celles du roi. Malgré cette inégalité, Louis marche au devant de l'ennemi, l'attaque dans la plaine, et se voit obligé de reculer au premier choc. Mais le comte de Vermandois, ayant rétabli le combat, repousse l'ennemi à son tour, et le met en déroute. Thibaut, blessé dans la mêlée, prend de là occasion de faire demander au roi la permission de se retirer en sûreté à Chartres, et le laisse tranquillement faire le siége du Puiset, qui est de nouveau pris et détruit de fond en comble.

Thibaut s'étant rendu, l'an 1119, au concile de Reims, accompagna le pape Calliste à la conférence indiquée à Mouzon avec l'empereur, le ramena ensuite à Reims, et, après la clôture du concile, l'emmena dans un de ses châteaux pour se délasser de ses fatigues. Cependant le roi de France s'était plaint dans cette assemblée de ce que Thibaut, au mépris d'une excommunication lancée contre lui par le légat Conon, retenait depuis trois ans en prison le comte de Nevers, qu'il avait pris lorsqu'il revenait de combattre, avec l'armée du roi, Thomas de Marle, sire de Couci. Il paraît que Thibaut sut si bien se défendre, que le pape crut plutôt devoir accommoder cette affaire que la juger. (*Voyez* Guillaume II, *comte de Nevers*.) L'an 1124, tout attaché qu'il fut au roi d'Angleterre, il ne laissa point, ainsi que le comte de Champagne, son oncle, et la plupart des grands vassaux du royaume, d'aller joindre le roi Louis le Gros à Reims pour marcher avec lui contre l'empereur, qui menaçait la Champagne d'une invasion. Car telle était la différence qu'on mettait alors entre les guerres du roi, contre ses vassaux et ses guerres avec l'étranger, que dans les premières chacun se croyait libre de l'aider ou de lui refuser du secours suivant que ses intérêts l'exigeaient, au lieu que dans les autres tous se croyaient obligés de réunir leurs efforts contre l'ennemi commun de l'état.

Le même THIBAUT IV, septième comte de Blois, deuxième du nom, huitième comte de Champagne.

Vers l'an 1125, Thibaut réunit le comté de Champagne à ceux de Blois et de Brie par la vente ou la cession que lui en fit Hugues, comte de Champagne, son oncle. On ne voit pas cependant qu'il ait jamais pris le titre de comte de Champagne. L'an 1135, le roi Louis le Gros, irrité des liaisons de Thibaut avec le roi d'Angleterre, Henri I, son oncle, contraires au repos du royaume, entre dans le pays chartrain à main armée, brûle Bonneval, et envoie de là une partie de ses troupes raser Château-Renaud, autre place appartenante au comte. (Suger.) La paix s'étant faite, peu de tems après, entre les deux monarques, Thibaut obtint d'y être compris. La même année, après la mort de Henri, tandis qu'Etienne, comte de Boulogne, s'empare du trône d'Angleterre, Thibaut, son frère aîné, va se rendre maître de la Normandie, à l'invitation des seigneurs du pays. Mathilde, fille de Henri et femme de Geoffroi, comte d'Anjou, accourt pour lui disputer ce duché. Geoffroi la suit et fait plus de ravages que de conquêtes. Etienne étant venu, l'an 1137, au carême, en Normandie, engage son frère à se retirer, moyennant une pension de deux mille marcs d'argent qu'il lui promet. Thibaut, la même année, fut du voyage que Louis le Jeune fit en Aquitaine pour épouser l'héritière de ce duché.

L'an 1141, après la bataille de Lincoln, où le roi Etienne perdit la liberté, les seigneurs normands, résolus de n'obéir ni à Mathilde ni à son épouse, députent à Thibaut l'archevêque de

Rouen (Hugues d'Amiens) avec quelques-uns d'entre eux vers la mi-carême, pour lui offrir le duché de Normandie et le royaume d'Angleterre, comme s'ils eussent pu également disposer de l'un et de l'autre. Thibaut renvoie leurs offres au comte d'Anjou, qu'il engage par là à lui céder la ville de Tours, laquelle était, dit Ordéric Vital, de son fief. Thibaut, la même année, donne asyle dans ses états à Pierre de la Châtre, nommé à l'archevêché de Bourges par le pape Innocent, et banni par le roi Louis le Jeune. Ce procédé du comte pique au vif le monarque, déjà indisposé contre lui pour le refus qu'il avait fait tout récemment de le suivre dans son expédition contre le comte de Toulouse. Thibaut, l'année suivante, achève d'irriter son souverain par le trait suivant. Raoul, comte de Vermandois, avait répudié sa femme Eléonore, parente du comte de Champagne, pour épouser Pétronille, sœur de la reine de France. Thibaut, voulant venger l'outrage fait à sa cousine, écrivit, de concert avec Saint-Bernard, au pape Innocent, pour l'engager à contraindre Raoul, par les censures, de reprendre sa première femme. Raoul fut en conséquence excommunié dans un concile tenu, l'an 1142, par le légat, Yves, et les évêques qui avaient autorisé son divorce, furent suspendus de leurs fonctions. Louis, déterminé à faire ressentir au comte de Champagne les effets de son indignation, va faire le siége de Vitri qu'il emporte d'assaut, et termine là son expédition. Elle ne fut que trop funeste par la fureur des soldats, qui, ayant mis à son insu le feu à l'église, firent périr dans les flammes treize cents personnes qui s'y étaient réfugiées. Louis eut tant de regret de ce désastre, qu'il ne voulut pas pousser plus loin sa vengeance, et s'en revint après avoir fait présent de sa conquête à Eudes-Archambaut, fils de Guillaume de Sulli, frère de Thibaut. (Robert du Mont.) L'an 1143, il fit hommage à Eudes II, duc de Bourgogne, à l'endroit dit *le Ru d'Augustine*, entre Mussi-l'Evêque et Châtillon-sur-Seine, pour le comté de Troyes et autres fiefs qui relevaient de ce duché, savoir, l'abbaye de Saint-Germain d'Auxerre, la châtellenie de Saint-Florentin, Bar-sur-Seine, la Ferté-Loupière, Chappes, Planci, Arcis-sur-Aube, Isles, Rameru et Joigni. (Pérard, p. 227, *Mss. de Béthune*, *vol. coté* 8467.) La même année, il fait la paix avec le roi par la médiation de Saint-Bernard. Le père Mabillon remarque que tous les auteurs du tems de Thibaut font de grands éloges de ce comte : il a reçu en particulier de Saint-Bernard plusieurs lettres pleines de marques d'attachement et d'estime. Ce fut à la prière de ce Saint que Thibaut acheva le monastère de Clairvaux, commencé par le comte Hugues. Les abbayes de Pontigni, de Preuilli, et autres, lui sont redevables de leur fondation. Cependant on ne peut excuser ce prince d'être

entré dans presque toutes les ligues qui se formèrent en France contre le roi Louis le Gros. Il eût mieux fait d'être moins libéral envers les églises, et plus soumis envers son souverain. Albéric, moine cistercien, l'accuse même d'avoir usurpé le bien d'autrui toutes les fois qu'il se trouvait à sa bienséance, et de l'avoir retenu sans scrupule. (*Ad ann.* 1143.) Sa mémoire est particulièrement chère à la ville de Troyes, qui lui doit ses premiers établissements, ses manufactures et son commerce. Ce fut lui qui, pour la commodité des manufacturiers de cette ville, partagea la Seine en mille ramifications qui la portaient dans tous les atteliers : « entreprise, dit un illustre Troyen, digne de l'admiration
» des siècles les plus éclairés, soit par son objet, soit qu'on la
» considère du côté de l'art qui a présidé à cette savante distri-
» bution, dont nous jouissons encore aujourd'hui ». Thibaut mourut le 8 janvier 1152 (N. S.), et fut enterré à Lagni-sur-Marne. (Mabil. Pagi.) De Mahaut ou Mathilde, son épouse, fille d'Engilbert II, duc de Carinthie, et marquis de Frioul, qu'il avait épousée en 1126, il laissa quatre fils et six filles; Henri, comte de Champagne et de Brie ; Thibaut le Bon, comte de Blois et de Chartres ; Etienne, comte de Sancerre en Berri ; Guillaume, surnommé *aux blanches mains*, évêque de Chartres, puis archevêque de Sens, ensuite de Reims, et cardinal de Sainte-Sabine. Le père Labbe (*Tableaux généalogiques*) ajoute un cinquième fils, Hugues, qu'il fait, sans fondement, abbé de Citeaux en 1155. Les filles de Thibaut sont, Agnès, femme de Renaud II, comte de Bar-le-Duc ; Marie, alliée à Eudes II, duc de Bourgogne ; Elisabeth, qui épousa, 1.º Roger, duc de la Pouille, fils de Guillaume, roi de Sicile ; 2º Guillaume Goeth, ou Gouet, quatrième du nom, seigneur de Montmirail et de quatre autres baronnies dans le Perche, qui formaient ce qu'on appelait le petit Perche, ou le Perche-Gouet ; Mahaut, femme de Rotrou III, comte du Perche ; Marguerite, religieuse de Fontevrault ; Alix, ou Adèle, que Louis VII, dit le Jeune, épousa en troisièmes noces l'an 1160. Mahaut, leur mère, se fit religieuse à Fontevrault après la mort de son époux. (Camusat, *Miscel.* p. 347.) Ce prince eut de plus un fils naturel nommé Hugues, moine de Tiron, puis, en 1163, abbé de Lagni. Thibaut le Grand fut, à proprement parler, le premier comte de Champagne, ses prédécesseurs n'ayant possédé dans cette province que le comté de Troyes.

HENRI Ier, DIT LE LIBÉRAL, OU LE LARGE, IXe COMTE DE CHAMPAGNE.

L'an 1152, Henri Ier, dit aussi Richard, suivant Geoffroi du Vigeois, fils aîné de Thibaut II, (IV), lui succéda au comté de Champagne. N'étant que comte de Meaux, il avait accompagné, l'an 1147, le roi Louis le Jeune à la croisade, et s'y était comporté d'une manière qui faisait honneur à sa naissance et à son éducation. Nous avons une lettre de ce monarque, écrite du levant, à Thibaut, père de Henri, dans laquelle il fait l'éloge de la conduite de son fils. (Duchêne, *Script. Franc.*, T. IV, p. 519.) Cependant il laissa le monarque en Palestine après la levée du siége de Damas, et fut du nombre de ceux qui revinrent les premiers en France avec Robert, comte de Dreux, frère du roi. Robert et Henri, à leur retour, prirent jour pour un tournoi où l'on devait combattre à outrance après les fêtes de Pâque. Saint Bernard, l'ayant appris, écrivit à Suger, régent du royaume, pour l'engager à rompre cette partie avec l'autorité dont il était revêtu. « Jugez, lui dit-il, des dispositions qu'ils ont portées à
» la Terre-Sainte par celles qu'ils en rapportent. Mais opposez-
» vous au mal par vos remontrances ; et si elles n'ont point de
» succès, joignez-y la force ; j'entends celle qui appartient à la
» discipline ecclésiastique ». (Ep. 376.) Il est à présumer que ce tournoi n'eut point lieu. Henri, devenu comte de Champagne, prit la qualité de comte palatin affectée à l'aîné de sa maison, et se dit seigneur féodal du comté de Blois, de Chartres, de Sancerre et de la vicomté de Châteaudun, parce que les puînés, par droit de *frerage*, lui en faisaient hommage. Ce fut comme leur suzerain qu'il rendit lui-même foi et hommage, pour tous les princes de sa maison, au roi Louis le Jeune. Henri était un des courtisans les plus déliés de son tems. Il eut l'adresse de s'insinuer si avant dans l'esprit du monarque, que nul autre seigneur ne vécut avec lui dans une plus grande intimité. L'empereur Frédéric Ier, qui connaissait l'ascendant qu'il avait sur l'esprit de Louis le Jeune, se servit de lui pour tendre un piége à ce prince. Il s'agissait de l'engager à une conférence où il amènerait le pape Alexandre III, tandis que de son côté Frédéric y viendrait avec son antipape Victor pour décider lequel des deux était le véritable pontife. Le lieu du rendez-vous était le pont de Saint-Jean de Laune. Henri accepta d'autant plus volontiers la commission, qu'il était parent de Victor, et se flatta d'autant plus d'y réussir, qu'il savait le roi indisposé contre Alexandre, à cause du mauvais accueil qu'il avait fait à ses ambassadeurs, qui étaient venus le complimenter à

son arrivée en France. Il ne se trompa point. Louis se rendit à l'invitation de l'empereur; et, s'étant mis en marche l'an 1162, il alla trouver Alexandre au prieuré de Souvigni (et non à Toci-sur-Loire), pour le déterminer à venir défendre lui-même sa cause contre son compétiteur. Mais, quelqu'instance qu'il lui fît, il ne put rien obtenir. Alexandre se retrancha toujours dans les motifs qu'il avait de se défier de la droiture de l'empereur, et l'événement fit voir qu'il n'avait pas tort. En effet Louis étant arrivé sur le lieu de l'entrevue au moment marqué, n'y trouva point Frédéric. Il y était venu à la vérité avec Victor; mais au lieu d'attendre le roi, il s'en était retourné sur-le-champ, comptant avoir acquitté sa parole et mis le roi de France en défaut. Louis étant revenu à Dijon, le comte de Champagne vint le trouver pour lui déclarer qu'il ne se croyait pas dégagé de la promesse qu'il avait faite, de concert avec lui, à l'empereur, de l'amener à une conférence avec ce prince: il ajouta qu'il avait obtenu de celui-ci un délai de trois semaines, à condition que le roi promettrait, en donnant des otages, d'amener Alexandre avec lui, et d'en passer par le jugement qui serait rendu sur la canonicité de son élection; sans quoi lui comte irait, suivant qu'il en était convenu, se rendre prisonnier de l'empereur à Besançon. Louis déféra, non sans chagrin, aux propositions du comte, et donna pour otages le duc de Bourgogne avec les comtes de Flandre et de Nevers. Mais, étant revenu au pont de Saint-Jean de Laune, il n'y trouva que l'archevêque de Cologne, chancelier de l'empereur, avec sa suite. Ce prélat lui déclara de la part de son maître que son intention n'était pas de souffrir qu'on jugeât avec lui la cause de l'église romaine, attendu que ce droit n'appartenait qu'à lui seul. Louis, persuadé que cette déclaration le délivrait de tout engagement, comme tous les seigneurs présents interrogés en convinrent, tourne son cheval, qui était fort vif, et part aussitôt. Ce fut en vain que les Allemands coururent après lui pour le prier de retourner, l'assurant que l'empereur était proche et disposé à tenir tout ce que le comte de Champagne avait promis de sa part. Louis, content de répondre qu'il avait fait tout ce qu'il devait, continua sa route. Cependant Henri, feignant de se croire toujours lié vis-à-vis de l'empereur, alla se constituer son prisonnier en Allemagne. C'était un jeu concerté entre l'empereur et le comte. Frédéric rendit bientôt à Henri la liberté, moyennant l'hommage qu'il lui fit de certaines terres de Champagne, quoique tout ce comté relevât également du roi de France. Rien de plus légitime au reste que cet hommage, si l'infidélité prétendue de Louis eût été réelle envers le comte. La loi féodale en effet autorisait le vassal à sortir de la mouvance de son suzerain, lorsque celui-ci manquait à la foi qu'il lui devait: *car li sires*, dit

Beaumanoir, *doit autant foi de loyauté à son homs, comme li homs fet à son seigneur.*

Henri, l'an 1178, se croise de nouveau pour la Terre-Sainte, et part, l'année suivante, avec Pierre de Courtenai, frère du roi; Philippe, évêque de Beauvais, neveu du même prince; le comte de Grandpré; Guillaume, son frère, et d'autres seigneurs. Les chrétiens de Palestine tirèrent peu de profit de ce voyage. Henri, en s'en revenant par l'Asie mineure et l'Illyrie, tombe, l'an 1180, dans une embuscade qu'on lui avait dressée, et perd la liberté avec ses équipages et la plupart de ses gens qui furent tués. L'empereur grec l'ayant délivré, il continua sa route, et arriva en France le 10 mars 1181, mais avec une santé si délabrée, qu'il mourut à Troyes sept jours après son retour. Sa veuve fit orner magnifiquement son tombeau, tel qu'on le voit encore dans l'église de Saint-Etienne de Troyes, qu'il avait fondée l'an 1157. Les grandes libéralités de ce prince envers les églises, les pauvres et les gens de lettres, lui méritèrent le surnom de *Large* ou *Libéral*. On raconte qu'un gentilhomme s'étant adressé à lui pour avoir de quoi marier une de ses filles, le trésorier de ses finances lui remontra qu'il avait déjà fait tant de largesses à de pareils importuns, qu'il ne lui restait plus rien à donner. *Vilain*, lui dit le prince, *vous en mentez. Si ai-je encore à donner. Je vous donne, et vaudra le don puisque m'appartenez. Si le prenez*, ajouta-t-il au gentilhomme, *et lui faites payer rançon tant qu'il y ait de quoi finer au mariage de vostre fille. Et ainsi y fut fait*, disent les historiens de Champagne. Le P. Pagi place la mort de ce prince en 1197, et suppose qu'il a été créé roi de Jérusalem l'an 1192. C'est une double méprise dans cet habile critique, qui attribue à ce prince ce qui ne peut convenir qu'à Henri II, son fils. Henri I avait été fiancé l'an 1153, comme il le déclare dans une charte donnée en faveur du prieuré de Coinci, à MARIE, fille aînée du roi Louis VII et d'Eléonore, et l'avait ensuite épousée. De ce mariage il laissa Henri II, qui lui succéda; un autre fils, nommé Thibaut, successeur de Henri II; et deux filles, Scholastique, mariée à Guillaume V, comte de Vienne et de Mâcon; et Marie, qui épousa, l'an 1204, Baudouin, comte de Flandre, depuis empereur de Constantinople. Marie, femme du comte Henri, mourut le 11 mars 1198, de regret d'avoir perdu son fils aîné. La ville de Meaux est redevable au comte Henri de sa commune, qu'il lui accorda l'an 1179. (*Liber principum*, folio 260). Sur le contre-scel de quelques chartes de Henri on lit cette devise, qui était le cri de guerre des comtes de Champagne et de Blois: *Passe avant le meillor*. On y voit aussi des potences contrepotencées. (Chifflet, *S. Bernardi gen. illustr.* p. 579.)

HENRI II, X.ᶜ COMTE DE CHAMPAGNE.

Henri II, dit le Jeune, succéda, l'an 1180 ou 1181, dans les comtés de Champagne et de Brie à Henri I, son père. Il entra, l'an 1185, dans l'alliance de Philippe, comte de Flandre, contre le roi Philippe-Auguste. (Martenne, *deuxième Voyage lit.* p. 61.). L'an 1186, il fut fiancé avec Hermansète, fille de Henri, comte de Namur et de Luxembourg, lorsqu'elle était encore au berceau : mais ce mariage n'eut pas lieu.

Deux jeunes serfs champenois, Renaud et Faucon, fils de Faucon du Puiz, avaient mérité, par la bonté de leur caractère, l'estime et l'affection du comte Henri. Ce prince, par ses lettres du mois de janvier 1171 (V. S.), jugea à propos, non seulement de les affranchir et de leur permettre d'épouser des femmes libres, mais de les rendre habiles à entrer dans le corps de la milice, où les seuls hommes libres et ingénus pouvaient être admis: *ut si quando forté meos exercitus,* ajoute-t-il, *pro necessitate aliqua conduxero.... mea negotia.... sicut cæteri milites mei, fideliter et animo promptiori prosequantur.* (La Roque, *Traité de la Nobl.*, c. 4, p. 200.) Nouvelle preuve de la liberté qu'avaient alors les hauts barons d'affranchir et même d'anoblir leurs sujets.

La ville de Troyes éprouva, l'an 1188, le lendemain de la Madeleine, un grand désastre pendant la nuit, par un incendie qui la consuma presque entièrement. C'était le tems d'une foire, dit la chronique de Saint-Marien, où les marchands avaient apporté de divers endroits de grandes richesses. L'église de Saint-Etienne et la cathédrale, couverte alors de plomb, furent la proie des flammes ainsi qu'un grand nombre de personnes qui s'étaient exposées au danger en voulant sauver leurs effets (1). Pareil accident était arrivé la veille à Auxerre, et vers le même tems à Beauvais, à Provins et à Poitiers. Les villes en France étaient alors presque toutes bâties en bois.

L'an 1190, accompagné de Jacques d'Avènes, Henri va s'embarquer pour la Terre-Sainte, après avoir institué son héritier universel, dans une assemblée tenue à Sézanne, Thibaut, son frère, au cas qu'il ne revînt pas. Ayant débarqué au port de Tyr, il y est reçu avec de grands honneurs par le seigneur de la place, Conrad, marquis de Montferrat. De là s'étant rendu au camp des chrétiens qui assiégeaient Acre, tous les vœux lui défèrent le

---

(1) M. Grosley (*Mém. sur l'hist. de Troyes*, p. 484) place ceci, par une erreur typographique, sous l'an 1118.

commandement de l'armée en attendant l'arrivée des rois de France et d'Angleterre. Le second, prêt à retourner en Europe, le nomma, l'an 1192, du consentement de tous les seigneurs, roi de Jérusalem. Un malheur abrégea la durée de ses jours. Il tomba, l'an 1197, d'une fenêtre de son palais d'Acre, et se tua. Henri, après la mort de Conrad, marquis de Tyr, assassiné, l'an 1192, en Palestine, avait fait, le 5 mai de la même année, *un mariage tel quel*, dit Raoul de Diceto, avec sa veuve, ISABELLE, seconde fille d'Amaury I, roi de Jérusalem; mariage effectivement nul, puisque le premier époux de cette princesse, Humphroi de Thoron, à qui Conrad l'avait enlevée, vivait encore lorsqu'elle passa dans les bras du comte de Champagne. Mais ce fut le roi Richard, oncle de Henri, qui fit ce mariage, dont le royaume de Jérusalem, qu'il fit donner au comte, fut le prix. D'Isabelle, Henri eut trois filles; Marie, qui mourut jeune; Alix, femme de Hugues de Lusignan, roi de Chypre; et Philippine, qui eut pour époux, sur la fin de l'an 1214, Erard de Brienne, seigneur de Rameru. Leur mère épousa en quatrièmes noces Amauri II, roi de Jérusalem, puis de Chypre. (*Voy*. Henri l'Aveugle, *comte de Namur*.)

THIBAUT III, XIᵉ COMTE DE CHAMPAGNE.

L'an 1197, THIBAUT III, né, l'an 1177, de Henri I, succède à Henri II, son frère, en vertu de la donation que celui-ci, en partant pour la croisade, lui avait faite de ses comtés de Champagne et de Brie, au cas qu'il ne revînt point de ce voyage. Thibaut, l'an 1198, au mois d'avril, fait hommage-lige de la ville de Melun au roi Philippe-Auguste, qui, de son côté, s'engage à le défendre *contre toute créature qui peut vivre et mourir*. « Les
» deux partis, dit M. Brussel, trouvaient leur avantage dans cet
» engagement, puisque d'un côté la protection ouverte du roi
» devenait par là acquise à Thibaut, pour se maintenir contre
» ses nièces (filles de Henri, auxquelles il enlevait la Champagne; et que, de l'autre côté, le roi, qui avait de grands
» desseins en tête, comme il en donna des preuves peu de tems
» après, jugea que les forces du comte de Champagne, unies aux
» siennes, lui seraient d'un merveilleux secours pour l'entière
» exécution de ses projets. » (*Usage des Fiefs*, T I, pp. 117-119.) Il en arriva néanmoins autrement à quelques mois de là, suivant Mézerai, qui dit, sous cette même année 1198, « que le
» roi eut le déplaisir de voir que plusieurs de ses vassaux, entre
» autres le Champenois, le Breton et le Flamand, se laissèrent
» débaucher à Richard, roi d'Angleterre. » Mais la mort de Richard, arrivée le 11 avril 1199, fit rentrer dans le devoir le comte

de Champagne. Thibaut donna, l'an 1199, un superbe tournoi pendant l'Avent, dans son château d'Ecri. Foulques, curé de Neuilly, fameux par ses prédications, vint y prêcher la croisade, et le fit avec tant de succès, que le comte de Champagne et tous les seigneurs qui composaient l'assemblée, prirent sur-le-champ la croix. (Villehardouin.) Il fut élu, l'année suivante, quoique âgé seulement de vingt-trois ans, généralissime de cette expédition, suivant Bernard le Trésorier. Mais, étant prêt à partir, il tombe malade. Tandis qu'il est au lit, arrive Geoffroi de Villehardouin, maréchal de Champagne, qu'on avait envoyé à Venise pour traiter avec le doge et la seigneurie, de l'embarquement des croisés. Sur le récit qu'il fit à Thibaut du succès de sa négociation, ce prince, transporté de joie, dit qu'il est guéri, saute du lit, demande son palefroi et se met en route. *Mais quand il ot un pou allé, si retourna, sa maladie l'i enforça. Il fist son testament, et commanda qu'on payast ses chevaliers et si cont chevalier recevroit l'avoir, que il jurast l'ost de Venise à tenir; le remanant commanda de partir en l'ost.* (Mss. de S. Germain, n° 139.) Après quoi il mourut le 24 mai de l'an 1200, selon M. Pithou, ou plutôt 1201, laissant son épouse, BLANCHE DE NAVARRE, fille du roi Sanche le Sage, qu'il avait épousée en 1195, enceinte d'un fils qui fut nommé Thibaut le Posthume. Son corps fut inhumé à la cathédrale de Troyes. Avant sa mort il avait chargé Renaud de Dampierre d'aller accomplir son vœu à la Terre-Sainte. Renaud partit avec Simon de Montfort, d'autres seigneurs, et l'abbé de la Trappe. Mais, étant arrivé en Syrie, il fut pris dans un combat qu'il livra au sultan d'Alep, et demeura trente ans prisonnier parmi les infidèles. Le roi Philippe-Auguste, craignant que Blanche ne prît des engagements contraires à ses intérêts, obligea cette princesse à lui promettre deux choses; 1° de ne point se marier sans son consentement; 2° de remettre entre ses mains l'enfant qu'elle mettrait au monde. Pour sûreté de sa parole, Blanche en fit jurer la garantie par Guillaume, comte de Sancerre; Guillaume, comte de Joigni; Gui de Dampierre; Gaucher de Châtillon; Geoffroi de Joinville; Hugues, comte de Rethel; Henri, comte de Grandpré, Ansel, ou Anseau de Trainel; et Garnier de Marigny.

THIBAUT IV, LE POSTHUME, surnommé LE GRAND,

XIIe COMTE DE CHAMPAGNE.

L'an 1201, THIBAUT IV, fils posthume de Thibaut III, comte de Champagne, commence à régner, en naissant, sous la tutelle de Blanche de Navarre, sa mère. Cette princesse, l'an 1212, ayant assemblé les barons et les autres vassaux de Champagne, fait, de leur consentement, un statut portant que dorénavant, au défaut de mâles dans une famille noble, l'aînée des filles héritera du château et de la forteresse du fief, ainsi que de la justice, privativement à ses autres sœurs. Elle règle de plus que, si quelque noble, ayant donné cartel à un autre pour vider une querelle par le duel, vient à mourir avant le jour marqué, son héritier pourra suivre cette action, ou nommer un autre pour le remplacer. (Chantereau le Fevre, *de l'Origine des Fiefs*, pr., p. 44.)

L'an 1215 fut le commencement d'une grande querelle. Erard de Brienne, seigneur de Rameru, au nom de Philippine, son épouse, tante de Thibaut, disputa au jeune comte ses états, d'abord par la voie de la justice. La cour des pairs, à laquelle fut porté le procès, déclara, par arrêt provisoire rendu à Melun, dans le mois de juillet 1216, le roi présent, que, suivant le droit commun du royaume, *celui qui a été saisi ou investi d'un fief par le suzerain légitime, doit y être maintenu provisionnellement; que Thibaut et Blanche, sa mère, comme ayant le bail et la garde-noble de son fils, étant légitimement saisis et investis du fief, la femme d'Erard de Brienne n'est pas admissible à l'hommage.* « Ce jugement, dit un moderne, est d'autant » plus précieux, qu'il décide que les femmes, quoique admis- » sibles aux fiefs, même de dignité, à l'extinction des mâles, » n'y succèdent pas concurremment avec eux. » La réflexion serait plus juste, si Thibaut et sa mère ne s'étaient point prévalus de la donation du comte Henri II en faveur de Thibaut III, son frère. Erard et sa femme parurent se soumettre à la décision des pairs; mais ce ne fut qu'afin d'avoir le loisir de rassembler des forces pour faire valoir leurs prétentions par la voie des armes. En effet, ils firent sourdement une puissante ligue pour dépouiller le jeune comte. Blanche défendit avec courage le patrimoine de son fils, et réduisit à la fin Erard à se désister de ses prétentions par un traité fait au mois de novembre 1221. Ce fut durant cette guerre que Blanche et Thibaut donnèrent, l'an 1218, à Simon de Joinville, le 31 mai, pour lui et ses héritiers, la charge de sénéchal de Champagne.

Thibaut, l'an 1220, fait serment au roi de le servir bien et fidèlement comme son seigneur-lige, tant qu'il leur fera droit en sa cour : *Quamdiù ipse mihi rectum faciet curiæ suæ per judicium eorum qui me possunt et debent judicare* (Brussel, *Usage des Fiefs*, t. I, p. 349.) Tel était le droit des vassaux, comme on l'a déjà remarqué ailleurs, qu'ils pouvaient sortir de l'hommage de leur suzerain, fût-ce le roi lui-même, lorsqu'il refusait de faire droit sur les plaintes qu'ils lui portaient, ce qui s'appelait *véer justice*.

L'an 1221, Philippe Auguste, avec l'agrément de Blanche et de son fils, impose le vingtième dans les terres de Champagne pour les frais de la guerre contre les Albigeois. Nous avons ses lettres-patentes datées de Melun, par lesquelles il déclare que cette imposition ne doit pas tirer à conséquence ni passer en coutume : *Ad nullam nobis nec hæredibas nostris trahemus consequentiam vel consuetudinem*.

Thibaut avait acquis, l'an 1223, le comté de Bar-sur-Seine, de Laurence et de Pétronille, héritières du comte Milon III. Deux ans après, Elissende, veuve de Milon, lui vendit le droit qu'elle avait à ce comté par son douaire. (Voy. *les comtes de Bar-sur-Seine*.)

Le roi Louis VIII, en montant sur le trône, forma le dessein d'enlever à l'Angleterre les provinces qu'elle possédait en de-çà de la mer. Le comte de Champagne étant entré dans ses vues, l'accompagna dans l'expédition qu'il fit au-delà de la Loire, et se trouva au siége de la Rochelle, qui se rendit par capitulation au commencement d'août 1224. (Math. Paris, Guil. Nangis, *ad hunc an.*)

La noblesse de Champagne n'avait point encore de loi fixe pour le partage des biens entre les enfants mâles d'une même famille. Thibaut, ayant assemblé ses barons et châtelains, fit, de leur consentement, le jour de Noël 1224, un réglement qui adjugeait, avant le partage, à l'aîné le principal fief avec certaines limitations (1).

---

(1) Voici ce réglement. « Je Thibaus, comte Palatins de Champagne et de
» Brie, fais savoir à touts cels qui verront et oiront ces presentes lettres, que
» comme contans fut de faire jugement comment le enfans masle de mes chas-
» telains et de mes barons deussent partir entre'aus, c'est à scavoir combien li
» aisnés doit penre en contre lor puisné, je de l'assentement et dou conseil de
» mes feaux barons et chastelains, c'est à scavoir de redoutable père Mile, evesque
» de Beauvais et de mon chier cousin et de li feal ami Gui, comte de Bar-lou-
» Duc, et mes amez et feaux lou comte de S. Pol, Jean comte de Charters, le
» comte de Roussy, le comte de Valdrimont, Simon de Joinville, Eirard de
» Brienc, Simon de Chastelvilain, Hues de S. Pol, Gautier de Vignori, Guar-
» nier de Trinel, Reignier de Noigent, ansial de la Pesse, Guy d'Arcies,
» Thomas de Cocy, Nicolas de Rumilly, Gautier d'Ardillieres Witaces de
» Conflans, le chastelain de Vitry, Regnaut de Dampierre, Simon de Soise-
» Fontaine, Guy de Sailly, Jacques de Chacenay, Jean de Plancy, Clerem-
» baud de Chappes, Gauthier de Risnel, Robert de Ville, Erard d'Aunoy,
» vidame de Chaalons, et de mes aultres barons, desquels leurs sceaux sont
» pendus en ceste présente lettre. Je ay estably que li ainnez fils penra en contre
» tous ses frères puisnez ; tout soy que ilz n'ayent entre'aus que un seul chastel,
» li ainnez l'aura, et les fiez de cel chastel, et les charuages et les prez, et les

Thibaut accompagna, l'an 1225, le roi Louis VIII au siége d'Avignon. Mais, ennuyé de la longueur de l'expédition, il se retira après les quarante jours de service qu'il devait au roi comme son vassal. Louis, qui avait besoin de lui pour venir à bout de son entreprise, s'offense de sa retraite, et jure de s'en venger. Mais ce monarque meurt de la dyssenterie quelque tems après ; et le comte de Champagne est accusé sans fondement de l'avoir empoisonné. Le préjugé contre lui était si fort, que, s'étant mis en route pour le sacre de Louis IX, il reçut défense d'y assister, et fut contraint de s'en retourner. La comtesse, sa femme, ne laissa pas d'être de la fête, et y disputa à la comtesse de Flandre, dont le mari était prisonnier au Louvre, l'honneur de porter l'épée devant le roi (*Voy.* Jeanne, *comtesse de Flandre*.) Thibaut, sensible à l'affront qu'il venait de recevoir, entra dans le parti des seigneurs mécontents du gouvernement. Mais la reine Blanche, régente du royaume, *aussi habile que chaste*, dit M. Bossuet, se servit adroitement de la passion que Thibaut lui témoignait, pour le retirer de cette ligue et l'engager dans les intérêts du roi. Il fut bien récompensé de ce retour de fidélité, par la protection que le roi et la reine lui accordèrent contre ses propres ennemis. Erard de Brienne et sa femme, qui avaient recommencé le procès pour la Champagne, furent obligés de se désister une seconde fois de leurs poursuites, moyennant certaines terres et rentes qu'il leur assigna, comme on le voit par les lettres-patentes qu'ils lui donnèrent à ce sujet dans le mois d'août 1227. (*Liber principum*, fol. 322, r° et v°.) Ce ne furent pas les seuls au

---

» vingnes, et les aigues et les estangs qui sont dans les paroisses et les rentes
» et les issues d'icel chastel seront prisiés avec l'autre terre, et en toutes ces
» choses aura autant li uns comme li autres, en telle manière que la partie à
» l'ainné frère li sera assise es rentes et chesnées (f. essemes ; *terres ensemen-*
» *cees*) qui seront au chastel et si aucuns des frères avait rien au chastel ce
» qu'il y averoit seroit de la jostisse à l'ainné frères ; et se ils avoient entrei
» aus maison forte, li secons l'averoit en tout l'avantage des fiez, des charuages,
» des preys, des vingnes, des aigues et des estangs qui seront dedans les paro-
» chages de la ville ou les maisons forts ; et se il avient plusoures forterecés,
» elles seroient divisées selon lou fait dou chastel, selon ce qui est escript cy-
» bas dessous ; et se il avenoit que ils ne fussent que duis frères et ils euissient
» duis chastiaus ou trois, li ainné penroit celuy que il mieux ameroit, et
» chascuns averoit les fiez dou chastel que il retenroit à son huez, et averoit
» les charnages, les vingnes et les prez, les aigues et les estangs qui seroient
» dedans les finages d'icel chastel, et après li ainnez penroit lou tiers chastel
» et les fiez d'icel chastel, et les charnages, les vingnes, les prez, les aigues les es-
» tangs qui seront dedans le parochage dou tiers chastel, et les rentes et les
» yssues d'iceltiers chastel seront prisiées, et ce qu'elles vauront chascuns aura la
» mitié en telle manière que chascuns penra sa part en la chastelerie d'icel chastel
» se sa partie vault tant ; et se cil qui avera lou pejour chastel et la pejour chas-
» telenie n'avoit la vaillance de sa part ou chastel selon lou pris dou chastel es

reste qui lui contestèrent ses comtés. Alix, reine de Chypre et fille aînée du comte Henri II, vint exprès en France pour réclamer cette succession. Thibaut lui opposait deux moyens, 1° la donation de Henri II, faite à son père; 2° l'illégalité de la naissance d'Alix, attendu que le mariage de Henri et d'Isabelle, dont elle était sortie, s'était fait du vivant d'Humphroi, premier mari d'Isabelle. Mais si la justice se refusait à la demande d'Alix, les conjonctures lui étaient favorables. Un grand nombre de seigneurs se déclarèrent pour cette princesse. La haine de ceux que Thibaut avait pour ennemis dans cette affaire, partait d'un principe qu'ils n'osaient avouer. Indisposés contre le gouvernement, et résolus d'en traverser les opérations, ils avaient comploté d'engager irrévocablement dans leur parti le comte Thibaut, en lui faisant épouser la fille de Pierre Mauclerc, comte de Bretagne, le plus grand brouillon qu'il y eût alors dans l'état. Thibaut ayant consenti à ce mariage, la princesse fut amenée à l'abbaye du Val-secret, près de Château-Thierri, où la cérémonie devait se faire. Déjà il était parti de Château-Thierri pour aller la trouver, lorsqu'il reçut une défense du roi de consommer cette alliance. Le comte de Champagne obéit, revint sur ses pas, et rétracta sa parole. Les seigneurs qui avaient noué l'intrigue, furent au désespoir de la voir rompue. Ils rassemblèrent toutes leurs forces pour en tirer vengeance, et firent entrer le duc de Bourgogne, Hugues IV, dans leur ligue. Ce dernier et Thibaut avaient des griefs réciproques l'un contre l'autre. Le duc, malgré la promesse qu'il avait faite au comte de Champagne, de ne point s'al-

---

» de la terre qui est devant dicte, cel qui averoit la plus grande partie, li parteroit en terre plene ; et se il ne le pooit pas faire en terre plene, il l'y parteroit en ses chastiaux, sauve la jostisse au seigneur dou chastel, selon ce qu'il est cy-dessus escript. Et se il avoient entre aus quatre chastiaux, li puisné averoit lou quart chastel ; et se il avoient plusours chastiaux, toute en telle maniere seroient divisé ; et se il estoient plus d'hoirs que nous n'avons dessus dict et il eussent plusours chastiaux, li ainné penroit à sa volonté un chastel et li puisné un autre chastian que il mieux aimeroit, et en telle maniere seroient toujours divisé. C'est à sçavoir que li ainné penroit à sa volonté et en telle maniere chascun d'aus averoit en son chastel, l'avantage dou chastel, si comme li est expressé dessus, et les rentes seront prises selon ce qu'il est divisé dessus ; et se il estoient tant d'hoirs que chascuns ne pooit avoir un chastel, cil qui ne porroit avoir chastel, averoit sa part en terre plene, si comme il est dessus dict. C'est à sçavoir que ciz establissement en faict de tous chastiaux qui meuvent de moy, et dou cestuy jour qu'il est faict ou temps à avenir qu'il sera frumez, et les partisons qui ont esté faictes jusqu'au jour que ces Lettres furent faictes, elles seront estables et dureront ; et pour que ce soit créable chose et guenue fermement, je et li Barons avons scellez ces présentes de nos sceaux. Ce fut faict en l'an de grâce MCC XXIV, lou jour de Noel ou mois de Noel. » (Extrait des papiers du P. Vignier jésuite.)

lier à la fille du comte de Dreux, ennemi de ce dernier, l'avait récemment épousée dans les premiers mois de l'an 1229. Thibaut, soupçonnant Robert de la Tour, archevêque de Lyon, d'avoir été l'instigateur de ce mariage, trouva moyen, peu de tems après, de se venger du prélat. Informé que Robert, peut-être au retour des noces, traversait ses terres, il le fit arrêter et conduire de château en château, les yeux bandés, pour qu'il ne reconnût pas les lieux où on le menait. Mais, avant que le scandale augmentât, Robert fut délivré par la généreuse adresse de Henri II, comte de Bar-le-Duc, qui par là se fit un ennemi du comte de Champagne. Cependant les confédérés, dont les principaux chefs étaient les comtes de Boulogne, de Guines, de Saint-Pol et de Nevers, auquel vinrent depuis se joindre le duc de Bourgogne et le comte de Bar, s'étaient réunis auprès de Saint-Florentin, d'où étant entrés dans la Champagne, ils y saccagèrent et brûlèrent tout ce qui se rencontra sur leur route. Thibaut connut alors combien il est fâcheux pour un prince d'avoir perdu le cœur de ses sujets; car les Champenois, par haine pour leur maître, dit la chronique d'André, loin de le défendre, livrèrent eux-mêmes ses places. Il y eut plus, Thibaut lui-même fut obligé d'en brûler plusieurs, de peur qu'elles ne tombassent au pouvoir de l'ennemi. La ville de Troyes fut presque la seule qui se mit en état de défense. Les confédérés, instruits de sa résolution, et sachant que Simon, sire de Joinville et père de l'historien de saint Louis, y commandait, n'osèrent l'attaquer. Ils s'avançaient pour joindre le duc de Bourgogne qui venait à leur secours, lorsque saint Louis, après les avoir inutilement sommés de mettre bas les armes, vint fondre sur eux avec une armée. Ce monarque les poussa de poste en poste jusque sur le territoire de Laigne (et non pas de Langres, comme porte l'édition de Joinville par du Cange.) Ce bourg, situé sur la frontière de Champagne et de Bourgogne, dans le Tonnerrois, appartenait au comte de Nevers, l'un des confédérés. Quelques-uns d'entre eux, du nombre desquels fut le comte de Nevers, firent la paix avec le comte de Champagne; d'autres mirent le sujet de leur querelle en arbitrage. Thibaut, dans cette guerre, eut deux alliés dont les secours lui furent très-utiles, Mathieu, duc de Lorrane, et Ferrand, comte de Flandre. Assisté du second, il prit sa revanche contre le comte de Saint-Pol dont il ravagea le payis. (Albéric.) L'année suivante (1230), il transigea avec ce même allié touchant le droit de commander l'avant-garde de l'armée royale. Par le traité, qui fut conclu entre eux le samedi avant la Saint-Barthélemi (17 août), il fut convenu que dans l'expédition prochaine contre le comte ou le duc de Bretagne, celui de Flandre ferait une fois l'avant-garde et deux fois l'arrière-garde, comme avait fait précédemment le comte de Champagne. La reine de Chypre voyant son parti diminuer, cessa, l'an 1234, ses poursuites, et laissa en paisible jouissance le comte, son neveu, par un accommodement fait au mois de septembre. Alix par ce traité céda ses prétentions à Thibaut moyennant une pension viagère de 2 mille livres, et 40 mille livres d'argent comptant. Ce fut saint Louis qui fournit cette dernière somme, pour laquelle Thibaut lui céda, par traité du 5 septembre 1234, le fief et la suzeraineté des comtés de Blois, de Chartres et de Sancerre, avec celle de la vicomté de Châteaudun. Sanche VII, dit le Fort, roi de Navarre, étant mort la même année sans enfants, Thibaut, son neveu, par sa mère, lui succède ; et le 8 mai, il est proclamé roi dans la ville de Pampelune. Cet accroissement de fortune, loin de fixer l'inquiétude naturelle de Thibaut, ne servit au contraire, qu'à la mettre en mouvement.

Thibaut, l'an 1335, se ligue contre saint Louis avec le duc de Bretagne, le comte de la Marche, et plusieurs autres grands du royaume, et cela dans la vue de recouvrer la suzeraineté des comtés ci-devant nommés. Pour cimenter son alliance avec le duc de Bretagne, il maria Blanche, sa fille unique, qu'il avait eue d'Agnès, sa seconde femme, avec Jean, fils du duc et héritier de la Bretagne : mariage qu'il fit sans en avoir fait part au roi. Le monarque, apprenant qu'il avait pris les armes, marche à sa rencontre à la tête d'une armée. Thibaut, effrayé, lui envoie demander la paix ; et pour l'obtenir il lui remet deux places importantes, Brai-sur-Seine et Montereau-fault-Yonne, que saint Louis rendit ensuite. Avant cet événement Thibaut s'était retiré de la cour à cause d'un affront que lui attirèrent ses galanteries, qui déplaisaient à quelques seigneurs. Un jour qu'il entrait dans la salle où était la reine Blanche, Robert, frère du roi, lui fit jeter au visage par ses gens un fromage mou. On ajoute même que, pendant qu'il montait les degrés du palais, Robert avait fait attacher des haillons à ses habits, et donner ordre de couper la queue à son cheval. Le comte de Champagne, honteux de ces affronts, prit le parti de s'éloigner, dans la crainte de se voir exposé à de nouvelles insultes ; ce fut ce qui le porta à se réconcilier avec le comte de Bretagne. Thibaut, dit un ancien auteur, était partout haï, à cause de la mort du roi Louis VIII, que le bruit public ne cessait de lui imputer. La reine cependant et le roi, son fils, ne voulurent point laisser impunis les outrages que le comte de Champagne avait reçus à la cour. Les domestiques du comte d'Artois furent arrêtés, jugés et condamnés à mort. Mais le jugement ne fut point exécuté, Robert ayant demandé grâce pour les coupables, en avouant qu'ils n'avaient agi que par ses ordres.

L'an 1239, on découvrit en Champagne des Albigeois. Ayant été arrêtés, leur procès fut promptement instruit, et leur condamnation prononcée sur leurs aveux. Le comte Thibaut fut présent avec sa cour, grand nombre de prélats et un peuple innombrable, au tragique spectacle de leur exécution, qui se fit le 13 mai de la même année, sur le Mont-Aimé, près de Vertus : cent quatre-vingt-trois de ces hérétiques y furent brulés vifs. Le chef de ces malheureux, qui prenait le titre d'archevêque de Moran, avant leur supplice s'écria : *Vous serez tous sauvés par l'absolution que je vous donne : je serai seul damné, parce que je n'ai personne au dessus de moi pour m'absoudre.* (Rapine, *Annal. ecclés. de Châlons.*) Albéric de Trois-Fontaines appelle cette affreuse exécution un *holocauste très-grand et très-agréable à Dieu.*

Thibaut, dès l'an 1235, avait pris la croix pour la Terre-Sainte avec plusieurs seigneurs, tels que les ducs de Bourgogne et de Bretagne, les comtes de Bar, de Monfort, de Vendôme, etc. Mais leur départ fut retardé par le pape Grégoire IX, qui voulait les employer à la défense de l'empereur Latin de Constantinople contre les Grecs ; à quoi ils ne voulurent point entendre. Enfin, l'an 1239, au mois d'août, Thibaut s'embarque à Marseille avec sa compagnie pour la Terre-Sainte. (Sanut.) Cette expédition n'eut aucun succès par la division des chefs. Thibaut était de retour, à ce qu'il paraît, vers la fin de l'année suivante. A son retour il accorda à la ville de Troyes des lettres d'affranchissement, par lesquelles il lui permettait de s'ériger en commune sous un maire et des échevins de son choix. L'an 1241, il rendit hommage à l'évêque de Langres pour les villes de Bar-sur-Seine, de Bar-sur-Aube, de la Ferté-sur-Aube, de Nogent, de Chaumont, de Montigni en Bassigni, de Coiffi, la Châtellenie de ces lieux, et la garde de Molême. (Duch. *Pr. de la M. de Bar-le-Duc*, p. 56 ; *Gall. Christ.*, T. XII, p. 664.) Thibaut fit encore hommage, cette même année, au duc de Bourgogne pour le comté de Troyes. (Pérard, p. 227.) Ce prince mourut, l'an 1253, à Pampelune, le 8 ou le 10 juillet, âgé de cinquante-trois ans. Il fut marié trois fois, 1°, l'an 1220, dans le mois de septembre au plus tôt, à GERTRUDE DE DAGSBOURG, fille d'Albert, comte de Metz, veuve de Thibaut I, duc de Lorraine, dont il fut séparé par sentence ecclésiastique ; 2°, l'an 1222, à AGNÈS, fille de Guichard IV, sire de Beaujeu, morte le 11 juillet 1231, dont il eut une fille nommée Blanche, qui épousa, comme on l'a dit, Jean I, dit le Roux, duc de Bretagne ; 3°, l'an 1232, après s'être séparé d'Agnès, à MARGUERITE DE BOURBON, fille d'Archambaud VIII, dont il eut trois filles ; Thibaut V; Pierre ou Perron, qui, ayant été accordé avec Amicie, fille unique de Pierre I de

Courtenai, seigneur de Couches et de Mehun, mourut avant l'accomplissement du mariage ; et Henri III ; avec deux filles , Marguerite de Navarre, femme de Ferri III , duc de Lorraine , et Béatrix, qui épousa Hugues IV, duc de Bourgogne. Le comte Thibaut, avant ces trois mariages, avait été fiancé, au mois d'août 1219, avec Marguerite, sœur d'Alexandre II, roi d'Ecosse. On ignore les raisons qui firent manquer cette alliance. Ce prince avait une taille avantageuse, l'air noble, beaucoup d'adresse pour tous les exercices du tems. Ses aïeux lui avaient transmis leur ambition , leur fierté, leur esprit inquiet et remuant, leur magnificence , et leur libéralité. Son caractère était vif, inconstant , étourdi ; ses entreprises, presque toutes destituées de prudence, furent aussi presque toutes sans succès. Son esprit, naturellement enjoué, fut poli par l'étude. Il cultiva surtout la poésie , ce qui lui fit donner le surnom de *Faiseur de chansons ; il fit même pour la reine des vers tendres*, dit M. de Meaux, *qu'il eut la folie de publier.* Ajoutons qu'il les fit écrire avec le pinceau sur les murs de la grande salle de son palais de Provins. Cependant M. de la Ravaillère, qui en a donné une édition en 1742, soutient, dans ses lettres préliminaires, que Thibaut n'a point fait *ces vers tendres pour la reine,* et se flatte que M. Bossuet n'aurait pas parlé de la sorte s'il avait écrit depuis que les poésies de ce prince ont été publiées. Mais il est douteux que ce prélat se fût rendu aux raisons que l'éditeur apporte pour détourner ces chansons galantes, sans même en excepter aucune, vers un autre objet que la reine de France. Thibaut fit du bien et du mal aux églises. L'abbaye d'Argensoles, fondée en 1222, est l'ouvrage de sa mère et de lui. Les chapitres de Vitri et de Saint-Quiriace de Provins, l'hôtel-Dieu de la même ville, et plusieurs monastères, le comptent parmi leurs bienfaiteurs. Mais l'an 1231, l'évêque de Meaux jeta un interdit sur les terres où se trouverait ce comte, à cause d'un péage qu'il levait sur les vassaux de son église ; et, l'an 1252, le concile de Sens lui adressa une monition canonique pour l'engager à lever la saisie qu'il avait faite des biens acquis par les clercs depuis quarante ans. La ville de Chaumont en Bassigni est une de celles qui eurent le plus à se louer de lui. L'an 1229 (V. S.), au mois de mars, il lui donna la coutume de Lorris pour se régir. (*Liber principum*, fol. 328, r°.) Escueille, près de Reims, lui fut aussi redevable de sa commune, qu'il établit au mois d'août. (*Ibidem*, fol. 334, v°.) *Voy.* Philippe Hurepel, *comte de Boulogne*, et Matthieu II, duc de Lorraine.)

THIBAUT V, dit LE JEUNE, XIIIe comte de Champagne, roi de Navarre.

L'an 1253, Thibaut V, succède à Thibaut, son père, dans le comté de Champagne et le royaume de Navarre, à l'âge de treize ans, sous la tutelle de Marguerite, sa mère. Au mois d'août, les Navarrois lui envoient une députation solennelle pour reconnaître sa royauté. Sa mère, l'an 1254 (N. S.), au mois de février, fait hommage pour lui, dans le château de Vincennes, au duc de Bourgogne pour les terres du comté de Champagne qui relevaient de lui. (Mss. de Fontanieu.) Ces terres étaient Montbard et Rougemont, que néanmoins le comte de Champagne ne possédait pas, mais le comte de Nevers, qui les tenait de lui. Le duc, après en avoir reçu l'hommage du comte de Champagne, le reportait à l'évêque de Langres, premier suzerain. (Brussel, *usage des fiefs*, T. I, p. 345.)

L'an 1258, suivant le père Pelletier, Thibaut perd sa mère, qu'une maladie enlève, le 13 avril, à Provins; elle fut enterrée à Clairvaux. Cette princesse, comparable à Blanche, reine de France, se trouva dans les mêmes conjonctures qu'elle pendant la minorité de son fils, et s'en tira avec la même habileté. La même année, l'abbaye de Luxeu, qui jouissait d'une sorte de souveraineté, choisit le comte de Champagne pour son gardien héréditaire. Ce titre, qui ne fut pas sans profit, passa aux rois de France après la réunion de la Champagne à la couronne, et fut cédé ensuite, l'an 1435, au duc de Bourgogne par le fameux traité d'Arras. Thibaut, l'an 1269, reçoit ordre du roi saint Louis de mettre en possession des régales l'évêque de Troyes, qui avait prêté serment de fidélité à sa majesté le lundi après la Saint-Martin : preuve que les comtes de Champagne ne jouissaient pas du droit de régale. (Mss. de Fontanieu.) Thibaut se croise, l'année suivante avec saint Louis dans la seconde expédition qu'il entreprend contre les infidèles. Il a la douleur de voir le monarque expirer devant Tunis le 25 août de la même année. Nous avons une lettre de Thibaut, écrite de Sicile à l'évêque de Tunis sur cet événement. (Martenne, *Anecd.* T. VI, p. 1217.) Elle est un témoignage de la piété que ce saint roi fit paraître jusqu'au dernier moment de sa vie. Thibaut mourut lui-même, en s'en revenant, à Trapani en Sicile, un jeudi 4 décembre 1270. Il avait épousé à Melun, l'an 1255, suivant Joinville (et non l'an 1258, comme d'autres le marquent), Isabelle, fille aînée de saint Louis, dont il n'eut point d'enfants. Cette princesse, qui l'avait accompagné à la croisade, ne lui survécut guère, étant morte aux îles d'Hières, près de Toulon, le 23 avril de l'année suivante. Le corps du comte Thibaut repose dans l'église des cordeliers de Provins avec celui de la comtesse Isabelle : son cœur est aux jacobins de la même ville.

HENRI III, dit LE GROS, ou LE GRAS, XIVe COMTÉ DE CHAMPAGNE ET ROI DE NAVARRE.

L'an 1270, HENRI III, comte de Rosnai, succède dans le comté de Champagne et le royaume de Navarre à Thibaut V, son frère, qui l'avait déclaré son héritier au cas qu'il mourût dans le voyage d'outremer. Il ne jouit pas long-tems de cette opulente succession. L'an 1274, il meurt, le 21 ou le 22 juillet, à Pampelune et a sa sépulture dans la grande église de cette ville. Son cœur fut apporté au monastère des cordeliers de Provins. Henri eut de BLANCHE D'ARTOIS, fille de Robert, frère de saint Louis, qu'il avait épousée en 1269 (décédée en 1301), un fils nommé Thibaut, mort à l'âge d'un an par un accident des plus tristes ; et une fille, nommée Jeanne, qui hérita des états de son père, et les porta dans la maison de France. Il eut de plus un fils naturel, nommé Jean-Henri, d'une demoiselle qu'il avait séduite sous promesse de l'épouser. Ce bâtard servit sous le roi Philippe le Long, et fut tué dans un combat, l'an 1321, laissant de sa femme, qui le fit seigneur de Lacarra en Navarre, un fils, Martin-Henri, que Charles II, dit le Mauvais, roi de Navarre, fit alfier-major de Navarre, et pour lequel Charles III, dit le Noble, créa la dignité de maréchal ; et une fille, Jeanne - Henriette, femme de N., seigneur d'Asiayn. (Voy. *les rois de Navarre.*)

JEANNE Ire, COMTESSE DE CHAMPAGNE, REINE DE NAVARRE.

L'an 1274, JEANNE, fille et héritière de Henri III, née à Bar-sur-Aube, l'an 1272, succéda à son père sous la tutelle de Blanche, sa mère, au comté de Champagne comme au royaume de Navarre. Blanche, après avoir triomphé des rebelles de Navarre, qui contestaient ce royaume à sa fille, épousa, l'an 1275, EDMOND, second fils de Henri III, roi d'Angleterre. Cette alliance fit prendre à Edmond le titre de comte de Champagne et de Brie, en attendant que Jeanne fût mariée et en âge de gouverner. Nous avons l'acte de foi et hommage qu'il rendit en cette qualité, le 5 février 1275 (V. S.), au duc de Bourgogne dans la ville de Bar-sur-Seine. Il y est dit que cette ville n'est pas le lieu où ce devoir féodal a coutume d'être rendu, mais le *Ru d'Augustine* (entre Mussi-l'Evêque et Châtillon-sur-Seine), à quoi l'on ajoute que cette exception ne doit point préjudicier à l'usage. (Pérard, p. 529.) Le roi de France donna lui-même au prince anglais le titre de comte de Champagne et de Brie, l'an 1281, dans les lettres concernant une révolte du peuple de Provins, où Guillaume Pentecôte, maire de la ville, fut massacré.

L'an 1284, Jeanne épouse, le 16 août, Philippe le Bel, qui devint roi de France l'année suivante. Mais elle resta propriétaire des biens qu'elles avait apportés en dot. « Philippe le Bel, selon la remarque
» de M. Secousse, ne prit point les titres de roi de Navarre, de
» comte de Champagne et de Brie. Lorsqu'il donna quelques
» ordonnances ou quelques chartes qui devaient avoir leur exé-
» cution dans la Champagne ou dans la Brie, il y marquait
» qu'il les avait données du consentement de sa *chère compagne;*
» et à la fin de l'ordonnance ou de la charte, immédiatement
» avant la date, *Jeanne, par la grâce de Dieu, reine de France*
» *et de Navarre, comtesse palatine de Champagne et de Brie*
» (ce sont les titres qu'elle prenait), approuvait ce qui y était
» contenu, et y mettait son sceau après celui de Philippe le
» Bel ».

L'an 1302, Jeanne perd sa mère, décédée le 2 mai, au château de Vincennes. Philippe et Jeanne, érigent en comté, l'an 1303, Château-Porcien en faveur de Gaucher de Châtillon, connétable de France, qui céda au roi la terre de Châtillon, qu'il avait reçue auparavant de ce prince par échange de Créci. Philippe et Jeanne donnèrent encore à Gaucher les terres de Gandelu et de Rosoi en Brie, avec leurs dépendances, et la garde des églises et maisons religieuses du pays. La reine Jeanne mourut à Vincennes le 2 avril 1305 (N. S.), et fut enterrée aux cordeliers de Paris. Guichard, évêque de Troyes, fut accusé par un hermite d'avoir causé la mort de cette princesse par des maléfices. On entendit des témoins qui déposèrent que le prélat avait fait *envoûter* la reine : *Quòd fecerat invultari Reginam, et quòd illâ invultatione ea decesserat.* Envoûter, c'était faire en cire la figure d'une personne à qui on en voulait, et la piquer ensuite ; d'où il arrivait, suivant le préjugé de ce tems là, que la personne ressentait toutes les piquûres que l'on faisait à sa figure, et périssait par ce maléfice. En conséquence de ces dépositions l'évêque de Troyes fut emprisonné du consentement du pape. Mais on reconnut son innocence en 1313 par la confession d'un Lombard, nommé Noffle, qu'on pendit à Paris pour ce crime. La reine Jeanne est fondatrice du collége de Navarre, à Paris.

LOUIS HUTIN.

1305. Louis, surnommé Hutin, fils aîné du roi Philippe le Bel et de la reine Jeanne, succéda à sa mère dans le comté de Champagne et le royaume de Navarre. Mais jusqu'à son couronnement, qui se fit à Pampelune au mois de juillet 1307, il s'abstint de prendre le titre de roi. Depuis ce tems jusqu'à la mort de son père, il prenait dans les actes latins les titres suivants : *Ludovicus regis Francorum primogenitus, Dei gratia Navarræ rex, Campaniæ Brieque comes.* Le titre français qu'il se donnait dans les actes écrits en cette langue a quelque chose de singulier : *Nous aisné fils dou roy de France, roy de Navarre, de Champaigne et de Brie, comte palatin.* Louis n'était pas seul héritier de sa mère : ses deux frères puînés, Philippe le Long et Charles le Bel, avaient aussi droit sur cette succession pour leur partage, ou, comme on parlait alors, leur *appariage*. Au mois de janvier 1309 (V. S.), le roi Philippe le Bel, leur père, ayant fait venir devant lui ses trois fils, engagea Louis Hutin à donner aux deux autres, pour tous les droits qu'ils pouvaient prétendre dans la succession de leur mère commune, six mille livrées de terre, qui seraient assignées sur les terres situées en Champagne et en Brie, pour les tenir en fief et hommage de lui et de ses héritiers : et sur-le-champ les deux frères puînés firent l'hommage de ce fief à leur aîné.

Louis Hutin fut envoyé, l'an 1312, par son père à Lyon pour apaiser les troubles qui s'étaient élevés entre les habitants et Arnaud de Bresse, leur archevêque. Louis fit arrêter le prélat : action réputée alors si hardie, que, suivant quelques auteurs, c'est de là que lui est venu le surnom de Hutin, qui veut dire mutin ou querelleur. Il monta, l'an 1314, sur le trône de France après la mort de son père, arrivée le 29 décembre de cette année. Il meurt lui-même le 5 juin 1316, laissant de Marguerite de Bourgogne, sa première femme, une fille nommée Jeanne ; et Clémence, sa seconde femme, enceinte. (*Voy.* Louis Hutin *parmi les rois de Navarre et les rois de France.*

JEANNE II et PHILIPPE LE LONG.

1316. Jeanne, fille de Louis Hutin et de Marguerite de Bourgogne, née le 28 janvier 1311 (V. S.), passa, après la mort de son père sous la tutelle de Philippe le Long, son oncle paternel, lequel en attendant les couches de la reine Clémence, sa belle-sœur, prit le titre de régent du royaume. L'état de Jeanne étant incertain dans cet intervalle, Philippe, le 17 juillet 1316, fit un pacte éventuel avec Eudes IV, duc de Bourgogne, oncle maternel de Jeanne, stipulant au nom d'Agnès, sa mère, aïeule de la jeune princesse. Par cet acte, il fut convenu que dans le cas où la reine Clémence, veuve de Louis Hutin, accoucherait d'une fille, celle-ci et Jeanne, sa sœur du premier lit, *en renonçant au royaume de France et en baillant quittance de la succession de leur père*, auraient le royaume de Navarre et les comtés de Champagne et de Brie, sauf l'indemnité de leurs oncles, réglée en 1509; mais que dans le cas où la reine mettrait au monde un fils, il serait pris d'autres arrangements conformes aux droits du prince. Clémence accoucha effectivement, le 15 novembre, d'un fils : mais il ne vécut que cinq jours. Alors le traité conditionnel, fait en faveur de Jeanne avec le duc de Bourgogne, devint absolu. Mais le duc, voulant pour sa nièce, la couronne de France, malgré sa renonciation stipulée dans l'accord, Philippe le Long se crut libre des engagements qu'il avait contractés vis-à-vis de Jeanne, et ne songea plus à effectuer le délaissement de la Navarre et de la Champagne. Les droits de Jeanne étaient trop chers aux nobles de Champagne pour négliger ce délaissement. S'étant joints au duc de Bourgogne, ils se mirent en devoir d'en poursuivre l'exécution par la voie des armes. Mais l'intérêt personnel du duc éteignit bientôt la chaleur qu'il paraissait mettre dans cette affaire.

Philippe le Long avait de Jeanne, son épouse, fille et héritière d'Otton IV, comte de Bourgogne, et de Mahaut, comtesse d'Artois, une fille aînée, de même nom que sa mère. Il l'offrit en mariage à Eudes avec l'assurance des deux comtés. La proposition acceptée, les deux princes firent, au mois de mars 1317 (V. S.), à Paris, un nouveau traité. Par celui-ci, le duc Eudes renonça pour sa nièce, en faveur de Philippe le Long et de sa postérité masculine, aux droits qu'elle pouvait avoir sur les royaumes de France et de Navarre, et aux droits qu'elle avait à exercer sur les comtés de Champagne et de Brie, moyennant une indemnité ou récompense de 15 mille livres de rente, qui seraient assignées sur le comté d'Angoulême, et d'une somme de 150 mille livres, à placer en fonds de terres, qu'elle tiendrait en pairie. A cela néanmoins on apposa des conditions, savoir, qu'avenant la mort de Philippe le Long sans enfants, Jeanne rentrerait dans ses droits sur la Champagne et la Brie, en rendant à la couronne la récompense stipulée ; mais que cependant ces comtés resteraient entre les mains de celui qui serait roi de France, en qualité de garde et de *baillistre* de Jeanne, jusqu'à ce qu'elle eût atteint l'âge de douze ans, fixé pour sa majorité. On conclut par le même traité le mariage de Jeanne, fille de Hutin, avec Philippe, fils aîné de Louis, comte d'Evreux et petit-fils, par son père, du roi Philippe le Hardi ; et on convint de le faire *par paroles du présent*, si on ne pouvait obtenir la dispense d'âge. (Jeanne n'avait alors que six ans.) Il fut aussi convenu qu'aussitôt après la célébration du mariage, Jeanne, qui était élevée auprès de la duchesse de Bourgogne, son aïeule, suivant un article du traité de 1316, serait remise entre les mains de la reine Marie, veuve de Philippe le Hardi, et entre celles de Louis, comte d'Evreux, son beau-père. Le mariage du duc de Bourgogne avec Jeanne, fille de Philippe le Long, mariage qui était comme le sceau et le motif secret de ce traité, se fit le 18 juin 1318 ; et Eudes par là joignit à son duché les comtés de Bourgogne et d'Artois, qui appartenaient à la mère de Jeanne. On célébra aussi cette année le mariage de Philippe d'Evreux et de Jeanne avec la dispense du pape Jean XXII, datée du 5 mai 1318. Le roi Philippe le Long depuis ce tems demeura en paisible jouissance du royaume de Navarre et des comtés de Champagne et de Brie. Mais il n'en jouit guère plus de trois ans, étant mort le 3 janvier 1322 (N. S.). Charles le Bel, son successeur, ne fut pas moins jaloux que lui d'assurer ces domaines à sa couronne. L'an 1325, Jeanne étant parvenue à l'âge de douze ans, Charles vint à bout d'engager la princesse et son époux à ratifier le traité de l'an 1317, au moyen d'une somme de 20 mille livres, qu'il ajouta aux 15 mille livres qui avaient été stipulées pour leur indemnité. Rien ne lui parut alors mieux cimenté que ce traité. Mais ses espérances furent vaines. Ce prince étant mort au commencement de l'an 1328, laissa, comme Louis Hutin, sa femme enceinte. Alors Jeanne rentra dans ses droits, d'après lesquels son mari fit revivre ses prétentions à la couronne de France. Philippe de Valois, établi régent, eut le même avantage sur elle à cet égard qu'avait eu Philippe le Long. Mais, tandis qu'on bataillait sur ce point, Philippe d'Evreux alla se mettre en possession du royaume de Navarre. Les conjonctures ne lui permirent pas d'en faire autant pour la Champagne. La nécessité de s'accommoder avec un rival qui avait en main toutes les forces du royaume, le détermina à entrer en négociation avec Philippe de Valois. On fit donc un nouveau traité par lequel Philippe d'Evreux et sa femme renoncèrent à toute prétention tant sur la couronne de France que sur le comté de Champagne ; et le roi de son côté leur abandonna le royaume de Navarre pour en jouir en toute propriété. Pour mettre la dernière main à cet accord, Philippe de Valois, l'an 1335 (V. S.), s'avança jusqu'à Villeneuve d'Avignon. Là ce monarque, le 15 mars de cette année, par un traité définitif, reçut du roi de Navarre l'abandon que lui faisait ce prince, au nom de sa femme, purement et généralement de tous ses droits aux comtés de Champagne et de Brie, sans en rien retenir, et avec promesse de ne jamais y rien demander. Jeanne ratifia ce traité la même année ; et, l'an 1539, au mois de décembre, les parties se donnèrent mutuellement quittance de tout ce qu'elles pouvaient se devoir. En 1361, le roi Jean unit les comtés de Champagne et de Brie à la couronne, dont ils n'ont pas été séparés depuis.

SUITE DES COMTES DE BLOIS.

THIBAUT V, dit LE BON, VIIIe COMTE DE BLOIS.

L'an 1152, THIBAUT V, dit LE BON, deuxième fils de Thibaut le Grand, eut pour son partage, dans les états de son père, les comtés de Blois et de Chartres, à la charge de l'hommage envers Henri Ier, comte de Champagne, son frère, quoique le comté de Blois eût jusqu'alors relevé nuement du roi. La même année, il reçoit, à Blois, la reine Eléonore, qui s'en retournait en Aquitaine, après avoir été séparée du roi Louis le Jeune, son époux. Elle fut très-bien accueillie ; mais s'étant aperçue que le comte de Blois voulait la contraindre à lui donner sa main, elle s'échappe de nuit et se sauve à Tours. (*Chron. Turon.*) Thibaut, l'année suivante, se brouille avec Sulpice II, seigneur d'Amboise et de Chaumont, qui lui refusait l'hommage. Sulpice était l'un des plus riches et des plus redoutables chevaliers de son tems. Le comte, déterminé à le réduire par la force, met dans son parti Robert de France, comte de Dreux et frère du roi, avec d'autres seigneurs. Ainsi fortifié, il entre à main armée sur les terres de Sulpice, qu'il trouve préparé à le bien recevoir. Mais, l'ayant attiré à un pourparler, il use envers lui de la plus noire perfidie. Tandis qu'ils confèrent ensemble, les gens du comte surprennent par stratagème la Motte-Miudré, appartenant à Sulpice ; et Thibaut, de son côté, le fait enlever lui-même avec ses deux fils, dans une embuscade, comme il s'en retournait ; puis l'envoie, séparé de ses enfants, lié et garrotté, dans la tour de Château-Dun. Maître de sa personne et de son sort, il le fait sommer de lui céder Chaumont, que ses gens défendaient encore sous le commandement d'Oudin de Jaligni, son frère. Sulpice ne peut s'y déterminer ; et, sur son refus, il le fait expirer dans les tourments le 24 août de la même année. (*Spicil.*, T X, pp. 579-580.) Qu'on juge après cela combien il méritait peu le titre de Bon qu'on lui donna. Thibaut, l'an 1154, eut une autre guerre à soutenir contre Henri, comte d'Anjou et duc de Normandie, au sujet de l'hommage de Fréteval, qu'il refusait à ce dernier. Le comte de Blois défit l'armée ennemie dans une bataille donnée entre Fréteval et Vendôme, et fit prisonnier Geoffroi, frère de Henri, avec grand nombre d'autres chevaliers. Pour la rançon de Geoffroi, le vainqueur exigea la démolition du château de Chaumont, qu'Oudin continuait toujours de défendre; et Henri, de l'avis de sa mère, fut obligé d'en passer par cette condition, après avoir promis aux habitants de Chaumont de les dédommager. Henri, prêt à s'embarquer sur la fin de la même année, pour aller prendre possession du trône d'Angleterre, fit la paix avec Thibaut. Elle subsista l'espace d'environ trois ans; mais, l'an 1157, elle fut rompue, on ne sait pour quel sujet. Le sort des armes ne fut pas favorable cette fois à Thibaut; car, l'an 1158, il fut obligé de céder Amboise et Fréteval au roi d'Angleterre, pour s'accommoder avec lui. (Robert du Mont et Nic. Trivet.) Deux ans auparavant (1156), il avait terminé un différent qu'il avait avec l'église de Chartres, touchant la terre de *Ruyssiaco*, qu'il prétendait être dans sa mouvance. Robert, évêque de Chartres, l'ayant cité au tribunal du roi Louis le Jeune, sa Majesté conseilla au comte de se désister de sa demande, au cas, qu'après une enquête soigneusement faite, il ne pût démontrer le fondement de sa prétention. Thibaut suivit le conseil du monarque; et, n'ayant point trouvé de preuve testimoniale suffisante, il vint dans les fêtes de Noel au château d'Etampes, et là il se désista, par un acte en forme, de ses poursuites, reconnaissant qu'il n'avait aucun droit sur la terre qui était en litige. (*Arch. Eccl. Carnut.*) Il est remarquable qu'à la tête de cet acte, il prend le titre de procureur ou régent du royaume de France: *Ego Theobaldus, blesensis comes, regni Franciæ procurator*. (Etiennot, *Fragm. mss.*, T. XV, p. 44.)

L'an 1159, il fit un pèlerinage à Saint-Jacques en Galice, au retour duquel il passa par Limoges, où il arriva le jour de l'Ascension, et fut défrayé par ordre et aux dépens du roi d'Angleterre. (*Gaufr. Vos.*, c. 58.) Il accompagna, la même année, ce monarque dans son expédition de Toulouse. Mais, sur les nouvelles que Henri reçut de la diversion que le comte de Dreux et l'évêque de Beauvais, frères de Louis le Jeune, faisaient en Normandie, il envoya en diligence le comte de Blois et le comte de Champagne pour arrêter leurs progrès en attendant son arrivée. Louis, ayant épousé, l'année suivante, la sœur des deux comtes, les ramena l'un et l'autre dans son parti. Louis pensait alors à recommencer la guerre contre le roi d'Angleterre, par rapport à Gisors et à deux autres places que ce dernier lui avait enlevées par supercherie. Thibaut, de concert avec ses deux frères, le comte de Champagne et le comte de Sancerre, fait relever les fortifications de Chaumont-sur-Loire, qu'il avait détruites, afin de pouvoir, de là, faire des courses dans la Touraine. Mais à peine les ouvrages étaient achevés, que Henri vint assiéger la place, qu'il prit, dit Robert du Mont, avec trente-cinq chevaliers et quatre-vingts sergents qui la défendaient; après quoi il la rendit à son véritable propriétaire, Hugues, fils de Sulpice d'Amboise, que le comte de Blois, comme on l'a dit, avait dépouillé de ce domaine. Thibaut se dédommagea en quelque sorte de cette perte par l'acquisition qu'il fit vers le même tems de Château-Renaud, ville située en Touraine, sur les confins du Blaisois.

L'an 1164, en considération de son mariage avec la fille du roi de France, Thibaut obtint de ce monarque la charge de grand sénéchal dont jouissaient auparavant les comtes d'Anjou. Mais, par la paix qui fut faite, l'an 1169, entre la France et l'Angleterre, le comte d'Anjou, fils du roi d'Angleterre, rentra dans tous ses droits sur la grande sénéchaussée qu'il inféoda ensuite au comte de Blois. Thibaut, cette même année, 1169, se joignit au comte du Perche pour enlever à Guillaume Gohet, ou Gouet, son beau-frère, pendant qu'il était à la Terre-Sainte, Montmirail avec les autres places du canton, depuis appelé de son nom le *Perche-Gouet*; et le roi de France favorisa cette injuste entreprise. Hervé de Gien, qui avait la garde de ces places, se voyant hors d'état de résister seul à de si grandes forces, implora le secours du roi d'Angleterre. Ce prince, alors ami de Thibaut, l'engage à cesser ses hostilités.

L'an 1171, Thibaut écrivit au pape Alexandre III pour demander justice du meurtre de S. Thomas de Cantorbéri. Guillaume, son frère, pour lors archevêque de Sens, écrivit de son côté sur le même sujet au pontife. Mais la lettre de Thibaut, plus modérée que celle du prélat, n'inculpe pas formellement le roi d'Angleterre dans l'assassinat dont il se plaint, et semble même l'excuser, au lieu que Guillaume rejette sans déguisement sur le monarque toute l'atrocité de ce crime. Peu de tems après, Thibaut rendit avec Maurice de Sulli, évêque de Paris, une sentence arbitrale sur les différents du vicomte de Polignac avec l'évêque de Clermont. La même année, il fit brûler plusieurs juifs convaincus, suivant Robert du Mont, d'avoir crucifié un enfant, et de l'avoir ensuite jeté dans la Loire, enfermé dans un sac.

Thibaut joignit, l'an 1183, ses armes à celles de Philippe d'Alsace, comte de Flandre, dans la guerre que ce dernier soutint contre Philippe Auguste. (Martenne, *Voy. littér.*, T. II, p. 61.)

Il partit, l'an 1190, pour la Terre-Sainte, et y mourut, l'année suivante, au siége d'Acre. M. Pithou met sa mort environ l'an 1201; ce qui ne peut se concilier avec la circonstance où elle est arrivée. La charge de sénéchal fut supprimée après sa mort. Il avait épousé, 1° Sibylle de Château-Renaud, veuve de Josselin d'Auneau ou des Aunelles, qui lui apporta en dot la terre de Château-Renaud, laquelle demeura unie au comté de Blois (preuve qu'il eut des enfants de ce mariage, quoiqu'on ne les connaisse pas, car sans cela la terre serait retournée aux héritiers collatéraux); 2° vers l'an 1164, il s'était remarié avec Alix, fille puînée de Louis le Jeune et d'Eléonore, dont il eut Thibaut, mort en bas âge; Louis, comte de Blois et de Chartres; Henri, mort jeune; Philippe, mort sans enfants; Marguerite, femme, 1° de Hugues III, seigneur d'Oisi, 2° d'Otton II, comte de Bourgogne, 3°. de Gautier II, seigneur d'Avesnes; Elisabeth, ou Isabelle, comtesse de Chartres; et Alix, religieuse à Fontevrault, ensuite abbesse en 1221. Thibaut est loué par Jean de Salisberi pour sa science dans les lois et coutumes de France.

LOUIS, IXe comte de Blois.

L'an 1191, Louis, fils de Thibaut V, succède à son père. La séduction en fit un rebelle. L'an 1198, il se ligue avec les comtes de Flandre, du Perche, de Guines et de Toulouse, contre le roi Philippe-Auguste, en faveur de Richard, roi d'Angleterre, auquel ils font serment de fidélité. (Hoveden). Cette confédération ne paraît pas avoir eu de suite; mais ce n'était pas la seule où Louis se fût déjà engagé contre les intérêts de son souverain. L'année suivante, étant au château d'Ecry sur-l'Aisne en Champagne, pour la célébration d'un tournoi, Louis se croise avec plusieurs autres seigneurs, à la prédication de Foulques, curé de Neuilly. Guillaume le Breton dit qu'il prit ce parti pour éviter la punition que ses révoltes méritaient. Etant arrivé avec les croisés devant Constantinople, il se distingua dans toutes les opérations de ce siége, excepté au dernier assaut, parce qu'il était malade alors. Dans le partage que les croisés firent de la conquête, il eut pour sa part Nicée en Bithynie, avec ses dépendances. Ayant engagé témérairement, l'an 1205, la fameuse bataille d'Andrinople, il y perdit la vie le 15 avril, et fut peu regretté. Louis avait épousé Catherine, fille aînée de Raoul, comte de Clermont en Beauvoisis, et son héritière, dont il eut Thibaut VI, comte de Blois, de Chartres et de Clermont; Raoul de Blois; et Jeanne de Blois, morte jeune; l'an 1188 au plus tôt. Catherine vivait encore en 1208, comme le prouve une donation qu'elle fit cette année à l'abbaye de Buzai. (Etiennot, *Fragmenta mss.*, T. XV, p. 515.)

THIBAUT VI, dit LE JEUNE, x^e comte de Blois.

L'an 1205, THIBAUT VI, comte de Blois, de Chartres et de Clermont, succède en bas âge à Louis, son père, sous la tutelle de Catherine, sa mère, et meurt, l'an 1218, avant Pâques, sans laisser d'enfants, quoiqu'il eût été marié deux fois : 1° avec MAHAUT, fille de Robert III, comte d'Alençon; 2° avec CLÉMENCE, fille de Guillaume des Roches, sénéchal d'Anjou.

MARGUERITE, comtesse de Blois.

1218. MARGUERITE, fille aînée de Thibaut le Bon, comte de Blois et de Chartres, succéda, l'an 1218, à son neveu Thibaut le jeune dans le premier de ces deux comtés, avec GAUTIER II, seigneur d'Avesnes, son troisième mari. Elle avait épousé en premières noces Hugues III, seigneur d'Oisi, et en secondes Otton premier ou Otton II, comte de la haute Bourgogne, frère de l'empereur Henri VI, et fils de l'empereur Frédéric Barberousse. Gautier, la même année 1218, se rendit en Palestine, où il fit beaucoup de bien, dit une ancienne chronique. Ce fut lui, ajoute-t-elle, qui posa la première pierre du château des Pèlerins. Il y a bien de l'apparence qu'il accompagna les croisés dans leur expédition d'Egypte, où, l'année suivante 1219, ils se rendirent maîtres de Damiette. De retour en France, il

ELISABETH, comtesse de Chartres.

1218. ELISABETH, seconde fille de Thibault le Bon, succéda, l'an 1218, à Thibaut le jeune, son neveu, dans le comté de Chartres. Elle épousa, 1° SULPICE, troisième du nom, seigneur d'Amboise, de Montrichard et de Chaumont, duquel elle eut Mahaut, qui viendra ci-après ; 2°, avant l'an 1224, JEAN D'OISI, seigneur de Montmirail, avec lequel elle fonda, l'an 1225, l'abbaye cistercienne et féminine de l'eau (*Aqua*), dans la paroisse de Ver-sur-l'Eure, au diocèse de Chartres. Elisabeth, dans cet acte, joint au titre de comtesse de Chartres celui de dame d'Amboise. (Etiennot, *Fragmenta*, T. XV, p. 60.) Elle vivait encore en 1241, et était morte en 1249, sans laisser d'enfants de son second mariage. Le P. Anselme met la mort de Jean d'Oisi vers l'an 1240.

MARGUERITE.

assista, l'an 1226, au sacre de saint Louis. Ayant accompagné ce monarque, l'an 1248, dans son voyage d'Outremer, il perdit la vie, l'an 1249, devant Damiette. Marguerite, son épouse, mourut l'an 1250, ne laissant de ses trois mariages qu'une fille, qui suit.

MARIE ET HUGUES DE CHATILLON,

COMTESSE ET COMTE DE BLOIS.

1230. MARIE, fille de Gautier d'Avesnes et de Marguerite de Blois, succéda à sa mère dans le comté de Blois, avec HUGUES DE CHATILLON, seigneur de Créci et comte de Saint-Paul, son mari, qu'elle avait épousé l'an 1225. A ce comté, dans la suite, elle joignit les seigneuries d'Avesnes et de Guise, avec d'autres terres qu'elle hérita de Gautier, son père. L'an 1226, Marie et son époux fondèrent, au mois d'août, dans le diocèse de Meaux, l'abbaye de filles de Pont-aux-Dames, de l'ordre de Cîteaux. Marie finit ses jours l'an 1241, et fut inhumée à Pont-aux-Dames. De son mariage elle eut Jean, qui suit, et d'autres enfants. (*Voy.* Hugues V, *comte de Saint-Paul.*)

MAHAUT.

1549 au plus tard. MAHAUT, fille de Sulpice d'Amboise et d'Elisabeth, succéda à sa mère dans le comté de Chartres, comme elle avait succédé à son père dans les seigneuries d'Amboise, de Montrichard et de Chaumont. Elle épousa, 1°. RICHARD, vicomte de Beaumont et de Sainte-Suzanne; 2°, avant l'an 1253, JEAN II, dit LE BON, comte de Soissons, à qui elle communiqua le titre de comte de Chartres. Elle mourut avant lui, c'est-à-dire vers l'an 1269, sans laisser de postérité de ses deux maris. Jean de Châtillon, comte de Blois, recueillit sa succession.

JEAN, COMTE DE BLOIS ET DE CHARTRES.

1241. JEAN, fils aîné de Hugues de Châtillon et de Marie de Blois, succéda à sa mère dans le comté de Blois et la seigneurie d'Avesnes. Il épousa, l'an 1253 (et non l'an 1254), ALIX, dite aussi ALPAÏS, fille de Jean I, duc de Bretagne, qui lui apporta en dot les terres de Pontarci et de Brie-Comte-Robert. La même année, les deux époux transportèrent au roi de France la garde ou l'avouerie qu'ils avaient de l'abbaye de Marmoutier. (*Trés. des Chartes, cahier* 222, *liasse* 7.) L'an 1268 ou environ, Jean succéda, dans le comté de Chartres, à sa cousine Mahaut, petite-fille, par Elisabeth, sa mère, de Thibaut le Bon, morte sans lignée. Il eut, peu de tems après, quelques démêlés pour des intérêts temporels avec le chapitre de Chartres, qui porta le ressentiment au point de cesser le service divin, et de jeter un interdit sur les terres du comte. Nous avons une lettre du roi saint Louis, datée du jeudi après la fête de Saint-Pierre et de Saint-Paul, l'an 1269, par laquelle il félicite ce chapitre d'avoir repris le chant et le son de ses orgues, et le prie de suspendre l'interdit jeté sur les domaines du comte de Blois. (Etiennot, *Frag. mss.*, T. XV, p. 81.) On ne sait comment ce démêlé se termina. Le roi Philippe le Hardi nomma, l'an 1271, le comte Jean *tuteur, défenseur et garde du royaume et de ses enfants*, au cas que le comte d'Alençon vint à mourir. Jean, la même année, fonda le couvent des Dominicains à Blois, et, l'an 1273, l'abbaye des Cordelières de la Guiche, à deux lieues de cette ville. Ce comte mourut le 28 juin 1279, et fut enterré à la Guiche. De son mariage il laissa une fille, qui suit.

JEANNE.

1279. JEANNE DE CHATILLON, fille unique de Jean de Châtillon, mariée, en 1272, à Pierre, comte d'Alençon, cinquième fils de saint Louis, succéda, l'an 1279, avec son époux, aux comtés de Blois, de Chartres et de Dunois, ainsi qu'aux seigneuries d'Avesnes, de Guiche, de Condé, etc. Pierre étant mort en 1284, Jeanne vendit le comté de Chartres, l'an 1286, au roi Philippe le Bel. Ce prince le donna, l'an 1293, à son frère CHARLES, comte de Valois, père du roi Philippe de Valois, qui le réunit à la couronne après la mort de CHARLES II, son frère, tué, l'an 1346, à la bataille de Créci. (*Voy.* Charles II de Valois, *comte d'Alençon.*) Le roi François Ier a, depuis, érigé le Chartrain en duché, par lettres données à Fontainebleau, dans le mois de juillet 1528, en faveur d'Hercule d'Est, duc de Ferrare, et de Renée de France, sa femme, seconde fille du roi Louis XII, après la mort desquels il revint au domaine. Depuis il en a été de nouveau détaché pour faire partie de l'apanage de Gaston, frère du roi Louis XIII. Après la mort de ce prince, arrivée le 2 février 1660, le même apanage fut donné à Philippe, frère de Louis XIV, par lettres du mois de mars 1661, qui érigent en pairie le duché de Chartres.

L'an 1289, Jeanne transporta la seigneurie d'Avesnes pour la somme de neuf mille livres de rente à Hugues de Châtillon, comte de Saint-Paul, son cousin germain. S'étant dévouée aux bonnes œuvres après la mort de son époux, elle fonda, l'an 1290, quatorze cellules aux Chartreux de Paris. Guillaume de Mâcon, évêque d'Amiens, fit cession, l'année suivante, à la comtesse

Anne de tous les fiefs et arrière-fiefs de son église, situés dans le Vendômois, et nommés les fiefs de Saint-Firmin, à la charge d'offrir tous les ans à sa cathédrale une torche de cire du poids de cent livres; ce qui s'exécute encore de nos jours, disent les auteurs du *Gallia Christiana*. (T. X, p. 1148.) La comtesse Jeanne mourut le 19 janvier de l'an 1292 (N. S.), à l'âge de trente-huit ans, sans laisser de postérité. Son corps fut inhumé à la Guiche, près de ses père et mère. Elle avait fait, l'année précédente, son testament, rempli de legs pieux, montant, selon quelques-uns, à la somme de cent vingt mille livres, parmi lesquels il s'en trouvait un de quinze mille livres pour le secours de la Terre-Sainte.

HUGUES DE CHATILLON, comte de Blois.

1292. Hugues de Chatillon, fils de Gui III, comte de Saint-Paul, succéda, dans le comté de Blois, ainsi que dans la seigneurie d'Avesnes et d'autres terres, à Jeanne de Châtillon, sa cousine germaine. Dans ses titres, il distinguait le comté de Blois et le comté de Dunois, qui, jusqu'alors, n'en avaient fait qu'un, et par la suite furent séparés. Il mourut vers l'an 1307 (Bernier), laissant de Béatrix, son épouse, fille puînée de Gui de Dampierre, comte de Flandre, morte après son époux, deux fils: Gui, qui suit; et Jean, dit *de Blois*, seigneur de Château-Renaud, de Romorentin et de Millançai, mort sans enfants après l'an 1329. (*Voy.* Hugues VI, *comte de Saint-Paul.*)

GUI DE CHATILLON.

1307 ou environ. Gui de Chatillon fut le successeur de Hugues, son père, dans les comtés de Blois et de Dunois, et dans la seigneurie d'Avesnes. L'an 1313, il fut créé chevalier, avec plusieurs grands du royaume, le jour de la Pentecôte, par le roi Philippe le Bel. Il accompagna, l'an 1336, le roi Philippe de Valois dans son expédition contre les Anglais. Sa mort arriva l'an 1342, et son inhumation se fit à la Guiche. Il avait épousé, l'an 1309, le jour de la Madeleine (22 juillet), Marguerite de Valois, fille de Charles, comte de Valois, et sœur du roi Philippe VI, morte avant le mois d'août 1342, après lui avoir donné Louis, qui suit; Charles de Blois, duc de Bretagne; et Marie, femme de Raoul, duc de Lorraine.

LOUIS Ier DE CHATILLON.

1342. Louis de Chatillon, successeur de Gui, son père, au comté de Blois et à la seigneurie d'Avesnes, etc., servit le roi Philippe de Valois dans la guerre contre les Anglais; et Charles de Blois, son frère, dans celle qu'il eut avec le comte de Montfort, pour le duché de Bretagne. Il fut tué à la funeste journée de Créci, l'an 1346, en combattant pour la défense de l'état. Il avait épousé, long-tems avant la mort de son père, Jeanne, fille et héritière de Jean de Hainaut, seigneur de Beaumont, Chimay, Condé, et de Marguerite, qui avait succédé à Hugues, son père, dans le comté de Soissons. De ce mariage il laissa trois fils en bas âge: Louis, qui suit; Jean et Gui; lesquels demeurèrent sous la garde-noble de leur mère et de Guillaume Ier, comte de Namur, son second époux, jusqu'au décès de cette princesse, arrivé l'an 1350. Ils passèrent ensuite sous celle de Charles de Blois, duc de Bretagne, leur oncle paternel, après quelques contestations entre ce prince et Jean de Hainaut, leur aïeul maternel.

LOUIS II DE CHATILLON.

L'an 1361, Louis II, fils aîné de Louis de Châtillon et de Jeanne de Hainaut, devint comte de Blois et de Dunois, seigneur d'Avesnes, etc., par le partage qu'il fit au mois de juin avec Jean et Gui, ses frères, de la succession de leurs père et mère. Jean eut pour sa part les terres de Hollande, de Zélande et de Frise; et Gui le comté de Soissons avec les seigneuries de Catheu, d'Argies et de Clari. Louis, néanmoins, ajouta, jusqu'en 1366, à ses qualités, celle de comte de Soissons, et l'on voit même qu'il avait fait hommage de ce comté au roi. Peu de tems après ce partage, il fut choisi pour être du nombre des otages que le roi Jean donna au roi d'Angleterre pour obtenir sa liberté. Mais Gui, son frère, voulut bien prendre sa place, et passer en Angleterre au lieu de lui, à condition qu'il paierait toute sa dépense dans ce royaume, tant que l'otage durerait. Ce fut encore cette même année 1366 qu'il fonda, à Blois, la collégiale de Saint-Jacques, avec le secours de quelques particuliers, pour huit chanoines, réduits à six; deux prébendes étant destinées pour loger en passant les pèlerins qui revenaient de Saint-Jacques. Louis mourut, sans avoir été marié, l'an 1372, et fut inhumé à Saint-Sauveur de Blois. (Voy. *les comtes de Soissons.*)

JEAN II DE CHATILLON.

1372. JEAN II DE CHATILLON, seigneur de Gouda et de Schoonoven, successeur de Louis II, son frère, aux comtés de Blois, de Soissons, et aux seigneuries d'Avesnes, etc. épousa, l'an 1372, par le conseil de l'évêque d'Utrecht, MATHILDE, nommée par Bernier Marguerite, sœur de Renaud et d'Edouard, ducs de Gueldre, morts l'un et l'autre sans enfants, dans la même année 1371. Mathilde était déjà veuve alors de deux maris, 1° de Godefroi de Heinsberg, fils de Thierri, comte de Loss, mort en 1342; 2° de Jean II, comte de Clèves, décédé l'an 1368. (Ber..) En vertu de ce mariage Jean fut reconnu duc de Gueldre par la faction des Hékerains, à la tête desquels était le prélat. Il établit sa demeure en Hollande, et mourut, au mois de juin 1381, sans postérité, peu de tems après avoir acquis de Pierre de Craon la vicomté de Châteaudun. (Voyez *les ducs de Gueldre.*)

GUI II DE CHATILLON.

1381. GUI II DE CHATILLON, frère de Jean II, lui succéda aux comtés de Blois et de Soissons, ainsi qu'à la seigneurie de Chimai et à ses autres domaines. Il avait été l'un des otages donnés aux Anglais pour la délivrance du roi Jean, et était resté quelque tems prisonnier parmi eux. Pour se racheter, il avait cédé, par contrat passé à Londres le 15 juillet 1367, son comté de Soissons au roi Edouard III, qui le donna ensuite à Enguerrand, sire de Couci, son gendre. Revenu en France, il était allé en Prusse, où sa valeur lui avait mérité l'ordre de chevalerie. A son retour, il avait suivi les ducs d'Anjou et de Berri dans la guerre qu'ils faisaient en Guienne aux Anglais. Il épousa, l'an 1374, par contrat passé le 22 août, MARIE, fille de Guillaume I, comte de Namur, dont il eut un fils, Louis, qualifié comte de Dunois, qui fut marié, l'an 1386, à Marie, fille de Jean de France, duc de Berri, et mourut sans enfants le 15 Juillet 1391. Gui, l'an 1382, commanda l'arrière-garde de l'armée française à la bataille de Rosebeque. L'année suivante, quoique malade, il partit de son château de Beaumont en Hainaut pour aller joindre le roi Charles VI dans la nouvelle expédition qu'il fit en Flandre, *et si par nulle manière*, dit Froissart, *ne pouvoit endurer le chevaucher : mais il se mit en litière, et partit de son hôtel, et prit congé de madame sa femme et de Loys, son fils.* Ayant recouvré ses forces dans la route, le commandement de l'arrière-garde à son arrivée lui fut confié comme la

première fois. Gui passait pour un des plus vaillants hommes de son tems. Mais l'économie et la sobriété n'étaient pas ses vertus. Ce fut un vrai dissipateur ; et il fut tellement adonné à la table, qu'il devint gros comme un tonneau. Après avoir perdu son fils, se voyant accablé de dettes, il vendit, au préjudice de ses héritiers, en 1391, ses comtés de Blois et de Dunois, à Louis de France, duc d'Orléans, qui s'obligea « de lui payer deux cent
» mille francs d'or, pour l'achat des seigneuries de Blois, de
» Dunois, de Romorentin, de Château-Renaud, et leurs dépen-
» dances, aux charges et conditions qu'il jouirait de ces seigneu-
» ries pendant sa vie, et que ce duc l'acquitterait du douaire
» (de six mille livres de rente) qu'il devait à la princesse Marie
» de Berri (sa bru), et envers le roi de tous profits, quint et
» requint, avec faculté de rentrer dans son héritage, en rendant
» le prix qu'il avait touché, au cas qu'il eût des enfants vivants
» jusqu'à l'âge de douze ans ». Ce sont les termes du contrat de vente. (Expilli.) Gui mourut en son hôtel de Nesle en Hainaut, le 22 décembre 1397, sans postérité, et fut inhumé aux Cordeliers de Valenciennes, dans un magnifique tombeau. Après sa mort, Marie, sa femme, se remaria, l'an 1406, à Pierre Brabant, dit Clignet, seigneur de Landreville, chevalier de l'hôtel de Louis, duc d'Orléans, qui fut l'entremetteur de ce mariage.

LOUIS, COMTE DE BLOIS.

1397. LOUIS DE FRANCE, duc d'Orléans, comte de Valois, etc. entra en jouissance des comtés de Blois et de Dunois après la mort de Gui de Châtillon. Il avait acquis, l'an 1395, le 13 octobre, de Guillaume de Craon la vicomté de Châteaudun, qu'il joignit au comté de Dunois. Ce prince ayant été assassiné l'an 1407, eut pour successeur son fils aîné, CHARLES, qui fut père du roi Louis XII, sous lequel les comtés de Blois et de Dunois furent réunis à la couronne. Ce monarque donna ensuite le Blaisois à CLAUDE, sa fille, en la mariant à François, comte d'Angoulême, depuis roi de France. Enfin le roi Henri II, comme héritier de la reine Claude, sa mère, l'incorpora à la couronne. La seigneurie de Chimai avait passé, après la mort de Gui II, à Thibaut de Soissons (seigneur de Moreuil), du chef de sa bis aïeule, Yolande de Soissons, petite-fille de Marie, dame de Chimai. Thibaut la vendit à Jean de Croï, en faveur duquel Charles, duc de Bourgogne, l'érigea, l'an 1470, en comté. Charles de Croï, fils de Philippe, fut créé prince du Saint-Empire en 1486.] En 1635, le roi Louis XIII donna le comté de Blois, en augmentation d'apanage, à Jean-Baptiste Gaston, son frère ;

lequel étant mort en 1660 sans postérité mâle, ce comté revint à la couronne, Il en fut détaché de nouveau par Louis XIV pour l'apanage de Philippe, son frère.

CHRONOLOGIE HISTORIQUE

DES

COMTES, puis DUCS DE RETHEL.

Rethel, en latin *Reiteste, Reistetum* et *Registetum*, et même *Rastrum* dans le diplôme de la donation de Doncheri, faite par l'empereur Charles le Gros à l'abbaye de Saint-Médard, ville bâtie sur la rivière d'Aisne, à sept lieues de Reims et douze de Châlons, n'était qu'un village au VIe siècle. On voit en effet dans la vie de saint Arnoul, évêque de Metz, que Cyriaque, son père, et Quintienne, sa mère, donnèrent à saint Remi, évêque de Reims, tout ce qu'ils possédaient *in villa Reiteste*, pour obtenir du ciel un fils par ses prières. Ce n'était pas même encore au Xe siècle un lieu bien important, lorsque, vers l'an 970, Adalbéron, archevêque de Reims, en fit don, avec d'autres domaines, à l'abbaye de Saint-Remi. Les religieux de ce monastère nommèrent pour la défense de ces terres des avoués, qui bientôt se rendirent propriétaires, et prirent le titre de comtes. Le Rethelais, érigé en duché le 15 décembre 1663, sous le titre de Mazarin comprend avec la baronnie de Rosoi, qui y a été unie, 336 tant bourgs que villages, et trois villes, Rethel, Mézières et Doncheri. Les armes de Rethel sont de gueules à deux rateaux endentelés d'or, qui semblent faire allusion au nom de *Rastrum*, que cette ville, comme on l'a dit, a quelquefois porté. Rethel fut autrefois compris dans les sept Comtés-Pairies de Champagne.

MANASSÈS I.

Manassès I est le plus ancien comte de Rethel dont la mémoire se soit conservée jusqu'à nous. Son nom se rencontre parmi les souscripteurs d'une charte du roi Lothaire, donnée, l'an 974, en faveur du monastère de Saint-Thierri, près de Reims. (Bouquet, T. IX, page 635.) Après la mort de Louis V, successeur de ce monarque, il embrassa les intérêts de Charles, duc de Lorraine, oncle de ce dernier, contre Hugues Capet, à qui la plupart des grands avaient déféré la couronne de France. L'an 990, Charles détacha Manassès avec Roger, comte de Porcien ou de Château-Porcien, son frère, ou du moins son proche parent, pour s'approcher durant la nuit de la ville de Reims, que le prêtre Adalger s'était engagé à lui livrer. Adalger en effet leur ouvrit une des portes, comme il en était convenu avec l'archevêque Arnoul, frère naturel de Charles, et les introduisit dans la ville dont ils s'emparèrent sans résistance. Mais ayant voulu engager le clergé de Reims à reconnaitre Charles pour roi de France, et ne pouvant en venir à bout par la voie de la persuasion, ils employèrent celle de la contrainte. Comme il s'était réfugié dans la grande église, ils y entrèrent à main armée, en lièrent les principaux avec plusieurs notables du peuple, et les mirent en prison. L'archevêque Arnoul, auteur de la trahison, feignant de rester fidèle au roi Hugues, se laissa prendre comme les autres ; et, s'étant sauvé ensuite à Laon, il fulmina de là une excommunication contre les comtes Manassès et Roger, ainsi que contre leurs partisans. (Bouquet, T. X, p. 615.) On sait la vengeance que Hugues tira de la perfidie d'Arnoul ; mais l'histoire ne nous apprend pas comment il punit les deux comtes qui avaient été ministres de ce prélat. Après la mort de Manassès I, sa veuve N., dont il laissa un fils de même nom que lui, et un autre, nommé Roger, épousa en secondes noces Herman, comte de Grand-Pré, qu'elle fit père de trois fils. (Voyez *les comtes de Grand-Pré*.)

MANASSÈS II.

MANASSÈS II, fils du précédent, lui succéda au comté de Rethel. Il était marié pour lors avec YVETTE, fille de Gilbert, comte de Rouci, mort avant la fin du Xe siècle. Son nom se rencontre parmi les souscripteurs d'une charte de Gui, archevêque de Reims, par laquelle il donne l'église de Saint-Quentin de Mouson à l'abbaye de Saint-Vincent de Laon. Ce diplôme est de l'an 1048. L'an 1055, le comte Manassès prêta serment de fidélité à Gervais, archevêque de Reims, pour les terres que lui, son père et son aïeul, avaient reçues de cette église. (Marlot, *Hist. Eccles. Rem.* T. II, pag. 113.) Le domaine de Manassès s'étendait bien au-delà de Rethel. Sans parler du comté de Porcien, qui lui échut, on ne sait en quel tems ni de quelle manière (Marlot, *Hist. Eccles. Rem.* l. 2, p. 559), il était propriétaire de Sainte-Menehould et d'un autre lieu nommé *Septiminium* par Laurent de

Liége, et *Setunia* par Albéric; ce qui semble au nouvel historien de la ville de Verdun désigner le bourg, aujourd'hui ville de Stenai. Quoi qu'il en soit, c'étaient deux mouvances de l'église de Verdun. Manassès y avait fait élever deux châteaux dont les garnisons, loin de défendre le pays, le désolaient par leurs brigandages. Thierri, évêque de Verdun, dont elles incommodaient sur-tout les vassaux, leva des troupes, l'an 1056, pour les réprimer, et marcha droit à Sainte-Menehould. La garnison ne l'attendit pas. Saisie de terreur, elle vint au-devant de lui, apportant les clefs de la place, et demandant la paix aux conditions qu'il voudrait lui imposer. De là il tourna vers l'autre château, qu'il prit et fit raser. On ne voit point que Manassès se soit mis en devoir de faire face au prélat. Il devait être alors très-avancé en âge et presque décrépit. Sa mort, dont on ignore l'année précise, ne doit pas être de beaucoup postérieure à cet événement. Il laissa de N., sa femme, un fils, qui suit. (du Chesne, *Hist. généal. de la M. de Guines*, p. 33.)

HUGUES Ier.

Hugues, fils de Manassès et son successeur au comté de Rethel, eut, dans les premières années de son gouvernement, un démêlé fâcheux avec l'abbaye de Saint-Remi de Reims. Ce monastère avait à Rethel une celle ou un prieuré, dont il voulut contraindre les vassaux à se mettre au nombre de ses serfs, et à construire avec eux les murs de son château. L'abbé de Saint-Remi, ne pouvant l'arrêter par la voie des armes, eut recours à l'archevêque Renaud de Martigné, qui, de concert avec son clergé, fulmina contre le comte une sentence d'excommunication. Hugues resta long-tems sous l'anathême; mais à la fin, touché de repentir, il vint, l'an 1094, avec son fils Manassès, faire satisfaction, nu-pieds, à l'abbaye, devant le corps de saint Remi. (Marlot, *Hist. Eccl. Rem.*, T. II, p. 185.) L'année suivante, il donna l'église collégiale d'Aumont, située dans ses domaines, à l'abbaye de Saint-Vincent de Laon. Il céda, peu de tems après, au même monastère, avec le consentement de Mélisende, son épouse, fille de Guy Ier, sire de Montlhéri, et de ses deux fils, Manassès et Baudouin, la moitié de la terre d'Erlon, dont l'autre partie avait déjà été donnée à cette maison par Enguerrand de Couci. L'an 1097, il fit encore don à Saint-Vincent de deux moulins sur quatre qu'il avait à Rethel. (*Cartul. de Saint-Vincent.*) La charte de cette donation n'énonce le consentement que de sa femme et de son fils Manassès. Baudouin, son autre fils, surnommé du Bourg, était parti l'année précédente avec Godefroi de Bouillon pour la Terre-Sainte, où il devint comte d'Edesse et ensuite roi de Jérusalem, deuxième de son nom. La même année 1097, Hugues fit donation de la terre de Novi et de celle de Barbei à l'abbaye de la Seauve dans le Bordelais; et, vingt ans après, il lui céda les deux moulins qui lui restaient à Rethel. C'est de ces aumônes que fut fondé le prieuré de Novi. (*Archiv. de Novi.*) L'an 1115, Hugues perdit Manassès, son fils aîné, auquel il survécut au moins trois ans, comme le prouve une nouvelle charte qu'il donna, l'an 1118, en faveur de Saint-Vincent de Laon. (*Cart. de Saint-Vincent.*) On n'a pas d'époque plus récente de son existence. Il laissa de son mariage, outre Baudouin dont on a parlé, Gervais, qui suit, avec deux filles; Hodierne, femme de Roger, prince d'Antioche, et Mathilde, alliée à Eudes, châtelain de Vitri. Le comte Hugues fut enterré au prieuré de Novi, qu'il avait fondé, l'an 1097, par une charte dont nous avons la copie sous les yeux.

N. B. *Nous avons fait ci-devant*, art. des *Rois de Jérusalem, Baudouin fils aîné du comte Hugues. Il ne l'était que par la mort de son frère Manassès.*

GERVAIS.

1118 au plus tôt. GERVAIS, troisième fils de Hugues Ier, fut destiné dès son enfance à l'état ecclésiastique, et entra dans le clergé de Reims, dont il devint archidiacre. Après la mort de Manassès II, archevêque de Reims, arrivée l'an 1106, une partie des suffrages tomba sur Gervais pour le remplacer, et l'autre sur le trésorier Raoul le Verd. Le roi Philippe appuya le premier, et Rome le second; ce qui causa un conflit qui dura jusqu'à la mort de ce prince. Raoul, cependant, s'était mis en possession du siége, et Gervais, à la fin, prit le parti de céder. Hugues, son père, étant mort, il lui succéda au comté de Rethel, qu'il gouverna jusqu'à l'an 1124, qui fut le terme de sa vie. Après avoir renoncé à l'archevêché de Reims, il avait épousé ELISABETH, fille de Godefroi, comte de Namur, dont il eut une fille, de même nom qu'elle, mariée à Clérembaud de Rouci, seigneur de Rosoi en Thiérache.

WITHIER, ou GUITHIER.

1224. WITHIER, ou GUITHIER, fils d'Eudes, châtelain de Vitri, et de Mathilde, fille du comte Hugues et sœur de Gervais, succéda à son oncle dans le comté de Rethel. On lui donna le surnom de *Dévot*, que ses vertus sans doute lui méritèrent.

Mais ce ne fut point dans les premières années de son gouvernement qu'il les fit briller. Il était avoué de Saint-Remi de Reims, et il abusa de ce titre pour vexer les villages dépendants de ce monastère, par les coutumes injustes et tyranniques qu'il y établit. Sur les plaintes qui en furent portées à l'archevêque de Reims, Renaud de Martigné, ce prélat, après l'avoir inutilement sommé de mettre fin à ces extorsions, prit le parti de l'excommunier, et de mettre sa terre en interdit. Ce jugement, rendu en 1126, fut confirmé la même année par le pape Honorius II, à la demande de l'abbé Odon, qui avait fait le voyage de Rome. On sait que l'interdit emportait la cessation absolue du service divin dans les lieux qui en étaient frappés; ce qui jetait le peuple dans la consternation, et rendait un objet d'horreur celui qui en était la cause. Le comte, alors, étant rentré en lui-même, pria l'archevêque de ménager son accommodement avec l'abbé de Saint-Remi. Il se fit à des conditions qu'on peut voir dans les lettres de ce prélat, rapportées par D. Martenne au premier tome de son *Trésor des anecdotes*, col. 367. Guithier vérifia son changement en se montrant dans la suite libéral envers les églises. Nous apprenons du cartulaire de Saint-Vincent de Laon, qu'il donna au prieuré d'Aumont le village de Villiers-le-Tigneux; donation qui fut confirmée, l'an 1142, par le pape Innocent II. Il fonda, l'an 1148, au diocèse de Reims, sur la rive gauche de la Meuse, l'abbaye cistercienne d'Élan, qui fut le lieu de sa sépulture et de celle de plusieurs de ses successeurs. (*Gall. Ch. no.*, T. IX, col. 310.) L'an 1153, il approuva, de concert avec ses enfants, la cession que le prieur de Novi fit du moulin d'Aremboult à l'abbé de Saint-Denis de Reims, entre les mains de l'archevêque Sanson de Mauvoisin. (*Cartul. de Novi.*) Il donna, l'an 1158, au même prieuré, l'église et les prébendes de Bruches, près de Montdidier, avec le consentement du même prélat. (*Arch. de Novi.*) Nous n'avons point de preuve qu'il ait vécu au-delà de cette année. De Béatrix, son épouse, fille de Godefroi, comte de Namur, il eut, 1°, Manassès, qu'il s'était associé l'an 1142, au plus tard. Nous avons, en effet, une charte donnée à Rethel, et datée de l'an 1142, dans laquelle celui-ci se dit comte de Rethel *par la miséricorde de Dieu*. (*Ibid.*) C'est une confirmation de l'échange que le prieur de Novi avait fait avec un nommé Gui, de la terre de Mongon contre celle de Corni, du *consentement*, dit-il, *de Withier, mon père, de bonne mémoire*; ce qui ne veut nullement dire que Withier fût mort alors, puisque la suite des faits le montre encore vivant long-tems après; 2° Hugues, qui prenait aussi la qualité de comte, ainsi qu'on le voit dans une charte de l'an 1146, où il est dit que le comte Hugues, étant malade dans le cloître de Novi, *Hugo comes dum infirmus jacebat in claustro Noveiensi*, fit don à ce monastère d'un serf nommé Baudouin, de concert avec Béatrix, sa sœur, et du consentement de Withier, son père, qui l'était venu visiter : il paraît qu'il ne releva pas de cette maladie ; et l'on croit à Novi qu'il y est enterré dans l'église (*Arch. de Novi*) ; 3° Henri, châtelain de Vitri, qui souscrivit, en 1198, une donation faite au prieuré d'Aumont, dans le Laonnois, par Gui, seigneur de Vont (*Cart. Saint-Vincent. Laudun*); 4° Albert, chanoine de Reims ; 5° Baudouin, seigneur de Chemeri ; 6° Béatrix dont on vient de parler, laquelle épousa Roger Ier, roi de Sicile ; 7° N., mariée à un seigneur nommé Geoffroi, suivant une charte de Sanson, archevêque de Reims, de l'an 1155 (*Arc. de Novi*) ; 8° Clémence, ou Agathe, femme de Hugues de Pierre-Pont, qu'elle fit père d'Eustachie, mariée, 1° à Enguerrand III, sire de Couci ; 2° à Robert de Pierre-de-Pont, dont elle eut un fils, nommé Jean, qui devint comte de Rouci.

MANASSÈS III.

MANASSÈS III succéda, dans le comté de Rethel, à Withier, son père, qui se l'était associé, comme on l'a dit, long-tems avant sa mort. L'an 1182, il prit le parti de Baudouin V, comte de Hainaut, dans la querelle qu'il avait avec le duc de Brabant, au sujet du château de Lambeck, que Baudouin avait fait élever sur les confins du Brabant. (Lewarde, *Hist. du Hainaut*.) Il vivait encore en 1198, comme on le voit par la donation qu'il fit cette année d'un muid de froment et d'un muid d'avoine au prieuré d'Aumont. (*Cartul. de S. V. de L.*) Par une autre charte il restitua, la même année, au prieuré de Novi, des fours bannaux et une petite forêt dont il s'était emparé, témoignant un vif regret de cette usurpation. (*Cartul. de Novi*.) Sa mort arriva l'an 1200, au plus tard. Il avait épousé MAHAUT, fille de Mathieu de Lorraine, comte de Toul, dont il laissa un fils, qui suit, mentionné avec sa mère dans l'acte dont on vient de parler.

HUGUES II.

HUGUES, fils de Manassès III, lui succéda au comté de Rethel avec FÉLICITÉ DE BROYES, sa femme, qu'il avait épousée en 1191. L'an 1200, après la mort de son père, il donna, du consentement de sa femme et de leur fils Hugues, encore enfant, à l'abbaye de Saint-Vincent de Laon, le droit de pêche dans une partie de la rivière de Bar, à la charge d'un anniversaire à perpétuité pour lui et son épouse. Son père, malgré la restitution qu'il avait faite au prieuré de Novi, s'était encore réservé plusieurs droits onéreux et sujets à de grands abus sur cette maison. Tels étaient les droits d'hospitalité, de gîte, de procuration, au moyen desquels les comtes de Rethel venaient se loger, quand bon leur semblait, au monastère, avec leurs prévôts, leurs sergents, leurs équipages, leurs chevaux, leurs chiens de chasse, leurs oiseaux de proie, etc. Telles étaient encore les corvées, les chevauchées, qu'ils exigeaient en toute occasion des habitants de Novi et de Barbei, qui en est une dépendance. Le comte Hugues transigea sur tous ces objets avec les religieux, de manière qu'ils n'en fussent plus grevés à l'avenir. L'acte, daté du mois de septembre, et signé par le comte et son fils aîné, fut confirmé au mois d'octobre suivant par l'archevêque de Reims; puis, au mois de janvier 1206, par Blanche, comtesse de Champagne, et Thibaut, son fils, comme suzerain de Rethel; par le roi Philippe Auguste en 1211; par le comte Thibaut, devenu majeur, en 1223; par le pape Grégoire IX, en 1232; et enfin par le comte Hugues lui-même, et Jean, son fils, au mois d'août 1235. (*Arch. de Novi.*) Hugues, en 1210, eut une querelle avec l'abbaye de Saint-Vincent de Laon, au sujet de plusieurs droits qu'il prétendait lui appartenir au village de Villers-le-Tigneux, et touchant les limites des bois situés dans ce territoire et dans ceux d'Omicourt et de Louvergni. L'affaire ayant été portée à Rome, le pape nomma des commissaires sur les lieux, qui condamnèrent le comte. Ce fut probablement pour se venger de cette disgrâce que, s'étant joint à Jean II, comte de Rouci, Gobert, vicomte de Laon, Enguerrand III, sire de Couci, et ses deux frères; Thomas, seigneur de Vervins, Robert, seigneur de Pinon, Barthélemi de Montchalon, et Guillaume du Sart, châtelain de Laon, tous ennemis de l'abbaye de Saint-Vincent, il se mit à courir sur ses terres et à maltraiter ses vassaux. Le pape Honorius III, instruit de ces violences, en arrêta le cours par sa bulle du 5 février 1218, adressée au doyen de Laon, au chantre de l'église de Saint-Frambaud, et à Herbert de Chambeli, chanoine de Senlis, auxquels il enjoignit de signifier à ces seigneurs qu'ils eussent à cesser de molester l'église de Saint-Vincent, sous peine d'encourir les censures ecclésiastiques. Il paraît que cette bulle réprima la licence de ceux qui en étaient l'objet.

L'an 1218 (V. S.), Hugues donne des lettres, datées du vendredi avant les Rameaux, à Blanche, comtesse de Champagne, et à Thibaut, son fils, par lesquelles il s'engage à les défendre contre Erard de Brienne et Philippe, sa femme, qui leur disputaient ce comté. (*Liber Pontif.*, fol. 122.) Quelques soupçons qui s'élevèrent dans l'esprit du roi Philippe-Auguste, touchant la fidélité du comte Thibaut et de sa mère, déterminèrent ce monarque, l'an 1222, à s'assurer de celle de leurs vassaux. Nous avons les lettres de Hugues de Rethel, datées du mois de mars 1221 (V. S.), par lesquelles il promet avec serment au roi qu'au cas que le comte de Champagne, son suzerain, refuse à sa majesté le service qu'il lui doit comme son homme-lige, il joindra ses armes à celles du monarque pour le réduire. (*Liber principum*, fol. 152, r°.) Les défiances de Philippe-Auguste ne se réalisèrent point, le comte de Champagne lui étant demeuré toujours fidèle. Marlot prétend que Hugues II vécut jusqu'en 1228. Ce qu'il y a de certain, c'est qu'il était remplacé cette année par son fils, et que Félicité, sa femme, dame de Beaufort, soit de son chef, soit par douaire, vivait encore au mois d'octobre 1231, comme le prouve sa souscription, mise à cette époque au bas d'une charte donnée par son fils aîné en faveur de l'abbaye de Saint-Remi de Reims. (Marlot, T. I, p. 190.) Cette dame eut de son mariage quatre fils, qui furent successivement comtes de Rethel; savoir: Hugues, Jean, Gaucher et Manassès, avec autant de filles; Mahaut, qui épousa Thomas de Couci, sire de Vervins, à qui elle porta en dot les seigneuries de Brie et de Montaguillon; Elisende, comtesse de Perthes, alliée à Garnier de Toiange, seigneur de Marigni; Béatrix, femme d'André de Nanteuil; et Agnès, mariée au seigneur de Soillonai. Le comte Hugues II et Félicité sa femme, ont chacun leur sépulture dans l'abbaye d'Elan, à côté l'un de l'autre. L'épitaphe du mari porte:

> Hugo comes primus jacet hoc sub marmore, limus.
> Quod nunc est erimus, licet id quod erat modò simus.
> Limus erat, fuimus omnes, ad idemque redimus.

On ne sait pourquoi l'auteur de cette inscription appelle celui qui en est l'objet, le premier de son nom. Mais il est bien certain que Hugues Ier, comte de Rethel, mourut longtems avant la fondation d'Elan. D'ailleurs, l'épitaphe suivante de la comtesse Félicité annonce que c'est son mari, et non pas un autre Hugues plus ancien, qui est à côté d'elle.

> Hîc Comitem comitata virum Comitissa locatur
> Felicitas, pro qua bonitas pietasque precantur.

HUGUES III, dit HUART.

1228, au plus tard. Hugues III, fils aîné de Hugues II, était seigneur de Saint-Hillier, dans la prévôté d'Epernai, du vivant de son père, auquel il succéda dans le comté de Rethel. On a de lui des lettres du mois d'avril 1219, par lesquelles il déclare que l'héritage qu'il attend relève du comté de Champagne, et promet en conséquence à la comtesse Blanche et à Thibaut, son fils, de les aider comme leur homme-lige envers et contre tous. (*Lib. Pontif.*, fol. 212, v°.). Mais quelque tems après il se brouilla avec cette comtesse à l'occasion d'un de ses hommes du village de Soyn, nommé Colery, qui s'était expatrié sans le congé de son seigneur, pour aller s'établir à Sainte-Menehould. Les officiers de la comtesse ayant pris la défense de cet homme, Hugues alla faire le dégât aux environs de la ville : ce qui ne fut point sans représailles. Mais Hugues, ayant été trouver ensuite la comtesse, fit avec elle un compromis entre les mains de Simon, sire de Joinville, sénéchal de Champagne, au jugement duquel il s'en remit; promettant, s'il lui donnait tort, de réparer le mal qu'il avait fait. L'acte est du 15 juillet 1223. (*Ibid.*, fol. 213.) L'an 1227 (et non 1230), il bâtit Château-Renaud, à une lieue de Charleville, et déclara, par ses lettres du mois de mai, qu'il lui avait donné les mêmes coutumes qui s'observaient à Bouillon. (*Archiv. du duché de Rethel.*) L'an 1229, dans la grande confédération qui se forma contre Thibaut, comte de Champagne, il fut presque le seul de ses grands vassaux, avec le comte de Grand-Pré, qui lui demeura fidèle, ou du moins qui témoigna un véritable zèle pour sa défense. (Pelletier, *Hist. des Comtes de Champagne.*) L'an 1232, il affranchit, par une charte du mois de mai, les habitants de Châtillon-sur-Bar. (*Archiv. du D. de Rethel.*) L'an 1233, au mois d'août, sur ce que les religieux de Novi avaient essarté une forêt au territoire de Corni, édifié sur ce terrain un village appelé Villefranche, et construit une église, le comte Hugues, après quelques contestations, fit avec Grimoard, évêque de Cominges et abbé de la Seauve, un traité par lequel il fut convenu qu'il partagerait, comme suzerain, les terres défrichées avec le prieuré. (*Archiv. de Novi.*) Hugues, l'an 1235, fit don à l'abbaye de Landève d'une redevance de quarante setiers de blé, moitié seigle. Il régla, l'an 1241, les droits de la seigneurie de Raucourt, comme il avait réglé au mois d'août 1233, ceux de Mézières, et en 1237 ceux de Saulces. Le comte Hugues finit ses jours en 1243, après avoir perdu Henri, son fils unique. Il avait épousé, 1° Mabile, fille du châtelain d'Ypres, dont il laissa une fille, Marie, qui viendra ci-après;

2°, dans le mois de novembre 1259, Jeanne de Dampierre, qui vivait encore, suivant le Cartulaire de Saint-Remi de Reims, en 1243, et qu'il laissa veuve sans enfants. Elle était sœur de Guillaume de Dampierre, comte de Flandre.

MARIE et JEAN.

1243. Marie, fille unique de Hugues III, lui succéda au comté de Rethel; mais elle ne lui survécut qu'environ deux ans. Après sa mort, ses trois oncles, Jean, Gaucher et Manassès, après s'être disputés pour le partage de sa succession, passèrent une transaction au mois de juin 1244, par laquelle Jean, comme l'aîné, devint comte de Rethel; Gaucher, archidiacre de Liége, eut la châtellenie de Raucourt; et Manassès celle de Saint-Hillier et du Bourg. Mahaut, leur sœur, femme de Thomas de Couci, sire de Vervins, fut aussi partagée de la terre de Châtillon-en-Conel, à la réserve du fief que Jean retint pour lui, sous promesse néanmoins de n'y point élever de forteresse sans le consentement de Mahaut. Le comte Jean, du vivant de son père, s'appelait le sire d'Espance. Il avait épousé, au mois de novembre 1235, Marie, fille d'Arnoul, sire d'Oudenarde; et, en vertu de ce mariage, il avait obtenu la seigneurie d'Aumont. Etant devenu veuf sans enfants, vers l'an 1242, il se remaria peu de tems après avec une autre Marie, fille de Jean, châtelain de Noyon, comte de Torote et lieutenant de Thibaut, roi de Navarre, dans la Champagne. Lorsqu'il fut paisible possesseur du comté de Rethel, il en fit hommage à ce prince, et lui en donna son dénombrement en 1245. L'an 1249, il établit près du village de Louvergni, dans le domaine du prieuré d'Aumont, des religieux de Saint-Guillaume de Toscane. (*Cartul. de S. Vinc. de Laon.*) Il mourut sur la fin de l'an 1251, sans laisser de postérité. Sa seconde femme, qui lui survécut, eut pour son douaire la prévôté d'Aumont.

GAUCHER.

1251. Gaucher, troisième fils de Hugues II et archidiacre de Liége, quitta l'état ecclésiastique pour succéder à Jean, son frère, au comté de Rethel. Ce fut un seigneur pacifique et religieux. Il apaisa les querelles de ses vassaux, vécut en bonne intelligence avec ses voisins, et fit du bien aux églises. Celle de Saint-Remi de Reims célèbre son anniversaire le 5 de septembre. L'an 1255, au mois d'octobre, il reçut de Thomas II de Couci, son neveu, sire de Vervins, l'hommage-lige pour les terres de Poix, de Barbaise, de Perthes, d'Halluin et de Camons. (*Cartul.*

de Vervins, pag. 170.) Ces biens venaient d'être cédés à Thomas par Mahaut, sa mère. L'an 1257, Gaucher donna en fief à Baudouin d'Avesnes ses terrages et son four bannal de Blazon, avec une rente de 40 livres parisis sur Lannois, et quatre muids de blé à prendre sur le moulin de Télone; tous lesquels biens furent transportés à Thomas de Couci par le même Baudouin. (*Ib.* p. 129.) Gaucher, l'an 1262 (N. S.), au mois d'avril, avant Pâques, accorda, par une charte, aux habitants de Villiers-le-Tigneux les priviléges et les coutumes de Beaumont en Argonne. (*Cartul. de S. Vinc. de Laon.*) Gaucher mourut sans lignée au plus tard dans la Semaine-Sainte de la même année, comme on va le voir par l'article suivant.

MANASSÈS

1262. MANASSÈS, seigneur de Mézières et de Saint-Hillier, succéda, l'an 1262, avant Pâques, qui tombait cette année le 9 avril, à Gaucher, son frère, dans le comté de Rethel. Mahaut, sa sœur, douairière de Vervins, voulut aussi avoir sa part dans cette succession. Nous avons la charte d'un accord qu'il fit à ce sujet avec elle au mois d'avril 1261, suivant le vieux style. (*Cartul. de Vervins*, p. 285.) On fait l'éloge de ses vertus guerrières et morales; mais l'histoire ne nous a transmis aucun détail de ses exploits. Il mourut en 1273, laissant de sa femme, ISABELLE, un fils, et deux filles, Marie et Félicité, dont la première épousa Gautier II, sire d'Enghien. Ce comte et sa femme sont inhumés, chacun séparément, dans l'église d'Elan, sous deux tombeaux ornés de leurs épitaphes. Celle de Manassès porte:

> Hîc Manasserus quondam comes est tumulatus,
> Miles ad arma ferus, morum virtute probatus;
> Simplex atque pius, tormentum non patiatur,
> Sit socius sanctis, et æternâ luce fruatur.

L'épitaphe de la comtesse Isabelle est en français:

> Isabeau la comtesse gist sous cette lame,
> Volontiers oyoit messe, Dius ayt à mercy s'ame.
> De ciux de Cri fut née, moult estoit bonne dame.
> Ihesu-Crist couronné la mette en son royaulme.

Cette comtesse, après la mort de Manassès, s'était remariée à Nicolas de Charbogne, seigneur d'Autri, dont elle eut un fils, nommé Gautri, moine de Saint-Remi de Reims, mort en 1319, selon l'épitaphe suivante : *Gi gist Gaucher de Charbogne, moine de S. Remi, frère de la comtesse de Rethel, oncle du comte de Flandre, et cousin germain du comte de Grand-Pré, qui trépassa l'an de grace* 1319.

HUGUES IV.

1273. Hugues IV, fils de Manassès et son successeur, était encore sous la tutelle de Nicolas de Charbogne, son beau-père, en 1278, comme on le voit par une transaction que celui-ci fit cette année, au mois de décembre, avec le prieur de Novi, touchant les écluses des moulins de Rethel. Le tuteur, dans cet acte, se donne la qualité de comte de Rethel, suivant l'usage du tems, qui autorisait les baillistes à prendre les titres de leurs pupilles. (*Archiv. de Novi.*) Marie, femme de Gauthier II, sire d'Enghien, et sœur aînée de Hugues, n'avait pas souffert que son frère emportât toute la succession paternelle. Elle en avait demandé sa part ; et Henri le Gras, leur cousin, roi de Navarre et comte de Champagne, s'était entremis pour les accorder. On fit une transaction, qu'il dicta lui-même, le troisième dimanche de carême 1272 (V. S.), par laquelle Hugues, du consentement de son tuteur, céda à sa sœur la terre de Machaut avec la moitié de celle de Tanion. Hugues finit ses jours avant l'an 1290, laissant de sa femme Isabeau, fille de Henri VI, comte de Grand-Pré, une fille nommée Jeanne, qui fut son héritière. Le tombeau de Hugues IV se voit à l'abbaye d'Elan avec l'inscription suivante :

> Huest, qui fut comte de Retest,
> Sous cette tombe enfois est.
> Preudom fu et de bonne affaire.
> Jesus li veuille pardon faire.
> Fiex fu au comte Menessier.
> Dou regne Diu soit parcenier.

Coquille et Marlot, suivis par les modernes, donnent à Hugues un fils, nommé Jacques, qu'ils font son successeur et père de Jeanne. Mais Vredius, dans sa généalogie des comtes de Flandre, ne fait point mention de ce fils, et avec raison. Comment en effet Hugues IV, qui était encore mineur en 1278, aurait-il pu avoir un fils dont la fille aurait été fiancée dès-lors, comme on verra que Jeanne le fut en 1277 ?

JEANNE et LOUIS Ier.

1290. JEANNE, fille unique et héritière de Hugues IV, avait été fiancée, n'étant point encore nubile, le 28 mai 1277, par l'entremise du roi Philippe le Hardi, à Louis, fils aîné de Robert III, comte de Flandre, qu'elle épousa dans le mois de décembre 1270, en présence du comte Gui, aïeul de Louis et de Marie d'Enghien, tante de Jeanne. L'année suivante, Robert, père de Louis, acquit pour son fils et sa bru, par acte du jour de saint André, les droits de la douairière de Doncheri. Deux ans après (1293), au mois de septembre, Louis et sa femme achetèrent du chevalier Jacques de Montchambon, la ville d'Arches, sur la Meuse. C'était autrefois un lieu considérable, nommé en latin *Arcæ Remorum*; et nos rois de la seconde race y avaient un palais. Quoique réduite à l'état de village depuis la fondation de Charleville, qui n'en est éloignée que d'une demi-lieue, elle porte encore aujourd'hui le titre de principauté.

Le comte Louis commanda les troupes de son père dans les guerres qu'il eut avec les rois Philippe le Bel et Philippe le Long. Ce dernier ayant fait confisquer les domaines de Louis en 1317, il vint trouver le monarque en diligence, et obtint main-levée de la confiscation, après lui avoir rendu l'hommage qu'il avait jusqu'alors différé. Sa soumission ne put néanmoins opérer qu'une trêve que le roi accorda pour le comte Robert, son père. La paix ne se fit que le 5 mai 1320 à Paris; et par un des articles du traité qui en fut la base, il fut réglé que Louis, fils du comte Louis et de Jeanne, épouserait la fille du roi, nommée Marguerite, avec assurance de succéder au comté de Flandre de même qu'à ceux de Rethel et de Nevers. Mais comme la représentation en ligne directe n'avait pas lieu en Flandre, on obligea, le 2 juin suivant, Robert, frère puîné de Louis, à renoncer au comté de Flandre dans le cas où son aîné précéderait leur père au tombeau. Le cas prévu arriva. Le comte Louis mourut le 22 janvier 1322, environ deux mois avant son père. Après sa mort, Jeanne, sa veuve, qui lui survécut près de quatre ans, fixa sa résidence dans le Rethelois, qu'elle gouverna comme son patrimoine. L'an 1325, elle fit donation de plusieurs terres, par acte du 1er avril, à Philippe de Bourlande, son cousin, à charge de retour, faute d'hoirs, à Marguerite de Grand-Pré, mère du donataire et tante de la donatrice. (*Voyez* Louis Ier, *comte de Nevers.*)

LOUIS II, dit DE CRÉCI.

1325 au plus tôt. Louis II, fils de Louis Ier et son successeur au comté de Nevers, comme il le devint de Robert, son aïeul, à celui de Flandre, hérita du comté de Rethel par la mort de Jeanne, sa mère. L'histoire est en défaut sur ce qu'il fit dans le Rethelois. Elle nous apprend seulement qu'il régla et modéra, par une charte du mois de janvier 1330 (V. S.), les droits de la seigneurie de Chêne le *Populeux*, et qu'en 1341, par une autre charte du 12 février, il fonda dans l'église d'Elan, pour lui, sa femme, son père et ses successeurs, quatre messes quotidiennes à perpétuité, pour lesquelles il assigna à cette abbaye cent livres de rente, à prendre sur les marchés de Rethel et de Tomnié. Ce comte fut tué, le 26 août 1346, à la bataille de Créci, en mémoire de quoi les historiens l'ont surnommé de Créci. (Voy. *les comtes de Nevers*.)

LOUIS DE MALE.

1346. Louis III, surnommé DE MALE, du lieu de sa naissance, voisin de Bruxelles, succéda au comte Louis II, son père, avec lequel il avait combattu à la bataille de Créci. Il obtint, l'an 1347, du roi Philippe de Valois, des lettres-patentes par lesquelles il lui était permis et à Marguerite, sa mère, de posséder en pairie, pour leur vie seulement, les comtés de Nevers et de Rethel : lettres qui furent confirmées par d'autres du roi Jean, le 10 avril 1350. Nous racontons à son article, parmi les comtes de Flandre, les démêlés qu'il eut avec les Flamands. L'an 1348, ayant reconnu l'importance de la ville de Donchéri pour sa situation, il la fit fortifier; et par ses lettres du mois d'octobre de cette année, il fit le département des villages qui dans la suite seraient tenus de l'entretien de ses fortifications. Il augmenta, l'an 1379, ses domaines par l'acquisition qu'il fit de la châtellenie de Warth sur la Meuse. Après en avoir fait hommage au roi Charles V, à cause de son château de Sainte-Menehould dont il relevait, il supplia le monarque de vouloir bien le réunir au comté de Rethel à perpétuité; ce qui lui fut accordé par lettres-patentes du 23 avril 1380, données au château de Beauté. (*Mss. de Colbert*, vol. 34, fol. 945.) Le 9 janvier 1384 fut le terme de ses jours. (Voyez *les comtes de Flandre, ceux de Nevers et ceux de Bourgogne*.)

MARGUERITE, PHILIPPE LE HARDI, et ANTOINE.

1384. MARGUERITE, fille unique de Louis de Male et femme de Philippe le Hardi, duc de Bourgogne, succéda à son père avec son époux dans les comtés de Rethel et de Nevers, ainsi que dans ses autres domaines. L'an 1392, ils transportèrent le comté de Rethel à leur second fils, Antoine, en le mariant, par contrat du 19 février, à JEANNE, fille de Valeran III de Luxembourg, comte de Saint-Pol, qui de son côté donna en dot à sa fille la châtellenie de Lille. (Plancher, *Hist. de Bourg.*, T. III, *pr.*, pp. CLXI et *seq.*) Mais ils se réservèrent l'administration du Rethelois pendant la minorité de leur fils, qui ne fut émancipé qu'en 1401 (V. S.), avec ses frères, Jean et Philippe, par lettres du roi Charles VI, données à Paris le 18 février. (*Voy.* Jean, *comte de Nevers.*) Le même monarque, l'an 1399 (V. S.), affranchit, par lettres du 28 février, les habitants de Château-Renaud des droits d'aides et d'impositions foraines pour toutes les marchandises qu'ils feraient transporter sur la Marne dans les terres de l'Empire. Antoine, ayant succédé, l'an 1405, à sa mère dans le duché de Brabant, céda le comté de Rethel à Philippe, son frère, conformément au traité de partage que cette princesse et son époux avaient fait entre leurs enfants le 27 novembre 1401. (*Hist. de Bourg.*, T. III, *pr.*, pp. CLXXXIX et *seq.*) (Voy. *les comtes de Nevers et les ducs de Bourgogne.*)

PHILIPPE II DE BOURGOGNE.

1404. PHILIPPE, troisième fils de Philippe le Hardi et de Marguerite de Flandre, successeur de son frère, Antoine, aux comtés de Rhetel et de Nevers, obtint, du roi Charles VI, par lettres du 29 décembre, l'exemption à perpétuité du droit d'aides pour tout le comté de Rethel, moyennant la somme annuelle de cent mille livres; et, l'an 1408, sa majesté interprétant cette franchise, l'étendit sur la gabelle du sel. Philippe périt le 25 octobre 1415, à la funeste bataille d'Azincourt, laissant de BONNE D'ARTOIS, sa seconde femme, deux fils, qui suivent. (Voy. *les comtes de Nevers.*)

CHARLES DE BOURGOGNE.

1415. CHARLES, fils aîné de Philippe de Bourgogne et de Bonne d'Artois, né l'an 1414, succéda à son père dans les comtés de Rethel et de Nevers, ainsi que dans la baronnie de Donzi, sous la tutelle de sa mère. Cette dame, conformément à l'ordonnance testamentaire de son époux, dota l'abbaye d'Elan, d'une rente de 150 livres parisis, à recevoir sur le domaine de la châtellenie d'Omont, par lettres du 21 février 1420 (V. S.). Bonne s'étant remariée, l'an 1424, à Philippe le Bon, duc de Bourgogne, mourut à Dijon le 17 septembre de l'année suivante, au retour des noces de Charles, duc de Bourbon et d'Agnès, fille du duc Philippe le Hardi, qui furent célébrées à Autun. Par sa mort, Philippe le Bon se trouva chargé de la garde-noble de ses beaux-fils, Charles et Jean, dont il se démit l'an 1455. Charles de Bourgogne, l'an 1461 (V. S.), par lettres du 4 janvier, obtint du roi Louis XI confirmation de la réunion que Charles VII avait faite à sa requête de la baronnie de Rosoy en Picardie, au comte de Rethel. Ce prince finit ses jours sur la fin de mai 1464, sans laisser de postérité de MARIE D'ALBRET, sa femme. (Voy. *les comtes de Nevers*.)

JEAN DE BOURGOGNE.

1465. JEAN DE BOURGOGNE, frère de Charles, né à Clameci le 25 octobre 1415, le jour même que Philippe, son père, fut tué, passa, l'an 1425, avec son frère, après la mort de leur mère, sous la tutelle de Philippe le Bon, duc de Bourgogne, leur cousin et leur beau-père. Ce prince ne montra pas dans l'exercice de cet emploi le désintéressement qu'on devait attendre de lui. Non content de s'approprier le précieux mobilier du comte Philippe, père de ses pupilles, il s'empara, l'an 1430, des duchés de Brabant et de Limbourg et de la seigneurie d'Anvers, qu'ils devaient partager avec lui après la mort du duc Antoine, dont il était parent au même degré que Philippe le Bon. Il commit envers eux une nouvelle injustice, l'an 1433, en contraignant Jacqueline, comtesse de Hainaut et de Hollande, de lui remettre ses états, qu'il devait également partager avec ses cousins. Le duc de Bourgogne, ne pouvant se dissimuler les injustices qu'il faisait à ses pupilles, s'imagina, pour les réparer, de céder à Jean de Bourgogne, les droits qu'il prétendait avoir au comté d'Etampes et aux seigneuries de Gien et de Dourdan, avec promesse de lui en garantir la jouissance. Jean prit en effet dès-lors le titre de comte d'Etampes : mais c'est tout ce qu'il en eut. Le procureur-général revendiqua ces terres au nom du roi, prétendant qu'elles étaient du domaine et n'avaient été données qu'en apanage *forsfailli*. Le roi Charles VII, en effet, n'étant que dauphin, en avait dépouillé le duc de Bourgogne, et les avait données, en 1421, à Richard, frère de Jean VI, duc de Bretagne. (Voy. *les comtes d'Etampes*.) En vain le comte Jean (c'est ainsi que nous l'appellerons désormais), appela le duc Philippe en garantie. Dès l'ouverture du procès, comme il arrive dans les causes du domaine royal, il fut dépossédé, et ensuite, par arrêt de la cour, il fut évincé, avec pouvoir à la vérité d'exercer son recours contre le duc de Bourgogne. De cette manière, Jean de Bourgogne ne se trouva aucune terre à soi ; ce qui le fit nommer *Jean-sans-Terre*. Le comte Jean, et Charles, son frère, incapables d'opposer la force à un concurrent aussi puissant que Philippe le Bon, travaillèrent à le gagner par les marques de leur attachement. Le premier se fit admettre au nombre de ses courtisans, et combattit sous ses étendards dans les guerres qu'il eut à soutenir. Le duc, sensible aux bons procédés du comte Jean, lui assigna, par contrat du 24 novembre 1435 une rente de six mille livres, à prendre sur tous les biens : mais on assure que jamais il n'en toucha rien. Deux ans après, pour demeurer quitte de cette rente imaginaire, Philippe, par acte du 7 août 1437, lui céda le comté d'Auxerre, qu'il avait obtenu du roi par la paix d'Arras, et quelques terres en Hollande. L'année suivante, par un contrat du 1er août, il lui constitua sur le comté d'Artois la rente de deux mille livres ; et, enfin l'an 1448, par acte du 1er juillet, il lui fit cession des villes de Péronne, Roye et Mont-Didier, pour demeurer quitte de la somme de vingt mille livres, à quoi il avait évalué le mobilier du feu comte Philippe, père du comte Jean. Mais quelques remontrances que celui-ci pût lui faire, il ne voulut jamais lui faire raison des duchés de Brabant et de Limbourg, ni du marquisat d'Anvers, sur lesquels Jean et son frère, avaient, comme on l'a dit, les mêmes droits que lui. Ce déni de justice n'altéra pas néanmoins la concorde qui régnait entre eux. L'an 1452, le comte Jean commanda l'armée du duc contre les Gantois rebelles, qu'il battit, le 21 avril, au pont d'Espierre. S'étant ensuite approché d'Oudenarde, qu'ils assiégeaient, il remporta sur eux, trois jours après, une nouvelle victoire qui les obligea de lever le siége. Avant de livrer le combat, il avait été fait chevalier par le seigneur de Savoisi, et en avait fait ensuite lui-même cinquante-deux des plus nobles et des plus braves de son armée, dont le principal était Antoine de Bourgogne, bâtard du duc, qu'on appelait *le grand bâtard*. Le 25 mai suivant, autre combat entre le comte et les Gantois près de Nivelle. S'il en sortit encore cette fois vainqueur, ce ne fut pas sans avoir perdu beaucoup de monde, et sans avoir couru grand risque d'être lui-même au nombre des morts. Mais ce qui ne lui fait pas moins d'honneur que ses victoires, il fut, l'année suivante, l'un des médiateurs de la paix qui se fit entre le duc et ses sujets révoltés des Pays-Bas. (Monstrelet, Meyer.) Ces services, et d'autres que le comte Jean rendit à Philippe le Bon, furent récompensés par le collier de la toison d'or, qu'il reçut en 1456. Ce fut à peu près vers ce tems que le dauphin Louis, fils du roi Charles VII, poursuivi, les armes à la main, par son père, vint chercher un asile auprès du duc de Bourgogne. Les liaisons que le comte Jean prit alors avec l'héritier de la couronne, donnèrent de l'ombrage à Charles, comte de Charolais, fils unique du duc. Charles, fit éclater sa haine contre lui en 1463, lorsque Louis, étant monté sur le trône, eut recouvré, par le désistement de Philippe, les villes de la Somme, qui lui avaient été engagées par le traité d'Arras. Il accusa le comte Jean de s'être accordé avec les ministres de son père pour obtenir de lui cette condescendance. L'an 1464, le comte Jean quitta la cour du duc pour aller prendre possession des comtés de Rethel et de Nevers, qui lui étaient échus par la mort de son frère. S'étant rendu ensuite à la cour de Louis VI, il lui en fit hommage le 30 juillet de la même année. La guerre du *bien public* s'étant élevée l'année suivante, le comte Jean donna des preuves de sa fidélité au roi dans cette conjoncture critique. Ce fut un nouveau grief contre lui pour le comte de Charolais. La même année, il le fait enlever à Péronne le 3 octobre, et conduire à Béthune, où il fut si étroitement gardé, qu'on ne lui laissa que trois hommes pour le servir. Il fut tiré de cette prison, le 28 novembre suivant, pour être transféré à Maubeuge, où il arriva le 2 décembre. Après y avoir séjourné cinq jours, il fut conduit à Mons. Le 14 février 1466, nouveau changement de prison. On le conduit au château d'Englemontier, près de Courtrai, et de là, au bout de quelque tems, à Saint-Omer. A son arrivée dans ce dernier gîte, on lui fait entendre qu'il y finira ses jours dans les liens, et peut-être d'une mort violente, s'il n'acquiesce à toutes les volontés du comte de Charolais. L'horreur de sa prison et l'image de la mort qui se présente sans cesse à ses yeux, triomphent à la fin de sa constance : il déclare qu'il est prêt à passer par tout ce que le comte de Charolais voudra. Charles, sans différer, lui dépêche Guillaume Hugonet, son maître des requêtes et depuis son chancelier, avec cinq lettres-patentes, qu'il lui présente, le 22 mars, à signer. Par la première on le faisait renoncer au comté d'Auxerre et aux terres de Workum, d'Ostrevant, de la Brille, et autres de Hollande ; par la seconde, il remettait au duc de Bourgogne, les villes de Péronne, de Roye et de Montdidier; la troisième contenait une renonciation aux droits successifs de Bonne d'Artois, sa mère ; par la quatrième il déclarait ne rien prétendre au duché de Brabant et de Limbourg, ni au marquisat d'Anvers ; et enfin par la cinquième il accordait à Charles la nomination des capitaines de toutes les places fortes de ses comtés du Nivernais et de Rethelois. Le comte Jean affecta de prolonger la lecture de ces lettres bien avant dans la nuit ; après quoi, feignant qu'il avait besoin de prendre du repos, il promit à Hugonet de lui rendre ces lettres le lendemain, signées de lui et contre-signées par Bertrand, son secrétaire, au lieu du notaire qu'Hugonet avait amené avec lui. Hugonet, content de cette réponse, se retira. Mais pendant le reste de la nuit, Bertrand ayant tiré des copies, exactement collationnées, de ces lettres, le comte Jean y ajouta ses protestations contre la violence qui lui était faite ; protestations que Bertrand reçut, non en qualité de secrétaire, mais comme garde du scel et notaire royal. Puis il en fit un acte séparé de notaire, qu'il écrivit sur la queue du parchemin des lettres originales, et qu'il recouvrit de son grand sceau, de manière que, sans le lever, cet acte ne pouvait être aperçu. Le lendemain ces lettres furent remises, signées et contre-signées, à Hugonet, qui, n'y trouvant rien à redire, les porta au duc, son maître, et au comte, son fils. Le comte Jean fut en conséquence élargi dans le mois d'avril 1466. Mais le premier usage qu'il fit de sa liberté dès qu'il se vit en lieu de sûreté, fut de faire enregistrer ses protestations; et le 6 mai, s'étant retiré auprès du roi Louis XI, il obtint de ce monarque des lettres adressées au parlement, par lesquelles il était restitué contre les quittances et renonciations qu'on avait extorquées de lui pendant son injuste et inhumaine détention. Le comte Jean, en vertu de ces lettres, ayant fait appeler le duc de Bourgogne et son fils, l'un et l'autre firent défaut, et les choses en demeurèrent là pour lors. Philippe le Bon mourut le 15 août de l'année suivante. Charles, son successeur, se maintint par la force dans la jouissance des domaines que la violence lui avait acquis. Il fit au comte, qu'il avait dépouillé un nouvel outrage, en le faisant rayer du nombre des chevaliers de la toison d'or, sous prétexte qu'il n'avait pas assisté au dernier chapitre, comme si l'accès lui en eût été libre, et que la prudence lui eût permis d'aller se remettre à la discrétion de son ennemi capital. Les conjonctures néanmoins empêchèrent le comte Jean de poursuivre le procès pendant la vie du duc Charles ; mais il fut repris contre Maximilien d'Autriche, qui avait épousé l'héritière de Bourgogne, et ensuite contre Charles-Quint, sans qu'on ait jamais pu le terminer. L'an 1472, le comte Jean hérita sans contradiction du comté d'Eu par la mort de Charles d'Artois, son oncle maternel. L'an 1477, après celle du duc Charles, il souffrit que le roi Louis XI réunit le comté d'Auxerre, ainsi que le duché de Bourgogne, à la couronne. Le comte Jean mourut à Nevers le 25 septembre 1491, et fut enterré dans la cathédrale, où l'on voit sur sa tombe l'épitaphe suivante: *Cy repose le corps de très-haut, très-puissant prince monseigneur Jean de Bourgogne, duc de Brabant, Lothier et Limbourg, marquis du Saint-Empire, seigneur d'Anvers et d'Ostrevant, comte de Nevers, d'Eu, de Rethel et d'Auxerre, baron de Donzi et de Rosoy, seigneur de Saint-Valeri, d'Ault et Cayeux sur la mer, des terres d'Isle, Saucourt, Juilli, la Greve, Chaource, Marais, Vilmore, et autres de Champagne, souverain de Château-Renaud et terres d'outre-Meuse, gouverneur et lieutenant-général pour le roy en Champagne, pair de France.* Le comte Jean eut de JACQUELINE D'AILLI, sa première femme, Elisabeth, mariée le 22 avril 1451, à Jean Ier, duc de Clèves, morte le 21 juin 1483, et de PAULE DE BROSSE, la seconde, Charlotte, femme de Jean d'Albret, sire d'Orval. Françoise d'Albret, sa troisième femme, ne lui donna point d'enfants. (Voy. *les comtes de Nevers et les comtes d'Eu.*)

CHARLOTTE DE BOURGOGNE ET JEAN D'ALBRET.

1491. CHARLOTTE, fille du comte Jean de Bourgogne et de Paule de Brosse, mariée au mois d'avril 1486, à Jean d'Albret, sire d'Orval, né d'Arnaud-Amanieu, troisième fils de Charles II, sire d'Albret, se porta pour héritière des comtés de Nevers et de Rethel, en vertu de la donation que son père lui en avait faite à la sollicitation de Françoise d'Albret, sa troisième femme. Mais Engilbert de Clèves, fils d'Elisabeth, sœur consanguine de Charlotte, réclama contre cette donation, prétendant que sa mère étant l'aînée de Charlotte, il devait, comme son fils, hériter de la meilleure part de la succession du comte, son aïeul. Charlotte lui opposait sa qualité d'étranger, qui le rendait incapable, disait-elle, d'hériter en France. L'affaire fut débattue pendant tout le règne de Charles VIII, et la succession litigieuse, fut mise en séquestre par arrêt du parlement. Ce monarque gardant une exacte neutralité dans cette affaire, les parties furent plusieurs fois sur le point de la décider par la voie des armes. Parmi les vassaux qu'elles se disputaient, les habitants de Rethel se trouvèrent les plus embarrassés. D'un côté le comte Jean leur avait commandé, par ses lettres du 23 octobre 1490, d'obéir au sieur et à la dame d'Orval; de l'autre, Engilbert, étant en forces près d'eux, les sollicitait de lui ouvrir leurs portes. Enfin le roi Louis XII interposa son autorité pour assoupir ce différent: il engagea les contendants à signer, le 4 octobre 1504, une transaction qui fut homologuée et enregistrée au parlement le 14 janvier suivant; acte par lequel il était convenu que Charles de Clèves, fils d'Engilbert, épouserait Marie d'Albret, fille du sire d'Orval, moyennant quoi le comté de Nevers demeurerait à Engilbert, et celui de Rethel à Charles de Clèves. Jean d'Albret, outre la sirerie d'Orval en Bourbonnais, posséda de son chef la baronnie de Lesparre au canton de Médoc, et la seigneurie de Château-Meillant dans le Berri. Il rendit par sa valeur de grands services à l'état, qui lui méritèrent des pensions et le gouvernement de Champagne et de Brie. Sa mort arriva, le 10 mai 1524, à Blois, près de vingt-cinq ans après celle de Charlotte, sa femme, arrivée, le 23 août 1500, à Château-Meillant, où elle fut inhumée. De leur mariage ils eurent trois filles : Marie, qui suit ; Hélène, morte en 1519 ; et Charlotte, femme d'Odet de Foix, vicomte de Lautrec.

CHARLES DE CLÈVES.

1505. CHARLES DE CLÈVES, fils d'Engilbert, marié le 25 janvier 1505, à MARIE D'ALBRET, devint par cette alliance comte de Rethel. Il mourut prisonnier à la tour du Louvre le 27 août 1521, laissant de son mariage un fils mineur nommé François, qui demeura sous la tutelle de sa mère. Odet de Foix, vicomte de Lautrec et mari de Charlotte d'Albret, sœur de Marie, disputa vivement à celle-ci et à son fils, au nom de sa femme, la succession de leurs père et mère. Enfin, l'an 1525, par la médiation de leurs amis communs et l'avis de leurs conseils, ils firent, le premier juillet, une transaction qui assura le comté de Nevers avec ses dépendances à Marie et à son fils ; et celui de Rethel, avec la baronnie de Donzi et de Rosoy, à Odet de Lautrec et à sa femme. Marie, après la mort de Charles de Clèves, passa dans la viduité le reste de ses jours, qu'elle termina, le 27 octobre 1549, à Paris. Son corps fut transporté à Nevers et inhumé, auprès de celui de son mari dans l'église des cordeliers, avec l'épitaphe suivante : *Cy dans ce cercueil gist le corps de très-haute et puissante princesse madame Marie d'Albret, duchesse de Nivernois, comtesse de Rethelois, de Dreux, de Beaufort en Champagne, vicomtesse de Saint-Florentin, dame de Donziois, de Colommiers, de Lesparre et de la Chapelle d'Angillon et d'Orval, laquelle trépassa en son hôtel à Paris.* (Voy. les comtes de Nevers.)

ODET DE LAUTREC et CHARLOTTE D'ALBRET.

1525. ODET DE FOIX, vicomte de Lautrec, chevalier de l'ordre du roi, gouverneur et amiral de Guienne, maréchal de France, devint possesseur avec CHARLOTTE D'ALBRET, sa femme, du comté de Rethel et des baronnies de Donzi et de Rosoy, par la transaction faite le premier juillet 1525, avec Marie d'Albret et François de Clèves, son fils. Dès que l'âge le lui eut permis, il avait embrassé le parti des armes. Ayant suivi le roi Louis XII dans son expédition d'Italie, il fut de son cortège à l'entrée qu'il fit à Gênes le 28 octobre 1507. Il combattit, l'an 1512, auprès de Gaston de Foix, son cousin, à la bataille de Ravenne, où il reçut une blessure dangereuse. On le porta à Ferrare, et après sa guérison il eut part au recouvrement du duché de Milan. L'histoire que dans le tems on publia de cette conquête, le qualifie maréchal de France. L'an 1521, après avoir pris Brescia, Vérone, et d'autres places, il fit lever le siége de Parme. Mais l'année suivante, abandonné par les Suisses, il perdit, le 22 avril, la bataille de la Bicoque, entre Milan et Monza ; ce qui entraîna la perte du Milanez et causa la disgrâce du vicomte de Lautrec. Il se retira dans une de ses maisons de Guienne, d'où il fut tiré, l'an 1528, pour être mis à la tête de la ligue formée en Italie contre l'empereur Charles-Quint. Après avoir emporté Pavie, il s'avança vers Naples, dont il forma le siége le premier mai de la même année. Une maladie épidémique, qui s'était mise dans son armée, l'emporta lui-même le 15 août suivant. Ses gens ayant laissé son corps dans un tombeau fort commun, le duc de Sessa, 28 ans après, l'en fit retirer pour le mettre dans un magnifique mausolée de marbre, qu'on voit à Sainte-Marie-la-Neuve de Naples, dans la chapelle du grand capitaine Gonsalve, avec une épitaphe conforme à la beauté de ce monument et au mérite du sujet. Odet de Lautrec laissa de sa femme, un fils, qui suit; et une fille, Claude, qui viendra ensuite. Il avait eu deux autres fils, Gaston, qui était l'aîné, et François, le dernier, tous deux morts avant lui.

HENRI DE FOIX.

1528. HENRI, fils d'Odet de Lautrec et de Charlotte d'Albret, leur succéda en bas âge dans le comté d'Albret, les baronnies de Donzi, et Beaufort en Champagne, de Rosoy, d'Orval, la seigneurie de Colommier en Brie, etc. sous la tutelle de Jean de Laval, sire de Châteaubriand, mari de Françoise de Foix, sa tante, et de Méraut de Martonie, évêque de Conserans. Il mourut, sans avoir été marié, l'an 1540. On conserve à la bibliothèque du roi, parmi les manuscrits de Lancelot, sous la cote 9577, un livre d'hommages rendus en 1553 à Henri de Foix par ses vassaux du Rethelois et par le vicomte de Saint-Florentin en Champagne.

CLAUDE DE FOIX et GUI DE LAVAL.

1540. CLAUDE DE FOIX, sœur de Henri de Foix, mariée le 25 octobre 1535, à Gui XVII, comte de Laval, succéda à son frère dans le comté de Rethel et ses autres domaines avec son époux. L'an 1545, ils firent hommage des terres de cette succession, le 4 décembre, au roi François I. La même année, ils furent défricher une partie de la forêt de Doncheri pour y bâtir le village de Boisseval. Devenue veuve, le 25 mai 1547, sans enfants, Claude se remaria peu de tems après à CHARLES DE LUXEMBOURG, vicomte de Martigues. Elle ne vécut guère plus d'un an avec lui, étant morte au plus tard dans le mois de février 1549. (Voy. *les comtes de Laval*.)

FRANÇOIS I DE CLÈVES.

1549. FRANÇOIS Ier DE CLÈVES, fils de Charles de Clèves et de Marie d'Albret, créé duc de Nevers en 1539, succéda, en 1549, à Claude de Foix, sa cousine, dans le comté de Rethel, et mourut à Nevers le 15 février 1562. (Voy. *pour la suite des comtes et ducs de Rethel les ducs de Nevers*.)

COMTES DE GRAND-PRÉ.

GRAND-PRÉ, ville de Champagne, au diocèse de Reims, ainsi nommée à cause de ses grandes et belles prairies, située à cinq lieues et demie de Sainte-Menehould, quatre lieues et demie de Stenai, sept lieues et demie de Verdun, dix de Châlons-sur-Marne, et autant de Reims, est le chef-lieu d'un comté qui faisait autrefois partie des sept comtés-pairies de Champagne.

HESCELIN est le premier comte de Grand-Pré que l'on connaisse. Il vivait sous le règne de Robert. Nous avons une charte d'Arnoul, archevêque de Reims, datée de l'an 1008, par laquelle il atteste qu'Hescelin, comte de Grand-Pré, avait tenu l'avouerie de Meurz, près de Reims, de Godefroi, duc de la Basse-Lorraine, et l'avait cédée à un chevalier, nommé Gasselin, qui en abusait tyranniquement ; de quoi les chanoines s'étant plaints avec l'archevêque au duc Godefroi, ils lui cédèrent ce qu'ils tenaient à Somme-sur-Aine, à condition qu'il se démettrait de ladite avouerie ; en conséquence, Hescelin en fut dépouillé. (Mabil., *Ann. Ben.*, T. IV, *Append.*, p. 690.)

HERMAN, que l'on croit avoir vécu en 1060, est qualifié comte de Grand-Pré dans le Nécrologe de l'église de Reims. En mourant, il laissa trois fils de N., son épouse, veuve de Manassès Ier, comte de Rethel.

HENRI Ier, fils d'Herman et son successeur, dit aussi HESCELIN, ou LE PETIT HENRI, fut un des seigneurs qui, avec Baudouin, son frère, scellèrent de leurs sceaux, du tems de Godefroi le Barbu, comte de Louvain, puis duc de la Basse-Lorraine, l'acte par lequel ce prince substitua des moines de S. Hubert aux chanoines du château de Bouillon. (du Chesne, *Hist. de la M. de Luxembourg*, pr., p. 53.) Henri, l'an 1087, prit la défense de Thierri, évêque de Verdun, contre ce même Godefroi, qui lui disputait l'autorité temporelle dans sa ville épiscopale. Mais Godefroi, l'ayant fait prisonnier dans une bataille qu'il lui livra sous le château de Bouillon, l'obligea d'embrasser son parti et de l'aider à ravager le territoire de Verdun. Henri, évêque de Liége et parent de Godefroi, s'étant rendu l'année suivante médiateur de la paix entre lui et l'évêque de Verdun, le comte de Grand-Pré resta seul en état de guerre avec les Verdunois, et continua sous l'épiscopat de Richer, successeur de Thierri, à faire des incursions nocturnes sur leurs terres. Pierre, fils de Frédéric, comte de Toul et baron de Verdun, ne put voir sans indignation un seigneur de ce rang exercer ainsi le métier de brigand. S'étant avisé de lui reprocher cette conduite dans une rencontre qu'il eut avec lui à Châlons-sur-Marne, loin de le faire changer, il l'irrita, au point que celui-ci lui assigna jour pour une bataille aux environs de Verdun. Mais il eut la lâcheté de manquer à sa parole. Pierre ne fit pas de même. Les vassaux de l'évêque de Verdun, qu'il avait amenés avec lui sur le lieu marqué pour le champ de bataille, ne voyant point arriver son rival, feignirent de s'en retourner chez eux; mais, s'étant partagés en deux bandes, il marchèrent par des chemins détournés pour envelopper les gens du comte de Grand-Pré, qui continuaient leurs courses clandestines. Ce stratagême leur réussit; et, étant tombés sur les ennemis, ils en mirent à mort jusqu'à cent vingt, outre les blessés et les prisonniers dont les équipages devinrent la proie des vainqueurs. Le comte de Grand-Pré ne dut son salut qu'à la fuite. Wassebourg (*Ant. belg.*, l. 4, p. 254) prétend que, malgré ce revers, il continua ses hostilités l'espace de six ans. L'historien moderne de Verdun (p. 215) dit, au contraire, qu'il fit la paix avec Richer, évêque de Verdun. Mais tous deux conviennent qu'à la publication de la première croisade, il s'enrôla pour cette expédition. Il était près de se mettre en route, lorsqu'une maladie le surprit à Verdun et l'emporta l'an 1097. Sa femme, HELVIDE, fille de Godefroi, seigneur de Rumigni, ne lui donna point d'enfants, ou du moins il n'en laissa point d'elle.

1097. BAUDOUIN, successeur de Henri, son frère, au comté de Grand-Pré, fut un des seigneurs qui accompagnèrent, l'an

1101, Étienne, comte de Blois, à la Terre-Sainte. Albert d'Aix, dans son Histoire de Jérusalem, l'appelle *un très-beau chevalier*. Il fut pris dans un combat par les infidèles, qui le firent mourir cruellement. (Wassebourg, *ibid.*) De N., sa femme, il laissa deux fils en bas âge, Henri, qui suit, et Baudouin.

1102. Henri II, fils aîné du comte Baudouin et son successeur, demeura sous la tutelle de Richard, son oncle, archidiacre de Verdun, avec Baudouin, son frère. Devenu majeur, il embrassa les intérêts de l'empereur Henri V, dans ses démêlés avec le pape. Henri, par reconnaissance, lui confia, l'an 1120, la garde du comté de Verdun. Il eut pour adversaires dans ce poste, Henri, évêque de Verdun, que ses diocésains, attachés à l'empereur, refusaient de reconnaître, et Renaud, comte de Bar-le-Duc, qui protégeait le prélat. Ayant surpris Verdun, peu s'en fallut qu'il ne prît le premier, qui n'échappa qu'en traversant la rivière à la nage. Le comte de Bar, pour venger son allié, vint assiéger Verdun. Il est repoussé par le comte de Grand-Pré, qui, l'ayant poursuivi, le défait en bataille rangée près d'Osche, à trois lieues de Verdun. Le vainqueur va de là se présenter devant le château de Clermont, appartenant au comte de Bar. La garnison fait une sortie sur lui; mais il la charge de manière que, l'ayant mise en fuite, ses gens entrent pêle-mêle avec elle dans la place, qu'ils pillent et livrent aux flammes. Le comte de Bar, voyant que le sort des armes ne lui est pas favorable, demande la paix et la conclut, l'an 1124, par la médiation du comte de Toul, à la Chalade, près de Clermont en Argonne. Les conditions du traité furent que Renaud serait rétabli dans le comté de Verdun, et qu'il abandonnerait au comte de Grand-Pré tout le butin que les troupes de celui-ci avaient fait sur ses terres. L'évêque de Verdun, par cette paix, étant rentré dans Verdun, donna au comte de Bar le château de Dun avec plusieurs terres de son église, pour le dédommager des frais de la guerre. (Roussel, *Hist. de Verdun*, p. 232.) Le comte de Bar, voulant cimenter sa réunion avec le comte de Grand-Pré, lui remit le comté de Verdun. Mais il eut lieu de s'en repentir; et, voyant qu'il vexait Albéron de Chini, évêque de Verdun, il se joint au prélat pour lui faire la guerre. Henri, étant venu faire le siège de Bailleul, l'évêque, à qui la place appartenait, et le comte de Bar, lui livrent un combat où il est défait et rudement froissé par son cheval qui le renversa. Emmené par ses gens au château de Vienne, qui était sa demeure ordinaire, il s'y voit assiégé par Hugues, fils du comte de Bar; ce qui l'oblige à se faire transporter ailleurs. Il fait ensuite la paix avec l'évêque et le comte de Bar, et meurt avant l'an 1151. (*Ibid.*)

D'Ermentrude, son épouse, fille de Falcon, prince du Mont-

Jura, il laissa un fils, qui suit, et deux filles. (*Heriman. Laudun. de mirac. B. Mariæ Laudun.*, l. 1.)

HENRI III succéda, l'an 1150 au plus tard, au comte Henri II, son père. L'année de sa mort est ignorée. LUCHARDE, sa femme, lui donna au moins deux fils, Henri, qui suit, et Renaud, seigneur de Sompi.

HENRI IV, fils aîné de Henri III, jouissait du comté de Grand-Pré l'an 1176. Il fut tué, l'an 1211, en faisant la guerre aux Albigeois. Sa première femme, ISABEAU DE COUCI, fille de Raoul Ier, seigneur de Couci, et veuve de Raoul, comte de Rouci, lui donna Henri, qui suit; Jacques de Grand-Pré; Geoffroi, évêque et comte de Châlons; Ade, troisième femme de Raoul, comte de Soissons. On ignore le nom de sa seconde femme.

1211. HENRI V combattit, l'an 1214, à la bataille de Bouvines. Il était en si grande estime auprès du roi Philippe-Auguste, que ce monarque et l'évêque de Paris, Guillaume de Seignelai, le choisirent, l'an 1220, pour un des arbitres du différent qu'ils avaient touchant le clos-barreau, près des murs de Paris, aujourd'hui le quartier de Saint-Hilaire (du Chesne, *Hist. de Montmor.*, p. 154.) Sa mort arriva le 14 août 1231. De MARIE DE GARLANDE, sa femme, il laissa un fils, qui suit; et Adélaïde ou Ordile, première femme de Jean Ier, sire de Joinville.

1231. Henri VI, fils et successeur de Henri V au comté de Grand-Pré, et de sa mère en la seigneurie de Livri, donna, au mois de mars 1236, des lettres à ses vassaux pour confirmer les assises contenues dans les lettres de son père. Il vivait encore en 1287, comme l'atteste une de ses chartes, donnée, le mercredi avant la *Tiphaine* de cette année, en faveur de l'abbaye d'Orcamp. Dans le sceau attaché à cette pièce, on le voit armé de toutes pièces, monté sur un cheval bardé, et autour de l'écu est écrit: *S. Henrici de Grandi-Prato militis, Domini de Livriaco.* Sa femme, ISABEAU DE BRIENNE, fille d'Erard de Brienne, seigneur de Rameru, le fit père de deux fils, qui viendront ci-après; et de deux filles, Isabelle, femme de Hugues IV, comte de Rethel, et Marguerite, alliées à N. de Bourlande.

HENRI VII, associé à son père dans le comté de Grand-Pré, le précéda au tombeau. Il avait épousé, 1° LAURE DE MONTFORT, veuve de Ferdinand de Castille, comte d'Aumale, fille d'Amauri VI, comte de Montfort, et de Béatrix de Bourgogne; 2° ISABEAU, fille aînée de Gérard de Luxembourg, seigneur de

Durbui, de Roussi et de Villance. Du second mariage, il laissa un fils, nommé Gérard, seigneur de Roussi et d'Hufalise, et d'autres enfants dont le nombre et les noms sont inconnus. Mais on ne voit point que ni Gérard, ni aucun de ses frères et sœurs, aient possédé le comté de Grand-Pré. Il paraît que cette branche en fut privée pour quelques méfaits qu'on ignore. On trouve une confiscation faite à la Toussaint 1343, de la terre de *M. Gérard de Grand-Pré et de ses enfants qui jadis furent bannis du royaume.* (Anselme, T. II, p. 520.)

Jean I, fils du comte Henri VI, fut celui qui continua la branche des comtes de Grand-Pré. Il portait, du vivant de son père, le titre de comte de Busanci dès l'an 1280, et on le voit qualifié comte de Grand Pré en 1289. Il servit le roi Philippe le Bel dans ses guerres de Flandre, et mourut en 1314, laissant de Jeanne, sa femme, dont le surnom est ignoré, et qui lui survécut au moins jusqu'en 1325, un fils, qui suit; et deux filles, Isabeau, mariée à Guillaume de Thil, et N., seconde femme d'Eustache de Conflans, seigneur de Mareuil.

Jean II, fils de Jean I et son successeur au comté de Grand-Pré, confirma, le 1er octobre 1347, les chartes de la ville de Grand-Pré conformément à celles que Henri V lui avait accordées l'an 1213. De sa femme, dont on ignore le nom et la naissance, il eut quatre fils et une fille.

Jean III, fils aîné de Jean II, lui succéda au comté de Grand-Pré. Ayant enlevé hors du royaume Jean Grosse-Tête, poursuivi par la justice, il fut condamné au bannissement avec ses complices ; mais il obtint des lettres de rémission le 1er janvier 1356. Il mourut vers le commencement de l'an 1374. De Catherine de Chatillon-Saint-Paul, sa femme, veuve de Jean de Péquigni, seigneur d'Ailli, qui vivait encore en 1387, il laissa deux fils ; Edouard, qui suit, et Ferri, qui périt à Paris, l'an 1418, dans l'émeute qui s'éleva contre les Armagnacs.

Edouard I, fils aîné de Jean III et son successeur au comté de Grand-Pré, fut employé dans le gouvernement militaire de Champagne et dans celui de Picardie. Il paraît qu'il vivait encore en 1417. Il eut de sa femme, dont on ne sait ni le nom ni les qualités, un fils, qui suit.

Edouard II, fils d'Edouard I, ne se qualifiait en 1417, que Edouard de Grand-Pré, seigneur d'Ymelcourt et de Saint-Georges. Ce sont les titres qu'il porte dans des lettres du 26 octobre de cette année, par lesquelles le cardinal Louis, duc de Bar, lui transporte tout ce qu'il avait en la ville de Grand-Pré, pour en jouir sa vie durant, et cela, en considération des bons services qu'il avait rendus à lui et au feu duc, son père. Il vivait encore en 1456, et mourut vraisemblablement sans laisser de postérité de Mahaut de Rubempré, sa femme.

Quentin le Bouteiller, après la mort d'Edouard, acheta le comté de Grand-Pré, qu'il revendit à Henri de Borselle, amiral de Hollande, mort en 1470. Walfort de Borselle, fils de Henri et maréchal de France, vendit, en 1487, le comté de Grand-Pré à Louis de Joyeuse, seigneur de Botchou, mort en 1498. De celui-ci descendait, au quatrième degré, Pierre de Joyeuse, qui fut tué en 1631, et dont la sœur, Marguerite, épousa Antoine-François de Joyeuse, son cousin. Leur fils, Charles-François de Joyeuse, comte de Grand-Pré, mourut en 1680, laissant pour successeur Jules, son fils, décédé l'an 1709. Celui-ci, se voyant sans enfants, donna le comté de Grand-Pré à l'un des enfants de Jules-Charles de Joyeuse, seigneur de Saint-Lambert, son cousin. Cette terre échut ensuite à Jean-Gédéon-André de Joyeuse par transaction avec ses deux frères aînés, du 31 mars 1712. D'Antoinette de Villiers de Rousseville, sa femme, il eut Joseph-Armand, marquis de Joyeuse, colonel du régiment de Ponthieu en 1741, et Honorée, femme de Louis-Augustin Hennequin, marquis d'Ecqueville.

CHRONOLOGIE HISTORIQUE

DES

COMTES DE CORBEIL.

Corbeil, en latin *Carbolium*, *Metiosedum* et *Josedum*, ville du Hurepoix, située sur la Seine, au confluent de la Juigne, à cinq lieues au-dessus de Paris, fut autrefois le chef-lieu d'un petit comté dont il n'est pas aisé de marquer les limites.

AYMON.

Aymon fut le premier comte de Corbeil. Il était fils, selon Jean de la Barre, d'Osmond le Danois, gouverneur de la jeunesse de

Richard I, duc de Normandie qu'il tira si adroitement des mains du roi Louis d'Outremer, qui le retenait comme prisonnier à Laon. Le même auteur lui donne pour femme, ELISABETH, proche parente d'Hedwige, femme de Hugues le Grand, duc de France, et par conséquent de l'empereur Otton I, frère d'Hedwige. Ce fut en considération de ce mariage, dit-il, que Hugues lui donna le comté de Corbeil, qui faisait partie de son duché de France. L'an 946, il se déclara pour Hugues et Richard dans la guerre qu'Otton et Louis d'Outremer leur firent, et contribua à repousser les Allemands, qui étaient venus faire le siége de Rouen. Aymon s'étant rendu maître, l'an 950, du château de Paluau, transporta de là les reliques de Saint-Exupère (appelé Saint-Spire dans le pays) et de Saint-Leu, tous deux évêques de Bayeux, à Corbeil, où il fonda le chapitre séculier de Saint-Spire pour douze chanoines, avec un abbé à leur tête : on ignore l'année de sa mort. Il eut plusieurs enfants dont aucun ne lui succéda dans le comté de Corbeil, pour des raisons que l'histoire ne nous apprend pas. L'un d'entre eux, nommé Thibaut, fut moine de Cormeri, puis abbé de Saint-Maur-des-Fossés. Du Chesne conjecture que le père de ces enfants peut bien être celui dont les romans ont tant célébré les quatre fils. D'autres pensent que c'est Aymon, sire de Bourbon.

BOUCHARD I.

BOUCHARD I, comte de Vendôme, fils de Foulques le Bon, comte d'Anjou, devint comte de Corbeil en épousant ELISABETH, veuve d'Aymon. Ce fut Hugues Capet qui noua cette alliance, en considération de laquelle il ajouta aux domaines de Bouchard le comté de Melun. Après avoir rendu d'importants services à l'état, Bouchard se retira dans le monastère de Saint-Maur-des-Fossés, dont il était le bienfaiteur insigne, et y finit ses jours dans les exercices du cloître, le 26 février de l'an 1012. (V. Bouchard, *comte de Vendôme*.)

MAUGER.

1012. MAUGER, ou MAUGIS, fils de Richard I, duc de Normandie, obtint le comté de Corbeil avec la main de GERMAINE, petite-fille d'Aymon par Albert, son père, qui l'avait précédé au tombeau. Après la mort du roi Robert, arrivée l'an 1031, Mauger prit la défense de Henri, fils aîné de ce prince, contre la reine Constance, sa mère, qui voulait mettre sur le trône Robert, son second fils, quoique Henri eût été couronné du vivant de son père. *Le roi Henri*, dit Guillaume de Jumiége, *s'étant réfugié auprès de Robert, duc de Normandie, celui-ci le reçut avec* beaucoup d'honneur, le renvoya peu de tems après, bien équipé d'armes et de chevaux, et manda à Mauger, son oncle, comte de Corbeil, de poursuivre tous ceux qui s'écarteraient de la fidélité qu'ils devaient à ce monarque. Mauger s'acquitta parfaitement bien de cette commission, et Henri lui fut en grande partie redevable du triomphe qu'il remporta sur ses ennemis. (Voy. Robert II, duc de Normandie.) Les autres exploits de Mauger, ainsi que l'époque de sa mort, sont restés dans l'oubli. En mourant, il laissa de son épouse, un fils, qui suit, avec une fille, Eustachie, femme de Jean d'Etampes ; celle-ci fonda, l'an 1052, l'abbaye d'Hières, au diocèse de Paris, du consentement de Frédéric, son fils, d'Adeline, sa fille, et de son gendre, Baudouin de Corbeil.

GUILLAUME.

Guillaume, fils de Mauger, fut son successeur au comté de Corbeil. Jean de la Barre l'identifie avec Guillaume Verlang, comte de Mortain, que Guillaume le Bâtard, duc de Normandie, dépouilla de ce comté sur des soupçons d'infidélité à son égard. Quoi qu'il en soit, Guillaume, comte de Corbeil, se distingua par divers exploits, les uns dignes de louanges, les autres blâmables, dont le détail n'est point venu jusqu'à nous. L'an 1055, il fut présent à l'ouverture solennelle qui se fit de la châsse de Saint-Denis, en présence du roi Henri, à l'occasion de la fausse invention du corps de ce saint, faite à Ratisbonne. Guillaume apposa son sceau comme les autres seigneurs présents, aux lettres que le roi fit expédier à ce sujet. (Bouquet, T. XI, p. 474.) Doublet rapporte encore (p. 835) un diplôme du roi Philippe I, en faveur de l'abbaye de Saint-Denis, auquel Guillaume souscrivit. Il est daté de la VIIe année de ce prince, le jour de la Pentecôte, 1067 de Jésus-Christ. Neuf ans auparavant (l'an 1058), le roi Henri, par un diplôme du 29 juin, lui avait accordé les mêmes droits sur l'abbaye de Saint-Maur-des-Fossés que ceux dont avait joui le comte Bouchard. (Bouquet, T. XI, p. 596.) Sur la fin de ses jours, Guillaume travailla, comme avait fait Bouchard, à la réforme de ce monastère, qui était retombé dans le relâchement. Il prit même, à son exemple, le parti de s'y retirer, après avoir remis le comté de Corbeil à son fils aîné, qui suit.

Il avait encore deux fils ; Frédéric, père de Jean, abbé du chapitre de Saint-Spire ; et Payen, qui paraît, en 1076, dans une charte de Philippe I, en faveur de l'abbaye de Clugny, par laquelle ce monarque confirme un don fait par Simon, dernier comte de Crépi et du Vexin. On lit parmi les souscripteurs,

Paganus frater comitis de Corbuleo. (*Hist. de Couci* preuv. p. 513 ; *et Biblioth. Clun.*, p. 527.)

BOUCHARD II.

Bouchard II, dit le Superbe, que l'abbé Velly confond mal-à-propos avec Bouchard de Montmorenci, succéda dans le comté de Corbeil à Guillaume, son père, et à sa mère, dont on ignore le nom, dans la terre de Gournai-sur-Marne. L'église de Saint-Spire ayant beaucoup souffert dans les dernières guerres, il donna ses soins, l'an 1071, pour la réparer ; et, comme elle était hors du château et sans défense, il la fit fortifier en l'entourant d'un cloître qui lui servait de rempart. Il déclara en même tems ceux qui habiteraient cette enceinte, libres, francs de toute sujétion et exempts de tous impôts. Il les affranchit même de la juridiction de l'abbé, sur les plaintes qui lui furent portées par les chanoines contre l'abbé Jean, son neveu, fils de Frédéric de Corbeil, son frère, qui les traitait avec une dureté tyrannique. Dans une charte de l'abbé Henri de France, frère du roi Louis le Jeune, et l'un des successeurs de Jean de Corbeil, Bouchard est représenté comme un seigneur plein de douceur, de modération et d'équité. Mais Suger, dans la vie de Louis le Gros, peint ce comte sous des traits bien différents ; et, ce qui est bien fort, il le peint d'après les faits. C'était un homme, dit-il, d'un esprit turbulent, d'une taille extraordinaire, et d'une force prodigieuse. Son orgueil et sa présomption furent tels, qu'il osa même aspirer à la couronne de France. Dans la vue de l'enlever au roi Philippe I et à Louis, son fils, il forma une faction de plusieurs seigneurs mécontents, à la tête de laquelle il se mit. Le monarque étant venu à sa rencontre avec ses plus fidèles vassaux, il ne craignit pas de lui présenter bataille. Suger raconte à ce sujet une bravade singulière de Bouchard. Le matin, dit-il, qu'il sortit de chez lui pour aller combattre, il refusa de prendre son épée de la main de son écuyer, et voulut la recevoir de la main de sa femme, en lui disant d'un air riant et délibéré : *Noble comtesse, donnez joyeusement cette épée à votre noble baron* (époux), *qui la recevra de votre main en qualité de comte, pour vous la rapporter aujourd'hui comme roi de France.* Il fut mauvais prophète ; car Etienne, comte de Blois, l'étendit mort, d'un coup de lance, sur le champ de bataille. Suger ne marque pas l'année où ceci arriva : mais ce ne peut être l'an 1073, comme le conjecture Jean de la Barre, Etienne n'étant devenu comte de Blois qu'en 1089 ; ni plus tard que 1101, qui est l'époque du dernier voyage d'Etienne à la Terre-Sainte, où il fut tué l'année suivante. De sa femme, Alix de Créci, Bouchard laissa un fils, qui suit, et une fille, nommée par les uns comme sa mère, par les autres Isabelle, mariée à Hugues du Puiset, vicomte de Chartres. La veuve de Bouchard se remaria, peu de tems après la mort de son époux, à Gui de Rochefort, dit *le Rouge*, petit-fils de Thibaut-File-Etoupes, qui du tems du roi Robert avait fait bâtir le château de Montlhéri. Gui d'un premier mariage avait Hugues de Créci, qui accompagna son père à la première croisade, sous les drapeaux de Hugues le Grand, comte de Vermandois; et du second il eut Lucienne, que Louis le Gros, avant d'être roi de France, épousa, dont elle fut ensuite séparée, l'an 1107, sous prétexte de parenté, et qui passa depuis dans les bras de Guichard III, sire de Beaujeu.

EUDES.

1101 au plus tôt. EUDES, fils de Bouchard, lui succéda au comté de Corbeil, mais non dans la seigneurie de Gournai, qui fut laissée à sa mère pour son douaire. Il paraît qu'il était fort jeune à la mort de son père. Sa fidélité envers le roi Philippe I et son fils Louis le Gros, fut inébranlable malgré les fréquentes et fortes sollicitations que lui firent les seigneurs mécontents pour l'attirer dans leur parti. Il vit même, sans vouloir y prendre part, la guerre que Gui le Rouge, son beau-père, et Hugues de Créci, fils de ce dernier, soutinrent, l'an 1108, du vivant du roi Philippe, contre Louis le Gros, son fils, et dont voici quelle fut l'occasion. Hugues de Pomponne, châtelain de Gournai pour Gui le Rouge, avait enlevé des chevaux à des maquignons allemands qui les amenaient vendre à Paris, et cela sous prétexte qu'ils n'avaient point acquitté le péage ordinaire en passant devant cette place. Louis, sur les plaintes qu'ils lui portèrent de cette confiscation, fit sommer Hugues de Pomponne, mais vainement, de rendre les chevaux. Outré de ce refus, il vient avec une troupe d'élite se présenter devant Gournai, dont il forme le siége. Gui le Rouge, ayant mis le comte de Champagne dans ses intérêts, accourt avec lui au secours de la place. Louis, sans abandonner le siége, va au devant d'eux, les met en déroute; puis, étant retourné devant Gournai, il s'en rend maître après un vigoureux assaut. Hugues de Créci ne pouvant exercer son ressentiment contre le prince, s'en prend au comte de Corbeil, qui lui avait refusé son secours; lui dresse une embuscade, et, l'ayant surpris à la chasse, le fait prisonnier et l'enferme dans le château de la Ferté-Baudouin, qu'on croit être la Ferté-Alais. Les domestiques du comte apportent cette nouvelle au roi Louis peu de jours après son couronnement, et lui font entendre que s'il voulait envoyer quelques troupes, les principaux bourgeois de la Ferté-Baudouin, avec lesquels ils s'étaient abouchés, lui tiendraient ouverte une des portes de la ville. Louis, sur cet avis, fait partir Anseau de Garlande, son sénéchal, avec une cohorte de quarante archers, promettant de les suivre à la tête de sa gendarmerie. Anseau, s'étant mis en marche sur le soir, entre dans la ville au milieu de la nuit. Mais les bourgeois, éveillés au bruit des chevaux, et ne sachant à quels gens ils ont affaire, courent aux armes, fondent sur la troupe dispersée par les rues, tuent les uns, chassent les autres, et, s'étant saisis d'Anseau, le mènent au château faire compagnie au comte. Louis arrive quelque tems après, et au lieu d'une prise de possession, il trouve un siége à faire. Hugues de Créci, qui l'avait prévenu, sort du château à son approche de peur d'y être enfermé, et va chercher du secours chez ses amis. De retour avec quelques troupes, il tente de les introduire dans la place, et ne peut y réussir. Les assiégés, près de se voir forcés, prennent le parti de se rendre, du consentement de Hugues de Créci, qui obtient la paix en remettant le comte et le sénéchal entre les mains du roi. Mais pour faire un exemple, Louis dépouilla de leurs fiefs quelques-uns des chevaliers qui avaient soutenu le siége, et en mit d'autres dans des prisons, où il leur donna le tems d'expier leur rebellion. Le comte Eudes survécut peu d'années à son rétablissement, étant mort, l'an 1112, sans laisser d'enfants de N., son épouse, fille d'André de Baudemont, qui est qualifié par Suger *procurator terræ comitis Theobaldi*. Le même Suger représente le comte Eudes comme n'ayant que la figure humaine, et plus semblable du reste à une bête qu'à un homme, *hominem non hominem, quia non rationalem, sed pecoralem*. Le ressentiment, selon Jean de la Barre, faisait parler ainsi Suger, pour se venger, dit-il, des mauvais traitements qu'Eudes avait fait essuyer aux moines placés par le prédécesseur de cet abbé dans le prieuré de Notre-Dame-des-Champs sur Essonne. Il est vrai que, se trouvant incommodé de leur voisinage, Eudes avait fait le dégât dans leur monastère pour les obliger à déguerpir; en conséquence de quoi l'abbé et le couvent de Saint-Denis l'avaient excommunié, suivant le privilége qu'ils en avaient apparemment reçu du pape. (Doublet, *Ant. de S. D.* p. 845.) Mais il s'était réconcilié avec eux dans sa dernière maladie, et en leur considération, il avait déchargé les habitants d'Essonne de certaines redevances dont ils étaient tenus envers lui. (*Ibid.*) C'est ce qu'on voit par ses lettres, datées de l'an 1111 (V. S.), quatrième de Louis le Gros, et ratifiées par la comtesse, son épouse. Nous ne devons point terminer son article sans observer que Mézerai, le père Daniel, et d'après eux l'abbé Velly, faute d'avoir bien compris le texte de Suger, ou pour avoir suivi un anonyme qui le contredit, attribuent à Eudes les derniers traits que nous avons rapportés de la vie de Bouchard, son père.

HUGUES DU PUISET.

1112. HUGUES, dit LE JEUNE, sire du Puiset en Beauce et vicomte de Chartres, fils de Hugues le Vieux et neveu d'Eudes par Alix, sa mère, succéda à son oncle, ou plutôt devait lui succéder, au comté de Corbeil. Mais le roi Louis le Gros le tenait alors prisonnier à Château-Landon, où il l'avait fait renfermer après l'avoir forcé dans son château du Puiset. Ce qui lui avait attiré ce châtiment, c'étaient les déprédations qu'il avait exercées tant sur les terres du comte de Chartres que sur celles de plusieurs autres seigneurs et des églises de son voisinage. Il tenait de son père ce caractère avide et féroce, qui le portait à envahir, par les voies les plus odieuses, tout ce qui se trouvait à sa bienséance. Hugues le Vieux en effet avait usurpé plusieurs droits sur l'église de Chartres. Excommunié pour ce sujet, l'an 1092, par l'évêque Ives, il avait fait mettre ce prélat en prison, et l'y avait traité indignement. S'étant réconcilié ensuite avec lui, il n'avait laissé l'église de Chartres en repos que pour troubler celui de ses autres voisins. Il était enfin parti, l'an 1106, pour la Terre-Sainte (Pagi), laissant un fils qui marchait déjà sur ses traces. Louis le Gros, craignant que celui-ci, devenu comte de Corbeil, ne se rendît plus formidable encore que son père, voulut profiter de son emprisonnement pour lui enlever son héritage et le réunir au domaine de la couronne ; mais il y trouva plus de difficulté qu'il ne s'était imaginé. André de Baudemont, père de la veuve du comte Eudes, gardait le château de Corbeil, bien résolu de ne point le rendre que Hugues, son petit-neveu, ne fût remis en liberté. Thibaut, comte de Chartres, avait de son côté les mêmes vues que le roi sur cette place. C'était pour Louis une raison de plus pour ne pas manquer l'occasion de l'obtenir. On tint à ce sujet une conférence à Moissi-l'Evêque, dans laquelle Hugues, amené de sa prison de Château-Landon, accorda tout ce qu'on voulut pour recouvrer sa liberté. Il céda le comté de Corbeil au roi, qui lui rendit le Puiset, mais à deux conditions ; l'une qu'il restituerait aux églises tous les impôts qu'il avait levés sur elles ; l'autre, qu'il ne ferait faire aucunes fortifications au château du Puiset, sans la permission du roi. (Des ouvrages de cette place, il ne restait plus que la grosse tour.) Mais à peine fut-il hors de prison, qu'il prit des mesures pour mettre le Puiset en état de défense. Le roi d'Angleterre, le comte de Chartres, et d'autres vassaux de la France, mécontents, l'encouragèrent à cette entreprise, que les occupations de Louis, alors prêt à se mettre en marche pour la Flandre, semblaient d'ailleurs lui rendre facile. Il porta ses vues en même tems sur la terre de Touri, voisine du Puiset et appartenante à l'abbaye de Saint-Denis. Cette terre était alors régie par le célèbre Suger. Hugues, l'ayant été trouver, lui persuada d'aller parler en sa faveur au roi, comptant surprendre en son absence le château de Touri. Mais le monarque, ayant démêlé le piége tendu à Suger, différa son voyage de Flandre et marcha droit au Puiset. Hugues soutint vigoureusement les premiers efforts du monarque, en attendant les secours que ses confédérés lui avaient promis. Bientôt en effet on vit accourir à sa défense le comte de Chartres, Gui de Rochefort, Hugues de Créci, son frère, et Raoul de Beaugenci. On en vint à une bataille où la victoire, long tems incertaine, se déclara enfin pour le roi. Le comte de Chartres, blessé dangereusement par le comte de Vermandois, se retira chez lui pour se faire panser : les troupes des autres confédérés se débandèrent. Le vainqueur détruisit une seconde fois le château du Puiset, et en reçut une seconde fois le seigneur en grâce. L'impuissance de remuer arrêta Hugues et le retint quelques années malgré lui dans le repos. Mais lorsqu'il vit ses affaires rétablies, de concert avec Hugues de Créci, son frère, aussi méchant que lui, il renouvela ses violences, et recommença à faire le dégât sur les terres de ses voisins. Le roi, sur les plaintes des opprimés, fit marcher contre eux son sénéchal Anseau de Garlande. Le château du Puiset est assiégé pour la troisième fois. Le seigneur de la place vole à sa défense, et rencontre sur sa route, dans un défilé, le sénéchal qui lui ferme le passage. Il court à lui, la lance en arrêt, le perce au défaut de la cuirasse, et le renverse mort. D'Auteuil met cet événement en 1118, et Guillaume de Nangis en 1115. Mais on voit le nom d'Anseau de Garlande, sénéchal, parmi les témoins d'une charte de Louis le Gros, datée de l'an 1117. Après ce coup, Hugues, craignant la colère du roi, prend la fuite, et mène quelque tems une vie errante. Mais, à la faveur des guerres qui occupèrent dans la suite ce monarque contre ses autres vassaux, il revint dans ses terres, où il ne tarda pas à reprendre ses premiers errements. Suger, dans le livre de son administration (p. 337), raconte qu'étant abbé de Saint-Denis (c'est-à-dire, l'an 1122 au plus tôt), comme il marchait avec un corps de troupes, à la suite du roi Louis le Gros, vers Orléans, il rencontra sur sa route le prévôt du Puiset. « L'occasion, dit-il, de le punir des maux » qu'il ne cessait de nous faire, était trop belle pour la manquer. » Je le fis arrêter par mes gens, et l'envoyai honteusement, pieds et poings liés, à Saint-Denis. Ce traitement fait à son principal officier dut être sensible à Hugues du Puiset. D'autres disgrâces personnelles, qu'il s'attira par ses déportements, lui firent enfin prendre le parti d'aller, sur les pas de son père, expier ses forfaits à la Terre-Sainte. Il y mourut, laissant d'ALIX, son épouse, fille de Gui I, sire de Montlhéri, un fils de même nom que lui, à qui Baudouin II, roi de Jérusalem, donna le comté de Jaffa. Ses terres de France, après son départ, furent réunies, soit par acquisition, soit par confiscation, au domaine de la couronne. La terre du Puiset passa depuis à un autre Hugues, anglais de naissance, qui par son mariage avec Pétronille, fille de Milon II, comte de Bar-sur-Seine, succéda dans ce comté, l'an 1168, à Manassès, évêque de Langres, oncle de sa femme. (*Voyez ci-dessus*, Hugues du Puiset, *comte de Bar-sur-Seine*.)

CHRONOLOGIE HISTORIQUE

DES

COMTES DE DAMMARTIN.

DAMMARTIN, ou DAMPMARTIN, *Dominium Martini*, chef-lieu du comté de ce nom, n'est aujourd'hui qu'un bourg de l'Ile de France, élection de Meaux, situé sur une hauteur, à sept lieues de Paris et à quatre de Nanteuil-Haudouin. Mori, Saint-Mêmes, Saint-Suplex, Monger et Vivants, étaient, suivant M. Dupuy, les principales terres ou seigneuries qui relevaient de ce comté. Dès le dixième siècle, Hugues Ier, avoué du Ponthieu, s'en était emparé et y avait construit un château qu'il possédait avec ses dépendances en franc alleu. On ignore comment il sortit des mains de ses descendants, et passa dans une autre maison. Peut-être fut-ce par quelque alliance; mais le défaut de monuments ne nous permet pas de rien assurer à cet égard.

MANASSÈS.

MANASSÈS est le premier comte de Dammartin que l'histoire nous présente. Un moderne le fait, sans preuve, fils puîné d'Hilduin II, comte de Montdidier, et lui donne, avec aussi peu de fondement, pour épouse Adèle, héritière, selon lui, du comté de Dammartin. Selon une observation de M. Levrier, il était neveu, par une sœur, de cet Hilduin II, et sa femme se nommait Constance, dont il eut Hugues, Eudes, et une fille, nommée Eustachie. (*Hist. de l'Abbaye de Saint-Germain-des-Prés*, par D. Bouillard, p. 78, *et Preuv.*, n° 57.) Il est nommé parmi les grands vassaux qui furent témoins de la charte que le roi Robert accorda, l'an 1028, à l'abbaye de Coulombs, pour confirmer les dons que Roger, évêque de Beauvais, avait faits à ce monastère. Il accompagna, l'an 1037, Eudes, comte de Champagne, au siége de Bar-le-Duc, et y périt avec lui. Richard, abbé de Saint-Vanne de Verdun, le fit transporter dans son église, où il fut inhumé. (Bouquet, T. XI, p. 459.)

HUGUES Ier.

1037. Hugues Ier, fils de Manassès et son successeur, osa faire la guerre au roi Philippe Ier. Diverses chroniques du tems racontent que ce monarque, ayant acquis le Vexin, fit fortifier Montmélian pour arrêter les courses du comte de Dammartin. (Bouquet, T. XI, pp. 158 et 410; T. XII, p. 135.) C'est tout ce qu'on nous apprend sur ce sujet. Voici une autre affaire, dont on ne voit pas non plus quelle fut l'issue. Hugues, ayant enlevé par violence certaines églises à l'abbaye de Saint-Lucien de Beauvais pour les donner à des chanoines, s'en repentit ensuite, et voulut les rendre au monastère qu'il en avait dépouillé. Mais les clercs, qui en étaient possesseurs, s'opposèrent à cette restitution ; ce qui occasionna un procès qui fut porté au concile d'Issoudun, tenu en 1081. Le jugement que rendit cette assemblée, n'est point connu. Hugues eut aussi querelle avec les chanoines de l'église de Paris pour des exactions injustes qu'il faisait sur leurs terres. Ne pouvant l'engager par la voie des remontrances à se désister, ils eurent recours au pape Urbain II, qui le frappa d'excommunication. Ce remède fit son effet. Hugues rentra en lui-même, et fit satisfaction au chapitre. (Spicil. T. III, p. 128.) Le tems de sa mort est incertain : mais elle arriva au plus tard l'an 1100. Hugues avait épousé Roarde, dont il eut Pierre, qui suit; Hugues, qui vient après; et trois filles, Basilie, Adèle et Eustachie. La mère de ces enfants, avec le fils aîné et les trois filles, souscrivit une charte sans date, mais qui ne s'éloigne guère de l'an 1080, par laquelle le comte Hugues donne à l'abbaye de Cluni l'église d'Escerent sur l'Oise, avec ses dépendances, se dessaisissant de ce bénéfice entre les mains de Gui, évêque de Beauvais, à la charge d'y entretenir une communauté religieuse. Cette donation fut confirmée par le roi Philippe Ier, et munie des signatures de Hugues le Grand, comte de Crépi, son frère, d'Adèle ou Adélaïde, femme de ce comte, et des grands officiers de la couronne, savoir, le sénéchal, le bouteiller et le connétable. Hugues fut enterré dans l'église d'Escerent. (*Arch. du prieuré d'Escerent.*)

PIERRE.

1100 ou environ. PIERRE, fils aîné de Hugues Ier, fut le successeur de son père au comté de Dammartin. Nous ne connaissons que deux traits de lui pendant son gouvernement. Le premier est le consentement qu'il donna, l'an 1104, à l'acquisition que firent les moines du prieuré de Saint-Leu d'Escerent d'une vigne située au lieu dit Montuel. (*Arch. d'Escerent.*) Le second se tire d'une notice qui nous apprend qu'étant près de mourir, il fit venir d'Escerent un religieux, nommé Brice, pour l'assister, et fit par reconnaissance une donation de quatre muids de froment à ce monastère, du consentement de sa femme EUSTACHIE et de ses fils. (*Ibid.*) L'année de sa mort est incertaine. Il fut inhumé auprès de son père.

HUGUES II.

1107 au plus tard. HUGUES fut le successeur de Pierre, son frère, dans le comté de Dammartin, au préjudice de ses neveux, qui vraisemblablement n'étaient pas en âge de faire le service féodal. Ce comte ayant renouvelé les vexations que son père avait exercées contre l'église de Paris, les chanoines en portèrent leurs plaintes, l'an 1107, au pape Pascal II, le priant d'employer, pour le réprimer, les mêmes armes dont son prédécesseur avait fait usage envers Hugues Ier. La suite de cette affaire est restée dans l'oubli. Hugues II fut lié au commencement du règne de Louis le Gros avec Thibaut, comte de Champagne, et d'autres seigneurs, contre ce monarque. Louis, ayant appelé Robert, comte de Flandre, à son secours, dissipa cette ligue, l'an 1111, à force de courage et d'activité. Une ancienne chronique française dit que le monarque, étant venu assiéger le château de Dammartin, *grant planté d'engiens y fit drecier et sovent y assailli, et qu'au derrains après moult d'assaus et de poigneis li Quens de Dammartin vint à la volenté le rois, dont se parti li rois dou seige, et départi ses ostes: si s'en ralq chascun en son pays.* Mais ce dernier trait est démenti par les historiens du tems, lesquels attestent que les rebelles ne furent réduits que lorsque le roi les eut poursuivis jusqu'à Meaux. (*Voyez* Thibaut IV, *comte de Blois, puis de Champagne.*) Hugues avait épousé ROTVILDE, dont on ignore s'il eut des enfants. On est pareillement incertain sur le tems de la mort de l'un et de l'autre.

LANCELIN, surnommé DE BUL.

Lancelin, surnommé de Bul par Suger, fut le successeur de Hugues II, dont il était peut-être le fils. Il eut avec le comte Thibaut les mêmes liaisons que son prédécesseur, et eut lieu comme lui de s'en repentir, à cause des pertes que Louis le Gros lui fit essuyer. Il échoua aussi dans la querelle qu'il eut avec l'évêque de Beauvais, dont il prétendait avoir droit de mener les troupes à la guerre, demandant en conséquence une certaine portion du comté de Beauvais en fief pour ses honoraires. (Loisel, *Mém. sur Beauvais*, p. 143.) L'histoire ne nous a rien transmis de plus sur la personne de Lancelin.

ALBÉRIC Ier.

Albéric Ier, successeur de Lancelin, posséda la charge de chambrier de France. Il vivait en 1162. Nous en avons la preuve dans une charte d'Amauri, évêque de Senlis, par laquelle il attesta, en présence du roi Louis le Jeune, de Gui, son bouteiller, de Jean, son échanson, et d'autres seigneurs, qu'Albéric, comte de Dammartin, et Albéric, son fils, confirmèrent à l'abbaye de Charlieu tout ce qu'elle possédait dans le comté de Dammartin. (*Gall. Christ.* T. X, *Instr.* p. 214.) En mourant, il laissa de Clémence, son épouse, fille de Renaud Ier, comte de Bar, et veuve de Renaud II, comte de Clermont en Beauvoisis, un fils, qui suit. Clémence se remaria en troisièmes noces à Thibaut III, seigneur de Nanteuil-Haudouin.

ALBÉRIC II.

Albéric II, fils d'Albéric Ier, était comte de Dammartin du vivant de son père, et possédait de plus différentes terres dans le pays de Caux, entre autres Lillebonne et Alisai. L'an 1183, il prit le parti du roi Philippe Auguste dans la guerre que fit ce monarque à Philippe d'Alsace, comte de Flandre, au sujet du Vermandois. Mais le comte Philippe ayant surpris le château de Dammartin pendant qu'Albéric était à dîner, lui laissa à peine le tems de s'échapper par une poterne. Le château fut pillé, et toutes ses dépendances ravagées par le fer et le feu. (*Guill. Brito.*) D'autres disent qu'Albéric fut pris au lit dans son château par Hellin, sénéchal de Flandre. L'an 1186, Albéric abandonna le parti de la France pour se tourner du côté de l'Angleterre. Le roi Philippe Auguste l'ayant poussé à bout, l'obligea de se réfugier à Londres. Il y finit ses jours le 19 septembre de l'an 1200, suivant le continuateur de Robert du Mont, par le-

quel il est qualifié *vir apud Deum et homines valdè clarus*. De
MAHAUT, sa femme, il laissa Renaud, qui suit; Simon, qui fit
la branche des comtes d'Aumale et de Ponthieu; Alix, mariée
à Jean II, sire de Trie et de Mouchi; Agnès, femme de Guillaume, seigneur de Fiennes et de Tingri; et Clémence, mariée
à Jacques, fils de Guillaume, châtelain de Saint-Omer.

RENAUD Ier.

1187. RENAUD, fils d'Albéric II, obtint de Philippe Auguste,
par ses soumissions, le comté de Dammartin, que ce prince
avait confisqué à son profit après la fuite d'Albéric. A ce don le
monarque ajouta dans la suite, par une générosité dont il eut
lieu de se repentir, les comtés de Varenne et de Mortain. Il fit
plus; Renaud étant marié pour lors à MAHAUT, fille aînée de
Gui II, seigneur de Châtillon-sur-Marne, il l'engagea à la répu-
dier pour lui faire épouser IDE, fille et principale héritière de
Matthieu, comte de Boulogne, veuve de Gérard III, comte de
Gueldre, son second mari. Tant de bienfaits ne firent qu'un ingrat. Renaud entra dans la ligue formée par Jean, roi d'Angleterre, contre le roi de France, commanda la flotte de ce prince,
qui détruisit celle de Philippe Auguste à Dam, et fut un des
chefs de l'armée anglaise à la bataille de Bouvines. Mais ayant
été pris dans l'action, il fut conduit chargé de chaînes à Péronne,
où il demeura prisonnier jusqu'à sa mort arrivée l'an 1227.
Rigord, parlant de la prise de Renaud, nous apprend qu'étant
abattu dans la mêlée et pris sous son cheval, un fort garçon,
nommé Commote, lui ôta son casque et le blessa au visage;
qu'ensuite il voulut lui enfoncer son poignard dans le ventre,
mais que les bottes du comte étaient tellement attachées et unies
aux pans de la cuirasse, qu'il lui fut impossible de trouver un
endroit pour le percer. Telle était alors effectivement l'armure
des chevaliers, qu'elle les rendait invulnérables, par le soin
qu'ils prenaient d'en ajuster et lier ensemble toutes les pièces
de manière que dans leur jonction elles ne laissaient aucun passage à la lance ni à l'épée, excepté la visière du casque lorsqu'on était obligé de la lever. Un chevalier armé de toutes pièces et monté sur son cheval bardé et caparaçonné de fer, était,
par la pesanteur et l'impénétrabilité de ses armes défensives, une
espèce de citadelle mouvante. (*Voyez* Renaud, *comte de Boulogne.*)

PHILIPPE HUREPEL, MAHAUT ET ALBÉRIC.

1223. PHILIPPE, dit HUREPEL, fils du roi Philippe Auguste

et d'Agnès de Méranie, ayant épousé, l'an 1216, MAHAUT, fille de Renaud, comte de Dammartin, reçut du roi, son père, le quart du comté de Dammartin avec ceux de Mortain et de Boulogne. Mais il ne fut investi des deux premiers de ces comtés qu'au mois de février 1223 (V. S.), par le roi Louis VIII, son frère. (*Cartul. de Norm.* fol. 219.) Ce comte, au mois d'octobre 1224, reconnut, par un acte authentique, que l'évêque de Meaux, lorsqu'il serait attaqué par le comte de Champagne de manière à ne pouvoir demeurer en sûreté dans sa ville épiscopale, avait droit de se réfugier au château de Dammartin, avec un nombre de ses gens sans armes. (Martenne, *Amplis. coll.* T. I, col. 1224.) Mais il ne s'ensuit pas de là, suivant la remarque de M. Brussel, que Dammartin fût mouvant de l'évêché de Meaux. (*Usage des Fiefs*, T. I, p. 102.) L'an 1234, le comte Philippe meurt, à ce qu'on croit, de poison, ne laissant de son épouse, suivant l'opinion commune, qu'une fille, nommée Jeanne, qui fut mariée à Gaucher de Châtillon, et mourut, avant sa mère, sans enfants. Mais une ancienne généalogie des comtes de Dammartin en vers français, publiée par M. Dreux de Radier dans l'ouvrage périodique, intitulé *Le Conservateur* (juillet, 1757, p. 100), nous fait connaître un fils sorti du mariage de Philippe et de Mahaut, qui survécut à son père, et qu'elle nomme Auberi, c'est-à-dire, Albéric :

> De Dammartin fus comte, et Auberi nommé
> Fils Philippe maisné (puîné) fils du roy Dieu-donné;
> En l'an mille deux cens quarante-quatre j'estoie,
> Et en ce propre tems comme comte vivoie.

On voit par-là qu'ALBÉRIC fut le successeur de Philippe, son père, au comté de Dammartin, et qu'il en jouïssait encore en 1244. Mais il paraît que dans la suite, il abandonna la France du vivant de sa mère pour aller s'établir en Angleterre, et que, s'y étant marié, il eut une fille qui épousa le fils de Simon de Montfort, comte de Leicester et beau-frère de Henri III, roi d'Angleterre. Cette conjecture est appuyée sur une charte sans date de Simon de Montfort, que cite M. du Radier, par laquelle il rend et confirme à Albéric, comte de Dammartin, les terres de Noartreling et de Bukamested avec leurs dépendances, *pour ce que*, y est-il dit, *nostre très-chier et premier fils, duc, a espousé sa fille.* (*Ibidem.*) Quoi qu'il en soit, cet Albéric était hors de France, et ne jouissait plus du comté de Dammartin à la mort de sa mère. Devenue veuve, Mahaut convola en secondes noces, l'an 1238, avec l'infant don Alphonse, frère de Sanche II, roi de Portugal, auquel il succéda l'an 1248. Alphonse l'avait quittée dès l'an 1245, appelé par les Portugais, mécontents du gouvernement de son frère; et depuis ce tems il ne la revit plus ni ne voulut la revoir. Après la mort de Mahaut, arrivée l'an 1258, les officiers du roi (saint Louis) s'étant saisi en son nom du comté de Dammartin, les héritiers de cette comtesse obtinrent du roi des lettres par lesquelles ce comté leur était rendu. Mais ces lettres, comme le prouve Ducange par un acte de la chambre des comptes de Paris, (*Notes sur Joinv.* p. 42), demeurèrent sans effet l'espace de neuf à dix ans. (*Voyez* Mahaut II, *comtesse de Boulogne.*)

RENAUD II, DIT DE TRIE.

1267 ou 1268. RENAUD DE TRIE, second fils de Jean II, seigneur de Trie, et d'Alix, fille de Renaud Ier, comte de Dammartin, fut mis en possession de ce comté par le roi saint Louis, qui le retenait depuis la mort de Mahaut. « La loyauté du bon
» roi, dit Joinville, a esté assez cognuë ou fait de monseigneur
» Regnaut de Troie (de Trie), lequel apporta à icelui saint
» homme unes lettres par lesquelles il disoit qu'il avoit donné
» aux hoirs de la comtesse de Boulogne, qui puis n'a guere
» estoit morte, la comté de Dammartin. Desquelles lettres les
» scéaulx du roy, qui autrefois y avoient esté, estoient tous
» briscz et cassez.... Et le roy monstra lesdites lettres à nous
» qui estions de son conseil, pour le conseiller en ce. Et nous
» fumes d'opinion que le roy n'estoit tenu à icelles lettres mettre
» à exécution.... Et tantost il appella Joan Sarrazin, son cham-
» bellan, et lui dist qu'il lui baillast une lettre qu'il lui avoit
» commandé de faire. Et quant il eut la lettre veuë, il regarda
» au scéel qui y estoit, et au remanant du scéel des lettres dudit
» Regnaut, et nous dist : seigneurs, véez cy le scéel de quoi
» je usoye avant mon partement du veage d'oultre mer, et res-
» semble ce demourant de scéel a l'impression du scéel entier.
» Par quoy je n'oseroye selon Dieu et raison ladite comté de
» Dammartin retenir. Et lors appella mondit seigneur Re-
» gnaut de Troie, et lui dist : beau sire, je vous rens la comté
» que vous demandez. » Ainsi, du Chesne et ceux qui l'ont suivi se trompent en donnant à Mahaut pour successeur Mathieu, frère aîné de Renaud. Le comte Renaud de Trie rendit à l'état de grands services, et mourut au plus tôt l'an 1298. De MARGUERITE, son épouse, fille de Guillaume Ier de Courtenai, seigneur de Champignelles, et veuve de Raoul d'Estrées, il laissa deux fils, Renaud de Trie, seigneur du Plessis et maréchal de France, et Philippe de Trie, chevalier.

JEAN Ier DE TRIE.

1298 au plus tôt. JEAN DE TRIE, dit GUILLEBAUD, fils de Matthieu de Trie, succéda à Renaud, son oncle, dans le comté de Dammartin, à l'exclusion des enfants de ce dernier, sans doute en vertu de quelque arrangement fait entre eux, ou bien entre Matthieu, mort, suivant la généalogie déjà citée, en 1275, et Renaud, son frère. L'an 1282, il fut un des seigneurs qui accompagnèrent Pierre, comte d'Alençon, lorsqu'il passa en Sicile au secours du roi Charles Ier d'Anjou. Il combattit, l'an 1302, à la fameuse journée de Courtrai contre les Flamands, et fut du nombre des fuyards. L'an 1304, il fut tué, le 18 août, à celle de Mons en Puelle, laissant de sa deuxième femme, YOLANDE, fille de Jean Ier, comte de Dreux, et veuve d'Amauri de Craon, son premier mari; Renaud, qui suit, et d'autres enfants. ERMENGARDE, sa première femme, ne lui donna point d'enfants, ou lui en donna qui ne sont point connus.

RENAUD III DE TRIE.

1304. RENAUD III DE TRIE succéda, dans le comté de Dammartin, à Jean, son père. L'an 1313, il fut fait chevalier par Philippe le Bel, à la Pentecôte, avec plusieurs autres seigneurs. Renaud mourut l'an 1319, laissant de PHILIPPE DE BEAUMONT, son épouse, Renaud, Jean et Eléonore.

RENAUD IV DE TRIE.

1319. RENAUD IV, successeur de Renaud III, son père, au comté de Dammartin, épousa, l'an 1319, HIPPOLYTE ou POLIE, fille d'Aimar de Poitiers, cinquième du nom, comte de Valentinois. Il mourut l'an 1327, au plus tard, sans laisser d'enfants. Sa veuve, âgée seulement pour lors de vingt-trois ans, se remaria avec Armand VI, vicomte de Polignac.

JEAN II DE TRIE.

1327. JEAN DE TRIE, frère de Renaud IV, lui succéda au comté de Dammartin. Il était mort en 1337, laissant de JEANNE, son épouse, fille de Jean II, comte de Sancerre (morte après l'an 1350), Charles, qui suit, et Jacqueline, mariée par contrat du mois de mai 1350, à Jean de Châtillon, seigneur de Porcean.

CHARLES DE TRIE.

1337 au plus tard. CHARLES, fils de Jean II, lui succéda en bas âge sous la tutelle de Jeanne, sa mère. L'an 1350, il fut armé chevalier par le roi Jean à Reims, le 26 septembre, jour de son sacre. L'an 1356, il se trouva, le 26 juin, avec trois chevaliers et dix-huit écuyers de sa compagnie à l'ost de Breteuil. Le 19 septembre suivant, il combattit à la funeste journée de Poitiers, et y demeura prisonnier du comte de Salisburi, qui le fit conduire en Angleterre. Le connétable de Fiennes, ayant cédé, l'an 1360, en diminution de sa rançon, au comte de Salisburi, la terre de Marot, qu'il possédait au comté de Salisburi, Charles lui transporta en échange les terres de Capi et de la Basèque, près d'Arras. Charles étant repassé, l'an 1364, en Angleterre, le roi de France lui fit délivrer une somme d'argent pour soutenir son état. A son retour, le prince le commit, le 25 juin de la même année, pour assembler les nobles du diocèse de Paris, et les mener à la guerre de Bretagne, sous Bertrand du Guesclin. Le roi le retint encore, l'an 1367, pour le servir dans ses guerres avec cinquante hommes d'armes, six chevaliers et neuf écuyers, à cinquante livres par mois, outre ses gages ordinaires. L'année suivante, le 6 décembre, le comte de Dammartin eut l'honneur de tenir sur les fonts de baptême Charles, depuis roi, sixième du nom, avec le maréchal de Montmorenci. On voit par ses quittances, données à Jean le Flament, trésorier des guerres, qu'il servait, en 1388, à la tête de huit chevaliers-bacheliers, de cinquante-un écuyers et d'un archer. L'an 1394, il rendit au roi Charles VI aveu de la seigneurie de Trie, mouvante du comté de Chaumont en Vexin. On ignore l'année de sa mort. De JEANNE D'AMBOISE, sa femme, fille d'Ingelger, seigneur d'Amboise, et de Marie de Flandre, dame de Nesle et de Montdoubleau, il ne laissa qu'une fille, qui suit.

BLANCHE DE TRIE.

BLANCHE DE TRIE, fille de Charles de Trie et de Jeanne d'Amboise, hérita de ses père et mère le comté de Dammartin avec la seigneurie de Nesle. Elle fut fiancée, dès qu'elle fut nubile, à CHARLES BUREAU DE LA RIVIÈRE, grand-maître et réformateur des eaux et forêts de France, fils du fameux Bureau de la Rivière, ministre sous les rois Charles V et Charles VI, et mis à la Bastille, l'an 1392, après avoir été destitué sous ce dernier. Le mariage de Blanche n'étant pas encore célébré, mais son père ayant donné sa parole, les ducs de Berri et de Bourgogne voulurent engager celui-ci à la retirer. Il répondit généreusement que *tant que le fils du seigneur de la Rivière auroit vie au corps, sa fille n'auroit autre mari, et mettroit son héritage en si dures mains, que ceux qui voudroient avoir son droit sans cause, par fraude ou par envie, ne l'en pourroient ôter.* (Le Laboureur.) Les princes, étonnés de sa grandeur d'âme, ne le pressèrent pas davantage; et le comte, fidèle à sa promesse, accomplit, peu de tems après, le mariage. Blanche n'eut pas lieu de se repentir de cette alliance, qui fut heureuse par l'union qui régna constamment entre les deux époux. Ils retirèrent la terre de Montdoubleau, que la comtesse avait aliénée, puis la vendirent, en 1406, à Louis de Bourbon, comte de Vendôme. Blanche mourut sans enfants; et, après sa mort, le comté de Dammartin échut aux héritiers de Jacqueline de Trie, sa tante, femme de Jean de Châtillon, comte de Porcean, et mère de Marguerite de Châtillon, mariée à Guillaume de Fayel, vicomte de Breteuil. Charles de la Rivière, après la mort de Blanche, épousa Isabelle de la Trémoille, veuve de Pierre de Tourzel, seigneur d'Alègre.

JEAN DE FAYEL.

JEAN DE FAYEL, fils de Guillaume de Fayel et de Marguerite de Châtillon, succéda à Blanche de Trie, femme de Charles de la Rivière, dans le comté de Dammartin. Il mourut sans enfants l'an 1420.

MARIE DE FAYEL.

1420. MARIE DE FAYEL, femme de RENAUD DE NANTEUIL, seigneur d'Aci, et sœur de Jean de Fayel, devint héritière du comté de Dammartin par la mort de son frère. Mais Renaud étant demeuré fidèle au roi Charles VII, le roi d'Angleterre donna le comté de Dammartin à Antoine de Vergi, seigneur de Champlitte. Les Anglais ayant été depuis chassés de France, MARGUERITE, fille de Renaud de Nanteuil et de Marie de Fayel, rentra, l'an 1436, dans ce comté, ainsi que dans tous les biens de la maison de Châtillon.

ANTOINE DE CHABANNES.

1439. ANTOINE DE CHABANNES, fils de Robert de Chabannes, seigneur de Charlus, et d'Alix de Bort, dame de Pierrefite, né l'an 1411, page, dans sa jeunesse, du comte de Ventadour, puis du seigneur de la Hire, devint comte de Dammartin par son mariage contracté, l'an 1459, avec Marguerite de Nanteuil. Il avait été fait prisonnier, l'an 1424, à la bataille de Verneuil; et, après avoir recouvré sa liberté, il continua de servir le roi Charles VII. Mais sa fidélité se démentit, l'an 1440, par l'engagement qu'il prit dans la fameuse ligue connue sous le nom de *Praguerie*. On prétend qu'il s'en retira des premiers avant même qu'elle fût réduite aux abois. Ce qui est certain, c'est qu'en 1444 il commandait, sous le dauphin Louis, dans la guerre que ce prince faisait aux Suisses, et qu'il combattit la même année à la bataille de Bottelen, où ceux-ci furent vaincus pour la première fois. L'an 1452, il fut un des commissaires nommés par le roi pour instruire le procès de Jacques Cœur, argentier du roi. Quelques auteurs ont avancé qu'il fut en même tems juge et partie dans cette affaire, lui-même, dit-on, ayant suggéré les accusations formées par Jeanne de Vendôme contre cet homme opulent, dont la fortune immense blessait les yeux jaloux des courtisans et excitait leur avidité. Quoi qu'il en soit, la commission, par arrêt du 29 mai 1453, condamna l'accusé à la mort : peine qui fut, par le roi, commuée en un bannissement perpétuel. Des biens confisqués de Jacques Cœur, Antoine de Chabannes obtint à vil prix la terre de Saint-Fargeau, composée de quatorze paroisses et d'autres domaines dans le Puisaie.

Le comte de Dammartin fut envoyé, l'an 1454, avec le maréchal de Loheac au-delà de la Garonne, pour réduire les places qu'y tenait le comte d'Armagnac. L'an 1456, après la retraite du dauphin Louis, il fut mis à la tête de l'armée que le roi fit marcher contre ce prince. Son expédition fut heureuse; il se rendit maître de tout le Dauphiné. Louis, devenu roi, n'oublia pas l'injure faite au dauphin. Dès qu'il fut sur le trône, il déclara le comte de Dammartin criminel de lèse-majesté, confisqua tous ses biens et le priva de toutes ses charges. « Dammartin, dit un
» moderne, vint le trouver à Bordeaux, et fut introduit par
» le comte de Cominges. Il se jeta aux pieds du roi, en lui de-
» mandant plutôt justice que grâce. Louis XI fut inflexible, et
» lui ordonna de sortir de ses états. Il se retira en Allemagne.
» Louis ne se contenta pas de l'exiler, il persécuta sa femme,
» la chassa de ses terres, et l'obligea d'aller mendier son pain
» avec son fils âgé de dix-huit ans. Jean de Vigier, depuis
» évêque de Lavaur, écrivit à Dammartin, son oncle, que sa
» fuite le rendait criminel, et qu'il fallait qu'il vînt se justifier. »
Ce brave guerrier vint aussitôt (le 7 août 1462) se constituer prisonnier, non pas à la Bastille, comme le marque l'anonyme, mais à la conciergerie du Palais, d'où il fut transféré peu de tems après à la tour du Louvre. Son jugement, après de longues procédures, fut prononcé le 20 août 1463. Il s'attendait à la

peine de mort; il en fut quitte pour le bannissement et la confiscation de ses biens au profit du roi. Mais au lieu de lui faire subir la première de ces deux peines, Louis XI jugea plus à propos de l'enfermer à la Bastille. A l'égard de ses biens, Charles de Melun, gouverneur de Paris et grand-maître de l'hôtel, l'un de ses plus grands ennemis, en eut la meilleure partie; le reste fut partagé entre les autres favoris du roi. La guerre du bien public survint. Dammartin profita de ce tems de trouble, où les ordres du roi étaient assez mal exécutés, pour se sauver de sa prison. La date de son évasion est le 12 mars 1465. (N. S.) Dès qu'il fut en liberté, il se déclara pour le parti des princes. Le duc de Bourbon, auprès duquel il se rendit, le fit gouverneur de Moulins. La paix s'étant faite au mois d'octobre de la même année, le comte de Dammartin fut compris dans les lettres-patentes expédiées à ce sujet, et rétabli en conséquence dans tous les biens dont on l'avait dépouillé. Mais ce traité forcé ne lui rendit pas les bonnes grâces du roi. Charles de Melun, tant qu'il fut en faveur, empêcha, par ses intrigues, qu'il ne revînt à la cour. Mais ce favori étant tombé lui-même dans la disgrâce, sa charge de grand-maître fut donnée à Dammartin par lettres du 28 février 1466 (V. S.). Le triomphe de celui-ci sur son ennemi ne se borna pas là. L'an 1468, il le vit périr sur un échafaud au Château-Gaillard, près d'Andeli, dont il était gouverneur. Ce fut là qu'il eut la tête tranchée, le 20 août, par arrêt qui le déclarait traître à la patrie, et coupable de lèse-majesté. Le comte de Dammartin fit cependant, à cette occasion, un acte de générosité dont on doit lui tenir compte; car ayant eu la confiscation des biens de Charles de Melun, il les rendit aux héritiers, à l'exception de deux terres qu'il retint pour dédommagement de ses revenus, dont Charles avait joui, ainsi que de ses meubles, qu'il avait enlevés pendant sa disgrâce. Depuis ce tems le roi ne cessa de donner des marques de confiance au comte de Dammartin. L'an 1469, il fut un des quinze premiers chevaliers de l'ordre de Saint-Michel, institué par Louis XI. Il fut envoyé, la même année, avec une armée formidable, pour mettre sous la main du roi l'Armagnac, en punition des excès commis par le comte Jean V, et afin de prévenir ceux qu'il méditait. La réduction de ce pays fut aisée, par la fuite du comte et la soumission des habitants. Dammartin, cependant, s'y comporta comme dans une terre soumise à l'anathême. Le parlement de Paris ayant confisqué, l'année suivante, le corps et les biens du comte d'Armagnac par son arrêt du 7 septembre, le roi, par ses lettres du 5 décembre suivant, donna une partie des terres du proscrit au comte de Dammartin. La guerre était alors déclarée entre ce monarque et le duc de

Bourgogne. Antoine de Chabannes enleva par adresse à ce dernier, l'an 1471, les villes d'Amiens et de Roye, dans lesquelles il établit garnison française. Le duc, irrité de la perte de ces deux places, écrivit une lettre pleine d'invectives au comte de Dammartin, qui lui fit une réponse mortifiante. D'Amiens, Antoine de Chabannes fit différentes courses sur les Bourguignons, auxquels il enleva plusieurs convois et fit essuyer d'autres échecs. La paix se fit l'année suivante, et fut presque aussitôt rompue. Antoine de Chabannes fut envoyé de nouveau pour défendre la Picardie. L'an 1477, après la mort du duc de Bourgogne, il fut un des généraux que Louis XI employa pour la conquête des Pays-Bas. L'an 1484 (N. S.), aux états de Tours, il fut attaqué, nommément par l'avocat de Charles d'Armagnac, dans la harangue qu'il fit pour revendiquer les comtés d'Armagnac et de Rhodez, que Louis XI avait confisqués sur le comte Jean V, et dont une partie, comme on l'a dit, avait été donnée à Dammartin. Celui-ci ayant osé dire que la confiscation était juste, parce que Jean était un séditieux et un traître, le sire d'Albret et Lescure lui donnèrent un démenti, sans respect pour la présence du roi Charles VIII; Dammartin court sur eux l'épée à la main, et les trouve prêts à le recevoir. Plusieurs personnes se jettent entre les combattants, et les séparent. Mais un arrêt du conseil, qui intervient au mois d'avril, rend à Charles l'héritage qu'il réclame, et arrache à Dammartin la proie dont il était saisi. Il fut dédommagé de cette perte l'année suivante, au mois de février, par le don que le roi lui fit du gouvernement de Paris et de l'île de France, qu'il avait ôté au duc d'Orléans. Le 25 décembre 1488 fut le terme de ses jours. Il fut inhumé dans l'église de Dammartin, où il avait fondé six prébendes. De son mariage il eut Jean, qui suit, et trois filles : Jeanne, mariée, 1° à Marchis de Canillac, seigneur d'Alais; 2° à Jacques d'Apchier; Jacqueline, dame d'Onchain, alliée, le 12 avril 1469, à Claude Armand, vicomte de Polignac; et Anne, mariée à Robert de Balzac, morte sans enfants. Le roi Louis XI traitait de *cousin* Antoine de Chabannes, quoiqu'il ne fût ni son parent ni son allié; c'est, dit-on, le premier seigneur étranger à la famille royale à qui nos souverains aient fait cet honneur. On se trompe: Gui de la Trémoille, comte de Joigni, est qualifié de même dans des lettres expédiées en sa faveur, l'an 1421, au nom de Charles VI. (Voyez *les comtes de Joigni*.)

JEAN DE CHABANNES.

1488. JEAN DE CHABANNES, fils d'Antoine, lui succéda au comté de Dammartin, dont il fit hommage le 18 janvier 1489

(N. S.) et le 14 juillet 1498. Il mourut au plus tard l'an 1503. De Marguerite, fille naturelle de Nicolas d'Anjou, duc de Calabre, sa première femme, il eut Anne, mariée, l'an 1496, à Jacques de Coligni, seigneur de Châtillon-sur-Loing. Susanne, fille et héritière de Louis, bâtard de Bourbon, comte de Roussillon en Dauphiné, sa seconde femme, lui donna Antoinette, mariée à René d'Anjou, marquis de Mézières, fils de Louis d'Anjou, bâtard du Maine; et Avoie, femme, 1° d'Edmond de Prie, seigneur de Buzançais; 2° de Jacques de la Trémoille, seigneur de Bommières; 3° de Jean de Brisai, seigneur de Beaumont. La mère de ces deux filles épousa en secondes noces Claude de Boulainvilliers.

ANNE DE CHABANNES.

1503 au plus tard. Anne de Chabannes, fille de Jean et de Marguerite, leur succéda au comté de Dammartin avec Jacques de Coligni, son époux. Cette dame étant morte sans enfants (on ne sait en quelle année), Avoie, sa sœur du second lit, dont l'aînée, Antoinette, était morte, hérita du comté de Dammartin. Mais celle-ci se voyant aussi sans lignée de ses trois maris, nommés ci-dessus, fit don du comté de Dammartin à sa nièce Françoise d'Anjou, fille de sa sœur Antoinette, en faveur de son mariage avec Philippe de Boulainvilliers, qui prit le titre de comte de Dammartin. Ce fut un des grands hommes de guerre de son tems. S'étant jeté, l'an 1536, dans Péronne, assiégé par le comte de Nassau, il y fut enseveli sous les ruines causées par une mine qui joua dans le moment qu'il était au fond d'une tour pour contre-miner. (Daniel.) Après sa mort, Françoise, son épouse, se remaria avec Jean, troisième du nom, sire de Rambures. Elle eut des enfants de ses deux maris. Ceux du premier lit vendirent le comté de Dammartin au connétable Anne de Montmorenci, par contrats de 1554, 1556 et 1561; ceux du second lit le vendirent de leur côté au duc de Guise : ce qui fit la matière d'un procès entre les deux maisons.

FRANÇOIS DE MONTMORENCI.

François, fils aîné d'Anne, duc de Montmorenci et connétable de France, et de Madeleine de Savoie, né l'an 1530, fut pourvu par son père du comté de Dammartin, après qu'il eut été adjugé à sa maison. C'était un seigneur, suivant M. de Thou, plein de valeur, de franchise et de probité. Ce caractère ne lui permit pas de se prêter aux vues ambitieuses de ceux qui dominaient à la cour. Ils ne purent, néanmoins, l'empêcher de parvenir à divers honneurs où sa naissance et son mérite l'appelaient. Il mourut d'apoplexie à Ecouen le 6 mai 1579, dans la quarante-neuvième année de son âge, sans laisser de postérité. (Voy. *les ducs de Montmorenci*.)

Le comté de Dammartin resta dans la maison de Montmorenci jusqu'à la mort du maréchal de ce nom, décapité, l'an 1632, pour crime de rébellion. Ses biens ayant été confisqués, le roi Louis XIII fit don au prince de Condé du comté de Dammartin, qui a toujours été possédé depuis par cette maison.

CHRONOLOGIE HISTORIQUE

DES

BARONS, COMTES, puis DUCS D'ETAMPES.

Etampes, *Stampæ*, ville située entre Paris et Orléans, est un composé de trois villes, ou d'une ville jointe à deux bourgs, l'un de Saint-Martin et l'autre de Saint-Pierre. La première ville, ou le premier bourg du côté d'Orléans, c'est Etampes-les-Vieilles, où est l'église de Saint-Martin, qui lui donne son nom; la seconde est Etampes-les-Nouvelles, dite aussi dans les anciens titres Etampes-le-Châtel; et la troisième, le bourg Saint-Pierre, ainsi nommée de sa principale église. Ces trois parties, néanmoins, forment un tout d'assez petite étendue. Etampes-les-Vieilles existait avant la première race de nos rois. Elle faisait partie du royaume de Bourgogne sous le roi Gontran, et depuis la mort de ce prince jusqu'à celle de ses petits-neveux, Thierri et Théodebert, laquelle rendit Clotaire II maître de toute la monarchie française. Etampes et ses dépendances firent partie du domaine de nos rois jusqu'à saint Louis. Mais les prédécesseurs de ce prince, au moins depuis Philippe Ier, nommèrent un vicomte à Etampes pour y percevoir leurs droits et y exercer leur juridiction. La chronique de Morigni nous fait connaître deux vicomtes d'Etampes sous les règnes de Philippe Ier et de Louis le Gros. Gui, fils de Hugues du Puiset, dit-elle, devint vicomte d'Etampes par son mariage avec la fille de Marchis; qui possédait cette dignité ; ce qui fait voir qu'elle était héréditaire, et non pas une simple commission. Gui, ajoute-t-elle, loin de suivre l'exemple de la plupart des seigneurs qui se révoltaient contre le roi Louis le Gros, lui demeura fidèlement attaché, et le suivit à travers les dangers sans nombre auxquels ce prince s'exposa pour réduire ces rebelles. (*Chr. de Morigni*, l. 2, p. 365.) M. le président Hénaut donne pour comte d'Etampes, vers le même tems, un nommé Jean, dont il ne marque point l'origine, et qu'il fait époux d'Eustachie, fille naturelle, selon lui, du roi Philippe Ier, de laquelle, dit-il, le P. Anselme ne fait pas mention. Il serait à souhaiter qu'il eût indiqué la source où il a puisé cette anecdote. Pour nous, elle nous paraîtra plus que suspecte, tant que nous ignorerons dans quel monument elle se trouve. Nous regarderons comme également douteuse l'histoire d'Eudes le Maire, dit Chalo ou Chaillou de Saint-Mars, habitant d'Etampes, qui, s'étant acquitté, dit-on, pour le roi Philippe Ier, d'un vœu que ce prince avait fait dans une maladie d'aller en pèlerinage au saint Sépulcre, obtint pour sa récompense un privilége d'exemption de tous péages, tributs et autres droits, pour lui et toute sa race de l'un et de l'autre sexe. Ce qu'il y a de certain, c'est qu'une famille très-nombreuse, qui se prétendait issue de cet Eudes le Maire, jouissait anciennement (mâles et femelles) de ce privilége, que le roi Jean confirma l'an 1360, et que le roi François Ier réduisit au droit de franchise à l'égard de tout ce que ceux de la famille de Chalo léveraient sur leurs propres fonds, les assujétissant à tous les autres péages. Henri IV fit plus : il ordonna, l'an 1610, que tous les descendants de Chalo de Saint-Mars paieraient la taille et autres droits.

L'an 1240, la seigneurie d'Etampes fut assignée, avec d'autres terres, par saint Louis, à la reine BLANCHE, sa mère, pour la dédommager d'une partie de son douaire, qu'elle avait cédée à Robert, son fils, en le mariant, l'an 1237, à Mathilde de Brabant. Blanche étant morte le premier décembre 1252, la seigneurie d'Etampes rentra dans le domaine de la couronne. Elle en fut détachée de nouveau quelques années après pour composer le douaire de la reine MARGUERITE, femme de saint Louis. La mort de cette princesse, arrivée le 20 décembre 1295, remit le roi Philippe le Hardi, son fils, en possession de la seigneurie d'Etampes.

LOUIS Ier.

L'AN 1307, Louis Ier, fils du roi Philippe le Hardi et de Marie de Brabant, fut pourvu par le roi Philippe le Bel, son frère, de la seigneurie d'Etampes, ainsi que du comté d'Evreux et d'autres terres, pour lui tenir lieu d'une pension de quinze mille livres, qui lui était assignée par le testament de son père. Louis mourut le 19 mai 1319, laissant, entre autres enfants, Charles qui suit. (Voyez *les comtes d'Evreux.*)

CHARLES.

1319. CHARLES, second fils de Louis, eut pour son partage les seigneuries d'Etampes, de Gien, et d'autres domaines dans la succession de son père, suivant le testament que ce prince avait fait le 11 juin 1318. Charles prit alliance, par contrat du mois d'avril 1325 (et non 1335), avec MARIE, fille de Ferdinand d'Espagne, dit *la Cerda*, deuxième du nom, seigneur de Lara, et petite-fille d'Alphonse X, dit l'*Astrologue*, roi de Castille, et de Blanche, fille de saint Louis.

L'an 1327, le roi Charles le Bel, par lettres données, au mois de septembre, à Paris, érigea la baronnie d'Etampes en comté : le P. Anselme ajoute *en pairie;* mais les lettres ne le portent point. L'an 1333, Charles fut un des seigneurs français qui marchèrent au secours du duc de Brabant contre le comte de Flandre, qui lui disputait, les armes à la main, l'avouerie de Malines. Charles prit aussi le parti de Jean II de Châlons, comte d'Auxerre, dans la guerre qu'il eut avec Eudes IV, duc de Bourgogne. Il y périt en faisant le siége de Pimorain le 5 septembre (et non le 24 août) de l'an 1336; et fut enterré aux Cordeliers de Paris, laissant de son mariage Louis, qui suit; Jean, mort à Rome l'an 1360, au plus tôt; Jeanne, troisième femme de Charles le Bel, roi de France; Marie, femme de Jean III, duc de Brabant; Marguérite, mariée à Guillaume XII, comte d'Auvergne. La mère de ces enfants, après la mort de Charles, se remaria, au mois de décembre 1336, à Charles le Magnanime, comte d'Alençon. (Voy. *les comtes d'Alençon.*)

LOUIS II.

1336. LOUIS II, fils et successeur de Charles, était en bas âge à la mort de son père. Dès qu'il fut en état de porter les armes, il suivit le roi Philippe de Valois dans ses guerres contre les Anglais. Les historiens remarquent qu'il fut du nombre des seigneurs que le roi Jean fit chevaliers à son sacre, pour rendre cette cérémonie plus brillante. Ayant été fait prisonnier avec le roi Jean, l'an 1356, à la bataille de Poitiers, il fut un de ceux que le prince de Galles admit à la table du roi captif le soir de cette fatale journée. Mais il n'accompagna pas le monarque en Angleterre, ayant vraisemblablement payé sa rançon à Bordeaux. Jean d'Etampes, son frère, est compté parmi les ôtages que le roi donna aux Anglais après le traité de Bretigni : son séjour en Angleterre fut long; et après y avoir passé plusieurs années, il alla finir ses jours à Rome. Louis épousa, l'an 1357 (V. S.), au mois de janvier, JEANNE, fille du connétable Raoul, comte de Guines et d'Eu, décapité le 19 novembre 1350, à Paris. Jeanne était veuve de Gautier de Brienne, duc d'Athènes et connétable de France, tué à la bataille de Poitiers. Il vendit, l'an 1360, au dauphin Charles, pour lors régent du royaume, son hôtel de Saint-Pol, moyennant la somme de quatre mille réaux, que le prévôt des marchands et les échevins de Paris s'obligèrent de payer *des aydes lors assises en ladicte ville*. Mais le roi Jean, à son retour d'Angleterre, ayant arrêté les deniers publics de toutes les villes pour acquitter sa rançon, ces mêmes prévôt et échevins eurent recours à Bernard Bernati, qui paya et satisfit pour eux. (*Recueil de l'abbé de Camps*, T. III, p. 28.) Le comte Louis, se voyant sans enfants, fit donation entre vifs, le 9 novembre 1381, du comté d'Etampes et des seigneuries de Gien, de Dourdan et d'Aubigni-sur-Nierre, à Louis, duc d'Anjou, second fils du roi Jean, se réservant son entretien et le douaire de sa femme. Le duc d'Anjou étant mort le 21 septembre 1384, ses enfants transportèrent à leur oncle JEAN, duc de Berri, le comté d'Etampes avec les autres domaines compris dans la donation du comte Louis, pour tenir lieu à ce prince de la principauté de Tarente, que leur père lui avait accordée afin de le mettre dans ses intérêts. Le roi Charles VI, par ses lettres du mois de mars 1384 (V. S,), ratifia ce transport. Le comte Louis mourut d'apoplexie le 6 mai 1400, étant à la table du duc de Berri, à Paris, dans l'hôtel de Nesle. Son corps fut inhumé à Saint-Denis en France, où sa femme, morte à Sens, le 6 juillet 1389, fut amenée pour lui être réunie.

JEAN DE FRANCE.

1385. JEAN DE FRANCE, duc de Berri et d'Auvergne, comte de Montpensier, troisième fils du roi Jean, né le 30 novembre 1340, entra, l'an 1385, en jouissance du comté d'Etampes et des autres biens compris dans la donation du comte Louis. Deux ans après, le 28 janvier 1387, il fit une semblable donation des mêmes domaines, à Philippe le Hardi, son frère, duc de Bourgogne, au cas que le fils unique qu'il avait, décédât avant lui, et sous la condition que, si Philippe venait à mourir sans enfants mâles, ces domaines retourneraient aux filles de Jean de Berri, ou à leurs descendants. Ce transport n'était donc, à proprement parler, qu'une substitution avec rétention d'usufruit pendant la vie du donateur. Le fils du duc de Berri mourut effectivement avant son père, on ne sait en quelle année, mais l'an 1400 au plus tard ; ce qui paraît par le testament que fit le duc, son père, en 1401, par lequel il étend à Jean, comte de Nevers, fils aîné de Philippe le Hardi, la donation qu'il avait faite en faveur de ce dernier. Mais dans la suite, ses dispositions changèrent bien à l'égard de son nouveau donataire. Le comte de Nevers, devenu duc de Bourgogne, fit assassiner, l'an 1427, comme l'on sait, le duc d'Orléans, son cousin. Le fils aîné de celui-ci, poursuivant la vengeance de ce forfait, le duc de Berri lui permit, l'an 1411, de mettre garnison dans Étampes. Maîtres de cette place, les Orléanais firent de là des courses funestes dans les lieux circonvoisins et jusqu'aux portes de Paris. Le duc de Bourgogne, pour les réprimer, amena devant Étampes le Dauphin, le duc de Guienne, les comtes de Nevers, de Vendôme, de la Marche, et le maréchal de Boucicaut, avec un grand nombre de troupes pour en faire le siége. Louis de Bourdon, et non de Bourbon, qui commandait dans la place, leur opposa une vigoureuse défense. Mais voyant les habitants résolus d'ouvrir leurs portes à l'héritier de la couronne, il se retira dans le château. Il soutint les efforts des assiégeants, jusqu'à ce que, voyant la mine prête à faire son effet, il prit le parti de se rendre à discrétion. Bourdon, Jean d'Amboise, et d'autres chevaliers pris dans la place, furent envoyés prisonniers à Paris, et de là conduits à Lille. Le gouvernement d'Étampes fut donné, l'année suivante, par commission du 22 janvier, à Guillaume d'Arbouville, gentilhomme de la chambre du roi, et la recette de ce comté, ainsi que celle de Dourdan et de la Ferté-Alais, à Etienne Chartier. Le duc de Berri se vit par là dépouillé de ces domaines, qui rentrèrent dans celui de la couronne par droit de confiscation. Il mourut à Paris le 15 de juin, et non d'avril, 1416, à l'âge de soixante-seize ans, et fut inhumé à la sainte-chapelle de Bourges, qu'il avait fait bâtir et qu'il avait dotée. Il avait épousé, 1°, par contrat passé, le 24 juin 1360, à Carcassonne, JEANNE, fille de Jean I, comte d'Armagnac, morte à la mi-mars 1387 ; 2°, par contrat du 5 juin 1389, JEANNE II, fille unique de Jean II, comte d'Auvergne ; laquelle, après sa mort, se remaria à Georges de la Trémoille. Du premier mariage il laissa deux filles : Bonne, mariée, 1° à Amédée VII, comte de Savoie ; 2° à Bernard VII, comte d'Armagnac ; et Marie, qui épousa, 1°, le 29 mars 1386, à Bourges, Louis III de Châtillon, comte de Dunois, mort le 15 juin 1391 ; 2°, le 27 janvier 1592, Philippe d'Artois, comte d'Eu ; 3°, le 24 juin 1400, Jean, duc de Bourbon. Le second mariage du duc de Berri fut stérile.

JEAN, DUC DE BOURGOGNE.

1416. JEAN, duc de Bourgogne, voulut se mettre en possession du comté d'Etampes et de ses annexes après la mort du duc de Berri, en vertu de la substitution faite par ce prince en faveur de sa maison. Mais la faction des Orléanais ayant alors le dessus, et le nouveau dauphin Charles, régent du royaume, s'étant mis à leur tête, il fut obligé d'employer la voie des armes pour arracher cette succession au domaine de la couronne. L'an 1417, tandis qu'il s'empare de Montlhéri, de Palaiseau, de Marcoussis et de Dourdan, ses officiers prennent Etampes, Auneau, Rochefort et Galardon. Ce prince fut tué, le 10 septembre 1419, à Montereau. (*Voy.* Jean, *duc de Bourgogne.*)

PHILIPPE LE BON.

1419. PHILIPPE LE BON, fils et successeur de Jean au duché de Bourgogne, le fut de même au comté d'Etampes. Mais, l'an 1421, le dauphin, par acte du 8 mai, disposa de ce comté en faveur de RICHARD, frère de Jean VI, duc de Bretagne, pour le récompenser de ses bons services. Ce prince était surtout sensible au secours que Richard et le duc, son frère, lui avaient fourni pour retirer sa femme des mains des Anglais, qui la tenaient renfermée dans Paris. Devenu roi de France, il confirma cette donation au mois d'octobre 1425, et y ajouta le comté de Mantes. Mais le duc de Bourgogne en empêcha l'effet par la force de ses armes, et conserva la jouissance d'une partie au moins du comté d'Etampes. L'an 1434, il le céda, avec celui d'Auxerre, à Jean de Nevers, son cousin, pour lui tenir lieu d'une rente de cinq mille livres, qu'il lui avait promise. L'an 1435, par un des articles du traité d'Arras, il fut convenu que le comté d'Etampes, avec la seigneurie de Dourdan, serait mis en séquestre, entre les mains du duc de Bourbon, pendant un an, *jusqu'à ce que, pendant ledit an, Jean de Bourgogne, comte d'Etampes, ou mondit seigneur* (Philippe le Bon), *pour lui, auront montré au roi les lettres du don fait à mondit seigneur de Bourgogne par feu mondit seigneur de Berri.* Richard de Bretagne, présent à ce traité, ne paraît y avoir formé aucune opposition. Jean de Nevers ou de Bourgogne entra donc en jouissance du comté d'Etampes ; et l'on voit encore à présent, dit le père Fleureau, des sentences rendues par le prévôt d'Etampes au mois de janvier 1436, scellées du sceau de Jean de Nevers, quoique du vivant de Richard de Bretagne, qui ne mourut que le 3 juin 1438. Mais quelques années après la mort de celui-ci, Marguerite d'Orléans, sa veuve, comme tutrice de François, leur fils (depuis duc de Bretagne), obtint du roi, (l'an 1442) la confirmation du don qu'il avait fait de ce comté à son mari. Les lettres lui en furent expédiées dans les formes; mais sur l'entérinement qu'elle en demanda à la cour, il y eut deux oppositions; l'une, de la part du duc de Bourgogne, prenant la garantie de Jean de Nevers; l'autre, de la part du procureur-général, prétendant que la seigneurie d'Etampes ayant été donnée en apanage à Louis Ier, fils du roi Philippe le Hardi, et la postérité de celui-ci manquant, elle devait être réunie au domaine de la couronne. En conséquence de cette seconde opposition, le comté d'Etampes fut saisi provisionnellement, et le revenu dans la litispendance en fut administré par les commissaires du parlement. Le procès fut enfin jugé définitivement par arrêt du 18 mars 1478 (V. S.), à l'avantage du roi. C'était alors Louis XI qui était assis sur le trône. Ce prince, dès le mois d'août suivant, disposa du comté d'Etampes en faveur de JEAN DE FOIX, vicomte de Narbonne, lequel en jouit paisiblement jusqu'à sa mort arrivée au mois de novembre 1500. Il est inhumé dans l'église de Notre-Dame d'Etampes. (Voyez *les vicomtes de Narbonne*.)

GASTON DE FOIX.

1500. GASTON, fils de Jean de Foix, lui succéda dans le comté d'Etampes, de même que dans la vicomté de Narbonne, à l'âge d'onze ans, et fit son entrée solennelle dans Etampes, l'an 1506. Ayant échangé, l'année suivante, avec le roi la vicomté de Narbonne contre le duché de Nemours, il ne fut plus appelé que duc de Nemours. Né avec une forte inclination pour les armes, la fameuse ligue de Cambrai lui fournit l'occasion d'aller signaler sa valeur en Italie. Charles d'Amboise, seigneur de Chaumont, et gouverneur de Milan, étant mort en 1511, le duc de Nemours le remplaça dans ce poste. Il s'opposa vigoureusement aux Suisses que le pape Jules II avait appelés en Italie, et les contraignit de retourner en leur pays. Il força ensuite le pape et ses confédérés de lever le siége qu'ils avaient mis devant Bologne pour en chasser de nouveau les Bentivoglio, que les Français y avaient rétablis. De là il alla faire le siége de Brescia, qui était retombée sous la puissance des Vénitiens, et l'ayant prise d'assaut, il fit un horrible massacre des habitants. Son dessein était de livrer ensuite bataille aux ennemis. Comme ils l'évitaient avec soin, le duc pour les y engager tourna du côté de Ravenne, et vint assiéger cette place, bien assuré que le pape ferait tous ses efforts pour la conserver. Antoine Colonne y commandait avec une garnison de deux mille hommes que Jules II y avait jetés. Battu vivement par l'armée française, et déjà sur le point de se rendre, Raimond de Cardonne, vice-roi de Naples et général des confédérés, vint avec son armée pour la dégager. Il plaça son camp à une lieue ou environ de la ville, résolu d'y entrer la nuit suivante. Mais le lendemain, jour de Pâques, 11 avril 1512, Gaston lui livra bataille, quoique son armée fût double de la nôtre. La victoire, long-tems disputée, se déclare enfin pour les Français. Mais un excès de valeur ayant porté le général victorieux à poursuivre, à la tête de seize gentilshommes (d'autres disent trente), un corps ennemi de deux mille hommes, qui se retiraient en bon ordre du côté de Ravenne, sa petite troupe fut accablée par le nombre, et lui-même fut tué à coups de piques, après avoir eu les jarrets coupés, et s'être long-tems défendu, l'épée à la main, en cet état. C'est ainsi que périt, à l'âge de vingt-trois ans, au grand regret de son armée, Gaston, duc de Nemours et comte d'Étampes. Ravenne, après la bataille, se rendit aux Français. Mais tandis qu'on dressait les articles de la capitulation, les Gascons et les Lansquenets, pour venger la mort de leur général, entrèrent dans la ville par la brèche qu'on y avait faite, et la saccagèrent. Le corps de Gaston fut porté à Milan, où il fut inhumé avec pompe. Par sa mort le comté d'Etampes retourna au domaine de la couronne.

L'an 1513, ANNE DE BRETAGNE, reine de France, fut gratifiée, au mois de mai, par le roi Louis XII, son époux, du comté d'Etampes, avec pouvoir d'en disposer en faveur de celui de leurs enfants qu'elle voudrait choisir. Anne jouit de ce don très-peu de tems, étant morte le 6 janvier 1514.

L'an 1514, CLAUDE DE FRANCE, fille aînée de Louis XII et d'Anne, succéda à sa mère dans le comté d'Etampes. Elle épousa, le 18 mai de la même année, FRANÇOIS, comte d'Angoulême, héritier présomptif de la couronne. En considération de ces noces, Louis XII accorda le même jour aux habitants d'Etampes le droit de nommer un maire avec tous les droits de la commune. Jusqu'alors ils n'avaient eu que des échevins biennaux, sans aucune juridiction municipale.

L'an 1516, ARTUR GOUFFIER, duc de Rouannais et grand-maître de France, reçut du roi François Ier la jouissance pour sa vie du comté d'Etampes dont il avait déjà le gouvernement. Mais après sa mort, arrivée le 10 mars 1518, la reine Claude rentra en possession de ce domaine. Elle mourut le 20 juillet 1524.

L'an 1526, JEAN DE LA BARRE, premier gentilhomme de la chambre du roi, devint comte d'Etampes pour sa vie, par lettres données le 13 avril au Mont-Marsan. Il fut nommé, le 11 juin suivant, prévôt de Paris, et mourut en cette ville au mois de février 1534 (N. S.), laissant de Marie de la Primaudais, son épouse (morte en novembre 1545), deux filles.

L'an 1534, le 25 juin, le roi donna le comté d'Etampes à sa maîtresse, Anne de Pisseleu de Heilli, d'une ancienne famille de Picardie, et fille d'honneur de Louise de Savoie, mère de ce prince. Il l'avait connue à Bayonne, à son retour d'Espagne, et dès-lors il conçut pour elle une passion violente. L'an 1530, il lui fit épouser Jean de Brosse, comte de Penthièvre, qui consentit à cette union déshonorante pour rentrer dans les domaines de sa maison, dont une partie avait été confisquée dès l'an 1465 par le dernier duc de Bretagne, et l'autre le fut par ce même roi François Ier, après la défection de René, père de notre comte, qui avait suivi le connétable de Bourbon dans la sienne. L'événement passa les espérances de Jean de Brosse. Non seulement il recouvra son patrimoine, mais il obtint encore le collier de l'ordre et le gouvernement de Bretagne. Il y eut plus; le roi érigea en sa faveur le comté d'Etampes en duché, par lettres de janvier 1536 (N. S.), enregistrées, le 18 du même mois, au parlement. La duchesse, sa femme, eut un grand ascendant sur l'esprit de son amant. Ce fut elle qui lui conseilla, lorsque Charles-Quint vint à Paris pour aller en Flandre, de profiter de l'occasion pour faire révoquer les dures conditions du traité de Madrid. Le monarque ayant rendu ce conseil devant elle à l'empereur, *s'il est bon*, répondit-il froidement, *il faut le suivre*. Mais, craignant réellement que le roi ne le fît arrêter, il para ce coup par un trait de galanterie. Le lendemain, comme il se lavait les mains pour dîner, la duchesse tenant la serviette, il laissa tomber de son doigt un diamant de grand prix, qu'elle releva pour le lui rendre. *Duchesse, il vous appartient*, lui dit-il; *les empereurs et les rois ne reprennent point ce qui tombe de leurs mains*. Le présent fit son effet, et ferma la bouche à la duchesse. Le connétable d'ailleurs ayant désapprouvé l'avis qu'elle avait proposé, Charles-Quint sortit librement de Paris pour se rendre dans les Pays-Bas. Depuis ce tems la duchesse entretint des correspondances avec l'empereur, voulant par-là s'assurer l'appui de ce prince, que la mort du roi pouvait lui rendre un jour nécessaire. On prétend qu'elle lui révéla même des secrets importants, qui firent battre nos armées. Les amis et les ennemis de cette favorite sentirent également le poids de son crédit. L'amiral Chabot, son ami, dégradé par arrêt du parlement, fut rétabli, à la prière de la duchesse, dans sa charge, en 1542. Le chancelier Poyet, dont elle croyait avoir à se plaindre, fut privé de la sienne en 1545. La baronnie de Chevreuse fut encore érigée en duché, par lettres du mois de décembre 1545, en faveur d'Anne de Pisseleu et de son époux. Après la mort de François Ier, son successeur, Henri II confirma, le 14 septembre 1547, le don d'Etampes à la duchesse et à Jean de Brosse, son mari, pour leur vie. Mais, l'an 1553, instruit des intelligences de la duchesse avec les ennemis de l'état, il lui retira ce duché pour le donner à sa maîtresse, DIANE DE POITIERS, femme de Louis de Brézé, grand sénéchal de Normandie. Diane, née l'an 1500, était fille de Jean de Saint-Valier, comte de Poitiers; lequel, ayant été convaincu d'avoir favorisé la fuite du connétable de Bourbon, fut condamné à perdre la tête. L'arrêt allait être exécuté, lorsque Diane, étant venu se jeter aux pieds de François Ier, obtint par ses larmes, et plus encore par ses attraits, la grâce du coupable. On sait la révolution que la peur fit sur l'esprit et le corps de Saint-Valier, dont elle fit blanchir les cheveux en une nuit, et à qui elle causa une fièvre si violente, qu'il n'en put jamais guérir, même après que le roi lui eut accordé son pardon. De là le proverbe de la *fièvre de Saint-Valier*. Diane avait quarante ans lorsque Henri II, alors dauphin, âgé seulement de dix-huit ans, devint amoureux d'elle éperdument. Cette passion dura jusqu'à la mort de ce prince. Diane était une femme très-avide. Ce fut elle qui excita le roi à poursuivre les hérétiques à feu et à sang, parce qu'elle profitait de la confiscation de leurs biens. Elle perdit, l'an 1559, le duché d'Etampes, qui lui fut retiré en vertu de l'édit donné au mois d'août de cette année par le roi François II pour la révocation des dons et aliénations de son domaine. Les Guises, qui avaient tout pouvoir sous ce règne, furent les auteurs de cette disgrâce, à laquelle ils ajoutèrent celle de faire chasser Diane de la cour. Elle se retira dans une de ses terres, où elle mourut en 1566.

L'an 1562, le duché d'Etampes fut rendu, au mois d'avril, par le roi Charles IX, à Jean de Brosse, pour en jouir pendant deux ans. Mais, au mois d'août suivant, il lui fut accordé pour sa vie, en reconnaissance des bons services qu'il n'avait cessé de rendre à l'état. On remarque, en effet, que ce seigneur ne se sépara jamais du souverain parmi les troubles qui agitèrent le royaume. Il s'était trouvé, l'an 1542, avec le roi François Ier, au siége de Perpignan; il servit, en 1562, contre les calvinistes, conduits par d'Andelot, et l'année suivante au siége d'Orléans; il était avec la reine Catherine de Médicis lorsque Poltrot, l'assassin du duc de Guise lui fut présenté; il assista au traité de paix entamé dans l'Isle aux Bœufs, près d'Orléans, et conclu, le 19 mars de la même année, à Amboise. Sa mort arriva dans le mois de janvier 1564. Anne, sa femme, lui survécut douze ans, étant morte l'an 1576.

L'an 1576, JEAN CASIMIR, fils de Frédéric III, électeur palatin, devint duc d'Etampes par un des articles du traité de paix conclu au mois d'avril de cette année avec les huguenots, au secours desquels il était venu pour la seconde fois avec un corps de troupes. Le roi Henri III confirma le don de ce duché par ses lettres du 18 mai suivant, enregistrées le même mois au parlement. Mais Jean Casimir, n'étant point payé des sommes que la cour lui avait promises pour la solde de ses troupes, renonça, le 8 mai 1578, au duché d'Etampes, qui fut donné par engagement, le 17 janvier suivant, à la duchesse de Montpensier pour la somme de cent mille livres. Le roi l'ayant retiré ensuite des mains de cette duchesse, en gratifia, par lettres du 18 juillet 1582, MARGUERITE DE VALOIS, sa sœur, femme de Henri de Bourbon, roi de Navarre, et depuis roi de France.

L'an 1598, GABRIELLE D'ÉTRÉES, duchesse de Beaufort, succéda dans le duché d'Etampes à la reine Marguerite, par la cession que cette princesse lui en fit le 11 novembre de cette année.

L'an 1599, CÉSAR, DUC DE VENDÔME, fils naturel de Henri IV et de Gabrielle d'Etrées, hérita du duché d'Etampes par la mort de sa mère. Il passa de ce prince à ses descendants, et retourna au domaine de la couronne, l'an 1712, après l'extinction de la maison de Vendôme.

CHRONOLOGIE HISTORIQUE

DES

COMTES DE DREUX *.

Le comté de Dreux, situé au nord du pays chartrain, sur les confins de la Normandie et de l'Ile-de-France, tire son nom de sa capitale, appelée dans l'itinéraire d'Antonin, *Durocasis*, dans une inscription citée par Wesselin, *Durocases*; dans la table théodosienne, *Durocassis*; dans des monuments postérieurs,

---

* Toutes les branches de cette ancienne et illustre race, sont éteintes. *Voyez* l'Histoire de la Maison de Dreux, par du Chesne, un vol. *in-folio*.

Durocasses et *Durcasa*, dont on a fait *Drocæ* ou *Drogæ*, d'où le nom de Dreux est immédiatement dérivé. Ce pays a toujours été séparé du comté de Chartres, et était originairement compris dans le duché de Normandie. Vers le milieu du x⁵ siècle, le comté de Dreux était possédé par LANDRI, dont la fille, Eve, le porta en dot à Gautier I⁵ʳ, comte de Vexin, qui eut pour successeur à Dreux Geoffroi, son troisième fils. Ce comté tomba ensuite, l'on ne sait par quel événement, entre les mains de Richard I⁵ʳ, duc de Normandie. Ce prince donna la moitié du château de Dreux à Mahaut, sa fille, en la mariant à Eudes II, comte de Chartres, qui s'empara du tout et refusa de le rendre après la mort de cette princesse, décédée, vers l'an 1017, sans enfants ; ce qui occasionna une guerre entre Eudes et le duc Richard II. Celui-ci, avant de se mettre en campagne, fit bâtir le château de Tilliers, ou Tillières, sur la rivière d'Aure, pour tenir en bride celui de Dreux, et en donna la garde à deux braves chevaliers, Néel de Saint-Sauveur, vicomte de Cotentin, et Raoul, seigneur de Toéni. Eudes ayant fait alliance avec Hugues, comte du Maine, et Valeran, comte de Meulent, s'achemina secrètement en leur compagnie pour surprendre la place ; mais il fut lui-même surpris, battu, et mis en déroute. Cet échec ne le découragea point. Il suscita tant d'ennemis à Richard, que ce prince, craignant d'être accablé, prit le parti d'appeler à son secours Lagmart, roi de Suède, et Olaüs, roi de Norvège, qui faisaient alors la guerre aux Anglais. Ils arrivèrent par la Bretagne dans le Chartrain. Le roi Robert, effrayé des traces funestes qu'ils laissaient sur leur route, interposa son autorité pour accommoder les deux rivaux, et y réussit. *La paix*, dit l'ancienne chronique de Normandie, *se fit ainsi ; que Tillieres demeureroit à Richart à héritage, et Eudes auroit Dreux et le tiendroit du roy : et adonc Dreux, où l'on usoit de la coustume de Northmandie, fut muée en la coustume franchoise ; et Tillieres, qui estoit en la coustume franchoise, fut muée en la coustume de Northmandie.* Eudes quelque tems après céda le château de Dreux au roi de France, qui le réunit à la couronne.

ROBERT I⁵ʳ.

ROBERT I⁵ʳ, dit LE GRAND, troisième des fils du roi Louis le Gros, qui lui survécurent, reçut en 1132 du roi, son père, suivant M. Galand ; en 1137 du roi Louis le Jeune, son frère, selon le P. Anselme, le comté de Dreux, dont sa postérité prit le surnom. Nicole Gilles et du Boulai, d'après Jean d'Ypres, écrivain du xiv⁵ siècle, avancent qu'il était le second fils de Louis le Gros, et qu'en cette qualité il était devenu l'héritier présomptif du trône après la mort de Philippe, son aîné; mais qu'à raison de sa stupidité, Louis, son cadet, lui fut préféré par les grands de l'état. C'est une fable détruite par des autorités auxquelles on ne peut se refuser, telles que la continuation de Sigebert, écrite du vivant de Louis le Gros par Anselme de Gemblours; la chronique de Morigni, composée vers le même tems; une ancienne chronologie des rois de France, et d'autres monuments contemporains, lesquels attestent tous que Louis le Jeune suivait immédiatement le prince Philippe dans l'ordre de la naissance. La raison qu'on apporte de l'exclusion prétendue de Robert est même démentie par sa conduite. Ce prince, en effet, dans plusieurs occasions d'éclat, se signala, comme on va le voir, d'une manière fort opposée au caractère de stupidité qu'on lui prête. L'an 1147, ayant accompagné le roi, son frère, à la croisade, il soutint à Constantinople la dignité de prince du sang de France, en refusant l'hommage que l'empereur Manuel demandait aux seigneurs français pour les terres dont ils feraient la conquête en Palestine. Odon de Deuil (l. 4, p. 44) dit que l'empereur, pour engager le roi Louis le jeune à faire consentir ses barons à cette démarche, offrait de marier un de ses neveux à une proche parente de ce prince, qui était de la compagnie de la reine, sa femme; mais que Robert, frère du roi, qu'il qualifie comte du Perche pour la raison qu'on verra dans peu, s'esquiva secrètement de Constantinople avec plusieurs barons, et passa le bras de Saint-Georges, emmenant avec lui la princesse dont le mariage devait sceller le honteux traité que l'empereur exigeait de la noblesse française. Robert eut part aux dangers qu'essuya notre armée en traversant l'Asie; mais il eut le bonheur d'en échapper, et arriva sain et sauf à Antioche, d'où il se rendit en Palestine. La malheureuse expédition de Damas le brouilla avec le roi, peut-être parce qu'on n'avait pas suivi ses avis dans le siége de cette place. Quoi qu'il en soit, il fut des premiers, après la levée du siége, à reprendre la route de France. Son arrivée dans ce royaume y jeta le trouble par les tentatives qu'il fit, de concert avec plusieurs mécontents pour enlever la régence du royaume à Suger. Sa partie était si bien faite, qu'il se vit sur le point de réussir. Suger, dans le premier effroi que lui causa cet orage, écrivit au roi pour le prier de hâter son retour; mais comme le mal demandait un prompt remède, il prit le parti de convoquer les états de la nation. L'assemblée se tint à Soissons, et le régent y triompha pleinement des ennemis de la patrie et des siens. Robert, voyant son coup manqué, rentra dans le devoir, et s'appliqua dans la suite à effacer le souvenir de sa faute par une constante fidélité. Etant entré, l'an 1150, avec le roi, son frère, en Normandie, il l'aida à soumettre ce duché au jeune Henri, depuis roi d'Angleterre. La ville de Séez, qui osa lui faire résistance, fut prise d'assaut et livrée aux flammes. L'an 1155 ou environ, il fonda la ville, qui fut appelée de son nom Brie-Comte-Robert, en latin *Braia Comitis Roberti*. Cette même année, il mène du secours à Thibaut V, comte de Blois, dans la guerre qu'il avait contre Sulpice II d'Amboise, seigneur de Chaumont-sur-Loire. (*Gesta Dom. Ambas.*, n. 14.) Les gens du comté de Dreux, l'an 1157, firent sur les domaines de l'abbaye de Coinci des usurpations, dont les intéressés portèrent leurs plaintes à Rome, après lui en avoir inutilement demandé justice. Robert, en conséquence, fut excommunié. Sensible à cette punition, il offrit de réparer les torts qui l'avaient occasionnée, et à cette condition il fut absous. L'an 1159, tandis que le roi Louis le Jeune défendait en personne la ville de Toulouse contre le roi d'Angleterre, Robert et Henri, son frère, évêque de Beauvais, se jetèrent sur le Vexin normand pour faire diversion. L'an 1159, Robert accorde à la ville de Dreux une charte de commune et franchise, qui commence par ces mots : *R. gratiâ Dei comes Drocarum et Branœ.* Robert était charitable et protégeait les lettres. Ce fut le double motif qui le porta, l'an 1188, à fonder près de Paris, dans le canton dit le Louvre, une église dédiée à saint Thomas de Cantorbéri, dans laquelle il devait y avoir quatre canonicats avec un hôpital pour de pauvres écoliers, sous un maître chargé de présider à leurs études et de pourvoir à leur entretien. C'est le premier établissement de ce genre fait dans l'école de Paris. Robert avait alors abdiqué depuis quatre ans le comté de Dreux en faveur de son fils aîné. Ce prince mourut le 11 octobre de la même année, dans un âge avancé. Peu de tems avant sa mort il eut le chagrin de voir son château de Dreux réduit en cendres par le roi d'Angleterre, dans la guerre qui s'était élevée entre ce prince et le roi Philippe Auguste. (Nicole Trivet.) On grava sur sa tombe ces deux vers rapportés par le P. Labbe. (*Thesaur. Epitaph.*) :

> Princeps Robertus mirâ pietate refertus
> Hic jacet ; heu ! noli plura rogare, tacet.

Il avait épousé, 1° AGNÈS, fille d'Anseau de Garlande et veuve d'Amauri III, sire de Montfort (morte en 1143), dont il n'eut qu'un fils mort dans l'enfance; 2°, l'an 1144, HARVISE D'ÉVREUX, fille de Gautier d'Évreux, baron de Salisberi, et veuve de Rotrou II, comte du Perche : mariage à raison duquel il prit le titre du *comte de Perche*, sans rien prétendre néanmoins à ce comté. Harvise le fit père d'Alix, mariée quatre fois, d'abord à Waleran III, baron de Breteuil; ensuite à Gui, sire de Châtillon-sur-Marne ; puis à Jean de Torote, châtelain de Noyon ; et enfin à Raoul, comte de Soissons. A ces enfants de Robert et d'Harvise, il faut ajouter, comme le prouve M. de Bréquigni (*Mém. de littér.* T. XLI, p. 622 *et seq.*), le fameux Etienne du Perche, lequel, ayant été appelé en Sicile, l'an 1167, par la reine Marguerite, sa parente, pendant la minorité du roi Guillaume II, y fut nommé chancelier du royaume, puis élevé à l'archevêché de Palerme, d'où il fut presque aussitôt chassé par les barons du pays, révoltés. Il est vrai que Hugues Falcand, qui nous paraît être le même que Hugues Foucaut, abbé de Saint-Denis en France, dans l'histoire qu'il a faite des révolutions arrivées en Sicile de son tems, et dont il fut lui-même témoin et partie, fait sortir Etienne du mariage d'Harvise et de Rotrou. (*Historia Sicula apud Murator. rerum Ital.* T. VII, p. 315.) Mais, quoique français et contemporain, il se trompe sur ce point. C'est ce qu'on ne peut s'empêcher de reconnaître d'après une lettre de Louis le Jeune, citée par l'habile académicien (p. 634), où il appèle Etienne sa chair et son sang, *caro et sanguis noster est.* Robert, après la mort d'Harvise, épousa en troisièmes noces, l'an 1152, AGNÈS DE BAUDEMENT, veuve de Milon II, comte de Bar-sur-Seine. Par cette alliance, il devint seigneur de Braine, de Fère en Tardenois, de Nesle, et d'autres terres qu'Agnès lui apporta en dot. Elle survécut à son second époux, et fut enterrée auprès de lui dans l'église abbatiale de Saint-Ived de Braine, qu'elle avait fondée, après avoir eu de son dernier mariage dix enfants, six garçons et quatre filles, dont les principaux sont Robert, qui suit ; Henri, évêque d'Orléans, mort à Sienne en Toscane le 25 avril 1198 ; et Philippe, évêque de Beauvais. Ce dernier, au mépris des lois de son état, suivit l'inclination naturelle qu'il avait pour les armes. Il passa deux fois à la Terre-Sainte (l'an 1178 et l'an 1190) pour combattre les Infidèles ; et, ayant été pris à la seconde fois, il fut conduit prisonnier à Bagdad. A son retour, il porta les armes contre les Anglais ; et, l'an 1197, étant tombé entre leurs mains à l'affaire du Midi, il fut jeté par le roi Richard dans une étroite prison. Le pape Célestin III, dont il implora le secours, s'intéressa pour lui. Il écrivit au roi d'Angleterre pour lui demander la délivrance *de son très-cher fils l'évêque de Beauvais*. Richard pour réponse lui envoya la cotte d'armes du prélat, toute ensanglantée, avec laquelle il avait été pris, et chargea son ambassadeur de dire à sa sainteté, comme les enfants de Jacob en lui envoyant la robe de Joseph : *Reconnaissez-vous à ces marques la tunique de votre fils ?* Le pape ne fit plus d'instances pour l'évêque, lequel n'obtint sa liberté qu'en 1202. Cette disgrâce ne ralentit point son ardeur martiale. L'an 1210, il se croisa contre les Albigeois ; et, l'an 1214, il se distingua à la bataille de Bouvines, où l'on remarqua qu'il n'avait pour arme qu'une massue, craignant, disait-il, de violer les canons en se servant du glaive. Ce brave prélat mourut le 4 novembre 1217. Ce fut lui qui mit dans sa main le vidamat de Gerberoi, qui est resté à ses successeurs. Les filles du troisième lit de Robert sont Alix, femme de Raoul I*er*, sire de Couci ; Elisabeth, mariée en 1178 à Hugues III, seigneur de Broyes ; Massilie ou Béatrix, et Marguerite, l'une et l'autre religieuses à Fontevrault.

L'usage n'étant point alors que les cadets de la maison de France employassent les fleurs de lys dans leurs armoiries, Robert prit pour les siennes l'échiquier d'or et d'azur : ce qui fut suivi par ses successeurs.

ROBERT II.

1184. ROBERT II, fils aîné de Robert I*er*, lui succéda, l'an 1184 dans le comté de Dreux, par la résignation que ce prince lui en fit quatre ans avant sa mort. Depuis ce tems le père ne prit plus que le titre de comte de Braine, et c'est ainsi qu'il est désigné dans la plupart des monuments. Robert II partit, l'an 1190, pour la Terre-Sainte avec le roi Philippe Auguste. Il se trouva au siége d'Acre, et plusieurs historiens disent qu'il eut grande part à la prise de cette place. Mais Raoul de *Diceto*, doyen de Londres, raconte un trait de lui bien ignominieux, qu'il tenait de Guillaume, son chapelain, qui était à cette expédition. « Anseric de Montréal, dit-il, étant à l'article de la mort, » déclara qu'il avait formé le complot avec l'évêque de Beau- » vais, le comte Robert, son frère, Gui de Dampierre, le land- » grave, et le comte de Gueldre, de trahir les Croisés à l'appât » de trente-deux mille besants et de cent marcs d'or que Sala- » din leur avait donnés. » On ignore si les accusés se purgèrent de cette accusation, ou si l'on prit plutôt le parti de l'étouffer. Ce qui est certain, c'est que Robert n'était pas fort scrupuleux. Le roi Philippe Auguste cherchant des prétextes pour justifier son divorce avec la reine Ingeburge, ce comte fut un des témoins qui jurèrent dans l'assemblée de Compiègne, tenue en 1193, qu'Ingeburge était parente d'Isabelle, première femme de ce monarque. (Roger de Hoveden.) L'an 1196, il aida Philippe Auguste à se rendre maître du château d'Aumale, dont la garde lui fut confiée pour récompense de ses services. Il servit, l'an 1204, avec le même zèle et le même succès ce monarque au siége de Rouen.

L'an 1205, Robert et sa femme Yolande présidèrent à l'instruction du procès de certains hérétiques qu'on avait découverts près de Braine, parmi lesquels se trouvait un peintre célèbre par toute la France, nommé Nicolas. Ils furent condamnés au feu, et peu de jours après exécutés. (*Chron. manus. Bibl. R.* n° 5011.) Robert, l'an 1206, voulant faire bâtir une forteresse dans son parc de Fère en Tardenois, qui était un de ses alleus, en demande préalablement la permission à Blanche, comtesse de Champagne, et ne l'obtient qu'à condition que cette forteresse sera jurable et rendable au comte de Champagne; « car » tel était l'usage en ce comté, que ceux qui possédaient des » alleus, situés au dedans des *mettes* de Champagne, n'eût ce » été que sur la lisière, n'y pouvaient bâtir de forteresse sans la » permission du comte. » (Brussel, *Usage des Fiefs*, T. I, p. 386.) L'an 1211, Robert s'étant croisé contre les Albigeois, mena un renfort considérable à Simon de Montfort, chef de cette expédition. Il signala sa valeur en 1214 à la bataille de Bouvines avec l'évêque de Beauvais, son frère. Le 28 décembre de l'an 1218 fut le terme de ses jours. Son corps fut inhumé à Braine, dans l'église de l'abbaye de Saint-Yved, aux pieds de la comtesse Agnès, sa mère, décédée l'année précédente au plus tard, après l'avoir fait son principal héritier. Un ancien auteur, cité par du Chesne, fait l'éloge de son courage, de son activité, de sa fermeté, de sa prudence et de sa force singulière. *Jamais l'adversité*, dit un moderne, *n'ébranla sa constance, et le travail du corps ne pouvait tellement le lasser, qu'il ne fût toujours prêt à entreprendre et exécuter toutes choses*. Il avait épousé, 1° Mahaut de Bourgogne, veuve d'Eudes II, seigneur d'Issoudun, puis de Gui, comte de Nevers, ensuite de Pierre d'Alsace, dit de *Flandre*, et fille unique de Raymond de Bourgogne, de laquelle il fut séparé pour cause de consanguinité, sans en avoir eu d'enfants; 2°, l'an 1184, Yolande, fille de Raoul Ier, sire de Couci (morte le 18 mars 1224), qui lui donna douze enfants, cinq fils et sept filles; ce sont Robert, qui suit; Pierre de Dreux, qui eut pour sa part Fère en Tardenois, Brie-Comte-Robert, et qui a fait la dernière branche des ducs de Bretagne; Henri, archevêque de Reims en 1227, mort le 8 juillet 1240; Jean de Braine, comte de Mâcon du chef d'Alix, sa femme; Geoffroi, qui quitta les armes de son père pour prendre celles de Braine; Éléonore, mariée, 1°, en 1205 au plus tard, à Hugues IV, sire de Châteauneuf en Thimerais, 2° à Robert de Saint-Clair; Isabelle, mariée à Jean II, comte de Rouci; Philippine, femme de Henri II, comte de Bar-le-Duc; Agnès, femme d'Étienne II, comte ou vicomte d'Auxonne; Alix, mariée, 1° à Gaucher IV, sire de Salins, 2° à Rainard III, sire de Choiseul, de la postérité de laquelle descend toute la maison de Choiseul (1); Yolande, femme de Raoul d'Issoudun, comte d'Eu; et Jeanne, abbesse de Fontevrault.

ROBERT III.

1218. ROBERT III, dit *Gâteblé*, parce que dans son jeune âge, il avait gâté fortuitement quelques moissons, succéda, l'an 1218, à Robert II, son père, dans les comtés de Dreux et de Braine. Il était déjà seigneur de Saint-Valeri par son mariage contracté, l'an 1210, avec ELÉONORE, fille et unique héritière de Thomas, sire de Saint-Valeri. Ayant été fait chevalier, le 17 mai de l'année précédente, avec le prince Louis, à Compiègne, par le roi Philippe Auguste, il avait assisté deux ans après à l'assemblée tenue à Soissons, pour résoudre la guerre contre les Anglais. Etant passé, l'an 1214, en Bretagne, il s'était jeté avec Pierre de Dreux, son frère, dans la ville de Nantes, pour la défendre contre Jean, roi d'Angleterre. Mais peu de tems après l'avoir obligé de lever le siége, il tomba dans une embuscade où il fut pris avec quatorze gentilshommes. Le roi Jean le fit conduire en Angleterre, d'où il revint après la bataille de Bouvines, ayant été échangé avec le comte de Salisberri, fait prisonnier à cette journée. Robert, l'an 1216, accompagna le prince Louis dans son expédition d'Angleterre. Il fit hommage de sa terre de Braine, l'an 1225, à Thibaut VI, comte de Champagne. L'an 1226, il eut part à la prise d'Avignon. Sous la minorité de saint Louis, Robert se déclara d'abord contre la régence de la reine Blanche; mais, touché des semonces du connétable de Montmorenci, il ne tarda pas à rentrer dans le devoir, et servit le roi dans la suite avec ardeur contre les rebelles. Il parvint à détacher de la ligue le duc de Bretagne, son frère, dont il fit la paix avec le jeune monarque. Robert mourut le 3 mars 1234 (N. S.), et fut inhumé à Saint-Yved de Braine, sous une tombe où se lit encore aujourd'hui cette épitaphe qui mérite d'être rapportée :

> Hîc jacet illustris ex Regum semine natus,
> Drocarum Branæque comes Robertus humatus.
> Hic in amicitia Theseus fuit, alter in armis
> Ajax, consilio pollens fuit alter Ulysses.

---

(1) C'est cette Alix de Dreux, qui fait la matière d'un roman, où l'on suppose qu'elle se battit en duel, déguisée en homme, pendant l'absence de son mari, contre Valeran de Corbie, qui, désespéré de n'avoir pu obtenir sa main, l'avait accusée d'adultère, et, renversé par elle, l'avait frappée mortellement d'une dague, comme elle se jetait sur lui pour le forcer à faire l'aveu de sa calomnie. (*Voy.* le T. II, p. 366 des pièces intéressantes.)

Sa veuve se remaria, l'an 1237, à Henri, sire de Sulli, et mourut le 15 novembre 1251, après avoir eu de son premier mariage trois fils et une fille. Les fils sont Jean, qui suit : Robert de Dreux, duquel sont descendus les seigneurs de Beu, d'Esneval et de Morainville; et Pierre, qui fut destiné à l'état ecclésiastique, et mourut vers 1250. Yolande, fille du comte Robert, épousa, l'an 1229, Hugues IV, duc de Bourgogne, après avoir été recherchée par Thibaut VI, comte de Champagne.

JEAN Ier.

1234. JEAN Ier succéda en bas âge à Robert III, son père, sous la tutelle de sa mère, puis de Henri de Sulli, son beau-père. L'an 1239, au mois de novembre, Pierre de Richeville lui assura sa maison forte de Cheligni contre toutes personnes, sauf la *féauté* du roi de France, en cette manière : « C'est à savoir,
» est-il dit dans l'acte, qu'il ne peut avoir dans cette maison une
» archière, *archeriam* (fenêtre longue et étroite pour tirer sur
» l'ennemi), ni une arbalêtrière, ni un créneau, ni un écu
» (*scutum*); mais il pourra faire autour de son pourpris un fossé
» large de douze pieds, sans que lui ni ses hoirs aient la faculté
» de rien faire de plus dans cette maison; si ce n'est par la per-
» mission du comte ou de ses hoirs. Il est encore à savoir, ajoute-
» t-on, qu'il est tenu envers ledit comte de lui remettre ladite
» maison à grande et à petite force aussi munie qu'il la trouvera :
» ce que feront semblablement les hoirs de lui de Richeville, et
» le comte la leur rendra de même. » Les assurements de maisons fortes ne se faisaient qu'à de puissants seigneurs, capables de les défendre; c'est-à-dire, que le possesseur de la maison promettait à ce haut seigneur qu'elle ne servirait jamais contre lui dans les guerres qu'il aurait à soutenir ; que réciproquement ce seigneur mettrait la maison dans sa sauve-garde : mais cela était entièrement volontaire de la part du possesseur de la maison forte, et il ne devenait par là en aucune façon vassal de ce seigneur. (Brussel, p. 854.) Plusieurs gentilshommes, à l'exemple de Richeville, assurèrent leurs maisons à Jean de Montfort, comme on le voit par le cartulaire de cette seigneurie. L'an 1241, il fut créé chevalier par le roi saint Louis. Ayant accompagné ce prince dans son premier voyage d'outre-mer, il mourut sur la fin de 1248 à Nicosie en Chypre. Il avait épousé au mois d'avril de l'an 1240 MARIE, fille d'Archambaud IX, sire de Bourbon, qui lui survécut jusqu'au 25 août 1274, et fut inhumée à Saint-Yved de Braine. De ce mariage sortirent Robert, qui suit ; Jean, chevalier du Temple, et Yolande, femme, 1° d'Amauri, sire de Craon, 2° l'an 1270, de Jean de Trie, dit

Guillebaud, seigneur de Monchi, tué à la bataille de Mons en Puelle.

ROBERT IV.

1249. ROBERT IV, fils aîné de Jean Ier, et son successeur dans un âge tendre aux comtés de Dreux et de Braine, joignit à ces domaines le comté de Montfort et la seigneurie de Rochefort, par le mariage qu'il contracta, l'an 1259, avec BÉATRIX, fille unique de Jean Ier, comte de Montfort-l'Amauri. Il accompagna le roi Philippe le Hardi dans la guerre du Languedoc, et mourut le 14 novembre 1282. Ce prince fut réglé dans ses mœurs, équitable dans son gouvernement, et zélé pour la religion. C'est ce que porte en substance son épitaphe en huit vers latins, gravée sur sa tombe de bronze émaillé dans l'église abbatiale de Saint-Yved de Braine, où il fut inhumé. (Ce monument, que du Chesne avait vu en 1630, fut enlevé par les Espagnols en 1650.) Sa femme, qui lui survécut vingt-neuf ans, étant morte le 9 mars 1311 (V. S.), le fit père de Jean, qui suit; de Robert, seigneur de Château-du-Loir, mort au service de la France, dans la guerre de la Flandre, sans enfants, vers l'an 1303; de Marie, femme de Matthieu IV, baron de Montmorenci, grand chambellan de France; d'Yolande, comtesse de Montfort, mariée, 1°, l'an 1286, à Alexandre III, roi d'Écosse; 2° à Artus II, duc de Bretagne, auquel elle porta le comté de Montfort; de Jeanne, femme, 1° de Jean IV, comte de Rouci; 2° de Jean de Bar, seigneur de la Puisaie; et de Béatrix, abbesse de Port-Royal.

JEAN II.

1282. JEAN II, surnommé LE BON à cause de sa douceur, succéda, dans les comtés de Dreux et de Braine, à Robert IV, son père, et devint ensuite grand chambrier de France. Ce fut un prince courageux, qui se distingua dans toutes les guerres que la France eut à soutenir de son tems. Ayant accompagné le roi Philippe le Bel dans sa première expédition de Flandre, il eut part aux conquêtes de Cassel, de Béthune, de Berg Saint-Vinox en 1297, et combattit, en 1302, à la bataille de Courtrai. Le 7 mars 1309 fut le terme de ses jours. Il avait épousé, 1°, l'an 1293 (N. S.), JEANNE DE BEAUJEU, fille unique de Humbert, seigneur de Montpensier et connétable de France, morte l'an 1308; 2°, cette dernière année, PÉRONELLE DE SULLI, veuve de Geoffroi II de Lusignan, vicomte de Châtelleraud, et fille de Henri III, sire de Sulli, et de Marguerite de Beaumez. Du premier lit il eut Robert, Jean et Pierre, qui suivent; Simon, chanoine; et

Béatrix. Du second lit sortit Jeanne, mariée à Louis, vicomte de Thouars.

ROBERT V.

1309. Robert V, fils aîné de Jean II, lui succéda aux comtés de Dreux et de Braine. Il mourut le 22 mars 1329 (V. S.), sans laisser de postérité de Marie d'Enghien, sa femme, et fut inhumé à Saint-Etienne de Dreux. Avant sa mort il avait disposé, l'an 1323, du comté de Braine en faveur de Jean de Rouci, son cousin, qui le transmit à ses descendants.

JEAN III.

1329. Jean III, successeur de Robert V, son frère, ne lui survécut que deux ans, étant mort l'an 1331. Ide, son épouse, fille de Gui IV de Mauvoisin, sire de Rosni, ne lui donna point d'enfants; et, s'étant remariée, l'an 1332, à Matthieu de Trie, maréchal de France, elle mourut en 1375.

PIERRE.

1331. Pierre, seigneur de Montpensier, d'Aigueperse, de Château-du-Loir, de Saint-Valeri, de Gamaches, de Dommart, etc., devint comte de Dreux après la mort de Jean III, son frère. Il suivit le roi Philippe de Valois dans ses guerres contre les Anglais, et s'y distingua. L'an 1333, il vendit à Louis, duc de Bourbon, la ville et baronnie d'Hermant, au diocèse de Clermont. Le 5 novembre 1345 fut le terme de ses jours, et l'église de Saint-Etienne de Dreux le lieu de sa sépulture. Il avait épousé Isabelle, fille de Jean Ier, vicomte de Melun, comte de Tancarville, chambellan de France, et d'Isabelle, dame d'Autoing, dont il ne laissa qu'une fille, qui suit.

JEANNE Ire.

1345. Jeanne Ire, née le 10 juillet 1345, succéda la même année à Pierre, son père, dans le comté de Dreux et la seigneurie de Montpensier, sous la tutelle de sa mère. Elle mourut sans alliance le 22 août de l'année suivante. Sa mère se remaria six ans après à Jean d'Artois, comte d'Eu. Après sa mort, Blanche de Beaujeu, dame de Leuroux, prétendit aux seigneuries de Montpensier et d'Aigueperse; mais elles furent adjugées à Bernard II, comte de Ventadour, comme petit-fils de Marguerite de Beaujeu, femme d'Ebles VIII, vicomte de Ventadour, et fille de Louis de Beaujeu, seigneur de Montferrand. Le même

Bernard et Robert, son fils, vendirent Montpensier à Jean de France, duc de Berri, dont les deux fils, Charles et Jean, portèrent le titre de comtes de Montpensier. Ces deux princes étant morts avant lui, Marie, leur sœur, hérita de ce comté, qu'elle porta en dot à Jean Ier, duc de Bourbon, en l'épousant.

JEANNE II.

1346. JEANNE, seconde fille de Jean II, et tante de Jeanne Ire, succéda, au comté de Dreux, à sa nièce avec LOUIS, vicomte de Thouars, son époux. Elle mourut en 1355, laissant un fils, qui suit, avec Péronelle, qui viendra ci-après; Isabelle, dame de Talmont, mariée 1° à Gui de Nêle, seigneur de Mello, maréchal de France; 2° à Ingelger Ier, seigneur d'Amboise; 3° à Guillaume d'Harcourt, seigneur de la Ferté-Imbaut; Marguerite, qui eut sa part, comme aînée, au comté de Dreux.

SIMON.

1355. SIMON, vicomte de Thouars, successeur de Jeanne, sa mère, au comté de Dreux, épousa JEANNE D'ARTOIS, fille de Jean d'Artois, comte d'Eu, et fut tué dans un tournoi le jour de ses noces, l'an 1365. On remarque que sa veuve, quoique princesse du sang, ne prit jamais d'autre titre dans tous les actes qu'elle signa, que celui de *Mademoiselle*, parce que son mari n'était qu'écuyer lorsqu'il fut tué. On n'appelait *Madame* alors que les femmes de chevaliers.

1365. PÉRONELLE DE THOUARS, femme, 1° d'Amauri IV, sire de Craon; 2° de Clément Rouhaut, et MARGUERITE, sa sœur, femme de Gui Turpin, seigneur de Crissé, succédèrent à Simon, leur frère, avec leurs époux, dans le comté de Dreux, dont les deux tiers appartinrent à la première, et l'autre tiers à la seconde. L'an 1377, Marguerite vendit sa part au roi Charles V, et l'année suivante Péronelle en fit autant de la sienne pour la terre de Benaon en Poitou, qui fut érigée en comté par lettres du mois de septembre de cette année. Tout le comté de Dreux fut ainsi réuni à la couronne.

L'an 1382, le roi Charles VI donna le comté de Dreux à ARNAUD-AMANIEU, sire d'Albret, pour lui tenir lieu d'une pension de quatre mille livres. Mais après la mort de ce dernier, arrivée en 1401, Charles reprit le comté de Dreux, et en gratifia, par lettres du mois de juillet 1407, Louis, duc d'Orléans, son frère, pour augmentation d'apanage. Ce prince ayant été tué le 23 novembre suivant, le comté de Dreux retourna dans la maison d'Albret le don que Charles VI en fit à Charles Ier, fils d'Arnaud-Amanieu, et connétable de France. Charles Ier lui succéda, l'an 1415, dans ce comté comme dans la sirerie d'Albret. Mais il en fut dépossédé, l'an 1418, par les Anglais, et n'y rentra qu'en 1441 (1). Le roi Charles VII s'en étant mis en possession après leur expulsion, le rendit, par ses lettres d'Amboise le 16 novembre 1441, à Charles II d'Albret. (*Mss. de Dupuy*, n° 387.) Celui-ci mourut en 1471, laissant par son testament le comté de Dreux à son troisième fils, Arnaud-Amanieu. ALAIN LE GRAND, sire d'Albret et petit-fils de Charles II, n'ayant point approuvé cette disposition, la rendit inutile en se saisissant par force du comté de Dreux, dans la jouissance duquel il se maintint. Ce comté fut depuis le sujet d'un long procès entre les sires d'Albret et les comtes de Nevers sortis de Marie, fille de Charles II. François de Clèves, premier duc de Nevers, obtint, l'an 1551, un arrêt en sa faveur; mais les parties adverses s'étant pourvues contre ce jugement, le procureur-général intervint pour le roi, soutenant que Dreux, étant de l'ancien domaine de la couronne, n'avait pu être transporté au connétable d'Albret. Il gagna vraisemblablement sa cause, puisque nous voyons en ce tems le comté de Dreux réuni à la couronne. La reine Catherine de Médicis l'obtint en 1559, pour partie de son douaire : mais elle le remit en 1569. Alors il fut érigé en duché-pairie, et donné en apanage à François de France, duc d'Alençon, puis d'Anjou, mort en 1584. Redevenu comté, il fut engagé à Charles de Bourbon, comte de Soissons; et après la mort de son fils il échut à Marie d'Orléans, duchesse de Nemours, sa petite-fille, laquelle étant décédée sans enfants, il passa par acquisition au duc de Vendôme, qui le donna à son épouse, N. de Condé : celle-ci le transmit par sa mort à la princesse de Condé, palatine, sa mère, dont la succession a été partagée.

---

(1) Villaret dit qu'en 1423, Charles VIII donna le comté de Dreux au Connétable Stuart; et cite à la marge, d'une manière vague, le trésor des Chartes. Cette anecdote n'était point connue de M. Galand.

CHRONOLOGIE HISTORIQUE

DES

BARONS, puis COMTES, DE MONTFORT-L'AMAURI.

La ville de Montfort, surnommée l'Amauri, de l'un de ses seigneurs, située sur une montagne dans le Mantois, entre Chartres et Paris, est le chef-lieu d'une terre dont les premiers propriétaires ne sont pas bien connus. L'opinion la plus probable les fait descendre d'un Guillaume, comte en Hainaut, arrière-petit-fils par Amauri Ier, son père, de Baudouin-Bras-de-fer, comte de Flandre, et de Judith, fille de Charles le Chauve. Guillaume épousa, dit-on, l'héritière de Montfort et d'Epernon, laquelle survécut à son mari (mort l'an 1003, au plus tôt), dont elle eut un fils, qui suit.

AMAURI II.

Amauri II, fils de Guillaume, lui succéda, ou, si l'on veut, à sa mère, dans les terres de Montfort et d'Epernon. Il souscrivit, l'an 1028, avec Eudes II, comte de Champagne, Guillaume IV, comte d'Auvergne, Foulques Nerra, comte d'Anjou, et d'autres seigneurs, la pancarte par laquelle le roi Robert confirma les possessions de l'abbaye de Coulombs. Après la mort de ce monarque, il s'attacha au roi Henri, son fils aîné, que la reine Constance, appuyée des comtes de Champagne et de Flandre, voulait exclure du trône pour faire régner en sa place Robert, son fils cadet, ou plutôt pour régner elle-même sous le nom de ce dernier. Amauri donna un bon conseil à Henri, qui fut d'aller trouver Robert, duc de Normandie, pour le mettre dans ses intérêts. Henri prit en effet ce parti, et s'en trouva bien. L'an 1053, Amauri fit don à l'abbaye de Marmoutier du village de Sénicourt, au pays chartrain, et de quelques églises voisines. L'histoire depuis ce tems ne fait plus mention de lui. Il avait épousé Bertrade, ou Berteïs, dont il eut Simon, qui suit, et Mainier, seigneur d'Epernon.

SIMON Ier.

Simon Ier, fils d'Amauri II, lui succéda dans la baronnie de Montfort. Fidèle au roi Henri, comme l'avait été son père, il aida ce prince, l'an 1058, à reprendre le château de Tilliers, dont Guillaume le Bâtard, duc de Normandie, s'était emparé. (Mabil. *Ann. B.*, T. IV, p. 581.) L'an 1067, il assista à la célèbre assemblée des grands du royaume, convoquée par le roi Philippe Ier, pour être présents à la dédicace de l'église de Saint-Martin des Champs, près de Paris. Il donna, l'an 1072, du consentement de son frère aîné, le prieuré de Saint-Martin de Montfort à l'abbaye de Saint-Magloire de Paris. Il mourut l'an 1087, et fut enterré au cimetière de l'église de Saint-Thomas d'Epernon. Simon avait épousé en premières noces, vers l'an 1055, Isabelle, fille et héritière de Hugues Ier, dit Bardoul, seigneur de Broyes et de Nogent. Le nom de sa seconde femme est inconnu. Agnès, fille de Richard, comte d'Evreux, qu'il fit enlever de nuit, suivant Ordéric Vital, par Raoul II, seigneur de Toéni et de Conches, dont elle était sœur utérine, fut sa troisième femme. Du premier lit il eut Amauri, qui suit; Isabelle, mariée, l'an 1077, à Raoul II, seigneur de Toéni et de Conches, laquelle, après la mort de son époux, arrivée le 24 avril 1102, se fit religieuse à Hautesbruyères; et Eve, mariée, en 1119, à Guillaume Crêpin Ier, seigneur du Bec-Crêpin. Du troisième lit sortirent Richard et Simon, qui viendront ci-après; Amauri, qui les suivra; Guillaume, élu évêque de Paris en 1092; et la fameuse Bertrade, qui épousa, en 1089 ou 1091, Foulques le Réchin, comte d'Anjou, à qui elle fut ensuite enlevée par le roi Philippe Ier.

AMAURI III, surnommé LE FORT.

1087. Amauri III, surnommé le Fort, succéda à Simon, son père, dans la baronnie de Montfort, et à sa mère Isabelle, dans celles de Broyes et de Nogent. Il entra, l'an 1087, dans une querelle dont l'issue lui devint funeste. Guillaume de Breteuil, seigneur d'Yvri, avait confié la garde de cette place à Ascelin Goel, son vassal, chevalier renommé par sa valeur. Celui-ci la livra, par trahison, au duc Robert. Celui-ci l'ayant rachetée pour le prix de mille cinq cents livres, en chassa Ascelin, ce qui occasionna entre eux une guerre longue et sanglante. Amauri prit parti pour Goel; et, s'étant jeté comme un lion sur la terre de Breteuil, il y fit d'horribles dégâts. Mais dans un combat particulier où il faisait tête à lui seul à deux chevaliers, il fut percé dans le flanc d'un coup de lance, dont il mourut le même jour, l'an 1089, sans laisser de postérité. (Ordéric Vital, p. 685.)

RICHARD.

1089. RICHARD, frère d'Amauri, lui succéda dans la baronnie de Montfort, et n'oublia rien pour venger sa mort sur Guillaume de Breteuil. L'an 1092, dans la dernière semaine de février où tombait le jour bissextile, dit Ordéric Vital, ayant joint ses troupes à celles d'Ascelin Goel, il eut part à la victoire que celui-ci remporta entre Bons-Moulins et Laigle sur le baron de Breteuil, qui fut pris dans le combat avec d'autres chevaliers, et renfermé dans le château de Beherval. On était à la veille du carême, et les rigueurs que Goel leur fit essuyer dans la prison, leur donnèrent moyen d'expier leur crime pendant ce saint tems par une salutaire pénitence; car durant un tems fort rude, il les faisait exposer à la fenêtre nus et couverts seulement d'une chemise bien mouillée au vent de bise, jusqu'à ce que la gelée eût entièrement roidi sur leur corps ce vêtement. Enfin, au bout des trois mois, Richard lui-même, touché de compassion, s'intéressa avec d'autres seigneurs pour la délivrance de ces infortunés. La réconciliation se fit entre Goel et Guillaume de Breteuil, moyennant une rançon de mille livres, monnaie de Dreux, que celui-ci promit de payer, outre des chevaux, des armes et d'autres effets qu'il donna, et à condition qu'il donnerait à Goel sa fille Isabelle en mariage avec le château d'Yvri pour sa dot. Mais cette paix ne fut pas de longue durée. La même année, nouvelles brouilleries entre Goel et le baron de Breteuil, qui occasionnent de nouvelles hostilités. Le second ayant mis garnison dans le monastère d'Yvri, pour attaquer le château, Goel vint l'assiéger, et, l'ayant forcé dans ce retranchement vers le tems de la Pentecôte, il lui laissa à peine le tems de s'échapper, fit prisonniers dix chevaliers de marque, et mit le feu à l'église et aux bâtiments réguliers. Nous ignorons si Richard prit part à ces nouvelles hostilités; mais nous voyons que, la même année, étant allé avec le baron de Breteuil au secours de Guillaume, comte d'Evreux, qui faisait le siége de Conches, défendu par Raoul, frère utérin du comte, et seigneur de la place, il y fut tué dans le mois de novembre. (Ordéric Vital, pp. 685-688-705.) On ne voit pas qu'il ait été marié.

SIMON II.

1092. SIMON II, surnommé LE JEUNE, fut le successeur de Richard, son frère, dans la baronnie de Montfort. Il ne paraît pas, qu'à l'imitation de son frère, il ait pris couleur dans la querelle de Goel et de Guillaume de Breteuil, qui durait toujours. Ce dernier, après avoir employé dix ans, dit Ordéric Vital, à racheter les prisonniers que son ennemi lui avait faits, et à réparer les dégâts qu'il avait commis sur ses terres, engagea le roi Philippe Ier et le duc de Normandie, moyennant une somme considérable qu'il leur promit, à se joindre à lui pour assiéger le château de Beherval. Robert, comte de Bellême, ennemi depuis long-tems de Goel, se mit aussi de la partie, et le siège fut commencé dans le carême de l'an 1095. Il eût été fort long, et peut-être n'eût-il point réussi sans l'habileté d'un charpentier qui inventa une machine portée sur roulettes (la même qui fut depuis employée au siége de Jérusalem) pour jeter des quartiers de pierres dans la place. Elle fit un effet si terrible, que Goel, ne pouvant plus y tenir, demanda la paix à son beau-père. Mais, pour l'obtenir, il fallut qu'il lui rendît le château d'Yvri. Si le baron de Montfort demeura spectateur de ces hostilités, ce fut la prudence qui enchaîna sa valeur, dont il donna des preuves éclatantes en d'autres occasions. Les chroniques de Saint-Denis nous apprennent qu'il servit utilement le prince Louis, depuis roi de France, dans les guerres qu'il eut avec Guillaume le Roux. Ce dernier, accompagné du comte de Poitiers et conduit par Amauri, frère puîné de Simon, étant venu attaquer les places de Montfort et d'Epernon, Simon les défendit avec tant de bravoure, qu'il obligea les agresseurs à se retirer. (*Ordér.*, p. 767.) Mais dans une autre occasion il fut pris en combattant pour la France. (*Chr. de S. D.*) Il était libre en 1101, puisque cette année il aida Louis le Gros, roi désigné de France, à réduire Bouchard IV de Montmorenci, et d'autres seigneurs qui s'étaient révoltés. Les troupes qu'il commandait en cette expédition n'étaient pas les siennes, mais celles d'Adèle, comtesse de Blois, qui les lui avait confiées en l'absence d'Etienne, son époux, qui était parti pour la Terre-Sainte. Simon finit ses jours vers l'an 1103 ou 1104, sans laisser de postérité. Ordéric Vital dit qu'à la guerre il inspirait, par sa gaîté, du courage aux plus timides.

AMAURI IV.

1103. AMAURI IV, fils de Simon Ier et d'Agnès d'Evreux, devint baron de Montfort par la mort de Simon II, son frère, avec lequel il avait été brouillé pendant un certain tems, comme on vient de le voir, au point d'engager les princes étrangers à venir le dépouiller. L'an 1108, après la mort du roi Philippe Ier, il entra dans la conjuration formée par la reine Bertrade, sa sœur, pour enlever la couronne à Louis le Gros, et la mettre sur la tête de Philippe de Mantes, fils de cette princesse et du feu roi. (*Voy.* Gui Troussel, *sire de Montlhéri*.) Guillaume, comte d'Evreux, son oncle maternel, étant mort le 18 avril de l'an 1118, sans enfants, il prétendit, comme héritier, lui succéder à ce comté. Mais Henri Ier, roi d'Angleterre, par le conseil d'Audin, évêque d'Evreux, lui enleva de force cette ville, et l'obligea de lui céder le château. Il est vrai qu'il les lui rendit dans la suite. Amauri, malgré cette restitution, n'en ressentit pas moins l'injure qu'il lui avait faite, et n'en chercha pas moins les occasions de se venger. Ordéric Vital, sur l'année 1119, raconte de lui un trait affreux de méchanceté qui fut l'effet de son ressentiment contre ce monarque. Eustache de Paci, bâtard de Guillaume de Breteuil, et gendre du roi d'Angleterre, par Julienne, sa fille naturelle, lui redemandait son château d'Yvri, qu'il retenait. Henri promit de le rendre dans un tems plus favorable, et, pour sûreté de sa parole, il donna le fils de Raoul Harenc en otage à Eustache, qui, de son côté lui remit ses deux filles pour gage de sa fidélité. Mais Eustache, par le conseil d'Amauri, et à l'appât des promesses flatteuses qu'il lui fit, traita indignement l'enfant qui lui était confié, jusqu'à lui arracher les yeux et les envoyer à son père. Le roi d'Angleterre, irrité de cette barbarie, livra les deux filles d'Eustache à Raoul, pour exercer sur elles sa vengeance. Celui-ci, non content de faire subir à ces innocentes la peine du talion, leur fit encore couper le nez, et les fit reconduire ainsi maltraitées dans la maison paternelle. Ces atrocités réciproques furent une des causes du renouvellement de la guerre entre la France et l'Angleterre. La même année, se donna la bataille de Brennevillle, où le roi Louis le Gros fut obligé de prendre la fuite. Amauri n'était point à cette journée ; mais en ayant appris l'issue, il vint trouver le roi de France, et l'engagea, par ses remontrances, à lever une nouvelle armée plus forte que la première, pour réparer ce revers. Il la conduisit lui-même, sous les ordres de ce prince, devant le château de Breteuil, que le roi d'Angleterre avait confisqué sur Eustache ainsi que toutes les autres terres qu'il possédait en Normandie. Mais cette expédition n'eut pas le succès dont Amauri avait flatté le monarque français. (*Ordér.*, pp. 855-857.) Ce fut encore lui qui, l'an 1122, conseilla à Foulques le jeune, comte d'Anjou, son neveu, de donner sa fille Sybille en mariage à Guillaume Cliton, fils du duc Robert et neveu de Henri. S'étant abouché la même année à la croix Saint-Leufroi, dans le mois de septembre, avec Waleran, comte de Meulent, Hugues IV, baron de Monfort-sur-Risle, et d'autres seigneurs, il forma une ligue avec eux pour rétablir ce jeune prince dans le duché de Normandie. Le roi d'Angleterre ne tarda pas d'être informé du complot. Ce monarque ayant fait venir en 1223 Hugues IV à Rouen, lui commanda de lui remettre son château de Montfort. Hugues fit semblant d'y consentir. Le monarque envoya aussitôt un détachement pour aller prendre possesssion de la place. Mais Hugues, s'étant échappé clandestinement, devança sa troupe, et étant arrivé le premier au château, avertit sa femme qu'elle eût à se prémunir contre les gens du roi d'Angleterre, qui venaient pour en recevoir les clefs; après quoi il alla joindre le comte de Meulent à Brionne. La résistance imprévue que la troupe de Henri éprouva devant Montfort-sur-Risle, l'obligea de s'en retourner. Henri, se voyant joué, monte aussitôt à cheval, et marche à la tête d'une armée pour aller faire le siége de cette place. La ville fut prise et brûlée dans l'espace de deux jours, et au bout d'un mois les assiégés, réduits à l'extrémité, rendirent la citadelle. Cet échec néanmoins, et d'autres que le roi d'Angleterre fit subir aux confédérés, ne purent dissoudre la ligue. Amauri sut la maintenir par son crédit et par les ressources que son génie lui fournissait. L'an 1124, comme il revenait de la tour de Vateville avec ses alliés, ils furent rencontrés, le 26 mars, par Ranulfe de Bayeux, châtelain d'Evreux, à la tête de trois cents chevaliers et d'un nombre considérable d'archers et d'autres gens de pied. Amauri, qui avait de l'âge et de l'expérience, était d'avis d'éviter le combat par la retraite ; mais Waleran, comte de Meulent, jeune homme qui ne cherchait qu'à signaler son courage, rejeta ce conseil et engagea l'action. La victoire se déclara pour les royalistes, qui mirent les ennemis en déroute, et firent prisonniers environ quatre-vingt-cinq chevaliers. Amauri, entraîné par les fuyards, fut poursuivi par Guillaume de Grand-Cour, fils de Guillaume, comte d'Eu, qui, l'ayant arrêté, le désarma. Mais, touché de compassion, dit Ordéric Vital, pour un seigneur de ce mérite, et prévoyant que, s'il le retenait prisonnier, le roi ne le relâcherait jamais ou du moins qu'à des conditions très-dures, il prit le parti généreux de s'exiler avec lui hors des terres de la domination anglaise, plutôt que de l'exposer au danger d'une éternelle prison. L'ayant conduit jusqu'à Beaumont, de là il se rendit avec lui à la cour de Louis le Gros, qui les reçut avec joie et les employa dans ses expéditions. (Ordéric Vital.) Cette même année 1124, dans le mois d'août, Louis, prêt à se mettre en marche avec la fleur de la noblesse française pour aller repousser l'empereur Henri V, qui menaçait d'une invasion la Champagne, chargea Amauri de la défense du Vexin français contre le roi d'Angleterre, à qui la conjoncture paraissait favorable pour s'emparer de ce pays. Amauri, avec les troupes du pays, arrêta ses entreprises, et l'empêcha de faire aucun progrès. (Suger, *Vita Lud. Gros.*) L'an 1126 Amauri suivit ce monarque dans son expédition contre le comte d'Auvergne, et contribua beaucoup par son expérience et sa valeur à la prise de Montferrand. (*Ibid.*) Mais sa fidélité envers ce monarque se démentit quelque tems après à l'occasion suivante. Etienne de Garlande, après avoir exercé la charge de sénéchal de France pendant environ sept ans, chassé de la cour aux instances de la reine qu'il avait offensée, se vit obligé d'abdiquer ; mais regardant cette dignité comme un bien héréditaire, parce que ses deux frères, Anseau et Guillaume, l'avaient possédée avant lui, il s'en démit, l'an 1127 ou environ, en faveur d'Amauri de Montfort, son héritier présomptif, par l'alliance qu'il avait prise avec sa nièce. Le roi, sans l'avis duquel cette démission s'était faite, entra dans une grande colère, somma le sire de Montfort de renoncer au bénéfice de la résignation, et sur son refus prit les armes pour l'y contraindre. Amauri trouva bientôt des alliés qui prirent sa défense. Le roi d'Angleterre toujours prêt à soutenir les rebelles de France, et le comte de Blois, vassal non moins brouillon, lui amenèrent des troupes. Le seul événement connu de cette guerre est le siége de Livri, place appartenante au sire de Montfort, qui fut emportée d'assaut par le roi de France, accompagné de Raoul, comte de Vermandois, qui perdit un œil dans cette expédition. Etienne et Amauri, craignant des revers plus fâcheux, remirent au roi la charge qui faisait l'objet de la querelle, et rentrèrent à ce moyen dans ses bonnes grâces. (Suger, *Ibid.*) Il paraît que le sire de Montfort vécut en paix depuis ce tems là jusqu'à sa mort arrivée l'an 1137. De RICHILDE, fille de Baudouin II, comte de Hainaut, dont il fut obligé de se séparer l'an 1118, il eut Luciane, mariée à Hugues de Créci, fils de Gui le Rouge, comte de Rochefort. D'AGNÈS, sa seconde épouse, fille d'Anseau de Garlande et dame de Rochefort et de Gournai, il laissa trois fils, Amauri, Simon et Robert, avec une fille nommée comme sa mère et femme de Waleran II, comte de Meulent, auquel elle porta en dot la seigneurie de Gournai sur Marne. (*Voy.* Amauri I, *comte d'Evreux*, et Waleran II, *comte de Meulent.*)

AMAURI V.

1137. AMAURI V succéda à son père Amauri IV dans la baronnie de Montfort, et à sa mère Agnès dans les seigneuries de Rochefort et de Gournai. Il mourut sans avoir été marié l'an 1140. (*Voy.* Amauri II, *comte d'Evreux.*)

SIMON III DIT LE CHAUVE.

1140. SIMON, frère d'Amauri V et son successeur, mourut

l'an 1181 au plus tard. (*Voy*. Simon le Chauve, *comte d'Evreux*.) Ce fut lui qui dota sa sœur Agnès en la mariant avec Waleran, comte de Meulent. Il lui donna entre autres biens la terre de la Haye-de-Lintot avec toutes ses dépendances, et des rentes à prendre sur celle de Cravent, comme on l'apprend d'une charte de l'abbaye de Préaux. Elle eut aussi la terre de Gournai, puisqu'on voit son époux Waleran en jouir en l'an 1157, et faire un traité cette année avec le roi Louis le Jeune au sujet des habitants de cette ville ; car Waleran ne la possédait pas de son chef. (Voy. *les comtes d'Evreux*.)

SIMON IV.

1181. SIMON IV, deuxième fils de Simon III, lui succéda en la baronnie de Montfort. Il fut de la croisade où l'on entreprit, à la prière des Vénitiens, l'an 1202, le siége de Zara en Dalmatie. Mais lorsque le pape Innocent III eut fait signifier par l'abbé de Vaux-Cernai défense aux croisés de continuer cette expédition, il déclara hautement qu'il ne voulait plus y prendre part : cette déclaration qu'il fit avec d'autres seigneurs, mit en fureur les Vénitiens pour le compte desquels on agissait, contre l'abbé de Vaux-Cernai, qu'ils eussent mis en pièces si le baron de Montfort n'eût pris sa défense. Le siége continua cependant, et la place fut prise le 24 novembre. Les croisés ayant délibéré l'année suivante d'aller rétablir l'empereur Isaac l'Ange, détrôné par son frère, Simon de Montfort se sépara d'eux avec son frère Gui et d'autres seigneurs, et passa au service du roi de Hongrie. (Villehardouin, p. 42.) Ce prince étant mort cette même année, le baron de Montfort et ceux qui l'avaient suivi se rendirent en Palestine, où ils signalèrent leur valeur par des exploits moins utiles que brillants. Simon, de retour en France au bout de cinq ans, entra, l'an 1208, dans une espèce de croisade publiée contre les Albigeois. Son mérite reconnu le fit choisir pour chef de cette expédition sous le commandement général de l'abbé de Cîteaux, légat du pape. Le baron de Montfort justifia ce choix par la valeur et l'habileté qu'il fit paraître dans les occasions. Le siége de Carcassonne fut la plus rude entreprise des croisés, et celle où Simon déploya ses talents militaires avec plus d'éclat. Cette ville ayant été emportée le 15 août 1209, l'abbé de Cîteaux, de concert avec les chefs de la croisade, lui offrit la seigneurie des terres que les croisés avaient conquises ou qui leur restaient à conquérir sur les hérétiques. Simon accepte l'offre au refus du duc de Bourgogne et des comtes de Nevers et de Saint-Paul, à qui on s'était successivement adressé avant qu'on pensât à lui. Il y a bien de l'apparence que ce fut alors qu'on lui déféra le titre de *comte* au lieu de celui de baron que lui et les seigneurs de Montfort ses ancêtres avaient porté jusqu'alors. Du moins Pierre de Vaux - Cernai, Rigord, Guillaume le Breton et Guillaume du Puy - Laurent ne commencent à le qualifier comte qu'à l'occasion de la guerre contre les Albigeois. Le nouveau général, aussitôt qu'il fut élu, prit possession de Carcassonne, et reçut le serment de fidélité de tous ceux qui voulaient aller s'y établir, ou qui demeuraient aux environs. Mais il n'en resta point là ; autorisé et excité à étendre ses domaines, il ne tarda pas à donner l'essor à son ambition, masquée du voile de la religion.

Raimond VI, comte de Toulouse, avait aidé les croisés dans leur expédition. Après le siége de Carcassonne il avait pris des arrangements avec Simon de Montfort touchant les limites respectives de leurs états, et s'en était ensuite retourné dans les siens. Simon, désirant mettre ceux-ci au nombre de ses conquêtes, fait entrer dans son dessein l'abbé de Cîteaux. Ils députent deux évêques et deux seigneurs laïques au comte et aux consuls de Toulouse pour les sommer, sous peine d'excommunication, de livrer aux barons de l'armée tous les habitants qui leur seront nommés, et de livrer aussi leurs biens. Surpris de cette députation, le comte et les consuls protestent qu'ils ne sont point fauteurs d'hérétiques. Ceux qui leur sont désignés déclarent de même qu'ils sont bons catholiques, offrant d'*ester à droit* sur-le-champ, et de s'en rapporter au jugement de l'église. Nonobstant ces protestations, l'abbé de Cîteaux ayant assemblé les prélats qui étaient dans le camp, excommunie les consuls de Toulouse, et jette un interdit sur la ville. Simon, pour appuyer ces foudres, se met en campagne avec le légat et le duc de Bourgogne. La terreur qui le précède désarme les seigneurs de divers châteaux, qui s'empressent de venir lui faire leurs soumissions. Il s'avance du côté de Toulouse, et dans sa marche il se détache de son armée pour aller prendre possession de Castres, où il est reçu comme en triomphe. Il passe dans le comté de Foix, prend le château de Mirepoix qu'il donne à Gui de Levis, maréchal de son armée, se rend ensuite à Pamiers, dont l'abbé, qui tenait cette ville en pariage avec le comte de Foix, le met en possession, et soumet enfin tout l'Albigeois sans tirer l'épée. Mais une grande partie de ces conquêtes échappe de ses mains aussi rapidement qu'elles y sont entrées : plus de quarante châteaux secouent presque en même tems le joug de son obéissance, et à peine lui reste-t-il sept ou huit places avant la fin de l'an 1209. Le comte de Toulouse et les députés de cette ville étaient cependant à Rome, où le pape les écouta favorablement. De Rome le comte se rendit à la cour d'Otton IV, roi de Germanie, puis à celle du roi Philippe Auguste, pour implorer le secours de ces princes contre les vexations du seigneur de Montfort. Simon, loin de se laisser abattre par ses pertes, travaille avec ardeur à les réparer. L'an 1210, il assiége dans le carême le château presque imprenable de Minerve, et le réduit avant Pâque à capituler. Étant entré dans la place, il livre aux flammes plus de quarante hérétiques obstinés, et fait grâce à ceux qui veulent se convertir. Cette conquête est suivie de quelques autres, dont la principale est celle du château de Thermes, où il entra victorieux, le 23 novembre 1210, après un siège de près de quatre mois.

L'an 1211, conférence tenue dans le mois de janvier à Narbonne entre les légats du pape, le roi d'Aragon, le comte de Toulouse et Simon de Montfort. Le roi d'Aragon y reçoit l'hommage de ce dernier pour le comté de Carcassonne, et emploie inutilement ses soins pour la réconciliation du comte de Foix. Le 5 mai de la même année, Simon, après des travaux incroyables, emporte d'assaut la ville de Lavaur, et fit main-basse sur tous les habitants. Après avoir pris diverses places dans ce comté, il vient mettre le siège devant Toulouse. Le 27 juin, il est battu devant cette ville par le comte de Foix; ce qui l'oblige deux jours après à se retirer. Pour se venger, il entre dans le pays de Foix qu'il désole pendant huit jours. Il passe dans le Querci, s'assure de Cahors, et s'y fait reconnaître pour seigneur. L'année suivante, nouvelles conquêtes. Simon reprend une partie du Toulousain, soumet l'Agénois, une partie de l'Albigeois, des pays de Foix, de Comminges et de Béarn, et envoie sur le butin qu'il a fait mille marcs d'argent du *poids de Troie* (1) au pape. L'an 1213, le 12 septembre, il gagne la fameuse bataille de Muret où le roi d'Aragon périt. L'an 1215, par sa lettre du 2 avril, le pape Innocent III, à la demande du concile de Montpellier, lui donne provisionnellement le comté de Toulouse; ce qui est confirmé la même année au concile général de Latran. Après avoir pris possession de ce riche domaine, Simon étend ses prétentions sur le duché de Narbonne. Mais il trouve de l'opposition dans l'archevêque de cette ville, qui s'arroge pareillement ce duché. Il entre dans Narbonne malgré le prélat qui l'excommunie. Comptant pour nul cet ana-

---

(1) Le marc poids de Troie, contient 3839 grains 1/3 de ce poids, qui font 4657 grains 2/3, poids de marc; donc 1000 marcs, poids de Troie, sont égaux à 1010 marcs 6 onces 1 gros 2 deniers 10 grains 2/3, poids de marc; lesquels, à raison de 53 livres 9 sous 2 deniers le marc, produisent 54,042 livres 18 sous 9 deniers.

On se sert en Angleterre, encore de nos jours, du poids de Troie pour peser les matières d'or et d'argent, c'est-à-dire de la livre de Troie, qui est de 12 onces ou 5759 grains 1/2 de ce poids, qui sont égaux à 6986 grains 1/2, poids de marc.

thême au moyen d'un appel au pape, il fait célébrer l'office divin en sa présence dans Narbonne, et va de là demander au roi Philippe Auguste à Paris l'investiture de ce duché avec celle du comté de Toulouse; ce qu'il obtient après avoir fait hommage, le 5 avril 1216, au monarque. Cependant le jeune Raymond, fils du comte destitué, se rend maître de la ville de Beaucaire, dont il assiége ensuite le château. Simon vole au secours de la place; mais après avoir vainement employé la force et la ruse pour la délivrer, il est obligé de se retirer. Peu de temps après son départ le château se rend. Persuadé que la ville de Beaucaire a été soulevée par celle de Toulouse, il va faire le siége de celle-ci pour la punir. Les Toulousains, trompés par Foulques, leur évêque, envoient une nombreuse députation au comte de Montfort pour lui faire leurs soumissions. Simon, par le conseil du prélat, les fait lier et mettre en prison. Foulques fait plus; il entre dans la ville et persuade aux habitants de venir tous en corps au devant du comte de Montfort. Mais ils sont également arrêtés et mis dans les fers. Ceux qui échappent, retournent en diligence annoncer dans la ville ce qui vient d'arriver. Simon les suit de près, et trouve la ville livrée au pillage par un corps de ses troupes que l'évêque avait emmené. Il augmente le désordre en ordonnant de mettre tout à feu et à sang. Les Toulousains se défendent en désespérés. La paix se fait au moyen d'une taxe de trois mille marcs que Simon impose à la ville. Il part de Toulouse à la Toussaint, et va faire le siége du château de Montgrenier, dans le pays de Foix, malgré les remontrances des commissaires du pape, avec lesquels le comte Roger-Bernard était en voie de réconciliation. La place se défend jusqu'à la veille de Pâque, qu'elle se résout à capituler. Tandis qu'il poursuit de nouvelles conquêtes, les Toulousains, conservant toujours le souvenir des mauvais traitements qu'il leur avait faits, rappellent secrètement le vieux Raymond, leur comte. Simon revient au mois de septembre devant Toulouse dont il forme le siége en règle. Ce fut sa dernière expédition et l'une des plus longues. Après avoir épuisé toutes les ressources de son génie pendant huit mois pour se rendre maître de cette place, il est tué d'un coup de pierre lancé d'un mangonneau le 25 juin 1218, et non 1219 comme le marque l'abbé Velli. Ainsi périt cet homme extraordinaire dont toute la conduite, dans la croisade où il commanda en qualité de chef, fut un mélange d'héroïsme, de perfidie et de cruauté; le tout inspiré par une ambition démesurée, couverte du voile imposant de la religion. Sa pompe funèbre se fit avec magnificence à Carcassonne; et son corps, porté au prieuré de Hautesbruyeres, près de Montfort, y fut enterré au milieu de l'église. ALIX, fille de Bouchard V, sire de Montmorenci, qu'il avait épousée avant l'an 1191, morte le 22 février 1221, et inhumée auprès de lui, le fit père de quatre fils et de trois filles. Les fils sont Amauri, qui suit; Gui, comte de Bigorre; Robert, mort sans alliance après l'an 1226; Simon, lequel étant offensé de ce que le roi saint Louis et la reine sa mère l'avaient empêché d'épouser Jeanne, comtesse de Flandre et de Hainaut, passa en Angleterre, où il devint comte de Leycestre. Ardent républicain, il se rendit aussi fameux à la tête de la noblesse anglaise, soulevée contre son roi pour la défense de la liberté publique, que son père l'avait été à la tête de la nation française, armée pour la défense de la foi. Les filles sont Amicie, femme de Gaucher de Joigni, seigneur de Château-Renard; Laure, mariée à Gérard, sire de Péquigni; et Péronelle, religieuse de Saint Antoine-des-Champs, près de Paris. (*Voy. les comtes de Toulouse.*)

AMAURI VI.

1218. AMAURI VI, fils aîné de Simon IV et son successeur au comté de Montfort, commandait un quartier au siége de Toulouse lorsque son père y fut tué. Il voulut continuer la guerre contre les Albigeois; mais comme il n'avait ni le génie, ni le courage, ni l'activité de celui qu'il remplaçait, les affaires de la croisade allèrent toujours en décadence sous son commandement. A la fin, se voyant hors d'état de résister à la valeur du jeune Raymond, il abandonna toutes ses conquêtes au roi Louis VIII, par traité fait à Paris au mois de février 1225 (V. S.); mais ce traité ne fut que conditionnel, et n'eut pas sitôt son accomplissement. On voit en effet des lettres du mois d'août 1224, et d'autres du mois de novembre suivant, où il prend encore les qualités de duc de Narbonne et de comte de Toulouse. (*Hist. de Lang.*, T. III, p. 537.) L'an 1231, il reçut du roi saint Louis l'épée de connétable. Ayant été envoyé, l'an 1239, avec un corps de troupes au secours de la Terre-Sainte, il fut pris par les Infidèles dans un combat livré près de Gaza, et conduit prisonnier à Babylone. Délivré l'an 1241, il se met en route pour revenir en France; mais une dyssenterie l'ayant arrêté à Otrante, il y mourut la même année : son corps, porté à Rome, y fut inhumé dans l'église de Saint-Jean de Latran; et son cœur, envoyé à Hautesbruyères, fut enfermé dans la statue qui lui fut érigée en cette église, vis-à-vis celle de son père. La différence était énorme entre le père et le fils. Le second n'avait, comme on l'a dit, ni le génie, ni le courage, ni l'activité du premier; mais il fut moins cruel, et fit moins de malheureux. Il avait épousé, l'an 1214, BÉATRIX, fille de Guigues VI, comte d'Albon et de Vienne, dont il laissa Jean, qui suit; Marguerite, femme de Jean III, comte de Soissons; Laure, mariée, 1° à Ferdinand de Castille, comte d'Aumale; 2° à Henri VII, comte de Grandpré; Alix, femme de Simon II de Clermont, seigneur de Nesle et d'Ailli; et Péronelle, abbesse de Port-Royal-des-Champs (1).

JEAN.

1241. JEAN, fils d'Amauri de Montfort et son successeur, ayant accompagné, l'an 1248, le roi saint Louis dans son premier voyage d'outre-mer, mourut en chemin dans l'île de Chypre au commencement de l'année suivante, laissant, de JEANNE, son épouse, fille aînée de Geoffroi, vicomte de Châteaudun, une fille, Béatrix, qui porta en mariage le comté de Montfort à Robert IV, comte de Dreux. Elle mourut le 9 mars 1312 (N. S.), et donna le comté de Montfort à Yolande, sa fille, en la mariant, l'an 1286, à Alexandre III, roi d'Ecosse,

―――――

(1) Amauri avait un cousin germain, Philippe, fils de Gui de Montfort, son oncle, seigneur de la Ferté-Alais, à qui le roi saint Louis, peu de jours après le fameux traité conclu par ce monarque, le 12 avril 1229, avec le comte de Toulouse, inféoda, sous le service de dix chevaliers, la partie de l'Albigeois, située à la rive gauche du Tarn, excepté la ville d'Albi, que ce monarque se réserva avec le droit de régale et les autres droits seigneuriaux qu'il avait dans cette ville. On trouve ici, dit don Vaissète, l'origine de la seigneurie de Castres, chef-lieu du pays qui fut inféodé à Philippe de Montfort. Cette seigneurie, qui passa aux descendants de Philippe, fut dans la suite érigée en comté. Elle comprenait presque tous les domaines qui avaient appartenu aux Trencavels en qualité de vicomtes d'Albi. Il paraît que Simon de Montfort avait disposé de ce pays, après la conquête, en faveur de Gui, son frère : mais les divers évènements de la guerre n'avaient pas permis à celui-ci d'en jouir paisiblement; et ce n'est proprement que depuis cette inféodation que cette branche de la maison Montfort qui s'établit dans le pays, y posséda un domaine si considérable. Philippe, premier du nom, se qualifia depuis seigneur de Castres. Il accompagna, l'an 1248, avec Gui, son frère, saint Louis, dans son voyage d'outre-mer, et fut du nombre des cent chevaliers que ce monarque laissa en Palestine, l'an 1254 pour le secours des Chrétiens, lorsqu'il reprit la route de France. Philippe mourut à la Terre-Sainte entre l'an 1270 et l'an 1273. D'Eléonore de Courtenai, sa femme, il avait eu un fils de même nom que lui, qui mourut devant Tunis le 28 septembre 1270, avec le titre de comte de Squillace, au royaume de Naples, laissant de Jean de Levis, sa femme, qui lui survécut, deux fils, Jean et Simon, qui partagèrent entre eux la seigneurie de Castres. Le dernier étant mort, l'an 1274, au royaume de Naples, sans postérité, la seigneurie de Castres rentra toute entière dans la main de Jean, son frère. Celui-ci termina ses jours le 1er décembre de l'an 1300, sans laisser d'enfants de Marguerite de Chaumont, sa femme. Alors sa succession fut disputée entre sa sœur Eléonore, femme de Jean V, comte de Vendôme, et Bernard VI, comte de Cominges, veuf de Laure, autre sœur de Jean, agissant au nom des enfants qu'il avait eus d'elle. Mais Eléonore l'emporta comme l'aînée, parce que la représentation n'a point lieu dans le pays. Eléonore transmit la seigneurie de Castres aux comtes de Vendôme, ses descendants.

après la mort duquel, arrivée la même année, Yolande se remaria en mai 1294, à Artur II, comte de Bretagne, qu'elle fit père de Jean, dit de Montfort, qui disputa la Bretagne à Charles de Blois, et l'emporta. Depuis ce tems le comté de Montfort demeura uni à cette principauté jusqu'à la réunion de celle-ci à la couronne de France.

CHRONOLOGIE HISTORIQUE

DES

COMTES DE VEXIN,

Dressée sur les Mémoires de M. Levrier, *lieutenant-général du bailliage de Meulent.*

Il faut distinguer trois époques dans la division du Vexin, *Pagus Vulcassinus*, habité anciennement par les *Veliocasses*. Du tems de César le Vexin comprenait non-seulement les cantons appelés aujourd'hui *Vexin français* et *Vexin normand*, mais encore le *Roumois*. Rouen était la capitale ou cité de ces peuples. Parlant d'eux, Ptolémée dit expressément : *Veneliocasii quorum civitas Rotomagus.*

On ne sait pas en quel tems précisément la partie de Vexin qui environne Rouen commença à prendre le nom de *Roumois: Pagus Rotomagensis*, ou *Rotomensis*. Il y a lieu de croire que ce fut du tems que saint Mellon fonda la chaire épiscopale de Rouen, c'est-à-dire au troisième siècle. On rencontre souvent dans les capitulaires de nos rois et dans les chartes de leur tems, *Pagus Rotomensis*, ou *Rotmensis*. A cette deuxième époque le Vexin se trouvait donc réduit aux deux Vexins d'aujourd'hui ; ce qui dura jusqu'à l'établissement du duché de Normandie.

La troisième époque commence à Charles le Simple. Ce prince ayant cédé, l'an 912, à Rollon la partie de la Neustrie qui s'étendait jusqu'à la rivière d'Epte, la partie du Vexin comprise dans cette concession prit le nom de *Vexin normand*, et celle qui resta à la France fut appelée *Vexin français*. Cette double dénomination a toujours subsisté depuis l'extinction des ducs, et sert à distinguer le gouvernement et la province.

Sous la première époque, les peuples du Vexin, soumis à l'empire romain, furent gouvernés comme les autres peuples des Gaules jusqu'à l'établissement de la monarchie française.

Sous la seconde époque le Vexin fit partie du domaine de la couronne jusqu'à la donation qui en fut faite à l'abbaye de Saint-Denis par Dagobert Ier, suivant la plus commune opinion, ou par l'un de ses successeurs dans le septième siècle. On ne peut pas douter que le Vexin n'appartînt à cette église avant l'an 690; c'est-à-dire qu'outre les propriétés particulières qu'elle y possédait, elle n'en eût aussi la suzeraineté. Un seigneur du Vexin, dans son testament daté d'Artie, *Artegia* (au Vexin français), l'an 690, appelle l'église de Saint-Denis le *fisc sacré* (Felibien, *Hist. de S. Denis*, p. 10); ce qui prouve qu'on la reconnaissait au Vexin pour suzeraine et possédant la seigneurie dominante.

Sous la troisième époque, la portion normande se trouva soumise aux ducs de Normandie, qui confirmèrent quelques propriétés particulières à l'abbaye de Saint-Denis. Ils s'en déclarèrent même les avoués et les protecteurs sans lui laisser la seigneurie universelle. Mais la portion française, inféodée à des comtes qui, en qualité de premiers vassaux, portaient la bannière de saint Denis, demeura jusqu'à sa réunion à la couronne dans la suzeraineté de cette église. C'est à cette réunion que se rapporte l'extinction des comtes de Vexin dont nous allons tracer la suite chronologique.

Leur origine et l'époque précise de leur établissement sont obscures comme celles de tous les seigneurs de cette espèce. Les premiers comtes n'étaient, comme l'on sait, que de simples commissaires royaux, ambulants et amovibles. Tel était le comte RIFERUS ou RIFERON, qui fut départi dans le Vexin, où il faisait ses fonctions sous le règne de Charlemagne. (Mabillon, *de re Diplom.*, p. 501.) Il tint des plaids ou assises en 783, accompagné de ses assesseurs, et fit une enquête pour savoir à qui appartenait un village du Vexin situé sur la rivière d'Epte. Ceux qui s'en étaient injustement emparés, s'en dessaisirent, et reconnurent, par un acte fait en présence de ce comte, que ces biens appartenaient à l'église de Saint-Denis. (Bouquet, T. V, p. 746.) Les religieux de Saint-Denis avaient comparu à ce tribunal par l'entremise d'Adon, leur avoué. Ces défenseurs, bien différents de ce qu'ils devinrent depuis, n'employaient alors d'autres armes que les lois et leur éloquence.

Les comtes qui succédèrent le furent à titre de fief, et possédèrent des domaines à ce titre. Charles le Chauve, qui fut abbé de Saint-Denis, inféoda, ou plutôt donna en bénéfice, selon le langage du tems, des terres du Vexin, et entre autres *Cormeilles*, au comte Regnaud; mais il y a apparence que ce fut à vie, et qu'elles revinrent au fisc après lui, puisque ce même roi les donna de nouveau, mais à titre patrimonial et héréditaire, en 843, à un seigneur nommé Gailenus ou Geilinus, qualifié comte, qui les transmit lui-même quelques années après à *Louis*, prince du sang de Charlemagne et abbé de Saint-Denis. Il est fait mention de ce Geilin dans un ancien obituaire de cette église au xvi des calendes d'avril. (Mabil., *de re Diplom.*, p. 528; Bouquet, T. VIII, p. 432, du Bouchet, *preuv.*, p. 233.) Soit que ces deux seigneurs, Regnaud et Geilin, n'eussent que quelques terres particulières dans le Vexin, soit qu'ils en fussent réellement comtes, il est certain qu'ils n'étaient pas aussi indépendants que le devinrent leurs successeurs. L'état de ces premiers comtes est incertain, et l'on ne peut en parler avec assurance qu'à commencer à celui qui suit. Tout ce que l'on sait de bien positif, c'est que dès l'origine les comtes de Vexin étaient avoués ou défenseurs de l'abbaye de Saint-Denis, et qu'en cette qualité, comme premiers vassaux de cette église, ils en portaient la bannière dans les guerres qu'elle avait à soutenir. On a dit que cette bannière s'appelait l'oriflamme, parce qu'elle était mêlée d'or et de soie, couleur de feu. Elle devint ensuite l'une des bannières de France, et prit la place de la chappe de saint Martin, que nos rois faisaient porter à la tête de leurs armées. Ils n'ont pas eux-mêmes dédaigné cette fonction.

NIVELON.

Nivelon, ou Nebelong, deuxième de son nom, fils de Childebrand II et descendant au sixième degré de S. Arnoul, était comte de Vexin en 853. Nos rois, à cette époque, comme on l'a dit, députaient des commissaires dans les provinces et les comtés pour s'informer des abus, en faire le rapport à leur conseil, et les réformer. C'était dans l'ordre ecclésiastique et parmi les principaux comtes qu'on les choisissait; mais comme ces comtes ne pouvaient pas se réformer eux-mêmes, on croisait leurs départements en les envoyant les uns chez les autres. Ainsi tandis que Charles le Chauve, en 853, envoya dans le Vexin Ingelevin et Gautcel, seigneurs laïques, avec Louis, abbé de Saint-Denis, et Irmenfroi, évêque de Beauvais, Nivelon de son côté fut envoyé avec deux autres dans le Nivernais. (Bouquet, t. VII, pag. 608.

et suiv.) Ce comte, l'an 864, consentit à la donation que Charles le Chauve fit à l'abbaye de Saint-Denis d'un domaine situé dans le Vexin, près de Pontoise. Rien ne prouve mieux qu'il était comte propriétaire, et en quelque sorte indépendant, que la nécessité où le roi se trouva d'obtenir son consentement pour disposer de quelques petits fonds situés dans son comté : *Quasdam nostri juris regulas*, dit ce monarque, *consentiente Nivelongo comite contulimus..... in pago Vilcassino, in loco qui dicitur Pontisara, quæ noscuntur hactenus attinuisse comitatui Vilcassinensi.* (Félibien, *Hist. S. D.*, *preuv.*, n. 96; Bouquet, T. VIII, p. 589.) L'espèce d'indépendance dont jouissaient ces comtes, n'empêchait pas cependant nos rois de se maintenir dans la possession du droit qu'ils avaient d'accorder aux églises des immunités, qui consistaient dans l'exemption de la juridiction de ces mêmes comtes. Charles le Chauve accorda lui-même à l'église de Saint-Denis, en 869, la faculté d'établir un marché à Cormeilles, avec exemption de tout droit et juridiction du comte, du vicomte et de ses autres officiers, *absque ullius comitis.... participatione, sive vicecomitis aut judicis introductione, vel etiam cujuscumque rem publicam administrantis respectu.* (Doublet, *Hist. de S. Den.*, pag. 804; Bouquet, *ibid.*, p. 616.) Nous apprenons par là qu'il y avait dès lors des vicomtes de Vexin.

Nivelon souscrivit, en 868, avec le comte Aledran, un diplôme de Charles le Chauve. Nous avons marqué ci-devant sa mort vers l'an 875, et nommé Terric, son fils ; mais il faut ajouter à celui-ci Adémar dont fait mention le testament d'Eccard : *Terrico filio Nibelungi et Ademaro fratri ejus.* Il faut de plus prolonger les jours de Nivelon au moins jusqu'en 878, conformément à une charte du comte Aledran, qui viendra ci-après, datée du 1er mai de la 2e année du règne de Louis (le Bègue), laquelle se trouve souscrite par Nivelon. (Du Bouchet, *de l'Orig. de la Maison roy.*, *pr.*, 2e *part.*, pp. 235 et 236.)

ALEDRAN.

878. ALEDRAN, ou ALETRAN, fut le successeur de Nivelon au Vexin, quoiqu'il eût laissé deux fils dont on vient de parler ; ce qui fait croire que ces fils n'étaient point encore en âge de faire le service militaire. Aledran était proche parent de Louis le Bègue, comme ce monarque le reconnaît dans un diplôme du 1er janvier de l'an 879, où il dit, en parlant de lui : *Carissimus comes.... et dilectus propinquus noster Aledramnus.* (Doublet, *Hist. de S. Den.*, p. 782; Bouquet, T. IX, p. 1414.) Les Normands ne le laissèrent pas en paisible jouissance de son comté. Ces barbares étant entrés, l'an 885, dans la Neustrie, les Fran-

çais, par son conseil, se préparèrent à leur résister, non pas en combattant, mais en construisant des forts pour leur fermer le passage des rivières. Ils en élevèrent un entre autres sur l'Oise, dans un lieu appelé Pontoise, qu'Aledran se chargea de garder. Mais les Normands étant venus devant ce fort, l'investirent de manière qu'ils empêchèrent ceux qui étaient dedans de puiser de l'eau à la rivière. La soif contraignit ceux-ci de demander à capituler : ils rendirent la place après avoir obtenu la vie sauve. Alors Aledran se retira à Beauvais. (*Gest. Norm. ante Roll.*; Du Chesne, *Hist. de Norm.*, p. 5; Bouquet, T. VIII, pp. 84-96.) Aledran se distingua l'année suivante contre les mêmes barbares à la défense de Paris. Abbon, dans son poëme du siége de Paris, fait ainsi l'éloge des deux frères, Aledran et Théodoric :

> Namque triumphantes fratrum prompsit geminorum
> Fama fuisse *Theodorici* procerum et *Aledramni*.

Aledran mourut sans enfants, on ne sait en quelle année. Il est fait mention de lui dans l'Obituaire de Saint-Denis, au IIe des ides de juillet et au IIe des nones d'octobre. (Félib., *Hist. de S. Denis*, preuv., p. 215 et 216.)

HUGUES LE GRAND.

HUGUES LE GRAND, père de Hugues Capet, recueillit la succession d'Aledran comme son plus proche héritier. C'est ce qu'il nous apprend lui-même dans une charte de l'an 938, où, disposant de quelques biens en faveur de l'église de Saint-Martin de Tours dont il était abbé, il déclare que ces biens avaient appartenu au comte Aledran par concession du roi Carloman, et étaient revenus à lui donateur par succession de ce même Aledran, *velut hæres illius idoneus*. Mais Hugues était-il héritier d'Aledran du chef de son père, ou du chef de sa mère? c'est ce qu'on ignore (1).

Les biens dont il est fait mention dans la charte de 938 ne sont

---

(1) Si ce fut du chef de son père, Hugues n'a pu succéder à Aledran qu'autant que celui-ci a survécu à Robert, père de Hugues; car Robert, s'il eût survécu à Aledran, aurait été son héritier plutôt que Hugues, son fils ; et alors Hugues aurait succédé aux biens d'Aledran comme héritier de Robert, son père, qui l'aurait été d'Aledran, et non pas comme héritier immédiat de ce dernier, ainsi que Hugues déclare l'être. Or, Robert, père de Hugues, n'étant mort qu'en 923, il est hors de doute qu'Aledran a vécu au moins jusqu'à cette époque. Mais si Hugues a recueilli cet héritage du chef de Beatrix de Vermandois, sa mère, toute date disparaît; car on ignore l'année de la mort de cette princesse.

pas à la vérité situés dans le Vexin ; mais outre que Hugues se dit indistinctement héritier d'Aleuran, ce qui comprend le Vexin que ce comte possédait, on trouve dans l'histoire de Normandie la preuve que Hugues jouissait du Vexin. Dumoulin (p. 74), parlant des guerres auxquelles Hugues prit part, dit que l'empereur Otton et Arnoul, comte de Flandre, s'étant ligués avec le roi de France contre Hugues et Richard, duc de Normandie, ils vinrent assiéger Hugues, qui était renfermé dans Paris, et que, désespérés de ne pouvoir prendre la ville, ils se vengèrent sur les domaines de Hugues; que Pontoise et le Vexin éprouvèrent la fureur du soldat qui mit tout à feu et à sang, et, ayant passé la rivière d'Epte, vint camper à Noyon-sur-Andelle, pour de là fondre sur la Normandie. Dudon de Saint-Quentin et Guillaume de Jumiége disent à peu près la même chose. (Du Chesne, *Hist. Norm.*; pp. 130 et 244.)

Hugues était abbé de Saint-Denis; et, jouissant du Vexin à double titre, il fut plus indépendant qu'aucun autre. En effet, comme laïque il possédait le domaine utile, et comme abbé il avait la directe. On peut voir dans la chronologie des ducs de France les dates de ses principales actions, et les noms de ses femmes et de ses enfants. Il mourut le 19 juin 956.

WALERAN.

956. WALERAN, ou GALERAN, dit aussi GARNIER, fut comte de Vexin après Hugues le Grand. Hugues Capet, fils de ce dernier, aurait dû, ce semble, lui succéder dans ce comté; mais Richard, duc de Normandie, sous la tutelle duquel son père l'avait laissé, consentit, pour des raisons qu'on ignore, que le Vexin passât en d'autres mains. Les minorités précédentes, et celle de Lothaire qui régnait alors, occasionnèrent des factions dont l'effet fut d'accroître le pouvoir des grands au détriment de l'autorité royale, et après avoir interverti jusqu'à quatre fois l'ordre successif de la couronne, de porter enfin ce même Hugues Capet sur le trône au préjudice de la race carlienne. En vain chercherait-on, au milieu de ces révolutions, à démêler le droit de ces successions ; il ne fut pas mieux observé à l'égard des seigneurs particuliers que pour le monarque. Le pouvoir seul en décida; et ce fut vraisemblablement le principal titre de Waleran. On croit que ce comte descendait de Charlemagne. C'était l'opinion commune du tems d'Ordéric Vital. Cet historien, en parlant de Dreux, comte de Vexin, descendant de Waleran, dit expressément qu'il passait pour être issu du sang de cet empereur : *Præfatus Drogo, ut dicitur, erat de prosapia Caroli magni regis Francorum :* ce qui a donné lieu à la plupart des

historiens de penser que Waleran tirait son droit au comté de Vexin, ainsi que son origine, de Nivelon et d'Aledran. HILDE-GARDE, ou ELDEGARDE, sa femme, que les uns font naître d'Arnoul Ier, comte de Flandre, et d'Alix, fille d'Herbert II, comte de Vermandois, et d'autres, avec moins de fondement, de Guillaume *Longue-épée*, duc de Normandie, et de Leutgarde, sa femme, fille du même Herbert, lui apporta en dot les comtés d'Amiens et de Crépi en Valois.

Avant de succéder au comté de Vexin, Waleran avait signé, avec titre de chevalier, la charte que donna Rainfroi, évêque de Chartres, lorsqu'il rétablit, vers l'an 954, le monastère de Saint-Père en Vallée. (*Gall. Chr.*, T. VIII, *Instrum.*, p. 290.) Il paraît que ce seigneur avait des biens aux environs de Chartres, entre autres le lieu appelé *Guntherii villa* (Gondreville), qu'il donna en douaire à sa femme Hildegarde. C'est ce qu'on apprend d'une charte datée de Pontoise vers l'an 981, par laquelle cette comtesse donna ce lieu à l'abbaye de Saint-Père. (*Recueil de Labbe*, p. 584; et Mabil., *Ann. S. Ben.*, T. IV, p. 3.)

Waleran était mort en 965, puisqu'on voit que son fils lui avait dès lors succédé. Son décès est marqué dans le Nécrologe de Saint-Denis, au IIIe des calendes de février et au IIIe des nones du même mois. (Félib., *Hist. de S. Den.*, preuv., p. 208, 2e col.) Sa femme lui survécut, comme on vient de le voir, au moins jusqu'en 981. On croit qu'elle est inhumée à Meulent.

GAUTHIER Ier.

GAUTHIER, successeur de Waleran, son père, aux comtés de Vexin et de Valois, se montre pour la première fois dans la charte d'une donation qu'il fit, l'an 965, de l'église de Saint-George à l'abbaye de Saint-Père en Vallée. (Mabil., *Ann. S. Ben.*, d. III, p. 575.) Il confirma, par une charte sans date, une autre donation faite à ce même monastère par Théofrède, son noble vassal. (*Cart. S. Petr. Carn. Bibl. du Roi*, mss., n° 5417, . 577.) En 968, il en souscrivit une de Richard, duc de Normandie, en faveur de l'abbaye de Saint-Denis. (Mabil., *Ann. S. Ben.*, T. III, p. 596); et en 975 celle que Hugues Capet, avant de monter sur le trône, donna pour restituer à l'église d'Orléans l'abbaye de Saint Jean. (Mabil., *Ann. S. Ben.*, T. III, p. 624; Bouquet, T. IX, p. 735.) Etant dans la ville d'Amiens, où l'avait appelé une maladie de Gui, son second fils, en 985, il jugea un différent qui s'était élevé entre l'abbaye de Corbie et les vicomtes Roricon et Saxwalon. (Mab. *Ann. S. Ben.*, T. IV, p. 28; et *Tabul. Corbeïens.*) En 987, il apposa sa signature au privilège accordé à ce monastère par Adalberon, archevêque de

Reims, et lui donna le village de Méricourt, à la charge de fournir le luminaire à ses obsèques (*ibid*, p. 41); d'où l'on peut conjecturer, avec beaucoup de vraisemblance, qu'il est mort peu de tems après. Il avait épousé, l'an 965 au plus tard, EVE, fille et héritière de Landri, comte de Dreux ; et comme il avait le comté d'Amiens du chef de sa mère, on le voit qualifié dans les titres, tantôt *comes Ambianensis*, tantôt *comes Dorcassinus*, mais le plus souvent *comes* sans aucune addition : cette dernière qualification désignait peut-être le Vexin, son patrimoine principal et paternel ; car nous n'avons trouvé aucun titre où il se qualifie *comes Vilcassinensis*. Il eut de son mariage quatre fils, Gauthier, qui suit ; Gui, qui devint évêque de Soissons, et fut donné en ôtage avec l'évêque de Beauvais au lieu et place du roi Louis IV au duc de Normandie; Raoul et Godefroi, dont on n'a découvert aucunes particularités.

GAUTHIER II.

GAUTHIER II, surnommé le BLANC, successeur de Gauthier Ier, son père, fut avoué de Saint-Denis, comme ses prédécesseurs. Il le devint aussi des abbayes de Saint-Germain-des-Prés et de Jumiége. Il abusa de ce titre pour vexer les monastères qui s'étaient mis sous sa sauve-garde. Mais, par une bizarrerie singulière, il donnait d'une main aux gens d'église ce qu'il leur ôtait de l'autre. En 995, il fit restituer à l'église de Saint-Crépin en Valois un domaine dont Raoul, son frère, s'était injustement emparé. Il souscrivit en 997, conjointement avec Gui, comte de Ponthieu, et Hugues, comte de Meulent, une charte du comte Bouchard en faveur de l'abbaye de Saint-Valeri. (Mabil.; *Ann. S. Ben.*, T. IV, pp. 95, 122 et 690.) Les religieux de Jumiége lui firent présent d'un très-beau livre qu'il paya, l'an 1006, par un privilége qui exemptait des droits de rivière leurs bateaux montant et descendant la Seine au-dessous de Mantes. (*Cartul. Gemeticens.*) Il accorda la même franchise aux bateaux du monastère de Juziers, dépendant de Saint-Père en Vallée. (*Cart. S. Petr. Carnot.*) Ce sont les chartes les plus anciennes qui fassent mention de Mantes. La manière dont il y est désigné par ces mots, *Un certain petit château, vulgairement nommé Mantes, qui nous appartient entre autres biens*, fait connaître que c'était peu de chose alors, et que, confondu dans la masse de ses domaines, ce n'était rien moins que le chef-lieu d'un comté. On croit que ce fut Gauthier II qui jeta les premiers fondements de ce château, ainsi que de celui de Crépi, pour garantir ses frontières. Gauthier le Blanc mourut vers l'an 1027. Il avait épousé ALIX, ou ABÈLE, fille d'Herbert, comte de Senlis, issu du sang de Charlemagne par les femmes. De son mariage il laissa quatre fils et une fille ; savoir : Dreux, qui suit ; Foulques et Gui, successivement évêques d'Amiens ; Raoul, comte de Crépi ; et Alix, mariée à Robert II, comte de Meulent.

DREUX.

Dreux ou Drogon, succéda, vers l'an 1027, à Gauthier le Blanc, son père, dans les comtés de Vexin et d'Amiens, et à sa mère dans une portion du comté de Senlis. Il affecta l'indépendance plus qu'aucun de ses prédécesseurs, et prenait dans ses chartes le titre de *comte par la seule volonté du roi du ciel*........ *par la grâce seule du créateur de tous les seigneurs. Superni regis nutu comes...... nutu solummodo dominorum creatoris comes.* Vers l'an 1015, il avait obligé Hugues Ier, comte de Meulent, son neveu, qui était en même tems vicomte de Vexin, à laisser les religieux de Juziers et de Fontenai-Saint-Père, dépendants de l'abbaye de Saint-Père en Vallée, dans la paisible jouissance d'un privilége d'exemption qu'il leur contestait. (*Cartul. de Saint-Père.*) Il souscrivit en 1028 avec Waleran Ier, comte de Meulent, son neveu, la charte qu'accorda le roi Robert à l'abbaye de Coulombs. (Pillet, *Hist. de Gerberoi*, p. 318 ; *Gall. Christ. anc. édition*, T. IV, p. 284.) A la faveur de son titre d'avoué de Saint-Germain-des-Prés, Dreux avait établi plusieurs coutumes onéreuses dans les terres de cette église. Sur les plaintes des religieux, le roi Robert, par un diplôme donné l'an 1030, à Poissi, réforma ces abus. (Dubois, *Hist. Eccl. Paris*, T. I, p. 654 ; Bouillart, *Hist. de Saint-Germain-des-Prés*, p. 75, et *preuv.* n° 29.) Dreux s'accommoda la même année avec les abbayes de Saint-Wandrille et de Jumiége, dont il avait également l'avouerie, pour de pareilles exactions qu'il faisait dans leurs dépendances. (*Cart. S. Wandr. et Gemeticens. et Neustr. pia*, p. 318 ; Mabil. *Sæc. III Bened. par. II*, p. 565.) Après la mort du roi Robert, arrivée l'année suivante, la couronne fut disputée entre ses deux fils, Henri et Robert. Le premier, l'ayant emporté avec l'aide de Robert Ier, duc de Normandie, lui céda par reconnaissance la suzeraineté du Vexin français. Dreux, étant devenu par là feudataire de ce duc, s'attacha à lui et le servit avec une fidélité constante jusqu'à sa mort. Ces princes, alliés par leurs femmes et unis par l'intérêt, avaient d'ailleurs les mêmes goûts et les mêmes inclinations. Ils se suivaient partout, et ne se quittaient presque pas. Ils firent ensemble à Jérusalem un pélerinage où ils mirent plus de luxe que de dévotion. Ils reçurent des princes d'Orient l'accueil le plus favorable ; mais quelque ennemi secret conspira contre leurs jours. Ils tombèrent tous deux malades de poison en Bithynie, moururent le même jour sur la fin de juin 1035, et furent inhumés le 2 juillet à Nicée. (Dumoul., *Hist. de Norm.*, p. 122; voyez *les ducs de Normandie*.) Dreux avait épousé EDITH, autrement dite GODA, fille d'Ethelred II, roi d'Angleterre, dont il laissa quatre fils, Gauthier, qui suit; Raoul, dont on ne sait rien que sa naissance; Foulques, qui fut évêque d'Amiens après Gui, son oncle; et Amauri de Pontoise, dit *le Délicat*.

GAUTHIER III.

1035. GAUTHIER III, fils aîné de Dreux, eut en partage dans la succession de son père le Vexin et l'Amiennois avec d'autres domaines. Quoiqu'il les ait possédés l'espace de vingt-cinq ans, il nous reste de lui moins de monuments et de chartes que de ses prédécesseurs. Il fut très-bien à la cour de la reine Anne, avec laquelle il vécut, suivant Guibert de Nogent, dans une intimité qui laissa beaucoup à penser. Ce fut lui qui donna pour chapelain à cette princesse, Hélinand, prêtre de basse naissance, qui, par ses intrigues et son argent, devint évêque de Laon. (Guibert, *de vita sua*, l. 3, c. 2.) Gauthier ne vécut pas en aussi bonne intelligence avec Guillaume le Conquérant que Dreux, son père, avait fait avec le duc Robert Ier. Il secoua le joug de la suzeraineté du duc de Normandie pour suivre le parti de la France. Il alla même plus loin: il voulut réunir le Vexin normand au Vexin français; et sans Guillaume Crêpin, gouverneur de Néaufle, près de Gisors, sa tentative eût réussi. Ce comte assista, l'an 1050, avec Galeran Ier, comte de Meulent, son cousin germain, à la translation des reliques de Saint-Denis. (Félib. *Hist. de Saint-Denis*, preuv. p. 169.) Il vint en 1059 à Juziers, près de Meulent, où il donna l'église de Liancourt à l'abbaye de Saint-Père en Vallée, en présence de Tédoin, vicomte de Meulent, de Walon, vicomte de Chaumont, etc. Mabil. *Ant. S. Ben.* T. IV, p. 592.) Gauthier III, ainsi que ses prédécesseurs, jouissait de tous les droits utiles et temporels de l'archidiaconé du Vexin français. Il les céda et les remit à Maurille, archevêque de Rouen, on ne sait en quelle année; mais le fait est prouvé par une charte de Philippe Ier de l'an 1092. (*Conc. de Rouen*, part. 2, p. 222; Deslions, *Eclaircis. sur le Vexin*, p. 132.) Il avait épousé BIOTE, fille aînée d'Herbert Ier, dit *Eveille-Chien*, comte du Maine, et sœur du comte Herbert II, dont la fille unique, Marguerite, avait été fiancée à Robert, fils de Guillaume le Bâtard, duc de Normandie. Herbert II étant mort l'an 1062, Gauthier, favorisé par les Manceaux, se mit en possession du Maine sans égard pour les droits de Marguerite. Le duc de Normandie, sous prétexte de venger les droits de celle-ci, assembla une armée à la tête de laquelle il arriva, l'année suivante, devant la capitale du Maine, dont il se rendit maître après avoir ravagé les environs. Gauthier et Biote, s'étant remis entre ses mains, firent un traité avec lui, après quoi il les amena à Falaise, où il les fit mourir par le poison la même année 1063. C'est du moins l'accusation que formèrent contre lui ses ennemis. (*Ordér. Vit.* l. IV, p. 534.) Gauthier mourut sans laisser de postérité.

RAOUL, DIT LE GRAND.

1063. RAOUL, comte de Crépi, troisième du nom, fils de Raoul II et petit-fils de Gauthier II, comte de Vexin, recueillit la plus grande partie de la succession de Gauthier III, son cousin germain, au préjudice d'Amauri, frère de ce même Gauthier, auquel on ne laissa qu'une partie de la seigneurie de Pontoise, dont il porta le nom sans avoir le titre de comte. Raoul eut le surplus du comté, c'est-à-dire, Chaumont et une partie de Mantes; l'autre partie de cette ville ayant passé à Waleran II, comte de Meulent, parent au même degré que lui de Gauthier III. Le temporel d'Amiens fut laissé à Gui, leur oncle, qui en était évêque. Raoul souscrivit en 1065 avec Gauthier et Simon, ses fils, et Hugues II, comte de Meulent, une donation faite par le roi Philippe Ier à l'abbaye de Saint-Père en Vallée. (*Cart. S. Petri Carnot.*) Raoul mourut au mois de septembre 1074, laissant d'ADÈLE de Bar-sur-Aube, sa première femme, Simon, qui suit, et d'autres enfants. (Voyez *les comtes de Valois.*)

SIMON.

1074. SIMON, fils aîné de Raoul le Grand et son successeur, devint un nouvel Alexis, ou, si l'on veut, un nouveau Jean Calybite, par la conduite qu'il tint après avoir épousé, l'an 1076, JUDITH, fille de Robert II, comte d'Auvergne. Les deux époux étant convenus la première nuit de leurs noces de se séparer pour vivre dans la continence et la retraite. Simon se retira par le conseil du pape Grégoire VII, à l'abbaye de Saint-Claude dans le Mont-Jura, et mourut à Rome le 29 septembre 1082 (1). (*Voyez* Simon, *comte de Valois.*)

---

(1) Simon, avant sa retraite, fit différentes largesses aux églises. Il donna entre autres, des biens situés aux environs de Mantes, au monastère de Cluni. Le roi s'en mit en possession; mais, sur la réclamation des religieux, il les restitua. La charte qui contient cette restitution, est souscrite par Hugues II, comte de Meulent, qui avait des droits sur ces mêmes biens, et par Hugues de Sceuil, son vicomte à Mantes. (*Bibl. Cluniacens.*, p. 527, *Histoire de Couty*, *preuv.* p. 313).

Simon fut le dernier comte de Vexin. Alix, ou Adèle, sa sœur et son héritière, dite aussi Hildebrante, porta ses droits sur le Valois avec le domaine de Chaumont en Vexin à Herbert IV, comte de Vermandois, son époux. (Voyez *les comtes de Vermandois.*) Le comté de Vexin, proprement dit, fut réuni à la couronne, et nos rois succédèrent à tous les droits des anciens comtes, entre autres à celui d'avoué de Saint-Denis, et de porter l'oriflamme en cette qualité. Louis le Gros en fit un acte authentique, l'an 1124, en partant pour la guerre contre l'empereur Henri V. Il vint prendre l'oriflamme sur l'autel des martyrs, et déclara que c'était comme leur vassal qu'il le portait, et comme étant aux droits des anciens comtes de Vexin : *Vexillum de altari B. Martyrum, ad quod comitatus Vilcassini, quem nos ab ipsis in feodum habemus, spectare dinoscitur, morem antiquum prædecessorum nostrorum servantes et imitantes, jure signiferi, sicut comites Vilcassini soliti erant, suscepimus.* (Doublet, *Hist. de S. D.*, pp. 855 et 1280.)

FIN DU ONZIÈME VOLUME.

TABLE DES MATIÈRES

CONTENUES

DANS CE VOLUME.

Seigneurs de Bresse. 1
Comtes de Macon 9
Ducs de Bourgogne 30
Comtes de Bourgogne. 102
Comtes de Chalons-sur-Saone 125
Sires de Salins 141
Comtes de Neuchatel 154
Comtes de Montbéliard 170
Comtes de Ferrette. 188
Comtes d'Auxerre, comtes et ducs de Nevers . . 201
Comtes de Tonnerre 251
Barons de Donzi. 282
Comtes de Bar-sur-Seine. 288
Comtes de Sens 298
Comtes de Joigni. 303
Sires, ensuite princes de Joinville. 321
Comtes de Champagne et de Blois 344
Comtes et duc de Réthel. 399
Comtes de Grand-Pré 421
Comtes de Corbeil 426
Comtes de Dammartin. 434
Barons, comtes, puis ducs d'Etampes 448
Comtes de Dreux 458
Barons et comtes de Montfort-l'Amauri 471
Comtes de Vexin 484

FIN DE LA TABLE DES MATIÈRES.

www.ingramcontent.com/pod-product-compliance
Lightning Source LLC
Chambersburg PA
CBHW050600230426
43670CB00009B/1204